最新执法办案实务丛书

精装典藏版

第三版

# 图解

# 立案证据定罪量刑标准与法律适用

TUJIE LI'AN ZHENGJU DINGZUI LIANGXING BIAOZHUN YU FALÜ SHIYONG

第五分册

贪污贿赂案

渎职案

《最新执法办案实务丛书》编写组 / 编

商浩文　唐　春 / 编著

中国法制出版社

CHINA LEGAL PUBLISHING HOUSE

图书在版编目（CIP）数据

图解立案证据定罪量刑标准与法律适用：精装典藏版．第五分册，贪污贿赂案·渎职案 /《最新执法办案实务丛书》编写组编；商浩文，唐春编著．-- 3 版．北京：中国法制出版社，2024．9．-- ISBN 978-7-5216-4563-7

Ⅰ．D924．305-64

中国国家版本馆 CIP 数据核字第 2024F7A578 号

责任编辑：黄丹丹　　封面设计：李　宁

**图解立案证据定罪量刑标准与法律适用：精装典藏版．第五分册，贪污贿赂案·渎职案**

TUJIE LI'AN ZHENGJU DINGZUI LIANGXING BIAOZHUN YU FALÜ SHIYONG：JINGZHUANG DIANCANGBAN．DI-WU FENCE，TANWU HUILU'AN · DUZHI'AN

编者/《最新执法办案实务丛书》编写组
编著/商浩文，唐春
经销/新华书店
印刷/三河市紫恒印装有限公司
开本/787 毫米×1092 毫米　16 开　　印张/33　字数/883 千
版次/2024 年 9 月第 3 版　　2024 年 9 月第 1 次印刷

中国法制出版社出版
书号 ISBN 978-7-5216-4563-7　　（全五册）总定价：860.00 元

北京市西城区西便门西里甲 16 号西便门办公区
邮政编码：100053　　传真：010-63141600
**网址：http：//www.zgfzs.com**　　**编辑部电话：010-63141812**
**市场营销部电话：010-63141612**　　**印务部电话：010-63141606**

（如有印装质量问题，请与本社印务部联系。）

# 编写说明

公安机关、人民检察院、人民法院等在实现依法治国、建设社会主义法治国家中发挥着重要的职能作用。对法律的正确理解和准确适用是法治意识形成的源泉，是实现法治目标的基本保障。公安、司法、监察等机关的工作人员要顺利履行职责，必须准确理解、全面掌握刑事法律知识。惟其如此，才能做到依法及时打击犯罪，维护社会治安秩序。

为满足上述机关工作人员刑事办案的需要，我们编写了这套《图解立案证据定罪量刑标准与法律适用》丛书。

本书具有以下三个特点：

**新颖。**全书采用图表的形式，一目了然，便于快速查阅。在体例编排上，按照【概念】【立案标准】【定罪标准】【证据参考标准】【量刑标准】【法律适用】的体例结构形式，根据最新颁布的法律法规、司法解释、部门规章和规范性文件对相关罪案进行逐一全面的释解。

**准确。**本书根据权威资料精心编撰。撰写者均来自实务机关、律所、相关院校等，长期从事刑事法律理论及实践工作，法学理论功底扎实，了解司法实践情况，解说准确，结构严谨，能够确保本书的权威性和准确性。

**实用。**本书紧密结合刑事办案工作实际，对办案中涉及的关于立案标准、罪名认定、罪与非罪、此罪与彼罪、一罪与数罪、罪重罪轻、证据范围和法律适用等问题进行了详细介绍，逻辑清晰、语言流畅、针对性强，有利于办案时进行参考。

需要说明的是，本书体例中所指的立案标准、定罪标准、证据参考标准和量刑标准等法律术语，其含义如下：

1. 立案标准，从广义上讲，包括立案所应当具备的一切法律和事实的标准，它是立案条件的具体化、规范化。从狭义上看，是指构成犯罪客观方面所要求达到的数额、情节、行为等的界限。本书中的立案标准是指狭义的立案标准。从刑法的规定看，立案标准可分为数额标准、情节标准、行为标准、结果标准、危险标准等。司法实践中，立案标准是办案的起点，与量刑标准有一定的区别。

2. 定罪标准，即犯罪构成，包括犯罪客体、犯罪客观方面、犯罪主体、犯罪主观方面四个要件。定罪，要注意区别罪与非罪的界限。衡量一个行为是否构成犯罪，首先，要看该行为是否具有社会危害性，以及社会危害性的程度如何。其次，既要从刑法总则关于犯罪构成的原则规定进行认定，也要从刑法分则关于某种犯罪的具体构成上进行认定。最后，认定罪名，还要注意区别此罪与彼罪、一罪与数罪的问题。

3. 证据参考标准，是指监察机关在调查，侦查机关在立案、批捕、侦查终结移送审查起诉，人民检察院对被告人提起公诉，人民法院认定被告人构成犯罪以及构成何种犯罪、罪轻、罪重时所需要提供的证据材料。司法实践中，证据的收集应当围绕定罪量刑要求依法进行。为此，本书按照定罪证据标准即犯罪构成四个要件的证据和量刑证据标准进行列举。

理解证据参考标准，要注意以下三点：第一，证据的目的是证明犯罪事实。犯罪事实成为证据证明的对象。第二，证据的收集应当充分、确实。证据充分、确实意味着事实的认定要有充分的证据基础，即足够的证据使案件事实得到证明，达到证明标准，同时，证据本身要确实。具体应当包括以下内容：(1) 某一犯罪事实客观存在的证据；(2) 证明审查对象确实是犯罪嫌疑人的证据；(3) 犯罪嫌疑人实施犯罪行为的证据；(4) 犯罪嫌疑人已达到刑事责任年龄，应负刑事责任的证据；(5) 证明犯罪嫌疑人主观罪过的证据。证据充分并不是看证据的数量、种类有多少，关键在于证据的证明力。不同性质的案件对充分的要求不同，不同种类、数量的证据相互印证所产生的证明力也不相同，只要达到足够即可。充分的证据还应当包括：(1) 准备移送审查起诉的全部犯罪事实的证据；(2) 证明犯罪行为、方法、手段、过程及犯罪时间、地点等相关的证据；(3) 犯罪嫌疑人身份情况的证据；(4) 犯罪嫌疑人主观罪过（包括动机、目的）的证据；(5) 证明犯罪起因、结果、侵害对象等的证据；(6) 法定情节、酌定情节的证据。证据充分要求案件事实和情节都必须有相应的证据予以证明，证据之间能够形成严密的证据链，相互补充、印证，不能存在矛盾，得出的结论也必须是唯一的，具有排他性。第三，证明犯罪嫌疑人依法应当追究刑事责任。通过收集的证据证明犯罪嫌疑人所实施的行为，构成了刑法分则所规定的犯罪，应当判处刑罚。

4. 量刑标准，是指人民法院在定罪的基础上，予以裁量刑罚的尺度。量刑标准分为法定量刑情节和酌定量刑情节、从宽的量刑情节和从严的量刑情节。本书依照刑法确定的类别对量刑标准进行了详细列举。

本书根据《中华人民共和国民事诉讼法》《中华人民共和国刑法修正案（十二）》《最高人民法院、最高人民检察院关于办理危害生产安全刑事案件适用法律若干问题的解释（二）》等最新修订、公布的法律法规、规章、司法解释编写。同时，我们将根据有关法律、司法解释、行政法规、部门规章和政策的制定、修改、废止等情况及时对本书进行修订。

书中引用的罪名，根据1997年12月11日《最高人民法院关于执行〈中华人民共和国刑法〉确定罪名的规定》、2002年3月15日《最高人民法院、最高人民检察院关于执行〈中华人民共和国刑法〉确定罪名的补充规定》、2003年8月15日《最高人民法院、最高人民检察院关于执行〈中华人民共和国刑法〉确定罪名的补充规定（二）》、2007年10月25日《最高人民法院、最高人民检察院关于执行〈中华人民共和国刑法〉确定罪名的补充规定（三）》、2009年10月14日《最高人民法院、最高人民检察院关于执行〈中华人民共和国刑法〉确定罪名的补充规定（四）》、2011年4月27日《最高人民法院、最高人民检察院关于执行〈中华人民共和国刑法〉确定罪名的补充规定（五）》、2015年10月30日《最高人民法院、最高人民检察院关于执行〈中华人民共和国刑法〉确定罪名的补充规定（六）》、2021年2月26日《最高人民法院、最高人民检察院关于执行〈中华人民共和国刑法〉确定罪名的补充规定（七）》和2024年1月30日《最高人民法院、最高人民检察院关于执行〈中华人民共和国刑法〉确定罪名的补充规定（八）》确定。

本书采用全新的版式设计和装帧形式，内文双色印刷，排版更加疏朗，装帧更为精美。期待这些设计能给广大读者带来更好的阅读体验。

因时间仓促，编者水平有限，疏漏之处在所难免，敬请广大读者批评指正。

《最新执法办案实务丛书》编写组

# 目录

# 1 贪污案

**概念**

本罪是指国家工作人员利用职务上的便利，侵吞、窃取、骗取或者以其他手段非法占有公共财物的行为。

**立案标准**

根据《刑法》第 383 条的规定，构成本罪的标准是行为人贪污数额较大或者有其他较重情节。“数额较大”是指贪污 3 万元以上不满 20 万元。贪污数额在 1 万元以上不满 3 万元，具有下列情形之一的，应当认定为“其他较重情节”：（1）贪污救灾、抢险、防汛、优抚、扶贫、移民、救济、防疫、社会捐助等特定款物的；（2）曾因贪污、受贿、挪用公款受过党纪、行政处分的；（3）曾因故意犯罪受过刑事追究的；（4）赃款赃物用于非法活动的；（5）拒不交待赃款赃物去向或者拒不配合追缴工作，致使无法追缴的；（6）造成恶劣影响或者其他严重后果的。

## 定罪标准

**犯罪客体**

本罪侵犯的客体是国家工作人员职务行为的廉洁性和公共财物的所有权。

**犯罪客观方面**

本罪在客观方面表现为利用职务上的便利，以侵吞、窃取、骗取或者其他手段非法占有公共财物的行为。具体包括以下几个要素：

1. 利用职务上的便利。利用职务上的便利，是指利用职务上主管、管理、经手公共财物的权力和便利条件。其中，“主管”，是指负责调拨、处置及其他支配公共财物的职务活动。“管理”，是指监督、保管等使公共财物不流失的职务活动。“经手”，是指领取、支出等经办公共财物的职务活动。如果行为人利用的不是职务上的便利，而是利用对工作环境的熟悉等便利条件，窃取其他人主管的财物的，不构成贪污罪，而构成其他犯罪，如盗窃罪。

2. 行为方式是侵吞、窃取、骗取或者其他手段。“侵吞”，是指行为人将自己因职务关系而合法持有的公共财物非法据为己有或转归第三人所有。“窃取”，是指行为人采取秘密获取的方法，将自己保管的公共财物非法据为己有，即所谓的“监守自盗”。“骗取”，是指行为人采取虚构事实或者隐瞒真相的方法，使具有处分权的受骗人产生错误认识，进而取得公共财物。“其他手段”，是指采用侵吞、窃取、骗取以外的其他手段非法占有公共财物的方法。

（1）国家出资企业工作人员在改制过程中隐匿公司、企业财产归个人持股的改制后公司、企业所有的行为。根据《最高人民法院、最高人民检察院关于办理国家出资企业中职务犯罪案件具体应用法律若干问题的意见》，国家工作人员或者受国家机关、国有公司、企业、事业单位、人民团体委托管理、经营国有财产的人员利用职务上的便利，在国家出资企业改制过程中故意通过低估资产、隐瞒债权、虚设债务、虚构产权交易等方式隐匿公司、企业财产，转为本人持有股份的改制后公司、企业所有，应当依法追究刑事责任的，依照《刑法》第 382 条、第 383 条的规定，以贪污罪定罪处罚。

<table>
<tr><td rowspan="2">定罪标准</td><td>犯罪客观方面</td><td>

（2）国有公司、企业在改制过程中隐匿公司、企业财产归职工集体持股的改制后公司、企业所有的行为的处理。改制后的公司、企业中只有改制前公司、企业的管理人员或者少数职工持股，改制前公司、企业的多数职工未持股的，依照《最高人民法院、最高人民检察院关于办理国家出资企业中职务犯罪案件具体应用法律若干问题的意见》第1条的规定，以贪污罪定罪处罚。

3. 侵犯的对象是公共财物。根据《刑法》第91条的规定，公共财物是指下列财产：（1）国有财产；（2）劳动群众集体所有的财产；（3）用于扶贫和其他公益事业的社会捐助或者专项基金的财产；（4）在国家机关、国有公司、企业、集体企业和人民团体管理、使用或者运输中的私人财产。此外，根据《刑法》第394条的规定，本罪的对象还包括国家工作人员在国内公务活动或者对外交往中接受的礼物。

</td></tr>
<tr><td>犯罪主体</td><td>

本罪的主体是特殊主体，只有具有法定特殊身份或者资格的人才能构成本罪。具体而言，包括以下两种不同身份的自然人：

1. 国家工作人员。根据《刑法》第93条的规定，国家工作人员是指国家机关中从事公务的人员，国有公司、企业、事业单位、人民团体中从事公务的人员和国家机关、国有公司、企业、事业单位委派到非国有公司、企业、事业单位、社会团体从事公务的人员，以及其他依照法律从事公务的人员。根据《全国人民代表大会常务委员会关于〈中华人民共和国刑法〉第九十三条第二款的解释》，村民委员会等村基层组织人员协助人民政府从事下列行政管理工作时，属于前述的“其他依照法律从事公务的人员”：（1）救灾、抢险、防汛、优抚、扶贫、移民、救济款物的管理；（2）社会捐助公益事业款物的管理；（3）国有土地的经营和管理；（4）土地征收、征用补偿费用的管理；（5）代征、代缴税款；（6）有关计划生育、户籍、征兵工作；（7）协助人民政府从事的其他行政管理工作。

在认定行为人是否为国家工作人员时，需要注意把握以下几点：

（1）国家机关工作人员的认定

刑法中所称的国家机关工作人员，是指在国家机关中从事公务的人员，包括在各级国家权力机关、行政机关、司法机关和军事机关中从事公务的人员。

根据有关立法解释的规定，在依照法律、法规规定行使国家行政管理职权的组织中从事公务的人员，或者在受国家机关委托代表国家行使职权的组织中从事公务的人员，或者虽未列入国家机关人员编制但在国家机关中从事公务的人员，视为国家机关工作人员。在乡（镇）以上中国共产党机关、人民政协机关中从事公务的人员，司法实践中也应当视为国家机关工作人员。

（2）国家机关、国有公司、企业、事业单位委派到非国有公司、企业、事业单位、社会团体从事公务的人员的认定

所谓委派，即委任、派遣，其形式多种多样，如任命、指派、提名、批准等。不论被委派的人身份如何，只要是接受国家机关、国有公司、企业、事业单位委派，代表国家机关、国有公司、企业、事业单位在非国有公司、企业、事业单位、社会团体中从事组织、领导、监督、管理等工作，都可以认定为国家机关、国有公司、企业、事业单位委派到非国有公司、企业、事业单位、社会团体从事公务的人员，如国家机关、国有公司、企业、事业单位委派到国有控股或者参股的股份有限公司从事组织、领导、监督、管理等工作的人员，应当以国家工作人员论。国有公司、企业改制为股份有限公司后原国有公司、企业的工作人员和股份有限公司新任命的人员中，除代表

</td></tr>
</table>

定罪标准

犯罪主体

国有投资主体行使监督、管理职权的人外，不以国家工作人员论。

(3) 关于国家出资企业中国家工作人员的认定

经国家机关、国有公司、企业、事业单位提名、推荐、任命、批准等，在国有控股、参股公司及其分支机构中从事公务的人员，应当认定为国家工作人员。具体的任命机构和程序，不影响国家工作人员的认定。

经国家出资企业中负有管理、监督国有资产职责的组织批准或者研究决定，代表其在国有控股、参股公司及其分支机构中从事组织、领导、监督、经营、管理工作的人员，应当认定为国家工作人员。

国家出资企业中的国家工作人员，在国家出资企业中持有个人股份或者同时接受非国有股东委托的，不影响其国家工作人员身份的认定。

(4) 关于改制前后主体身份发生变化的犯罪的处理

国家工作人员在国家出资企业改制前利用职务上的便利实施犯罪，在其不再具有国家工作人员身份后又实施同种行为，依法构成不同犯罪的，应当分别定罪，实行数罪并罚。

国家工作人员利用职务上的便利，在国家出资企业改制过程中隐匿公司、企业财产，在其不再具有国家工作人员身份后将所隐匿财产据为己有的，依照《刑法》第382条、第383条的规定，以贪污罪定罪处罚。

国家工作人员在国家出资企业改制过程中利用职务上的便利为请托人谋取利益，事先约定在其不再具有国家工作人员身份后收受请托人财物，或者在身份变化前后连续收受请托人财物的，依照《刑法》第385条、第386条的规定，以受贿罪定罪处罚。

(5) 关于国家出资企业的界定

"国家出资企业"，包括国家出资的国有独资公司、国有独资企业，以及国有资本控股公司。

是否属于国家出资企业不清楚的，应遵循"谁投资、谁拥有产权"的原则进行界定。企业注册登记中的资金来源与实际出资不符的，应根据实际出资情况确定企业的性质。企业实际出资情况不清楚的，可以综合工商注册、分配形式、经营管理等因素确定企业的性质。

(6) "其他依照法律从事公务的人员"的认定

《刑法》第93条第2款规定的"其他依照法律从事公务的人员"应当具有两个特征：一是在特定条件下行使国家管理职能；二是依照法律规定从事公务。具体包括：①依法履行职责的各级人民代表大会代表；②依法履行审判职责的人民陪审员；③协助乡镇人民政府、街道办事处从事行政管理工作的村民委员会、居民委员会等农村和城市基层组织人员；④其他由法律授权从事公务的人员。

(7) 关于"从事公务"的理解

从事公务，是指代表国家机关、国有公司、企业、事业单位、人民团体等履行组织、领导、监督、管理等职责。公务主要表现为与职权相联系的公共事务以及监督、管理国有财产的职务活动。例如，国家机关工作人员依法履行职责，国有公司的董事、经理、监事、会计、出纳人员等管理、监督国有财产等活动，属于从事公务。那些不具备职权内容的劳务活动、技术服务工作，如售货员、售票员等所从事的工作，一般不认为是公务。

2. 受国家机关、国有公司、企业、事业单位、人民团体委托管理、经营国有财产的人员。所谓"受委托管理、经营国有财产"，是指因承包、租赁、临时聘用等管

<table>
<tr><td rowspan="4">定罪标准</td><td>犯罪主体</td><td>理、经营国有财产。这类人员作为贪污罪的主体，有以下几个特点：（1）被委托人原本不是管理、经营国家财产的国家工作人员，他们也不因接受委托而具有国家工作人员的身份；（2）委托单位必须是国有单位；（3）委托单位必须有委托他人以某种方式管理、经营国有财产的明确的意思表示，并赋予一定的职权和职责，同时，被委托人也必须有接受委托的明确的意思表示；（4）委托行为具有合法性。</td></tr>
<tr><td>犯罪主观方面</td><td>本罪在主观方面表现为故意，并具有非法占有公共财物的目的。</td></tr>
<tr><td>罪与非罪</td><td>区分罪与非罪的界限，要注意把握以下几点：<br>1. 构成贪污罪的起刑点为 3 万元。<br>2. 关于贪污数额的认定，应注意以下三点：<br>（1）对多次贪污未经处理的，按照累计贪污数额处罚。“多次贪污未经处理”，是指两次以上的贪污行为，以前既没有受过刑事处罚，也没有受过行政处理。<br>（2）被贪污公款所生利息，不应作为贪污的犯罪数额计算。<br>（3）在共同贪污案件中，如何认定刑法所规定的“贪污数额”？根据《全国法院审理经济犯罪案件工作座谈会纪要》的规定，“贪污数额”是指个人所参与或者组织、指挥共同贪污的数额，不能只按个人实际分得的赃款数额来认定。对共同贪污犯罪中的从犯，应当按照其所参与的共同贪污的数额确定量刑幅度，并依照《刑法》第 27 条第 2 款的规定，从轻、减轻或者免除处罚。<br>3. 根据《最高人民法院、最高人民检察院关于办理国家出资企业中职务犯罪案件具体应用法律若干问题的意见》，办理国家出资企业中的职务犯罪案件时，要综合考虑历史条件、企业发展、职工就业、社会稳定等因素，注意具体情况具体分析，严格把握犯罪与一般违规行为的区分界限。对于主观恶意明显、社会危害严重、群众反映强烈的严重犯罪，要坚决依法从严惩处；对于特定历史条件下、为了顺利完成企业改制而实施的违反国家政策法律规定的行为，行为人无主观恶意或者主观恶意不明显，情节较轻，危害不大的，可以不作为犯罪处理。<br>对于国家出资企业中的职务犯罪，要加大经济上的惩罚力度，充分重视财产刑的适用和执行，最大限度地挽回国家和人民利益遭受的损失。不能退赃的，在决定刑罚时，应当作为重要情节予以考虑。</td></tr>
<tr><td>既遂标准</td><td>关于本罪的既遂标准，理论上有失控说、控制说等学说。但根据《全国法院审理经济犯罪案件工作座谈会纪要》的规定，贪污罪是一种以非法占有为目的的财产性职务犯罪，与盗窃、诈骗、抢夺等侵犯财产罪一样，应当以行为人是否实际控制财物作为区分贪污罪既遂与未遂的标准。对于行为人利用职务上的便利，实施了虚假平账等贪污行为，但公共财物尚未实际转移，或者尚未被行为人控制就被查获的，应当认定为贪污未遂。行为人控制公共财物后，是否将财物据为己有，不影响贪污既遂的认定。<br>根据《最高人民法院、最高人民检察院关于办理国家出资企业中职务犯罪案件具体应用法律若干问题的意见》，国家工作人员或者受国家机关、国有公司、企业、事业单位、人民团体委托管理、经营国有财产的人员利用职务上的便利，在国家出资企</td></tr>
</table>

<table>
<tr><td rowspan="3">定罪标准</td><td>既遂标准</td><td>业改制过程中故意通过低估资产、隐瞒债权、虚设债务、虚构产权交易等方式隐匿公司、企业财产，转为本人持有股份的改制后公司、企业所有，所隐匿财产在改制过程中已为行为人实际控制，或者国家出资企业改制已经完成的，以犯罪既遂处理。</td></tr>
<tr><td>共同犯罪</td><td>没有国家工作人员身份的人与国家工作人员共同犯本罪，应当按照下列规则处理：<br>1. 行为人与国家工作人员勾结，利用国家工作人员的职务便利，共同侵吞、窃取、骗取或者以其他手段非法占有公共财物的，以贪污罪共犯论处。<br>2. 公司、企业或者其他单位中，不具有国家工作人员身份的人与国家工作人员勾结，分别利用各自的职务便利，共同将本单位财物非法据为己有的，按照主犯的犯罪性质定罪。</td></tr>
<tr><td>此罪与彼罪</td><td>一、本罪与职务侵占罪的界限<br>二者的区别主要在于：(1) 犯罪对象不同。职务侵占罪的对象必须是行为人职权范围内或者是工作范围内经营的本单位的财物，它既可能是公共财物，也可能是私有财物；而贪污罪的对象则只能是公共财物。(2) 主体要件不同。职务侵占罪的主体是公司、企业或者其他单位的工作人员，无论是股份有限公司、有限责任公司，还是国有公司、企业、中外合资、中外合作、集体性质企业、外商独资企业、私营企业等中不具有国家工作人员身份的一切职工都可成为本罪的主体；贪污罪的主体则只限于国家工作人员，其中包括在国有公司、企业或者其他公司、企业中行使管理职权，并具有国家工作人员身份的人员，包括受国有公司、国有企业委派或者聘请，作为国有公司、国有企业代表，在中外合资、合作、股份制公司、企业等非国有单位中，行使管理职权，并具有国家工作人员身份的人员。<br>国家工作人员或者受国家机关、国有公司、企业、事业单位、人民团体委托管理、经营国有财产的人员以外的人员，利用职务上的便利，在国家出资企业改制过程中故意通过低估资产、隐瞒债权、虚设债务、虚构产权交易等方式隐匿公司、企业财产，转为本人持有股份的改制后公司、企业所有，应当依法追究刑事责任的，依照《刑法》第 271 条的规定，以职务侵占罪定罪处罚。<br>二、本罪与盗窃罪的界限<br>二者都是以非法占有财物为目的的侵犯财产所有权的犯罪。二者的主要区别是：(1) 犯罪对象不同。本罪的对象是公共财物；而盗窃罪的对象是他人财物，包括公私财物，而且多为犯罪行为前不被自己控制的他人财物。(2) 犯罪手段不同。本罪是指国家工作人员利用职务上的便利，侵吞、窃取、骗取或者以其他手段非法占有公共财物；而盗窃罪则是采用秘密窃取的手段获取他人财物的行为。(3) 主体要件不同。本罪的主体是特殊主体；盗窃罪的主体为一般主体。<br>三、本罪与诈骗罪的界限<br>两种犯罪都是以非法占有为目的的侵犯财产所有权的行为。二者的主要区别就在于：(1) 犯罪对象不同。本罪的对象是公共财物；而诈骗罪的对象是他人财物，包括公私财物，而且多为犯罪行为前不被自己控制的他人财物。(2) 犯罪手段不同。本罪是指国家工作人员利用职务上的便利，侵吞、窃取、骗取或者以其他手段非法占有公共财物；而诈骗罪则是用虚构的事实或者隐瞒事实真相的方法骗取他人的财物。(3) 主体要件不同。本罪的主体是特殊主体；盗窃罪的主体为一般主体。</td></tr>
</table>

| | | |
|---|---|---|
| 定罪标准 | 此罪与彼罪 | **四、本罪与国有公司、企业、事业单位人员失职罪，国有公司、企业、事业单位人员滥用职权罪，徇私舞弊低价折股、出售公司、企业资产罪的界限**<br>在企业改制过程中未采取低估资产、隐瞒债权、虚设债务、虚构产权交易等方式故意隐匿公司、企业财产的，一般不应当认定为贪污；不具有非法占有目的，因滥用职权或者玩忽职守造成国有资产重大损失，依法构成《刑法》第 168 条或者第 169 条规定的犯罪的，依照该规定定罪处罚。 |
| 证据参考标准 | 主体方面的证据 | **一、证明行为人刑事责任年龄、身份等自然情况的证据**<br>包括身份证明、户籍证明、任职证明、工作经历证明、特定职责证明等，主要是证明行为人的姓名（曾用名）、性别、出生年月日、民族、籍贯、出生地、职业（或职务）、住所地（或居所地）等证据材料，如户口簿、居民身份证、居住证、工作证、出生证、专业或技术等级证、干部履历表、职工登记表、护照等。<br>对于户籍、出生证等材料内容不实的，应提供其他证据材料。人大代表、政协委员犯罪的案件，应注明身份，并附身份证明材料。<br>**二、证明行为人刑事责任能力的证据**<br>证明行为人对自己的行为是否具有辨认能力与控制能力，如是否属于间歇性精神病人、案发时是否尚未完全丧失辨认或者控制自己行为能力的证明材料。 |
| | 主观方面的证据 | **证明行为人故意的证据**<br>1. 证明行为人主观认识因素的证据：证明行为人明知自己的行为会发生危害社会的结果；2. 证明行为人主观意志因素的证据：证明行为人希望或者放任危害结果发生；3. 证明行为人非法占有公共财物主观目的的证据。 |
| | 客观方面的证据 | **证明行为人贪污行为的证据**<br>具体证据包括：1. 证明行为人职责范围的证据；2. 证明行为人利用职务之便的证据；3. 证明行为人侵吞公共财物的证据；4. 证明行为人窃取公共财物的证据；5. 证明行为人骗取公共财物的证据；6. 证明行为人以其他手段非法占有公共财物的证据；7. 证明个人非法占有财物数额的证据；8. 证明具体的赃款、赃物的证据；9. 证明行为人非法占有之财物为公共财物的证据；10. 证明具有贪污救灾、抢险、防汛、防疫、优抚、扶贫、移民、救济款物及募捐款物、赃款赃物、罚没款物、暂扣款物以及贪污手段恶劣、毁灭证据、转移赃物等情节的证据。 |
| | 量刑方面的证据 | **一、法定量刑情节证据**<br>1. 事实情节。2. 法定从重情节。3. 法定从轻、减轻情节：（1）可以从轻；（2）可以从轻或者减轻；（3）应当从轻或者减轻。4. 法定从轻、减轻、免除情节：（1）可以从轻、减轻或者免除处罚；（2）应当从轻、减轻或者免除处罚。5. 法定减轻、免除情节：（1）可以减轻或者免除处罚；（2）应当减轻或者免除处罚；（3）可以免除处罚。 |

| | | |
|---|---|---|
| 证据参考标准 | 量刑方面的证据 | 二、酌定量刑情节证据<br>1. 犯罪手段。2. 犯罪对象：是否属于救灾、抢险、防汛、防疫、优抚、扶贫、移民、救济款物及募捐款物、赃款赃物、罚没款物、暂扣款物。3. 危害结果。4. 犯罪动机。5. 平时表现。6. 认罪态度、贪污公款的归还情况。7. 是否有前科。8. 其他证据。 |
| 量刑标准 | 贪污数额较大或者有其他较重情节的 | 处三年以下有期徒刑或者拘役，并处罚金（10万元以上50万元以下） |
| 量刑标准 | 贪污数额巨大或者有其他严重情节的 | 处三年以上十年以下有期徒刑，并处罚金（20万元以上犯罪数额2倍以下）或者没收财产 |
| 量刑标准 | 贪污数额特别巨大或者有其他特别严重情节的 | 处十年以上有期徒刑或者无期徒刑，并处罚金（50万元以上犯罪数额2倍以下）或者没收财产 |
| 量刑标准 | 贪污数额特别巨大，并使国家和人民利益遭受特别重大损失的 | 处无期徒刑或者死刑，并处没收财产 |
| 量刑标准 | 犯本罪，在提起公诉前如实供述自己罪行、真诚悔罪、积极退赃，避免、减少损害结果的发生，有第383条第1项规定情形的，可以从轻、减轻或者免除处罚；有第2项、第3项规定情形的，可以从轻处罚 | |
| 量刑标准 | 犯本罪，有第383条第3项规定情形被判处死刑缓期执行的，人民法院根据犯罪情节等情况可以同时决定在其死刑缓期执行二年期满依法减为无期徒刑后，终身监禁，不得减刑、假释 | |
| 量刑标准 | 不适用缓刑或者免予刑事处罚 | 1. 以下情形一般不适用缓刑或者免予刑事处罚：<br>（1）不如实供述罪行的；<br>（2）不予退缴赃款赃物或者将赃款赃物用于非法活动的；<br>（3）属于共同犯罪中情节严重的主犯的；<br>（4）犯有数个职务犯罪依法实行并罚或者以一罪处理的；<br>（5）曾因职务违纪违法行为受过行政处分的；<br>（6）犯罪涉及的财物属于救灾、抢险、防汛、优抚、扶贫、移民、救济、防疫等特定款物的；<br>（7）其他不应适用缓刑、免予刑事处罚的情形。<br>对于具有以上情形之一，但根据全案事实和量刑情节，检察机关认为确有必要适用缓刑或者免予刑事处罚并据此提出量刑建议的，应经检察委员会讨论决定；审理法院认为确有必要适用缓刑或者免予刑事处罚的，应经审判委员会讨论决定。<br>2. 人民法院审理职务犯罪案件时应当注意听取检察机关、被告人、辩护人提出的量刑意见，分析影响性案件案发前后的社会反映，必要时可以征求案件查办等机关的意见。对于情节恶劣、社会反映强烈的职务犯罪案件，不得适用缓刑、免予刑事处罚。 |
| 量刑标准 | 可以适用缓刑或者免予刑事处罚 | 不具有以上规定的情形，全部退缴赃款赃物，依法判处三年有期徒刑以下刑罚，符合《刑法》规定的缓刑适用条件的贪污犯罪分子，可以适用缓刑。 |

法律适用

刑法条文

**第三百八十二条** 国家工作人员利用职务上的便利，侵吞、窃取、骗取或者以其他手段非法占有公共财物的，是贪污罪。

受国家机关、国有公司、企业、事业单位、人民团体委托管理、经营国有财产的人员，利用职务上的便利，侵吞、窃取、骗取或者以其他手段非法占有国有财物的，以贪污论。

与前两款所列人员勾结，伙同贪污的，以共犯论处。

**第三百八十三条** 对犯贪污罪的，根据情节轻重，分别依照下列规定处罚：

（一）贪污数额较大或者有其他较重情节的，处三年以下有期徒刑或者拘役，并处罚金。

（二）贪污数额巨大或者有其他严重情节的，处三年以上十年以下有期徒刑，并处罚金或者没收财产。

（三）贪污数额特别巨大或者有其他特别严重情节的，处十年以上有期徒刑或者无期徒刑，并处罚金或者没收财产；数额特别巨大，并使国家和人民利益遭受特别重大损失的，处无期徒刑或者死刑，并处没收财产。

对多次贪污未经处理的，按照累计贪污数额处罚。

犯第一款罪，在提起公诉前如实供述自己罪行、真诚悔罪、积极退赃，避免、减少损害结果的发生，有第一项规定情形的，可以从轻、减轻或者免除处罚；有第二项、第三项规定情形的，可以从轻处罚。

犯第一款罪，有第三项规定情形被判处死刑缓期执行的，人民法院根据犯罪情节等情况可以同时决定在其死刑缓期执行二年期满依法减为无期徒刑后，终身监禁，不得减刑、假释。

**第九十一条** 本法所称公共财产，是指下列财产：

（一）国有财产；

（二）劳动群众集体所有的财产；

（三）用于扶贫和其他公益事业的社会捐助或者专项基金的财产。

在国家机关、国有公司、企业、集体企业和人民团体管理、使用或者运输中的私人财产，以公共财产论。

**第九十三条** 本法所称国家工作人员，是指国家机关中从事公务的人员。

国有公司、企业、事业单位、人民团体中从事公务的人员和国家机关、国有公司、企业、事业单位委派到非国有公司、企业、事业单位、社会团体从事公务的人员，以及其他依照法律从事公务的人员，以国家工作人员论。

**第一百八十三条** 保险公司的工作人员利用职务上的便利，故意编造未曾发生的保险事故进行虚假理赔，骗取保险金归自己所有的，依照本法第二百七十一条的规定定罪处罚。

国有保险公司工作人员和国有保险公司委派到非国有保险公司从事公务的人员有前款行为的，依照本法第三百八十二条、第三百八十三条的规定定罪处罚。

**第二百七十一条** 公司、企业或者其他单位的工作人员，利用职务上的便利，将本单位财物非法占为己有，数额较大的，处三年以下有期徒刑或者拘役，并处罚金；数额巨大的，处三年以上十年以下有期徒刑，并处罚金；数额特别巨大的，处十年以上有期徒刑或者无期徒刑，并处罚金。

国有公司、企业或者其他国有单位中从事公务的人员和国有公司、企业或者其他国有单位委派到非国有公司、企业以及其他单位从事公务的人员有前款行为的，依照本法第三百八十二条、第三百八十三条的规定定罪处罚。

法律适用

刑法条文

**第二百八十七条第一款** 利用计算机实施金融诈骗、盗窃、贪污、挪用公款、窃取国家秘密或者其他犯罪的，依照本法有关规定定罪处罚。

**第三百九十四条** 国家工作人员在国内公务活动或者对外交往中接受礼物，依照国家规定应当交公而不交公，数额较大的，依照本法第三百八十二条、第三百八十三条的规定定罪处罚。

立法解释

**全国人民代表大会常务委员会《关于〈中华人民共和国刑法〉第九十三条第二款的解释》**（2000年4月29日第九届全国人民代表大会常务委员会第十五次会议通过　根据2009年8月27日第十一届全国人民代表大会常务委员会第十次会议《关于修部分法律的决定》修正）

全国人民代表大会常务委员会讨论了村民委员会等村基层组织人员在从事哪些工作时属于刑法第九十三条第二款规定的“其他依照法律从事公务的人员”，解释如下：

村民委员会等村基层组织人员协助人民政府从事下列行政管理工作时，属于刑法第九十三条第二款规定的“其他依照法律从事公务的人员”：

（一）救灾、抢险、防汛、优抚、扶贫、移民、救济款物的管理；

（二）社会捐助公益事业款物的管理；

（三）国有土地的经营和管理；

（四）土地征收、征用补偿费用的管理；

（五）代征、代缴税款；

（六）有关计划生育、户籍、征兵工作；

（七）协助人民政府从事的其他行政管理工作。

村民委员会等村基层组织人员从事前款规定的公务，利用职务上的便利，非法占有公共财物、挪用公款、索取他人财物或者非法收受他人财物，构成犯罪的，适用刑法第三百八十二条和第三百八十三条贪污罪、第三百八十四条挪用公款罪、第三百八十五条和第三百八十六条受贿罪的规定。

现予公告。

司法解释

**一、最高人民法院、最高人民检察院《关于办理贪污贿赂刑事案件适用法律若干问题的解释》**（2016年4月18日　法释〔2016〕9号）

为依法惩治贪污贿赂犯罪活动，根据刑法有关规定，现就办理贪污贿赂刑事案件适用法律的若干问题解释如下：

**第一条** 贪污或者受贿数额在三万元以上不满二十万元的，应当认定为刑法第三百八十三条第一款规定的“数额较大”，依法判处三年以下有期徒刑或者拘役，并处罚金。

贪污数额在一万元以上不满三万元，具有下列情形之一的，应当认定为刑法第三百八十三条第一款规定的“其他较重情节”，依法判处三年以下有期徒刑或者拘役，并处罚金：

（一）贪污救灾、抢险、防汛、优抚、扶贫、移民、救济、防疫、社会捐助等特定款物的；

（二）曾因贪污、受贿、挪用公款受过党纪、行政处分的；

（三）曾因故意犯罪受过刑事追究的；

（四）赃款赃物用于非法活动的；

（五）拒不交待赃款赃物去向或者拒不配合追缴工作，致使无法追缴的；

法律适用　司法解释

（六）造成恶劣影响或者其他严重后果的。

受贿数额在一万元以上不满三万元，具有前款第二项至第六项规定的情形之一，或者具有下列情形之一的，应当认定为刑法第三百八十三条第一款规定的“其他较重情节”，依法判处三年以下有期徒刑或者拘役，并处罚金：

（一）多次索贿的；

（二）为他人谋取不正当利益，致使公共财产、国家和人民利益遭受损失的；

（三）为他人谋取职务提拔、调整的。

**第二条**　贪污或者受贿数额在二十万元以上不满三百万元的，应当认定为刑法第三百八十三条第一款规定的“数额巨大”，依法判处三年以上十年以下有期徒刑，并处罚金或者没收财产。

贪污数额在十万元以上不满二十万元，具有本解释第一条第二款规定的情形之一的，应当认定为刑法第三百八十三条第一款规定的“其他严重情节”，依法判处三年以上十年以下有期徒刑，并处罚金或者没收财产。

受贿数额在十万元以上不满二十万元，具有本解释第一条第三款规定的情形之一的，应当认定为刑法第三百八十三条第一款规定的“其他严重情节”，依法判处三年以上十年以下有期徒刑，并处罚金或者没收财产。

**第三条**　贪污或者受贿数额在三百万元以上的，应当认定为刑法第三百八十三条第一款规定的“数额特别巨大”，依法判处十年以上有期徒刑、无期徒刑或者死刑，并处罚金或者没收财产。

贪污数额在一百五十万元以上不满三百万元，具有本解释第一条第二款规定的情形之一的，应当认定为刑法第三百八十三条第一款规定的“其他特别严重情节”，依法判处十年以上有期徒刑、无期徒刑或者死刑，并处罚金或者没收财产。

受贿数额在一百五十万元以上不满三百万元，具有本解释第一条第三款规定的情形之一的，应当认定为刑法第三百八十三条第一款规定的“其他特别严重情节”，依法判处十年以上有期徒刑、无期徒刑或者死刑，并处罚金或者没收财产。

**第四条**　贪污、受贿数额特别巨大，犯罪情节特别严重、社会影响特别恶劣、给国家和人民利益造成特别重大损失的，可以判处死刑。

符合前款规定的情形，但具有自首，立功，如实供述自己罪行、真诚悔罪、积极退赃，或者避免、减少损害结果的发生等情节，不是必须立即执行的，可以判处死刑缓期二年执行。

符合第一款规定情形的，根据犯罪情节等情况可以判处死刑缓期二年执行，同时裁判决定在其死刑缓期执行二年期满依法减为无期徒刑后，终身监禁，不得减刑、假释。

**第五条**　挪用公款归个人使用，进行非法活动，数额在三万元以上的，应当依照刑法第三百八十四条的规定以挪用公款罪追究刑事责任；数额在三百万元以上的，应当认定为刑法第三百八十四条第一款规定的“数额巨大”。具有下列情形之一的，应当认定为刑法第三百八十四条第一款规定的“情节严重”：

（一）挪用公款数额在一百万元以上的；

（二）挪用救灾、抢险、防汛、优抚、扶贫、移民、救济特定款物，数额在五十万元以上不满一百万元的；

（三）挪用公款不退还，数额在五十万元以上不满一百万元的；

（四）其他严重的情节。

**第六条** 挪用公款归个人使用，进行营利活动或者超过三个月未还，数额在五万元以上的，应当认定为刑法第三百八十四条第一款规定的“数额较大”；数额在五百万元以上的，应当认定为刑法第三百八十四条第一款规定的“数额巨大”。具有下列情形之一的，应当认定为刑法第三百八十四条第一款规定的“情节严重”：

（一）挪用公款数额在二百万元以上的；

（二）挪用救灾、抢险、防汛、优抚、扶贫、移民、救济特定款物，数额在一百万元以上不满二百万元的；

（三）挪用公款不退还，数额在一百万元以上不满二百万元的；

（四）其他严重的情节。

**第七条** 为谋取不正当利益，向国家工作人员行贿，数额在三万元以上的，应当依照刑法第三百九十条的规定以行贿罪追究刑事责任。

行贿数额在一万元以上不满三万元，具有下列情形之一的，应当依照刑法第三百九十条的规定以行贿罪追究刑事责任：

（一）向三人以上行贿的；

（二）将违法所得用于行贿的；

（三）通过行贿谋取职务提拔、调整的；

（四）向负有食品、药品、安全生产、环境保护等监督管理职责的国家工作人员行贿，实施非法活动的；

（五）向司法工作人员行贿，影响司法公正的；

（六）造成经济损失数额在五十万元以上不满一百万元的。

**第八条** 犯行贿罪，具有下列情形之一的，应当认定为刑法第三百九十条第一款规定的“情节严重”：

（一）行贿数额在一百万元以上不满五百万元的；

（二）行贿数额在五十万元以上不满一百万元，并具有本解释第七条第二款第一项至第五项规定的情形之一的；

（三）其他严重的情节。

为谋取不正当利益，向国家工作人员行贿，造成经济损失数额在一百万元以上不满五百万元的，应当认定为刑法第三百九十条第一款规定的“使国家利益遭受重大损失”。

**第九条** 犯行贿罪，具有下列情形之一的，应当认定为刑法第三百九十条第一款规定的“情节特别严重”：

（一）行贿数额在五百万元以上的；

（二）行贿数额在二百五十万元以上不满五百万元，并具有本解释第七条第二款第一项至第五项规定的情形之一的；

（三）其他特别严重的情节。

为谋取不正当利益，向国家工作人员行贿，造成经济损失数额在五百万元以上的，应当认定为刑法第三百九十条第一款规定的“使国家利益遭受特别重大损失”。

**第十条** 刑法第三百八十八条之一规定的利用影响力受贿罪的定罪量刑适用标准，参照本解释关于受贿罪的规定执行。

刑法第三百九十条之一规定的对有影响力的人行贿罪的定罪量刑适用标准，参照本解释关于行贿罪的规定执行。

单位对有影响力的人行贿数额在二十万元以上的，应当依照刑法第三百九十条之一的规定以对有影响力的人行贿罪追究刑事责任。

法律适用 司法解释

**第十一条** 刑法第一百六十三条规定的非国家工作人员受贿罪、第二百七十一条规定的职务侵占罪中的“数额较大”“数额巨大”的数额起点，按照本解释关于受贿罪、贪污罪相对应的数额标准规定的二倍、五倍执行。

刑法第二百七十二条规定的挪用资金罪中的“数额较大”“数额巨大”以及“进行非法活动”情形的数额起点，按照本解释关于挪用公款罪“数额较大”“情节严重”以及“进行非法活动”的数额标准规定的二倍执行。

刑法第一百六十四条第一款规定的对非国家工作人员行贿罪中的“数额较大”“数额巨大”的数额起点，按照本解释第七条、第八条第一款关于行贿罪的数额标准规定的二倍执行。

**第十二条** 贿赂犯罪中的“财物”，包括货币、物品和财产性利益。财产性利益包括可以折算为货币的物质利益如房屋装修、债务免除等，以及需要支付货币的其他利益如会员服务、旅游等。后者的犯罪数额，以实际支付或者应当支付的数额计算。

**第十三条** 具有下列情形之一的，应当认定为“为他人谋取利益”，构成犯罪的，应当依照刑法关于受贿犯罪的规定定罪处罚：

（一）实际或者承诺为他人谋取利益的；

（二）明知他人有具体请托事项的；

（三）履职时未被请托，但事后基于该履职事由收受他人财物的。

国家工作人员索取、收受具有上下级关系的下属或者具有行政管理关系的被管理人员的财物价值三万元以上，可能影响职权行使的，视为承诺为他人谋取利益。

**第十四条** 根据行贿犯罪的事实、情节，可能被判处三年有期徒刑以下刑罚的，可以认定为刑法第三百九十条第二款规定的“犯罪较轻”。

根据犯罪的事实、情节，已经或者可能被判处十年有期徒刑以上刑罚的，或者案件在本省、自治区、直辖市或者全国范围内有较大影响的，可以认定为刑法第三百九十条第二款规定的“重大案件”。

具有下列情形之一的，可以认定为刑法第三百九十条第二款规定的“对侦破重大案件起关键作用”：

（一）主动交待办案机关未掌握的重大案件线索的；

（二）主动交待的犯罪线索不属于重大案件的线索，但该线索对于重大案件侦破有重要作用的；

（三）主动交待行贿事实，对于重大案件的证据收集有重要作用的；

（四）主动交待行贿事实，对于重大案件的追逃、追赃有重要作用的。

**第十五条** 对多次受贿未经处理的，累计计算受贿数额。

国家工作人员利用职务上的便利为请托人谋取利益前后多次收受请托人财物，受请托之前收受的财物数额在一万元以上的，应当一并计入受贿数额。

**第十六条** 国家工作人员出于贪污、受贿的故意，非法占有公共财物、收受他人财物之后，将赃款赃物用于单位公务支出或者社会捐赠的，不影响贪污罪、受贿罪的认定，但量刑时可以酌情考虑。

特定关系人索取、收受他人财物，国家工作人员知道后未退还或者上交的，应当认定国家工作人员具有受贿故意。

**第十七条** 国家工作人员利用职务上的便利，收受他人财物，为他人谋取利益，同时构成受贿罪和刑法分则第三章第三节、第九章规定的渎职犯罪的，除刑法另有规定外，以受贿罪和渎职犯罪数罪并罚。

**第十八条** 贪污贿赂犯罪分子违法所得的一切财物，应当依照刑法第六十四条的规定予以追缴或者责令退赔，对被害人的合法财产应当及时返还。对尚未追缴到案或者尚未足额退赔的违法所得，应当继续追缴或者责令退赔。

**第十九条** 对贪污罪、受贿罪判处三年以下有期徒刑或者拘役的，应当并处十万元以上五十万元以下的罚金；判处三年以上十年以下有期徒刑的，应当并处二十万元以上犯罪数额二倍以下的罚金或者没收财产；判处十年以上有期徒刑或者无期徒刑的，应当并处五十万元以上犯罪数额二倍以下的罚金或者没收财产。

对刑法规定并处罚金的其他贪污贿赂犯罪，应当在十万元以上犯罪数额二倍以下判处罚金。

**第二十条** 本解释自2016年4月18日起施行。最高人民法院、最高人民检察院此前发布的司法解释与本解释不一致的，以本解释为准。

**二、最高人民法院《关于办理减刑、假释案件具体应用法律的补充规定》**（2019年4月24日 法释〔2019〕6号）

为准确把握宽严相济刑事政策，严格执行《最高人民法院关于办理减刑、假释案件具体应用法律的规定》，现对《中华人民共和国刑法修正案（九）》施行后，依照刑法分则第八章贪污贿赂罪判处刑罚的原具有国家工作人员身份的罪犯的减刑、假释补充规定如下：

**第一条** 对拒不认罪悔罪的，或者确有履行能力而不履行或者不全部履行生效裁判中财产性判项的，不予假释，一般不予减刑。

**第二条** 被判处十年以上有期徒刑，符合减刑条件的，执行三年以上方可减刑；被判处不满十年有期徒刑，符合减刑条件的，执行二年以上方可减刑。

确有悔改表现或者有立功表现的，一次减刑不超过六个月有期徒刑；确有悔改表现并有立功表现的，一次减刑不超过九个月有期徒刑；有重大立功表现的，一次减刑不超过一年有期徒刑。

被判处十年以上有期徒刑的，两次减刑之间应当间隔二年以上；被判处不满十年有期徒刑的，两次减刑之间应当间隔一年六个月以上。

**第三条** 被判处无期徒刑，符合减刑条件的，执行四年以上方可减刑。

确有悔改表现或者有立功表现的，可以减为二十三年有期徒刑；确有悔改表现并有立功表现的，可以减为二十二年以上二十三年以下有期徒刑；有重大立功表现的，可以减为二十一年以上二十二年以下有期徒刑。

无期徒刑减为有期徒刑后再减刑时，减刑幅度比照本规定第二条的规定执行。两次减刑之间应当间隔二年以上。

**第四条** 被判处死刑缓期执行的，减为无期徒刑后，符合减刑条件的，执行四年以上方可减刑。

确有悔改表现或者有立功表现的，可以减为二十五年有期徒刑；确有悔改表现并有立功表现的，可以减为二十四年六个月以上二十五年以下有期徒刑；有重大立功表现的，可以减为二十四年以上二十四年六个月以下有期徒刑。

减为有期徒刑后再减刑时，减刑幅度比照本规定第二条的规定执行。两次减刑之间应当间隔二年以上。

**第五条** 罪犯有重大立功表现的，减刑时可以不受上述起始时间和间隔时间的限制。

**第六条** 对本规定所指贪污贿赂罪犯适用假释时，应当从严掌握。

**第七条** 本规定自2019年6月1日起施行。此前发布的司法解释与本规定不一致的，以本规定为准。

### 三、最高人民检察院《关于贪污养老、医疗等社会保险基金能否适用〈最高人民法院、最高人民检察院关于办理贪污贿赂刑事案件适用法律若干问题的解释〉第一条第二款第一项规定的批复》

（2017年7月26日 高检发释字〔2017〕1号）

各省、自治区、直辖市人民检察院，解放军军事检察院，新疆生产建设兵团人民检察院：

近来，一些地方人民检察院就贪污养老、医疗等社会保险基金能否适用《最高人民法院、最高人民检察院关于办理贪污贿赂刑事案件适用法律若干问题的解释》第一条第二款第一项规定请示我院。经研究，批复如下：

养老、医疗、工伤、失业、生育等社会保险基金可以认定为《最高人民法院、最高人民检察院关于办理贪污贿赂刑事案件适用法律若干问题的解释》第一条第二款第一项规定的“特定款物”。

根据刑法和有关司法解释规定，贪污罪和挪用公款罪中的“特定款物”的范围有所不同，实践中应注意区分，依法适用。

此复。

### 四、最高人民法院《关于审理挪用公款案件具体应用法律若干问题的解释》（节录）

（1998年4月29日 法释〔1998〕9号）

**第六条** 携带挪用的公款潜逃的，依照刑法第三百八十二条、第三百八十三条的规定定罪处罚。

### 五、最高人民法院《关于审理贪污、职务侵占案件如何认定共同犯罪几个问题的解释》

（2000年6月30日 法释〔2000〕15号）

为依法审理贪污或者职务侵占犯罪案件，现就这类案件如何认定共同犯罪问题解释如下：

**第一条** 行为人与国家工作人员勾结，利用国家工作人员的职务便利，共同侵吞、窃取、骗取或者以其他手段非法占有公共财物的，以贪污罪共犯论处。

**第二条** 行为人与公司、企业或者其他单位的人员勾结，利用公司、企业或者其他单位人员的职务便利，共同将该单位财物非法占为己有，数额较大的，以职务侵占罪共犯论处。

**第三条** 公司、企业或者其他单位中，不具有国家工作人员身份的人与国家工作人员勾结，分别利用各自的职务便利，共同将本单位财物非法占为己有的，按照主犯的犯罪性质定罪。

### 六、最高人民法院、最高人民检察院《关于办理妨害预防、控制突发传染病疫情等灾害的刑事案件具体应用法律若干问题的解释》（节录）

（2003年5月14日 法释〔2003〕8号）

**第十四条第一款** 贪污、侵占用于预防、控制突发传染病疫情等灾害的款物或者挪用归个人使用，构成犯罪的，分别依照刑法第三百八十二条、第三百八十三条、第二百七十一条、第三百八十四条、第二百七十二条的规定，以贪污罪、侵占罪、挪用公款罪、挪用资金罪定罪，依法从重处罚。

## 七、最高人民法院《全国法院审理经济犯罪案件工作座谈会纪要》（节录）（2003年11月13日 法发〔2003〕167号）

### 一、关于贪污贿赂犯罪和渎职犯罪的主体

#### （一）国家机关工作人员的认定

刑法中所称的国家机关工作人员，是指在国家机关中从事公务的人员，包括在各级国家权力机关、行政机关、司法机关和军事机关中从事公务的人员。

根据有关立法解释的规定，在依照法律、法规规定行使国家行政管理职权的组织中从事公务的人员，或者在受国家机关委托代表国家行使职权的组织中从事公务的人员，或者虽未列入国家机关人员编制但在国家机关中从事公务的人员，视为国家机关工作人员。在乡（镇）以上中国共产党机关、人民政协机关中从事公务的人员，司法实践中也应当视为国家机关工作人员。

#### （二）国家机关、国有公司、企业、事业单位委派到非国有公司、企业、事业单位、社会团体从事公务的人员的认定

所谓委派，即委任、派遣，其形式多种多样，如任命、指派、提名、批准等。不论被委派的人身份如何，只要是接受国家机关、国有公司、企业、事业单位委派，代表国家机关、国有公司、企业、事业单位在非国有公司、企业、事业单位、社会团体中从事组织、领导、监督、管理等工作，都可以认定为国家机关、国有公司、企业、事业单位委派到非国有公司、企业、事业单位、社会团体从事公务的人员。如国家机关、国有公司、企业、事业单位委派在国有控股或者参股的股份有限公司从事组织、领导、监督、管理等工作的人员，应当以国家工作人员论。国有公司、企业改制为股份有限公司后，原国有公司、企业的工作人员和股份有限公司新任命的人员中，除代表国有投资主体行使监督、管理职权的人外，不以国家工作人员论。

#### （三）“其他依照法律从事公务的人员”的认定

刑法第九十三条第二款规定的“其他依照法律从事公务的人员”应当具有两个特征：一是在特定条件下行使国家管理职能；二是依照法律规定从事公务。具体包括：（1）依法履行职责的各级人民代表大会代表；（2）依法履行审判职责的人民陪审员；（3）协助乡镇人民政府、街道办事处从事行政管理工作的村民委员会、居民委员会等农村和城市基层组织人员；（4）其他由法律授权从事公务的人员。

#### （四）关于“从事公务”的理解

从事公务，是指代表国家机关、国有公司、企业、事业单位、人民团体等履行组织、领导、监督、管理等职责。公务主要表现为与职权相联系的公共事务以及监督、管理国有财产的职务活动。如国家机关工作人员依法履行职责，国有公司的董事、经理、监事、会计、出纳人员等管理、监督国有财产等活动，属于从事公务。那些不具备职权内容的劳务活动、技术服务工作，如售货员、售票员等所从事的工作，一般不认为是公务。

### 二、关于贪污罪

#### （一）贪污罪既遂与未遂的认定

贪污罪是一种以非法占有为目的的财产性职务犯罪，与盗窃、诈骗、抢夺等侵犯财产罪一样，应当以行为人是否实际控制财物作为区分贪污罪既遂与未遂的标准。对于行为人利用职务上的便利，实施了虚假平账等贪污行为，但公共财物尚未实际转移，或者尚未被行为人控制就被查获的，应当认定为贪污未遂。行为人控制公共财物后，是否将财物据为已有，不影响贪污既遂的认定。

（二）“受委托管理、经营国有财产”的认定

刑法第三百八十二条第二款规定的“受委托管理、经营国有财产”，是指因承包、租赁、临时聘用等管理、经营国有财产。

（三）国家工作人员与非国家工作人员勾结共同非法占有单位财物行为的认定

对于国家工作人员与他人勾结，共同非法占有单位财物的行为，应当按照《最高人民法院关于审理贪污、职务侵占案件如何认定共同犯罪几个问题的解释》的规定定罪处罚。对于在公司、企业或者其他单位中，非国家工作人员与国家工作人员勾结，分别利用各自的职务便利，共同将本单位财物非法占有的，应当尽量区分主从犯，按照主犯的犯罪性质定罪。司法实践中，如果根据案件的实际情况，各共同犯罪人在共同犯罪中的地位、作用相当，难以区分主从犯的，可以贪污罪定罪处罚。

（四）共同贪污犯罪中“个人贪污数额”①的认定

刑法第三百八十三条第一款规定的“个人贪污数额”，在共同贪污犯罪案件中应理解为个人所参与或者组织、指挥共同贪污的数额，不能只按个人实际分得的赃款数额来认定。对共同贪污犯罪中的从犯，应当按照其所参与的共同贪污的数额确定量刑幅度，并依照刑法第二十七条第二款的规定，从轻、减轻处罚或者免除处罚。

**八、最高人民法院、最高人民检察院《关于办理职务犯罪案件严格适用缓刑、免予刑事处罚若干问题的意见》**（2012年8月8日　法发〔2012〕17号）

为进一步规范贪污贿赂、渎职等职务犯罪案件缓刑、免予刑事处罚的适用，确保办理职务犯罪案件的法律效果和社会效果，根据刑法有关规定并结合司法工作实际，就职务犯罪案件缓刑、免予刑事处罚的具体适用问题，提出以下意见：

一、严格掌握职务犯罪案件缓刑、免予刑事处罚的适用。职务犯罪案件的刑罚适用直接关系反腐败工作的实际效果。人民法院、人民检察院要深刻认识职务犯罪的严重社会危害性，正确贯彻宽严相济刑事政策，充分发挥刑罚的惩治和预防功能。要在全面把握犯罪事实和量刑情节的基础上严格依照刑法规定的条件适用缓刑、免予刑事处罚，既要考虑从宽情节，又要考虑从严情节；既要做到刑罚与犯罪相当，又要做到刑罚执行方式与犯罪相当，切实避免缓刑、免予刑事处罚不当适用造成的消极影响。

二、具有下列情形之一的职务犯罪分子，一般不适用缓刑或者免予刑事处罚：

（一）不如实供述罪行的；

（二）不予退缴赃款赃物或者将赃款赃物用于非法活动的；

（三）属于共同犯罪中情节严重的主犯的；

（四）犯有数个职务犯罪依法实行并罚或者以一罪处理的；

（五）曾因职务违纪违法行为受过行政处分的；

（六）犯罪涉及的财物属于救灾、抢险、防汛、优抚、扶贫、移民、救济、防疫等特定款物的；

（七）受贿犯罪中具有索贿情节的；

（八）渎职犯罪中徇私舞弊情节或者滥用职权情节恶劣的；

（九）其他不应适用缓刑、免予刑事处罚的情形。

三、不具有本意见第二条规定的情形，全部退缴赃款赃物，依法判处三年有期徒刑以下刑罚，符合刑法规定的缓刑适用条件的贪污、受贿犯罪分子，可以适用缓刑；

① 《刑法修正案（九）》已将《刑法》第383条规定的“个人贪污数额”修改为“贪污数额”。

符合刑法第三百八十三条第一款第（三）项的规定，依法不需要判处刑罚的，可以免予刑事处罚。

不具有本意见第二条所列情形，挪用公款进行营利活动或者超过三个月未还构成犯罪，一审宣判前已将公款归还，依法判处三年有期徒刑以下刑罚，符合刑法规定的缓刑适用条件的，可以适用缓刑；在案发前已归还，情节轻微，不需要判处刑罚的，可以免予刑事处罚。

四、人民法院审理职务犯罪案件时应当注意听取检察机关、被告人、辩护人提出的量刑意见，分析影响性案件案发前后的社会反映，必要时可以征求案件查办等机关的意见。对于情节恶劣、社会反映强烈的职务犯罪案件，不得适用缓刑、免予刑事处罚。

五、对于具有本意见第二条规定的情形之一，但根据全案事实和量刑情节，检察机关认为确有必要适用缓刑或者免予刑事处罚并据此提出量刑建议的，应经检察委员会讨论决定；审理法院认为确有必要适用缓刑或者免予刑事处罚的，应经审判委员会讨论决定。

## 九、最高人民法院、最高人民检察院《关于办理国家出资企业中职务犯罪案件具体应用法律若干问题的意见》（2010年11月26日　法发〔2010〕49号）

随着企业改制的不断推进，人民法院、人民检察院在办理国家出资企业中的贪污、受贿等职务犯罪案件时遇到了一些新情况、新问题。这些新情况、新问题具有一定的特殊性和复杂性，需要结合企业改制的特定历史条件，依法妥善地进行处理。现根据刑法规定和相关政策精神，就办理此类刑事案件具体应用法律的若干问题，提出以下意见：

### 一、关于国家出资企业工作人员在改制过程中隐匿公司、企业财产归个人持股的改制后公司、企业所有的行为的处理

国家工作人员或者受国家机关、国有公司、企业、事业单位、人民团体委托管理、经营国有财产的人员利用职务上的便利，在国家出资企业改制过程中故意通过低估资产、隐瞒债权、虚设债务、虚构产权交易等方式隐匿公司、企业财产，转为本人持有股份的改制后公司、企业所有，应当依法追究刑事责任的，依照刑法第三百八十二条、第三百八十三条的规定，以贪污罪定罪处罚。贪污数额一般应当以所隐匿财产全额计算；改制后公司、企业仍有国有股份的，按股份比例扣除归于国有的部分。

所隐匿财产在改制过程中已为行为人实际控制，或者国家出资企业改制已经完成的，以犯罪既遂处理。

第一款规定以外的人员实施该款行为的，依照刑法第二百七十一条的规定，以职务侵占罪定罪处罚；第一款规定以外的人员与第一款规定的人员共同实施该款行为的，以贪污罪的共犯论处。

在企业改制过程中未采取低估资产、隐瞒债权、虚设债务、虚构产权交易等方式故意隐匿公司、企业财产的，一般不应当认定为贪污；造成国有资产重大损失，依法构成刑法第一百六十八条或者第一百六十九条规定的犯罪的，依照该规定定罪处罚。

### 二、关于国有公司、企业在改制过程中隐匿公司、企业财产归职工集体持股的改制后公司、企业所有的行为的处理

国有公司、企业违反国家规定，在改制过程中隐匿公司、企业财产，转为职工集体持股的改制后公司、企业所有的，对其直接负责的主管人员和其他直接责任人员，依照刑法第三百九十六条第一款的规定，以私分国有资产罪定罪处罚。

法律适用 司法解释

改制后的公司、企业中只有改制前公司、企业的管理人员或者少数职工持股，改制前公司、企业的多数职工未持股的，依照本意见第一条的规定，以贪污罪定罪处罚。

**三、关于国家出资企业工作人员使用改制公司、企业的资金担保个人贷款，用于购买改制公司、企业股份的行为的处理**

国家出资企业的工作人员在公司、企业改制过程中为购买公司、企业股份，利用职务上的便利，将公司、企业的资金或者金融凭证、有价证券等用于个人贷款担保的，依照刑法第二百七十二条或者第三百八十四条的规定．以挪用资金罪或者挪用公款罪定罪处罚。

行为人在改制前的国家出资企业持有股份的，不影响挪用数额的认定，但量刑时应当酌情考虑。

经有关主管部门批准或者按照有关政策规定，国家出资企业的工作人员为购买改制公司、企业股份实施前款行为的，可以视具体情况不作为犯罪处理。

**四、关于国家工作人员在企业改制过程中的渎职行为的处理**

国家出资企业中的国家工作人员在公司、企业改制或者国有资产处置过程中严重不负责任或者滥用职权，致使国家利益遭受重大损失的，依照刑法第一百六十八条的规定，以国有公司、企业人员失职罪或者国有公司、企业人员滥用职权罪定罪处罚。

国家出资企业中的国家工作人员在公司、企业改制或者国有资产处置过程中徇私舞弊，将国有资产低价折股或者低价出售给其本人未持有股份的公司、企业或者其他个人，致使国家利益遭受重大损失的，依照刑法第一百六十九条的规定，以徇私舞弊低价折股、出售国有资产罪定罪处罚。

国家出资企业中的国家工作人员在公司、企业改制或者国有资产处置过程中徇私舞弊，将国有资产低价折股或者低价出售给特定关系人持有股份或者本人实际控制的公司、企业，致使国家利益遭受重大损失的，依照刑法第三百八十二条、第三百八十三条的规定，以贪污罪定罪处罚。贪污数额以国有资产的损失数额计算。

国家出资企业中的国家工作人员因实施第一款、第二款行为收受贿赂，同时又构成刑法第三百八十五条规定之罪的，依照处罚较重的规定定罪处罚。

**五、关于改制前后主体身份发生变化的犯罪的处理**

国家工作人员在国家出资企业改制前利用职务上的便利实施犯罪，在其不再具有国家工作人员身份后又实施同种行为，依法构成不同犯罪的，应当分别定罪，实行数罪并罚。

国家工作人员利用职务上的便利，在国家出资企业改制过程中隐匿公司、企业财产，在其不再具有国家工作人员身份后将所隐匿财产据为己有的，依照刑法第三百八十二条、第三百八十三条的规定，以贪污罪定罪处罚。

国家工作人员在国家出资企业改制过程中利用职务上的便利为请托人谋取利益，事先约定在其不再具有国家工作人员身份后收受请托人财物，或者在身份变化前后连续收受请托人财物的，依照刑法第三百八十五条、第三百八十六条的规定，以受贿罪定罪处罚。

**六、关于国家出资企业中国家工作人员的认定**

经国家机关、国有公司、企业、事业单位提名、推荐、任命、批准等，在国有控股、参股公司及其分支机构中从事公务的人员，应当认定为国家工作人员。具体的任命机构和程序，不影响国家工作人员的认定。

经国家出资企业中负有管理、监督国有资产职责的组织批准或者研究决定，代表其在国有控股、参股公司及其分支机构中从事组织、领导、监督、经营、管理工作的人员，应当认定为国家工作人员。

国家出资企业中的国家工作人员，在国家出资企业中持有个人股份或者同时接受非国有股东委托的，不影响其国家工作人员身份的认定。

七、关于国家出资企业的界定

本意见所称“国家出资企业”，包括国家出资的国有独资公司、国有独资企业，以及国有资本控股公司、国有资本参股公司。

是否属于国家出资企业不清楚的，应遵循“谁投资、谁拥有产权”的原则进行界定。企业注册登记中的资金来源与实际出资不符的，应根据实际出资情况确定企业的性质。企业实际出资情况不清楚的，可以综合工商注册、分配形式、经营管理等因素确定企业的性质。

八、关于宽严相济刑事政策的具体贯彻

办理国家出资企业中的职务犯罪案件时，要综合考虑历史条件、企业发展、职工就业、社会稳定等因素，注意具体情况具体分析，严格把握犯罪与一般违规行为的区分界限。对于主观恶意明显、社会危害严重、群众反映强烈的严重犯罪，要坚决依法从严惩处；对于特定历史条件下、为了顺利完成企业改制而实施的违反国家政策法律规定的行为，行为人无主观恶意或者主观恶意不明显，情节较轻，危害不大的，可以不作为犯罪处理。

对于国家出资企业中的职务犯罪，要加大经济上的惩罚力度，充分重视财产刑的适用和执行，最大限度地挽回国家和人民利益遭受的损失。不能退赃的，在决定刑罚时，应当作为重要情节予以考虑。

**十、最高人民法院、最高人民检察院《关于办理职务犯罪案件认定自首、立功等量刑情节若干问题的意见》**（2009年3月12日　法发〔2009〕13号）

为依法惩处贪污贿赂、渎职等职务犯罪，根据刑法和相关司法解释的规定，结合办案工作实际，现就办理职务犯罪案件有关自首、立功等量刑情节的认定和处理问题，提出如下意见：

一、关于自首的认定和处理

根据刑法第六十七条第一款的规定，成立自首需同时具备自动投案和如实供述自己的罪行两个要件。犯罪事实或者犯罪分子未被办案机关掌握，或者虽被掌握，但犯罪分子尚未受到调查谈话、讯问，或者未被宣布采取调查措施或者强制措施时，向办案机关投案的，是自动投案。在此期间如实交代自己的主要犯罪事实的，应当认定为自首。

犯罪分子向所在单位等办案机关以外的单位、组织或者有关负责人员投案的，应当视为自动投案。

没有自动投案，在办案机关调查谈话、讯问、采取调查措施或者强制措施期间，犯罪分子如实交代办案机关掌握的线索所针对的事实的，不能认定为自首。

没有自动投案，但具有以下情形之一的，以自首论：(1)犯罪分子如实交代办案机关未掌握的罪行，与办案机关已掌握的罪行属不同种罪行的；(2)办案机关所掌握线索针对的犯罪事实不成立，在此范围外犯罪分子交代同种罪行的。

单位犯罪案件中，单位集体决定或者单位负责人决定而自动投案，如实交代单位犯罪事实的，或者单位直接负责的主管人员自动投案，如实交代单位犯罪事实的，应当认定为单位自首。单位自首的，直接负责的主管人员和直接责任人员未自动投案，但如实交代自己知道的犯罪事实的，可以视为自首；拒不交代自己知道的犯罪事实或者逃避法律追究的，不应当认定为自首。单位没有自首，直接责任人员自动投案并如实交代自己知道的犯罪事实的，对该直接责任人员应当认定为自首。

对于具有自首情节的犯罪分子，办案机关移送案件时应当予以说明并移交相关证据材料。

对于具有自首情节的犯罪分子，应当根据犯罪的事实、性质、情节和对于社会的危害程度，结合自动投案的动机、阶段、客观环境，交代犯罪事实的完整性、稳定性以及悔罪表现等具体情节，依法决定是否从轻、减轻或者免除处罚以及从轻、减轻处罚的幅度。

**二、关于立功的认定和处理**

立功必须是犯罪分子本人实施的行为。为使犯罪分子得到从轻处理，犯罪分子的亲友直接向有关机关揭发他人犯罪行为，提供侦破其他案件的重要线索，或者协助司法机关抓捕其他犯罪嫌疑人的，不应当认定为犯罪分子的立功表现。

据以立功的他人罪行材料应当指明具体犯罪事实；据以立功的线索或者协助行为对于侦破案件或者抓捕犯罪嫌疑人要有实际作用。犯罪分子揭发他人犯罪行为时没有指明具体犯罪事实的；揭发的犯罪事实与查实的犯罪事实不具有关联性的；提供的线索或者协助行为对于其他案件的侦破或者其他犯罪嫌疑人的抓捕不具有实际作用的，不能认定为立功表现。

犯罪分子揭发他人犯罪行为，提供侦破其他案件重要线索的，必须经查证属实，才能认定为立功。审查是否构成立功，不仅要审查办案机关的说明材料，还要审查有关事实和证据以及与案件定性处罚相关的法律文书，如立案决定书、逮捕决定书、侦查终结报告、起诉意见书、起诉书或者判决书等。

据以立功的线索、材料来源有下列情形之一的，不能认定为立功：（1）本人通过非法手段或者非法途径获取的；（2）本人因原担任的查禁犯罪等职务获取的；（3）他人违反监管规定向犯罪分子提供的；（4）负有查禁犯罪活动职责的国家机关工作人员或者其他国家工作人员利用职务便利提供的。

犯罪分子检举、揭发的他人犯罪，提供侦破其他案件的重要线索，阻止他人的犯罪活动，或者协助司法机关抓捕的其他犯罪嫌疑人，犯罪嫌疑人、被告人依法可能被判处无期徒刑以上刑罚的，应当认定为有重大立功表现。其中，可能被判处无期徒刑以上刑罚，是指根据犯罪行为的事实、情节可能判处无期徒刑以上刑罚。案件已经判决的，以实际判处的刑罚为准。但是，根据犯罪行为的事实、情节应当判处无期徒刑以上刑罚，因被判刑人有法定情节经依法从轻、减轻处罚后判处有期徒刑的，应当认定为重大立功。

对于具有立功情节的犯罪分子，应当根据犯罪的事实、性质、情节和对于社会的危害程度，结合立功表现所起作用的大小、所破获案件的罪行轻重、所抓获犯罪嫌疑人可能判处的法定刑以及立功的时机等具体情节，依法决定是否从轻、减轻或者免除处罚以及从轻、减轻处罚的幅度。

**三、关于如实交代犯罪事实的认定和处理**

犯罪分子依法不成立自首，但如实交代犯罪事实，有下列情形之一的，可以酌情从轻处罚：（1）办案机关掌握部分犯罪事实，犯罪分子交代了同种其他犯罪事实的；（2）办案机关掌握的证据不充分，犯罪分子如实交代有助于收集定案证据的。

法律适用

司法解释

犯罪分子如实交代犯罪事实，有下列情形之一的，一般应当从轻处罚：(1) 办案机关仅掌握小部分犯罪事实，犯罪分子交代了大部分未被掌握的同种犯罪事实的；(2) 如实交代对于定案证据的收集有重要作用的。

四、关于赃款赃物追缴等情形的处理

贪污案件中赃款赃物全部或者大部分追缴的，一般应当考虑从轻处罚。

受贿案件中赃款赃物全部或者大部分追缴的，视具体情况可以酌定从轻处罚。

犯罪分子及其亲友主动退赃或者在办案机关追缴赃款赃物过程中积极配合的，在量刑时应当与办案机关查办案件过程中依职权追缴赃款赃物的有所区别。

职务犯罪案件立案后，犯罪分子及其亲友自行挽回的经济损失，司法机关或者犯罪分子所在单位及其上级主管部门挽回的经济损失，或者因客观原因减少的经济损失，不予扣减，但可以作为酌情从轻处罚的情节。

**十一、最高人民法院研究室《关于对行为人通过伪造国家机关公文、证件担任国家工作人员职务并利用职务上的便利侵占本单位财物、收受贿赂、挪用本单位资金等行为如何适用法律问题的答复》**（2004 年 3 月 20 日　法研〔2004〕38 号）

北京市高级人民法院：

你院〔2004〕15 号《关于通过伪造国家机关公文、证件担任国家工作人员职务后利用职务便利侵占本单位财物、收受贿赂、挪用本单位资金的行为如何定性的请示》收悉。经研究，答复如下：

行为人通过伪造国家机关公文、证件担任国家工作人员职务以后，又利用职务上的便利实施侵占本单位财物、收受贿赂、挪用本单位资金等行为，构成犯罪的，应当分别以伪造国家机关公文、证件罪和相应的贪污罪、受贿罪、挪用公款罪等追究刑事责任，实行数罪并罚。

相关法律法规

**一、《中华人民共和国监察法》**（2018 年 3 月 20 日第十三届全国人民代表大会第一次会议通过　2018 年 3 月 20 日中华人民共和国主席令第 3 号公布　自公布之日起施行）

## 第一章　总　则

**第一条**　为了深化国家监察体制改革，加强对所有行使公权力的公职人员的监督，实现国家监察全面覆盖，深入开展反腐败工作，推进国家治理体系和治理能力现代化，根据宪法，制定本法。

**第二条**　坚持中国共产党对国家监察工作的领导，以马克思列宁主义、毛泽东思想、邓小平理论、“三个代表”重要思想、科学发展观、习近平新时代中国特色社会主义思想为指导，构建集中统一、权威高效的中国特色国家监察体制。

**第三条**　各级监察委员会是行使国家监察职能的专责机关，依照本法对所有行使公权力的公职人员（以下称公职人员）进行监察，调查职务违法和职务犯罪，开展廉政建设和反腐败工作，维护宪法和法律的尊严。

**第四条**　监察委员会依照法律规定独立行使监察权，不受行政机关、社会团体和个人的干涉。

监察机关办理职务违法和职务犯罪案件，应当与审判机关、检察机关、执法部门互相配合，互相制约。

监察机关在工作中需要协助的，有关机关和单位应当根据监察机关的要求依法予以协助。

**第五条** 国家监察工作严格遵照宪法和法律，以事实为根据，以法律为准绳；在适用法律上一律平等，保障当事人的合法权益；权责对等，严格监督；惩戒与教育相结合，宽严相济。

**第六条** 国家监察工作坚持标本兼治、综合治理，强化监督问责，严厉惩治腐败；深化改革、健全法治，有效制约和监督权力；加强法治教育和道德教育，弘扬中华优秀传统文化，构建不敢腐、不能腐、不想腐的长效机制。

## 第二章 监察机关及其职责

**第七条** 中华人民共和国国家监察委员会是最高监察机关。

省、自治区、直辖市、自治州、县、自治县、市、市辖区设立监察委员会。

**第八条** 国家监察委员会由全国人民代表大会产生，负责全国监察工作。

国家监察委员会由主任、副主任若干人、委员若干人组成，主任由全国人民代表大会选举，副主任、委员由国家监察委员会主任提请全国人民代表大会常务委员会任免。

国家监察委员会主任每届任期同全国人民代表大会每届任期相同，连续任职不得超过两届。

国家监察委员会对全国人民代表大会及其常务委员会负责，并接受其监督。

**第九条** 地方各级监察委员会由本级人民代表大会产生，负责本行政区域内的监察工作。

地方各级监察委员会由主任、副主任若干人、委员若干人组成，主任由本级人民代表大会选举，副主任、委员由监察委员会主任提请本级人民代表大会常务委员会任免。

地方各级监察委员会主任每届任期同本级人民代表大会每届任期相同。

地方各级监察委员会对本级人民代表大会及其常务委员会和上一级监察委员会负责，并接受其监督。

**第十条** 国家监察委员会领导地方各级监察委员会的工作，上级监察委员会领导下级监察委员会的工作。

**第十一条** 监察委员会依照本法和有关法律规定履行监督、调查、处置职责：

（一）对公职人员开展廉政教育，对其依法履职、秉公用权、廉洁从政从业以及道德操守情况进行监督检查；

（二）对涉嫌贪污贿赂、滥用职权、玩忽职守、权力寻租、利益输送、徇私舞弊以及浪费国家资财等职务违法和职务犯罪进行调查；

（三）对违法的公职人员依法作出政务处分决定；对履行职责不力、失职失责的领导人员进行问责；对涉嫌职务犯罪的，将调查结果移送人民检察院依法审查、提起公诉；向监察对象所在单位提出监察建议。

**第十二条** 各级监察委员会可以向本级中国共产党机关、国家机关、法律法规授权或者委托管理公共事务的组织和单位以及所管辖的行政区域、国有企业等派驻或者派出监察机构、监察专员。

监察机构、监察专员对派驻或者派出它的监察委员会负责。

**第十三条** 派驻或者派出的监察机构、监察专员根据授权，按照管理权限依法对公职人员进行监督，提出监察建议，依法对公职人员进行调查、处置。

**第十四条** 国家实行监察官制度，依法确定监察官的等级设置、任免、考评和晋升等制度。

法律适用 相关法律法规

## 第三章　监察范围和管辖

**第十五条**　监察机关对下列公职人员和有关人员进行监察：

（一）中国共产党机关、人民代表大会及其常务委员会机关、人民政府、监察委员会、人民法院、人民检察院、中国人民政治协商会议各级委员会机关、民主党派机关和工商业联合会机关的公务员，以及参照《中华人民共和国公务员法》管理的人员；

（二）法律、法规授权或者受国家机关依法委托管理公共事务的组织中从事公务的人员；

（三）国有企业管理人员；

（四）公办的教育、科研、文化、医疗卫生、体育等单位中从事管理的人员；

（五）基层群众性自治组织中从事管理的人员；

（六）其他依法履行公职的人员。

**第十六条**　各级监察机关按照管理权限管辖本辖区内本法第十五条规定的人员所涉监察事项。

上级监察机关可以办理下一级监察机关管辖范围内的监察事项，必要时也可以办理所辖各级监察机关管辖范围内的监察事项。

监察机关之间对监察事项的管辖有争议的，由其共同的上级监察机关确定。

**第十七条**　上级监察机关可以将其所管辖的监察事项指定下级监察机关管辖，也可以将下级监察机关有管辖权的监察事项指定给其他监察机关管辖。

监察机关认为所管辖的监察事项重大、复杂，需要由上级监察机关管辖的，可以报请上级监察机关管辖。

## 第四章　监 察 权 限

**第十八条**　监察机关行使监督、调查职权，有权依法向有关单位和个人了解情况，收集、调取证据。有关单位和个人应当如实提供。

监察机关及其工作人员对监督、调查过程中知悉的国家秘密、商业秘密、个人隐私，应当保密。

任何单位和个人不得伪造、隐匿或者毁灭证据。

**第十九条**　对可能发生职务违法的监察对象，监察机关按照管理权限，可以直接或者委托有关机关、人员进行谈话或者要求说明情况。

**第二十条**　在调查过程中，对涉嫌职务违法的被调查人，监察机关可以要求其就涉嫌违法行为作出陈述，必要时向被调查人出具书面通知。

对涉嫌贪污贿赂、失职渎职等职务犯罪的被调查人，监察机关可以进行讯问，要求其如实供述涉嫌犯罪的情况。

**第二十一条**　在调查过程中，监察机关可以询问证人等人员。

**第二十二条**　被调查人涉嫌贪污贿赂、失职渎职等严重职务违法或者职务犯罪，监察机关已经掌握其部分违法犯罪事实及证据，仍有重要问题需要进一步调查，并有下列情形之一的，经监察机关依法审批，可以将其留置在特定场所：

（一）涉及案情重大、复杂的；

（二）可能逃跑、自杀的；

（三）可能串供或者伪造、隐匿、毁灭证据的；

（四）可能有其他妨碍调查行为的。

对涉嫌行贿犯罪或者共同职务犯罪的涉案人员，监察机关可以依照前款规定采取留置措施。

留置场所的设置、管理和监督依照国家有关规定执行。

法律适用 相关法律法规

**第二十三条** 监察机关调查涉嫌贪污贿赂、失职渎职等严重职务违法或者职务犯罪，根据工作需要，可以依照规定查询、冻结涉案单位和个人的存款、汇款、债券、股票、基金份额等财产。有关单位和个人应当配合。

冻结的财产经查明与案件无关的，应当在查明后三日内解除冻结，予以退还。

**第二十四条** 监察机关可以对涉嫌职务犯罪的被调查人以及可能隐藏被调查人或者犯罪证据的人的身体、物品、住处和其他有关地方进行搜查。在搜查时，应当出示搜查证，并有被搜查人或者其家属等见证人在场。

搜查女性身体，应当由女性工作人员进行。

监察机关进行搜查时，可以根据工作需要提请公安机关配合。公安机关应当依法予以协助。

**第二十五条** 监察机关在调查过程中，可以调取、查封、扣押用以证明被调查人涉嫌违法犯罪的财物、文件和电子数据等信息。采取调取、查封、扣押措施，应当收集原物原件，会同持有人或者保管人、见证人，当面逐一拍照、登记、编号，开列清单，由在场人员当场核对、签名，并将清单副本交财物、文件的持有人或者保管人。

对调取、查封、扣押的财物、文件，监察机关应当设立专用账户、专门场所，确定专门人员妥善保管，严格履行交接、调取手续，定期对账核实，不得毁损或者用于其他目的。对价值不明物品应当及时鉴定，专门封存保管。

查封、扣押的财物、文件经查明与案件无关的，应当在查明后三日内解除查封、扣押，予以退还。

**第二十六条** 监察机关在调查过程中，可以直接或者指派、聘请具有专门知识、资格的人员在调查人员主持下进行勘验检查。勘验检查情况应当制作笔录，由参加勘验检查的人员和见证人签名或者盖章。

**第二十七条** 监察机关在调查过程中，对于案件中的专门性问题，可以指派、聘请有专门知识的人进行鉴定。鉴定人进行鉴定后，应当出具鉴定意见，并且签名。

**第二十八条** 监察机关调查涉嫌重大贪污贿赂等职务犯罪，根据需要，经过严格的批准手续，可以采取技术调查措施，按照规定交有关机关执行。

批准决定应当明确采取技术调查措施的种类和适用对象，自签发之日起三个月以内有效；对于复杂、疑难案件，期限届满仍有必要继续采取技术调查措施的，经过批准，有效期可以延长，每次不得超过三个月。对于不需要继续采取技术调查措施的，应当及时解除。

**第二十九条** 依法应当留置的被调查人如果在逃，监察机关可以决定在本行政区域内通缉，由公安机关发布通缉令，追捕归案。通缉范围超出本行政区域的，应当报请有权决定的上级监察机关决定。

**第三十条** 监察机关为防止被调查人及相关人员逃匿境外，经省级以上监察机关批准，可以对被调查人及相关人员采取限制出境措施，由公安机关依法执行。对于不需要继续采取限制出境措施的，应当及时解除。

**第三十一条** 涉嫌职务犯罪的被调查人主动认罪认罚，有下列情形之一的，监察机关经领导人员集体研究，并报上一级监察机关批准，可以在移送人民检察院时提出从宽处罚的建议：

（一）自动投案，真诚悔罪悔过的；

（二）积极配合调查工作，如实供述监察机关还未掌握的违法犯罪行为的；

（三）积极退赃，减少损失的；

法律适用 相关法律法规

（四）具有重大立功表现或者案件涉及国家重大利益等情形的。

**第三十二条** 职务违法犯罪的涉案人员揭发有关被调查人职务违法犯罪行为，查证属实的，或者提供重要线索，有助于调查其他案件的，监察机关经领导人员集体研究，并报上一级监察机关批准，可以在移送人民检察院时提出从宽处罚的建议。

**第三十三条** 监察机关依照本法规定收集的物证、书证、证人证言、被调查人供述和辩解、视听资料、电子数据等证据材料，在刑事诉讼中可以作为证据使用。

监察机关在收集、固定、审查、运用证据时，应当与刑事审判关于证据的要求和标准相一致。

以非法方法收集的证据应当依法予以排除，不得作为案件处置的依据。

**第三十四条** 人民法院、人民检察院、公安机关、审计机关等国家机关在工作中发现公职人员涉嫌贪污贿赂、失职渎职等职务违法或者职务犯罪的问题线索，应当移送监察机关，由监察机关依法调查处置。

被调查人既涉嫌严重职务违法或者职务犯罪，又涉嫌其他违法犯罪的，一般应当由监察机关为主调查，其他机关予以协助。

## 第五章 监察程序

**第三十五条** 监察机关对于报案或者举报，应当接受并按照有关规定处理。对于不属于本机关管辖的，应当移送主管机关处理。

**第三十六条** 监察机关应当严格按照程序开展工作，建立问题线索处置、调查、审理各部门相互协调、相互制约的工作机制。

监察机关应当加强对调查、处置工作全过程的监督管理，设立相应的工作部门履行线索管理、监督检查、督促办理、统计分析等管理协调职能。

**第三十七条** 监察机关对监察对象的问题线索，应当按照有关规定提出处置意见，履行审批手续，进行分类办理。线索处置情况应当定期汇总、通报，定期检查、抽查。

**第三十八条** 需要采取初步核实方式处置问题线索的，监察机关应当依法履行审批程序，成立核查组。初步核实工作结束后，核查组应当撰写初步核实情况报告，提出处理建议。承办部门应当提出分类处理意见。初步核实情况报告和分类处理意见报监察机关主要负责人审批。

**第三十九条** 经过初步核实，对监察对象涉嫌职务违法犯罪，需要追究法律责任的，监察机关应当按照规定的权限和程序办理立案手续。

监察机关主要负责人依法批准立案后，应当主持召开专题会议，研究确定调查方案，决定需要采取的调查措施。

立案调查决定应当向被调查人宣布，并通报相关组织。涉嫌严重职务违法或者职务犯罪的，应当通知被调查人家属，并向社会公开发布。

**第四十条** 监察机关对职务违法和职务犯罪案件，应当进行调查，收集被调查人有无违法犯罪以及情节轻重的证据，查明违法犯罪事实，形成相互印证、完整稳定的证据链。

严禁以威胁、引诱、欺骗及其他非法方式收集证据，严禁侮辱、打骂、虐待、体罚或者变相体罚被调查人和涉案人员。

**第四十一条** 调查人员采取讯问、询问、留置、搜查、调取、查封、扣押、勘验检查等调查措施，均应当依照规定出示证件，出具书面通知，由二人以上进行，形成笔录、报告等书面材料，并由相关人员签名、盖章。

调查人员进行讯问以及搜查、查封、扣押等重要取证工作，应当对全过程进行录音录像，留存备查。

法律适用　相关法律法规

**第四十二条**　调查人员应当严格执行调查方案，不得随意扩大调查范围、变更调查对象和事项。

对调查过程中的重要事项，应当集体研究后按程序请示报告。

**第四十三条**　监察机关采取留置措施，应当由监察机关领导人员集体研究决定。设区的市级以下监察机关采取留置措施，应当报上一级监察机关批准。省级监察机关采取留置措施，应当报国家监察委员会备案。

留置时间不得超过三个月。在特殊情况下，可以延长一次，延长时间不得超过三个月。省级以下监察机关采取留置措施的，延长留置时间应当报上一级监察机关批准。监察机关发现采取留置措施不当的，应当及时解除。

监察机关采取留置措施，可以根据工作需要提请公安机关配合。公安机关应当依法予以协助。

**第四十四条**　对被调查人采取留置措施后，应当在二十四小时以内，通知被留置人员所在单位和家属，但有可能毁灭、伪造证据，干扰证人作证或者串供等有碍调查情形的除外。有碍调查的情形消失后，应当立即通知被留置人员所在单位和家属。

监察机关应当保障被留置人员的饮食、休息和安全，提供医疗服务。讯问被留置人员应当合理安排讯问时间和时长，讯问笔录由被讯问人阅看后签名。

被留置人员涉嫌犯罪移送司法机关后，被依法判处管制、拘役和有期徒刑的，留置一日折抵管制二日，折抵拘役、有期徒刑一日。

**第四十五条**　监察机关根据监督、调查结果，依法作出如下处置：

（一）对有职务违法行为但情节较轻的公职人员，按照管理权限，直接或者委托有关机关、人员，进行谈话提醒、批评教育、责令检查，或者予以诫勉；

（二）对违法的公职人员依照法定程序作出警告、记过、记大过、降级、撤职、开除等政务处分决定；

（三）对不履行或者不正确履行职责负有责任的领导人员，按照管理权限对其直接作出问责决定，或者向有权作出问责决定的机关提出问责建议；

（四）对涉嫌职务犯罪的，监察机关经调查认为犯罪事实清楚，证据确实、充分的，制作起诉意见书，连同案卷材料、证据一并移送人民检察院依法审查、提起公诉；

（五）对监察对象所在单位廉政建设和履行职责存在的问题等提出监察建议。

监察机关经调查，对没有证据证明被调查人存在违法犯罪行为的，应当撤销案件，并通知被调查人所在单位。

**第四十六条**　监察机关经调查，对违法取得的财物，依法予以没收、追缴或者责令退赔；对涉嫌犯罪取得的财物，应当随案移送人民检察院。

**第四十七条**　对监察机关移送的案件，人民检察院依照《中华人民共和国刑事诉讼法》对被调查人采取强制措施。

人民检察院经审查，认为犯罪事实已经查清，证据确实、充分，依法应当追究刑事责任的，应当作出起诉决定。

人民检察院经审查，认为需要补充核实的，应当退回监察机关补充调查，必要时可以自行补充侦查。对于补充调查的案件，应当在一个月内补充调查完毕。补充调查以二次为限。

人民检察院对于有《中华人民共和国刑事诉讼法》规定的不起诉的情形的，经上一级人民检察院批准，依法作出不起诉的决定。监察机关认为不起诉的决定有错误的，可以向上一级人民检察院提请复议。

**第四十八条** 监察机关在调查贪污贿赂、失职渎职等职务犯罪案件过程中，被调查人逃匿或者死亡，有必要继续调查的，经省级以上监察机关批准，应当继续调查并作出结论。被调查人逃匿，在通缉一年后不能到案，或者死亡的，由监察机关提请人民检察院依照法定程序，向人民法院提出没收违法所得的申请。

**第四十九条** 监察对象对监察机关作出的涉及本人的处理决定不服的，可以在收到处理决定之日起一个月内，向作出决定的监察机关申请复审，复审机关应当在一个月内作出复审决定；监察对象对复审决定仍不服的，可以在收到复审决定之日起一个月内，向上一级监察机关申请复核，复核机关应当在二个月内作出复核决定。复审、复核期间，不停止原处理决定的执行。复核机关经审查，认定处理决定有错误的，原处理机关应当及时予以纠正。

## 第六章　反腐败国际合作

**第五十条** 国家监察委员会统筹协调与其他国家、地区、国际组织开展的反腐败国际交流、合作，组织反腐败国际条约实施工作。

**第五十一条** 国家监察委员会组织协调有关方面加强与有关国家、地区、国际组织在反腐败执法、引渡、司法协助、被判刑人的移管、资产追回和信息交流等领域的合作。

**第五十二条** 国家监察委员会加强对反腐败国际追逃追赃和防逃工作的组织协调，督促有关单位做好相关工作：

（一）对于重大贪污贿赂、失职渎职等职务犯罪案件，被调查人逃匿到国（境）外，掌握证据比较确凿的，通过开展境外追逃合作，追捕归案；

（二）向赃款赃物所在国请求查询、冻结、扣押、没收、追缴、返还涉案资产；

（三）查询、监控涉嫌职务犯罪的公职人员及其相关人员进出国（境）和跨境资金流动情况，在调查案件过程中设置防逃程序。

## 第七章　对监察机关和监察人员的监督

**第五十三条** 各级监察委员会应当接受本级人民代表大会及其常务委员会的监督。

各级人民代表大会常务委员会听取和审议本级监察委员会的专项工作报告，组织执法检查。

县级以上各级人民代表大会及其常务委员会举行会议时，人民代表大会代表或者常务委员会组成人员可以依照法律规定的程序，就监察工作中的有关问题提出询问或者质询。

**第五十四条** 监察机关应当依法公开监察工作信息，接受民主监督、社会监督、舆论监督。

**第五十五条** 监察机关通过设立内部专门的监督机构等方式，加强对监察人员执行职务和遵守法律情况的监督，建设忠诚、干净、担当的监察队伍。

**第五十六条** 监察人员必须模范遵守宪法和法律，忠于职守、秉公执法，清正廉洁、保守秘密；必须具有良好的政治素质，熟悉监察业务，具备运用法律、法规、政策和调查取证等能力，自觉接受监督。

**第五十七条** 对于监察人员打听案情、过问案件、说情干预的，办理监察事项的监察人员应当及时报告。有关情况应当登记备案。

发现办理监察事项的监察人员未经批准接触被调查人、涉案人员及其特定关系人，或者存在交往情形的，知情人应当及时报告。有关情况应当登记备案。

**第五十八条** 办理监察事项的监察人员有下列情形之一的，应当自行回避，监察对象、检举人及其他有关人员也有权要求其回避：

（一）是监察对象或者检举人的近亲属的；

（二）担任过本案的证人的；

（三）本人或者其近亲属与办理的监察事项有利害关系的；

（四）有可能影响监察事项公正处理的其他情形的。

**第五十九条** 监察机关涉密人员离岗离职后，应当遵守脱密期管理规定，严格履行保密义务，不得泄露相关秘密。

监察人员辞职、退休三年内，不得从事与监察和司法工作相关联且可能发生利益冲突的职业。

**第六十条** 监察机关及其工作人员有下列行为之一的，被调查人及其近亲属有权向该机关申诉：

（一）留置法定期限届满，不予以解除的；

（二）查封、扣押、冻结与案件无关的财物的；

（三）应当解除查封、扣押、冻结措施而不解除的；

（四）贪污、挪用、私分、调换以及违反规定使用查封、扣押、冻结的财物的；

（五）其他违反法律法规、侵害被调查人合法权益的行为。

受理申诉的监察机关应当在受理申诉之日起一个月内作出处理决定。申诉人对处理决定不服的，可以在收到处理决定之日起一个月内向上一级监察机关申请复查，上一级监察机关应当在收到复查申请之日起二个月内作出处理决定，情况属实的，及时予以纠正。

**第六十一条** 对调查工作结束后发现立案依据不充分或者失实，案件处置出现重大失误，监察人员严重违法的，应当追究负有责任的领导人员和直接责任人员的责任。

## 第八章　法律责任

**第六十二条** 有关单位拒不执行监察机关作出的处理决定，或者无正当理由拒不采纳监察建议的，由其主管部门、上级机关责令改正，对单位给予通报批评；对负有责任的领导人员和直接责任人员依法给予处理。

**第六十三条** 有关人员违反本法规定，有下列行为之一的，由其所在单位、主管部门、上级机关或者监察机关责令改正，依法给予处理：

（一）不按要求提供有关材料，拒绝、阻碍调查措施实施等拒不配合监察机关调查的；

（二）提供虚假情况，掩盖事实真相的；

（三）串供或者伪造、隐匿、毁灭证据的；

（四）阻止他人揭发检举、提供证据的；

（五）其他违反本法规定的行为，情节严重的。

**第六十四条** 监察对象对控告人、检举人、证人或者监察人员进行报复陷害的；控告人、检举人、证人捏造事实诬告陷害监察对象的，依法给予处理。

**第六十五条** 监察机关及其工作人员有下列行为之一的，对负有责任的领导人员和直接责任人员依法给予处理：

（一）未经批准、授权处置问题线索，发现重大案情隐瞒不报，或者私自留存、处理涉案材料的；

（二）利用职权或者职务上的影响干预调查工作、以案谋私的；

（三）违法窃取、泄露调查工作信息，或者泄露举报事项、举报受理情况以及举报人信息的；

（四）对被调查人或者涉案人员逼供、诱供，或者侮辱、打骂、虐待、体罚或者变相体罚的；

（五）违反规定处置查封、扣押、冻结的财物的；

（六）违反规定发生办案安全事故，或者发生安全事故后隐瞒不报、报告失实、处置不当的；

（七）违反规定采取留置措施的；

（八）违反规定限制他人出境，或者不按规定解除出境限制的；

（九）其他滥用职权、玩忽职守、徇私舞弊的行为。

**第六十六条** 违反本法规定，构成犯罪的，依法追究刑事责任。

**第六十七条** 监察机关及其工作人员行使职权，侵犯公民、法人和其他组织的合法权益造成损害的，依法给予国家赔偿。

## 第九章 附 则

**第六十八条** 中国人民解放军和中国人民武装警察部队开展监察工作，由中央军事委员会根据本法制定具体规定。

**第六十九条** 本法自公布之日起施行。《中华人民共和国行政监察法》同时废止。

**二、《中华人民共和国公务员法》（节录）**（2005年4月27日第十届全国人民代表大会常务委员会第十五次会议通过　2017年9月1日修正　2018年12月29日修订）

**第五十九条** 公务员应当遵纪守法，不得有下列行为：

（一）散布有损宪法权威、中国共产党和国家声誉的言论，组织或者参加旨在反对宪法、中国共产党领导和国家的集会、游行、示威等活动；

（二）组织或者参加非法组织，组织或者参加罢工；

（三）挑拨、破坏民族关系，参加民族分裂活动或者组织、利用宗教活动破坏民族团结和社会稳定；

（四）不担当，不作为，玩忽职守，贻误工作；

（五）拒绝执行上级依法作出的决定和命令；

（六）对批评、申诉、控告、检举进行压制或者打击报复；

（七）弄虚作假，误导、欺骗领导和公众；

（八）贪污贿赂，利用职务之便为自己或者他人谋取私利；

（九）违反财经纪律，浪费国家资财；

（十）滥用职权，侵害公民、法人或者其他组织的合法权益；

（十一）泄露国家秘密或者工作秘密；

（十二）在对外交往中损害国家荣誉和利益；

（十三）参与或者支持色情、吸毒、赌博、迷信等活动；

（十四）违反职业道德、社会公德和家庭美德；

（十五）违反有关规定参与禁止的网络传播行为或者网络活动；

（十六）违反有关规定从事或者参与营利性活动，在企业或者其他营利性组织中兼任职务；

（十七）旷工或者因公外出、请假期满无正当理由逾期不归；

（十八）违纪违法的其他行为。

法律适用 相关法律法规

**三、《中华人民共和国公职人员政务处分法》（节录）**（2020年6月20日第十三届全国人民代表大会常务委员会第十九次会议通过 2020年6月20日中华人民共和国主席令第46号公布 自2020年7月1日起施行）

**第三十三条** 有下列行为之一的，予以警告、记过或者记大过；情节较重的，予以降级或者撤职；情节严重的，予以开除：

（一）贪污贿赂的；

（二）利用职权或者职务上的影响为本人或者他人谋取私利的；

（三）纵容、默许特定关系人利用本人职权或者职务上的影响谋取私利的。

拒不按照规定纠正特定关系人违规任职、兼职或者从事经营活动，且不服从职务调整的，予以撤职。

**四、《国有企业管理人员处分条例》（节录）**（2024年4月26日国务院第31次常务会议通过 2024年5月21日国务院令第781号公布 自2024年9月1日起施行）

**第十九条** 国有企业管理人员有下列行为之一的，依据公职人员政务处分法第三十三条的规定，予以警告、记过或者记大过；情节较重的，予以降级或者撤职；情节严重的，予以开除：

（一）利用职务上的便利，侵吞、窃取、骗取或者以其他手段非法占有、挪用本企业以及关联企业的财物、客户资产等；

（二）利用职务上的便利，索取他人财物或者非法收受他人财物，为他人谋取利益；

（三）为谋取不正当利益，向国家机关、国家出资企业、事业单位、人民团体，或者向国家工作人员、企业或者其他单位的工作人员，外国公职人员、国际公共组织官员行贿；

（四）利用职权或者职务上的影响，违反规定在企业关系国有资产出资人权益的重大事项以及工程建设、资产处置、出版发行、招标投标等活动中为本人或者他人谋取私利；

（五）纵容、默许特定关系人利用本人职权或者职务上的影响，在企业关系国有资产出资人权益的重大事项以及企业经营管理活动中谋取私利；

（六）违反规定，以单位名义将国有资产集体私分给个人。

拒不纠正特定关系人违反规定任职、兼职或者从事经营活动，且不服从职务调整的，予以撤职。

# 2 挪用公款案

**概念**

**本罪是指国家工作人员利用职务上的便利，挪用公款归个人使用，进行非法活动的，或者挪用公款数额较大、进行营利活动的，或者挪用公款数额较大、超过3个月未还的行为。**

**立案标准**

**挪用公款归个人使用，进行非法活动，数额在3万元以上的；挪用公款归个人使用，进行营利活动或者超过3个月未还，数额在5万元以上的，应予立案。**

**定罪标准**

**犯罪客体**

本罪侵犯的客体是国家工作人员职务行为的廉洁性和公共财产的占有、使用、收益权。

**犯罪客观方面**

本罪在客观方面表现为利用职务上的便利，私自将公款挪作个人使用。具体包括以下几个构成要素：

1. 行为人利用了职务上的便利。“利用职务上的便利”，是指利用职务上主管、管理、经手公共财物的权力和便利条件。既包括行为人直接经手、管理公款的便利条件，也包括行为人因其职务关系而具有的调拨、支配、使用公款的便利条件。

2. 行为人挪用了公款。挪用，是指未经合法批准或者违反财经纪律，擅自使公款脱离单位的行为。挪用公款包括“挪而未用”的情形：挪用公款后尚未投入实际使用的，只要同时具备“数额较大”和“超过3个月未还”的构成要件，就应当认定为挪用公款罪，但可以酌情从轻处罚。行为人不一定要亲手挪用公款，如国有单位领导利用职务上的便利指令具有法人资格的下级单位将公款供个人使用的，属于挪用公款行为，构成犯罪的，应以挪用公款罪定罪处罚。

公款，包括用于救灾、抢险、防汛、优抚、扶贫、移民、救济的款物。挪用金融凭证、有价证券用于质押，使公款处于风险之中，与挪用公款为他人提供担保没有实质的区别。符合刑法关于挪用公款罪规定的，以挪用公款罪定罪处罚，挪用公款数额以实际或者可能承担的风险数额认定。国家工作人员利用职务上的便利，挪用公有或本单位的国库券的行为以挪用公款论。但是“公款”不包括非特定公物；国家工作人员挪用非特定物归个人使用的行为，不以挪用公款罪论处，如构成其他犯罪的，依照刑法的相关规定定罪处罚。

3. 行为人将挪用的公款归个人使用。根据《全国人民代表大会常务委员会关于〈中华人民共和国刑法〉第三百八十四条第一款的解释》的规定，有下列情形之一的，属于挪用公款“归个人使用”：（1）将公款供本人、亲友或者其他自然人使用的；（2）以个人名义将公款供其他单位使用的；（3）个人决定以单位名义将公款供其他单位使用，谋取个人利益的。在司法实践中，对于将公款供其他单位使用的，认定是否属于“以个人名义”，不能只看形式，要从实质上把握。对于行为人逃避财务监管，或者与使用人约定以个人名义进行，或者借款、还款都以个人名义进行，将公

| | | |
|---|---|---|
| 定罪标准 | 犯罪客观方面 | 款给其他单位使用的，应认定为“以个人名义”。“个人决定”既包括行为人在职权范围内决定，也包括超越职权范围决定。“谋取个人利益”，既包括行为人与使用人事先约定谋取个人利益实际尚未获取的情况，也包括虽未事先约定但实际已获取了个人利益的情况。其中的“个人利益”，既包括不正当利益，也包括正当利益；既包括财产性利益，也包括非财产性利益，但这种非财产性利益应当是具体的实际利益，如升学、就业等。<br>挪用公款归个人使用，具体包括以下几种情形：<br>（1）挪用公款归个人使用，进行非法活动。“非法活动”，既包括犯罪活动，如走私；也包括非犯罪的违法活动，如赌博。挪用公款归个人使用，进行非法活动的，不受“数额较大”和挪用时间的限制。但根据司法解释，以挪用公款3万元为追究刑事责任的数额起点。<br>（2）挪用公款数额较大、进行营利活动。挪用公款数额较大，归个人进行营利活动的，构成挪用公款罪，不受挪用时间和是否归还的限制。根据司法解释，以挪用公款5万元为“数额较大”的起点。行为人在案发前部分或者全部归还本息的，可以从轻处罚；情节轻微的，可以免除处罚。挪用公款存入银行、用于集资、购买股票、国债等，属于挪用公款进行营利活动。所获取的利息、收益等违法所得，应当追缴，但不计入挪用公款的数额。申报注册资本是为进行生产经营活动做准备，属于成立公司、企业进行营利活动的组成部分；因此，挪用公款归个人用于公司、企业注册资本验资证明的，应当认定为挪用公款进行营利活动。<br>（3）挪用公款数额较大、超过3个月未还。根据司法解释，以挪用公款5万元为“数额较大”的起点。挪用正在生息或者需要支付利息的公款归个人使用，数额较大，超过3个月但在案发前全部归还本金的，可以从轻处罚或者免除处罚。给国家、集体造成的利息损失应予追缴。挪用公款数额巨大，超过3个月，案发前全部归还的，可以酌情从轻处罚。<br>挪用公款给他人使用，不知道使用人用公款进行营利活动或者用于非法活动，数额较大、超过3个月未还的，构成挪用公款罪；明知使用人用于营利活动或者非法活动的，应当认定为挪用人挪用公款进行营利活动或者非法活动。<br>挪用公款归还个人欠款的，应当根据产生欠款的原因分别认定属于挪用公款的何种情形。归还个人进行非法活动或者营利活动产生的欠款，应当认定为挪用公款进行非法活动或者营利活动。<br>（4）国家出资企业的工作人员在公司、企业改制过程中为购买公司、企业股份，利用职务上的便利，将公司、企业的资金或者金融凭证、有价证券等用于个人贷款担保的，依照《刑法》第272条或者第384条的规定，以挪用资金罪或者挪用公款罪定罪处罚。 |
| | 犯罪主体 | 本罪的主体是特殊主体，只有具有法定特殊身份或者资格的人才能构成本罪。具体而言，包括以下两种不同身份的自然人：<br>1. 国家工作人员。根据《刑法》第93条的规定，国家工作人员是指国家机关中从事公务的人员，国有公司、企业、事业单位、人民团体中从事公务的人员和国家机关、国有公司、企业、事业单位委派到非国有公司、企业、事业单位、社会团体从事公务的人员，以及其他依照法律从事公务的人员。根据《全国人民代表大会常务委员 |

定罪标准 犯罪主体

会关于〈中华人民共和国刑法〉第九十三条第二款的解释》，村民委员会等村基层组织人员协助人民政府从事下列行政管理工作时，属于前述的“其他依照法律从事公务的人员”：(1) 救灾、抢险、防汛、优抚、扶贫、移民、救济款物的管理；(2) 社会捐助公益事业款物的管理；(3) 国有土地的经营和管理；(4) 土地征收、征用补偿费用的管理；(5) 代征、代缴税款；(6) 有关计划生育、户籍、征兵工作；(7) 协助人民政府从事的其他行政管理工作。

在认定行为人是否为国家工作人员时，需要注意把握以下几点：

(1) 国家机关工作人员的认定

刑法中所称的国家机关工作人员，是指在国家机关中从事公务的人员，包括在各级国家权力机关、行政机关、司法机关和军事机关中从事公务的人员。

根据有关立法解释的规定，在依照法律、法规规定行使国家行政管理职权的组织中从事公务的人员，或者在受国家机关委托代表国家行使职权的组织中从事公务的人员，或者虽未列入国家机关人员编制但在国家机关中从事公务的人员，视为国家机关工作人员。在乡（镇）以上中国共产党机关、人民政协机关中从事公务的人员，司法实践中也应当视为国家机关工作人员。

(2) 国家机关、国有公司、企业、事业单位委派到非国有公司、企业、事业单位、社会团体从事公务的人员的认定

所谓委派，即委任、派遣，其形式多种多样，如任命、指派、提名、批准等。不论被委派的人身份如何，只要是接受国家机关、国有公司、企业、事业单位委派，代表国家机关、国有公司、企业、事业单位在非国有公司、企业、事业单位、社会团体中从事组织、领导、监督、管理等工作，都可以认定为国家机关、国有公司、企业、事业单位委派到非国有公司、企业、事业单位、社会团体从事公务的人员，如国家机关、国有公司、企业、事业单位委派到国有控股或者参股的股份有限公司从事组织、领导、监督、管理等工作的人员，应当以国家工作人员论。国有公司、企业改制为股份有限公司后原国有公司、企业的工作人员和股份有限公司新任命的人员中，除代表国有投资主体行使监督、管理职权的人外不以国家工作人员论。

(3) 关于国家出资企业中国家工作人员的认定

经国家机关、国有公司、企业、事业单位提名、推荐、任命、批准等，在国有控股、参股公司及其分支机构中从事公务的人员，应当认定为国家工作人员。具体的任命机构和程序，不影响国家工作人员的认定。

经国家出资企业中负有管理、监督国有资产职责的组织批准或者研究决定，代表其在国有控股、参股公司及其分支机构中从事组织、领导、监督、经营、管理工作的人员，应当认定为国家工作人员。

国家出资企业中的国家工作人员，在国家出资企业中持有个人股份或者同时接受非国有股东委托的，不影响其国家工作人员身份的认定。

(4) 关于改制前后主体身份发生变化的犯罪的处理

国家工作人员在国家出资企业改制前利用职务上的便利实施犯罪，在其不再具有国家工作人员身份后又实施同种行为，依法构成不同犯罪的，应当分别定罪，实行数罪并罚。

国家工作人员利用职务上的便利，在国家出资企业改制过程中隐匿公司、企业财产，在其不再具有国家工作人员身份后将所隐匿财产据为己有的，依照《刑法》第382条、第383条的规定，以贪污罪定罪处罚。

**定罪标准**

**犯罪主体**

国家工作人员在国家出资企业改制过程中利用职务上的便利为请托人谋取利益，事先约定在其不再具有国家工作人员身份后收受请托人财物，或者在身份变化前后连续收受请托人财物的，依照《刑法》第385条、第386条的规定，以受贿罪定罪处罚。

（5）关于国家出资企业的界定

"国家出资企业"，包括国家出资的国有独资公司、国有独资企业，以及国有资本控股公司。

是否属于国家出资企业不清楚的，应遵循"谁投资、谁拥有产权"的原则进行界定。企业注册登记中的资金来源与实际出资不符的，应根据实际出资情况确定企业的性质。企业实际出资情况不清楚的，可以综合工商注册、分配形式、经营管理等因素确定企业的性质。

（6）"其他依照法律从事公务的人员"的认定

《刑法》第93条第2款规定的"其他依照法律从事公务的人员"应当具有两个特征：一是在特定条件下行使国家管理职能；二是依照法律规定从事公务。具体包括：①依法履行职责的各级人民代表大会代表；②依法履行审判职责的人民陪审员；③协助乡镇人民政府、街道办事处从事行政管理工作的村民委员会、居民委员会等农村和城市基层组织人员；④其他由法律授权从事公务的人员。

（7）关于"从事公务"的理解

从事公务，是指代表国家机关、国有公司、企业、事业单位、人民团体等履行组织、领导、监督、管理等职责。公务主要表现为与职权相联系的公共事务以及监督、管理国有财产的职务活动。例如，国家机关工作人员依法履行职责，国有公司的董事、经理、监事、会计、出纳人员等管理、监督国有财产等活动，属于从事公务。那些不具备职权内容的劳务活动、技术服务工作，如售货员、售票员等所从事的工作，一般不认为是公务。

2. 受国家机关、国有公司、企业、事业单位、人民团体委托管理、经营国有财产的人员。所谓"受委托管理、经营国有财产"，是指因承包、租赁、临时聘用等管理、经营国有财产。这类人员不属于前述的"国家工作人员"，作为贪污罪的主体，他们有以下几个特点：（1）被委托人原本不是管理、经营国家财产的国家工作人员，他们也不因接受委托而具有国家工作人员的身份；（2）委托单位必须是国有单位；（3）委托单位必须有委托他人以某种方式管理、经营国有财产的明确的意思表示，并赋予一定的职权和职责，同时，被委托人也必须有接受委托的明确的意思表示；（4）委托行为具有合法性。

**犯罪主观方面**

本罪的主观方面表现为故意，即明知是公款而故意挪归个人使用。行为人主观目的是暂时地取得公款的使用权，用后归还；如果行为人具有非法占有的目的，则构成贪污罪。

**罪与非罪**

区分罪与非罪的界限，要注意把握以下几点：

1. 经单位领导集体研究决定将公款挪给个人使用，或者单位负责人为了单位的利益，决定将公款挪给个人使用的，不以挪用公款罪定罪处罚。上述行为致使单位遭受重大损失，构成其他犯罪的，依照刑法的有关规定对责任人员定罪处罚。

定罪标准

罪与非罪

2. 要区分借用公款行为与挪用公款罪的界限。借用公款，是指按财务管理制度，经主管人员批准办理合法借款手续的行为。区分本罪与借用公款，关键看是否办理了合法的借款手续以及是否经过主管人员的同意；本人是主管人员的，应该经过集体研究。即使借用公款行为本身违反了财务管理制度的，也不能对行为人以本罪论处。但是，如果行为人本人是主管领导，违反有关规定，擅自决定将公款借给其他人使用，数额较大的，则构成挪用公款罪。

3. 行为人挪用公款的数额是定罪的重要标准。挪用公款归个人使用，“数额较大、进行营利活动的”或者“数额较大、超过 3 个月未还的”，以挪用公款 5 万元为“数额较大”的起点；“挪用公款归个人使用，进行非法活动的”，以挪用公款 3 万元为追究刑事责任的数额起点。

行为人如果多次挪用公款的，应该区分不同情况，计算出挪用公款的数额：(1) 多次挪用公款进行非法活动或者营利活动，应当累计其挪用数额，包括案发前已归还的部分。(2) 多次挪用公款，没有进行非法活动或者营利活动，并且用后次挪用的公款归还前次挪用的公款，计算其挪用公款数额时应以最后未还的数额认定。(3) 多次挪用公款归个人使用，其中有的用于非法活动、有的用于营利活动、有的用于其他活动的，应当采取分别计算的方法计算数额。但是，当用于某种活动的数额未达到定罪标准，但挪用公款的总额达到某项定罪标准时，可以按照以下方法计算：①非法活动同时也是“营利活动”时，用于非法活动的数额可以计入用于营利活动的数额中。②用于非法活动、营利活动的数额均可以计入用于其他活动的数额中。

共同犯罪

实践中，往往会出现挪用公款给他人使用的情况。至于使用人是否构成挪用公款罪，根据最高人民法院的司法解释，如果使用人与挪用人共谋，指使或者参与策划取得挪用款的，应以挪用公款罪的共犯定罪处罚。

此罪与彼罪

**一、本罪与挪用资金罪的界限**

根据《刑法》第 272 条的规定，挪用资金罪是指公司、企业或者其他单位的工作人员，利用职务上的便利，挪用本单位资金归个人使用或者借贷给他人，数额较大、超过 3 个月未还的，或者虽未超过 3 个月，但数额较大、进行营利活动的，或者进行非法活动的行为。二者在客观上都表现为利用职务上的便利挪用资金的行为，在主观上都有挪用的故意，有时犯罪对象也可能都是公司、企业或者其他单位的资金。但是，二者也有以下主要区别：(1) 犯罪对象不同。挪用公款罪的犯罪对象原则上限于公款，法定的例外情形下包括特定公物；而挪用资金罪的犯罪对象是非国有单位的资金。(2) 犯罪主体不同。挪用公款罪的主体是国家工作人员；而挪用资金罪的主体则是公司、企业或者其他单位的工作人员。

**二、本罪与挪用特定款物罪的界限**

根据《刑法》第 273 条的规定，挪用特定款物罪是指挪用用于救灾、抢险、防汛、优抚、扶贫、移民、救济款物，情节严重，致使国家和人民群众利益遭受重大损

定罪标准

此罪与彼罪

害的行为；而根据《刑法》第384条第2款的规定，国家工作人员挪用用于救灾、抢险、防汛、优抚、扶贫、移民、救济款物归个人使用的，构成挪用公款罪且需要从重处罚。可见，挪用特定款物罪与从重处罚的挪用公款罪之间具有相似之处。本罪与挪用特定款物罪的区别在于：（1）犯罪对象不同。本罪的对象为包括用于救灾、抢险、防汛、优抚、扶贫、移民、救济款物在内的公款；而挪用特定款物罪的犯罪对象仅仅限于用于救灾、抢险、防汛、优抚、扶贫、移民、救济款物。（2）挪用的含义不同。本罪的挪用是挪归个人使用；挪用特定款物罪则是违反专款专用的财经制度，将其挪作其他公共用途，如建造办公楼、购买公车等。（3）犯罪主体不同。本罪的主体是国家工作人员；挪用特定款物罪的主体是一般主体，虽然实践中常常由国家工作人员构成，但不排除非国家工作人员构成挪用特定款物罪的可能性。

**三、本罪与贪污罪的界限**

本罪与贪污罪之间具有许多相似之处，如犯罪对象都包括公款，客观都利用职务上的便利，主体都是国家工作人员，主观方面都是故意，二者的主要区别在于：（1）犯罪对象不完全相同。本罪的对象是公款，包括7种特定款物，但一般不包括公物；而贪污罪的犯罪对象既可以是公款，也可以是公物。（2）犯罪客观方面的行为方式不一样。本罪在客观方面表现为挪用；贪污罪在客观方面则表现为非法占有，即利用职务上的便利，以侵吞、窃取、骗取或者以其他手段非法占有公共财物的行为。（3）犯罪目的不同。本罪的行为人在主观上并不存在永久占有公款的目的，并准备用后归还公款；而贪污罪的行为人在主观上就有非法占有公共财物的目的。

在实践中，具有以下情形之一的，可以认定行为人具有非法占有公款的目的，应以贪污罪定罪处罚：（1）行为人携带挪用的公款潜逃的，对其携带挪用的公款部分，以贪污罪定罪处罚；（2）行为人挪用公款后采取虚假发票平账、销毁有关账目等手段，使所挪用的公款已难以在单位财务账目上反映出来，且没有归还行为的，应当以贪污罪定罪处罚。（3）行为人截取单位收入不入账，非法占有，使所占有的公款难以在单位财务账目上反映出来，且没有归还行为的，应当以贪污罪定罪处罚。（4）有证据证明行为人有能力归还所挪用的公款而拒不归还，并隐瞒挪用的公款去向的，应当以贪污罪定罪处罚。

证据参考标准

主体方面的证据

**一、证明行为人刑事责任年龄、身份等自然情况的证据**

包括身份证明、户籍证明、任职证明、工作经历证明、特定职责证明等，主要是证明行为人的姓名（曾用名）、性别、出生年月日、民族、籍贯、出生地、职业（或职务）、住所地（或居所地）等证据材料，如户口簿、居民身份证、居住证、工作证、出生证、专业或技术等级证、干部履历表、职工登记表、护照等。

对于户籍、出生证等材料内容不实的，应提供其他证据材料。人大代表、政协委员犯罪的案件，应注明身份，并附身份证明材料。

| | | |
|---|---|---|
| 证据参考标准 | 主体方面的证据 | **二、证明行为人刑事责任能力的证据**<br>证明行为人对自己的行为是否具有辨认能力与控制能力，如是否属于间歇性精神病人、案发时是否尚未完全丧失辨认或者控制自己行为能力的证明材料。 |
| | 主观方面的证据 | **证明行为人故意的证据**<br>1. 证明行为人主观认识因素的证据：证明行为人明知自己的行为会发生危害社会的结果；2. 证明行为人主观意志因素的证据：证明行为人希望或者放任危害结果发生。 |
| | 客观方面的证据 | **证明行为人挪用公款行为的证据**<br>具体证据包括：1. 证明行为人职责范围的证据。2. 证明行为人利用职务之便的证据。3. 证明行为人挪用公款的证据。4. 证明行为人将公款供本人、亲友或者其他自然人使用的证据。5. 证明行人以个人名义将公款供其他单位使用的证据。6. 证明行为人个人决定以单位名义将公款供其他单位使用，谋取个人利益的证据。7. 证明行为人挪用公款进行非法活动的证据。8. 证明行为人挪用公款数额较大、进行营利活动的证据。9. 证明行为人挪用公款，数额较大，超过 3 个月未还的证据。 |
| | 量刑方面的证据 | **一、法定量刑情节证据**<br>1. 事实情节。2. 法定从重情节：（1）挪用用于救灾、抢险、防汛、优抚、扶贫、移民、救济款物；（2）其他。3. 法定从轻、减轻情节：（1）可以从轻；（2）可以从轻或者减轻；（3）应当从轻或者减轻。4. 法定从轻、减轻、免除情节：（1）可以从轻、减轻或者免除处罚；（2）应当从轻、减轻或者免除处罚。5. 法定减轻、免除情节：（1）可以减轻或者免除处罚；（2）应当减轻或者免除处罚；（3）可以免除处罚。<br>**二、酌定量刑情节证据**<br>1. 犯罪手段。2. 犯罪对象。3. 危害结果。4. 犯罪动机。5. 平时表现。6. 认罪态度、挪用公款的归还情况。7. 是否有前科。8. 其他证据。 |
| 量刑标准 | 犯本罪的 | 处五年以下有期徒刑或者拘役 |
| | 情节严重的 | 处五年以上有期徒刑 |
| | 挪用公款数额巨大不退还的 | 处十年以上有期徒刑或者无期徒刑 |
| | 挪用用于救灾、抢险、防汛、优抚、扶贫、移民、救济款物归个人使用的 | 从重处罚 |

<table>
<tr><td rowspan="2">量刑标准</td><td>不适用缓刑或者免予刑事处罚</td><td>1. 以下情形一般不适用缓刑或者免予刑事处罚：<br>（1）不如实供述罪行的；<br>（2）不予退缴赃款赃物或者将赃款赃物用于非法活动的；<br>（3）属于共同犯罪中情节严重的主犯的；<br>（4）犯有数个职务犯罪依法实行并罚或者以一罪处理的；<br>（5）曾因职务违纪违法行为受过行政处分的；<br>（6）犯罪涉及的财物属于救灾、抢险、防汛、优抚、扶贫、移民、救济、防疫等特定款物的；<br>（7）其他不应适用缓刑、免予刑事处罚的情形。<br>对于具有以上情形之一，但根据全案事实和量刑情节，检察机关认为确有必要适用缓刑或者免予刑事处罚并据此提出量刑建议的，应经检察委员会讨论决定；审理法院认为确有必要适用缓刑或者免予刑事处罚的，应经审判委员会讨论决定。<br>2. 人民法院审理职务犯罪案件时应当注意听取检察机关、被告人、辩护人提出的量刑意见，分析影响性案件案发前后的社会反映，必要时可以征求案件查办等机关的意见。对于情节恶劣、社会反映强烈的职务犯罪案件，不得适用缓刑、免予刑事处罚。</td></tr>
<tr><td>可以适用缓刑或者免予刑事处罚</td><td>不具有以上规定的情形，挪用公款进行营利活动或者超过三个月未还构成犯罪，一审宣判前已将公款归还，依法判处三年有期徒刑以下刑罚，符合《刑法》规定的缓刑适用条件的，可以适用缓刑；在案发前已归还，情节轻微，不需要判处刑罚的，可以免予刑事处罚。</td></tr>
<tr><td>法律适用</td><td>刑法条文</td><td>第三百八十四条　国家工作人员利用职务上的便利，挪用公款归个人使用，进行非法活动的，或者挪用公款数额较大、进行营利活动的，或者挪用公款数额较大、超过三个月未还的，是挪用公款罪，处五年以下有期徒刑或者拘役；情节严重的，处五年以上有期徒刑。挪用公款数额巨大不退还的，处十年以上有期徒刑或者无期徒刑。<br>挪用用于救灾、抢险、防汛、优抚、扶贫、移民、救济款物归个人使用的，从重处罚。<br>第九十三条　本法所称国家工作人员，是指国家机关中从事公务的人员。<br>国有公司、企业、事业单位、人民团体中从事公务的人员和国家机关、国有公司、企业、事业单位委派到非国有公司、企业、事业单位、社会团体从事公务的人员，以及其他依照法律从事公务的人员，以国家工作人员论。<br>第一百八十五条　商业银行、证券交易所、期货交易所、证券公司、期货经纪公司、保险公司或者其他金融机构的工作人员利用职务上的便利，挪用本单位或者客户资金的，依照本法第二百七十二条的规定定罪处罚。<br>国有商业银行、证券交易所、期货交易所、证券公司、期货经纪公司、保险公司或者其他国有金融机构的工作人员和国有商业银行、证券交易所、期货交易所、证券公司、期货经纪公司、保险公司或者其他国有金融机构委派到前款规定中的非国有机构从事公务的人员有前款行为的，依照本法第三百八十四条的规定定罪处罚。<br>第二百七十二条　公司、企业或者其他单位的工作人员，利用职务上的便利，挪用本单位资金归个人使用或者借贷给他人，数额较大、超过三个月未还的，或者虽未超过三个月，但数额较大、进行营利活动的，或者进行非法活动的，处三年以下有期</td></tr>
</table>

刑法条文

徒刑或者拘役；挪用本单位资金数额巨大的，处三年以上七年以下有期徒刑；数额特别巨大的，处七年以上有期徒刑。

国有公司、企业或者其他国有单位中从事公务的人员和国有公司、企业或者其他国有单位委派到非国有公司、企业以及其他单位从事公务的人员有前款行为的，依照本法第三百八十四条的规定定罪处罚。

有第一款行为，在提起公诉前将挪用的资金退还的，可以从轻或者减轻处罚。其中，犯罪较轻的，可以减轻或者免除处罚。

法律适用

立法解释

**一、全国人民代表大会常务委员会《关于〈中华人民共和国刑法〉第三百八十四条第一款的解释》**（2002年4月28日第九届全国人民代表大会常务委员会第二十七次会议通过）

全国人民代表大会常务委员会讨论了刑法第三百八十四条第一款规定的国家工作人员利用职务上的便利，挪用公款“归个人使用”的含义问题，解释如下：

有下列情形之一的，属于挪用公款“归个人使用”：

（一）将公款供本人、亲友或者其他自然人使用的；

（二）以个人名义将公款供其他单位使用的；

（三）个人决定以单位名义将公款供其他单位使用，谋取个人利益的。

现予公告。

**二、全国人民代表大会常务委员会《关于〈中华人民共和国刑法〉第九十三条第二款的解释》**（2000年4月29日第九届全国人民代表大会常务委员会第十五次会议通过　根据2009年8月27日第十一届全国人民代表大会常务委员会第十次会议《关于修改部分法律的决定》修正）

全国人民代表大会常务委员会讨论了村民委员会等村基层组织人员在从事哪些工作时属于刑法第九十三条第二款规定的“其他依照法律从事公务的人员”，解释如下：

村民委员会等村基层组织人员协助人民政府从事下列行政管理工作，属于刑法第九十三条第二款规定的“其他依照法律从事公务的人员”：

（一）救灾、抢险、防汛、优抚、扶贫、移民、救济款物的管理；

（二）社会捐助公益事业款物的管理；

（三）国有土地的经营和管理；

（四）土地征收、征用补偿费用的管理；

（五）代征、代缴税款；

（六）有关计划生育、户籍、征兵工作；

（七）协助人民政府从事的其他行政管理工作。

村民委员会等村基层组织人员从事前款规定的公务，利用职务上的便利，非法占有公共财物、挪用公款、索取他人财物或者非法收受他人财物，构成犯罪的，适用刑法第三百八十二条和第三百八十三条贪污罪、第三百八十四条挪用公款罪、第三百八十五条和第三百八十六条受贿罪的规定。

现予公告。

司法解释

**一、最高人民法院、最高人民检察院《关于办理贪污贿赂刑事案件适用法律若干问题的解释》**（2016年4月18日　法释〔2016〕9号）

为依法惩治贪污贿赂犯罪活动，根据刑法有关规定，现就办理贪污贿赂刑事案件适用法律的若干问题解释如下：

法律适用　司法解释

**第一条**　贪污或者受贿数额在三万元以上不满二十万元的，应当认定为刑法第三百八十三条第一款规定的“数额较大”，依法判处三年以下有期徒刑或者拘役，并处罚金。

贪污数额在一万元以上不满三万元，具有下列情形之一的，应当认定为刑法第三百八十三条第一款规定的“其他较重情节”，依法判处三年以下有期徒刑或者拘役，并处罚金：

（一）贪污救灾、抢险、防汛、优抚、扶贫、移民、救济、防疫、社会捐助等特定款物的；

（二）曾因贪污、受贿、挪用公款受过党纪、行政处分的；

（三）曾因故意犯罪受过刑事追究的；

（四）赃款赃物用于非法活动的；

（五）拒不交待赃款赃物去向或者拒不配合追缴工作，致使无法追缴的；

（六）造成恶劣影响或者其他严重后果的。

受贿数额在一万元以上不满三万元，具有前款第二项至第六项规定的情形之一，或者具有下列情形之一的，应当认定为刑法第三百八十三条第一款规定的“其他较重情节”，依法判处三年以下有期徒刑或者拘役，并处罚金：

（一）多次索贿的；

（二）为他人谋取不正当利益，致使公共财产、国家和人民利益遭受损失的；

（三）为他人谋取职务提拔、调整的。

**第二条**　贪污或者受贿数额在二十万元以上不满三百万元的，应当认定为刑法第三百八十三条第一款规定的“数额巨大”，依法判处三年以上十年以下有期徒刑，并处罚金或者没收财产。

贪污数额在十万元以上不满二十万元，具有本解释第一条第二款规定的情形之一的，应当认定为刑法第三百八十三条第一款规定的“其他严重情节”，依法判处三年以上十年以下有期徒刑，并处罚金或者没收财产。

受贿数额在十万元以上不满二十万元，具有本解释第一条第三款规定的情形之一的，应当认定为刑法第三百八十三条第一款规定的“其他严重情节”，依法判处三年以上十年以下有期徒刑，并处罚金或者没收财产。

**第三条**　贪污或者受贿数额在三百万元以上的，应当认定为刑法第三百八十三条第一款规定的“数额特别巨大”，依法判处十年以上有期徒刑、无期徒刑或者死刑，并处罚金或者没收财产。

贪污数额在一百五十万元以上不满三百万元，具有本解释第一条第二款规定的情形之一的，应当认定为刑法第三百八十三条第一款规定的“其他特别严重情节”，依法判处十年以上有期徒刑、无期徒刑或者死刑，并处罚金或者没收财产。

受贿数额在一百五十万元以上不满三百万元，具有本解释第一条第三款规定的情形之一的，应当认定为刑法第三百八十三条第一款规定的“其他特别严重情节”，依法判处十年以上有期徒刑、无期徒刑或者死刑，并处罚金或者没收财产。

**第四条**　贪污、受贿数额特别巨大，犯罪情节特别严重、社会影响特别恶劣、给国家和人民利益造成特别重大损失的，可以判处死刑。

符合前款规定的情形，但具有自首，立功，如实供述自己罪行、真诚悔罪、积极退赃，或者避免、减少损害结果的发生等情节，不是必须立即执行的，可以判处死刑缓期二年执行。

符合第一款规定情形的，根据犯罪情节等情况可以判处死刑缓期二年执行，同时裁判决定在其死刑缓期执行二年期满依法减为无期徒刑后，终身监禁，不得减刑、假释。

**第五条** 挪用公款归个人使用，进行非法活动，数额在三万元以上的，应当依照刑法第三百八十四条的规定以挪用公款罪追究刑事责任；数额在三百万元以上的，应当认定为刑法第三百八十四条第一款规定的“数额巨大”。具有下列情形之一的，应当认定为刑法第三百八十四条第一款规定的“情节严重”：

（一）挪用公款数额在一百万元以上的；

（二）挪用救灾、抢险、防汛、优抚、扶贫、移民、救济特定款物，数额在五十万元以上不满一百万元的；

（三）挪用公款不退还，数额在五十万元以上不满一百万元的；

（四）其他严重的情节。

**第六条** 挪用公款归个人使用，进行营利活动或者超过三个月未还，数额在五万元以上的，应当认定为刑法第三百八十四条第一款规定的“数额较大”；数额在五百万元以上的，应当认定为刑法第三百八十四条第一款规定的“数额巨大”。具有下列情形之一的，应当认定为刑法第三百八十四条第一款规定的“情节严重”：

（一）挪用公款数额在二百万元以上的；

（二）挪用救灾、抢险、防汛、优抚、扶贫、移民、救济特定款物，数额在一百万元以上不满二百万元的；

（三）挪用公款不退还，数额在一百万元以上不满二百万元的；

（四）其他严重的情节。

**第七条** 为谋取不正当利益，向国家工作人员行贿，数额在三万元以上的，应当依照刑法第三百九十条的规定以行贿罪追究刑事责任。

行贿数额在一万元以上不满三万元，具有下列情形之一的，应当依照刑法第三百九十条的规定以行贿罪追究刑事责任：

（一）向三人以上行贿的；

（二）将违法所得用于行贿的；

（三）通过行贿谋取职务提拔、调整的；

（四）向负有食品、药品、安全生产、环境保护等监督管理职责的国家工作人员行贿，实施非法活动的；

（五）向司法工作人员行贿，影响司法公正的；

（六）造成经济损失数额在五十万元以上不满一百万元的。

**第八条** 犯行贿罪，具有下列情形之一的，应当认定为刑法第三百九十条第一款规定的“情节严重”：

（一）行贿数额在一百万元以上不满五百万元的；

（二）行贿数额在五十万元以上不满一百万元，并具有本解释第七条第二款第一项至第五项规定的情形之一的；

（三）其他严重的情节。

为谋取不正当利益，向国家工作人员行贿，造成经济损失数额在一百万元以上不满五百万元的，应当认定为刑法第三百九十条第一款规定的“使国家利益遭受重大损失”。

**第九条** 犯行贿罪，具有下列情形之一的，应当认定为刑法第三百九十条第一款规定的“情节特别严重”：

（一）行贿数额在五百万元以上的；

（二）行贿数额在二百五十万元以上不满五百万元，并具有本解释第七条第二款第一项至第五项规定的情形之一的；

（三）其他特别严重的情节。

为谋取不正当利益，向国家工作人员行贿，造成经济损失数额在五百万元以上的，应当认定为刑法第三百九十条第一款规定的“使国家利益遭受特别重大损失”。

**第十条** 刑法第三百八十八条之一规定的利用影响力受贿罪的定罪量刑适用标准，参照本解释关于受贿罪的规定执行。

刑法第三百九十条之一规定的对有影响力的人行贿罪的定罪量刑适用标准，参照本解释关于行贿罪的规定执行。

单位对有影响力的人行贿数额在二十万元以上的，应当依照刑法第三百九十条之一的规定以对有影响力的人行贿罪追究刑事责任。

**第十一条** 刑法第一百六十三条规定的非国家工作人员受贿罪、第二百七十一条规定的职务侵占罪中的“数额较大”“数额巨大”的数额起点，按照本解释关于受贿罪、贪污罪相对应的数额标准规定的二倍、五倍执行。

刑法第二百七十二条规定的挪用资金罪中的“数额较大”“数额巨大”以及“进行非法活动”情形的数额起点，按照本解释关于挪用公款罪“数额较大”“情节严重”以及“进行非法活动”的数额标准规定的二倍执行。

刑法第一百六十四条第一款规定的对非国家工作人员行贿罪中的“数额较大”“数额巨大”的数额起点，按照本解释第七条、第八条第一款关于行贿罪的数额标准规定的二倍执行。

**第十二条** 贿赂犯罪中的“财物”，包括货币、物品和财产性利益。财产性利益包括可以折算为货币的物质利益如房屋装修、债务免除等，以及需要支付货币的其他利益如会员服务、旅游等。后者的犯罪数额，以实际支付或者应当支付的数额计算。

**第十三条** 具有下列情形之一的，应当认定为“为他人谋取利益”，构成犯罪的，应当依照刑法关于受贿犯罪的规定定罪处罚：

（一）实际或者承诺为他人谋取利益的；

（二）明知他人有具体请托事项的；

（三）履职时未被请托，但事后基于该履职事由收受他人财物的。

国家工作人员索取、收受具有上下级关系的下属或者具有行政管理关系的被管理人员的财物价值三万元以上，可能影响职权行使的，视为承诺为他人谋取利益。

**第十四条** 根据行贿犯罪的事实、情节，可能被判处三年有期徒刑以下刑罚的，可以认定为刑法第三百九十条第二款规定的“犯罪较轻”。

根据犯罪的事实、情节，已经或者可能被判处十年有期徒刑以上刑罚的，或者案件在本省、自治区、直辖市或者全国范围内有较大影响的，可以认定为刑法第三百九十条第二款规定的“重大案件”。

具有下列情形之一的，可以认定为刑法第三百九十条第二款规定的“对侦破重大案件起关键作用”：

（一）主动交待办案机关未掌握的重大案件线索的；

（二）主动交待的犯罪线索不属于重大案件的线索，但该线索对于重大案件侦破有重要作用的；

（三）主动交待行贿事实，对于重大案件的证据收集有重要作用的；

（四）主动交待行贿事实，对于重大案件的追逃、追赃有重要作用的。

第十五条 对多次受贿未经处理的，累计计算受贿数额。

国家工作人员利用职务上的便利为请托人谋取利益前后多次收受请托人财物，受请托之前收受的财物数额在一万元以上的，应当一并计入受贿数额。

第十六条 国家工作人员出于贪污、受贿的故意，非法占有公共财物、收受他人财物之后，将赃款赃物用于单位公务支出或者社会捐赠的，不影响贪污罪、受贿罪的认定，但量刑时可以酌情考虑。

特定关系人索取、收受他人财物，国家工作人员知道后未退还或者上交的，应当认定国家工作人员具有受贿故意。

第十七条 国家工作人员利用职务上的便利，收受他人财物，为他人谋取利益，同时构成受贿罪和刑法分则第三章第三节、第九章规定的渎职犯罪的，除刑法另有规定外，以受贿罪和渎职犯罪数罪并罚。

第十八条 贪污贿赂犯罪分子违法所得的一切财物，应当依照刑法第六十四条的规定予以追缴或者责令退赔，对被害人的合法财产应当及时返还。对尚未追缴到案或者尚未足额退赔的违法所得，应当继续追缴或者责令退赔。

第十九条 对贪污罪、受贿罪判处三年以下有期徒刑或者拘役的，应当并处十万元以上五十万元以下的罚金；判处三年以上十年以下有期徒刑的，应当并处二十万元以上犯罪数额二倍以下的罚金或者没收财产；判处十年以上有期徒刑或者无期徒刑的，应当并处五十万元以上犯罪数额二倍以下的罚金或者没收财产。

对刑法规定并处罚金的其他贪污贿赂犯罪，应当在十万元以上犯罪数额二倍以下判处罚金。

第二十条 本解释自2016年4月18日起施行。最高人民法院、最高人民检察院此前发布的司法解释与本解释不一致的，以本解释为准。

## 二、最高人民检察院《关于挪用国库券如何定性问题的批复》（1997年10月13日 高检发释字〔1997〕5号）

宁夏回族自治区人民检察院：

你院宁检发字〔1997〕43号《关于国库券等有价证券是否可以成为挪用公款罪所侵犯的对象以及以国库券抵押贷款的行为如何定性等问题的请示》收悉。关于挪用国库券如何定性的问题，经研究，批复如下：

国家工作人员利用职务上的便利，挪用公有或本单位的国库券的行为以挪用公款论；符合刑法第384条、第272条第2款规定的情形构成犯罪的，按挪用公款罪追究刑事责任。

## 三、最高人民法院《关于审理挪用公款案件具体应用法律若干问题的解释》（节录）（1998年4月29日 法释〔1998〕9号）

第一条 刑法第三百八十四条规定的“挪用公款归个人使用”，包括挪用者本人使用或者给他人使用。

挪用公款给私有公司、私有企业使用的，属于挪用公款归个人使用。

第二条 对挪用公款罪，应区分三种不同情况予以认定：

（一）挪用公款归个人使用，数额较大、超过三个月未还的，构成挪用公款罪。

挪用正在生息或者需要支付利息的公款归个人使用，数额较大，超过三个月但在案发前全部归还本金的，可以从轻处罚或者免除处罚。给国家、集体造成的利息损失应予追缴。挪用公款数额巨大，超过三个月，案发前全部归还的，可以酌情从轻处罚。

（二）挪用公款数额较大，归个人进行营利活动的，构成挪用公款罪，不受挪用时间和是否归还的限制。在案发前部分或者全部归还本息的，可以从轻处罚；情节轻微的，可以免除处罚。

挪用公款存入银行、用于集资、购买股票、国债等，属于挪用公款进行营利活动。所获取的利息、收益等违法所得，应当追缴，但不计入挪用公款的数额。

（三）挪用公款归个人使用，进行赌博、走私等非法活动的，构成挪用公款罪，不受"数额较大"和挪用时间的限制。

挪用公款给他人使用，不知道使用人用公款进行营利活动或者用于非法活动，数额较大、超过三个月未还的，构成挪用公款罪；明知使用人用于营利活动或者非法活动的，应当认定为挪用人挪用公款进行营利活动或者非法活动。

**第四条** 多次挪用公款不还，挪用公款数额累计计算；多次挪用公款，并以后次挪用的公款归还前次挪用的公款，挪用公款数额以案发时未还的实际数额认定。

**第五条** "挪用公款数额巨大不退还的"，是指挪用公款数额巨大，因客观原因在一审宣判前不能退还的。

**第六条** 携带挪用的公款潜逃的，依照刑法第三百八十二条、第三百八十三条的规定定罪处罚。

**第七条** 因挪用公款索取、收受贿赂构成犯罪的，依照数罪并罚的规定处罚。

挪用公款进行非法活动构成其他犯罪的，依照数罪并罚的规定处罚。

**第八条** 挪用公款给他人使用，使用人与挪用人共谋，指使或者参与策划取得挪用款的，以挪用公款罪的共犯定罪处罚。

## 四、最高人民检察院《关于挪用失业保险基金和下岗职工基本生活保障资金的行为适用法律问题的批复》（2003 年 1 月 28 日　高检发释字〔2003〕1 号）

辽宁省人民检察院：

你院辽检发研字（2002）9 号《关于挪用职工失业保险金和下岗职工生活保障金是否属于挪用特定款物的请示》收悉。经研究，批复如下：

挪用失业保险基金和下岗职工基本生活保障资金属于挪用救济款物。挪用失业保险基金和下岗职工基本生活保障资金，情节严重，致使国家和人民群众利益遭受重大损害的，对直接责任人员，应当依照刑法第二百七十三条的规定，以挪用特定款物罪追究刑事责任；国家工作人员利用职务上的便利，挪用失业保险基金和下岗职工基本生活保障资金归个人使用，构成犯罪的，应当依照刑法第三百八十四条的规定，以挪用公款罪追究刑事责任。

此复。

## 五、最高人民法院研究室《关于对行为人通过伪造国家机关公文、证件担任国家工作人员职务并利用职务上的便利侵占本单位财物、收受贿赂、挪用本单位资金等行为如何适用法律问题的答复》（2004 年 3 月 20 日　法研〔2004〕38 号）

北京市高级人民法院：

你院〔2004〕15 号《关于通过伪造国家机关公文、证件担任国家工作人员职务后利用职务便利侵占本单位财物、收受贿赂、挪用本单位资金的行为如何定性的请示》收悉。经研究，答复如下：

行为人通过伪造国家机关公文、证件担任国家工作人员职务以后，又利用职务上的便利实施侵占本单位财物、收受贿赂、挪用本单位资金等行为，构成犯罪的，应当分别以伪造国家机关公文、证件罪和相应的贪污罪、受贿罪、挪用公款罪等追究刑事责任，实行数罪并罚。

**六、最高人民法院《关于对受委托管理、经营国有财产人员挪用国有资金行为如何定罪问题的批复》**（2000 年 2 月 16 日　法释〔2000〕5 号）

江苏省高级人民法院：

你院苏高法〔1994〕94 号《关于受委托管理、经营国有财产的人员能否作为挪用公款罪主体问题的请示》收悉。经研究，答复如下：

对于受国家机关、国有公司、企业、事业单位、人民团体委托，管理、经营国有财产的非国家工作人员，利用职务上的便利，挪用国有资金归个人使用构成犯罪的，应当依照刑法第二百七十二条第一款的规定定罪处罚。

此复。

**七、最高人民检察院《关于国家工作人员挪用非特定公物能否定罪的请示的批复》**（2000 年 3 月 6 日　高检发释字〔2000〕1 号）

山东省人民检察院：

你院鲁检发研字〔1999〕第 3 号《关于国家工作人员挪用非特定公物能否定罪的请示》收悉。经研究认为，刑法第 384 条规定的挪用公款罪中未包括挪用非特定公物归个人使用的行为，对该行为不以挪用公款罪论处。如构成其他犯罪的，依照刑法的相关规定定罪处罚。

此复。

**八、最高人民法院《全国法院审理经济犯罪案件工作座谈会纪要》（节录）**（2003 年 11 月 13 日　法发〔2003〕167 号）

**一、关于贪污贿赂犯罪和渎职犯罪的主体**

（一）国家机关工作人员的认定

刑法中所称的国家机关工作人员，是指在国家机关中从事公务的人员，包括在各级国家权力机关、行政机关、司法机关和军事机关中从事公务的人员。

根据有关立法解释的规定，在依照法律、法规规定行使国家行政管理职权的组织中从事公务的人员，或者在受国家机关委托代表国家行使职权的组织中从事公务的人员，或者虽未列入国家机关人员编制但在国家机关中从事公务的人员，视为国家机关工作人员。在乡（镇）以上中国共产党机关、人民政协机关中从事公务的人员，司法实践中也应当视为国家机关工作人员。

（二）国家机关、国有公司、企业、事业单位委派到非国有公司、企业、事业单位、社会团体从事公务的人员的认定

所谓委派，即委任、派遣，其形式多种多样，如任命、指派、提名、批准等。不论被委派的人身份如何，只要是接受国家机关、国有公司、企业、事业单位委派，代表国家机关、国有公司、企业、事业单位在非国有公司、企业、事业单位、社会团体中从事组织、领导、监督、管理等工作，都可以认定为国家机关、国有公司、企业、事业单位委派到非国有公司、企业、事业单位、社会团体从事公务的人员。如国家机关、国有公司、企业、事业单位委派在国有控股或者参股的股份有限公司从事组织、

法律适用 司法解释

领导、监督、管理等工作的人员，应当以国家工作人员论。国有公司、企业改制为股份有限公司后，原国有公司、企业的工作人员和股份有限公司新任命的人员中，除代表国有投资主体行使监督、管理职权的人外，不以国家工作人员。

（三）“其他依照法律从事公务的人员”的认定

刑法第九十三条第二款规定的“其他依照法律从事公务的人员”应当具有两个特征：一是在特定条件下行使国家管理职能；二是依照法律规定从事公务。具体包括：（1）依法履行职责的各级人民代表大会代表；（2）依法履行审判职责的人民陪审员；（3）协助乡镇人民政府、街道办事处从事行政管理工作的村民委员会、居民委员会等农村和城市基层组织人员；（4）其他由法律授权从事公务的人员。

（四）关于“从事公务”的理解

从事公务，是指代表国家机关、国有公司、企业、事业单位、人民团体等履行组织、领导、监督、管理等职责。公务主要表现为与职权相联系的公共事务以及监督、管理国有财产的职务活动。如国家机关工作人员依法履行职责，国有公司的董事、经理、监事、会计、出纳人员等管理、监督国有财产等活动，属于从事公务。那些不具备职权内容的劳务活动、技术服务工作，如售货员、售票员等所从事的工作，一般不认为是公务。

四、关于挪用公款罪

（一）单位决定将公款给个人使用行为的认定

经单位领导集体研究决定将公款给个人使用，或者单位负责人为了单位的利益，决定将公款给个人使用的，不以挪用公款罪定罪处罚。上述行为致使单位遭受重大损失，构成其他犯罪的，依照刑法的有关规定对责任人员定罪处罚。

（二）挪用公款供其他单位使用行为的认定

根据全国人大常委会《关于〈中华人民共和国刑法〉第三百八十四条第一款的解释》的规定，“以个人名义将公款供其他单位使用的”、“个人决定以单位名义将公款供其他单位使用，谋取个人利益的”，属于挪用公款“归个人使用”。在司法实践中，对于将公款供其他单位使用的，认定是否属于“以个人名义”，不能只看形式，要从实质上把握。对于行为人逃避财务监管，或者与使用人约定以个人名义进行，或者借款、还款都以个人名义进行，将公款给其他单位使用的，应认定为“以个人名义”。“个人决定”既包括行为人在职权范围内决定，也包括超越职权范围决定。“谋取个人利益”，既包括行为人与使用人事先约定谋取个人利益实际尚未获取的情况，也包括虽未事先约定但实际已获取了个人利益的情况、其中的“个人利益”，既包括不正当利益，也包括正当利益；既包括财产性利益，也包括非财产性利益，但这种非财产性利益应当是具体的实际利益，如升学、就业等。

（三）国有单位领导向其主管的具有法人资格的下级单位借公款归个人使用的认定

国有单位领导利用职务上的便利指令具有法人资格的下级单位将公款供个人使用的，属于挪用公款行为，构成犯罪的，应以挪用公款罪定罪处罚。

（四）挪用有价证券、金融凭证用于质押行为性质的认定

挪用金融凭证、有价证券用于质押，使公款处于风险之中，与挪用公款为他人提供担保没有实质的区别，符合刑法关于挪用公款罪规定的，以挪用公款罪定罪处罚，挪用公款数额以实际或者可能承担的风险数额认定。

（五）挪用公款归还个人欠款行为性质的认定

挪用公款归还个人欠款的，应当根据产生欠款的原因，分别认定属于挪用公款的

何种情形。归还个人进行非法活动或者进行营利活动产生的欠款，应当认定为挪用公款进行非法活动或者进行营利活动。

（六）挪用公款用于注册公司、企业行为性质的认定

申报注册资本是为进行生产经营活动作准备，属于成立公司、企业进行营利活动的组成部分。因此，挪用公款归个人用于公司、企业注册资本验资证明的，应当认定为挪用公款进行营利活动。

（七）挪用公款后尚未投入实际使用的行为性质的认定

挪用公款后尚未投入实际使用的，只要同时具备"数额较大"和"超过三个月未还"的构成要件，应当认定为挪用公款罪，但可以酌情从轻处罚。

（八）挪用公款转化为贪污的认定

挪用公款罪与贪污罪的主要区别在于行为人主观上是否具有非法占有公款的目的。挪用公款是否转化为贪污，应当按照主客观相一致的原则，具体判断和认定行为人主观上是否具有非法占有公款的目的。在司法实践中，具有以下情形之一的可以认定行为人具有非法占有公款的目的：

1. 根据《最高人民法院关于审理挪用公款案件具体应用法律若干问题的解释》第六条的规定，行为人"携带挪用的公款潜逃的"，对其携带挪用的公款部分，以贪污罪定罪处罚。

2. 行为人挪用公款后采取虚假发票平帐、销毁有关帐目等手段，使所挪用的公款已难以在单位财务帐目上反映出来，且没有归还行为的，应当以贪污罪定罪处罚。

3. 行为人截取单位收入不入帐，非法占有，使所占有的公款难以在单位财务帐目上反映出来，且没有归还行为的，应当以贪污罪定罪处罚。

4. 有证据证明行为人有能力归还所挪用的公款而拒不归还，并隐瞒挪用的公款去向的，应当以贪污罪定罪处罚。

**九、最高人民法院《关于挪用公款犯罪如何计算追诉期限问题的批复》**（2003 年 9 月 22 日　法释〔2003〕16 号）

天津市高级人民法院：

你院津高法〔2002〕4 号《关于挪用公款犯罪如何计算追诉期限问题的请示》收悉。经研究，答复如下：

根据刑法第八十九条、第三百八十四条的规定，挪用公款归个人使用，进行非法活动的，或者挪用公款数额较大、进行营利活动的，犯罪的追诉期限从挪用行为实施完毕之日起计算；挪用公款数额较大、超过三个月未还的，犯罪的追诉期限从挪用公款罪成立之日起计算。挪用公款行为有连续状态的，犯罪的追诉期限应当从最后一次挪用行为实施完毕之日或者犯罪成立之日起计算。

此复。

**十、最高人民法院、最高人民检察院《关于办理职务犯罪案件严格适用缓刑、免予刑事处罚若干问题的意见》**（2012 年 8 月 8 日　法发〔2012〕17 号）（略，详见本书第 16 页）

**十一、最高人民法院、最高人民检察院《关于办理国家出资企业中职务犯罪案件具体应用法律若干问题的意见》**（2010 年 11 月 26 日　法发〔2010〕49 号）（略，详见本书第 17 页）

法律适用　相关法律法规

一、《中华人民共和国监察法》（2018年3月20日第十三届全国人民代表大会第一次会议通过　2018年3月20日中华人民共和国主席令第3号公布　自公布之日起施行）

## 第一章　总　则

**第一条**　为了深化国家监察体制改革，加强对所有行使公权力的公职人员的监督，实现国家监察全面覆盖，深入开展反腐败工作，推进国家治理体系和治理能力现代化，根据宪法，制定本法。

**第二条**　坚持中国共产党对国家监察工作的领导，以马克思列宁主义、毛泽东思想、邓小平理论、"三个代表"重要思想、科学发展观、习近平新时代中国特色社会主义思想为指导，构建集中统一、权威高效的中国特色国家监察体制。

**第三条**　各级监察委员会是行使国家监察职能的专责机关，依照本法对所有行使公权力的公职人员（以下称公职人员）进行监察，调查职务违法和职务犯罪，开展廉政建设和反腐败工作，维护宪法和法律的尊严。

**第四条**　监察委员会依照法律规定独立行使监察权，不受行政机关、社会团体和个人的干涉。

监察机关办理职务违法和职务犯罪案件，应当与审判机关、检察机关、执法部门互相配合，互相制约。

监察机关在工作中需要协助的，有关机关和单位应当根据监察机关的要求依法予以协助。

**第五条**　国家监察工作严格遵照宪法和法律，以事实为根据，以法律为准绳；在适用法律上一律平等，保障当事人的合法权益；权责对等，严格监督；惩戒与教育相结合，宽严相济。

**第六条**　国家监察工作坚持标本兼治、综合治理，强化监督问责，严厉惩治腐败；深化改革、健全法治，有效制约和监督权力；加强法治教育和道德教育，弘扬中华优秀传统文化，构建不敢腐、不能腐、不想腐的长效机制。

## 第二章　监察机关及其职责

**第七条**　中华人民共和国国家监察委员会是最高监察机关。

省、自治区、直辖市、自治州、县、自治县、市、市辖区设立监察委员会。

**第八条**　国家监察委员会由全国人民代表大会产生，负责全国监察工作。

国家监察委员会由主任、副主任若干人、委员若干人组成，主任由全国人民代表大会选举，副主任、委员由国家监察委员会主任提请全国人民代表大会常务委员会任免。

国家监察委员会主任每届任期同全国人民代表大会每届任期相同，连续任职不得超过两届。

国家监察委员会对全国人民代表大会及其常务委员会负责，并接受其监督。

**第九条**　地方各级监察委员会由本级人民代表大会产生，负责本行政区域内的监察工作。

地方各级监察委员会由主任、副主任若干人、委员若干人组成，主任由本级人民代表大会选举，副主任、委员由监察委员会主任提请本级人民代表大会常务委员会任免。

地方各级监察委员会主任每届任期同本级人民代表大会每届任期相同。

地方各级监察委员会对本级人民代表大会及其常务委员会和上一级监察委员会负责，并接受其监督。

**第十条**　国家监察委员会领导地方各级监察委员会的工作，上级监察委员会领导下级监察委员会的工作。

**第十一条** 监察委员会依照本法和有关法律规定履行监督、调查、处置职责：

（一）对公职人员开展廉政教育，对其依法履职、秉公用权、廉洁从政从业以及道德操守情况进行监督检查；

（二）对涉嫌贪污贿赂、滥用职权、玩忽职守、权力寻租、利益输送、徇私舞弊以及浪费国家资财等职务违法和职务犯罪进行调查；

（三）对违法的公职人员依法作出政务处分决定；对履行职责不力、失职失责的领导人员进行问责；对涉嫌职务犯罪的，将调查结果移送人民检察院依法审查、提起公诉；向监察对象所在单位提出监察建议。

**第十二条** 各级监察委员会可以向本级中国共产党机关、国家机关、法律法规授权或者委托管理公共事务的组织和单位以及所管辖的行政区域、国有企业等派驻或者派出监察机构、监察专员。

监察机构、监察专员对派驻或者派出它的监察委员会负责。

**第十三条** 派驻或者派出的监察机构、监察专员根据授权，按照管理权限依法对公职人员进行监督，提出监察建议，依法对公职人员进行调查、处置。

**第十四条** 国家实行监察官制度，依法确定监察官的等级设置、任免、考评和晋升等制度。

## 第三章 监察范围和管辖

**第十五条** 监察机关对下列公职人员和有关人员进行监察：

（一）中国共产党机关、人民代表大会及其常务委员会机关、人民政府、监察委员会、人民法院、人民检察院、中国人民政治协商会议各级委员会机关、民主党派机关和工商业联合会机关的公务员，以及参照《中华人民共和国公务员法》管理的人员；

（二）法律、法规授权或者受国家机关依法委托管理公共事务的组织中从事公务的人员；

（三）国有企业管理人员；

（四）公办的教育、科研、文化、医疗卫生、体育等单位中从事管理的人员；

（五）基层群众性自治组织中从事管理的人员；

（六）其他依法履行公职的人员。

**第十六条** 各级监察机关按照管理权限管辖本辖区内本法第十五条规定的人员所涉监察事项。

上级监察机关可以办理下一级监察机关管辖范围内的监察事项，必要时也可以办理所辖各级监察机关管辖范围内的监察事项。

监察机关之间对监察事项的管辖有争议的，由其共同的上级监察机关确定。

**第十七条** 上级监察机关可以将其所管辖的监察事项指定下级监察机关管辖，也可以将下级监察机关有管辖权的监察事项指定给其他监察机关管辖。

监察机关认为所管辖的监察事项重大、复杂，需要由上级监察机关管辖的，可以报请上级监察机关管辖。

## 第四章 监察权限

**第十八条** 监察机关行使监督、调查职权，有权依法向有关单位和个人了解情况，收集、调取证据。有关单位和个人应当如实提供。

监察机关及其工作人员对监督、调查过程中知悉的国家秘密、商业秘密、个人隐私，应当保密。

任何单位和个人不得伪造、隐匿或者毁灭证据。

法律适用

相关法律法规

**第十九条** 对可能发生职务违法的监察对象，监察机关按照管理权限，可以直接或者委托有关机关、人员进行谈话或者要求说明情况。

**第二十条** 在调查过程中，对涉嫌职务违法的被调查人，监察机关可以要求其就涉嫌违法行为作出陈述，必要时向被调查人出具书面通知。

对涉嫌贪污贿赂、失职渎职等职务犯罪的被调查人，监察机关可以进行讯问，要求其如实供述涉嫌犯罪的情况。

**第二十一条** 在调查过程中，监察机关可以询问证人等人员。

**第二十二条** 被调查人涉嫌贪污贿赂、失职渎职等严重职务违法或者职务犯罪，监察机关已经掌握其部分违法犯罪事实及证据，仍有重要问题需要进一步调查，并有下列情形之一的，经监察机关依法审批，可以将其留置在特定场所：

（一）涉及案情重大、复杂的；

（二）可能逃跑、自杀的；

（三）可能串供或者伪造、隐匿、毁灭证据的；

（四）可能有其他妨碍调查行为的。

对涉嫌行贿犯罪或者共同职务犯罪的涉案人员，监察机关可以依照前款规定采取留置措施。

留置场所的设置、管理和监督依照国家有关规定执行。

**第二十三条** 监察机关调查涉嫌贪污贿赂、失职渎职等严重职务违法或者职务犯罪，根据工作需要，可以依照规定查询、冻结涉案单位和个人的存款、汇款、债券、股票、基金份额等财产。有关单位和个人应当配合。

冻结的财产经查明与案件无关的，应当在查明后三日内解除冻结，予以退还。

**第二十四条** 监察机关可以对涉嫌职务犯罪的被调查人以及可能隐藏被调查人或者犯罪证据的人的身体、物品、住处和其他有关地方进行搜查。在搜查时，应当出示搜查证，并有被搜查人或者其家属等见证人在场。

搜查女性身体，应当由女性工作人员进行。

监察机关进行搜查时，可以根据工作需要提请公安机关配合。公安机关应当依法予以协助。

**第二十五条** 监察机关在调查过程中，可以调取、查封、扣押用以证明被调查人涉嫌违法犯罪的财物、文件和电子数据等信息。采取调取、查封、扣押措施，应当收集原物原件，会同持有人或者保管人、见证人，当面逐一拍照、登记、编号，开列清单，由在场人员当场核对、签名，并将清单副本交财物、文件的持有人或者保管人。

对调取、查封、扣押的财物、文件，监察机关应当设立专用账户、专门场所，确定专门人员妥善保管，严格履行交接、调取手续，定期对账核实，不得毁损或者用于其他目的。对价值不明物品应当及时鉴定，专门封存保管。

查封、扣押的财物、文件经查明与案件无关的，应当在查明后三日内解除查封、扣押，予以退还。

**第二十六条** 监察机关在调查过程中，可以直接或者指派、聘请具有专门知识、资格的人员在调查人员主持下进行勘验检查。勘验检查情况应当制作笔录，由参加勘验检查的人员和见证人签名或者盖章。

**第二十七条** 监察机关在调查过程中，对于案件中的专门性问题，可以指派、聘请有专门知识的人进行鉴定。鉴定人进行鉴定后，应当出具鉴定意见，并且签名。

**第二十八条** 监察机关调查涉嫌重大贪污贿赂等职务犯罪，根据需要，经过严格的批准手续，可以采取技术调查措施，按照规定交有关机关执行。

批准决定应当明确采取技术调查措施的种类和适用对象，自签发之日起三个月以内有效；对于复杂、疑难案件，期限届满仍有必要继续采取技术调查措施的，经过批准，有效期可以延长，每次不得超过三个月。对于不需要继续采取技术调查措施的，应当及时解除。

**第二十九条** 依法应当留置的被调查人如果在逃，监察机关可以决定在本行政区域内通缉，由公安机关发布通缉令，追捕归案。通缉范围超出本行政区域的，应当报请有权决定的上级监察机关决定。

**第三十条** 监察机关为防止被调查人及相关人员逃匿境外，经省级以上监察机关批准，可以对被调查人及相关人员采取限制出境措施，由公安机关依法执行。对于不需要继续采取限制出境措施的，应当及时解除。

**第三十一条** 涉嫌职务犯罪的被调查人主动认罪认罚，有下列情形之一的，监察机关经领导人员集体研究，并报上一级监察机关批准，可以在移送人民检察院时提出从宽处罚的建议：

（一）自动投案，真诚悔罪悔过的；

（二）积极配合调查工作，如实供述监察机关还未掌握的违法犯罪行为的；

（三）积极退赃，减少损失的；

（四）具有重大立功表现或者案件涉及国家重大利益等情形的。

**第三十二条** 职务违法犯罪的涉案人员揭发有关被调查人职务违法犯罪行为，查证属实的，或者提供重要线索，有助于调查其他案件的，监察机关经领导人员集体研究，并报上一级监察机关批准，可以在移送人民检察院时提出从宽处罚的建议。

**第三十三条** 监察机关依照本法规定收集的物证、书证、证人证言、被调查人供述和辩解、视听资料、电子数据等证据材料，在刑事诉讼中可以作为证据使用。

监察机关在收集、固定、审查、运用证据时，应当与刑事审判关于证据的要求和标准相一致。

以非法方法收集的证据应当依法予以排除，不得作为案件处置的依据。

**第三十四条** 人民法院、人民检察院、公安机关、审计机关等国家机关在工作中发现公职人员涉嫌贪污贿赂、失职渎职等职务违法或者职务犯罪的问题线索，应当移送监察机关，由监察机关依法调查处置。

被调查人既涉嫌严重职务违法或者职务犯罪，又涉嫌其他违法犯罪的，一般应当由监察机关为主调查，其他机关予以协助。

## 第五章 监察程序

**第三十五条** 监察机关对于报案或者举报，应当接受并按照有关规定处理。对于不属于本机关管辖的，应当移送主管机关处理。

**第三十六条** 监察机关应当严格按照程序开展工作，建立问题线索处置、调查、审理各部门相互协调、相互制约的工作机制。

监察机关应当加强对调查、处置工作全过程的监督管理，设立相应的工作部门履行线索管理、监督检查、督促办理、统计分析等管理协调职能。

**第三十七条** 监察机关对监察对象的问题线索，应当按照有关规定提出处置意见，履行审批手续，进行分类办理。线索处置情况应当定期汇总、通报，定期检查、抽查。

**第三十八条** 需要采取初步核实方式处置问题线索的，监察机关应当依法履行审批程序，成立核查组。初步核实工作结束后，核查组应当撰写初步核实情况报告，提出处理建议。承办部门应当提出分类处理意见。初步核实情况报告和分类处理意见报监察机关主要负责人审批。

法律适用

相关法律法规

**第三十九条** 经过初步核实，对监察对象涉嫌职务违法犯罪，需要追究法律责任的，监察机关应当按照规定的权限和程序办理立案手续。

监察机关主要负责人依法批准立案后，应当主持召开专题会议，研究确定调查方案，决定需要采取的调查措施。

立案调查决定应当向被调查人宣布，并通报相关组织。涉嫌严重职务违法或者职务犯罪的，应当通知被调查人家属，并向社会公开发布。

**第四十条** 监察机关对职务违法和职务犯罪案件，应当进行调查，收集被调查人有无违法犯罪以及情节轻重的证据，查明违法犯罪事实，形成相互印证、完整稳定的证据链。

严禁以威胁、引诱、欺骗及其他非法方式收集证据，严禁侮辱、打骂、虐待、体罚或者变相体罚被调查人和涉案人员。

**第四十一条** 调查人员采取讯问、询问、留置、搜查、调取、查封、扣押、勘验检查等调查措施，均应当依照规定出示证件，出具书面通知，由二人以上进行，形成笔录、报告等书面材料，并由相关人员签名、盖章。

调查人员进行讯问以及搜查、查封、扣押等重要取证工作，应当对全过程进行录音录像，留存备查。

**第四十二条** 调查人员应当严格执行调查方案，不得随意扩大调查范围、变更调查对象和事项。

对调查过程中的重要事项，应当集体研究后按程序请示报告。

**第四十三条** 监察机关采取留置措施，应当由监察机关领导人员集体研究决定。设区的市级以下监察机关采取留置措施，应当报上一级监察机关批准。省级监察机关采取留置措施，应当报国家监察委员会备案。

留置时间不得超过三个月。在特殊情况下，可以延长一次，延长时间不得超过三个月。省级以下监察机关采取留置措施的，延长留置时间应当报上一级监察机关批准。监察机关发现采取留置措施不当的，应当及时解除。

监察机关采取留置措施，可以根据工作需要提请公安机关配合。公安机关应当依法予以协助。

**第四十四条** 对被调查人采取留置措施后，应当在二十四小时以内，通知被留置人员所在单位和家属，但有可能毁灭、伪造证据，干扰证人作证或者串供等有碍调查情形的除外。有碍调查的情形消失后，应当立即通知被留置人员所在单位和家属。

监察机关应当保障被留置人员的饮食、休息和安全，提供医疗服务。讯问被留置人员应当合理安排讯问时间和时长，讯问笔录由被讯问人阅看后签名。

被留置人员涉嫌犯罪移送司法机关后，被依法判处管制、拘役和有期徒刑的，留置一日折抵管制二日，折抵拘役、有期徒刑一日。

**第四十五条** 监察机关根据监督、调查结果，依法作出如下处置：

（一）对有职务违法行为但情节较轻的公职人员，按照管理权限，直接或者委托有关机关、人员，进行谈话提醒、批评教育、责令检查，或者予以诫勉；

（二）对违法的公职人员依照法定程序作出警告、记过、记大过、降级、撤职、开除等政务处分决定；

（三）对不履行或者不正确履行职责负有责任的领导人员，按照管理权限对其直接作出问责决定，或者向有权作出问责决定的机关提出问责建议；

（四）对涉嫌职务犯罪的，监察机关经调查认为犯罪事实清楚，证据确实、充分的，制作起诉意见书，连同案卷材料、证据一并移送人民检察院依法审查、提起公诉；

（五）对监察对象所在单位廉政建设和履行职责存在的问题等提出监察建议。

监察机关经调查，对没有证据证明被调查人存在违法犯罪行为的，应当撤销案件，并通知被调查人所在单位。

**第四十六条** 监察机关经调查，对违法取得的财物，依法予以没收、追缴或者责令退赔；对涉嫌犯罪取得的财物，应当随案移送人民检察院。

**第四十七条** 对监察机关移送的案件，人民检察院依照《中华人民共和国刑事诉讼法》对被调查人采取强制措施。

人民检察院经审查，认为犯罪事实已经查清，证据确实、充分，依法应当追究刑事责任的，应当作出起诉决定。

人民检察院经审查，认为需要补充核实的，应当退回监察机关补充调查，必要时可以自行补充侦查。对于补充调查的案件，应当在一个月内补充调查完毕。补充调查以二次为限。

人民检察院对于有《中华人民共和国刑事诉讼法》规定的不起诉的情形的，经上一级人民检察院批准，依法作出不起诉的决定。监察机关认为不起诉的决定有错误的，可以向上一级人民检察院提请复议。

**第四十八条** 监察机关在调查贪污贿赂、失职渎职等职务犯罪案件过程中，被调查人逃匿或者死亡，有必要继续调查的，经省级以上监察机关批准，应当继续调查并作出结论。被调查人逃匿，在通缉一年后不能到案，或者死亡的，由监察机关提请人民检察院依照法定程序，向人民法院提出没收违法所得的申请。

**第四十九条** 监察对象对监察机关作出的涉及本人的处理决定不服的，可以在收到处理决定之日起一个月内，向作出决定的监察机关申请复审，复审机关应当在一个月内作出复审决定；监察对象对复审决定仍不服的，可以在收到复审决定之日起一个月内，向上一级监察机关申请复核，复核机关应当在二个月内作出复核决定。复审、复核期间，不停止原处理决定的执行。复核机关经审查，认定处理决定有错误的，原处理机关应当及时予以纠正。

## 第六章　反腐败国际合作

**第五十条** 国家监察委员会统筹协调与其他国家、地区、国际组织开展的反腐败国际交流、合作，组织反腐败国际条约实施工作。

**第五十一条** 国家监察委员会组织协调有关方面加强与有关国家、地区、国际组织在反腐败执法、引渡、司法协助、被判刑人的移管、资产追回和信息交流等领域的合作。

**第五十二条** 国家监察委员会加强对反腐败国际追逃追赃和防逃工作的组织协调，督促有关单位做好相关工作：

（一）对于重大贪污贿赂、失职渎职等职务犯罪案件，被调查人逃匿到国（境）外，掌握证据比较确凿的，通过开展境外追逃合作，追捕归案；

（二）向赃款赃物所在国请求查询、冻结、扣押、没收、追缴、返还涉案资产；

（三）查询、监控涉嫌职务犯罪的公职人员及其相关人员进出国（境）和跨境资金流动情况，在调查案件过程中设置防逃程序。

## 第七章　对监察机关和监察人员的监督

**第五十三条** 各级监察委员会应当接受本级人民代表大会及其常务委员会的监督。

各级人民代表大会常务委员会听取和审议本级监察委员会的专项工作报告，组织执法检查。

法律适用　相关法律法规

县级以上各级人民代表大会及其常务委员会举行会议时，人民代表大会代表或者常务委员会组成人员可以依照法律规定的程序，就监察工作中的有关问题提出询问或者质询。

**第五十四条**　监察机关应当依法公开监察工作信息，接受民主监督、社会监督、舆论监督。

**第五十五条**　监察机关通过设立内部专门的监督机构等方式，加强对监察人员执行职务和遵守法律情况的监督，建设忠诚、干净、担当的监察队伍。

**第五十六条**　监察人员必须模范遵守宪法和法律，忠于职守、秉公执法，清正廉洁、保守秘密；必须具有良好的政治素质，熟悉监察业务，具备运用法律、法规、政策和调查取证等能力，自觉接受监督。

**第五十七条**　对于监察人员打听案情、过问案件、说情干预的，办理监察事项的监察人员应当及时报告。有关情况应当登记备案。

发现办理监察事项的监察人员未经批准接触被调查人、涉案人员及其特定关系人，或者存在交往情形的，知情人应当及时报告。有关情况应当登记备案。

**第五十八条**　办理监察事项的监察人员有下列情形之一的，应当自行回避，监察对象、检举人及其他有关人员也有权要求其回避：

（一）是监察对象或者检举人的近亲属的；

（二）担任过本案的证人的；

（三）本人或者其近亲属与办理的监察事项有利害关系的；

（四）有可能影响监察事项公正处理的其他情形的。

**第五十九条**　监察机关涉密人员离岗离职后，应当遵守脱密期管理规定，严格履行保密义务，不得泄露相关秘密。

监察人员辞职、退休三年内，不得从事与监察和司法工作相关联且可能发生利益冲突的职业。

**第六十条**　监察机关及其工作人员有下列行为之一的，被调查人及其近亲属有权向该机关申诉：

（一）留置法定期限届满，不予以解除的；

（二）查封、扣押、冻结与案件无关的财物的；

（三）应当解除查封、扣押、冻结措施而不解除的；

（四）贪污、挪用、私分、调换以及违反规定使用查封、扣押、冻结的财物的；

（五）其他违反法律法规、侵害被调查人合法权益的行为。

受理申诉的监察机关应当在受理申诉之日起一个月内作出处理决定。申诉人对处理决定不服的，可以在收到处理决定之日起一个月内向上一级监察机关申请复查，上一级监察机关应当在收到复查申请之日起二个月内作出处理决定，情况属实的，及时予以纠正。

**第六十一条**　对调查工作结束后发现立案依据不充分或者失实，案件处置出现重大失误，监察人员严重违法的，应当追究负有责任的领导人员和直接责任人员的责任。

## 第八章　法律责任

**第六十二条**　有关单位拒不执行监察机关作出的处理决定，或者无正当理由拒不采纳监察建议的，由其主管部门、上级机关责令改正，对单位给予通报批评；对负有责任的领导人员和直接责任人员依法给予处理。

法律适用 相关法律法规

**第六十三条** 有关人员违反本法规定，有下列行为之一的，由其所在单位、主管部门、上级机关或者监察机关责令改正，依法给予处理：

（一）不按要求提供有关材料，拒绝、阻碍调查措施实施等拒不配合监察机关调查的；

（二）提供虚假情况，掩盖事实真相的；

（三）串供或者伪造、隐匿、毁灭证据的；

（四）阻止他人揭发检举、提供证据的；

（五）其他违反本法规定的行为，情节严重的。

**第六十四条** 监察对象对控告人、检举人、证人或者监察人员进行报复陷害的；控告人、检举人、证人捏造事实诬告陷害监察对象的，依法给予处理。

**第六十五条** 监察机关及其工作人员有下列行为之一的，对负有责任的领导人员和直接责任人员依法给予处理：

（一）未经批准、授权处置问题线索，发现重大案情隐瞒不报，或者私自留存、处理涉案材料的；

（二）利用职权或者职务上的影响干预调查工作、以案谋私的；

（三）违法窃取、泄露调查工作信息，或者泄露举报事项、举报受理情况以及举报人信息的；

（四）对被调查人或者涉案人员逼供、诱供，或者侮辱、打骂、虐待、体罚或者变相体罚的；

（五）违反规定处置查封、扣押、冻结的财物的；

（六）违反规定发生办案安全事故，或者发生安全事故后隐瞒不报、报告失实、处置不当的；

（七）违反规定采取留置措施的；

（八）违反规定限制他人出境，或者不按规定解除出境限制的；

（九）其他滥用职权、玩忽职守、徇私舞弊的行为。

**第六十六条** 违反本法规定，构成犯罪的，依法追究刑事责任。

**第六十七条** 监察机关及其工作人员行使职权，侵犯公民、法人和其他组织的合法权益造成损害的，依法给予国家赔偿。

### 第九章　附　　则

**第六十八条** 中国人民解放军和中国人民武装警察部队开展监察工作，由中央军事委员会根据本法制定具体规定。

**第六十九条** 本法自公布之日起施行。《中华人民共和国行政监察法》同时废止。

**二、《中华人民共和国公职人员政务处分法》（节录）**（2020年6月20日第十三届全国人民代表大会常务委员会第十九次会议通过　2020年6月20日中华人民共和国主席令第46号公布　自2020年7月1日起施行）（略，详见本书第30页）

# 3 受贿案

**概念**

**本罪是指国家工作人员利用职务上的便利，索取他人财物的，或者非法收受他人财物，为他人谋取利益的行为。**

**立案标准**

**根据《刑法》第383条的规定，构成本罪的标准是行为人受贿数额较大或者有其他较重情节。数额较大是指受贿3万元以上不满20万元。受贿数额在1万元以上不满3万元，具有下列情形之一的，应当认定为“其他较重情节”：(1)曾因贪污、受贿、挪用公款受过党纪、行政处分的；(2)曾因故意犯罪受过刑事追究的；(3)赃款赃物用于非法活动的；(4)拒不交待赃款赃物去向或者拒不配合追缴工作，致使无法追缴的；(5)造成恶劣影响或者其他严重后果的；(6)多次索贿的；(7)为他人谋取不正当利益，致使公共财产、国家和人民利益遭受损失的；(8)为他人谋取职务提拔、调整的。**

**对多次受贿未经处理的，累计计算受贿数额。国家工作人员利用职务上的便利为请托人谋取利益前后多次收受请托人财物，受请托之前收受的财物数额在1万元以上的，应当一并计入受贿数额。**

| 定罪标准 | | |
|---|---|---|
| | 犯罪客体 | 本罪侵犯的客体是国家工作人员职务行为的廉洁性。 |
| | 犯罪客观方面 | 本罪在客观方面表现为利用职务上的便利，索取他人财物，或者非法收受他人财物，为他人谋取利益；或者在经济往来中，违反国家规定，收受各种名义的回扣、手续费，归个人所有；或者利用本人职权或者地位形成的便利条件，通过其他国家工作人员职务上的行为，为请托人谋取不正当利益，索取请托人财物或者收受请托人财物的行为。具体而言，受贿包括三种形式：<br>一、利用职务上的便利，索取他人财物，或者非法收受他人财物，为他人谋取利益。此种受贿行为具体包括以下几个方面的要素：<br>1. 利用职务上的便利。根据《全国法院审理经济犯罪案件工作座谈会纪要》的规定，“利用职务上的便利”，既包括利用本人职务上主管、负责、承办某项公共事务的职权，也包括利用职务上有隶属、制约关系的其他国家工作人员的职权。担任单位领导职务的国家工作人员通过不属自己主管的下级部门的国家工作人员的职务为他人谋取利益的，应当认定为“利用职务上的便利”为他人谋取利益。<br>2. 索取他人财物或者非法收受他人财物。索取，是指主动索要并收取。索要，既包括明示的索要贿赂；也包括暗示的索要贿赂。“非法收受”，是指行贿人主动向行为人给予一定数量的财物或货币，行为人被动接受的行为。实践中，索取他人财物或者非法收受他人财物有各种各样的表现，特别需要注意以下几种情况：<br>(1)行为人以借款为名实施索取或者非法收受财物的行为。根据《全国法院审理经济犯罪案件工作座谈会纪要》的规定，国家工作人员利用职务上的便利以借为名向他人索取财物，或者非法收受财物为他人谋取利益的，应当认定为受贿。具体认定时， |

定罪标准

犯罪客观方面

不能仅仅看是否有书面借款手续，应当根据以下因素综合判定：①有无正当、合理的借款事由；②款项的去向；③双方平时关系如何、有无经济往来；④出借方是否要求国家工作人员利用职务上的便利为其谋取利益；⑤借款后是否有归还的意思表示及行为；⑥是否有归还的能力；⑦未归还的原因；等等。

（2）以交易形式收受贿赂。根据《关于办理受贿刑事案件适用法律若干问题的意见》，国家工作人员利用职务上的便利为请托人谋取利益，以下列交易形式收受请托人财物的，以受贿论处：①以明显低于市场的价格向请托人购买房屋、汽车等物品的；②以明显高于市场的价格向请托人出售房屋、汽车等物品的；③以其他交易形式非法收受请托人财物的。在上述情况下，受贿数额按照交易时当地市场价格与实际支付价格的差额计算。上述所列市场价格包括商品经营者事先设定的不针对特定人的最低优惠价格。根据商品经营者事先设定的各种优惠交易条件，以优惠价格购买商品的，不属于受贿。

（3）以收受干股的形式受贿。干股是指未出资而获得的股份。国家工作人员利用职务上的便利为请托人谋取利益，收受请托人提供的干股的，以受贿论处。进行了股权转让登记，或者相关证据证明股份发生了实际转让的，受贿数额按转让行为时股份价值计算，所分红利按受贿孳息处理。股份未实际转让，以股份分红名义获取利益的，实际获利数额应当认定为受贿数额。

（4）以开办公司等合作投资名义收受贿赂。国家工作人员利用职务上的便利为请托人谋取利益，由请托人出资，“合作”开办公司或者进行其他“合作”投资的，以受贿论处。受贿数额为请托人给国家工作人员的出资额。国家工作人员利用职务上的便利为请托人谋取利益，以合作开办公司或者其他合作投资的名义获取“利润”，没有实际出资和参与管理、经营的，以受贿论处。

（5）以委托请托人投资证券、期货或者其他委托理财的名义收受贿赂。国家工作人员利用职务上的便利为请托人谋取利益，以委托请托人投资证券、期货或者其他委托理财的名义，未实际出资而获取“收益”，或者虽然实际出资，但获取“收益”明显高于出资应得收益的，以受贿论处。受贿数额，前一情形，以“收益”额计算；后一情形，以“收益”额与出资应得收益额的差额计算。

（6）以赌博形式收受贿赂。根据《最高人民法院、最高人民检察院关于办理赌博刑事案件具体应用法律若干问题的解释》第7条的规定，国家工作人员利用职务上的便利为请托人谋取利益，通过赌博方式收受请托人财物的，构成受贿。实践中应注意区分贿赂与赌博活动、娱乐活动的界限。具体认定时，主要应当结合以下因素进行判断：①赌博的背景、场合、时间、次数；②赌资来源；③其他赌博参与者有无事先通谋；④输赢钱物的具体情况和金额大小。

（7）以特定关系人“挂名”领取薪酬而收受贿赂。国家工作人员利用职务上的便利为请托人谋取利益，要求或者接受请托人以给特定关系人安排工作为名，使特定关系人不实际工作却获取所谓薪酬的，以受贿论处。

（8）由特定关系人收受贿赂。国家工作人员利用职务上的便利为请托人谋取利益，授意请托人以上述各种形式，将有关财物给予特定关系人的，以受贿论处。特定关系人与国家工作人员通谋，共同实施前述行为的，对特定关系人以受贿罪的共犯论处。特定关系人以外的其他人与国家工作人员通谋，由国家工作人员利用职务上的便利为请托人谋取利益，收受请托人财物后双方共同占有的，以受贿罪的共犯论处。

（9）收受未办理权属变更的物品。国家工作人员利用职务上的便利为请托人谋取利益，收受请托人房屋、汽车等物品，未变更权属登记或者借用他人名义办理权属变

定罪标准 | 犯罪客观方面

更登记的，不影响受贿的认定。认定以房屋、汽车等物品为对象的受贿，应注意与借用的区分。具体认定时，除双方交代或者书面协议之外，主要应当结合以下因素进行判断：①有无借用的合理事由；②是否实际使用；③借用时间的长短；④有无归还的条件；⑤有无归还的意思表示及行为。

（10）在职时为请托人谋利，离职后收受财物。国家工作人员利用职务上的便利为请托人谋取利益之前或者之后，约定在其离职后收受请托人财物，并在离职后收受的，以受贿论处。国家工作人员利用职务上的便利为请托人谋取利益，离职前后连续收受请托人财物的，离职前后收受部分均应计入受贿数额。

3. 为他人谋取利益。索取他人财物的，不论是否"为他人谋取利益"，均可构成受贿罪。非法收受他人财物的，必须同时具备"为他人谋取利益"的条件，才能构成受贿罪。但是为他人谋取的利益是否正当，为他人谋取的利益是否实现，不影响受贿罪的认定。"为他人谋取利益"具体指下列情形：（1）实际或者承诺为他人谋取利益的；（2）明知他人有具体请托事项的；（3）履职时未被请托，但事后基于该履职事由收受他人财物的。国家工作人员索取、收受具有上下级关系的下属或者具有行政管理关系的被管理人员的财物价值3万元以上，可能影响职权行使的，视为承诺为他人谋取利益。

二、在经济往来中，违反国家规定，收受各种名义的回扣、手续费，归个人所有。此种受贿形式具体包括以下几个方面的要素：

1. 必须发生在经济来往中。经济往来中，是指经济合同的签订、履行，或者其他形式的经济活动中。经济活动包括生产、经营、销售等各种活动，既包括国内的经济活动，也包括各种对外经济活动；既包括国家工作人员参与的直接的经济交往活动，也包括国家经济管理活动。

2. 必须违反了国家规定。违反国家规定，是指违反全国人民代表大会及其常务委员会制定的法律和决定，国务院制定的行政法规、规定的行政措施、发布的决定和命令。

3. 行为人收受各种名义的回扣、手续费。"回扣"，是指在交易过程中，卖方在收取的价款中拿出一部分回送给买方（或买方的代理人、经办人）的款项，实际上是卖方给买方的一种优惠。"手续费"，一般是指因办理一定事务或者付出一定劳动而支出、收取的费用。在经济往来中的手续费，名义很多，如"辛苦费""介绍费""活动费"等，它是指单位或个人为了联系业务、促进交易或者进行其他经济活动而给予对方单位或个人作为酬劳的财物。

4. 归个人所有。如果行为人将收到的回扣、手续费交还给单位的，则不构成受贿罪。

三、利用本人职权或者地位形成的便利条件，通过其他国家工作人员职务上的行为，为请托人谋取不正当利益，索取请托人财物或者收受请托人财物。此种受贿形式也称为"间接受贿"或者"斡旋受贿"，具体包括以下几个要素：

1. 利用本人职权或者地位形成的便利条件。根据《全国法院审理经济犯罪案件工作座谈会纪要》，"利用本人职权或者地位形成的便利条件"，是指行为人与被其利用的国家工作人员之间在职务上虽然没有隶属、制约关系，但是行为人利用了本人职权或者地位产生的影响和一定的工作联系，如单位内不同部门的国家工作人员之间、上下级单位没有职务上隶属、制约关系的国家工作人员之间、有工作联系的不同单位的国家工作人员之间等。如果行为人与被其利用的国家工作人员之间在职务上有隶属或制约关系，应当认定为"利用（本人）职务上的便利"。

| 定罪标准 | 犯罪客观方面 | 2. 通过其他国家工作人员职务上的行为，为请托人谋取不正当利益。首先，行为人不能通过自己职责范围内的作为或不作为为请托人谋取利益，而只能通过对有关请托事项有主管等职责的国家工作人员的职务行为为请托人谋取利益。其次，谋取的是不正当利益，即违反法律、法规、国家政策和国务院各部门规章规定的利益，以及违反法律、法规、国家政策和国务院各部门规章规定的帮助或者方便条件。<br>3. 索取请托人财物或者收受请托人财物。这一要素与普通受贿罪的一样。 |
|---|---|---|
| | 犯罪主体 | 本罪是纯正的身份犯，主体是国家工作人员。根据《刑法》第93条的规定，国家工作人员是指国家机关中从事公务的人员，国有公司、企业、事业单位、人民团体中从事公务的人员和国家机关、国有公司、企业、事业单位委派到非国有公司、企业、事业单位、社会团体从事公务的人员，以及其他依照法律从事公务的人员。根据《全国人民代表大会常务委员会关于〈中华人民共和国刑法〉第九十三条第二款的解释》，村民委员会等村基层组织人员协助人民政府从事下列行政管理工作时，属于前述的“其他依照法律从事公务的人员”：（1）救灾、抢险、防汛、优抚、扶贫、移民、救济款物的管理；（2）社会捐助公益事业款物的管理；（3）国有土地的经营和管理；（4）土地征收、征用补偿费用的管理；（5）代征、代缴税款；（6）有关计划生育、户籍、征兵工作；（7）协助人民政府从事的其他行政管理工作。<br>在认定行为人是否具有国家工作人员的身份时，需要注意把握以下几点：<br>1. 国家机关工作人员的认定<br>刑法中所称的国家机关工作人员，是指在国家机关中从事公务的人员，包括在各级国家权力机关、行政机关、司法机关和军事机关中从事公务的人员。<br>根据有关立法解释的规定，在依照法律、法规规定行使国家行政管理职权的组织中从事公务的人员，或者在受国家机关委托代表国家行使职权的组织中从事公务的人员，或者虽未列入国家机关人员编制但在国家机关中从事公务的人员，视为国家机关工作人员。在乡（镇）以上中国共产党机关、人民政协机关中从事公务的人员，司法实践中也应当视为国家机关工作人员。<br>2. 国家机关、国有公司、企业、事业单位委派到非国有公司、企业、事业单位、社会团体从事公务的人员的认定<br>所谓委派，即委任、派遣，其形式多种多样，如任命、指派、提名、批准等。不论被委派的人身份如何，只要是接受国家机关、国有公司、企业、事业单位委派，代表国家机关、国有公司、企业、事业单位在非国有公司、企业、事业单位、社会团体中从事组织、领导、监督、管理等工作，都可以认定为国家机关、国有公司、企业、事业单位委派到非国有公司、企业、事业单位、社会团体从事公务的人员，如国家机关、国有公司、企业、事业单位委派到国有控股或者参股的股份有限公司从事组织、领导、监督、管理等工作的人员，应当以国家工作人员论。国有公司、企业改制为股份有限公司后原国有公司、企业的工作人员和股份有限公司新任命的人员中，除代表国有投资主体行使监督、管理职权的人外不以国家工作人员论。<br>3. “其他依照法律从事公务的人员”的认定<br>《刑法》第93条第2款规定的“其他依照法律从事公务的人员”应当具有两个特征：一是在特定条件下行使国家管理职能；二是依照法律规定从事公务。具体包括：（1）依法履行职责的各级人民代表大会代表；（2）依法履行审判职责的人民陪审员；（3）协助乡镇人民政府、街道办事处从事行政管理工作的村民委员会、居民委员会等农村和城市基层组织人员；（4）其他由法律授权从事公务的人员。 |

| 定罪标准 | | |
|---|---|---|
| | 犯罪主体 | 4. 关于"从事公务"的理解<br>从事公务，是指代表国家机关、国有公司、企业、事业单位、人民团体等履行组织、领导、监督、管理等职责。公务主要表现为与职权相联系的公共事务以及监督、管理国有财产的职务活动。例如，国家机关工作人员依法履行职责，国有公司的董事、经理、监事、会计、出纳人员等管理、监督国有财产等活动，属于从事公务。那些不具备职权内容的劳务活动、技术服务工作，如售货员、售票员等所从事的工作，一般不认为是公务。 |
| | 犯罪主观方面 | 本罪在主观方面表现为故意，即明知自己索取或收受他人财物的行为会损害国家工作人员职务行为的廉洁性，希望或者放任这种结果发生。完整理解受贿罪的主观故意，需要注意从三个方面把握：首先，行为人具有索取贿赂或者收受贿赂的意图。其次，行为人认识到自己索取、收受贿赂的行为是在与对方进行权钱交易（或者认识到索取、收受贿赂行为与职务行为的关联性），认识到自己的行为会侵害职务行为的廉洁性。最后，行为人对受贿行为本身的危害后果（受贿行为对职务行为廉洁性的侵犯）持希望或者放任的态度。 |
| | 罪与非罪 | 区分罪与非罪的界限，要注意把握行为人收受财物后退还或者上交后是否构成受贿罪的问题。国家工作人员收受请托人财物后及时退还或者上交的，不是受贿。国家工作人员受贿后，因自身或者与其受贿有关联的人、事被查处，为掩饰犯罪而退还或者上交的，不影响受贿罪的认定。（1）本罪与接受亲友财物的界限。接受亲友财物通常包括两种情况：一是亲友出于亲情或友谊，单方面、无条件地赠与财物；二是单纯利用亲友关系，为请托人办事，收受了请托人的答谢礼物。前者属于馈赠行为，后者属于亲友间的礼尚往来，均是正常合法行为。区别馈赠行为、礼尚往来与受贿罪界限的关键在于：行为人接受亲友的财物是否利用职务上的便利为亲友谋取利益。利用职务上的便利为亲友谋取利益，从而接受亲友财物的，构成受贿罪，否则，不应以受贿罪论处。（2）本罪与取得合法报酬的界限。行为人在法律、政策允许的范围内，利用自己的知识和劳动，在业余时间和休假时间为他人提供服务而获得的报酬是合法收入，不属于受贿。如果行为人违反国家规定，在业余时间或休假时间，利用职务上的便利为他人谋取利益，进而获得报酬的，属于受贿。 |
| | 共同犯罪 | 本罪是纯正的身份犯，在认定共同犯罪时，特别需要注意非国家工作人员与国家工作人员共同犯罪问题。非国家工作人员是否构成受贿罪共犯，取决于双方有无共同受贿的故意和行为。但根据司法解释，在认定是否构成共同犯罪时，需要首先确定"非国家工作人员"是否为"特定关系人"。所谓"特定关系人"，是指与国家工作人员有近亲属、情妇（夫）以及其他共同利益关系的人。根据《关于办理受贿刑事案件适用法律若干问题的意见》，国家工作人员利用职务上的便利为请托人谋取利益，授意请托人以各种形式将有关财物给予特定关系人的，以受贿论处。特定关系人与国家工作人员通谋，共同实施前述行为的，对特定关系人以受贿罪的共犯论处。特定关系人以外的其他人与国家工作人员通谋，由国家工作人员利用职务上的便利为请托人谋取利益，收受请托人财物后双方共同占有的，以受贿罪的共犯论处。<br>如果非国家工作人员是"非国家工作人员受贿罪"的主体，且非国家工作人员与国家工作人员通谋，共同收受他人财物，构成共同犯罪的，应当根据双方利用职务便利的具体情形分别定罪追究刑事责任：（1）利用国家工作人员的职务便利为他人谋取利益的，以受贿罪追究刑事责任。（2）利用非国家工作人员的职务便利为他人谋取利益的，以非国家工作人员受贿罪追究刑事责任。（3）分别利用各自的职务便利为他人谋取利益的，按照主犯的犯罪性质追究刑事责任，不能分清主从犯的，可以受贿罪追究刑事责任。 |

**定罪标准** | **此罪与彼罪**

**一、本罪与诈骗罪的界限**

根据《刑法》第266条的规定，诈骗罪是指以非法占有为目的，以虚构事实或者隐瞒真相等方法骗取财物的行为。诈骗罪与受贿罪一般比较容易区分。但是在实践中，一些国家工作人员谎称要利用职务之便为他人谋取利益，而索取或者非法收受了他人财物，但行为人客观上承诺了为他人谋取利益，但主观上却没有为他人谋取利益的打算。对这种情况的定性，争议很大。有的观点认为应当定诈骗罪；有的观点认为应当定受贿罪。对此情况，我们认为，首先应当看行为人是否利用了职务之便。如果行为人根本没有为他人谋取利益的职权与职务条件，却谎称有此条件，应当认定为诈骗罪。但是如果行为人事实上具有此职权或职务条件，则行为人的行为既构成了受贿罪，也构成了诈骗罪，即前述情况属于想象竞合，应当择一重罪论处。

**二、本罪与敲诈勒索罪的界限**

根据《刑法》第274条的规定，敲诈勒索罪是指以非法占有为目的，采取威胁、要挟等手段，强制勒索公私财物的行为。二罪的区别比较明显，但实践中，一些国家工作人员向他人索要财物时的客观表现与勒索相似，因此造成认定上的困难。区分二罪的关键，主要是看行为人是否利用了职务之便。如请托人有求于国家工作人员的事项必须利用其职务之便才能实现，行为人借请托人的此种困境而向其索取财物的，成立受贿罪。当请托人有求于行为人的事项与其职务行为无关，但行为人利用请托人的困境，以此相要挟，索取财物的，成立敲诈勒索罪。

**三、本罪与非国家工作人员受贿罪的界限**

本罪与非国家工作人员受贿罪存在诸多相同之处：主观方面的罪过形式都是故意，客观方面都是利用职务上的便利索取或者非法收受他人财物。二者的区别主要表现在：其一，客体不同。受贿罪的客体是国家工作人员的职务廉洁性；而非国家工作人员受贿罪的客体是公司、企业或者其他单位的管理秩序和工作人员的职务廉洁性。其二，客观方面不同。受贿罪中的索取贿赂不以为他人谋取利益为要件，只有收受贿赂以为他人谋取利益为要件；而非国家工作人员受贿罪中的索取贿赂和收受贿赂都以为他人谋取利益为要件。其三，犯罪主体不同。受贿罪的主体是国家工作人员；而非国家工作人员受贿罪的主体是公司、企业或者其他单位中不具有国家工作人员身份的人员。

**证据参考标准** | **主体方面的证据**

**一、证明行为人刑事责任年龄、身份等自然情况的证据**

包括身份证明、户籍证明、任职证明、工作经历证明、特定职责证明等，主要是证明行为人的姓名（曾用名）、性别、出生年月日、民族、籍贯、出生地、职业（或职务）、住所地（或居所地）等证据材料，如户口簿、居民身份证、居住证、工作证、出生证、专业或技术等级证、干部履历表、职工登记表、护照等。

对于户籍、出生证等材料内容不实的，应提供其他证据材料。人大代表、政协委员犯罪的案件，应注明身份，并附身份证明材料。

**二、证明行为人刑事责任能力的证据**

证明行为人对自己的行为是否具有辨认能力与控制能力，如是否属于间歇性精神病人、案发时是否尚未完全丧失辨认或者控制自己行为能力的证明材料。

**主观方面的证据**

**证明行为人故意的证据**

1. 证明行为人主观认识因素的证据：证明行为人明知自己的行为会发生危害社会的结果；2. 证明行为人主观意志因素的证据：证明行为人希望或者放任危害结果发生。

<table>
<tr><td rowspan="2">证据参考标准</td><td>客观方面的证据</td><td colspan="2">**证明行为人受贿行为的证据**<br>具体证据包括：1. 证明行为人职责范围的证据。2. 证明行为人利用职务之便的证据。3. 证明行为人索取他人财物或者非法收受他人财物的证据，包括：（1）证明行为人以借款为名实施索取或者非法收受财物的行为的证据；（2）证明行为人以交易形式收受贿赂的证据；（3）证明行为人以收受干股的形式受贿的证据；（4）证明行为人以开办公司等合作投资名义收受贿赂的证据；（5）证明行为人以委托请托人投资证券、期货或者其他委托理财的名义收受贿赂的证据；（6）证明行为人以赌博形式收受贿赂的证据；（7）证明行为人以特定关系人“挂名”领取薪酬而收受贿赂的证据；（8）证明行为人由特定关系人收受贿赂的证据；（9）证明行为人在职时为请托人谋利，离职后收受财物的证据。4. 证明行为人为他人谋取利益的证据，包括：（1）证明行为人承诺为他人谋取利益的证据；（2）证明行为人已经开始实施为他人谋取利益的行为的证据；（3）证明行为人已经为他人谋取了部分或者全部利益的证据。5. 证明行为人在经济往来中，违反国家规定，收受各种名义的回扣、手续费，归个人所有的证据，包括：（1）证明行为人在经济往来中收取回扣、手续费的证据；（2）证明行为人将有关财物归个人所有的证据；（3）证明行为人的行为违反国家规定的证据。6. 证明行为人利用本人职权或者地位形成的便利条件，通过其他国家工作人员职务上的行为，为请托人谋取不正当利益，索取请托人财物或者收受请托人财物的行为的证据，包括：（1）证明行为人利用本人职权或者地位形成的便利条件的证据；（2）证明行为人通过其他国家工作人员职务上的行为，为请托人谋取不正当利益的证据；（3）证明行为人索取请托人财物或者收受请托人财物的证据。7. 证明受贿财物数额的证据。</td></tr>
<tr><td>量刑方面的证据</td><td colspan="2">**一、法定量刑情节证据**<br>1. 事实情节。2. 法定从重情节。3. 法定从轻、减轻情节：（1）可以从轻；（2）可以从轻或者减轻；（3）应当从轻或者减轻。4. 法定从轻、减轻、免除情节：（1）可以从轻、减轻或者免除处罚；（2）应当从轻、减轻或者免除处罚。5. 法定减轻、免除情节：（1）可以减轻或者免除处罚；（2）应当减轻或者免除处罚；（3）可以免除处罚。<br>**二、酌定量刑情节证据**<br>1. 犯罪手段：（1）索要财物；（2）收受财物。2. 犯罪对象。3. 危害结果。4. 犯罪动机。5. 平时表现。6. 认罪态度。7. 受贿财物退还或上交情况。8. 是否有前科。9. 其他证据。</td></tr>
<tr><td rowspan="6">量刑标准</td><td colspan="2">受贿数额较大或者有其他较重情节的</td><td>处三年以下有期徒刑或者拘役，并处罚金（10 万元以上 50 万元以下）</td></tr>
<tr><td colspan="2">受贿数额巨大或者有其他严重情节的</td><td>处三年以上十年以下有期徒刑，并处罚金（20 万元以上犯罪数额 2 倍以下）或者没收财产</td></tr>
<tr><td colspan="2">受贿数额特别巨大或者有其他特别严重情节的</td><td>处十年以上有期徒刑或者无期徒刑，并处罚金（50 万元以上犯罪数额 2 倍以下）或者没收财产</td></tr>
<tr><td colspan="2">受贿数额特别巨大，并使国家和人民利益遭受特别重大损失的</td><td>处无期徒刑或者死刑，并处没收财产</td></tr>
<tr><td colspan="3">犯本罪，在提起公诉前如实供述自己罪行、真诚悔罪、积极退赃，避免、减少损害结果的发生，有第 383 条第 1 项规定情形的，可以从轻、减轻或者免除处罚；有第 2 项、第 3 项规定情形的，可以从轻处罚</td></tr>
<tr><td colspan="3">犯本罪，有第 383 条第 3 项规定情形被判处死刑缓期执行的，人民法院根据犯罪情节等情况可以同时决定在其死刑缓期执行二年期满依法减为无期徒刑后，终身监禁，不得减刑、假释</td></tr>
</table>

<table>
<tr><td rowspan="2">量刑标准</td><td>不适用缓刑或者免予刑事处罚</td><td>1. 以下情形一般不适用缓刑或者免予刑事处罚：<br>（1）不如实供述罪行的；<br>（2）不予退缴赃款赃物或者将赃款赃物用于非法活动的；<br>（3）属于共同犯罪中情节严重的主犯的；<br>（4）犯有数个职务犯罪依法实行并罚或者以一罪处理的；<br>（5）曾因职务违纪违法行为受过行政处分的；<br>（6）犯罪涉及的财物属于救灾、抢险、防汛、优抚、扶贫、移民、救济、防疫等特定款物的；<br>（7）受贿犯罪中具有索贿情节的；<br>（8）其他不应适用缓刑、免予刑事处罚的情形。<br>对于具有以上情形之一，但根据全案事实和量刑情节，检察机关认为确有必要适用缓刑或者免予刑事处罚并据此提出量刑建议的，应经检察委员会讨论决定；审理法院认为确有必要适用缓刑或者免予刑事处罚的，应经审判委员会讨论决定。<br>2. 人民法院审理职务犯罪案件时应当注意听取检察机关、被告人、辩护人提出的量刑意见，分析影响性案件案发前后的社会反映，必要时可以征求案件查办等机关的意见。对于情节恶劣、社会反映强烈的职务犯罪案件，不得适用缓刑、免予刑事处罚。</td></tr>
<tr><td>可以适用缓刑或者免予刑事处罚</td><td>不具有以上规定的情形，全部退缴赃款赃物，依法判处三年有期徒刑以下刑罚，符合《刑法》规定的缓刑适用条件的受贿犯罪分子，可以适用缓刑。</td></tr>
<tr><td>法律适用</td><td>刑法条文</td><td>第三百八十五条　国家工作人员利用职务上的便利，索取他人财物的，或者非法收受他人财物，为他人谋取利益的，是受贿罪。<br>国家工作人员在经济往来中，违反国家规定，收受各种名义的回扣、手续费，归个人所有的，以受贿论处。<br>第三百八十六条　对犯受贿罪的，根据受贿所得数额及情节，依照本法第三百八十三条的规定处罚。索贿的从重处罚。<br>第三百八十八条　国家工作人员利用本人职权或者地位形成的便利条件，通过其他国家工作人员职务上的行为，为请托人谋取不正当利益，索取请托人财物或者收受请托人财物的，以受贿论处。<br>第三百八十三条　对犯贪污罪的，根据情节轻重，分别依照下列规定处罚：<br>（一）贪污数额较大或者有其他较重情节的，处三年以下有期徒刑或者拘役，并处罚金。<br>（二）贪污数额巨大或者有其他严重情节的，处三年以上十年以下有期徒刑，并处罚金或者没收财产。<br>（三）贪污数额特别巨大或者有其他特别严重情节的，处十年以上有期徒刑或者无期徒刑，并处罚金或者没收财产；数额特别巨大，并使国家和人民利益遭受特别重大损失的，处无期徒刑或者死刑，并处没收财产。<br>对多次贪污未经处理的，按照累计贪污数额处罚。</td></tr>
</table>

法律适用

刑法条文

犯第一款罪，在提起公诉前如实供述自己罪行、真诚悔罪、积极退赃，避免、减少损害结果的发生，有第一项规定情形的，可以从轻、减轻或者免除处罚；有第二项、第三项规定情形的，可以从轻处罚。

犯第一款罪，有第三项规定情形被判处死刑缓期执行的，人民法院根据犯罪情节等情况可以同时决定在其死刑缓期执行二年期满依法减为无期徒刑后，终身监禁，不得减刑、假释。

**第九十三条** 本法所称国家工作人员，是指国家机关中从事公务的人员。

国有公司、企业、事业单位、人民团体中从事公务的人员和国家机关、国有公司、企业、事业单位委派到非国有公司、企业、事业单位、社会团体从事公务的人员，以及其他依照法律从事公务的人员，以国家工作人员论。

**第九十六条** 本法所称违反国家规定，是指违反全国人民代表大会及其常务委员会制定的法律和决定，国务院制定的行政法规、规定的行政措施、发布的决定和命令。

立法解释

**全国人民代表大会常务委员会《关于〈中华人民共和国刑法〉第九十三条第二款的解释》**（2000年4月29日第九届全国人民代表大会常务委员会第十五次会议通过　根据2009年8月27日第十一届全国人民代表大会常务委员会第十次会议《关于修改部分法律的决定》修正）

全国人民代表大会常务委员会讨论了村民委员会等村基层组织人员在从事哪些工作时属于刑法第九十三条第二款规定的“其他依照法律从事公务的人员”，解释如下：

村民委员会等村基层组织人员协助人民政府从事下列行政管理工作时，属于刑法第九十三条第二款规定的“其他依照法律从事公务的人员”：

（一）救灾、抢险、防汛、优抚、扶贫、移民、救济款物的管理；

（二）社会捐助公益事业款物的管理；

（三）国有土地的经营和管理；

（四）土地征收、征用补偿费用的管理；

（五）代征、代缴税款；

（六）有关计划生育、户籍、征兵工作；

（七）协助人民政府从事的其他行政管理工作。

村民委员会等村基层组织人员从事前款规定的公务，利用职务上的便利，非法占有公共财物、挪用公款、索取他人财物或者非法收受他人财物，构成犯罪的，适用刑法第三百八十二条和第三百八十三条贪污罪、第三百八十四条挪用公款罪、第三百八十五条和第三百八十六条受贿罪的规定。

现予公告。

司法解释

**一、最高人民法院、最高人民检察院《关于办理贪污贿赂刑事案件适用法律若干问题的解释》**（2016年4月18日　法释〔2016〕9号）

为依法惩治贪污贿赂犯罪活动，根据刑法有关规定，现就办理贪污贿赂刑事案件适用法律的若干问题解释如下：

**第一条** 贪污或者受贿数额在三万元以上不满二十万元的，应当认定为刑法第三百八十三条第一款规定的“数额较大”，依法判处三年以下有期徒刑或者拘役，并处罚金。

贪污数额在一万元以上不满三万元，具有下列情形之一的，应当认定为刑法第三百八十三条第一款规定的“其他较重情节”，依法判处三年以下有期徒刑或者拘役，并处罚金：

（一）贪污救灾、抢险、防汛、优抚、扶贫、移民、救济、防疫、社会捐助等特定款物的；

（二）曾因贪污、受贿、挪用公款受过党纪、行政处分的；

（三）曾因故意犯罪受过刑事追究的；

（四）赃款赃物用于非法活动的；

（五）拒不交待赃款赃物去向或者拒不配合追缴工作，致使无法追缴的；

（六）造成恶劣影响或者其他严重后果的。

受贿数额在一万元以上不满三万元，具有前款第二项至第六项规定的情形之一，或者具有下列情形之一的，应当认定为刑法第三百八十三条第一款规定的“其他较重情节”，依法判处三年以下有期徒刑或者拘役，并处罚金：

（一）多次索贿的；

（二）为他人谋取不正当利益，致使公共财产、国家和人民利益遭受损失的；

（三）为他人谋取职务提拔、调整的。

**第二条** 贪污或者受贿数额在二十万元以上不满三百万元的，应当认定为刑法第三百八十三条第一款规定的“数额巨大”，依法判处三年以上十年以下有期徒刑，并处罚金或者没收财产。

贪污数额在十万元以上不满二十万元，具有本解释第一条第二款规定的情形之一的，应当认定为刑法第三百八十三条第一款规定的“其他严重情节”，依法判处三年以上十年以下有期徒刑，并处罚金或者没收财产。

受贿数额在十万元以上不满二十万元，具有本解释第一条第三款规定的情形之一的，应当认定为刑法第三百八十三条第一款规定的“其他严重情节”，依法判处三年以上十年以下有期徒刑，并处罚金或者没收财产。

**第三条** 贪污或者受贿数额在三百万元以上的，应当认定为刑法第三百八十三条第一款规定的“数额特别巨大”，依法判处十年以上有期徒刑、无期徒刑或者死刑，并处罚金或者没收财产。

贪污数额在一百五十万元以上不满三百万元，具有本解释第一条第二款规定的情形之一的，应当认定为刑法第三百八十三条第一款规定的“其他特别严重情节”，依法判处十年以上有期徒刑、无期徒刑或者死刑，并处罚金或者没收财产。

受贿数额在一百五十万元以上不满三百万元，具有本解释第一条第三款规定的情形之一的，应当认定为刑法第三百八十三条第一款规定的“其他特别严重情节”，依法判处十年以上有期徒刑、无期徒刑或者死刑，并处罚金或者没收财产。

**第四条** 贪污、受贿数额特别巨大，犯罪情节特别严重、社会影响特别恶劣、给国家和人民利益造成特别重大损失的，可以判处死刑。

符合前款规定的情形，但具有自首，立功，如实供述自己罪行、真诚悔罪、积极退赃，或者避免、减少损害结果的发生等情节，不是必须立即执行的，可以判处死刑缓期二年执行。

符合第一款规定情形的，根据犯罪情节等情况可以判处死刑缓期二年执行，同时裁判决定在其死刑缓期执行二年期满依法减为无期徒刑后，终身监禁，不得减刑、假释。

**第五条** 挪用公款归个人使用，进行非法活动，数额在三万元以上的，应当依照刑法第三百八十四条的规定以挪用公款罪追究刑事责任；数额在三百万元以上的，应当认定为刑法第三百八十四条第一款规定的“数额巨大”。具有下列情形之一的，应当认定为刑法第三百八十四条第一款规定的“情节严重”：

（一）挪用公款数额在一百万元以上的；

（二）挪用救灾、抢险、防汛、优抚、扶贫、移民、救济特定款物，数额在五十万元以上不满一百万元的；

（三）挪用公款不退还，数额在五十万元以上不满一百万元的；

（四）其他严重的情节。

**第六条** 挪用公款归个人使用，进行营利活动或者超过三个月未还，数额在五万元以上的，应当认定为刑法第三百八十四条第一款规定的"数额较大"；数额在五百万元以上的，应当认定为刑法第三百八十四条第一款规定的"数额巨大"。具有下列情形之一的，应当认定为刑法第三百八十四条第一款规定的"情节严重"：

（一）挪用公款数额在二百万元以上的；

（二）挪用救灾、抢险、防汛、优抚、扶贫、移民、救济特定款物，数额在一百万元以上不满二百万元的；

（三）挪用公款不退还，数额在一百万元以上不满二百万元的；

（四）其他严重的情节。

**第七条** 为谋取不正当利益，向国家工作人员行贿，数额在三万元以上的，应当依照刑法第三百九十条的规定以行贿罪追究刑事责任。

行贿数额在一万元以上不满三万元，具有下列情形之一的，应当依照刑法第三百九十条的规定以行贿罪追究刑事责任：

（一）向三人以上行贿的；

（二）将违法所得用于行贿的；

（三）通过行贿谋取职务提拔、调整的；

（四）向负有食品、药品、安全生产、环境保护等监督管理职责的国家工作人员行贿，实施非法活动的；

（五）向司法工作人员行贿，影响司法公正的；

（六）造成经济损失数额在五十万元以上不满一百万元的。

**第八条** 犯行贿罪，具有下列情形之一的，应当认定为刑法第三百九十条第一款规定的"情节严重"：

（一）行贿数额在一百万元以上不满五百万元的；

（二）行贿数额在五十万元以上不满一百万元，并具有本解释第七条第二款第一项至第五项规定的情形之一的；

（三）其他严重的情节。

为谋取不正当利益，向国家工作人员行贿，造成经济损失数额在一百万元以上不满五百万元的，应当认定为刑法第三百九十条第一款规定的"使国家利益遭受重大损失"。

**第九条** 犯行贿罪，具有下列情形之一的，应当认定为刑法第三百九十条第一款规定的"情节特别严重"：

（一）行贿数额在五百万元以上的；

（二）行贿数额在二百五十万元以上不满五百万元，并具有本解释第七条第二款第一项至第五项规定的情形之一的；

（三）其他特别严重的情节。

为谋取不正当利益，向国家工作人员行贿，造成经济损失数额在五百万元以上的，应当认定为刑法第三百九十条第一款规定的"使国家利益遭受特别重大损失"。

**第十条** 刑法第三百八十八条之一规定的利用影响力受贿罪的定罪量刑适用标

法律适用 司法解释

准，参照本解释关于受贿罪的规定执行。

刑法第三百九十条之一规定的对有影响力的人行贿罪的定罪量刑适用标准，参照本解释关于行贿罪的规定执行。

单位对有影响力的人行贿数额在二十万元以上的，应当依照刑法第三百九十条之一的规定以对有影响力的人行贿罪追究刑事责任。

**第十一条** 刑法第一百六十三条规定的非国家工作人员受贿罪、第二百七十一条规定的职务侵占罪中的“数额较大”“数额巨大”的数额起点，按照本解释关于受贿罪、贪污罪相对应的数额标准规定的二倍、五倍执行。

刑法第二百七十二条规定的挪用资金罪中的“数额较大”“数额巨大”以及“进行非法活动”情形的数额起点，按照本解释关于挪用公款罪“数额较大”“情节严重”以及“进行非法活动”的数额标准规定的二倍执行。

刑法第一百六十四条第一款规定的对非国家工作人员行贿罪中的“数额较大”“数额巨大”的数额起点，按照本解释第七条、第八条第一款关于行贿罪的数额标准规定的二倍执行。

**第十二条** 贿赂犯罪中的“财物”，包括货币、物品和财产性利益。财产性利益包括可以折算为货币的物质利益如房屋装修、债务免除等，以及需要支付货币的其他利益如会员服务、旅游等。后者的犯罪数额，以实际支付或者应当支付的数额计算。

**第十三条** 具有下列情形之一的，应当认定为“为他人谋取利益”，构成犯罪的，应当依照刑法关于受贿犯罪的规定定罪处罚：

（一）实际或者承诺为他人谋取利益的；

（二）明知他人有具体请托事项的；

（三）履职时未被请托，但事后基于该履职事由收受他人财物的。

国家工作人员索取、收受具有上下级关系的下属或者具有行政管理关系的被管理人员的财物价值三万元以上，可能影响职权行使的，视为承诺为他人谋取利益。

**第十四条** 根据行贿犯罪的事实、情节，可能被判处三年有期徒刑以下刑罚的，可以认定为刑法第三百九十条第二款规定的“犯罪较轻”。

根据犯罪的事实、情节，已经或者可能被判处十年有期徒刑以上刑罚的，或者案件在本省、自治区、直辖市或者全国范围内有较大影响的，可以认定为刑法第三百九十条第二款规定的“重大案件”。

具有下列情形之一的，可以认定为刑法第三百九十条第二款规定的“对侦破重大案件起关键作用”：

（一）主动交待办案机关未掌握的重大案件线索的；

（二）主动交待的犯罪线索不属于重大案件的线索，但该线索对于重大案件侦破有重要作用的；

（三）主动交待行贿事实，对于重大案件的证据收集有重要作用的；

（四）主动交待行贿事实，对于重大案件的追逃、追赃有重要作用的。

**第十五条** 对多次受贿未经处理的，累计计算受贿数额。

国家工作人员利用职务上的便利为请托人谋取利益前后多次收受请托人财物，受请托之前收受的财物数额在一万元以上的，应当一并计入受贿数额。

**第十六条** 国家工作人员出于贪污、受贿的故意，非法占有公共财物、收受他人财物之后，将赃款赃物用于单位公务支出或者社会捐赠的，不影响贪污罪、受贿罪的认定，但量刑时可以酌情考虑。

特定关系人索取、收受他人财物，国家工作人员知道后未退还或者上交的，应当认定国家工作人员具有受贿故意。

**第十七条** 国家工作人员利用职务上的便利，收受他人财物，为他人谋取利益，同时构成受贿罪和刑法分则第三章第三节、第九章规定的渎职犯罪的，除刑法另有规定外，以受贿罪和渎职犯罪数罪并罚。

**第十八条** 贪污贿赂犯罪分子违法所得的一切财物，应当依照刑法第六十四条的规定予以追缴或者责令退赔，对被害人的合法财产应当及时返还。对尚未追缴到案或者尚未足额退赔的违法所得，应当继续追缴或者责令退赔。

**第十九条** 对贪污罪、受贿罪判处三年以下有期徒刑或者拘役的，应当并处十万元以上五十万元以下的罚金；判处三年以上十年以下有期徒刑的，应当并处二十万元以上犯罪数额二倍以下的罚金或者没收财产；判处十年以上有期徒刑或者无期徒刑的，应当并处五十万元以上犯罪数额二倍以下的罚金或者没收财产。

对刑法规定并处罚金的其他贪污贿赂犯罪，应当在十万元以上犯罪数额二倍以下判处罚金。

**第二十条** 本解释自2016年4月18日起施行。最高人民法院、最高人民检察院此前发布的司法解释与本解释不一致的，以本解释为准。

**二、最高人民法院《全国法院审理经济犯罪案件工作座谈会纪要》（节录）**（2003年11月13日 法发〔2003〕167号）

**一、关于贪污贿赂犯罪和渎职犯罪的主体**

（一）国家机关工作人员的认定

刑法中所称的国家机关工作人员，是指在国家机关中从事公务的人员，包括在各级国家权力机关、行政机关、司法机关和军事机关中从事公务的人员。

根据有关立法解释的规定，在依照法律、法规规定行使国家行政管理职权的组织中从事公务的人员，或者在受国家机关委托代表国家行使职权的组织中从事公务的人员，或者虽未列入国家机关人员编制但在国家机关中从事公务的人员，视为国家机关工作人员。在乡（镇）以上中国共产党机关、人民政协机关中从事公务的人员，司法实践中也应当视为国家机关工作人员。

（二）国家机关、国有公司、企业、事业单位委派到非国有公司、企业、事业单位、社会团体从事公务的人员的认定

所谓委派，即委任、派遣，其形式多种多样，如任命、指派、提名、批准等。不论被委派的人身份如何，只要是接受国家机关、国有公司、企业、事业单位委派，代表国家机关、国有公司、企业、事业单位在非国有公司、企业、事业单位、社会团体中从事组织、领导、监督、管理等工作，都可以认定为国家机关、国有公司、企业、事业单位委派到非国有公司、企业、事业单位、社会团体从事公务的人员。如国家机关、国有公司、企业、事业单位委派在国有控股或者参股的股份有限公司从事组织、领导、监督、管理等工作的人员，应当以国家工作人员论。国有公司、企业改制为股份有限公司后，原国有公司、企业的工作人员和股份有限公司新任命的人员中，除代表国有投资主体行使监督、管理职权的人外，不以国家工作人员论。

（三）"其他依照法律从事公务的人员"的认定

刑法第九十三条第二款规定的"其他依照法律从事公务的人员"应当具有两个特征：一是在特定条件下行使国家管理职能；二是依照法律规定从事公务。具体包括：（1）依法履行职责的各级人民代表大会代表；（2）依法履行审判职责的人民陪审员；

（3）协助乡镇人民政府、街道办事处从事行政管理工作的村民委员会、居民委员会等农村和城市基层组织人员；（4）其他由法律授权从事公务的人员。

（四）关于“从事公务”的理解

从事公务，是指代表国家机关、国有公司、企业事业单位、人民团体等履行组织、领导、监督、管理等职责。公务主要表现为与职权相联系的公共事务以及监督、管理国有财产的职务活动。如国家机关工作人员依法履行职责，国有公司的董事、经理、监事、会计、出纳人员等管理、监督国有财产等活动，属于从事公务。那些不具备职权内容的劳务活动、技术服务工作，如售货员、售票员等所从事的工作，一般不认为是公务。

**三、关于受贿罪**

（一）关于“利用职务上的便利”的认定

刑法第三百八十五条第一款规定的“利用职务上的便利”，既包括利用本人职务上主管、负责、承办某项公共事务的职权，也包括利用职务上有隶属、制约关系的其他国家工作人员的职权。担任单位领导职务的国家工作人员通过不属自己主管的下级部门的国家工作人员的职务为他人谋取利益的，应当认定为“利用职务上的便利”为他人谋取利益。

（二）“为他人谋取利益”的认定

为他人谋取利益包括承诺、实施和实现三个阶段的行为。只要具有其中一个阶段的行为，如国家工作人员收受他人财物时，根据他人提出的具体请托事项，承诺为他人谋取利益的，就具备了为他人谋取利益的要件。明知他人有具体请托事项而收受其财物的，视为承诺为他人谋取利益。

（三）“利用职权或地位形成的便利条件”的认定

刑法第三百八十八条规定的“利用本人职权或者地位形成的便利条件”，是指行为人与被其利用的国家工作人员之间在职务上虽然没有隶属、制约关系，但是行为人利用了本人职权或者地位产生的影响和一定的工作联系，如单位内不同部门的国家工作人员之间、上下级单位没有职务上隶属、制约关系的国家工作人员之间、有工作联系的不同单位的国家工作人员之间等。

（四）离职国家工作人员收受财物行为的处理

参照《最高人民法院关于国家工作人员利用职务上的便利为他人谋取利益离退休后收受财物行为如何处理问题的批复》规定的精神，国家工作人员利用职务上的便利为请托人谋取利益，并与请托人事先约定，在其离职后收受请托人财物，构成犯罪的，以受贿罪定罪处罚。

（五）共同受贿犯罪的认定

根据刑法关于共同犯罪的规定，非国家工作人员与国家工作人员勾结，伙同受贿的，应当以受贿罪的共犯追究刑事责任。非国家工作人员是否构成受贿罪共犯，取决于双方有无共同受贿的故意和行为。国家工作人员的近亲属向国家工作人员代为转达请托事项，收受请托人财物并告知该国家工作人员，或者国家工作人员明知其近亲属收受了他人财物，仍按照近亲属的要求利用职权为他人谋取利益的，对该国家工作人员应认定为受贿罪，其近亲属以受贿罪共犯论处。近亲属以外的其他人与国家工作人员通谋，由国家工作人员利用职务上的便利为请托人谋取利益，收受请托人财物后双方共同占有的，构成受贿罪共犯。国家工作人员利用职务上的便利为他人谋取利益，并指定他人将财物送给其他人，构成犯罪的，应以受贿罪定罪处罚。

（六）以借款为名索取或者非法收受财物行为的认定

国家工作人员利用职务上的便利，以借为名向他人索取财物，或者非法收受财物为他人谋取利益的，应当认定为受贿。具体认定时，不能仅仅看是否有书面借款手续，应当根据以下因素综合判定：（1）有无正当、合理的借款事由；（2）款项的去向；（3）双方平时关系如何、有无经济往来；（4）出借方是否要求国家工作人员利用职务上的便利为其谋取利益；（5）借款后是否有归还的意思表示及行为；（6）是否有归还的能力；（7）未归还的原因；等等。

（七）涉及股票受贿案件的认定

在办理涉及股票的受贿案件时，应当注意：（1）国家工作人员利用职务上的便利，索取或非法收受股票，没有支付股本金，为他人谋取利益，构成受贿罪的，其受贿数额按照收受股票时的实际价格计算。（2）行为人支付股本金而购买较有可能升值的股票，由于不是无偿收受请托人财物，不以受贿罪论处。（3）股票已上市且已升值，行为人仅支付股本金，其“购买”股票时的实际价格与股本金的差价部分应认定为受贿。

**三、最高人民法院、最高人民检察院《关于办理受贿刑事案件适用法律若干问题的意见》**（2007年7月8日　法发〔2007〕22号）

为依法惩治受贿犯罪活动，根据刑法有关规定，现就办理受贿刑事案件具体适用法律若干问题，提出以下意见：

**一、关于以交易形式收受贿赂问题**

国家工作人员利用职务上的便利为请托人谋取利益，以下列交易形式收受请托人财物的，以受贿论处：

（1）以明显低于市场的价格向请托人购买房屋、汽车等物品的；

（2）以明显高于市场的价格向请托人出售房屋、汽车等物品的；

（3）以其他交易形式非法收受请托人财物的。

受贿数额按照交易时当地市场价格与实际支付价格的差额计算。

前款所列市场价格包括商品经营者事先设定的不针对特定人的最低优惠价格。根据商品经营者事先设定的各种优惠交易条件，以优惠价格购买商品的，不属于受贿。

**二、关于收受干股问题**

干股是指未出资而获得的股份。国家工作人员利用职务上的便利为请托人谋取利益，收受请托人提供的干股的，以受贿论处。进行了股权转让登记，或者相关证据证明股份发生了实际转让的，受贿数额按转让行为时股份价值计算，所分红利按受贿孳息处理。股份未实际转让，以股份分红名义获取利益的，实际获利数额应当认定为受贿数额。

**三、关于以开办公司等合作投资名义收受贿赂问题**

国家工作人员利用职务上的便利为请托人谋取利益，由请托人出资，“合作”开办公司或者进行其他“合作”投资的，以受贿论处。受贿数额为请托人给国家工作人员的出资额。

国家工作人员利用职务上的便利为请托人谋取利益，以合作开办公司或者其他合作投资的名义获取“利润”，没有实际出资和参与管理、经营的，以受贿论处。

**四、关于以委托请托人投资证券、期货或者其他委托理财的名义收受贿赂问题**

国家工作人员利用职务上的便利为请托人谋取利益，以委托请托人投资证券、期货或者其他委托理财的名义，未实际出资而获取“收益”，或者虽然实际出资，但获取“收益”明显高于出资应得收益的，以受贿论处。受贿数额，前一情形，以“收益”额计算；后一情形，以“收益”额与出资应得收益额的差额计算。

**五、关于以赌博形式收受贿赂的认定问题**

根据《最高人民法院、最高人民检察院关于办理赌博刑事案件具体应用法律若干问题的解释》第七条规定，国家工作人员利用职务上的便利为请托人谋取利益，通过赌博方式收受请托人财物的，构成受贿。

实践中应注意区分贿赂与赌博活动、娱乐活动的界限。具体认定时，主要应当结合以下因素进行判断：（1）赌博的背景、场合、时间、次数；（2）赌资来源；（3）其他赌博参与者有无事先通谋；（4）输赢钱物的具体情况和金额大小。

**六、关于特定关系人“挂名”领取薪酬问题**

国家工作人员利用职务上的便利为请托人谋取利益，要求或者接受请托人以给特定关系人安排工作为名，使特定关系人不实际工作却获取所谓薪酬的，以受贿论处。

**七、关于由特定关系人收受贿赂问题**

国家工作人员利用职务上的便利为请托人谋取利益，授意请托人以本意见所列形式，将有关财物给予特定关系人的，以受贿论处。

特定关系人与国家工作人员通谋，共同实施前款行为的，对特定关系人以受贿罪的共犯论处。特定关系人以外的其他人与国家工作人员通谋，由国家工作人员利用职务上的便利为请托人谋取利益，收受请托人财物后双方共同占有的，以受贿罪的共犯论处。

**八、关于收受贿赂物品未办理权属变更问题**

国家工作人员利用职务上的便利为请托人谋取利益，收受请托人房屋、汽车等物品，未变更权属登记或者借用他人名义办理权属变更登记的，不影响受贿的认定。

认定以房屋、汽车等物品为对象的受贿，应注意与借用的区分。具体认定时，除双方交代或者书面协议之外，主要应当结合以下因素进行判断：（1）有无借用的合理事由；（2）是否实际使用；（3）借用时间的长短；（4）有无归还的条件；（5）有无归还的意思表示及行为。

**九、关于收受财物后退还或者上交问题**

国家工作人员收受请托人财物后及时退还或者上交的，不是受贿。

国家工作人员受贿后，因自身或者与其受贿有关联的人、事被查处，为掩饰犯罪而退还或者上交的，不影响认定受贿罪。

**十、关于在职时为请托人谋利，离职后收受财物问题**

国家工作人员利用职务上的便利为请托人谋取利益之前或者之后，约定在其离职后收受请托人财物，并在离职后收受的，以受贿论处。

国家工作人员利用职务上的便利为请托人谋取利益，离职前后连续收受请托人财物的，离职前后收受部分均应计入受贿数额。

**十一、关于“特定关系人”的范围**

本意见所称“特定关系人”，是指与国家工作人员有近亲属、情妇（夫）以及其他共同利益关系的人。

十二、关于正确贯彻宽严相济刑事政策的问题

依照本意见办理受贿刑事案件，要根据刑法关于受贿罪的有关规定和受贿罪权钱交易的本质特征，准确区分罪与非罪、此罪与彼罪的界限，惩处少数，教育多数。在从严惩处受贿犯罪的同时，对于具有自首、立功等情节的，依法从轻、减轻或者免除处罚。

**四、最高人民法院、最高人民检察院《关于办理商业贿赂刑事案件适用法律若干问题的意见》（节录）**（2008年11月20日　法发〔2008〕33号）

四、医疗机构中的国家工作人员，在药品、医疗器械、医用卫生材料等医药产品采购活动中，利用职务上的便利，索取销售方财物，或者非法收受销售方财物，为销售方谋取利益，构成犯罪的，依照刑法第三百八十五条的规定，以受贿罪定罪处罚。

……

五、学校及其他教育机构中的国家工作人员，在教材、教具、校服或者其他物品的采购等活动中，利用职务上的便利，索取销售方财物，或者非法收受销售方财物，为销售方谋取利益，构成犯罪的，依照刑法第三百八十五条的规定，以受贿罪定罪处罚。

……

六、依法组建的评标委员会、竞争性谈判采购中谈判小组、询价采购中询价小组的组成人员，在招标、政府采购等事项的评标或者采购活动中，索取他人财物或者非法收受他人财物，为他人谋取利益，数额较大的，依照刑法第一百六十三条的规定，以非国家工作人员受贿罪定罪处罚。

依法组建的评标委员会、竞争性谈判采购中谈判小组、询价采购中询价小组中国家机关或者其他国有单位的代表有前款行为的，依照刑法第三百八十五条的规定，以受贿罪定罪处罚。

十一、非国家工作人员与国家工作人员通谋，共同收受他人财物，构成共同犯罪的，根据双方利用职务便利的具体情形分别定罪追究刑事责任：

（1）利用国家工作人员的职务便利为他人谋取利益的，以受贿罪追究刑事责任。

（2）利用非国家工作人员的职务便利为他人谋取利益的，以非国家工作人员受贿罪追究刑事责任。

（3）分别利用各自的职务便利为他人谋取利益的，按照主犯的犯罪性质追究刑事责任，不能分清主从犯的，可以受贿罪追究刑事责任。

**五、最高人民法院《关于国家工作人员利用职务上的便利为他人谋取利益离退休后收受财物行为如何处理问题的批复》**（2000年7月13日　法释〔2000〕21号）

江苏省高级人民法院：

你院苏高法〔1999〕65号《关于国家工作人员在职时为他人谋利，离退休后收受财物是否构成受贿罪的请示》收悉。经研究，答复如下：

国家工作人员利用职务上的便利为请托人谋取利益，并与请托人事先约定，在其离退休后收受请托人财物，构成犯罪的，以受贿罪定罪处罚。

此复。

司法解释

**六、最高人民法院研究室《关于对行为人通过伪造国家机关公文、证件担任国家工作人员职务并利用职务上的便利侵占本单位财物、收受贿赂、挪用本单位资金等行为如何适用法律问题的答复》**（2004年3月20日　法研〔2004〕38号）

北京市高级人民法院：

你院〔2004〕15号《关于通过伪造国家机关公文、证件担任国家工作人员职务后利用职务便利侵占本单位财物、收受贿赂、挪用本单位资金的行为如何定性的请示》收悉。经研究，答复如下：

行为人通过伪造国家机关公文、证件担任国家工作人员职务以后，又利用职务上的便利实施侵占本单位财物、收受贿赂、挪用本单位资金等行为，构成犯罪的，应当分别以伪造国家机关公文、证件罪和相应的贪污罪、受贿罪、挪用公款罪等追究刑事责任，实行数罪并罚。

**七、最高人民法院、最高人民检察院《关于办理赌博刑事案件具体应用法律若干问题的解释》（节录）**（2005年5月11日　法释〔2005〕3号）

**第七条**　通过赌博或者为国家工作人员赌博提供资金的形式实施行贿、受贿行为，构成犯罪的，依照刑法关于贿赂犯罪的规定定罪处罚。

**八、最高人民法院、最高人民检察院《关于办理职务犯罪案件严格适用缓刑、免予刑事处罚若干问题的意见》**（2012年8月8日　法发〔2012〕17号）（略，详见本书第16页）

法律适用

相关法律法规

**一、《中华人民共和国反不正当竞争法》（节录）**（1993年9月2日第八届全国人民代表大会常务委员会第三次会议通过　2017年11月4日修订　2019年4月23日修正）

**第七条**　经营者不得采用财物或者其他手段贿赂下列单位或者个人，以谋取交易机会或者竞争优势：

（一）交易相对方的工作人员；

（二）受交易相对方委托办理相关事务的单位或者个人；

（三）利用职权或者影响力影响交易的单位或者个人。

经营者在交易活动中，可以以明示方式向交易相对方支付折扣，或者向中间人支付佣金。经营者向交易相对方支付折扣、向中间人支付佣金的，应当如实入账。接受折扣、佣金的经营者也应当如实入账。

经营者的工作人员进行贿赂的，应当认定为经营者的行为；但是，经营者有证据证明该工作人员的行为与为经营者谋取交易机会或者竞争优势无关的除外。

**二、《中华人民共和国公务员法》（节录）**（2005年4月27日第十届全国人民代表大会常务委员会第十五次会议通过　2017年9月1日修正　2018年12月29日修订）

**第五十九条**　公务员应当遵纪守法，不得有下列行为：

（一）散布有损宪法权威、中国共产党和国家声誉的言论，组织或者参加旨在反对宪法、中国共产党领导和国家的集会、游行、示威等活动；

（二）组织或者参加非法组织，组织或者参加罢工；

（三）挑拨、破坏民族关系，参加民族分裂活动或者组织、利用宗教活动破坏民族团结和社会稳定；

（四）不担当，不作为，玩忽职守，贻误工作；

（五）拒绝执行上级依法作出的决定和命令；

（六）对批评、申诉、控告、检举进行压制或者打击报复；

（七）弄虚作假，误导、欺骗领导和公众；

（八）贪污贿赂，利用职务之便为自己或者他人谋取私利；

（九）违反财经纪律，浪费国家资财；

（十）滥用职权，侵害公民、法人或者其他组织的合法权益；

（十一）泄露国家秘密或者工作秘密；

（十二）在对外交往中损害国家荣誉和利益；

（十三）参与或者支持色情、吸毒、赌博、迷信等活动；

（十四）违反职业道德、社会公德和家庭美德；

（十五）违反有关规定参与禁止的网络传播行为或者网络活动；

（十六）违反有关规定从事或者参与营利性活动，在企业或者其他营利性组织中兼任职务；

（十七）旷工或者因公外出、请假期满无正当理由逾期不归；

（十八）违纪违法的其他行为。

**三、《中华人民共和国公职人员政务处分法》（节录）**（2020年6月20日第十三届全国人民代表大会常务委员会第十九次会议通过　2020年6月20日中华人民共和国主席令第46号公布　自2020年7月1日起施行）（略，详见本书第30页）

**四、《国有企业管理人员处分条例》（节录）**（2024年4月26日国务院第31次常务会议通过　2024年5月21日国务院令第781号公布　自2024年9月1日起施行）

**第十九条**　国有企业管理人员有下列行为之一的，依据公职人员政务处分法第三十三条的规定，予以警告、记过或者记大过；情节较重的，予以降级或者撤职；情节严重的，予以开除：

（一）利用职务上的便利，侵吞、窃取、骗取或者以其他手段非法占有、挪用本企业以及关联企业的财物、客户资产等；

（二）利用职务上的便利，索取他人财物或者非法收受他人财物，为他人谋取利益；

（三）为谋取不正当利益，向国家机关、国家出资企业、事业单位、人民团体，或者向国家工作人员、企业或者其他单位的工作人员，外国公职人员、国际公共组织官员行贿；

（四）利用职权或者职务上的影响，违反规定在企业关系国有资产出资人权益的重大事项以及工程建设、资产处置、出版发行、招标投标等活动中为本人或者他人谋取私利；

（五）纵容、默许特定关系人利用本人职权或者职务上的影响，在企业关系国有资产出资人权益的重大事项以及企业经营管理活动中谋取私利；

（六）违反规定，以单位名义将国有资产集体私分给个人。

拒不纠正特定关系人违反规定任职、兼职或者从事经营活动，且不服从职务调整的，予以撤职。

# 4 单位受贿案

**概念**

**本罪是指国家机关、国有公司、企业、事业单位、人民团体，索取、非法收受他人财物，为他人谋取利益，情节严重的行为。**

**立案标准**

**国家机关、国有公司、企业、事业单位、人民团体涉嫌索取、非法收受他人财物，为他人谋取利益，或者在经济往来中，在账外暗中收受各种名义的回扣、手续费的行为，有下列情形之一的，应予立案：**

1. **单位受贿数额在10万元以上的。**
2. **单位受贿数额不满10万元，但具有下列情形之一的：**

（1）**故意刁难、要挟有关单位、个人，造成恶劣影响的；**

（2）**强行索取财物的；**

（3）**致使国家或者社会利益遭受重大损失的。**

## 定罪标准

**犯罪客体**

本罪侵犯的客体是国有单位公务活动的廉洁性。

**犯罪客观方面**

本罪在客观方面表现为索取、非法收受他人财物，为他人谋取利益，情节严重；或者在经济往来中，在账外暗中收受各种名义的回扣、手续费的行为。具体而言，单位受贿罪包括以下两种形式：

1. 索取、非法收受他人财物，为他人谋取利益的行为。这种单位受贿行为在客观上包括两个构成要素：（1）索取或者非法收受他人财物。索取，即单位主动要求他人给予自己财物；非法收受，即违反国家规定，主动或被动地接受他人给付的财物。财物，包括货币、物品和财产性利益。财产性利益包括可以折算为货币的物质利益如房屋装修、债务免除等，以及需要支付货币的其他利益如会员服务、工会福利等。（2）为他人谋取利益。与受贿罪不同，在单位受贿中，无论是索取财物还是收受财物，都必须同时具备为他人谋取利益的条件。谋取利益，既包括谋取法律许可的正当利益，如授予符合条件的人某项行政许可；还包括不正当利益，如违法批准出口退税、违法办理土地使用等。是否谋取到利益不影响本罪的构成。

2. 在经济往来中，在账外暗中收受各种名义的回扣、手续费的行为。“经济往来”，主要是指有关单位参与的国家经济管理活动和在相关职业范围内进行的购销商品或者服务等交易活动，如政府招标、采购等。“账外暗中”，是指没有在依法设立的财务账目上按照规定如实记账。“回扣”，是指在交易过程中，卖方在收取的价款中拿出一部分回送给买方（或买方的代理人、经办人）的款项，实际上是卖方给买方的一种优惠。“手续费”，一般是指因办理一定事务或者付出一定劳动而支出、收取的费用。

根据《刑法》的规定，单位受贿的，只有达到情节严重的程度才构成本罪。所谓“情节严重”，是指下列情形之一：（1）单位受贿数额在10万元以上的。（2）单位受贿数额不满10万元，但具有下列情形之一的：①故意刁难、要挟有关单位、个人，造成恶劣影响的；②强行索取财物的；③致使国家或者社会利益遭受重大损失的。

<table>
<tr><td rowspan="5">定罪标准</td><td>犯罪主体</td><td>本罪是单位犯罪，主体是国家机关、国有公司、企业、事业单位、人民团体，包括上述国有单位的内设机构。</td></tr>
<tr><td>犯罪主观方面</td><td>本罪在主观上表现为故意，是单位作为法人、集体的决策和同意，即明知本单位的受贿行为会侵犯国有单位公务活动的廉洁性，但希望或放任这种结果发生。</td></tr>
<tr><td>罪与非罪</td><td>区分罪与非罪的界限，要注意把握以下几点：<br>1. 要区分合法收受的回扣、手续费与本罪的界限。在经济往来中，交易对方往往会给予国家机关、国有公司、企业、事业单位、人民团体回扣、手续费，如果有关款项进入单位的收支账目，成为经营的成本或者利润的组成部分，则不构成本罪；反之，如果有关单位在账外暗中收受回扣、手续费，则构成本罪。<br>2. 要区分本罪与单位之间资金赞助、拆借的界限。在实践中，由于单位领导之间相互熟悉、工作上具有较紧密的业务往来等原因，单位之间往往存在赞助，如公安机关接受汽车制造商以赞助为名送的汽车，以及拆借行为。这些行为往往违反了有关的财经法律，而且在不少情况下，赞助与被赞助单位之间、拆借与被拆借单位之间往往存在制约与被制约关系，也有可能构成本罪。实践中，区分本罪与赞助、拆借行为，主要考虑以下几个因素：（1）接受赞助单位、资金借入单位是否为提供赞助的单位、资金借出单位谋取了额外的利益；（2）接受赞助单位、资金借入单位是否利用单位的公权力，是否对有关单位有刁难、要挟等行为；（3）资金借入单位是不是有归还的能力及归还的意思。如果赞助、拆借行为完全出于双方自愿，提供赞助的单位、资金借出单位并未谋取额外的利益，受赞助单位、资金借入单位并未强拿硬要，资金借入单位也有归还借款，则不构成本罪。</td></tr>
<tr><td>此罪与彼罪</td><td>区分本罪与受贿罪的界限。本罪与受贿罪的区别在于：（1）犯罪主体不同。本罪是单位犯罪，主体是国家机关、国有公司、企业、事业单位、人民团体；受贿罪是自然人犯罪，主体是国家工作人员。（2）客观方面不同。受贿罪在客观方面必须利用了国家工作人员的职务便利；而本罪并无此要求。受贿罪在客观上有三种形式，即索取贿赂、收受贿赂与斡旋受贿；本罪不存在斡旋受贿这种形式。受贿罪中的“索取贿赂”，不以“为他人谋取利益”为成立要件；而本罪中，无论是索取还是收受贿赂，均以“为他人谋取利益”为成立要件。此外，受贿财物的归属也不同。本罪中，收取财物归单位所有；而受贿罪中，收取的财物归个人所有。（3）主观方面不同。本罪必须是在单位意志支配下实施的行为，即要经过单位决策机构同意或者授权，由其直接负责的主管人员和其他直接责任人员实施的索取、非法收受他人贿赂财物；而受贿罪不存在这样的单位意志。实践中，一些国家工作人员以单位名义受贿，但如果实际上并无单位意志的存在，不成立本罪，而只能成立受贿罪。</td></tr>
</table>

<table>
<tr><td>证据参考标准</td><td>主体方面的证据</td><td>一、证明单位的证据<br>证明是否属于依法成立并有合法经营、管理范围的公司、企业、事业单位、机关、团体。<br>证明单位的名称、住所地、性质、法定代表人、单位负责人、业务范围、成立时间等证据材料，如企业法人营业执照、国有公司性质证明及非法人单位的身份证明等。</td></tr>
</table>

<table>
<tr><td rowspan="4">证据参考标准</td><td>主体方面的证据</td><td colspan="2">二、证明法定代表人、单位负责人或直接责任人员等身份的证据<br>法定代表人、直接负责的主管人员和其他直接责任人在单位的任职、职责、负责权限的证明材料等。包括身份证明、户籍证明、任职证明等，如户口簿、居民身份证、居住证、工作证、护照、专业或技术等级证、干部履历表、职工登记表、任命书、业务分工文件、委派文件、单位证明、单位规章制度等。</td></tr>
<tr><td>主观方面的证据</td><td colspan="2">证明故意的证据<br>1. 证明存在单位受贿的整体意志的证据：（1）证明受贿经过单位决策机构决定、批准；（2）其他。2. 证明主观认识因素的证据：证明明知自己的行为会发生危害社会的结果。3. 证明主观意志因素的证据：证明希望或者放任危害结果发生。</td></tr>
<tr><td>客观方面的证据</td><td colspan="2">证明单位受贿行为的证据<br>具体证据包括：1. 证明索取他人财物的证据。2. 证明非法收受他人财物的证据。3. 证明为他人谋取利益的证据。4. 证明在账外暗中收受回扣的证据。5. 证明在账外暗中收受手续费的证据。6. 证明受贿财物数额的证据。</td></tr>
<tr><td>量刑方面的证据</td><td colspan="2">一、法定量刑情节证据<br>1. 事实情节。2. 法定从重情节。3. 法定从轻、减轻情节：（1）可以从轻；（2）可以从轻或者减轻；（3）应当从轻或者减轻。4. 法定从轻、减轻、免除情节：（1）可以从轻、减轻或者免除处罚；（2）应当从轻、减轻或者免除处罚。5. 法定减轻、免除情节：（1）可以减轻或者免除处罚；（2）应当减轻或者免除处罚；（3）可以免除处罚。<br>二、酌定量刑情节证据<br>1. 犯罪手段：（1）索取财物；（2）收受财物；（3）收受回扣；（4）收受手续费。2. 犯罪对象。3. 危害结果。4. 犯罪动机。5. 认罪态度、受贿财物的归还、上缴情况。6. 其他证据。</td></tr>
<tr><td rowspan="3">量刑标准</td><td colspan="2" rowspan="2">犯本罪的</td><td>对单位判处罚金</td></tr>
<tr><td>情节严重的，对其直接负责的主管人员和其他直接责任人员，处三年以下有期徒刑或者拘役；情节特别严重的，处三年以上十年以下有期徒刑</td></tr>
<tr><td colspan="2">不适用缓刑或者免予刑事处罚</td><td>1. 以下情形一般不适用缓刑或者免予刑事处罚：<br>（1）不如实供述罪行的；<br>（2）不予退缴赃款赃物或者将赃款赃物用于非法活动的；<br>（3）属于共同犯罪中情节严重的主犯的；<br>（4）犯有数个职务犯罪依法实行并罚或者以一罪处理的；<br>（5）曾因职务违纪违法行为受过行政处分的；<br>（6）犯罪涉及的财物属于救灾、抢险、防汛、优抚、扶贫、移民、救济、防疫等特定款物的；<br>（7）受贿犯罪中具有索贿情节的；<br>（8）其他不应适用缓刑、免予刑事处罚的情形。<br>对于具有以上情形之一，但根据全案事实和量刑情节，检察机关认为确有必要适用缓刑或者免予刑事处罚并据此提出量刑建议的，应经检察委员会讨论决定；审理法院认为确有必要适用缓刑或者免予刑事处罚的，应经审判委员会讨论决定。</td></tr>
</table>

**量刑标准**

|  |  |
| --- | --- |
| 不适用缓刑或者免予刑事处罚 | 2. 人民法院审理职务犯罪案件时应当注意听取检察机关、被告人、辩护人提出的量刑意见，分析影响性案件案发前后的社会反映，必要时可以征求案件查办等机关的意见。对于情节恶劣、社会反映强烈的职务犯罪案件，不得适用缓刑、免予刑事处罚。 |
| 可以适用缓刑或者免予刑事处罚 | 不具有以上规定的情形，全部退缴赃款赃物，依法判处三年有期徒刑以下刑罚，符合《刑法》规定的缓刑适用条件的受贿犯罪分子，可以适用缓刑。 |

**法律适用**

**刑法条文**

**第三百八十七条** 国家机关、国有公司、企业、事业单位、人民团体，索取、非法收受他人财物，为他人谋取利益，情节严重的，对单位判处罚金，并对其直接负责的主管人员和其他直接责任人员，处三年以下有期徒刑或者拘役；情节特别严重的，处三年以上十年以下有期徒刑。

前款所列单位，在经济往来中，在帐外暗中收受各种名义的回扣、手续费的，以受贿论，依照前款的规定处罚。

**司法解释**

**一、最高人民检察院研究室《关于国有单位的内设机构能否构成单位受贿罪主体问题的答复》**（2006年9月12日 〔2006〕高检研发8号）

陕西省人民检察院法律政策研究室：

你室《关于国家机关、国有公司、企业、事业单位、人民团体的内设机构能否构成单位受贿罪主体的请示》（陕检研发〔2005〕13号）收悉。经研究，答复如下：

国有单位的内设机构利用其行使职权的便利，索取、非法收受他人财物并归该内设机构所有或者支配，为他人谋取利益，情节严重的，依照刑法第三百八十七条的规定以单位受贿罪追究刑事责任。

上述内设机构在经济往来中，在账外暗中收受各种名义的回扣、手续费的，以受贿论。

此复。

**二、最高人民法院、最高人民检察院《关于办理职务犯罪案件严格适用缓刑、免予刑事处罚若干问题的意见》**（2012年8月8日 法发〔2012〕17号）（略，详见本书第16页）

# 5 利用影响力受贿案

**概念**

**本罪是指国家工作人员的近亲属或者其他与该国家工作人员关系密切的人，通过该国家工作人员职务上的行为，或者利用该国家工作人员职权或者地位形成的便利条件，通过其他国家工作人员职务上的行为，为请托人谋取不正当利益，索取请托人财物或者收受请托人财物，数额较大或者有其他较重情节的行为；或者离职的国家工作人员或者其近亲属以及其他与其关系密切的人，利用该离职的国家工作人员原职权或者地位形成的便利条件，通过其他国家工作人员职务上的行为，为请托人谋取不正当利益，索取请托人财物或者收受请托人财物，数额较大或者有其他较重情节的行为。**

**立案标准**

**国家工作人员的近亲属或者其他与该国家工作人员关系密切的人，涉嫌通过该国家工作人员职务上的行为，或者利用该国家工作人员职权或者地位形成的便利条件，通过其他国家工作人员职务上的行为，为请托人谋取不正当利益，索取请托人财物或者收受请托人财物，数额较大或者有其他较重情节的，应予立案。**

**离职的国家工作人员或者其近亲属以及其他与其关系密切的人，涉嫌利用该离职的国家工作人员原职权或者地位形成的便利条件，通过其他国家工作人员职务上的行为，为请托人谋取不正当利益，索取请托人财物或者收受请托人财物，数额较大或者有其他较重情节的，应予立案。**

**数额较大是指受贿3万元以上不满20万元。受贿数额在1万元以上不满3万元，具有下列情形之一的，应当认定为“其他较重情节”：（1）曾因故意犯罪受过刑事追究的；（2）赃款赃物用于非法活动的；（3）拒不交待赃款赃物去向或者拒不配合追缴工作，致使无法追缴的；（4）造成恶劣影响或者其他严重后果的；（5）多次索贿的；（6）为他人谋取不正当利益，致使公共财产、国家和人民利益遭受损失的；（7）为他人谋取职务提拔、调整的。**

| 定罪标准 | | |
|---|---|---|
| | 犯罪客体 | 本罪侵犯的客体是国家工作人员职务行为的公正性。本罪与受贿罪不同，不是直接以国家工作人员的职权作为交易的条件，因此客体不是国家工作人员职务行为的廉洁性。但是行为人通过其影响力，利用国家工作人员的职务行为或职权、地位形成的便利条件，为请托人谋取了不正当利益，从而侵犯了公职人员职务行为的正当性。 |
| | 犯罪客观方面 | 本罪在客观方面表现为利用影响力索取或收受请托人财物，数额较大或者有其他较重情节的行为。具体包括以下几个方面的要素：<br>1. 利用了影响力。针对不同主体，利用影响力有不同的表现。对于国家工作人员的近亲属或者其他与该国家工作人员关系密切的人，利用影响力是指“通过该国家工作人员职务上的行为，或者利用该国家工作人员职权或者地位形成的便利条件，通过其他国家工作人员职务上的行为，为请托人谋取不正当利益”。这种情况下，被利用 |

<table>
<tr><td rowspan="6">定罪标准</td><td>犯罪客观方面</td><td>的是"国家工作人员职务上的行为"或者"其他国家工作人员职务上的行为"。而对于离职的国家工作人员或者其近亲属以及其他与其关系密切的人，利用影响力是指"利用该离职的国家工作人员原职权或者地位形成的便利条件，通过其他国家工作人员职务上的行为，为请托人谋取不正当利益"。这种情况下，由于国家工作人员已经离职，因此，被利用的只能是"其他国家工作人员职务上的行为"。<br>2. 利用影响力是为请托人谋取不正当利益。"谋取不正当利益"，是指谋取违反法律法规、国家政策和国务院各部门规章规定的利益，以及要求国家工作人员或者有关单位提供违反法律、法规、国家政策和国务院各部门规章规定的帮助和方便条件。如果谋取的是正当利益，不构成本罪。<br>3. 索取或收受请托人的财物。索取是指主动向请托人索要财物，包括以明示的方式向请托人索要，也包括以暗示的方式向请托人索要；收受是指行为人被动收受请托人给予的财物。<br>4. 收受财物的数额较大或者有其他较重情节。</td></tr>
<tr><td>犯罪主体</td><td>本罪是纯正的身份犯，具体分为三类：一是国家工作人员或者离职的国家工作人员的近亲属；二是其他与国家工作人员或者离职的国家工作人员关系密切的人；三是离职的国家工作人员。<br>离职的国家工作人员，是指曾经是国家工作人员，但由于离休、退休、辞职、辞退等原因，目前已经离开了国家机关和企事业单位工作岗位的人。<br>近亲属指配偶、父母、子女、同胞兄弟姐妹。<br>"关系密切的人"，一般是指国家工作人员的情妇（夫）以及其他与之有共同利益关系的人。是否属于"关系密切的人"，不同的具体案件中的情况可能不尽相同，关键还是要根据具体案件、具体情况分析认定行为人是否属于"关系密切的人"。考察"关系"是否"密切"，实质是考察行为人是否具有影响力。</td></tr>
<tr><td>犯罪主观方面</td><td>本罪主观方面表现为故意，即明知自己的行为会侵犯国家工作人员职务行为的公正性，但希望或者放任这种结果的发生。</td></tr>
<tr><td>罪与非罪</td><td>区分罪与非罪的界限，关键是看是否利用了影响力以及数额是否较大或者有无其他较重情节。</td></tr>
<tr><td>此罪与彼罪</td><td>本罪与受贿罪的界限。本罪与受贿罪，特别是以斡旋受贿方式实施的受贿罪之间具有相似之处。二者的主要区别在于：(1) 客体不同。本罪侵犯的客体，是国家工作人员职务行为的公正性；而受贿罪侵犯的客体是国家工作人员职务行为的廉洁性。(2) 主体不同。受贿罪的主体是国家工作人员；而本罪的主体是国家工作人员或者离职的国家工作人员的近亲属、其他与国家工作人员或者离职的国家工作人员关系密切的人以及离职的国家工作人员。</td></tr>
</table>

| | | |
|---|---|---|
| 证据参考标准 | 主体方面的证据 | **一、证明行为人具有特殊身份的证据**<br>具体证据包括：1. 证明行为人是国家工作人员近亲属的证据。2. 证明行为人是与国家工作人员关系密切的人的证据。3. 证明行为人是离职国家工作人员的证据。4. 证明行为人是离职国家工作人员近亲属的证据。5. 证明行为人是与离职国家工作人员关系密切的人的证据。<br>**二、证明行为人刑事责任年龄、身份等自然情况的证据**<br>包括身份证明、户籍证明、任职证明、工作经历证明、特定职责证明等，主要是证明行为人的姓名（曾用名）、性别、出生年月日、民族、籍贯、出生地、职业（或职务）、住所地（或居所地）等证明材料，如户口簿、居民身份证、居住证、工作证、出生证、专业或技术等级证、干部履历表、职工登记表、护照等。<br>对于户籍、出生证等材料内容不实的，应提供其他证明材料。外国人犯罪的案件，应有护照等身份证明材料。人大代表、政协委员犯罪的案件，应注明身份，并附身份证明材料。<br>**三、证明行为人刑事责任能力的证据**<br>证明行为人对自己的行为是否具有辨认能力与控制能力，如是否属于间歇性精神病人、案发时是否尚未完全丧失辨认或者控制自己行为能力的证明材料。 |
| | 主观方面的证据 | **证明行为人故意的证据**<br>1. 证明行为人主观认识因素的证据：证明行为人明知自己的行为会发生危害社会的结果；2. 证明行为人主观意志因素的证据：证明行为人希望或者放任危害结果发生。 |
| | 客观方面的证据 | **证明行为人利用影响力索取或收受请托人财物行为的证据**<br>具体证据包括：1. 证明通过国家工作人员职务上的行为，为请托人谋取利益的证据。2. 证明利用国家工作人员职权或者地位形成的便利条件，通过其他国家工作人员职务上的行为，为请托人谋取利益的证据。3. 证明利用离职的国家工作人员原职权或者地位形成的便利条件，通过其他国家工作人员职务上的行为，为请托人谋取利益的证据。4. 证明谋取的利益是不正当的证据。5. 证明索取请托人财物的证据。6. 证明收受请托人财物的证据。7. 证明收受财物数额的证据。8. 证明具有其他较重情节的证据。 |
| | 量刑方面的证据 | **一、法定量刑情节证据**<br>1. 事实情节。2. 法定从重情节。3. 法定从轻、减轻情节：（1）可以从轻；（2）可以从轻或者减轻；（3）应当从轻或者减轻。4. 法定从轻、减轻、免除情节：（1）可以从轻、减轻或者免除处罚；（2）应当从轻、减轻或者免除处罚。5. 法定减轻、免除情节：（1）可以减轻或者免除处罚；（2）应当减轻或者免除处罚；（3）可以免除处罚。<br>**二、酌定量刑情节证据**<br>1. 犯罪手段：（1）利用影响力；（2）索取财物；（3）收受财物。2. 犯罪对象。3. 危害结果。4. 犯罪动机。5. 平时表现。6. 认罪态度、受贿财物的归还、上缴情况。7. 是否有前科。8. 其他证据。 |

**量刑标准**

|  |  |
| --- | --- |
| 犯本罪的 | 处三年以下有期徒刑或者拘役，并处罚金 |
| 数额巨大或者有其他严重情节的 | 处三年以上七年以下有期徒刑，并处罚金 |
| 数额特别巨大或者有其他特别严重情节的 | 处七年以上有期徒刑，并处罚金或者没收财产 |
| 不适用缓刑或者免予刑事处罚 | 1. 以下情形一般不适用缓刑或者免予刑事处罚：<br>（1）不如实供述罪行的；<br>（2）不予退缴赃款赃物或者将赃款赃物用于非法活动的；<br>（3）属于共同犯罪中情节严重的主犯的；<br>（4）犯有数个职务犯罪依法实行并罚或者以一罪处理的；<br>（5）曾因职务违纪违法行为受过行政处分的；<br>（6）犯罪涉及的财物属于救灾、抢险、防汛、优抚、扶贫、移民、救济、防疫等特定款物的；<br>（7）受贿犯罪中具有索贿情节的；<br>（8）其他不应适用缓刑、免予刑事处罚的情形。<br>对于具有以上情形之一，但根据全案事实和量刑情节，检察机关认为确有必要适用缓刑或者免予刑事处罚并据此提出量刑建议的，应经检察委员会讨论决定；审理法院认为确有必要适用缓刑或者免予刑事处罚的，应经审判委员会讨论决定。<br>2. 人民法院审理职务犯罪案件时应当注意听取检察机关、被告人、辩护人提出的量刑意见，分析影响性案件案发前后的社会反映，必要时可以征求案件查办等机关的意见。对于情节恶劣、社会反映强烈的职务犯罪案件，不得适用缓刑、免予刑事处罚。 |
| 可以适用缓刑或者免予刑事处罚 | 不具有以上规定的情形，全部退缴赃款赃物，依法判处三年有期徒刑以下刑罚，符合《刑法》规定的缓刑适用条件的受贿犯罪分子，可以适用缓刑。 |

**法律适用**

**刑法条文**

**第三百八十八条之一**　国家工作人员的近亲属或者其他与该国家工作人员关系密切的人，通过该国家工作人员职务上的行为，或者利用该国家工作人员职权或者地位形成的便利条件，通过其他国家工作人员职务上的行为，为请托人谋取不正当利益，索取请托人财物或者收受请托人财物，数额较大或者有其他较重情节的，处三年以下有期徒刑或者拘役，并处罚金；数额巨大或者有其他严重情节的，处三年以上七年以下有期徒刑，并处罚金；数额特别巨大或者有其他特别严重情节的，处七年以上有期徒刑，并处罚金或者没收财产。

离职的国家工作人员或者其近亲属以及其他与其关系密切的人，利用该离职的国家工作人员原职权或者地位形成的便利条件实施前款行为的，依照前款的规定定罪处罚。

**第九十三条**　本法所称国家工作人员，是指国家机关中从事公务的人员。

国有公司、企业、事业单位、人民团体中从事公务的人员和国家机关、国有公司、企业、事业单位委派到非国有公司、企业、事业单位、社会团体从事公务的人员，以及其他依照法律从事公务的人员，以国家工作人员论。

法律适用

司法解释

**一、最高人民法院、最高人民检察院《关于办理贪污贿赂刑事案件适用法律若干问题的解释》**（2016年4月18日　法释〔2016〕9号）

为依法惩治贪污贿赂犯罪活动，根据刑法有关规定，现就办理贪污贿赂刑事案件适用法律的若干问题解释如下：

**第一条**　贪污或者受贿数额在三万元以上不满二十万元的，应当认定为刑法第三百八十三条第一款规定的“数额较大”，依法判处三年以下有期徒刑或者拘役，并处罚金。

贪污数额在一万元以上不满三万元，具有下列情形之一的，应当认定为刑法第三百八十三条第一款规定的“其他较重情节”，依法判处三年以下有期徒刑或者拘役，并处罚金：

（一）贪污救灾、抢险、防汛、优抚、扶贫、移民、救济、防疫、社会捐助等特定款物的；

（二）曾因贪污、受贿、挪用公款受过党纪、行政处分的；

（三）曾因故意犯罪受过刑事追究的；

（四）赃款赃物用于非法活动的；

（五）拒不交待赃款赃物去向或者拒不配合追缴工作，致使无法追缴的；

（六）造成恶劣影响或者其他严重后果的。

受贿数额在一万元以上不满三万元，具有前款第二项至第六项规定的情形之一，或者具有下列情形之一的，应当认定为刑法第三百八十三条第一款规定的“其他较重情节”，依法判处三年以下有期徒刑或者拘役，并处罚金：

（一）多次索贿的；

（二）为他人谋取不正当利益，致使公共财产、国家和人民利益遭受损失的；

（三）为他人谋取职务提拔、调整的。

**第二条**　贪污或者受贿数额在二十万元以上不满三百万元的，应当认定为刑法第三百八十三条第一款规定的“数额巨大”，依法判处三年以上十年以下有期徒刑，并处罚金或者没收财产。

贪污数额在十万元以上不满二十万元，具有本解释第一条第二款规定的情形之一的，应当认定为刑法第三百八十三条第一款规定的“其他严重情节”，依法判处三年以上十年以下有期徒刑，并处罚金或者没收财产。

受贿数额在十万元以上不满二十万元，具有本解释第一条第三款规定的情形之一的，应当认定为刑法第三百八十三条第一款规定的“其他严重情节”，依法判处三年以上十年以下有期徒刑，并处罚金或者没收财产。

**第三条**　贪污或者受贿数额在三百万元以上的，应当认定为刑法第三百八十三条第一款规定的“数额特别巨大”，依法判处十年以上有期徒刑、无期徒刑或者死刑，并处罚金或者没收财产。

贪污数额在一百五十万元以上不满三百万元，具有本解释第一条第二款规定的情形之一的，应当认定为刑法第三百八十三条第一款规定的“其他特别严重情节”，依法判处十年以上有期徒刑、无期徒刑或者死刑，并处罚金或者没收财产。

受贿数额在一百五十万元以上不满三百万元，具有本解释第一条第三款规定的情形之一的，应当认定为刑法第三百八十三条第一款规定的“其他特别严重情节”，依法判处十年以上有期徒刑、无期徒刑或者死刑，并处罚金或者没收财产。

**第四条**　贪污、受贿数额特别巨大，犯罪情节特别严重、社会影响特别恶劣、给国家和人民利益造成特别重大损失的，可以判处死刑。

法律适用　司法解释

符合前款规定的情形，但具有自首，立功，如实供述自己罪行、真诚悔罪、积极退赃，或者避免、减少损害结果的发生等情节，不是必须立即执行的，可以判处死刑缓期二年执行。

符合第一款规定情形的，根据犯罪情节等情况可以判处死刑缓期二年执行，同时裁判决定在其死刑缓期执行二年期满依法减为无期徒刑后，终身监禁，不得减刑、假释。

**第五条**　挪用公款归个人使用，进行非法活动，数额在三万元以上的，应当依照刑法第三百八十四条的规定以挪用公款罪追究刑事责任；数额在三百万元以上的，应当认定为刑法第三百八十四条第一款规定的“数额巨大”。具有下列情形之一的，应当认定为刑法第三百八十四条第一款规定的“情节严重”：

（一）挪用公款数额在一百万元以上的；

（二）挪用救灾、抢险、防汛、优抚、扶贫、移民、救济特定款物，数额在五十万元以上不满一百万元的；

（三）挪用公款不退还，数额在五十万元以上不满一百万元的；

（四）其他严重的情节。

**第六条**　挪用公款归个人使用，进行营利活动或者超过三个月未还，数额在五万元以上的，应当认定为刑法第三百八十四条第一款规定的“数额较大”；数额在五百万元以上的，应当认定为刑法第三百八十四条第一款规定的“数额巨大”。具有下列情形之一的，应当认定为刑法第三百八十四条第一款规定的“情节严重”：

（一）挪用公款数额在二百万元以上的；

（二）挪用救灾、抢险、防汛、优抚、扶贫、移民、救济特定款物，数额在一百万元以上不满二百万元的；

（三）挪用公款不退还，数额在一百万元以上不满二百万元的；

（四）其他严重的情节。

**第七条**　为谋取不正当利益，向国家工作人员行贿，数额在三万元以上的，应当依照刑法第三百九十条的规定以行贿罪追究刑事责任。

行贿数额在一万元以上不满三万元，具有下列情形之一的，应当依照刑法第三百九十条的规定以行贿罪追究刑事责任：

（一）向三人以上行贿的；

（二）将违法所得用于行贿的；

（三）通过行贿谋取职务提拔、调整的；

（四）向负有食品、药品、安全生产、环境保护等监督管理职责的国家工作人员行贿，实施非法活动的；

（五）向司法工作人员行贿，影响司法公正的；

（六）造成经济损失数额在五十万元以上不满一百万元的。

**第八条**　犯行贿罪，具有下列情形之一的，应当认定为刑法第三百九十条第一款规定的“情节严重”：

（一）行贿数额在一百万元以上不满五百万元的；

（二）行贿数额在五十万元以上不满一百万元，并具有本解释第七条第二款第一项至第五项规定的情形之一的；

（三）其他严重的情节。

为谋取不正当利益，向国家工作人员行贿，造成经济损失数额在一百万元以上不满五百万元的，应当认定为刑法第三百九十条第一款规定的“使国家利益遭受重大损失”。

**第九条** 犯行贿罪，具有下列情形之一的，应当认定为刑法第三百九十条第一款规定的“情节特别严重”：

（一）行贿数额在五百万元以上的；

（二）行贿数额在二百五十万元以上不满五百万元，并具有本解释第七条第二款第一项至第五项规定的情形之一的；

（三）其他特别严重的情节。

为谋取不正当利益，向国家工作人员行贿，造成经济损失数额在五百万元以上的，应当认定为刑法第三百九十条第一款规定的“使国家利益遭受特别重大损失”。

**第十条** 刑法第三百八十八条之一规定的利用影响力受贿罪的定罪量刑适用标准，参照本解释关于受贿罪的规定执行。

刑法第三百九十条之一规定的对有影响力的人行贿罪的定罪量刑适用标准，参照本解释关于行贿罪的规定执行。

单位对有影响力的人行贿数额在二十万元以上的，应当依照刑法第三百九十条之一的规定以对有影响力的人行贿罪追究刑事责任。

**第十一条** 刑法第一百六十三条规定的非国家工作人员受贿罪、第二百七十一条规定的职务侵占罪中的“数额较大”“数额巨大”的数额起点，按照本解释关于受贿罪、贪污罪相对应的数额标准规定的二倍、五倍执行。

刑法第二百七十二条规定的挪用资金罪中的“数额较大”“数额巨大”以及“进行非法活动”情形的数额起点，按照本解释关于挪用公款罪“数额较大”“情节严重”以及“进行非法活动”的数额标准规定的二倍执行。

刑法第一百六十四条第一款规定的对非国家工作人员行贿罪中的“数额较大”“数额巨大”的数额起点，按照本解释第七条、第八条第一款关于行贿罪的数额标准规定的二倍执行。

**第十二条** 贿赂犯罪中的“财物”，包括货币、物品和财产性利益。财产性利益包括可以折算为货币的物质利益如房屋装修、债务免除等，以及需要支付货币的其他利益如会员服务、旅游等。后者的犯罪数额，以实际支付或者应当支付的数额计算。

**第十三条** 具有下列情形之一的，应当认定为“为他人谋取利益”，构成犯罪的，应当依照刑法关于受贿犯罪的规定定罪处罚：

（一）实际或者承诺为他人谋取利益的；

（二）明知他人有具体请托事项的；

（三）履职时未被请托，但事后基于该履职事由收受他人财物的。

国家工作人员索取、收受具有上下级关系的下属或者具有行政管理关系的被管理人员的财物价值三万元以上，可能影响职权行使的，视为承诺为他人谋取利益。

**第十四条** 根据行贿犯罪的事实、情节，可能被判处三年有期徒刑以下刑罚的，可以认定为刑法第三百九十条第二款规定的“犯罪较轻”。

根据犯罪的事实、情节，已经或者可能被判处十年有期徒刑以上刑罚的，或者案件在本省、自治区、直辖市或者全国范围内有较大影响的，可以认定为刑法第三百九十条第二款规定的“重大案件”。

具有下列情形之一的，可以认定为刑法第三百九十条第二款规定的“对侦破重大案件起关键作用”：

（一）主动交待办案机关未掌握的重大案件线索的；

（二）主动交待的犯罪线索不属于重大案件的线索，但该线索对于重大案件侦破有重要作用的；

（三）主动交待行贿事实，对于重大案件的证据收集有重要作用的；

（四）主动交待行贿事实，对于重大案件的追逃、追赃有重要作用的。

**第十五条** 对多次受贿未经处理的，累计计算受贿数额。

国家工作人员利用职务上的便利为请托人谋取利益前后多次收受请托人财物，受请托之前收受的财物数额在一万元以上的，应当一并计入受贿数额。

**第十六条** 国家工作人员出于贪污、受贿的故意，非法占有公共财物、收受他人财物之后，将赃款赃物用于单位公务支出或者社会捐赠的，不影响贪污罪、受贿罪的认定，但量刑时可以酌情考虑。

特定关系人索取、收受他人财物，国家工作人员知道后未退还或者上交的，应当认定国家工作人员具有受贿故意。

**第十七条** 国家工作人员利用职务上的便利，收受他人财物，为他人谋取利益，同时构成受贿罪和刑法分则第三章第三节、第九章规定的渎职犯罪的，除刑法另有规定外，以受贿罪和渎职犯罪数罪并罚。

**第十八条** 贪污贿赂犯罪分子违法所得的一切财物，应当依照刑法第六十四条的规定予以追缴或者责令退赔，对被害人的合法财产应当及时返还。对尚未追缴到案或者尚未足额退赔的违法所得，应当继续追缴或者责令退赔。

**第十九条** 对贪污罪、受贿罪判处三年以下有期徒刑或者拘役的，应当并处十万元以上五十万元以下的罚金；判处三年以上十年以下有期徒刑的，应当并处二十万元以上犯罪数额二倍以下的罚金或者没收财产；判处十年以上有期徒刑或者无期徒刑的，应当并处五十万元以上犯罪数额二倍以下的罚金或者没收财产。

对刑法规定并处罚金的其他贪污贿赂犯罪，应当在十万元以上犯罪数额二倍以下判处罚金。

**第二十条** 本解释自2016年4月18日起施行。最高人民法院、最高人民检察院此前发布的司法解释与本解释不一致的，以本解释为准。

## 二、最高人民法院《全国法院审理经济犯罪案件工作座谈会纪要》（节录）（2003年11月13日 法发〔2003〕167号）

### 一、关于贪污贿赂犯罪和渎职犯罪的主体

#### （一）国家机关工作人员的认定

刑法中所称的国家机关工作人员，是指在国家机关中从事公务的人员，包括在各级国家权力机关、行政机关、司法机关和军事机关中从事公务的人员。

根据有关立法解释的规定，在依照法律、法规规定行使国家行政管理职权的组织中从事公务的人员，或者在受国家机关委托代表国家行使职权的组织中从事公务的人员，或者虽未列入国家机关人员编制但在国家机关中从事公务的人员，视为国家机关工作人员。在乡（镇）以上中国共产党机关、人民政协机关中从事公务的人员，司法实践中也应当视为国家机关工作人员。

#### （二）国家机关、国有公司、企业、事业单位委派到非国有公司、企业、事业单位、社会团体从事公务的人员的认定

所谓委派，即委任、派遣，其形式多种多样，如任命、指派、提名、批准等。不论被委派的人身份如何，只要是接受国家机关、国有公司、企业、事业单位委派，代

法律适用

司法解释

表国家机关、国有公司、企业、事业单位在非国有公司、企业、事业单位、社会团体中从事组织、领导、监督、管理等工作，都可以认定为国家机关、国有公司、企业、事业单位委派到非国有公司、企业、事业单位、社会团体从事公务的人员。如国家机关、国有公司、企业、事业单位委派在国有控股或者参股的股份有限公司从事组织、领导、监督、管理等工作的人员，应当以国家工作人员论。国有公司、企业改制为股份有限公司后，原国有公司、企业的工作人员和股份有限公司新任命的人员中，除代表国有投资主体行使监督、管理职权的人外，不以国家工作人员论。

（三）“其他依照法律从事公务的人员”的认定

刑法第九十三条第二款规定的“其他依照法律从事公务的人员”应当具有两个特征：一是在特定条件下行使国家管理职能；二是依照法律规定从事公务。具体包括：（1）依法履行职责的各级人民代表大会代表；（2）依法履行审判职责的人民陪审员；（3）协助乡镇人民政府、街道办事处从事行政管理工作的村民委员会、居民委员会等农村和城市基层组织人员；（4）其他由法律授权从事公务的人员。

（四）关于“从事公务”的理解

从事公务，是指代表国家机关、国有公司、企业、事业单位、人民团体等履行组织、领导、监督、管理等职责。公务主要表现为与职权相联系的公共事务以及监督、管理国有财产的职务活动。如国家机关工作人员依法履行职责，国有公司的董事、经理、监事、会计、出纳人员等管理、监督国有财产等活动，属于从事公务。那些不具备职权内容的劳务活动、技术服务工作，如售货员、售票员等所从事的工作，一般不认为是公务。

**三、最高人民法院、最高人民检察院《关于办理职务犯罪案件严格适用缓刑、免予刑事处罚若干问题的意见》**（2012年8月8日　法发〔2012〕17号）（略，详见本书第16页）

# 6 行贿案

**概念**

**本罪是指为谋取不正当利益，给予国家工作人员以财物的行为。在经济往来中，违反国家规定，给予国家工作人员以财物，数额较大的，或者违反国家规定，给予国家工作人员以各种名义的回扣、手续费的，以行贿罪追究刑事责任。**

**立案标准**

**为谋取不正当利益，向国家工作人员行贿，数额在3万元以上的，应当以行贿罪追究刑事责任。行贿数额在1万元以上不满3万元，具有下列情形之一的，应当以行贿罪追究刑事责任：(1)向3人以上行贿的；(2)将违法所得用于行贿的；(3)通过行贿谋取职务提拔、调整的；(4)向负有食品、药品、安全生产、环境保护等监督管理职责的国家工作人员行贿，实施非法活动的；(5)向司法工作人员行贿，影响司法公正的；(6)造成经济损失数额在50万元以上不满100万元的。**

| 定罪标准 | | |
|---|---|---|
| | 犯罪客体 | 本罪侵犯的客体是国家工作人员职务行为的廉洁性。 |
| | 犯罪客观方面 | 本罪在客观方面表现为以下两种类型之一的行为：<br>1. 为谋取不正当利益，给予国家工作人员以财物的行为。这种类型的行贿罪也称为“一般行贿罪”。“谋取不正当利益”，是指行贿人谋取的利益违反法律法规、规章、政策规定，或者要求国家工作人员违反法律法规、规章、政策、行业规范的规定，为自己提供帮助或者方便条件。违背公平、公正原则，在经济、组织人事管理等活动中，谋取竞争优势的，应当认定为“谋取不正当利益”。<br>给予国家工作人员以财物可以分为两种情况：一是主动给予国家工作人员以财物；二是因国家工作人员主动索要而被动给予。但因被勒索给予国家工作人员以财物，没有获得不正当利益的，不是行贿。<br>“财物”，包括货币、物品和财产性利益。财产性利益包括可以折算为货币的物质利益如房屋装修、债务免除等，以及需要支付货币的其他利益如会员服务、旅游等。后者的犯罪数额，以实际支付或者应当支付的数额计算。<br>2. 在经济往来中，违反国家规定，给予国家工作人员以财物，数额较大的，或者违反国家规定，给予国家工作人员以各种名义的回扣、手续费的行为。此种行贿形式也称为“经济行贿罪”，具体包括以下几个方面的要素：(1)必须发生在经济往来中。经济往来中，是指经济合同的签订、履行，或者其他形式的经济活动中。经济活动包括生产、经营、销售等各种活动，既包括国内的经济活动，也包括各种对外经济活动。(2)必须违反了国家规定。违反国家规定，是指违反全国人民代表大会及其常务委员会制定的法律和决定，国务院制定的行政法规、规定的行政措施、发布的决定和命令。(3)给予国家工作人员以财物，或者给予国家工作人员以各种名义的回扣、手续费。“回扣”，是指在交易过程中，卖方在收取的价款中拿出一部分回送给买方 |

| | | |
|---|---|---|
| 定罪标准 | 犯罪客观方面 | (或买方的代理人、经办人)的款项，实际上是卖方给买方的一种优惠。“手续费”，一般是指因办理一定事务或者付出一定劳动而支出、收取的费用。经济往来中的手续费，名义很多，如“辛苦费”“介绍费”“活动费”等，它是指单位或个人为了联系业务、促进交易或者进行其他经济活动而给予对方单位或个人的作为酬劳的财物。 |
| | 犯罪主体 | 本罪的主体是一般主体，即年满16周岁，具有刑事责任能力的自然人。 |
| | 犯罪主观方面 | 本罪在主观方面表现为故意，即明知给予国家工作人员以财物的行为会损害国家工作人员职务行为的廉洁性，仍希望或者放任这种结果发生。同时，对于“一般行贿罪”，行为人主观上必须具有谋取不正当利益的目的。 |
| | 罪与非罪 | 区分罪与非罪的界限，要注意把握以下几点：<br>1. 行为人主观上是否为谋取不正当利益以及客观上是否获得不正当利益。“一般行贿罪”要求行为人“为谋取不正当利益”。若行为人主观上是为了谋取正当利益，则不构成行贿罪。此外，虽然客观上行为人是否获得不正当利益一般不影响本罪的成立，但因被勒索给予国家工作人员以财物，没有获得不正当利益的，不构成行贿罪。<br>2. 要区分馈赠与行贿。馈赠是民事行为，不具有社会危害性。特别是在经济往来中，馈赠经常发生。区分二者，应当结合以下因素全面分析、综合判断：(1)发生财物往来的背景，如双方是否存在亲友关系及历史上交往的情形和程度；(2)往来财物的价值；(3)财物往来的缘由、时机和方式，提供财物方对于接受方有无职务上的请托；(4)接受方是否利用职务上的便利为提供方谋取利益。<br>3. 行贿与不当送礼行为的界限。区分二者的关键在于行为人主观上是否具有利用国家工作人员的职务行为以达到为自己谋取不正当利益的目的。不当送礼行为包括：其一，行为人给予国家工作人员以财物，以谋取某种正当利益。其二，行为人为答谢国家工作人员的帮助而给予其少量财物。其三，行为人因被勒索给予国家工作人员以财物，没有获得不正当利益。 |
| | 既遂标准 | 行贿罪的着手，是行为人已经开始实施给予财物的行为；既遂的标准则是行贿人给予财物行为的完成，即国家工作人员接受财物。因此，行贿罪的未遂的成立一般是指行贿人已经开始实行给予财物的行为，但是由于其意志以外的原因，财物给予行为没有完成。行贿人是否谋取到不正当利益不影响行贿罪的既遂。 |
| | 一罪与数罪 | 行为人多次实施行贿犯罪行为，而触犯同一个行贿罪的情况，理论上称为连续犯。行贿罪的连续犯，属于数罪，本应当按数罪处理。但是在司法实践中，通常按照一罪处理，并将多次实施行贿犯罪行为视为“情节严重”的一种情况。但是，要将行贿罪的连续犯与行贿的徐行犯进行区分。徐行犯，是指基于一个犯罪故意，将一个犯罪行为分为多个部分分别实施，其每次的举动一般都不构成一个独立的犯罪。例如，行为人为谋取不正当利益，将承诺给予国家工作人员的财物先后分三次给予。这种情况下，行为人只构成一次行贿罪，并不成立连续犯。 |

## 证据参考标准

### 主体方面的证据

**一、证明行为人刑事责任年龄、身份等自然情况的证据**

包括身份证明、户籍证明、任职证明、工作经历证明、特定职责证明等，主要是证明行为人的姓名（曾用名）、性别、出生年月日、民族、籍贯、出生地、职业（或职务）、住所地（或居所地）等证据材料，如户口簿、居民身份证、居住证、工作证、出生证、专业或技术等级证、干部履历表、职工登记表、护照等。

对于户籍、出生证等材料内容不实的，应提供其他证据材料。外国人犯罪的案件，应有护照等身份证明材料。人大代表、政协委员犯罪的案件，应注明身份，并附身份证明材料。

**二、证明行为人刑事责任能力的证据**

证明行为人对自己的行为是否具有辨认能力与控制能力，如是否属于间歇性精神病人、案发时是否尚未完全丧失辨认或者控制自己行为能力的证明材料。

### 主观方面的证据

**证明行为人故意的证据**

1. 证明行为人主观认识因素的证据：证明行为人明知自己的行为会发生危害社会的结果；2. 证明行为人主观意志因素的证据：证明行为人希望或者放任危害结果发生；3. 证明行为人主观上具有“谋取不正当利益”的目的的证据。

### 客观方面的证据

**证明行为人行贿行为的证据**

具体证据包括：1. 证明给予国家工作人员以财物的证据。2. 证明行为人谋取的利益违反法律、法规、规章、政策规定的证据。3. 证明行为人要求国家工作人员违反法律法规、规章、政策、行业规范的规定，为自己提供帮助或者方便条件的证据。4. 证明行为人违背公平、公正原则，在经济、组织人事管理等活动中，谋取竞争优势的证据。5. 证明在经济往来中，违反国家规定，给予国家工作人员以财物的证据。6. 证明在经济往来中，违反国家规定，给予国家工作人员以各种名义的回扣的证据。7. 证明在经济往来中，违反国家规定，给予国家工作人员以各种名义的手续费的证据。8. 证明给予财物的数额的证据。

### 量刑方面的证据

**一、法定量刑情节证据**

1. 事实情节。2. 法定从重情节。3. 法定从轻、减轻情节：（1）可以从轻；（2）可以从轻或者减轻；（3）应当从轻或者减轻。4. 法定从轻、减轻、免除情节：（1）可以从轻、减轻或者免除处罚；（2）应当从轻、减轻或者免除处罚。5. 法定减轻、免除情节：（1）可以减轻或者免除处罚：犯罪较轻的，对调查突破、侦破重大案件起关键作用的或者有重大立功表现的；（2）应当减轻或者免除处罚；（3）可以免除处罚。

**二、酌定量刑情节证据**

1. 犯罪手段：（1）给予财物；（2）给予回扣；（3）给予手续费。2. 犯罪对象。3. 危害结果：（1）获得不正当利益；（2）给国家利益造成损失；（3）其他。4. 犯罪动机。5. 平时表现。6. 认罪态度。7. 是否有前科。8. 其他证据。

**量刑标准**

| | |
|---|---|
| 犯本罪的 | 处三年以下有期徒刑或者拘役，并处罚金 |
| 因行贿谋取不正当利益，情节严重的，或者使国家利益遭受重大损失的 | 处三年以上十年以下有期徒刑，并处罚金 |
| 情节特别严重的，或者使国家利益遭受特别重大损失的 | 处十年以上有期徒刑或者无期徒刑，并处罚金或者没收财产 |
| 从重处罚 | （1）多次行贿或者向多人行贿的；（2）国家工作人员行贿的；（3）在国家重点工程、重大项目中行贿的；（4）为谋取职务、职级晋升、调整行贿的；（5）对监察、行政执法、司法工作人员行贿的；（6）在生态环境、财政金融、安全生产、食品药品、防灾救灾、社会保障、教育、医疗等领域行贿，实施违法犯罪活动的；（7）将违法所得用于行贿的 |
| 行贿人在被追诉前主动交待行贿行为的 | 可以从轻或者减轻处罚。其中，犯罪较轻的，对调查突破、侦破重大案件起关键作用的，或者有重大立功表现的，可以减轻或者免除处罚 |

**法律适用**

**刑法条文**

**第三百八十九条** 为谋取不正当利益，给予国家工作人员以财物的，是行贿罪。

在经济往来中，违反国家规定，给予国家工作人员以财物，数额较大的，或者违反国家规定，给予国家工作人员以各种名义的回扣、手续费的，以行贿论处。

因被勒索给予国家工作人员以财物，没有获得不正当利益的，不是行贿。

**第三百九十条** 对犯行贿罪的，处三年以下有期徒刑或者拘役，并处罚金；因行贿谋取不正当利益，情节严重的，或者使国家利益遭受重大损失的，处三年以上十年以下有期徒刑，并处罚金；情节特别严重的，或者使国家利益遭受特别重大损失的，处十年以上有期徒刑或者无期徒刑，并处罚金或者没收财产。

有下列情形之一的，从重处罚：

（一）多次行贿或者向多人行贿的；

（二）国家工作人员行贿的；

（三）在国家重点工程、重大项目中行贿的；

（四）为谋取职务、职级晋升、调整行贿的；

（五）对监察、行政执法、司法工作人员行贿的；

（六）在生态环境、财政金融、安全生产、食品药品、防灾救灾、社会保障、教育、医疗等领域行贿，实施违法犯罪活动的；

（七）将违法所得用于行贿的。

行贿人在被追诉前主动交待行贿行为的，可以从轻或者减轻处罚。其中，犯罪较轻的，对调查突破、侦破重大案件起关键作用的，或者有重大立功表现的，可以减轻或者免除处罚。

**第九十三条** 本法所称国家工作人员，是指国家机关中从事公务的人员。

国有公司、企业、事业单位、人民团体中从事公务的人员和国家机关、国有公司、企业、事业单位委派到非国有公司、企业、事业单位、社会团体从事公务的人员，以及其他依照法律从事公务的人员，以国家工作人员论。

**第九十六条** 本法所称违反国家规定，是指违反全国人民代表大会及其常务委员会制定的法律和决定，国务院制定的行政法规、规定的行政措施、发布的决定和命令。

法律适用　司法解释

**一、最高人民法院、最高人民检察院《关于办理贪污贿赂刑事案件适用法律若干问题的解释》**（2016年4月18日　法释〔2016〕9号）

为依法惩治贪污贿赂犯罪活动，根据刑法有关规定，现就办理贪污贿赂刑事案件适用法律的若干问题解释如下：

**第一条**　贪污或者受贿数额在三万元以上不满二十万元的，应当认定为刑法第三百八十三条第一款规定的“数额较大”，依法判处三年以下有期徒刑或者拘役，并处罚金。

贪污数额在一万元以上不满三万元，具有下列情形之一的，应当认定为刑法第三百八十三条第一款规定的“其他较重情节”，依法判处三年以下有期徒刑或者拘役，并处罚金：

（一）贪污救灾、抢险、防汛、优抚、扶贫、移民、救济、防疫、社会捐助等特定款物的；

（二）曾因贪污、受贿、挪用公款受过党纪、行政处分的；

（三）曾因故意犯罪受过刑事追究的；

（四）赃款赃物用于非法活动的；

（五）拒不交待赃款赃物去向或者拒不配合追缴工作，致使无法追缴的；

（六）造成恶劣影响或者其他严重后果的。

受贿数额在一万元以上不满三万元，具有前款第二项至第六项规定的情形之一，或者具有下列情形之一的，应当认定为刑法第三百八十三条第一款规定的“其他较重情节”，依法判处三年以下有期徒刑或者拘役，并处罚金：

（一）多次索贿的；

（二）为他人谋取不正当利益，致使公共财产、国家和人民利益遭受损失的；

（三）为他人谋取职务提拔、调整的。

**第二条**　贪污或者受贿数额在二十万元以上不满三百万元的，应当认定为刑法第三百八十三条第一款规定的“数额巨大”，依法判处三年以上十年以下有期徒刑，并处罚金或者没收财产。

贪污数额在十万元以上不满二十万元，具有本解释第一条第二款规定的情形之一的，应当认定为刑法第三百八十三条第一款规定的“其他严重情节”，依法判处三年以上十年以下有期徒刑，并处罚金或者没收财产。

受贿数额在十万元以上不满二十万元，具有本解释第一条第三款规定的情形之一的，应当认定为刑法第三百八十三条第一款规定的“其他严重情节”，依法判处三年以上十年以下有期徒刑，并处罚金或者没收财产。

**第三条**　贪污或者受贿数额在三百万元以上的，应当认定为刑法第三百八十三条第一款规定的“数额特别巨大”，依法判处十年以上有期徒刑、无期徒刑或者死刑，并处罚金或者没收财产。

贪污数额在一百五十万元以上不满三百万元，具有本解释第一条第二款规定的情形之一的，应当认定为刑法第三百八十三条第一款规定的“其他特别严重情节”，依法判处十年以上有期徒刑、无期徒刑或者死刑，并处罚金或者没收财产。

受贿数额在一百五十万元以上不满三百万元，具有本解释第一条第三款规定的情形之一的，应当认定为刑法第三百八十三条第一款规定的“其他特别严重情节”，依法判处十年以上有期徒刑、无期徒刑或者死刑，并处罚金或者没收财产。

法律适用 司法解释

**第四条** 贪污、受贿数额特别巨大，犯罪情节特别严重、社会影响特别恶劣、给国家和人民利益造成特别重大损失的，可以判处死刑。

符合前款规定的情形，但具有自首，立功，如实供述自己罪行、真诚悔罪、积极退赃，或者避免、减少损害结果的发生等情节，不是必须立即执行的，可以判处死刑缓期二年执行。

符合第一款规定情形的，根据犯罪情节等情况可以判处死刑缓期二年执行，同时裁判决定在其死刑缓期执行二年期满依法减为无期徒刑后，终身监禁，不得减刑、假释。

**第五条** 挪用公款归个人使用，进行非法活动，数额在三万元以上的，应当依照刑法第三百八十四条的规定以挪用公款罪追究刑事责任；数额在三百万元以上的，应当认定为刑法第三百八十四条第一款规定的“数额巨大”。具有下列情形之一的，应当认定为刑法第三百八十四条第一款规定的“情节严重”：

（一）挪用公款数额在一百万元以上的；

（二）挪用救灾、抢险、防汛、优抚、扶贫、移民、救济特定款物，数额在五十万元以上不满一百万元的；

（三）挪用公款不退还，数额在五十万元以上不满一百万元的；

（四）其他严重的情节。

**第六条** 挪用公款归个人使用，进行营利活动或者超过三个月未还，数额在五万元以上的，应当认定为刑法第三百八十四条第一款规定的“数额较大”；数额在五百万元以上的，应当认定为刑法第三百八十四条第一款规定的“数额巨大”。具有下列情形之一的，应当认定为刑法第三百八十四条第一款规定的“情节严重”：

（一）挪用公款数额在二百万元以上的；

（二）挪用救灾、抢险、防汛、优抚、扶贫、移民、救济特定款物，数额在一百万元以上不满二百万元的；

（三）挪用公款不退还，数额在一百万元以上不满二百万元的；

（四）其他严重的情节。

**第七条** 为谋取不正当利益，向国家工作人员行贿，数额在三万元以上的，应当依照刑法第三百九十条的规定以行贿罪追究刑事责任。

行贿数额在一万元以上不满三万元，具有下列情形之一的，应当依照刑法第三百九十条的规定以行贿罪追究刑事责任：

（一）向三人以上行贿的；

（二）将违法所得用于行贿的；

（三）通过行贿谋取职务提拔、调整的；

（四）向负有食品、药品、安全生产、环境保护等监督管理职责的国家工作人员行贿，实施非法活动的；

（五）向司法工作人员行贿，影响司法公正的；

（六）造成经济损失数额在五十万元以上不满一百万元的。

**第八条** 犯行贿罪，具有下列情形之一的，应当认定为刑法第三百九十条第一款规定的“情节严重”：

（一）行贿数额在一百万元以上不满五百万元的；

（二）行贿数额在五十万元以上不满一百万元，并具有本解释第七条第二款第一项至第五项规定的情形之一的；

（三）其他严重的情节。

为谋取不正当利益，向国家工作人员行贿，造成经济损失数额在一百万元以上不满五百万元的，应当认定为刑法第三百九十条第一款规定的“使国家利益遭受重大损失”。

**第九条** 犯行贿罪，具有下列情形之一的，应当认定为刑法第三百九十条第一款规定的“情节特别严重”：

（一）行贿数额在五百万元以上的；

（二）行贿数额在二百五十万元以上不满五百万元，并具有本解释第七条第二款第一项至第五项规定的情形之一的；

（三）其他特别严重的情节。

为谋取不正当利益，向国家工作人员行贿，造成经济损失数额在五百万元以上的，应当认定为刑法第三百九十条第一款规定的“使国家利益遭受特别重大损失”。

**第十条** 刑法第三百八十八条之一规定的利用影响力受贿罪的定罪量刑适用标准，参照本解释关于受贿罪的规定执行。

刑法第三百九十条之一规定的对有影响力的人行贿罪的定罪量刑适用标准，参照本解释关于行贿罪的规定执行。

单位对有影响力的人行贿数额在二十万元以上的，应当依照刑法第三百九十条之一的规定以对有影响力的人行贿罪追究刑事责任。

**第十一条** 刑法第一百六十三条规定的非国家工作人员受贿罪、第二百七十一条规定的职务侵占罪中的“数额较大”“数额巨大”的数额起点，按照本解释关于受贿罪、贪污罪相对应的数额标准规定的二倍、五倍执行。

刑法第二百七十二条规定的挪用资金罪中的“数额较大”“数额巨大”以及“进行非法活动”情形的数额起点，按照本解释关于挪用公款罪“数额较大”“情节严重”以及“进行非法活动”的数额标准规定的二倍执行。

刑法第一百六十四条第一款规定的对非国家工作人员行贿罪中的“数额较大”“数额巨大”的数额起点，按照本解释第七条、第八条第一款关于行贿罪的数额标准规定的二倍执行。

**第十二条** 贿赂犯罪中的“财物”，包括货币、物品和财产性利益。财产性利益包括可以折算为货币的物质利益如房屋装修、债务免除等，以及需要支付货币的其他利益如会员服务、旅游等。后者的犯罪数额，以实际支付或者应当支付的数额计算。

**第十三条** 具有下列情形之一的，应当认定为“为他人谋取利益”，构成犯罪的，应当依照刑法关于受贿犯罪的规定定罪处罚：

（一）实际或者承诺为他人谋取利益的；

（二）明知他人有具体请托事项的；

（三）履职时未被请托，但事后基于该履职事由收受他人财物的。

国家工作人员索取、收受具有上下级关系的下属或者具有行政管理关系的被管理人员的财物价值三万元以上，可能影响职权行使的，视为承诺为他人谋取利益。

**第十四条** 根据行贿犯罪的事实、情节，可能被判处三年有期徒刑以下刑罚的，可以认定为刑法第三百九十条第二款规定的“犯罪较轻”。

根据犯罪的事实、情节，已经或者可能被判处十年有期徒刑以上刑罚的，或者案件在本省、自治区、直辖市或者全国范围内有较大影响的，可以认定为刑法第三百九十条第二款规定的“重大案件”。

具有下列情形之一的，可以认定为刑法第三百九十条第二款规定的“对侦破重大案件起关键作用”：

法律适用 司法解释

（一）主动交待办案机关未掌握的重大案件线索的；

（二）主动交待的犯罪线索不属于重大案件的线索，但该线索对于重大案件侦破有重要作用的；

（三）主动交待行贿事实，对于重大案件的证据收集有重要作用的；

（四）主动交待行贿事实，对于重大案件的追逃、追赃有重要作用的。

**第十五条** 对多次受贿未经处理的，累计计算受贿数额。

国家工作人员利用职务上的便利为请托人谋取利益前后多次收受请托人财物，受请托之前收受的财物数额在一万元以上的，应当一并计入受贿数额。

**第十六条** 国家工作人员出于贪污、受贿的故意，非法占有公共财物、收受他人财物之后，将赃款赃物用于单位公务支出或者社会捐赠的，不影响贪污罪、受贿罪的认定，但量刑时可以酌情考虑。

特定关系人索取、收受他人财物，国家工作人员知道后未退还或者上交的，应当认定国家工作人员具有受贿故意。

**第十七条** 国家工作人员利用职务上的便利，收受他人财物，为他人谋取利益，同时构成受贿罪和刑法分则第三章第三节、第九章规定的渎职犯罪的，除刑法另有规定外，以受贿罪和渎职犯罪数罪并罚。

**第十八条** 贪污贿赂犯罪分子违法所得的一切财物，应当依照刑法第六十四条的规定予以追缴或者责令退赔，对被害人的合法财产应当及时返还。对尚未追缴到案或者尚未足额退赔的违法所得，应当继续追缴或者责令退赔。

**第十九条** 对贪污罪、受贿罪判处三年以下有期徒刑或者拘役的，应当并处十万元以上五十万元以下的罚金；判处三年以上十年以下有期徒刑的，应当并处二十万元以上犯罪数额二倍以下的罚金或者没收财产；判处十年以上有期徒刑或者无期徒刑的，应当并处五十万元以上犯罪数额二倍以下的罚金或者没收财产。

对刑法规定并处罚金的其他贪污贿赂犯罪，应当在十万元以上犯罪数额二倍以下判处罚金。

**第二十条** 本解释自2016年4月18日起施行。最高人民法院、最高人民检察院此前发布的司法解释与本解释不一致的，以本解释为准。

## 二、最高人民法院、最高人民检察院《关于办理行贿刑事案件具体应用法律若干问题的解释》（节录）（2012年12月26日 法释〔2012〕22号）

**第五条** 多次行贿未经处理的，按照累计行贿数额处罚。

**第六条** 行贿人谋取不正当利益的行为构成犯罪的，应当与行贿犯罪实行数罪并罚。

**第七条** 因行贿人在被追诉前主动交待行贿行为而破获相关受贿案件的，对行贿人不适用刑法第六十八条关于立功的规定，依照刑法第三百九十条第二款的规定，可以减轻或者免除处罚。

单位行贿的，在被追诉前，单位集体决定或者单位负责人决定主动交待单位行贿行为的，依照刑法第三百九十条第二款的规定，对单位及相关责任人员可以减轻处罚或者免除处罚；受委托直接办理单位行贿事项的直接责任人员在被追诉前主动交待自己知道的单位行贿行为的，对该直接责任人员可以依照刑法第三百九十条第二款的规定减轻处罚或者免除处罚。

**第八条** 行贿人被追诉后如实供述自己罪行的，依照刑法第六十七条第三款的规定，可以从轻处罚；因其如实供述自己罪行，避免特别严重后果发生的，可以减轻处罚。

法律适用 司法解释

**第九条** 行贿人揭发受贿人与其行贿无关的其他犯罪行为，查证属实的，依照刑法第六十八条关于立功的规定，可以从轻、减轻或者免除处罚。

**第十条** 实施行贿犯罪，具有下列情形之一的，一般不适用缓刑和免予刑事处罚：

（一）向三人以上行贿的；

（二）因行贿受过行政处罚或者刑事处罚的；

（三）为实施违法犯罪活动而行贿的；

（四）造成严重危害后果的；

（五）其他不适用缓刑和免予刑事处罚的情形。

具有刑法第三百九十条第二款规定的情形的，不受前款规定的限制。

**第十一条** 行贿犯罪取得的不正当财产性利益应当依照刑法第六十四条的规定予以追缴、责令退赔或者返还被害人。

因行贿犯罪取得财产性利益以外的经营资格、资质或者职务晋升等其他不正当利益，建议有关部门依照相关规定予以处理。

**第十二条** 行贿犯罪中的“谋取不正当利益”，是指行贿人谋取的利益违反法律、法规、规章、政策规定，或者要求国家工作人员违反法律、法规、规章、政策、行业规范的规定，为自己提供帮助或者方便条件。

违背公平、公正原则，在经济、组织人事管理等活动中，谋取竞争优势的，应当认定为“谋取不正当利益”。

**第十三条** 刑法第三百九十条第二款规定的“被追诉前”，是指检察机关对行贿人的行贿行为刑事立案前。

**三、最高人民法院、最高人民检察院《关于办理危害生产安全刑事案件适用法律若干问题的解释（二）》（节录）**（2022年12月15日最高人民法院、最高人民检察院公布 自2022年12月19日起施行 法释〔2022〕19号）

**第三条** 因存在重大事故隐患被依法责令停产停业、停止施工、停止使用有关设备、设施、场所或者立即采取排除危险的整改措施，有下列情形之一的，属于刑法第一百三十四条之一第二项规定的“拒不执行”：

（一）无正当理由故意不执行各级人民政府或者负有安全生产监督管理职责的部门依法作出的上述行政决定、命令的；

（二）虚构重大事故隐患已经排除的事实，规避、干扰执行各级人民政府或者负有安全生产监督管理职责的部门依法作出的上述行政决定、命令的；

（三）以行贿等不正当手段，规避、干扰执行各级人民政府或者负有安全生产监督管理职责的部门依法作出的上述行政决定、命令的。

有前款第三项行为，同时构成刑法第三百八十九条行贿罪、第三百九十三条单位行贿罪等犯罪的，依照数罪并罚的规定处罚。

认定是否属于“拒不执行”，应当综合考虑行政决定、命令是否具有法律、行政法规等依据，行政决定、命令的内容和期限要求是否明确、合理，行为人是否具有按照要求执行的能力等因素进行判断。

**四、最高人民法院、最高人民检察院《关于办理赌博刑事案件具体应用法律若干问题的解释》（节录）**（2005年5月11日 法释〔2005〕3号）

**第七条** 通过赌博或者为国家工作人员赌博提供资金的形式实施行贿、受贿行为，构成犯罪的，依照刑法关于贿赂犯罪的规定定罪处罚。

法律适用

司法解释

**五、最高人民法院《全国法院审理经济犯罪案件工作座谈会纪要》（节录）**（2003年11月13日 法发〔2003〕167号）

**一、关于贪污贿赂犯罪和渎职犯罪的主体**

（一）国家机关工作人员的认定

刑法中所称的国家机关工作人员，是指在国家机关中从事公务的人员，包括在各级国家权力机关、行政机关、司法机关和军事机关中从事公务的人员。

根据有关立法解释的规定，在依照法律、法规规定行使国家行政管理职权的组织中从事公务的人员，或者在受国家机关委托代表国家行使职权的组织中从事公务的人员，或者虽未列入国家机关人员编制但在国家机关中从事公务的人员，视为国家机关工作人员。在乡（镇）以上中国共产党机关、人民政协机关中从事公务的人员，司法实践中也应当视为国家机关工作人员。

（二）国家机关、国有公司、企业、事业单位委派到非国有公司、企业、事业单位、社会团体从事公务的人员的认定

所谓委派，即委任、派遣，其形式多种多样，如任命、指派、提名、批准等。不论被委派的人身份如何，只要是接受国家机关、国有公司、企业、事业单位委派，代表国家机关、国有公司、企业、事业单位在非国有公司、企业、事业单位、社会团体中从事组织、领导、监督、管理等工作，都可以认定为国家机关、国有公司、企业、事业单位委派到非国有公司、企业、事业单位、社会团体从事公务的人员。如国家机关、国有公司、企业、事业单位委派在国有控股或者参股的股份有限公司从事组织、领导、监督、管理等工作的人员，应当以国家工作人员论。国有公司、企业改制为股份有限公司后，原国有公司、企业的工作人员和股份有限公司新任命的人员中，除代表国有投资主体行使监督、管理职权的人外，不以国家工作人员论。

（三）"其他依照法律从事公务的人员"的认定

刑法第九十三条第二款规定的"其他依照法律从事公务的人员"应当具有两个特征：一是在特定条件下行使国家管理职能；二是依照法律规定从事公务。具体包括：（1）依法履行职责的各级人民代表大会代表；（2）依法履行审判职责的人民陪审员；（3）协助乡镇人民政府、街道办事处从事行政管理工作的村民委员会、居民委员会等农村和城市基层组织人员；（4）其他由法律授权从事公务的人员。

（四）关于"从事公务"的理解

从事公务，是指代表国家机关、国有公司、企业、事业单位、人民团体等履行组织、领导、监督、管理等职责。公务主要表现为与职权相联系的公共事务以及监督、管理国有财产的职务活动。如国家机关工作人员依法履行职责，国有公司的董事、经理、监事、会计、出纳人员等管理、监督国有财产等活动，属于从事公务。那些不具备职权内容的劳务活动、技术服务工作，如售货员、售票员等所从事的工作，一般不认为是公务。

相关法律法规

**《中华人民共和国反不正当竞争法》（节录）**（1993年9月2日第八届全国人民代表大会常务委员会第三次会议通过 2017年11月4日修订 2019年4月23日修正）

**第七条** 经营者不得采用财物或者其他手段贿赂下列单位或者个人，以谋取交易机会或者竞争优势：

（一）交易相对方的工作人员；

（二）受交易相对方委托办理相关事务的单位或者个人；

（三）利用职权或者影响力影响交易的单位或者个人。

法律适用

相关法律法规

经营者在交易活动中，可以以明示方式向交易相对方支付折扣，或者向中间人支付佣金。经营者向交易相对方支付折扣、向中间人支付佣金的，应当如实入账。接受折扣、佣金的经营者也应当如实入账。

经营者的工作人员进行贿赂的，应当认定为经营者的行为；但是，经营者有证据证明该工作人员的行为与为经营者谋取交易机会或者竞争优势无关的除外。

规章及规范性文件

**最高人民法院、最高人民检察院、公安部《办理跨境赌博犯罪案件若干问题的意见》（节录）**（2020年10月16日　公通字〔2020〕14号）

**四、关于跨境赌博关联犯罪的认定**

（一）使用专门工具、设备或者其他手段诱使他人参赌，人为控制赌局输赢，构成犯罪的，依照刑法关于诈骗犯罪的规定定罪处罚。

网上开设赌场，人为控制赌局输赢，或者无法实现提现，构成犯罪的，依照刑法关于诈骗犯罪的规定定罪处罚。部分参赌者赢利、提现不影响诈骗犯罪的认定。

（二）通过开设赌场或者为国家工作人员参与赌博提供资金的形式实施行贿、受贿行为，构成犯罪的，依照刑法关于贿赂犯罪的规定定罪处罚。同时构成赌博犯罪的，应当依法与贿赂犯罪数罪并罚。

（三）实施跨境赌博犯罪，同时构成组织他人偷越国（边）境、运送他人偷越国（边）境、偷越国（边）境罪等罪的，应当依法数罪并罚。

（四）实施赌博犯罪，为强行索要赌债，实施故意杀人、故意伤害、非法拘禁、故意毁坏财物、寻衅滋事等行为，构成犯罪的，应当依法数罪并罚。

（五）为赌博犯罪提供资金、信用卡、资金结算等服务，构成赌博犯罪共犯，同时构成非法经营罪、妨害信用卡管理罪、窃取、收买、非法提供信用卡信息罪、掩饰、隐瞒犯罪所得、犯罪收益罪等罪的，依照处罚较重的规定定罪处罚。

为网络赌博犯罪提供互联网接入、服务器托管、网络存储、通讯传输等技术支持，或者提供广告推广、支付结算等帮助，构成赌博犯罪共犯，同时构成非法利用信息网络罪、帮助信息网络犯罪活动罪等罪的，依照处罚较重的规定定罪处罚。

为实施赌博犯罪，非法获取公民个人信息，或者向实施赌博犯罪者出售、提供公民个人信息，构成赌博犯罪共犯，同时构成侵犯公民个人信息罪的，依照处罚较重的规定定罪处罚。

# 7 对有影响力的人行贿案

**概念**

**本罪是指行为人为谋取不正当利益，向国家工作人员的近亲属或者其他与该国家工作人员关系密切的人，或者向离职的国家工作人员或者其近亲属以及其他与其关系密切的人行贿的行为。**

**立案标准**

**自然人对有影响力的人行贿数额在 3 万元以上的，应当以对有影响力的人行贿罪追究刑事责任。行贿数额在 1 万元以上不满 3 万元，具有下列情形之一的，应当以对有影响力的人行贿罪追究刑事责任：(1) 向 3 人以上行贿的；(2) 将违法所得用于行贿的；(3) 通过行贿谋取职务提拔、调整的；(4) 向负有食品、药品、安全生产、环境保护等监督管理职责的国家工作人员行贿，实施非法活动的；(5) 向司法工作人员行贿，影响司法公正的；(6) 造成经济损失数额在 50 万元以上不满 100 万元的。单位对有影响力的人行贿数额在 20 万元以上的，应当以对有影响力的人行贿罪追究刑事责任。**

**定罪标准**

**犯罪客体**

本罪侵犯的客体是国家工作人员职务行为的廉洁性。

**犯罪客观方面**

本罪的客观方面表现为行为人为谋取不正当利益，向国家工作人员的近亲属或者其他与该国家工作人员关系密切的人，或者向离职的国家工作人员或者其近亲属以及其他与其关系密切的人行贿的行为。

根据《最高人民法院、最高人民检察院关于办理行贿刑事案件具体应用法律若干问题的解释》第 12 条的规定，“为谋取不正当利益”，是指行贿人谋取的利益违反法律法规、规章、政策规定，或者要求国家工作人员违反法律法规、规章、政策、行业规范的规定，为自己提供帮助或者方便条件。违背公平、公正原则，在经济、组织人事管理等活动中，谋取竞争优势的，应当认定为“谋取不正当利益”。

行贿的对象有五类：一是国家工作人员的近亲属；二是其他与该国家工作人员关系密切的人；三是离职的国家工作人员；四是离职的国家工作人员的近亲属；五是其他与其关系密切的人。其中，“近亲属”，主要是指夫、妻、父、母、子、女、同胞兄弟姐妹。“关系密切的人”，是指除近亲属外与国家工作人员或者离职的国家工作人员有共同利益关系，能够影响国家工作人员行为、决定的人。其中的共同利益关系不仅包括物质利益，而且包括其他方面的利益。例如，情人关系、恋人关系、前妻前夫关系、密切的上下级关系（如国家工作人员的秘书、司机等）、密切的姻亲或者血缘关系等。

根据行为主体的不同，可将对有影响力的人行贿罪分为三类：一是向国家工作人员的近亲属或者其他与该国家工作人员关系密切的人行贿的。具体行为内容包括意图通过该国家工作人员职务上的行为，为行为人谋取不正当利益，以及通过该国家工作

| | | |
|---|---|---|
| 定罪标准 | 犯罪客观方面 | 人员对其他国家工作人员的斡旋行为为行为人谋取不正当利益的。二是向离职的国家工作人员行贿的。具体行为内容包括直接利用其原职权或者地位形成的便利条件为行为人谋取不正当利益，以及利用原职权或者地位形成的便利条件通过对其他国家工作人员的斡旋行为，为行为人谋取不正当利益的，表现为财物与离职的国家工作人员的原职权或者地位的交换关系。三是向离职的国家工作人员的近亲属以及其他与其关系密切的人行贿的。具体行为内容包括直接通过该离职的国家工作人员原职权或者地位为行为人谋取不正当利益，以及通过该离职的国家工作人员对其他国家工作人员的斡旋行为为行为人谋取不正当利益。 |
| | 犯罪主体 | 本罪的主体为一般主体，包括自然人和单位。 |
| | 犯罪主观方面 | 本罪在主观方面表现为故意，并且具有谋取不正当利益的目的。 |
| | 罪与非罪 | 本罪与利用影响力受贿罪相对应，构成本罪，要求行为人主观上以谋取不正当利益为目的。如果行为人为了谋取正当利益，则不构成本罪。 |
| | 此罪与彼罪 | 本罪与行贿罪的界限。<br>行贿罪是指行为人为谋取不正当利益，给予国家工作人员以财物的行为。在经济往来中，违反国家规定，给予国家工作人员以财物，数额较大的，或者违反国家规定，给予国家工作人员以各种名义的回扣、手续费的行为。<br>本罪与行贿罪的主要区别是犯罪对象不同，行贿罪的犯罪对象是在职的国家工作人员，如果是离职的国家工作人员，双方必须有事前约定；而本罪的犯罪对象为国家工作人员的近亲属或者其他与该国家工作人员关系密切的人，或者离职的国家工作人员或者其近亲属以及其他与其关系密切的人。<br>行为人为了谋取不正当利益，向国家工作人员的近亲属或者其他与该国家工作人员关系密切的人行贿，该国家工作人员不知情的，应当认定为本罪，国家工作人员的近亲属或者其他与该国家工作人员关系密切的人，应当认定为利用影响力受贿罪；如果该国家工作人员知情，而行贿人不知道该国家工作人员知情的，对行贿人应当以本罪论处，对该国家工作人员和其近亲属或者其他与该国家工作人员关系密切的人，应当认定为受贿罪。 |
| 证据参考标准 | 主体方面的证据 | **一、证明行为人刑事责任年龄、身份等自然情况的证据**<br>包括身份证明、户籍证明、任职证明、工作经历证明、特定职责证明等，主要是证明行为人的姓名（曾用名）、性别、出生年月日、民族、籍贯、出生地、职业（或职务）、住所地（或居住地）等证据材料，如户口簿、居民身份证、居住证、工作证、出生证、专业或技术等级证、干部履历表、职工登记表、护照等。 |

| 证据参考标准 | | |
|---|---|---|
| 证据参考标准 | 主体方面的证据 | 对于户籍、出生证等材料内容不实的，应提供其他证据材料。外国人犯罪的案件，应有护照等身份证明材料。人大代表、政协委员犯罪的案件，应注明身份，并附身份证明材料。<br>**二、证明行为人刑事责任能力的证据**<br>证明行为人对自己的行为是否具有辨认能力与控制能力，如是否属于间歇性精神病人、案发时是否尚未完全丧失辨认或者控制自己行为能力的证明材料。<br>**三、证明单位的证据**<br>证明是否属于依法成立并有合法经营、管理范围的公司、企业、事业单位、机关、团体。<br>证明单位的名称、住所地、性质、法定代表人、单位负责人、业务范围、成立时间等证据材料，如企业法人营业执照、国有公司性质证明及非法人单位的身份证明等。<br>**四、证明法定代表人、单位负责人或直接责任人员等身份的证据**<br>法定代表人、直接负责的主管人员和其他直接责任人在单位的任职、职责、负责权限的证明材料等。包括身份证明、户籍证明、任职证明等，如户口簿、居民身份证、居住证、工作证、护照、专业或技术等级证、干部履历表、职工登记表、任命书、业务分工文件、委派文件、单位证明、单位规章制度等。 |
| | 主观方面的证据 | **证明行为人故意的证据**<br>1. 证明行为人明知的证据：证明行为人明知自己的行为会发生危害社会的结果；2. 证明直接故意的证据：证明行为人希望危害结果发生。 |
| | 客观方面的证据 | **证明行为人向国家工作人员的近亲属或者其他与该国家工作人员关系密切的人，或者向离职的国家工作人员或者其近亲属以及其他与其关系密切的人行贿的证据**<br>具体证据包括：1. 证明行为人行贿的对象是国家工作人员的近亲属的证据；2. 证明行为人行贿的对象是与国家工作人员关系密切的人的证据；3. 证明行为人向离职的国家工作人员行贿的证据；4. 证明行为人向与离职的国家工作人员关系密切的人行贿的证据；5. 证明行为人对有影响力的人行贿的行为使国家利益遭受重大损失的证据；6. 证明行为人对有影响力的人行贿的行为使国家利益遭受特别重大损失的证据等。 |
| | 量刑方面的证据 | **一、法定量刑情节证据**<br>1. 事实情节。2. 法定从重情节。3. 法定从轻、减轻情节：（1）可以从轻；（2）可以从轻或者减轻；（3）应当从轻或者减轻。4. 法定从轻、减轻、免除情节：（1）可以从轻、减轻或者免除处罚；（2）应当从轻、减轻或者免除处罚。5. 法定减轻、免除情节：（1）可以减轻或者免除处罚；（2）应当减轻或者免除处罚；（3）可以免除处罚。<br>**二、酌定量刑情节证据**<br>1. 犯罪手段；2. 犯罪对象；3. 危害结果；4. 犯罪动机；5. 平时表现；6. 认罪态度；7. 是否有前科；8. 其他证据。 |

量刑标准

|  |  |
|---|---|
| 犯本罪的 | 处三年以下有期徒刑或者拘役，并处罚金 |
| 情节严重的，或者使国家利益遭受重大损失的 | 处三年以上七年以下有期徒刑，并处罚金 |
| 情节特别严重的，或者使国家利益遭受特别重大损失的 | 处七年以上十年以下有期徒刑，并处罚金 |
| 单位犯本罪的 | 对单位判处罚金，并对其直接负责的主管人员和其他直接责任人员，处三年以下有期徒刑或者拘役，并处罚金 |

刑法条文

**第三百九十条之一** 为谋取不正当利益，向国家工作人员的近亲属或者其他与该国家工作人员关系密切的人，或者向离职的国家工作人员或者其近亲属以及其他与其关系密切的人行贿的，处三年以下有期徒刑或者拘役，并处罚金；情节严重的，或者使国家利益遭受重大损失的，处三年以上七年以下有期徒刑，并处罚金；情节特别严重的，或者使国家利益遭受特别重大损失的，处七年以上十年以下有期徒刑，并处罚金。

单位犯前款罪的，对单位判处罚金，并对其直接负责的主管人员和其他直接责任人员，处三年以下有期徒刑或者拘役，并处罚金。

法律适用

司法解释

**一、最高人民法院、最高人民检察院《关于办理贪污贿赂刑事案件适用法律若干问题的解释》**（2016年4月18日 法释〔2016〕9号）

为依法惩治贪污贿赂犯罪活动，根据刑法有关规定，现就办理贪污贿赂刑事案件适用法律的若干问题解释如下：

**第一条** 贪污或者受贿数额在三万元以上不满二十万元的，应当认定为刑法第三百八十三条第一款规定的“数额较大”，依法判处三年以下有期徒刑或者拘役，并处罚金。

贪污数额在一万元以上不满三万元，具有下列情形之一的，应当认定为刑法第三百八十三条第一款规定的“其他较重情节”，依法判处三年以下有期徒刑或者拘役，并处罚金：

（一）贪污救灾、抢险、防汛、优抚、扶贫、移民、救济、防疫、社会捐助等特定款物的；

（二）曾因贪污、受贿、挪用公款受过党纪、行政处分的；

（三）曾因故意犯罪受过刑事追究的；

（四）赃款赃物用于非法活动的；

（五）拒不交待赃款赃物去向或者拒不配合追缴工作，致使无法追缴的；

（六）造成恶劣影响或者其他严重后果的。

受贿数额在一万元以上不满三万元，具有前款第二项至第六项规定的情形之一，或者具有下列情形之一的，应当认定为刑法第三百八十三条第一款规定的“其他较重情节”，依法判处三年以下有期徒刑或者拘役，并处罚金：

（一）多次索贿的；

（二）为他人谋取不正当利益，致使公共财产、国家和人民利益遭受损失的；

（三）为他人谋取职务提拔、调整的。

第二条 贪污或者受贿数额在二十万元以上不满三百万元的，应当认定为刑法第三百八十三条第一款规定的“数额巨大”，依法判处三年以上十年以下有期徒刑，并处罚金或者没收财产。

贪污数额在十万元以上不满二十万元，具有本解释第一条第二款规定的情形之一的，应当认定为刑法第三百八十三条第一款规定的“其他严重情节”，依法判处三年以上十年以下有期徒刑，并处罚金或者没收财产。

受贿数额在十万元以上不满二十万元，具有本解释第一条第三款规定的情形之一的，应当认定为刑法第三百八十三条第一款规定的“其他严重情节”，依法判处三年以上十年以下有期徒刑，并处罚金或者没收财产。

第三条 贪污或者受贿数额在三百万元以上的，应当认定为刑法第三百八十三条第一款规定的“数额特别巨大”，依法判处十年以上有期徒刑、无期徒刑或者死刑，并处罚金或者没收财产。

贪污数额在一百五十万元以上不满三百万元，具有本解释第一条第二款规定的情形之一的，应当认定为刑法第三百八十三条第一款规定的“其他特别严重情节”，依法判处十年以上有期徒刑、无期徒刑或者死刑，并处罚金或者没收财产。

受贿数额在一百五十万元以上不满三百万元，具有本解释第一条第三款规定的情形之一的，应当认定为刑法第三百八十三条第一款规定的“其他特别严重情节”，依法判处十年以上有期徒刑、无期徒刑或者死刑，并处罚金或者没收财产。

第四条 贪污、受贿数额特别巨大，犯罪情节特别严重、社会影响特别恶劣、给国家和人民利益造成特别重大损失的，可以判处死刑。

符合前款规定的情形，但具有自首，立功，如实供述自己罪行、真诚悔罪、积极退赃，或者避免、减少损害结果的发生等情节，不是必须立即执行的，可以判处死刑缓期二年执行。

符合第一款规定情形的，根据犯罪情节等情况可以判处死刑缓期二年执行，同时裁判决定在其死刑缓期执行二年期满依法减为无期徒刑后，终身监禁，不得减刑、假释。

第五条 挪用公款归个人使用，进行非法活动，数额在三万元以上的，应当依照刑法第三百八十四条的规定以挪用公款罪追究刑事责任；数额在三百万元以上的，应当认定为刑法第三百八十四条第一款规定的“数额巨大”。具有下列情形之一的，应当认定为刑法第三百八十四条第一款规定的“情节严重”：

（一）挪用公款数额在一百万元以上的；

（二）挪用救灾、抢险、防汛、优抚、扶贫、移民、救济特定款物，数额在五十万元以上不满一百万元的；

（三）挪用公款不退还，数额在五十万元以上不满一百万元的；

（四）其他严重的情节。

第六条 挪用公款归个人使用，进行营利活动或者超过三个月未还，数额在五万元以上的，应当认定为刑法第三百八十四条第一款规定的“数额较大”；数额在五百万元以上的，应当认定为刑法第三百八十四条第一款规定的“数额巨大”。具有下列情形之一的，应当认定为刑法第三百八十四条第一款规定的“情节严重”：

（一）挪用公款数额在二百万元以上的；

（二）挪用救灾、抢险、防汛、优抚、扶贫、移民、救济特定款物，数额在一百万元以上不满二百万元的；

（三）挪用公款不退还，数额在一百万元以上不满二百万元的；

法律适用 司法解释

（四）其他严重的情节。

**第七条** 为谋取不正当利益，向国家工作人员行贿，数额在三万元以上的，应当依照刑法第三百九十条的规定以行贿罪追究刑事责任。

行贿数额在一万元以上不满三万元，具有下列情形之一的，应当依照刑法第三百九十条的规定以行贿罪追究刑事责任：

（一）向三人以上行贿的；

（二）将违法所得用于行贿的；

（三）通过行贿谋取职务提拔、调整的；

（四）向负有食品、药品、安全生产、环境保护等监督管理职责的国家工作人员行贿，实施非法活动的；

（五）向司法工作人员行贿，影响司法公正的；

（六）造成经济损失数额在五十万元以上不满一百万元的。

**第八条** 犯行贿罪，具有下列情形之一的，应当认定为刑法第三百九十条第一款规定的"情节严重"：

（一）行贿数额在一百万元以上不满五百万元的；

（二）行贿数额在五十万元以上不满一百万元，并具有本解释第七条第二款第一项至第五项规定的情形之一的；

（三）其他严重的情节。

为谋取不正当利益，向国家工作人员行贿，造成经济损失数额在一百万元以上不满五百万元的，应当认定为刑法第三百九十条第一款规定的"使国家利益遭受重大损失"。

**第九条** 犯行贿罪，具有下列情形之一的，应当认定为刑法第三百九十条第一款规定的"情节特别严重"：

（一）行贿数额在五百万元以上的；

（二）行贿数额在二百五十万元以上不满五百万元，并具有本解释第七条第二款第一项至第五项规定的情形之一的；

（三）其他特别严重的情节。

为谋取不正当利益，向国家工作人员行贿，造成经济损失数额在五百万元以上的，应当认定为刑法第三百九十条第一款规定的"使国家利益遭受特别重大损失"。

**第十条** 刑法第三百八十八条之一规定的利用影响力受贿罪的定罪量刑适用标准，参照本解释关于受贿罪的规定执行。

刑法第三百九十条之一规定的对有影响力的人行贿罪的定罪量刑适用标准，参照本解释关于行贿罪的规定执行。

单位对有影响力的人行贿数额在二十万元以上的，应当依照刑法第三百九十条之一的规定以对有影响力的人行贿罪追究刑事责任。

**第十一条** 刑法第一百六十三条规定的非国家工作人员受贿罪、第二百七十一条规定的职务侵占罪中的"数额较大""数额巨大"的数额起点，按照本解释关于受贿罪、贪污罪相对应的数额标准规定的二倍、五倍执行。

刑法第二百七十二条规定的挪用资金罪中的"数额较大""数额巨大"以及"进行非法活动"情形的数额起点，按照本解释关于挪用公款罪"数额较大""情节严重"以及"进行非法活动"的数额标准规定的二倍执行。

刑法第一百六十四条第一款规定的对非国家工作人员行贿罪中的"数额较大""数额巨大"的数额起点，按照本解释第七条、第八条第一款关于行贿罪的数额标准规定的二倍执行。

**第十二条** 贿赂犯罪中的"财物"，包括货币、物品和财产性利益。财产性利益包括可以折算为货币的物质利益如房屋装修、债务免除等，以及需要支付货币的其他利益如会员服务、旅游等。后者的犯罪数额，以实际支付或者应当支付的数额计算。

**第十三条** 具有下列情形之一的，应当认定为"为他人谋取利益"，构成犯罪的，应当依照刑法关于受贿犯罪的规定定罪处罚：

（一）实际或者承诺为他人谋取利益的；

（二）明知他人有具体请托事项的；

（三）履职时未被请托，但事后基于该履职事由收受他人财物的。

国家工作人员索取、收受具有上下级关系的下属或者具有行政管理关系的被管理人员的财物价值三万元以上，可能影响职权行使的，视为承诺为他人谋取利益。

**第十四条** 根据行贿犯罪的事实、情节，可能被判处三年有期徒刑以下刑罚的，可以认定为刑法第三百九十条第二款规定的"犯罪较轻"。

根据犯罪的事实、情节，已经或者可能被判处十年有期徒刑以上刑罚的，或者案件在本省、自治区、直辖市或者全国范围内有较大影响的，可以认定为刑法第三百九十条第二款规定的"重大案件"。

具有下列情形之一的，可以认定为刑法第三百九十条第二款规定的"对侦破重大案件起关键作用"：

（一）主动交待办案机关未掌握的重大案件线索的；

（二）主动交待的犯罪线索不属于重大案件的线索，但该线索对于重大案件侦破有重要作用的；

（三）主动交待行贿事实，对于重大案件的证据收集有重要作用的；

（四）主动交待行贿事实，对于重大案件的追逃、追赃有重要作用的。

**第十五条** 对多次受贿未经处理的，累计计算受贿数额。

国家工作人员利用职务上的便利为请托人谋取利益前后多次收受请托人财物，受请托之前收受的财物数额在一万元以上的，应当一并计入受贿数额。

**第十六条** 国家工作人员出于贪污、受贿的故意，非法占有公共财物、收受他人财物之后，将赃款赃物用于单位公务支出或者社会捐赠的，不影响贪污罪、受贿罪的认定，但量刑时可以酌情考虑。

特定关系人索取、收受他人财物，国家工作人员知道后未退还或者上交的，应当认定国家工作人员具有受贿故意。

**第十七条** 国家工作人员利用职务上的便利，收受他人财物，为他人谋取利益，同时构成受贿罪和刑法分则第三章第三节、第九章规定的渎职犯罪的，除刑法另有规定外，以受贿罪和渎职犯罪数罪并罚。

**第十八条** 贪污贿赂犯罪分子违法所得的一切财物，应当依照刑法第六十四条的规定予以追缴或者责令退赔，对被害人的合法财产应当及时返还。对尚未追缴到案或者尚未足额退赔的违法所得，应当继续追缴或者责令退赔。

**第十九条** 对贪污罪、受贿罪判处三年以下有期徒刑或者拘役的，应当并处十万元以上五十万元以下的罚金；判处三年以上十年以下有期徒刑的，应当并处二十万元以上犯罪数额二倍以下的罚金或者没收财产；判处十年以上有期徒刑或者无期徒刑的，应当并处五十万元以上犯罪数额二倍以下的罚金或者没收财产。

对刑法规定并处罚金的其他贪污贿赂犯罪，应当在十万元以上犯罪数额二倍以下判处罚金。

第二十条　本解释自2016年4月18日起施行。最高人民法院、最高人民检察院此前发布的司法解释与本解释不一致的，以本解释为准。

二、最高人民法院、最高人民检察院《关于办理行贿刑事案件具体应用法律若干问题的解释》（节录）（2012年12月26日　法释〔2012〕22号）

第五条　多次行贿未经处理的，按照累计行贿数额处罚。

第六条　行贿人谋取不正当利益的行为构成犯罪的，应当与行贿犯罪实行数罪并罚。

第七条　因行贿人在被追诉前主动交待行贿行为而破获相关受贿案件的，对行贿人不适用刑法第六十八条关于立功的规定，依照刑法第三百九十条第二款的规定，可以减轻或者免除处罚。

单位行贿的，在被追诉前，单位集体决定或者单位负责人决定主动交待单位行贿行为的，依照刑法第三百九十条第二款的规定，对单位及相关责任人员可以减轻处罚或者免除处罚；受委托直接办理单位行贿事项的直接责任人员在被追诉前主动交待自己知道的单位行贿行为的，对该直接责任人员可以依照刑法第三百九十条第二款的规定减轻处罚或者免除处罚。

第八条　行贿人被追诉后如实供述自己罪行的，依照刑法第六十七条第三款的规定，可以从轻处罚；因其如实供述自己罪行，避免特别严重后果发生的，可以减轻处罚。

第九条　行贿人揭发受贿人与其行贿无关的其他犯罪行为，查证属实的，依照刑法第六十八条关于立功的规定，可以从轻、减轻或者免除处罚。

第十条　实施行贿犯罪，具有下列情形之一的，一般不适用缓刑和免予刑事处罚：

（一）向三人以上行贿的；

（二）因行贿受过行政处罚或者刑事处罚的；

（三）为实施违法犯罪活动而行贿的；

（四）造成严重危害后果的；

（五）其他不适用缓刑和免予刑事处罚的情形。

具有刑法第三百九十条第二款规定的情形的，不受前款规定的限制。

第十二条　行贿犯罪中的“谋取不正当利益”，是指行贿人谋取的利益违反法律、法规、规章、政策规定，或者要求国家工作人员违反法律、法规、规章、政策、行业规范的规定，为自己提供帮助或者方便条件。

违背公平、公正原则，在经济、组织人事管理等活动中，谋取竞争优势的，应当认定为“谋取不正当利益”。

# 8 对单位行贿案

**概念**

**本罪是指为谋取不正当利益，给予国家机关、国有公司、企业、事业单位、人民团体以财物，或者在经济往来中，违反国家规定，给予上述单位各种名义的回扣、手续费的行为。**

**立案标准**

**行为人涉嫌对国家机关、国有公司、企业、事业单位、人民团体行贿，具有下列情形之一的，应予立案：**

1. **个人行贿数额在 10 万元以上、单位行贿数额在 20 万元以上的。**
2. **个人行贿数额不满 10 万元、单位行贿数额在 10 万元以上不满 20 万元，但具有下列情形之一的：**

（1）**为谋取非法利益而行贿的；**

（2）**向 3 个以上单位行贿的；**

（3）**向党政机关、司法机关、行政执法机关行贿的；**

（4）**致使国家或者社会利益遭受重大损失的。**

| 定罪标准 | | |
|---|---|---|
| | 犯罪客体 | 本罪侵犯的客体是国家机关、国有公司、企业、事业单位、人民团体等国有单位职能活动的廉洁性。 |
| | 犯罪客观方面 | 本罪在客观方面表现为以下两种类型之一的行为：<br>1. 给予国家机关、国有公司、企业、事业单位、人民团体以财物。给予国有单位以财物可以分为两种情况：一是主动给予国有单位以财物；二是因国有单位主动索要而被动给予财物。<br>2. 在经济往来中，违反国家规定，给予国家机关、国有公司、企业、事业单位、人民团体以各种名义的回扣、手续费的行为。此种行贿形式具体包括以下几个方面的要素：（1）必须发生在经济往来中。经济往来中，是指经济合同的签订、履行，或者其他形式的经济活动中。经济活动包括生产、经营、销售等各种活动，既包括国内的经济活动，也包括各种对外经济活动。（2）必须违反了国家规定。违反国家规定，是指违反全国人民代表大会及其常务委员会制定的法律和决定，国务院制定的行政法规、规定的行政措施、发布的决定和命令。（3）给予国有单位以各种名义的回扣、手续费。“回扣”，是指在交易过程中，卖方在收取的价款中拿出一部分回送给买方（或买方的代理人、经办人）的款项，实际上是卖方给买方的一种优惠。“手续费”，一般是指因办理一定事务或者付出一定劳动而支出、收取的费用。经济往来中的手续费，名义很多，如“辛苦费”“介绍费”“活动费”等，它是指单位或个人为了联系业务、促进交易或者进行其他经济活动而给予对方单位或个人的作为酬劳的财物。 |
| | 犯罪主体 | 本罪的主体是一般主体，包括自然人和单位。任何年满 16 周岁并具有刑事责任能力的自然人以及任何性质的合法单位都可能构成本罪。 |

| | | |
|---|---|---|
| 定罪标准 | 犯罪主观方面 | 本罪在主观方面表现为故意。对于第一种形式即"给予国家机关、国有公司、企业、事业单位、人民团体以财物"，行为人主观故意包括两部分内容：一是为谋取不正当利益的目的。"谋取不正当利益"，是指行贿人谋取的利益违反法律法规、规章、政策规定，或者要求国家工作人员违反法律法规、规章、政策、行业规范的规定，为自己提供帮助或者方便条件。违背公平、公正原则，在经济、组织人事管理等活动中，谋取竞争优势的，应当认定为"谋取不正当利益"。二是明知给予国有单位以财物会损害国有单位职能活动的廉洁性，仍希望或者放任这种结果的发生。<br>对于第二种形式即"在经济往来中，违反国家规定，给予国家机关、国有公司、企业、事业单位、人民团体以各种名义的回扣、手续费"，行为人主观故意是指明知给予国有单位以回扣、手续费会损害国有单位职能活动的廉洁性，仍希望或者放任这种结果的发生。 |
| | 罪与非罪 | 区分罪与非罪的界限，要注意把握以下两点：<br>1. 行为人主观上是否为谋取不正当利益。对于第一种形式的对单位行贿罪，行为人必须是为了谋取不正当利益，否则不构成本罪，即如果是为了谋取正当利益而给予国有单位以财物的，不构成对单位行贿罪。实践中，以赞助等名义对国有单位赠送财物的行为时有发生，有关行为人表面上看似不谋取不正当利益，但我们认为需要综合各种因素考虑行为人是否"为谋取不正当利益"：(1) 赞助的缘由、时机和方式，如是否在请求有关单位审批土地使用合同前提供赞助；(2) 提供赞助方是否针对特定事项而给予赞助，对于接受方有无职务上的请托；(3) 接受赞助单位是否为提供赞助的单位个人谋取了额外的利益。<br>2. 行为人给予回扣、手续费的行为是否违反国家有关规定。在经济往来中，给予回扣、手续费是常见的现象。判断这种行为是否为对单位行贿行为，关键是要判断其是否违反了国家有关规定。 |
| | 既遂标准 | 对单位行贿罪的着手，是行为人已经开始实施给予财物的行为；既遂的标准则是行贿人给予财物行为的完成，即国有单位接受财物。因此，对单位行贿罪的未遂的成立一般是指，行贿人已经开始实行给予财物的行为，但是由于其意志以外的原因，财物给予行为没有完成。行贿人是否谋取到不正当利益不影响本罪的既遂。 |
| 证据参考标准 | 主体方面的证据 | **一、证明行为人刑事责任年龄、身份等自然情况的证据**<br>包括身份证明、户籍证明、任职证明、工作经历证明、特定职责证明等，主要是证明行为人的姓名（曾用名）、性别、出生年月日、民族、籍贯、出生地、职业（或职务）、住所地（或居所地）等证据材料，如户口簿、居民身份证、居住证、工作证、出生证、专业或技术等级证、干部履历表、职工登记表、护照等。 |

| 证据参考标准 | | |
|---|---|---|
| | 主体方面的证据 | 对于户籍、出生证等材料内容不实的，应提供其他证据材料。外国人犯罪的案件，应有护照等身份证明材料。人大代表、政协委员犯罪的案件，应注明身份，并附身份证明材料。<br>**二、证明行为人刑事责任能力的证据**<br>证明行为人对自己的行为是否具有辨认能力与控制能力，如是否属于间歇性精神病人、案发时是否尚未完全丧失辨认或者控制自己行为能力的证明材料。<br>**三、证明单位的证据**<br>证明是否属于依法成立并有合法经营、管理范围的公司、企业、事业单位、机关、团体。<br>证明单位的名称、住所地、性质、法定代表人、单位负责人、业务范围、成立时间等证据材料，如企业法人营业执照、国有公司性质证明及非法人单位的身份证明等。<br>**四、证明法定代表人、单位负责人或直接责任人员等身份的证据**<br>法定代表人、直接负责的主管人员和其他直接责任人在单位的任职、职责、负责权限的证明材料等。包括身份证明、户籍证明、任职证明等，如户口簿、居民身份证、居住证、工作证、护照、专业或技术等级证、干部履历表、职工登记表、任命书、业务分工文件、委派文件、单位证明、单位规章制度等。 |
| | 主观方面的证据 | **证明行为人故意的证据**<br>1. 证明行为人主观认识因素的证据：证明行为人明知自己的行为会发生危害社会的结果。2. 证明行为人主观意志因素的证据：证明行为人希望或者放任危害结果发生。3. 证明行为人主观上具有“谋取不正当利益”的目的的证据。4. 证明单位决定对国家单位行贿的整体意志的证据：（1）证明行贿经过单位决策机构决定、批准；（2）其他。 |
| | 客观方面的证据 | **证明行为人对单位行贿行为的证据**<br>具体证据包括：1. 证明行为人给予国家机关、国有公司、企业、事业单位、人民团体以财物的证据。2. 证明行为人谋取的利益违反法律、法规、规章、政策规定的证据。3. 证明行为人要求国家工作人员违反法律、法规、规章、政策、行业规范的规定，为自己提供帮助或者方便条件的证据。4. 证明行为人违背公平、公正原则，在经济、组织人事管理等活动中，谋取竞争优势的证据。5. 证明在经济往来中，违反国家规定，给予国家机关、国有公司、企业、事业单位、人民团体以各种名义的回扣的证据。6. 证明在经济往来中，违反国家规定，给予国家机关、国有公司、企业、事业单位、人民团体以各种名义的手续费的证据。7. 证明给予财物数额的证据。 |
| | 量刑方面的证据 | **一、法定量刑情节证据**<br>1. 事实情节。2. 法定从重情节。3. 法定从轻、减轻情节：（1）可以从轻；（2）可以从轻或者减轻；（3）应当从轻或者减轻。4. 法定从轻、减轻、免除情节：（1）可以从轻、减轻或者免除处罚；（2）应当从轻、减轻或者免除处罚。5. 法定减轻、免除情节：（1）可以减轻或者免除处罚；（2）应当减轻或者免除处罚；（3）可以免除处罚。<br>**二、酌定量刑情节证据**<br>1. 犯罪手段。2. 犯罪对象。3. 危害结果。4. 犯罪动机。5. 平时表现。6. 认罪态度。7. 是否有前科。8. 其他证据。 |

| 量刑标准 | | |
|---|---|---|
| | 犯本罪的 | 处三年以下有期徒刑或者拘役，并处罚金 |
| | 情节严重的 | 处三年以上七年以下有期徒刑，并处罚金 |
| | 单位犯本罪的 | 对单位判处罚金，并对其直接负责的主管人员和其他直接责任人员，依照上述规定处罚 |

**法律适用**

**刑法条文**

**第三百九十一条** 为谋取不正当利益，给予国家机关、国有公司、企业、事业单位、人民团体以财物的，或者在经济往来中，违反国家规定，给予各种名义的回扣、手续费的，处三年以下有期徒刑或者拘役，并处罚金；情节严重的，处三年以上七年以下有期徒刑，并处罚金。

单位犯前款罪的，对单位判处罚金，并对其直接负责的主管人员和其他直接责任人员，依照前款的规定处罚。

**第九十六条** 本法所称违反国家规定，是指违反全国人民代表大会及其常务委员会制定的法律和决定，国务院制定的行政法规、规定的行政措施、发布的决定和命令。

**司法解释**

**一、最高人民法院、最高人民检察院《关于办理行贿刑事案件具体应用法律若干问题的解释》（节录）**（2012年12月26日 法释〔2012〕22号）

**第五条** 多次行贿未经处理的，按照累计行贿数额处罚。

**第六条** 行贿人谋取不正当利益的行为构成犯罪的，应当与行贿犯罪实行数罪并罚。

**第七条** 因行贿人在被追诉前主动交待行贿行为而破获相关受贿案件的，对行贿人不适用刑法第六十八条关于立功的规定，依照刑法第三百九十条第二款的规定，可以减轻或者免除处罚。

单位行贿的，在被追诉前，单位集体决定或者单位负责人决定主动交待单位行贿行为的，依照刑法第三百九十条第二款的规定，对单位及相关责任人员可以减轻处罚或者免除处罚；受委托直接办理单位行贿事项的直接责任人员在被追诉前主动交待自己知道的单位行贿行为的，对该直接责任人员可以依照刑法第三百九十条第二款的规定减轻处罚或者免除处罚。

**第八条** 行贿人被追诉后如实供述自己罪行的，依照刑法第六十七条第三款的规定，可以从轻处罚；因其如实供述自己罪行，避免特别严重后果发生的，可以减轻处罚。

**第九条** 行贿人揭发受贿人与其行贿无关的其他犯罪行为，查证属实的，依照刑法第六十八条关于立功的规定，可以从轻、减轻或者免除处罚。

**第十条** 实施行贿犯罪，具有下列情形之一的，一般不适用缓刑和免予刑事处罚：

（一）向三人以上行贿的；

（二）因行贿受过行政处罚或者刑事处罚的；

（三）为实施违法犯罪活动而行贿的；

（四）造成严重危害后果的；

（五）其他不适用缓刑和免予刑事处罚的情形。

具有刑法第三百九十条第二款规定的情形的，不受前款规定的限制。

**第十二条** 行贿犯罪中的“谋取不正当利益”，是指行贿人谋取的利益违反法律、法规、规章、政策规定，或者要求国家工作人员违反法律、法规、规章、政策、行业规范的规定，为自己提供帮助或者方便条件。

法律适用

司法解释

违背公平、公正原则，在经济、组织人事管理等活动中，谋取竞争优势的，应当认定为“谋取不正当利益”。

**二、最高人民检察院《关于行贿罪立案标准的规定》[①]（节录）**（2000 年 12 月 22 日）

**二、对单位行贿案（刑法第三百九十一条）**

对单位行贿罪是指为谋取不正当利益，给予国家机关、国有公司、企业、事业单位、人民团体以财物，或者在经济往来中，违反国家规定，给予上述单位各种名义的回扣、手续费的行为。

涉嫌下列情形之一的，应予立案：

1. 个人行贿数额在十万元以上、单位行贿数额在二十万元以上的；

2. 个人行贿数额不满十万元、单位行贿数额在十万元以上不满二十万元，但具有下列情形之一的：

（1）为谋取非法利益而行贿的；

（2）向三个以上单位行贿的；

（3）向党政机关、司法机关、行政执法机关行贿的；

（4）致使国家或者社会利益遭受重大损失的。

相关法律法规

**《中华人民共和国反不正当竞争法》（节录）**（1993 年 9 月 2 日第八届全国人民代表大会常务委员会第三次会议通过　2017 年 11 月 4 日修订　2019 年 4 月 23 日修正）

**第七条**　经营者不得采用财物或者其他手段贿赂下列单位或者个人，以谋取交易机会或者竞争优势：

（一）交易相对方的工作人员；

（二）受交易相对方委托办理相关事务的单位或者个人；

（三）利用职权或者影响力影响交易的单位或者个人。

经营者在交易活动中，可以以明示方式向交易相对方支付折扣，或者向中间人支付佣金。经营者向交易相对方支付折扣、向中间人支付佣金的，应当如实入账。接受折扣、佣金的经营者也应当如实入账。

经营者的工作人员进行贿赂的，应当认定为经营者的行为；但是，经营者有证据证明该工作人员的行为与为经营者谋取交易机会或者竞争优势无关的除外。

---

① 根据《监察法》的规定，涉嫌此类职务犯罪由监察机关立案调查。此文件仅供办案机关参考。下同。——编者注。

# 9 介绍贿赂案

**概念**

**本罪是指向国家工作人员介绍贿赂，情节严重的行为。**

**立案标准**

**行为人涉嫌向国家工作人员介绍贿赂，具有下列情形之一的，应予立案：**

**1. 介绍个人向国家工作人员行贿，数额在 2 万元以上的；介绍单位向国家工作人员行贿，数额在 20 万元以上的。**

**2. 介绍贿赂数额不满上述标准，但具有下列情形之一的：**

**（1）为使行贿人获取非法利益而介绍贿赂的；**

**（2）3 次以上或者为 3 人以上介绍贿赂的；**

**（3）向党政领导、司法工作人员、行政执法人员介绍贿赂的；**

**（4）致使国家或者社会利益遭受重大损失的。**

| 定罪标准 | | |
|---|---|---|
| | 犯罪客体 | 本罪侵犯的客体是国家工作人员职务行为的廉洁性。 |
| | 犯罪客观方面 | 本罪在客观方面表现为向国家工作人员介绍贿赂，情节严重的行为。<br>1. 向国家工作人员介绍贿赂。根据《刑法》第 93 条的规定，国家工作人员，是指国家机关中从事公务的人员，国有公司、企业、事业单位、人民团体中从事公务的人员和国家机关、国有公司、企业、事业单位委派到非国有公司、企业、事业单位、社会团体从事公务的人员，以及其他依照法律从事公务的人员。<br>至于“介绍贿赂”，是指在行贿人与受贿人之间沟通关系、撮合条件，使贿赂行为得以实现的行为。传统观点认为，有两种情形：一种是介绍行贿，即接受行贿人的请托而向国家工作人员介绍贿赂。另一种是介绍受贿，即为国家工作人员物色可能的行贿人，居间介绍。主要表现为行贿人物色行贿对象或者为索贿者物色索贿对象，介绍双方认识，安排双方见面，传达各方意见，代表行贿人或受贿人商谈贿赂条件，传送作为贿赂的财物。<br>2. 情节严重。情节严重，是指下列情形之一的：（1）介绍个人向国家工作人员行贿，数额在 2 万元以上的；介绍单位向国家工作人员行贿，数额在 20 万元以上的；（2）介绍贿赂数额不满上述标准，但具有下列情形之一的：为使行贿人获取非法利益而介绍贿赂的；3 次以上或者为 3 人以上介绍贿赂的，向党政领导、司法工作人员、行政执法人员介绍贿赂的；致使国家或者社会利益遭受重大损失的。 |

| | | |
|---|---|---|
| 定罪标准 | 犯罪主体 | 本罪的主体是一般主体，即年满16周岁具有刑事责任能力的自然人。 |
| | 犯罪主观方面 | 本罪在主观方面表现为故意，即明知自己介绍贿赂的行为会损害国家工作人员职务行为的廉洁性，仍希望或者放任这种结果发生。 |
| | 罪与非罪 | 区分罪与非罪的界限，主要看介绍行贿是否达到“情节严重”的程度。此外，如果向非国家工作人员或者国有单位介绍贿赂的，也不构成本罪。 |
| | 既遂标准 | 行贿、受贿得以实现是本罪既遂的标准。“行贿、受贿得以实现”，是指行贿者送出财物，而受贿者接受财物。本罪的未遂，是指行为人已经开始实行介绍贿赂行为，但由于意志以外的原因，行贿或受贿没有实现。 |
| | 此罪与彼罪 | 本罪与诈骗罪的界限。诈骗罪，是指以非法占有为目的，采用虚构事实或者隐瞒真相的方法，骗取公私财物，数额较大的行为。本罪与诈骗罪的区别比较明显。但实践中，行为人以介绍贿赂为名诈骗钱财时有发生，并使本罪与诈骗罪的界限变得模糊。在这种情况下，要区分二者，关键是看行为人主观上是否有非法占有他人财物的目的。如果行为人确实是出于为他人介绍贿赂而收取他人钱财，但由于其他原因，介绍没成功而拒不退还钱财的，难以成立诈骗罪。但是若行为人主观上并无为他人介绍贿赂的意图，客观上也没有实施相关行为，则一般可认定行为人具有非法占有他人财物的目的。 |
| 证据参考标准 | 主体方面的证据 | **一、证明行为人刑事责任年龄、身份等自然情况的证据**<br>包括身份证明、户籍证明、任职证明、工作经历证明、特定职责证明等，主要是证明行为人的姓名（曾用名）、性别、出生年月日、民族、籍贯、出生地、职业（或职务）、住所地（或居所地）等证据材料，如户口簿、居民身份证、居住证、工作证、出生证、专业或技术等级证、干部履历表、职工登记表、护照等。<br>对于户籍、出生证等材料内容不实的，应提供其他证据材料。外国人犯罪的案件，应有护照等身份证明材料。人大代表、政协委员犯罪的案件，应注明身份，并附身份证明材料。<br>**二、证明行为人刑事责任能力的证据**<br>证明行为人对自己的行为是否具有辨认能力与控制能力，如是否属于间歇性精神病人、案发时是否尚未完全丧失辨认或者控制自己行为能力的证明材料。 |
| | 主观方面的证据 | **证明行为人故意的证据**<br>1. 证明行为人主观认识因素的证据：证明行为人明知自己的行为会发生危害社会的结果。2. 证明行为人主观意志因素的证据：证明行为人希望或者放任危害结果发生。3. 证明行为人介绍贿赂是为了使行贿人获取非法利益的证据。 |

**证据参考标准**

**客观方面的证据**

**证明行为人介绍贿赂行为的证据**

具体证据包括：1. 证明介绍受贿的证据。2. 证明介绍行贿的证据。3. 证明在行贿人与受贿人之间沟通关系的证据。4. 证明在行贿人与受贿人之间撮合条件的证据。5. 证明介绍贿赂数额的证据。6. 证明 3 次以上或者为 3 人以上介绍贿赂的证据。7. 证明向党政领导、司法工作人员、行政执法人员介绍贿赂的证据。8. 证明介绍贿赂行为致使国家或者社会利益遭受重大损失的证据。

**量刑方面的证据**

**一、法定量刑情节证据**

1. 事实情节。2. 法定从重情节。3. 法定从轻、减轻情节：(1) 可以从轻；(2) 可以从轻或者减轻：①在被追诉前主动交待介绍贿赂行为的，②其他；(3) 应当从轻或者减轻。4. 法定从轻、减轻、免除情节：(1) 可以从轻、减轻或者免除处罚；(2) 应当从轻、减轻或者免除处罚。5. 法定减轻、免除情节：(1) 可以减轻或者免除处罚；(2) 应当减轻或者免除处罚；(3) 可以免除处罚。

**二、酌定量刑情节证据**

1. 犯罪手段。2. 犯罪对象。3. 危害结果。4. 犯罪动机。5. 平时表现。6. 认罪态度 7. 是否有前科。8. 其他证据。

**量刑标准**

|  |  |
| --- | --- |
| 犯本罪的 | 处三年以下有期徒刑或者拘役，并处罚金 |
| 介绍贿赂人在被追诉前主动交待介绍贿赂行为的 | 可以减轻处罚或者免除处罚 |

**法律适用**

**刑法条文**

**第三百九十二条** 向国家工作人员介绍贿赂，情节严重的，处三年以下有期徒刑或者拘役，并处罚金。

介绍贿赂人在被追诉前主动交待介绍贿赂行为的，可以减轻处罚或者免除处罚。

**第九十三条** 本法所称国家工作人员，是指国家机关中从事公务的人员。

国有公司、企业、事业单位、人民团体中从事公务的人员和国家机关、国有公司、企业、事业单位委派到非国有公司、企业、事业单位、社会团体从事公务的人员，以及其他依照法律从事公务的人员，以国家工作人员论。

**司法解释**

**最高人民法院《全国法院审理经济犯罪案件工作座谈会纪要》（节录）**（2003 年 11 月 13 日 法发〔2003〕167 号）

**一、关于贪污贿赂犯罪和渎职犯罪的主体**

（一）国家机关工作人员的认定

刑法中所称的国家机关工作人员，是指在国家机关中从事公务的人员，包括在各级国家权力机关、行政机关、司法机关和军事机关中从事公务的人员。

根据有关立法解释的规定，在依照法律、法规规定行使国家行政管理职权的组织中从事公务的人员，或者在受国家机关委托代表国家行使职权的组织中从事公务的人员，或者虽未列入国家机关人员编制但在国家机关中从事公务的人员，视为国家机关工作人员。在乡（镇）以上中国共产党机关、人民政协机关中从事公务的人员，司法实践中也应当视为国家机关工作人员。

法律适用 司法解释

（二）国家机关、国有公司、企业、事业单位委派到非国有公司、企业、事业单位、社会团体从事公务的人员的认定

所谓委派，即委任、派遣，其形式多种多样，如任命、指派、提名、批准等。不论被委派的人身份如何，只要是接受国家机关、国有公司、企业、事业单位委派，代表国家机关、国有公司、企业、事业单位在非国有公司、企业、事业单位、社会团体中从事组织、领导、监督、管理等工作，都可以认定为国家机关、国有公司、企业、事业单位委派到非国有公司、企业、事业单位、社会团体从事公务的人员。如国家机关、国有公司、企业、事业单位委派在国有控股或者参股的股份有限公司从事组织、领导、监督、管理等工作的人员，应当以国家工作人员论。国有公司、企业改制为股份有限公司后，原国有公司、企业的工作人员和股份有限公司新任命的人员中，除代表国有投资主体行使监督、管理职权的人外，不以国家工作人员论。

（三）“其他依照法律从事公务的人员”的认定

刑法第九十三条第二款规定的“其他依照法律从事公务的人员”应当具有两个特征：一是在特定条件下行使国家管理职能；二是依照法律规定从事公务。具体包括：（1）依法履行职责的各级人民代表大会代表；（2）依法履行审判职责的人民陪审员；（3）协助乡镇人民政府、街道办事处从事行政管理工作的村民委员会、居民委员会等农村和城市基层组织人员；（4）其他由法律授权从事公务的人员。

（四）关于“从事公务”的理解

从事公务，是指代表国家机关、国有公司、企业、事业单位、人民团体等履行组织、领导、监督、管理等职责。公务主要表现为与职权相联系的公共事务以及监督、管理国有财产的职务活动。如国家机关工作人员依法履行职责，国有公司的董事、经理、监事、会计、出纳人员等管理、监督国有财产等活动，属于从事公务。那些不具备职权内容的劳务活动、技术服务工作，如售货员、售票员等所从事的工作，一般不认为是公务。

# 10 单位行贿案

**概念**

**本罪是指公司、企业、事业单位、机关、团体为谋取不正当利益而行贿，或者违反国家规定，给予国家工作人员以回扣、手续费，情节严重的行为。**

**立案标准**

**单位为谋取不正当利益而行贿，或者违反国家规定，给予国家工作人员以回扣、手续费，涉嫌下列情形之一的，应予立案：**

**1. 单位行贿数额在 20 万元以上的。**

**2. 单位为谋取不正当利益而行贿，数额在 10 万元以上不满 20 万元，但具有下列情形之一的：**

**（1）为谋取非法利益而行贿的；**

**（2）向 3 人以上行贿的；**

**（3）向党政领导、司法工作人员、行政执法人员行贿的；**

**（4）致使国家或者社会利益遭受重大损失的。**

| 定罪标准 | | |
|---|---|---|
| 定罪标准 | 犯罪客体 | 本罪侵犯的客体是国家工作人员职务行为的廉洁性。 |
| 定罪标准 | 犯罪客观方面 | 本罪在客观方面表现为为单位谋取不正当利益而行贿，或者违反国家规定，给予国家工作人员以回扣、手续费，情节严重的行为。包括以下两种类型：<br>1. 为单位谋取不正当利益而行贿。行贿，是指给予国家工作人员以财物，具体可以分为两种情况：一是主动给予国家工作人员以财物；二是因国家工作人员主动索要而被动给予财物。<br>2. 单位违反国家规定，给予国家工作人员以回扣、手续费。违反国家规定，是指违反全国人民代表大会及其常务委员会制定的法律和决定，国务院制定的行政法规、规定的行政措施、发布的决定和命令。“回扣”，是指在交易过程中，卖方在收取的价款中拿出一部分回送给买方（或买方的代理人、经办人）的款项，实际上是卖方给买方的一种优惠。“手续费”，一般是指因办理一定事务或者付出一定劳动而支出、收取的费用。在经济往来中的手续费，名义很多，如“辛苦费”“介绍费”“活动费”等，它是指单位或个人为了联系业务、促进交易或者进行其他经济活动而给予对方单位或个人的作为酬劳的财物。 |
| 定罪标准 | 犯罪主体 | 本罪是单位犯罪，主体是公司、企业、事业单位、机关、团体。 |
| 定罪标准 | 犯罪主观方面 | 本罪在主观方面表现为故意，是单位作为法人、集合体的决策和同意，即明知本单位的行贿行为会侵犯国有单位公务活动的廉洁性，但希望或放任这种结果发生。此外，本罪主观方面还包括为本单位谋取不正当利益的目的。“谋取不正当利益”，是指行贿人谋取的利益违反法律法规、规章、政策规定，或者要求国家工作人员违反法律法规、规章、政策、行业规范的规定，为自己提供帮助或者方便条件。违背公平、公正原则，在经济、组织人事管理等活动中，谋取竞争优势的，应当认定为“谋取不正当利益”。 |

<table>
<tr><td rowspan="6">证据参考标准</td><td colspan="2">罪与非罪</td><td>区分罪与非罪的界限，首先要看在经济往来中，给予国家工作人员以回扣、手续费的行为是否违反了国家规定；其次要看单位行贿行为是否达到“情节严重”的程度。</td></tr>
</table>

| 定罪标准 | 罪与非罪 | 区分罪与非罪的界限，首先要看在经济往来中，给予国家工作人员以回扣、手续费的行为是否违反了国家规定；其次要看单位行贿行为是否达到“情节严重”的程度。 |
|---|---|---|
| 证据参考标准 | 主体方面的证据 | **一、证明单位的证据**<br>证明是否属于依法成立并有合法经营、管理范围的公司、企业、事业单位、机关、团体。<br>证明单位的名称、住所地、性质、法定代表人、单位负责人、业务范围、成立时间等证据材料，如企业法人营业执照、国有公司性质证明及非法人单位的身份证明等。<br>**二、证明法定代表人、单位负责人或直接责任人员等身份的证据**<br>法定代表人、直接负责的主管人员和其他直接责任人在单位的任职、职责、负责权限的证明材料等。包括身份证明、户籍证明、任职证明等，如户口簿、居民身份证、居住证、工作证、护照、专业或技术等级证、干部履历表、职工登记表、任命书、业务分工文件、委派文件、单位证明、单位规章制度等。 |
| | 主观方面的证据 | **证明行为人故意的证据**<br>1. 证明存在单位行贿的整体意志的证据：（1）证明行贿经过单位决策机构的决定、批准；（2）其他。2. 证明主观认识因素的证据：证明明知自己的行为会发生危害社会的结果。3. 证明主观意志因素的证据：证明希望或者放任危害结果发生。 |
| | 客观方面的证据 | **证明单位行贿行为的证据**<br>具体证据包括：1. 证明给予国家工作人员以财物的证据。2. 证明单位违反国家规定，给予国家工作人员以回扣的证据。3. 证明单位违反国家规定，给予国家工作人员以回扣的证据。4. 证明财物的数额的证据。 |
| | 量刑方面的证据 | **一、法定量刑情节证据**<br>1. 事实情节。2. 法定从重情节。3. 法定从轻、减轻情节：（1）可以从轻；（2）可以从轻或者减轻；（3）应当从轻或者减轻。4. 法定从轻、减轻、免除情节：（1）可以从轻、减轻或者免除处罚；（2）应当从轻、减轻或者免除处罚。5. 法定减轻、免除情节：（1）可以减轻或者免除处罚；（2）应当减轻或者免除处罚；（3）可以免除处罚。<br>**二、酌定量刑情节证据**<br>1. 犯罪手段。2. 犯罪对象。3. 危害结果。4. 犯罪动机。5. 平时表现。6. 认罪态度。7. 是否有前科。8. 其他证据。 |
| 量刑标准 | 犯本罪的 | 对单位判处罚金 |
| | | 情节严重的，对其直接负责的主管人员和其他直接责任人员，处三年以下有期徒刑或者拘役，并处罚金；情节特别严重的，处三年以上十年以下有期徒刑，并处罚金 |

法律适用

刑法条文

**第三百九十三条** 单位为谋取不正当利益而行贿，或者违反国家规定，给予国家工作人员以回扣、手续费，情节严重的，对单位判处罚金，并对其直接负责的主管人员和其他直接责任人员，处三年以下有期徒刑或者拘役，并处罚金；情节特别严重的，处三年以上十年以下有期徒刑，并处罚金。因行贿取得的违法所得归个人所有的，依照本法第三百八十九条、第三百九十条的规定定罪处罚。

**第九十三条** 本法所称国家工作人员，是指国家机关中从事公务的人员。

国有公司、企业、事业单位、人民团体中从事公务的人员和国家机关、国有公司、企业、事业单位委派到非国有公司、企业、事业单位、社会团体从事公务的人员，以及其他依照法律从事公务的人员，以国家工作人员论。

司法解释

**一、最高人民检察院《关于行贿罪立案标准的规定》（节录）**（2000年12月22日最高人民检察院公布　自公布之日起施行）

**三、单位行贿案（刑法第三百九十三条）**

单位行贿罪是指公司、企业、事业单位、机关、团体为谋取不正当利益而行贿，或者违反国家规定，给予国家工作人员以回扣、手续费，情节严重的行为。

涉嫌下列情形之一的，应予立案：

1. 单位行贿数额在二十万元以上的；

2. 单位为谋取不正当利益而行贿，数额在十万元以上不满二十万元，但具有下列情形之一的：

（1）为谋取非法利益而行贿的；

（2）向三人以上行贿的；

（3）向党政领导、司法工作人员、行政执法人员行贿的；

（4）致使国家或者社会利益遭受重大损失的。

因行贿取得的违法所得归个人所有的，依照本规定关于个人行贿的规定立案，追究其刑事责任。

**二、最高人民法院、最高人民检察院《关于办理行贿刑事案件具体应用法律若干问题的解释》（节录）**（2012年12月26日　法释〔2012〕22号）

**第十二条** 行贿犯罪中的“谋取不正当利益”，是指行贿人谋取的利益违反法律、法规、规章、政策规定，或者要求国家工作人员违反法律、法规、规章、政策、行业规范的规定，为自己提供帮助或者方便条件。

违背公平、公正原则，在经济、组织人事管理等活动中，谋取竞争优势的，应当认定为“谋取不正当利益”。

**三、最高人民法院、最高人民检察院《关于办理危害生产安全刑事案件适用法律若干问题的解释（二）》（节录）**（2022年12月15日最高人民法院、最高人民检察院公布　自2022年12月19日起施行　法释〔2022〕19号）

**第三条** 因存在重大事故隐患被依法责令停产停业、停止施工、停止使用有关设备、设施、场所或者立即采取排除危险的整改措施，有下列情形之一的，属于刑法第一百三十四条之一第二项规定的“拒不执行”：

（一）无正当理由故意不执行各级人民政府或者负有安全生产监督管理职责的部门依法作出的上述行政决定、命令的；

（二）虚构重大事故隐患已经排除的事实，规避、干扰执行各级人民政府或者负有安全生产监督管理职责的部门依法作出的上述行政决定、命令的；

（三）以行贿等不正当手段，规避、干扰执行各级人民政府或者负有安全生产监督管理职责的部门依法作出的上述行政决定、命令的。

有前款第三项行为，同时构成刑法第三百八十九条行贿罪、第三百九十三条单位行贿罪等犯罪的，依照数罪并罚的规定处罚。

认定是否属于“拒不执行”，应当综合考虑行政决定、命令是否具有法律、行政法规等依据，行政决定、命令的内容和期限要求是否明确、合理，行为人是否具有按照要求执行的能力等因素进行判断。

**四、最高人民法院《全国法院审理经济犯罪案件工作座谈会纪要》（节录）**（2003年11月13日　法发〔2003〕167号）

**一、关于贪污贿赂犯罪和渎职犯罪的主体**

（一）国家机关工作人员的认定

刑法中所称的国家机关工作人员，是指在国家机关中从事公务的人员，包括在各级国家权力机关、行政机关、司法机关和军事机关中从事公务的人员。

根据有关立法解释的规定，在依照法律、法规规定行使国家行政管理职权的组织中从事公务的人员，或者在受国家机关委托代表国家行使职权的组织中从事公务的人员，或者虽未列入国家机关人员编制但在国家机关中从事公务的人员，视为国家机关工作人员。在乡（镇）以上中国共产党机关、人民政协机关中从事公务的人员，司法实践中也应当视为国家机关工作人员。

（二）国家机关、国有公司、企业、事业单位委派到非国有公司、企业、事业单位、社会团体从事公务的人员的认定

所谓委派，即委任、派遣，其形式多种多样，如任命、指派、提名、批准等。不论被委派的人身份如何，只要是接受国家机关、国有公司、企业、事业单位委派，代表国家机关、国有公司、企业、事业单位在非国有公司、企业、事业单位、社会团体中从事组织、领导、监督、管理等工作，都可以认定为国家机关、国有公司、企业、事业单位委派到非国有公司、企业、事业单位、社会团体从事公务的人员。如国家机关、国有公司、企业、事业单位委派在国有控股或者参股的股份有限公司从事组织、领导、监督、管理等工作的人员，应当以国家工作人员论。国有公司、企业改制为股份有限公司后，原国有公司、企业的工作人员和股份有限公司新任命的人员中，除代表国有投资主体行使监督、管理职权的人外，不以国家工作人员论。

（三）“其他依照法律从事公务的人员”的认定

刑法第九十三条第二款规定的“其他依照法律从事公务的人员”应当具有两个特征：一是在特定条件下行使国家管理职能；二是依照法律规定从事公务。具体包括：（1）依法履行职责的各级人民代表大会代表；（2）依法履行审判职责的人民陪审员；（3）协助乡镇人民政府、街道办事处从事行政管理工作的村民委员会、居民委员会等农村和城市基层组织人员；（4）其他由法律授权从事公务的人员。

（四）关于“从事公务”的理解

从事公务，是指代表国家机关、国有公司、企业、事业单位、人民团体等履行组织、领导、监督、管理等职责。公务主要表现为与职权相联系的公共事务以及监督、管理国有财产的职务活动。如国家机关工作人员依法履行职责，国有公司的董事、经理、监事、会计、出纳人员等管理、监督国有财产等活动，属于从事公务。那些不具备职权内容的劳务活动、技术服务工作，如售货员、售票员等所从事的工作，一般不认为是公务。

法律适用 | 相关法律法规

**《中华人民共和国反不正当竞争法》（节录）**（1993 年 9 月 2 日第八届全国人民代表大会常务委员会第三次会议通过　2017 年 11 月 4 日修订　2019 年 4 月 23 日修正）

**第七条**　经营者不得采用财物或者其他手段贿赂下列单位或者个人，以谋取交易机会或者竞争优势：

（一）交易相对方的工作人员；

（二）受交易相对方委托办理相关事务的单位或者个人；

（三）利用职权或者影响力影响交易的单位或者个人。

经营者在交易活动中，可以以明示方式向交易相对方支付折扣，或者向中间人支付佣金。经营者向交易相对方支付折扣、向中间人支付佣金的，应当如实入账。接受折扣、佣金的经营者也应当如实入账。

经营者的工作人员进行贿赂的，应当认定为经营者的行为；但是，经营者有证据证明该工作人员的行为与为经营者谋取交易机会或者竞争优势无关的除外。

# 11 巨额财产来源不明案

**概念**

**本罪是指国家工作人员的财产、支出明显超过合法收入，差额巨大，本人不能说明其来源的行为。**

**立案标准**

**国家工作人员涉嫌巨额财产来源不明，数额在30万元以上的，应予立案。**

## 定罪标准

### 犯罪客体

本罪侵犯的客体是国家工作人员职务行为的廉洁性。

### 犯罪客观方面

本罪在客观方面表现为行为人的财产、支出明显超过合法收入，差额巨大，本人不能说明其来源的行为。具体包括以下几个要素：

1. 行为人的财产、支出明显超过合法收入，差额巨大。根据《刑法》的规定，国家工作人员的财产、支出明显超过合法收入，差额巨大的，可以责令该国家工作人员说明来源，不能说明来源的，差额部分以非法所得论。“非法所得”，一般是指行为人的全部财产与能够认定的所有支出的总和减去能够证实的有真实来源的所得。在具体计算时，应注意以下问题：（1）应把国家工作人员个人财产和与其共同生活的家庭成员的财产、支出等一并计算，而且一并减去他们所有的合法收入以及确属与其共同生活的家庭成员个人的非法收入。（2）行为人所有的财产包括房产、家具、生活用品、学习用品及股票、债券、存款等动产和不动产；行为人的支出包括合法支出和不合法的支出，包括日常生活、工作、学习费用、罚款及向他人行贿的财物等；行为人的合法收入包括工资、奖金、稿酬、继承等法律和政策允许的各种收入。（3）为了便于计算犯罪数额，对于行为人的财产和合法收入，一般可以从行为人有比较确定的收入和财产时开始计算。所谓“差额巨大”，是指差额在30万元以上。

2. 行为人负有向有关机关说明其巨额财产来源合法性的义务。根据《刑法》第395条的规定，行为人并没有主动向有关机关说明其巨额财产来源合法性的一般性义务，而只有当有关机关责令行为人说明时，行为人才具有说明的义务。因此认定行为人是否有说明义务，关键是判断哪些机关可以责令行为人说明其财产来源的合法性。本书认为，本罪的说明义务是刑法上的作为义务，而非行政法上的作为义务，因此行为人所在单位责令行为人说明的，不产生本罪的说明义务。

3. 行为人不能说明其巨额财产的来源。具体包括以下几种情况：（1）行为人拒不说明财产来源；（2）行为人无法说明财产的具体来源；（3）行为人所说的财产来源经查证并不属实；（4）行为人所说的财产来源因线索不具体等原因无法查实，但能排除存在来源合法的可能性和合理性。

### 犯罪主体

本罪是纯正的身份犯，主体是国家工作人员。根据《刑法》第93条的规定，国家工作人员是指国家机关中从事公务的人员，国有公司、企业、事业单位、人民团体中从事公务的人员和国家机关、国有公司、企业、事业单位委派到非国有公司、企业、事业单位、社会团体从事公务的人员，以及其他依照法律从事公务的人员。

| | | |
|---|---|---|
| 定罪标准 | 犯罪主观方面 | 本罪的主观方面表现为故意，即行为人明知自己的财产、支出超过合法收入，且知道差额巨大的那部分财产的真正来源，有义务说明却拒不说明。 |
| | 罪与非罪 | 区分罪与非罪的界限，要注意把握以下几点：<br>1. 差额部分未达到数额巨大的，不构成本罪。<br>2. 行为人虽不能说明其财产来源，但经侦查证实，其巨额财产属于合法收入的，不构成本罪。<br>3. 巨额财产属于家庭其他成员的财产时，不构成本罪。 |
| | 一罪与数罪 | 实践中，在查处贪污、受贿等案件时，往往会查出除贪污、受贿财物外，行为人还有巨额财产来源不明。在这种情况下，如果行为人拒不说明其财产来源，构成本罪的，应当数罪并罚。此外，在查处巨额财产来源不明案时，如果查出原来“来源不明”的财产属于贪污或受贿所得，则针对这部分财产，应该以贪污罪或者受贿罪论处；对于其他财产，如果与合法收入差额巨大构成本罪的，则也应对行为人数罪并罚。 |
| 证据参考标准 | 主体方面的证据 | **一、证明行为人刑事责任年龄、身份等自然情况的证据**<br>包括身份证明、户籍证明、任职证明、工作经历证明、特定职责证明等，主要是证明行为人的姓名（曾用名）、性别、出生年月日、民族、籍贯、出生地、职业（或职务）、住所地（或居所地）等证据材料，如户口簿、居民身份证、居住证、工作证、出生证、专业或技术等级证、干部履历表、职工登记表、护照等。<br>对于户籍、出生证等材料内容不实的，应提供其他证据材料。人大代表、政协委员犯罪的案件，应注明身份，并附身份证明材料。<br>**二、证明行为人刑事责任能力的证据**<br>证明行为人对自己的行为是否具有辨认能力与控制能力，如是否属于间歇性精神病人、案发时是否尚未完全丧失辨认或者控制自己行为能力的证明材料。 |
| | 主观方面的证据 | 本罪属于推定故意，只需证明行为人有表达的能力，有义务说明财产来源而不能说明，即推定行为人有犯罪故意。 |
| | 客观方面的证据 | **证明行为人不说明其巨额财产来源的证据**<br>具体证据包括：1. 证明行为人的财产、支出明显超出合法收入，差额巨大的证据。2. 证明行为人负有向有关机关说明其巨额财产来源的义务的证据。3. 证明行为人不能说明其巨额财产来源的证据。 |
| | 量刑方面的证据 | **一、法定量刑情节证据**<br>1. 事实情节。2. 法定从重情节。3. 法定从轻、减轻情节：（1）可以从轻；（2）可以从轻或者减轻；（3）应当从轻或者减轻。4. 法定从轻、减轻、免除情节：（1）可以从轻、减轻或者免除处罚；（2）应当从轻、减轻或者免除处罚。5. 法定减轻、免除情节：（1）可以减轻或者免除处罚；（2）应当减轻或者免除处罚；（3）可以免除处罚。<br>**二、酌定量刑情节证据**<br>1. 犯罪手段。2. 犯罪对象。4. 犯罪动机。5. 平时表现。6. 认罪态度。7. 是否有前科。8. 其他证据。 |

| 量刑标准 | | |
|---|---|---|
| | 犯本罪的 | 处五年以下有期徒刑或者拘役。财产的差额部分予以追缴 |
| | 差额特别巨大的 | 处五年以上十年以下有期徒刑。财产的差额部分予以追缴 |
| | 不适用缓刑或者免予刑事处罚 | 1. 以下情形一般不适用缓刑或者免予刑事处罚：<br>（1）不如实供述罪行的；<br>（2）不予退缴赃款赃物或者将赃款赃物用于非法活动的；<br>（3）属于共同犯罪中情节严重的主犯的；<br>（4）犯有数个职务犯罪依法实行并罚或者以一罪处理的；<br>（5）曾因职务违纪违法行为受过行政处分的；<br>（6）犯罪涉及的财物属于救灾、抢险、防汛、优抚、扶贫、移民、救济、防疫等特定款物的；<br>（7）其他不应适用缓刑、免予刑事处罚的情形。<br>对于具有以上情形之一，但根据全案事实和量刑情节，检察机关认为确有必要适用缓刑或者免予刑事处罚并据此提出量刑建议的，应经检察委员会讨论决定；审理法院认为确有必要适用缓刑或者免予刑事处罚的，应经审判委员会讨论决定。<br>2. 人民法院审理职务犯罪案件时应当注意听取检察机关、被告人、辩护人提出的量刑意见，分析影响性案件案发前后的社会反映，必要时可以征求案件查办等机关的意见。对于情节恶劣、社会反映强烈的职务犯罪案件，不得适用缓刑、免予刑事处罚。 |

**法律适用**

**刑法条文**

**第三百九十五条第一款** 国家工作人员的财产、支出明显超过合法收入，差额巨大的，可以责令该国家工作人员说明来源，不能说明来源的，差额部分以非法所得论，处五年以下有期徒刑或者拘役；差额特别巨大的，处五年以上十年以下有期徒刑。财产的差额部分予以追缴。

**第九十三条** 本法所称国家工作人员，是指国家机关中从事公务的人员。

国有公司、企业、事业单位、人民团体中从事公务的人员和国家机关、国有公司、企业、事业单位委派到非国有公司、企业、事业单位、社会团体从事公务的人员，以及其他依照法律从事公务的人员，以国家工作人员论。

**司法解释**

**一、最高人民法院《全国法院审理经济犯罪案件工作座谈会纪要》（节录）**（2003年11月13日 法发〔2003〕167号）

**一、关于贪污贿赂犯罪和渎职犯罪的主体**

（一）国家机关工作人员的认定

刑法中所称的国家机关工作人员，是指在国家机关中从事公务的人员，包括在各级国家权力机关、行政机关、司法机关和军事机关中从事公务的人员。

根据有关立法解释的规定，在依照法律、法规规定行使国家行政管理职权的组织中从事公务的人员，或者在受国家机关委托代表国家行使职权的组织中从事公务的人员，或者虽未列入国家机关人员编制但在国家机关中从事公务的人员，视为国家机关工作人员。在乡（镇）以上中国共产党机关、人民政协机关中从事公务的人员，司法实践中也应当视为国家机关工作人员。

法律适用

司法解释

（二）国家机关、国有公司、企业、事业单位委派到非国有公司、企业、事业单位、社会团体从事公务的人员的认定

所谓委派，即委任、派遣，其形式多种多样，如任命、指派、提名、批准等。不论被委派的人身份如何，只要是接受国家机关、国有公司、企业、事业单位委派，代表国家机关、国有公司、企业、事业单位在非国有公司、企业、事业单位、社会团体中从事组织、领导、监督、管理等工作，都可以认定为国家机关、国有公司、企业、事业单位委派到非国有公司、企业、事业单位、社会团体从事公务的人员。如国家机关、国有公司、企业、事业单位委派在国有控股或者参股的股份有限公司从事组织、领导、监督、管理等工作的人员，应当以国家工作人员论。国有公司、企业改制为股份有限公司后，原国有公司、企业的工作人员和股份有限公司新任命的人员中，除代表国有投资主体行使监督、管理职权的人外，不以国家工作人员论。

（三）“其他依照法律从事公务的人员”的认定

刑法第九十三条第二款规定的“其他依照法律从事公务的人员”应当具有两个特征：一是在特定条件下行使国家管理职能；二是依照法律规定从事公务。具体包括：（1）依法履行职责的各级人民代表大会代表；（2）依法履行审判职责的人民陪审员；（3）协助乡镇人民政府、街道办事处从事行政管理工作的村民委员会、居民委员会等农村和城市基层组织人员；（4）其他由法律授权从事公务的人员。

（四）关于“从事公务”的理解

从事公务，是指代表国家机关、国有公司、企业、事业单位、人民团体等履行组织、领导、监督、管理等职责。公务主要表现为与职权相联系的公共事务以及监督、管理国有财产的职务活动。如国家机关工作人员依法履行职责，国有公司的董事、经理、监事、会计、出纳人员等管理、监督国有财产等活动，属于从事公务。那些不具备职权内容的劳务活动、技术服务工作，如售货员、售票员等所从事的工作，一般不认为是公务。

**五、关于巨额财产来源不明罪**

（一）行为人不能说明巨额财产来源合法的认定

刑法第三百九十五条第一款规定的“不能说明”，包括以下情况：（1）行为人拒不说明财产来源；（2）行为人无法说明财产的具体来源；（3）行为人所说的财产来源经司法机关查证并不属实；（4）行为人所说的财产来源因线索不具体等原因，司法机关无法查实，但能排除存在来源合法的可能性和合理性的。

（二）“非法所得”的数额计算

刑法第三百九十五条规定的“非法所得”，一般是指行为人的全部财产与能够认定的所有支出的总和减去能够证实的有真实来源的所得。在具体计算时，应注意以下问题：（1）应把国家工作人员个人财产和与其共同生活的家庭成员的财产、支出等一并计算，而且一并减去他们所有的合法收入以及确属与其共同生活的家庭成员个人的非法收入。（2）行为人所有的财产包括房产、家具、生活用品、学习用品及股票、债券、存款等动产和不动产；行为人的支出包括合法支出和不合法的支出，包括日常生活、工作、学习费用、罚款及向他人行贿的财物等；行为人的合法收入包括工资、奖金、稿酬、继承等法律和政策允许的各种收入。（3）为了便于计算犯罪数额，对于行为人的财产和合法收入，一般可以从行为人有比较确定的收入和财产时开始计算。

**二、最高人民法院、最高人民检察院《关于办理职务犯罪案件严格适用缓刑、免予刑事处罚若干问题的意见》**（2012年8月8日　法发〔2012〕17号）（略，详见本书第16页）

# 12 隐瞒境外存款案

**概念**

**本罪是指国家工作人员违反国家规定，故意隐瞒不报在境外的存款，数额较大的行为。**

**立案标准**

**国家工作人员涉嫌违反国家规定，故意隐瞒不报在境外的存款，折合人民币数额在30万元以上的，应予立案。**

| 定罪标准 | | |
|---|---|---|
| 定罪标准 | 犯罪客体 | 本罪侵犯的客体是国家工作人员的财产申报制度和职务行为的廉洁性。在境外取得的合法收入，也属于境外存款，如依法继承的财产等。本罪不以存款来源的违法性为构成要件。 |
| 定罪标准 | 犯罪客观方面 | 本罪在客观方面表现为行为人在境外有数额较大的存款，依照国家规定应当申报而隐瞒不报的行为。具体包括以下几个要素：<br>1. 行为人在境外有数额较大的存款。境外，是指我国边境、国境以外的地区和国家，包括外国及我国台湾、香港和澳门地区。“数额较大”，是指折合人民币数额在30万元以上的。<br>2. 行为人有向国家申报的作为义务。本罪是纯正的不作为犯，构成本罪的前提是行为人有作为义务。根据《刑法》第395条第2款的规定，国家工作人员在境外的存款，应当依照国家规定申报。此规定就赋予行为人有向国家申报境外存款的义务。<br>3. 行为人隐瞒不报。在行为人能够报告的情况下，不向有关机关申报其在境外的存款，构成本罪。在实践中，隐瞒不报主要有两种表现形式：一是对境外存款的存在及具体数目完全不报告；二是虽然向有关机关作出申报，但是以多报少，隐瞒较大部分数额的存款。<br>4. 情节严重。根据《刑法》第395条第2款的规定，行为人的不申报行为如果“情节较轻”的，则不构成本罪，由其所在单位或者上级主管机关酌情给予行政处分。情节较轻包括两种情况：（1）隐瞒境外存款的数额没有达到“较大”的定罪标准。（2）隐瞒境外存款，虽然数额较大，但还存在一些足以认定为“情节较轻”的事实。例如，行为人不申报有一定的客观原因，而且经部门领导等教育后能主动真实地说明情况等。 |
| 定罪标准 | 犯罪主体 | 本罪的主体是特殊主体，只能由国家工作人员构成。根据《刑法》第93条的规定，国家工作人员是指国家机关中从事公务的人员，国有公司、企业、事业单位、人民团体中从事公务的人员和国家机关、国有公司、企业、事业单位委派到非国有公司、企业、事业单位、社会团体从事公务的人员，以及其他依照法律从事公务的人员。 |
| 定罪标准 | 犯罪主观方面 | 本罪在主观方面表现为故意，并且一般为直接故意，即行为人明知其在境外有存款、明知其在境外的存款应当申报而故意隐瞒不报。如果行为人不是故意隐瞒不报，而是由于对国家的申报制度不了解，或者由于客观方面的原因而未能申报，则不构成本罪。 |

## 定罪标准

**罪与非罪**

区分罪与非罪的界限，要注意行为人必须是负有申报义务的国家工作人员。《刑法》第382条第2款规定的“受国家机关、国有公司、企业、事业单位、人民团体委托管理、经营国有财产”的人员，不能构成本罪。此外，根据《全国人民代表大会常务委员会关于〈中华人民共和国刑法〉第九十三条第二款的解释》，村民委员会等村基层组织人员协助人民政府从事下列行政管理工作时，也以国家工作人员论：（1）救灾、抢险、防汛、优抚、扶贫、移民、救济款物的管理；（2）社会捐助公益事业款物的管理；（3）国有土地的经营和管理；（4）土地征收、征用补偿费用的管理；（5）代征、代缴税款；（6）有关计划生育、户籍、征兵工作；（7）协助人民政府从事的其他行政管理工作。但根据前述立法解释，上述人员只是贪污罪、挪用公款罪及受贿罪的主体，并不能成为本罪的主体。

**一罪与数罪**

在认定行为人构成一罪还是数罪时，需要注意以下几点：

1. 行为人在境外的存款来源于贪污、受贿、盗窃、诈骗等犯罪所得的情况。例如，查明行为人已构成贪污罪或受贿罪等，又将赃款偷偷转移存往境外，构成犯罪的，应分别定罪，实行数罪并罚。

2. 行为人隐瞒了其在境外数额较大的存款而未申报；而且其存款已经明显超过合法收入，经有关机关责令说明来源而不能说明时，行为人同时触犯了巨额财产来源不明罪和隐瞒境外存款罪。这种情况属于一行为触犯两罪名，构成“想象竞合犯”，应该按照“择一重罪论处”的原则，对行为人以巨额财产来源不明罪论处。

**此罪与彼罪**

本罪与逃汇罪的界限。根据《刑法》第190条的规定，逃汇罪是指公司、企业或者其他单位，违反国家规定，擅自将外汇存放境外，或者将境内的外汇非法转移到境外，数额较大的行为。实践中，国有公司等国有单位中的国家工作人员，以单位名义将个人所有的外汇存入境外时，是以本罪还是逃汇罪论处，容易发生混淆。区分此二罪的关键在于犯罪主体方面。本罪是自然人犯罪，而逃汇罪是单位犯罪。实践中，可以从两个方面进行区分：（1）看存款的外汇的所有权人是单位还是国家工作人员。如果存款的外汇属于国家工作人员个人所有，即使以单位名义存入境外，也应当以隐瞒境外存款罪论处。（2）看是否有单位的整体意志。逃汇罪是单位犯罪，如果经单位集体研究决定将外汇存入境外，则构成逃汇罪。

## 证据参考标准

**主体方面的证据**

**一、证明行为人刑事责任年龄、身份等自然情况的证据**

包括身份证明、户籍证明、任职证明、工作经历证明、特定职责证明等，主要是证明行为人的姓名（曾用名）、性别、出生年月日、民族、籍贯、出生地、职业（或职务）、住所地（或居所地）等证据材料，如户口簿、居民身份证、居住证、工作证、出生证、专业或技术等级证、干部履历表、职工登记表、护照等。

对于户籍、出生证等材料内容不实的，应提供其他证据材料。人大代表、政协委员犯罪的案件，应注明身份，并附身份证明材料。

**二、证明行为人刑事责任能力的证据**

证明行为人对自己的行为是否具有辨认能力与控制能力，如是否属于间歇性精神病人、案发时是否尚未完全丧失辨认或者控制自己行为能力的证明材料。

**主观方面的证据**

**证明行为人故意的证据**

1. 证明行为人主观认识因素的证据：证明行为人明知自己的行为会发生危害社会的结果。2. 证明行为人主观意志因素的证据：证明行为人希望或者放任危害结果发生。

<table>
<tr><td rowspan="2">证据参考标准</td><td>客观方面的证据</td><td colspan="2">证明行为人隐瞒境外存款犯罪行为的证据<br>具体证据包括：1. 证明行为人在境外有存款的证据。2. 证明行为人具有申报境外存款义务的证据。3. 证明行为人能够履行申报义务的证据。4. 证明行为人没有申报境外存款的证据。5. 证明境外存款数额的证据。</td></tr>
<tr><td>量刑方面的证据</td><td colspan="2">一、法定量刑情节证据<br>1. 事实情节。2. 法定从重情节。3. 法定从轻、减轻情节：(1) 可以从轻；(2) 可以从轻或者减轻；(3) 应当从轻或者减轻。4. 法定从轻、减轻、免除情节：(1) 可以从轻、减轻或者免除处罚；(2) 应当从轻、减轻或者免除处罚。5. 法定减轻、免除情节：(1) 可以减轻或者免除处罚；(2) 应当减轻或者免除处罚；(3) 可以免除处罚。<br>二、酌定量刑情节证据<br>1. 犯罪手段。2. 犯罪对象：是违法所得还是合法收入。3. 危害结果。4. 犯罪动机。5. 平时表现。6. 认罪态度。7. 是否有前科。8. 其他证据。</td></tr>
<tr><td rowspan="3">量刑标准</td><td colspan="2">犯本罪的</td><td>处二年以下有期徒刑或者拘役</td></tr>
<tr><td colspan="2">情节较轻的</td><td>由其所在单位或者上级主管机关酌情给予行政处分</td></tr>
<tr><td colspan="2">不适用缓刑或者免予刑事处罚</td><td>1. 以下情形一般不适用缓刑或者免予刑事处罚：<br>(1) 不如实供述罪行的；<br>(2) 不予退缴赃款赃物或者将赃款赃物用于非法活动的；<br>(3) 属于共同犯罪中情节严重的主犯的；<br>(4) 犯有数个职务犯罪依法实行并罚或者以一罪处理的；<br>(5) 曾因职务违纪违法行为受过行政处分的；<br>(6) 犯罪涉及的财物属于救灾、抢险、防汛、优抚、扶贫、移民、救济、防疫等特定款物的；<br>(7) 其他不应适用缓刑、免予刑事处罚的情形。<br>对于具有以上情形之一，但根据全案事实和量刑情节，检察机关认为确有必要适用缓刑或者免予刑事处罚并据此提出量刑建议的，应经检察委员会讨论决定；审理法院认为确有必要适用缓刑或者免予刑事处罚的，应经审判委员会讨论决定。<br>2. 人民法院审理职务犯罪案件时应当注意听取检察机关、被告人、辩护人提出的量刑意见，分析影响性案件案发前后的社会反映，必要时可以征求案件查办等机关的意见。对于情节恶劣、社会反映强烈的职务犯罪案件，不得适用缓刑、免予刑事处罚。</td></tr>
<tr><td>法律适用</td><td>刑法条文</td><td colspan="2">第三百九十五条第二款　国家工作人员在境外的存款，应当依照国家规定申报。数额较大、隐瞒不报的，处二年以下有期徒刑或者拘役；情节较轻的，由其所在单位或者上级主管机关酌情给予行政处分。<br>第九十三条　本法所称国家工作人员，是指国家机关中从事公务的人员。<br>国有公司、企业、事业单位、人民团体中从事公务的人员和国家机关、国有公司、企业、事业单位委派到非国有公司、企业、事业单位、社会团体从事公务的人员，以及其他依照法律从事公务的人员，以国家工作人员论。</td></tr>
</table>

法律适用　司法解释

**一、最高人民法院《全国法院审理经济犯罪案件工作座谈会纪要》（节录）**（2003年11月13日　法发〔2003〕167号）

**一、关于贪污贿赂犯罪和渎职犯罪的主体**

（一）国家机关工作人员的认定

刑法中所称的国家机关工作人员，是指在国家机关中从事公务的人员，包括在各级国家权力机关、行政机关、司法机关和军事机关中从事公务的人员。

根据有关立法解释的规定，在依照法律、法规规定行使国家行政管理职权的组织中从事公务的人员，或者在受国家机关委托代表国家行使职权的组织中从事公务的人员，或者虽未列入国家机关人员编制但在国家机关中从事公务的人员，视为国家机关工作人员。在乡（镇）以上中国共产党机关、人民政协机关中从事公务的人员，司法实践中也应当视为国家机关工作人员。

（二）国家机关、国有公司、企业、事业单位委派到非国有公司、企业、事业单位、社会团体从事公务的人员的认定

所谓委派，即委任、派遣，其形式多种多样，如任命、指派、提名、批准等。不论被委派的人身份如何，只要是接受国家机关、国有公司、企业、事业单位委派，代表国家机关、国有公司、企业、事业单位在非国有公司、企业、事业单位、社会团体中从事组织、领导、监督、管理等工作，都可以认定为国家机关、国有公司、企业、事业单位委派到非国有公司、企业、事业单位、社会团体从事公务的人员。如国家机关、国有公司、企业、事业单位委派在国有控股或者参股的股份有限公司从事组织、领导、监督、管理等工作的人员，应当以国家工作人员论。国有公司、企业改制为股份有限公司后，原国有公司、企业的工作人员和股份有限公司新任命的人员中，除代表国有投资主体行使监督、管理职权的人外，不以国家工作人员论。

（三）“其他依照法律从事公务的人员”的认定

刑法第九十三条第二款规定的“其他依照法律从事公务的人员”应当具有两个特征：一是在特定条件下行使国家管理职能；二是依照法律规定从事公务。具体包括：（1）依法履行职责的各级人民代表大会代表；（2）依法履行审判职责的人民陪审员；（3）协助乡镇人民政府、街道办事处从事行政管理工作的村民委员会、居民委员会等农村和城市基层组织人员；（4）其他由法律授权从事公务的人员。

（四）关于“从事公务”的理解

从事公务，是指代表国家机关、国有公司、企业、事业单位、人民团体等履行组织、领导、监督、管理等职责。公务主要表现为与职权相联系的公共事务以及监督、管理国有财产的职务活动。如国家机关工作人员依法履行职责，国有公司的董事、经理、监事、会计、出纳人员等管理、监督国有财产等活动，属于从事公务。那些不具备职权内容的劳务活动、技术服务工作，如售货员、售票员等所从事的工作，一般不认为是公务。

**二、最高人民法院、最高人民检察院《关于办理职务犯罪案件严格适用缓刑、免予刑事处罚若干问题的意见》**（2012年8月8日　法发〔2012〕17号）（略，详见本书第16页）

# 13 私分国有资产案

**概念**

**本罪是指国家机关、国有公司、企业、事业单位、人民团体，违反国家规定，以单位名义将国有资产集体私分给个人，数额较大的行为。**

**立案标准**

**国家机关、国有公司、企业、事业单位、人民团体，涉嫌违反国家规定，以单位名义将国有资产集体私分给个人，累计数额在10万元以上的，应予立案。**

<table>
<tr><td rowspan="4">定罪标准</td><td>犯罪客体</td><td>本罪侵犯的客体是国家对国有资产的所有权和国有单位公务活动的廉洁性。</td></tr>
<tr><td>犯罪客观方面</td><td>本罪在客观方面表现为违反国家规定，以单位名义将国有资产集体私分给个人，数额较大的行为。具体包括以下几个方面的要素：<br>1. 将国有资产集体私分给个人，即将国有资产分配给本单位全部职工或者绝大部分职工。私分行为在实践中表现的形式多种多样，如单位分工、单位发资金、单位发放各种补贴等。<br>2. 私分的对象是国有资产。实践中，国有资产的来源有许多。例如，（1）本单位直接管理或经营的国有资产；（2）本单位截留的应当上缴给国家财政的税收、利润等；（3）以各种名义将国有资产转入单位“小金库”而形成的“本单位的资产”。<br>3. 私分国有资产的数额较大。“数额较大”是指“累计数额在10万元以上”。<br>4. 私分国有资产的行为违反了国家规定，即违反全国人民代表大会及其常务委员会制定的法律和决定，国务院制定的行政法规、规定的行政措施、发布的决定和命令关于国有资产管理、使用、分配等方面的规定。符合国家规定而对国有资产所作的处分行为，不构成本罪。<br>5. 私分国有资产的行为是以单位的名义实施的。“以单位名义”，是指单位领导班子集体决定或者由单位负责人决定，在单位内部公开或者半公开地实施私分国有资产的行为。<br>根据《关于办理国家出资企业中职务犯罪案件具体应用法律若干问题的意见》，国有公司、企业违反国家规定，在改制过程中隐匿公司、企业财产，转为职工集体持股的改制后公司、企业所有的，对其直接负责的主管人员和其他直接责任人员，以私分国有资产罪定罪处罚。</td></tr>
<tr><td>犯罪主体</td><td>本罪的主体是国家机关、国有公司、企业、事业单位、人民团体。本罪是单位犯罪，但仅处罚直接负责的主管人员和其他直接责任人员。</td></tr>
<tr><td>犯罪主观方面</td><td>本罪在主观方面表现为故意，即明知是国有资产而以单位名义将其私分给个人。</td></tr>
</table>

定罪标准

**罪与非罪**

区分罪与非罪的界限，在实践中要注意以下几点：

1. 要划清正当发放奖金、福利等行为与私分国有资产罪的界限。根据有关规定，国有单位可以用预算外资金发放奖金、津贴及其他福利支出。所谓预算外资金，是指国家机关（国家权力机关、国家行政机关、审判机关和检察机关）、事业单位、社会团体、具有行政管理职能的企业主管部门（集团）和政府委托的其他机构，为履行或代行政府职能，依据国家法律法规和具有法律效力的规章而收取、提取、募集和安排使用，未纳入财政预算管理的各种财政性资金。预算外资金包括以下未纳入财政预算管理的财政性资金：（1）根据国家法律法规和具有法律效力的规章收取、提取的各种行政事业性收费、基金（资金、附加收入）和凭借政府职权等筹集的资金等。（2）按照国务院和省、自治区、直辖市人民政府及其财政和计划（物价）部门共同审批的项目和标准，收取和提取的各种行政事业性收费收入。（3）按照国务院或财政部审批的项目和标准向企事业单位和个人征收、募集或以政府信誉建立的具有特定用途的各种基金（资金、附加收入）。（4）主管部门按照国家规定从所属企事业单位和社会团体集中管理费及其他资金。主管部门是指独立核算的企业、事业单位和社会团体的行政主管机构（含各级代行政府管理职能的总公司和行业性组织）。（5）用于乡（镇）政府开支的乡自筹资金和乡统筹资金。乡自筹资金和乡统筹资金是指乡（镇）政府按照国家政策规定筹集的、由乡（镇）政府用于本乡（镇）经济建设、事业发展、公共福利等方面的资金。主要包括乡（镇）企业上缴的利润、事业单位上缴的收入和向个人筹集的乡统筹费等。（6）其他未纳入财政预算管理的财政性资金。主要包括以政府名义获得的各种捐赠资金，财政拨款有偿使用回收资金中未纳入财政预算管理的部分，国家行政机关派驻境外机构的非经营性收入，财政专户利息等。国有单位按照财政部门所规定的项目、标准、范围与审批程序向单位个人发放奖金、津贴的，不构成本罪。但是，截留、私分预算外资金，应当认为是私分国有资产的行为。

2. 将本罪与乱发福利、奖金等违规行为区分开来。在实践中，私分国有资产与国有单位乱发福利、奖金的违规行为有时难以区分。区分二者的关键在于判断用于发放福利、奖金的资金的性质及国有单位是否有权分配资金以及数额是否达到较大的标准。

3. 根据《关于办理国家出资企业中职务犯罪案件具体应用法律若干问题的意见》，办理国家出资企业中的职务犯罪案件时，要综合考虑历史条件、企业发展、职工就业、社会稳定等因素，注意具体情况具体分析，严格把握犯罪与一般违规行为的区分界限。对于主观恶意明显、社会危害严重、群众反映强烈的严重犯罪，要坚决依法从严惩处；对于特定历史条件下、为了顺利完成企业改制而实施的违反国家政策法律规定的行为，行为人无主观恶意或者主观恶意不明显，情节较轻，危害不大的，可以不作为犯罪处理。

对于国家出资企业中的职务犯罪，要加大经济上的惩罚力度，充分重视财产刑的适用和执行，最大限度地挽回国家和人民利益遭受的损失。不能退赃的，在决定刑罚时，应当作为重要情节予以考虑。

**此罪与彼罪**

本罪与贪污罪的界限。贪污罪，特别是集体贪污行为与本罪具有相似之处。在本罪名设置之前，私分国有资产的行为被认定为贪污罪的一种形式。二者的区别主要表现为：（1）行为方式不同。本罪是违反国家规定，集体私分国有资产的行为；而贪污罪则表现为个人利用职务上的便利，侵吞、窃取、骗取或以其他手段非法占有公共财

| | | |
|---|---|---|
| 定罪标准 | 此罪与彼罪 | 物。(2)行为对象不同。本罪的对象是国有资产；而贪污罪的对象则是包括国有资产在内的一切公共财物，范围较广。(3)犯罪主体不同。本罪是单位犯罪；而贪污罪是自然人犯罪。(4)承担责任的主体不同。本罪只处罚直接负责的主管人员和其他直接责任人员，对于其他单位成员，即使分得了国有资产，也不构成本罪；而在贪污案件中，凡是共同参与贪污行为的人，都构成贪污罪。 |
| 证据参考标准 | 主体方面的证据 | **一、证明单位的证据**<br>证明是否属于依法成立并有合法经营、管理范围的公司、企业、事业单位、机关、团体。<br>证明单位的名称、住所地、性质、法定代表人、单位负责人、业务范围、成立时间等证据材料，如企业法人营业执照、国有公司性质证明及非法人单位的身份证明等。<br>**二、证明法定代表人、单位负责人或直接责任人员等身份的证据**<br>法定代表人、直接负责的主管人员和其他直接责任人在单位的任职、职责、负责权限的证明材料等。包括身份证明、户籍证明、任职证明等，如户口簿、居民身份证、居住证、工作证、护照、专业或技术等级证、干部履历表、职工登记表、任命书、业务分工文件、委派文件、单位证明、单位规章制度等。 |
| | 主观方面的证据 | **证明行为人故意的证据**<br>1. 证明存在单位私分国有资产的整体意志的证据：(1)证明私分国有资产经过单位决策机构的决定、批准；(2)其他。2. 证明主观认识因素的证据：证明明知自己的行为会发生危害社会的结果。3. 证明主观意志因素的证据：证明希望或者放任危害结果发生。 |
| | 客观方面的证据 | **证明私分国有资产行为的证据**<br>具体证据包括：1. 证明私分国有资产行为的手段、方法等的证据。2. 证明被私分的财产是国有资产的证据。3. 证明被私分的国有资产总额的证据。4. 证明私分行为是以单位名义实施的证据。5. 证明私分行为违反了国家规定的证据。6. 证明被私分的国有资产的去向的证据。 |
| | 量刑方面的证据 | **一、法定量刑情节证据**<br>1. 事实情节：(1)数额巨大；(2)其他。2. 法定从重情节。3. 法定从轻、减轻情节：(1)可以从轻；(2)可以从轻或者减轻；(3)应当从轻或者减轻。4. 法定从轻、减轻、免除情节：(1)可以从轻、减轻或者免除处罚；(2)应当从轻、减轻或者免除处罚。5. 法定减轻、免除情节：(1)可以减轻或者免除处罚；(2)应当减轻或者免除处罚；(3)可以免除处罚。<br>**二、酌定量刑情节证据**<br>1. 私分国有资产的手段、方法、次数。2. 国有资产的来源及性质。3. 危害结果。4. 私分国有资产的动机、目的、起因以及不同的负责人在共同研究私分国有资产时的不同心理态度。5. 平时表现。6. 认罪态度。7. 国有资产的归还情况。8. 是否有前科。9. 其他证据。 |

量刑标准

| 国家机关、国有公司、企业、事业单位、人民团体犯本罪的 | 对其直接负责的主管人员和其他直接责任人员，处三年以下有期徒刑或者拘役，并处或者单处罚金 |
|---|---|
| 数额巨大的 | 处三年以上七年以下有期徒刑，并处罚金 |
| 不适用缓刑或者免予刑事处罚 | 1. 以下情形一般不适用缓刑或者免予刑事处罚：<br>（1）不如实供述罪行的；<br>（2）不予退缴赃款赃物或者将赃款赃物用于非法活动的；<br>（3）属于共同犯罪中情节严重的主犯的；<br>（4）犯有数个职务犯罪依法实行并罚或者以一罪处理的；<br>（5）曾因职务违纪违法行为受过行政处分的；<br>（6）犯罪涉及的财物属于救灾、抢险、防汛、优抚、扶贫、移民、救济、防疫等特定款物的；<br>（7）其他不应适用缓刑、免予刑事处罚的情形。<br>对于具有以上情形之一，但根据全案事实和量刑情节，检察机关认为确有必要适用缓刑或者免予刑事处罚并据此提出量刑建议的，应经检察委员会讨论决定；审理法院认为确有必要适用缓刑或者免予刑事处罚的，应经审判委员会讨论决定。<br>2. 人民法院审理职务犯罪案件时应当注意听取检察机关、被告人、辩护人提出的量刑意见，分析影响性案件案发前后的社会反映，必要时可以征求案件查办等机关的意见。对于情节恶劣、社会反映强烈的职务犯罪案件，不得适用缓刑、免予刑事处罚。 |

法律适用

**刑法条文**

**第三百九十六条第一款** 国家机关、国有公司、企业、事业单位、人民团体，违反国家规定，以单位名义将国有资产集体私分给个人，数额较大的，对其直接负责的主管人员和其他直接责任人员，处三年以下有期徒刑或者拘役，并处或者单处罚金；数额巨大的，处三年以上七年以下有期徒刑，并处罚金。

**第九十六条** 本法所称违反国家规定，是指违反全国人民代表大会及其常务委员会制定的法律和决定，国务院制定的行政法规、规定的行政措施、发布的决定和命令。

**司法解释**

**一、最高人民法院《关于准确理解和适用刑法中“国家规定”的有关问题的通知》**（2011年4月8日 法发〔2011〕155号）

全国地方各级人民法院、各级军事法院、各铁路运输中级法院和基层法院，新疆生产建设兵团各级法院：

日前，国务院法制办就国务院办公厅文件的有关规定是否可以认定为刑法中的“国家规定”予以统一、规范。为切实做好相关刑事案件审判工作，准确把握刑法有关条文规定的“违反国家规定”的认定标准，依法惩治犯罪，统一法律适用，现就有关问题通知如下：

一、根据刑法第九十六的规定，刑法中的“国家规定”是指，全国人民代表大会及其常务委员会制定的法律和决定，国务院制定的行政法规、规定的行政措施、发布的决定和命令。其中，“国务院规定的行政措施”应当由国务院决定，通常以行政法

法律适用

司法解释

规或者国务院制发文件的形式加以规定。以国务院办公厅名义制发的文件，符合以下条件的，亦应视为刑法中的“国家规定”：（1）有明确的法律依据或者同相关行政法规不相抵触；（2）经国务院常务会议讨论通过或者经国务院批准；（3）在国务院公报上公开发布。

二、各级人民法院在刑事审判工作中，对有关案件所涉及的“违反国家规定”的认定，要依照相关法律、行政法规及司法解释的规定准确把握。对于规定不明确的，要按照本通知的要求审慎认定。对于违反地方性法规、部门规章的行为，不得认定为“违反国家规定”。对被告人的行为是否“违反国家规定”存在争议的，应当作为法律适用问题，逐级向最高人民法院请示。

三、各级人民法院审理非法经营犯罪案件，要依法严格把握刑法第二百二十五条第（四）的适用范围。对被告人的行为是否属于刑法第二百二十五条第（四）规定的“其它严重扰乱市场秩序的非法经营行为”，有关司法解释未作明确规定的，应当作为法律适用问题，逐级向最高人民法院请示。

**二、最高人民法院、最高人民检察院《关于办理国家出资企业中职务犯罪案件具体应用法律若干问题的意见》**（2010 年 1 月 1 日　法发〔2010〕49 号）（略，详见本书第 17 页）

**三、最高人民法院、最高人民检察院《关于办理职务犯罪案件严格适用缓刑、免予刑事处罚若干问题的意见》**（2012 年 8 月 8 日　法发〔2012〕17 号）（略，详见本书第 16 页）

相关法律法规

**《中华人民共和国企业国有资产法》（节录）**（2008 年 10 月 28 日第十一届全国人民代表大会常务委员会第五次会议通过　2008 年 10 月 28 日中华人民共和国主席令第 5 号公布　自 2009 年 5 月 1 日起施行）

**第二条**　本法所称企业国有资产（以下称国有资产），是指国家对企业各种形式的出资所形成的权益。

**第三条**　国有资产属于国家所有即全民所有。国务院代表国家行使国有资产所有权。

**第九条**　国家建立健全国有资产基础管理制度。具体办法按照国务院的规定制定。

**第十条**　国有资产受法律保护，任何单位和个人不得侵害。

**第六十八条**　履行出资人职责的机构有下列行为之一的，对其直接负责的主管人员和其他直接责任人员依法给予处分：

（一）不按照法定的任职条件，任命或者建议任命国家出资企业管理者的；

（二）侵占、截留、挪用国家出资企业的资金或者应当上缴的国有资本收入的；

（三）违反法定的权限、程序，决定国家出资企业重大事项，造成国有资产损失的；

（四）有其他不依法履行出资人职责的行为，造成国有资产损失的。

**第七十五条**　违反本法规定，构成犯罪的，依法追究刑事责任。

# 14 私分罚没财物案

**概念**

**本罪是指司法机关、行政执法机关违反国家规定，将应当上缴国家的罚没财物，以单位名义集体私分给个人的行为。**

**立案标准**

**司法机关、行政执法机关涉嫌违反国家规定，将应当上缴国家的罚没财物，以单位名义集体私分给个人累计数额在 10 万元以上的，应予立案。**

<table>
<tr><td rowspan="3">定罪标准</td><td>犯罪客体</td><td>本罪侵犯的客体是国家对罚没财物的所有权和司法、行政机关职务行为的廉洁性。</td></tr>
<tr><td>犯罪客观方面</td><td>本罪的客观方面表现为司法机关、行政执法机关违反国家规定，将应当上缴国家的罚没财物，以单位名义集体私分给个人的行为。具体包括以下几个要素：<br>1. 本罪的对象是应当上缴的罚没财物。罚没财物包括司法中的罚没财物和行政处罚中的罚没财物。根据《刑法》第 64 条的规定，犯罪分子违法所得的一切财物，应当予以追缴或者责令退赔；违禁品和供犯罪所用的本人财物，应当予以没收。没收的财物和罚金，一律上缴国库，不得挪用和自行处理。另外，根据《行政处罚法》第 9 条的规定，我国行政处罚的种类包括罚款、没收违法所得、没收非法财物等；该法第 74 条也规定，除依法应当予以销毁的物品外，依法没收的非法财物必须按照国家规定公开拍卖或者按照国家有关规定处理。罚款、没收的违法所得或者没收非法财物拍卖的款项，必须全部上缴国库，任何行政机关或者个人不得以任何形式截留、私分或者变相私分。……财政部门不得以任何形式向作出行政处罚决定的行政机关返还罚款、没收的违法所得或者返还没收非法财物的拍卖款项。私分罚没财物，累计总额达 10 万元以上的，才构成本罪。<br>2. 将罚没财物截留并集体私分给个人。私分罚没财物一般可以分为两个步骤：一是将应当上缴国家的罚没财物截留在本单位；二是私分截留在本单位的罚没财物。如果只有截留而没有私分，不构成本罪。<br>3. 私分罚没财物的行为违反了国家规定，即违反了全国人民代表大会及其常务委员会制定的法律和决定，国务院制定的行政法规、规定的行政措施、发布的决定和命令。本罪主要违反是的《刑法》《行政处罚法》等法律法规。<br>4. 私分罚没财物行为须以单位名义进行。私分罚没财物的行为必须是在单位意志支配下实施的，即由单位决策机构决定，或者是由单位领导决定，或者是由单位决策机构集体讨论决定的。</td></tr>
<tr><td>犯罪主体</td><td>本罪属于单位犯罪，主体是司法机关和行政执法机关。司法机关从广义上讲包括负有侦查、检察、审判职能的机关——公安机关、国家安全机关、检察机关、审判机关和监狱等。“行政执法机关”包括公安、海关、税务、环保等具有行政执法权的国家各级行政机关。</td></tr>
</table>

## 定罪标准

**犯罪主观方面**

本罪的主观方面表现为故意，即司法机关和行政执法机关明知是应当上缴国家的罚没财物，却以单位名义集体私分给个人。本罪的主观方面还包括单位的整体意志，即通过单位决策机构决定，或者是由单位领导决定，或者是由单位决策机构集体讨论决定而形成的整体意志。

**罪与非罪**

区分罪与非罪的界限，要注意单位截留罚没财物后没有集体私分给个人的，不构成本罪。实践中，部分单位截留罚没财物后，将有关罚款存入银行收取利息或私分利息，或者将罚款用于单位基本建设等，都不构成本罪。

**此罪与彼罪**

**一、本罪与私分国有资产罪的界限**

本罪与私分国有资产罪之间具有相似之处，二者的区别在于：（1）犯罪对象不同。本罪的对象是应当上缴的罚没财物；而私分国有资产罪的对象是国有资产。（2）犯罪主体不同。本罪的主体只能是司法机关和行政执法机关；而私分国有资产罪的主体则是国家机关、国有公司、企业、事业单位、人民团体，范围较广。

**二、本罪与贪污罪的界限**

本罪与贪污罪具有一定的相似之处，在本罪名设置之前，私分罚没财物的行为被认定为贪污罪的一种形式。二者之间的主要区别在于：（1）行为的方法不同。本罪是违反国家规定，集体私分罚没财物的行为；而贪污罪则表现为个人利用职务上的便利，侵吞、窃取、骗取或以其他手段非法占有公共财物。（2）行为的对象不同。本罪的对象是罚没财物；而贪污罪的对象则是包括一切公共财物，范围较广。（3）犯罪主体不同。本罪是单位犯罪；而贪污罪是自然人犯罪。（4）承担责任的主体不同。本罪只处罚直接负责的主管人员和其他直接责任人员，对于其他单位成员，即使分得了国有资产，也不构成本罪；而在贪污案件中，凡是共同参与贪污行为的人，都构成贪污罪。

## 证据参考标准

**主体方面的证据**

**一、证明单位的证据**

证明是否属于依法成立并有合法经营、管理范围的公司、企业、事业单位、机关、团体。

证明单位的名称、住所地、性质、法定代表人、单位负责人、业务范围、成立时间等证据材料，如企业法人营业执照、国有公司性质证明及非法人单位的身份证明等。

**二、证明法定代表人、单位负责人或直接责任人员等身份的证据**

法定代表人、直接负责的主管人员和其他直接责任人在单位的任职、职责、负责权限的证明材料等。包括身份证明、户籍证明、任职证明等，如户口簿、居民身份证、居住证、工作证、护照、专业或技术等级证、干部履历表、职工登记表、任命书、业务分工文件、委派文件、单位证明、单位规章制度等。

**主观方面的证据**

**证明行为人故意的证据**

1. 证明存在单位私分罚没财物的整体意志的证据：（1）证明私分罚没财物经过单位决策机构的决定、批准；（2）其他。2. 证明主观认识因素的证据：证明明知自己的行为会发生危害社会的结果。3. 证明主观意志因素的证据：证明希望或者放任危害结果发生。

<table>
<tr>
<td rowspan="2">证据参考标准</td>
<td>客观方面的证据</td>
<td colspan="2">证明司法机关、行政执法机关违反国家规定，将应当上缴国家的罚没财物，以单位名义集体私分给个人的证据<br>具体证据包括：1. 证明私分罚没财物行为的手段、方法等证据。2. 证明被私分的财产是罚没财物的证据。3. 证明被私分的罚没财物总额的证据；4. 证明私分行为是以单位名义实施的证据。5. 证明私分行为违反了国家规定的证据。6. 证明被私分的罚没财物去向的证据。</td>
</tr>
<tr>
<td>量刑方面的证据</td>
<td colspan="2">一、法定量刑情节证据<br>1. 事实情节：（1）数额巨大；（2）其他。2. 法定从重情节。3. 法定从轻、减轻情节：（1）可以从轻；（2）可以从轻或者减轻；（3）应当从轻或者减轻。4. 法定从轻、减轻、免除情节：（1）可以从轻、减轻或者免除处罚；（2）应当从轻、减轻或者免除处罚。5. 法定减轻、免除情节：（1）可以减轻或者免除处罚；（2）应当减轻或者免除处罚；（3）可以免除处罚。<br>二、酌定量刑情节证据<br>1. 私分罚没财物的手段、方法、次数。2. 罚没财物的来源及性质。3. 危害结果。4. 私分罚没财物的动机、目的、起因以及不同的负责人在共同研究私分罚没财物时的不同心理态度。5. 平时表现。6. 认罪态度。7. 罚没财物的归还情况。8. 是否有前科。9. 其他证据。</td>
</tr>
<tr>
<td rowspan="3">量刑标准</td>
<td colspan="2">司法机关、行政执法机关犯本罪的</td>
<td>对其直接负责的主管人员和其他直接责任人员，处三年以下有期徒刑或者拘役，并处或者单处罚金</td>
</tr>
<tr>
<td colspan="2">数额巨大的</td>
<td>处三年以上七年以下有期徒刑，并处罚金</td>
</tr>
<tr>
<td>不适用缓刑或者免予刑事处罚</td>
<td colspan="2">1. 以下情形一般不适用缓刑或者免予刑事处罚：<br>（1）不如实供述罪行的；<br>（2）不予退缴赃款赃物或者将赃款赃物用于非法活动的；<br>（3）属于共同犯罪中情节严重的主犯的；<br>（4）犯有数个职务犯罪依法实行并罚或者以一罪处理的；<br>（5）曾因职务违纪违法行为受过行政处分的；<br>（6）犯罪涉及的财物属于救灾、抢险、防汛、优抚、扶贫、移民、救济、防疫等特定款物的；<br>（7）其他不应适用缓刑、免予刑事处罚的情形。<br>对于具有以上情形之一，但根据全案事实和量刑情节，检察机关认为确有必要适用缓刑或者免予刑事处罚并据此提出量刑建议的，应经检察委员会讨论决定；审理法院认为确有必要适用缓刑或者免予刑事处罚的，应经审判委员会讨论决定。<br>2. 人民法院审理职务犯罪案件时应当注意听取检察机关、被告人、辩护人提出的量刑意见，分析影响性案件案发前后的社会反映，必要时可以征求案件查办等机关的意见。对于情节恶劣、社会反映强烈的职务犯罪案件，不得适用缓刑、免予刑事处罚。</td>
</tr>
</table>

刑法条文

**第三百九十六条** 国家机关、国有公司、企业、事业单位、人民团体，违反国家规定，以单位名义将国有资产集体私分给个人，数额较大的，对其直接负责的主管人员和其他直接责任人员，处三年以下有期徒刑或者拘役，并处或者单处罚金；数额巨大的，处三年以上七年以下有期徒刑，并处罚金。

司法机关、行政执法机关违反国家规定，将应当上缴国家的罚没财物，以单位名义集体私分给个人的，依照前款的规定处罚。

**第六十四条** 犯罪分子违法所得的一切财物，应当予以追缴或者责令退赔；对被害人的合法财产，应当及时返还；违禁品和供犯罪所用的本人财物，应当予以没收。没收的财物和罚金，一律上缴国库，不得挪用和自行处理。

**第九十六条** 本法所称违反国家规定，是指违反全国人民代表大会及其常务委员会制定的法律和决定，国务院制定的行政法规、规定的行政措施、发布的决定和命令。

法律适用

司法解释

**一、最高人民法院《关于准确理解和适用刑法中“国家规定”的有关问题的通知》**
（2011 年 4 月 8 日 法发〔2011〕155 号）

全国地方各级人民法院、各级军事法院、各铁路运输中级法院和基层法院，新疆生产建设兵团各级法院：

日前，国务院法制办就国务院办公厅文件的有关规定是否可以认定为刑法中的“国家规定”予以统一、规范。为切实做好相关刑事案件审判工作，准确把握刑法有关条文规定的“违反国家规定”的认定标准，依法惩治犯罪，统一法律适用，现就有关问题通知如下：

一、根据刑法第九十六的规定，刑法中的“国家规定”是指，全国人民代表大会及其常务委员会制定的法律和决定，国务院制定的行政法规、规定的行政措施、发布的决定和命令。其中，“国务院规定的行政措施”应当由国务院决定，通常以行政法规或者国务院制发文件的形式加以规定。以国务院办公厅名义制发的文件，符合以下条件的，亦应视为刑法中的“国家规定”：（1）有明确的法律依据或者同相关行政法规不相抵触；（2）经国务院常务会议讨论通过或者经国务院批准；（3）在国务院公报上公开发布。

二、各级人民法院在刑事审判工作中，对有关案件所涉及的“违反国家规定”的认定，要依照相关法律、行政法规及司法解释的规定准确把握。对于规定不明确的，要按照本通知的要求审慎认定。对于违反地方性法规、部门规章的行为，不得认定为“违反国家规定”。对被告人的行为是否“违反国家规定”存在争议的，应当作为法律适用问题，逐级向最高人民法院请示。

三、各级人民法院审理非法经营犯罪案件，要依法严格把握刑法第二百二十五条第（四）的适用范围。对被告人的行为是否属于刑法第二百二十五条第（四）规定的“其它严重扰乱市场秩序的非法经营行为”，有关司法解释未作明确规定的，应当作为法律适用问题，逐级向最高人民法院请示。

**二、最高人民法院、最高人民检察院《关于办理职务犯罪案件严格适用缓刑、免予刑事处罚若干问题的意见》**（2012 年 8 月 8 日 法发〔2012〕17 号）（略，详见本书第 16 页）

法律适用

相关法律法规

**《中华人民共和国行政处罚法》（节录）**（1996年3月17日第八届全国人民代表大会第四次会议通过　2009年8月27日第一次修正　2017年9月1日第二次修正　2021年1月22日修订）

**第九条**　行政处罚的种类：

（一）警告、通报批评；

（二）罚款、没收违法所得、没收非法财物；

（三）暂扣许可证件、降低资质等级、吊销许可证件；

（四）限制开展生产经营活动、责令停产停业、责令关闭、限制从业；

（五）行政拘留；

（六）法律、行政法规规定的其他行政处罚。

**第七十四条**　除依法应当予以销毁的物品外，依法没收的非法财物必须按照国家规定公开拍卖或者按照国家有关规定处理。

罚款、没收的违法所得或者没收非法财物拍卖的款项，必须全部上缴国库，任何行政机关或者个人不得以任何形式截留、私分或者变相私分。

罚款、没收的违法所得或者没收非法财物拍卖的款项，不得同作出行政处罚决定的行政机关及其工作人员的考核、考评直接或者变相挂钩。除依法应当退还、退赔的外，财政部门不得以任何形式向作出行政处罚决定的行政机关返还罚款、没收的违法所得或者没收非法财物拍卖的款项。

# 15 滥用职权案

**概念**

本罪是指国家机关工作人员超越职权，违法决定、处理其无权决定、处理的事项，或者违反规定处理公务，致使公共财产、国家和人民利益遭受重大损失的行为。

**立案标准**

国家机关工作人员滥用职权，具有下列情形之一的，应当认定为《刑法》第397条规定的“致使公共财产、国家和人民利益遭受重大损失”，予以立案：

1. 造成死亡1人以上，或者重伤3人以上，或者轻伤9人以上，或者重伤2人、轻伤3人以上，或者重伤1人、轻伤6人以上的。
2. 造成经济损失30万元以上的。
3. 造成恶劣社会影响的。
4. 其他致使公共财产、国家和人民利益遭受重大损失的情形。

国家机关工作人员实施滥用职权犯罪行为，触犯《刑法》分则第9章第398条至第419条规定的，依照该规定定罪处罚。国家机关工作人员滥用职权，因不具备徇私舞弊等情形，不符合《刑法》分则第9章第398条至第419条的规定，但依法构成《刑法》第397条规定的犯罪的，以滥用职权罪定罪处罚。

国家机关负责人员违法决定，或者指使、授意、强令其他国家机关工作人员违法履行职务或者不履行职务，构成《刑法》分则第9章规定的渎职犯罪的，应当依法追究刑事责任。

以“集体研究”形式实施的渎职犯罪，应当依照《刑法》分则第9章的规定追究国家机关负有责任的人员的刑事责任。对于具体执行人员，应当在综合认定其行为性质、是否提出反对意见、危害结果大小等情节的基础上决定是否追究刑事责任和应当判处的刑罚。

**定罪标准**

**犯罪客体**

本罪侵犯的客体是国家机关的正常管理活动。

**犯罪客观方面**

本罪在客观方面表现为超越职权，违法决定、处理其无权决定、处理的事项，或者违反规定处理公务，致使公共财产、国家和人民利益遭受重大损失的行为。具体包括以下两个要素：

1. 实施了滥用职权的行为。“职权”是国家机关工作人员代表国家处理公务的职责和权力；“滥用”是指胡乱地或者过度地使用。滥用职权，则是指超越职权，违法决定、处理其无权决定、处理的事项，或者违反规定处理公务。具体来说，滥用职权在客观上可能表现为两种形式：(1) 超越职权，违法决定、处理其无权决定、处理的事项。例如，公安机关本无权管理环境保护方面的工作，但却超越职权以环境污染为由对工矿企业处以罚款等行政处罚。超越职权主要包括三种情况：一是横向越权，即行为人行使了属于其他国家机关的专有职权。二是纵向越权，即具有上下级隶属关系的同一性质但不同级别国家机关之间的越权，既包括上级对下级职责范围内的工作滥

定罪标准

**犯罪客观方面**

用指令，也包括下级对上级职权范围的侵犯。三是内部越权，即依照有关规定，某类问题应由该单位或机关通过内部民主讨论后形成决策，而行为人却独断专行，不倾听或不采纳别人的意见。（2）违反规定处理公务，即不正当地行使自己职权范围内的权力或者不履行职责。本罪多表现为作为的形式，即行为人是主动地行使职权，但却逾越了其合法拥有的职权范围或不适当、不正确地行使职权。

2. 滥用职权的行为致使公共财产、国家和人民利益遭受重大损失。所谓“致使公共财产、国家和人民利益遭受重大损失”，是指国家机关工作人员滥用职权，具有下列情形之一：（1）造成死亡 1 人以上，或者重伤 3 人以上，或者轻伤 9 人以上，或者重伤 2 人、轻伤 3 人以上，或者重伤 1 人、轻伤 6 人以上的；（2）造成经济损失 30 万元以上的；（3）造成恶劣社会影响的；（4）其他致使公共财产、国家和人民利益遭受重大损失的情形。所谓“情节特别严重”，是指具有下列情形之一的：（1）造成伤亡达到前述第 1 项规定人数 3 倍以上的；（2）造成经济损失 150 万元以上的；（3）造成前述规定的损失后果，不报、迟报、谎报或者授意、指使、强令他人不报、迟报、谎报事故情况，致使损失后果持续、扩大或者抢救工作延误的；（4）造成特别恶劣社会影响的；（5）其他特别严重的情节。

所谓“经济损失”，是指渎职犯罪或者与渎职犯罪相关联的犯罪立案时已经实际造成的财产损失，包括为挽回渎职犯罪所造成损失而支付的各种开支、费用等。立案后至提起公诉前持续发生的经济损失，应一并计入渎职犯罪造成的经济损失。债务人经法定程序被宣告破产，债务人潜逃、去向不明，或者因行为人的责任超过诉讼时效等，致使债权已经无法实现的，无法实现的债权部分应当认定为渎职犯罪的经济损失。渎职犯罪或者与渎职犯罪相关联的犯罪立案后，犯罪分子及其亲友自行挽回的经济损失，司法机关或者犯罪分子所在单位及其上级主管部门挽回的经济损失，或者因客观原因减少的经济损失，不予扣减，但可以作为酌定从轻处罚的情节。

此外，依照《刑法》第 397 条第 2 款规定，徇私舞弊是本罪的加重情节。所谓“徇私舞弊”，是指国家机关工作人员为徇私情、私利，故意违背事实和法律，伪造材料，隐瞒情况，弄虚作假的行为。其中，“徇私”应理解为徇个人私情、私利。

**犯罪主体**

本罪是纯正的身份犯，主体是国家机关工作人员。“国家机关工作人员”，是指在国家机关中从事公务的人员，包括在各级国家权力机关、行政机关、司法机关和军事机关中从事公务的人员。认定本罪主体时，应当注意有关立法、立法解释和司法解释。

1. 2012 年 12 月 7 日最高人民法院、最高人民检察院公布的《关于办理渎职刑事案件适用法律若干问题的解释（一）》明确规定，国家机关负责人员违法决定，或者指使、授意、强令其他国家机关工作人员违法履行职务或者不履行职务，构成《刑法》分则第 9 章规定的渎职犯罪的，应当依法追究刑事责任。以“集体研究”形式实施的渎职犯罪，应当依照《刑法》分则第 9 章的规定追究国家机关负有责任的人员的刑事责任。对于具体执行人员，应当在综合认定其行为性质、是否提出反对意见、危害结果大小等情节的基础上决定是否追究刑事责任和应当判处的刑罚。

2. 1998 年 12 月 29 日全国人大常委会公布施行的《关于惩治骗购外汇、逃汇和非法买卖外汇犯罪的决定》第 6 条规定，海关、外汇管理部门的工作人员严重不负责任，造成大量外汇被骗购或者逃汇，致使国家利益遭受重大损失的，依照《刑法》第 397 条的规定定罪处罚。

定罪标准

犯罪主体

3. 2002 年 12 月 28 日全国人大常委会对渎职罪主体适用问题进行了解释，认为在依照法律、法规规定行使国家行政管理职权的组织中从事公务的人员，或者在受国家机关委托代表国家机关行使职权的组织中从事公务的人员，或者虽未列入国家机关人员编制但在国家机关中从事公务的人员，在代表国家机关行使职权时有渎职行为构成犯罪的，依照《刑法》关于渎职罪的规定追究刑事责任。2012 年 12 月 7 日最高人民法院、最高人民检察院公布的《关于办理渎职刑事案件适用法律若干问题的解释（一）》进一步明确：依法或者受委托行使国家行政管理职权的公司、企业、事业单位的工作人员，在行使行政管理职权时滥用职权，构成犯罪的，应当依照《全国人民代表大会常务委员会关于〈中华人民共和国刑法〉第九章渎职罪主体适用问题的解释》的规定，适用渎职罪的规定追究刑事责任。

4. 2003 年 11 月 13 日最高人民法院公布的《全国法院审理经济犯罪案件工作座谈会纪要》认为，在乡（镇）以上中国共产党机关、人民政协机关中从事公务的人员，司法实践中也应当视为国家机关工作人员。

5. 2000 年 5 月 4 日最高人民检察院作出的《关于镇财政所所长是否适用国家机关工作人员的批复》认为，对于属于行政执法事业单位的镇财政所中按国家机关在编干部管理的工作人员，在履行政府行政公务活动中，滥用职权或者玩忽职守构成犯罪的，以国家机关工作人员论。

6. 2000 年 10 月 9 日最高人民检察院作出的《关于合同制民警能否成为玩忽职守罪主体问题的批复》认为，根据《刑法》第 93 条第 2 款规定，合同制民警在依法执行公务期间，属其他依照法律从事公务的人员，应以国家机关工作人员论。对其执行公务中的玩忽职守行为，符合玩忽职守罪构成要件的，以玩忽职守罪追究刑事责任。

7. 2000 年 10 月 31 日最高人民检察院作出的《关于属工人编制的乡（镇）工商所所长能否依照刑法第 397 条的规定追究刑事责任问题的批复》认为，根据《刑法》第 93 条第 2 款规定，经人事部门任命，但为工人编制的乡（镇）工商所所长，依法履行工商行政管理职责时，属其他依照法律从事公务的人员，应以国家机关工作人员论。如果玩忽职守，致使公共财产、国家和人民利益遭受重大损失，以玩忽职守罪追究刑事责任。

8. 2010 年最高人民法院、最高人民检察院公布的《关于办理国家出资企业中职务犯罪案件具体应用法律若干问题的意见》进一步规定：

（1）关于国家出资企业中国家工作人员的认定

经国家机关、国有公司、企业、事业单位提名、推荐、任命、批准等，在国有控股、参股公司及其分支机构中从事公务的人员，应当认定为国家工作人员。具体的任命机构和程序，不影响国家工作人员的认定。

经国家出资企业中负有管理、监督国有资产职责的组织批准或者研究决定，代表其在国有控股、参股公司及其分支机构中从事组织、领导、监督、经营、管理工作的人员，应当认定为国家工作人员。

国家出资企业中的国家工作人员，在国家出资企业中持有个人股份或者同时接受非国有股东委托的，不影响其国家工作人员身份的认定。

（2）关于改制前后主体身份发生变化的犯罪的处理

国家工作人员在国家出资企业改制前利用职务上的便利实施犯罪，在其不再具有国家工作人员身份后又实施同种行为，依法构成不同犯罪的，应当分别定罪，实行数罪并罚。

<table>
<tr><td rowspan="4">定罪标准</td><td>犯罪主体</td><td>国家工作人员利用职务上的便利，在国家出资企业改制过程中隐匿公司、企业财产，在其不再具有国家工作人员身份后将所隐匿财产据为己有的，依照《刑法》第382条、第383条的规定，以贪污罪定罪处罚。<br><br>国家工作人员在国家出资企业改制过程中利用职务上的便利为请托人谋取利益，事先约定在其不再具有国家工作人员身份后收受请托人财物，或者在身份变化前后连续收受请托人财物的，依照《刑法》第385条、第386条的规定，以受贿罪定罪处罚。<br><br>（3）关于国家出资企业的界定<br><br>“国家出资企业”，包括国家出资的国有独资公司、国有独资企业，以及国有资本控股公司。<br><br>是否属于国家出资企业不清楚的，应遵循“谁投资、谁拥有产权”的原则进行界定。企业注册登记中的资金来源与实际出资不符的，应根据实际出资情况确定企业的性质。企业实际出资情况不清楚的，可以综合工商注册、分配形式、经营管理等因素确定企业的性质。</td></tr>
<tr><td>犯罪主观方面</td><td>本罪在主观方面表现为故意，即行为人明知自己滥用职权的行为会导致公共财产、国家和人民利益遭受重大损失，并且希望或者放任这种结果发生。从司法实践情况来看，对滥用职权所导致的危害结果持间接故意的较多。</td></tr>
<tr><td>罪与非罪</td><td>区分罪与非罪的界限，关键是要看滥用职权行为是否给公共财产、国家和人民利益造成了重大损失。如果行为人虽然有滥用职权的行为，但其行为并没有导致公共财产、国家和人民利益遭受重大损失，则属于一般的滥用职权行为，应给予相应的行政处分，不应按犯罪论处。<br><br>根据《最高人民法院、最高人民检察院关于办理国家出资企业中职务犯罪案件具体应用法律若干问题的意见》，办理国家出资企业中的职务犯罪案件时，要综合考虑历史条件、企业发展、职工就业、社会稳定等因素，注意具体情况具体分析，严格把握犯罪与一般违规行为的区分界限。对于主观恶意明显、社会危害严重、群众反映强烈的严重犯罪，要坚决依法从严惩处；对于特定历史条件下、为了顺利完成企业改制而实施的违反国家政策法律规定的行为，行为人无主观恶意或者主观恶意不明显，情节较轻，危害不大的，可以不作为犯罪处理。<br><br>对于国家出资企业中的职务犯罪，要加大经济上的惩罚力度，充分重视财产刑的适用和执行，最大限度地挽回国家和人民利益遭受的损失。不能退赃的，在决定刑罚时，应当作为重要情节予以考虑。</td></tr>
<tr><td>此罪与彼罪</td><td>要注意区分本罪与其他滥用职权犯罪的界限。除本罪外，《刑法》分则第9章还规定其他一些滥用职权的犯罪行为。《刑法》第397条明文规定，“本法另有规定的，依照规定”。《最高人民法院、最高人民检察院关于办理渎职刑事案件适用法律若干问题的解释（一）》也进一步明确规定，国家机关工作人员实施滥用职权犯罪行为，触犯《刑法》分则第9章第398条至第419条规定的，依照该规定定罪处罚。国家机关工作人员滥用职权，因不具备徇私舞弊等情形，不符合《刑法》分则第9章第398条至第419条的规定，但依法构成第397条规定的犯罪的，以滥用职权罪定罪处罚。<br><br>1. 国家机关工作人员实施渎职犯罪并收受贿赂，同时构成受贿罪的，除《刑法》另有规定外，以渎职犯罪和受贿罪数罪并罚。<br><br>2. 国家机关工作人员实施渎职行为，放纵他人犯罪或者帮助他人逃避刑事处罚，构成犯罪的，依照渎职罪的规定定罪处罚。</td></tr>
</table>

**定罪标准**

**此罪与彼罪**

3. 国家机关工作人员与他人共谋，利用其职务行为帮助他人实施其他犯罪行为，同时构成渎职犯罪和共谋实施的其他犯罪共犯的，依照处罚较重的规定定罪处罚。

4. 国家机关工作人员与他人共谋，既利用其职务行为帮助他人实施其他犯罪，又以非职务行为与他人共同实施该其他犯罪行为，同时构成渎职犯罪和其他犯罪的共犯的，依照数罪并罚的规定定罪处罚。

5.《最高人民法院、最高人民检察院关于办理国家出资企业中职务犯罪案件具体应用法律若干问题的意见》对关于国家工作人员在企业改制过程中的渎职行为的处理进行了明确规定：

（1）国家出资企业中的国家工作人员在公司、企业改制或者国有资产处置过程中严重不负责任或者滥用职权，致使国家利益遭受重大损失的，依照《刑法》第168条的规定，以国有公司、企业人员失职罪或者国有公司、企业人员滥用职权罪定罪处罚。

（2）国家出资企业中的国家工作人员在公司、企业改制或者国有资产处置过程中徇私舞弊，将国有资产低价折股或者低价出售给其本人未持有股份的公司、企业或者其他个人，致使国家利益遭受重大损失的，依照《刑法》第169条的规定，以徇私舞弊低价折股、出售国有资产罪定罪处罚。

（3）国家出资企业中的国家工作人员在公司、企业改制或者国有资产处置过程中徇私舞弊，将国有资产低价折股或者低价出售给特定关系人持有股份或者本人实际控制的公司、企业，致使国家利益遭受重大损失的，依照《刑法》第382条、第383条的规定，以贪污罪定罪处罚。贪污数额以国有资产的损失数额计算。

国家出资企业中的国家工作人员因实施前两项行为收受贿赂，同时又构成《刑法》第385条规定之罪的，依照处罚较重的规定定罪处罚。

**证据参考标准**

**主体方面的证据**

**一、证明行为人刑事责任年龄、身份（国家机关工作人员）等自然情况的证据**

包括身份证明、户籍证明、任职证明、工作经历证明、特定职责证明等，主要是证明行为人的姓名（曾用名）、性别、出生年月日、民族、籍贯、出生地、职业（或职务）、住所地（或居所地）等证据材料，如户口簿、居民身份证、居住证、工作证、出生证、专业或技术等级证、干部履历表、职工登记表、护照等。

对于户籍、出生证等材料内容不实的，应提供其他证据材料。人大代表、政协委员犯罪的案件，应注明身份，并附身份证明材料。

**二、证明行为人刑事责任能力的证据**

证明行为人对自己的行为是否具有辨认能力与控制能力，如是否属于间歇性精神病人、案发时是否尚未完全丧失辨认或者控制自己行为能力的证明材料。

**主观方面的证据**

**证明行为人故意的证据**

1. 证明行为人主观认识因素的证据：证明行为人明知自己的行为会发生危害社会的结果。2. 证明行为人主观意志因素的证据：证明行为人希望或者放任危害结果发生。

<table>
<tr><td rowspan="2">证据参考标准</td><td>客观方面的证据</td><td>证明行为人滥用职权行为的证据<br>具体证据包括：1. 证明实施了滥用职权行为的证据，包括：（1）证明行为人超越职权，违法决定、处理其无权决定、处理的事项；（2）证明行为人违反规定处理公务（不正当地行使自己职权范围内的权力或者不履行职责）。2. 证明滥用职权的行为致使公共财产遭受重大损失的证据。3. 证明滥用职权的行为致使国家和人民利益遭受重大损失的证据。4. 证明情节特别严重的证据。5. 证明徇私舞弊的证据。</td></tr>
<tr><td>量刑方面的证据</td><td>一、法定量刑情节证据<br>1. 事实情节。2. 法定从重情节。3. 法定从轻、减轻情节：（1）可以从轻；（2）可以从轻或者减轻；（3）应当从轻或者减轻。4. 法定从轻、减轻、免除情节：（1）可以从轻、减轻或者免除处罚；（2）应当从轻、减轻或者免除处罚。5. 法定减轻、免除情节：（1）可以减轻或者免除处罚；（2）应当减轻或者免除处罚；（3）可以免除处罚。<br>二、酌定量刑情节证据<br>1. 犯罪手段。2. 犯罪对象。3. 危害结果。4. 犯罪动机。5. 平时表现。6. 认罪态度。7. 是否有前科。8. 其他证据。</td></tr>
<tr><td rowspan="5">量刑标准</td><td>犯本罪的</td><td>处三年以下有期徒刑或者拘役</td></tr>
<tr><td>情节特别严重的</td><td>处三年以上七年以下有期徒刑</td></tr>
<tr><td>徇私舞弊犯本罪的</td><td>处五年以下有期徒刑或者拘役</td></tr>
<tr><td>徇私舞弊犯本罪，情节特别严重的</td><td>处五年以上十年以下有期徒刑</td></tr>
<tr><td>一般不适用缓刑或者免予刑事处罚</td><td>1. 以下情形一般不适用缓刑或者免予刑事处罚：<br>（1）不如实供述罪行的；<br>（2）不予退缴赃款赃物或者将赃款赃物用于非法活动的；<br>（3）属于共同犯罪中情节严重的主犯的；<br>（4）犯有数个职务犯罪依法实行并罚或者以一罪处理的；<br>（5）曾因职务违纪违法行为受过行政处分的；<br>（6）犯罪涉及的财物属于救灾、抢险、防汛、优抚、扶贫、移民、救济、防疫等特定款物的；<br>（7）渎职犯罪中徇私舞弊情节或者滥用职权情节恶劣的；<br>（8）其他不应适用缓刑、免予刑事处罚的情形。<br>对于具有以上情形之一，但根据全案事实和量刑情节，检察机关认为确有必要适用缓刑或者免予刑事处罚并据此提出量刑建议的，应经检察委员会讨论决定；审理法院认为确有必要适用缓刑或者免予刑事处罚的，应经审判委员会讨论决定。<br>2. 人民法院审理职务犯罪案件时应当注意听取检察机关、被告人、辩护人提出的量刑意见，分析影响性案件案发前后的社会反映，必要时可以征求案件查办等机关的意见。对于情节恶劣、社会反映强烈的职务犯罪案件，不得适用缓刑、免予刑事处罚。</td></tr>
</table>

刑法条文

**第三百九十七条** 国家机关工作人员滥用职权或者玩忽职守，致使公共财产、国家和人民利益遭受重大损失的，处三年以下有期徒刑或者拘役；情节特别严重的，处三年以上七年以下有期徒刑。本法另有规定的，依照规定。

国家机关工作人员徇私舞弊，犯前款罪的，处五年以下有期徒刑或者拘役；情节特别严重的，处五年以上十年以下有期徒刑。本法另有规定的，依照规定。

**第九十一条** 本法所称公共财产，是指下列财产：

（一）国有财产；

（二）劳动群众集体所有的财产；

（三）用于扶贫和其他公益事业的社会捐助或者专项基金的财产。

在国家机关、国有公司、企业、集体企业和人民团体管理、使用或者运输中的私人财产，以公共财产论。

法律适用

立法解释

**一、全国人民代表大会常务委员会《关于〈中华人民共和国刑法〉第九章渎职罪主体适用问题的解释》**（2002年12月28日第九届全国人民代表大会常务委员会第三十一次会议通过）

全国人大常委会根据司法实践中遇到的情况，讨论了刑法第九章渎职罪主体的适用问题，解释如下：

在依照法律、法规规定行使国家行政管理职权的组织中从事公务的人员，或者在受国家机关委托代表国家机关行使职权的组织中从事公务的人员，或者虽未列入国家机关人员编制但在国家机关中从事公务的人员，在代表国家机关行使职权时，有渎职行为，构成犯罪的，依照刑法关于渎职罪的规定追究刑事责任。

现予公告。

**二、全国人民代表大会常务委员会《关于〈中华人民共和国刑法〉第三百一十三条的解释》**（2002年8月29日第九届全国人民代表大会常务委员会第二十九次会议通过）

全国人民代表大会常务委员会讨论了刑法第三百一十三条规定的“对人民法院的判决、裁定有能力执行而拒不执行，情节严重”的含义问题，解释如下：

刑法第三百一十三条规定的“人民法院的判决、裁定”，是指人民法院依法作出的具有执行内容并已发生法律效力的判决、裁定。人民法院为依法执行支付令、生效的调解书、仲裁裁决、公证债权文书等所作的裁定属于该条规定的裁定。

下列情形属于刑法第三百一十三条规定的“有能力执行而拒不执行，情节严重”的情形：

（一）被执行人隐藏、转移、故意毁损财产或者无偿转让财产、以明显不合理的低价转让财产，致使判决、裁定无法执行的；

（二）担保人或者被执行人隐藏、转移、故意毁损或者转让已向人民法院提供担保的财产，致使判决、裁定无法执行的；

（三）协助执行义务人接到人民法院协助执行通知书后，拒不协助执行，致使判决、裁定无法执行的；

（四）被执行人、担保人、协助执行义务人与国家机关工作人员通谋，利用国家机关工作人员的职权妨害执行，致使判决、裁定无法执行的；

（五）其他有能力执行而拒不执行，情节严重的情形。

国家机关工作人员有上述第四项行为的，以拒不执行判决、裁定罪的共犯追究刑事责任。国家机关工作人员收受贿赂或者滥用职权，有上述第四项行为的，同时又构成刑法第三百八十五条、第三百九十七条规定之罪的，依照处罚较重的规定定罪处罚。

现予公告。

**一、最高人民法院、最高人民检察院《关于办理破坏野生动物资源刑事案件适用法律若干问题的解释》（节录）**（2022 年 4 月 6 日　法释〔2022〕12 号）

第十条　负有野生动物保护和进出口监督管理职责的国家机关工作人员，滥用职权或者玩忽职守，致使公共财产、国家和人民利益遭受重大损失的，应当依照刑法第三百九十七条的规定，以滥用职权罪或者玩忽职守罪追究刑事责任。

负有查禁破坏野生动物资源犯罪活动职责的国家机关工作人员，向犯罪分子通风报信、提供便利，帮助犯罪分子逃避处罚的，应当依照刑法第四百一十七条的规定，以帮助犯罪分子逃避处罚罪追究刑事责任。

**二、最高人民法院、最高人民检察院、公安部《关于办理涉窨井盖相关刑事案件的指导意见》（节录）**（2020 年 3 月 16 日　高检发〔2020〕3 号）

八、在窨井盖采购、施工、验收、使用、检查过程中负有决定、管理、监督等职责的国家机关工作人员玩忽职守或者滥用职权，致使公共财产、国家和人民利益遭受重大损失的，依照刑法第三百九十七条的规定，分别以玩忽职守罪、滥用职权罪定罪处罚。

九、在依照法律、法规规定行使窨井盖行政管理职权的公司、企业、事业单位中从事公务的人员以及在受国家机关委托代表国家机关行使窨井盖行政管理职权的组织中从事公务的人员，玩忽职守或者滥用职权，致使公共财产、国家和人民利益遭受重大损失的，依照刑法第三百九十七条和《全国人民代表大会常务委员会关于〈中华人民共和国刑法〉第九章渎职罪主体适用问题的解释》的规定，分别以玩忽职守罪、滥用职权罪定罪处罚。

十一、国家机关工作人员利用职务上的便利，收受他人财物，为他人谋取与窨井盖相关利益，同时构成受贿罪和刑法分则第九章规定的渎职犯罪的，除刑法另有规定外，以受贿罪和渎职犯罪数罪并罚。

十二、本意见所称的“窨井盖”，包括城市、城乡结合部和乡村等地的窨井盖以及其他井盖。

**三、最高人民法院、最高人民检察院《关于办理扰乱无线电通讯管理秩序等刑事案件适用法律若干问题的解释》（节录）**（2017 年 6 月 27 日　法释〔2017〕11 号）

第七条　负有无线电监督管理职责的国家机关工作人员滥用职权或者玩忽职守，致使公共财产、国家和人民利益遭受重大损失的，应当依照刑法第三百九十七条的规定，以滥用职权罪或者玩忽职守罪追究刑事责任。

有查禁扰乱无线电管理秩序犯罪活动职责的国家机关工作人员，向犯罪分子通风报信、提供便利，帮助犯罪分子逃避处罚的，应当依照刑法第四百一十七条的规定，以帮助犯罪分子逃避处罚罪追究刑事责任；事先通谋的，以共同犯罪论处。

**四、最高人民法院、最高人民检察院《关于办理渎职刑事案件适用法律若干问题的解释（一）》**（2012 年 12 月 7 日　法释〔2012〕18 号）

为依法惩治渎职犯罪，根据刑法有关规定，现就办理渎职刑事案件适用法律的若干问题解释如下：

第一条　国家机关工作人员滥用职权或者玩忽职守，具有下列情形之一的，应当认定为刑法第三百九十七条规定的“致使公共财产、国家和人民利益遭受重大损失”：

（一）造成死亡 1 人以上，或者重伤 3 人以上，或者轻伤 9 人以上，或者重伤 2 人、轻伤 3 人以上，或者重伤 1 人、轻伤 6 人以上的；

（二）造成经济损失30万元以上的；

（三）造成恶劣社会影响的；

（四）其他致使公共财产、国家和人民利益遭受重大损失的情形。

具有下列情形之一的，应当认定为刑法第三百九十七条规定的“情节特别严重”：

（一）造成伤亡达到前款第（一）项规定人数3倍以上的；

（二）造成经济损失150万元以上的；

（三）造成前款规定的损失后果，不报、迟报、谎报或者授意、指使、强令他人不报、迟报、谎报事故情况，致使损失后果持续、扩大或者抢救工作延误的；

（四）造成特别恶劣社会影响的；

（五）其他特别严重的情节。

**第二条** 国家机关工作人员实施滥用职权或者玩忽职守犯罪行为，触犯刑法分则第九章第三百九十八条至第四百一十九条规定的，依照该规定定罪处罚。

国家机关工作人员滥用职权或者玩忽职守，因不具备徇私舞弊等情形，不符合刑法分则第九章第三百九十八条至第四百一十九条的规定，但依法构成第三百九十七条规定的犯罪的，以滥用职权罪或者玩忽职守罪定罪处罚。

**第三条** 国家机关工作人员实施渎职犯罪并收受贿赂，同时构成受贿罪的，除刑法另有规定外，以渎职犯罪和受贿罪数罪并罚。

**第四条** 国家机关工作人员实施渎职行为，放纵他人犯罪或者帮助他人逃避刑事处罚，构成犯罪的，依照渎职罪的规定定罪处罚。

国家机关工作人员与他人共谋，利用其职务行为帮助他人实施其他犯罪行为，同时构成渎职犯罪和共谋实施的其他犯罪共犯的，依照处罚较重的规定定罪处罚。

国家机关工作人员与他人共谋，既利用其职务行为帮助他人实施其他犯罪，又以非职务行为与他人共同实施该其他犯罪行为，同时构成渎职犯罪和其他犯罪的共犯的，依照数罪并罚的规定定罪处罚。

**第五条** 国家机关负责人员违法决定，或者指使、授意、强令其他国家机关工作人员违法履行职务或者不履行职务，构成刑法分则第九章规定的渎职犯罪的，应当依法追究刑事责任。

以“集体研究”形式实施的渎职犯罪，应当依照刑法分则第九章的规定追究国家机关负有责任的人员的刑事责任。对于具体执行人员，应当在综合认定其行为性质、是否提出反对意见、危害结果大小等情节的基础上决定是否追究刑事责任和应当判处的刑罚。

**第六条** 以危害结果为条件的渎职犯罪的追诉期限，从危害结果发生之日起计算；有数个危害结果的，从最后一个危害结果发生之日起计算。

**第七条** 依法或者受委托行使国家行政管理职权的公司、企业、事业单位的工作人员，在行使行政管理职权时滥用职权或者玩忽职守，构成犯罪的，应当依照《全国人民代表大会常务委员会关于〈中华人民共和国刑法〉第九章渎职罪主体适用问题的解释》的规定，适用渎职罪的规定追究刑事责任。

**第八条** 本解释规定的“经济损失”，是指渎职犯罪或者与渎职犯罪相关联的犯罪立案时已经实际造成的财产损失，包括为挽回渎职犯罪所造成损失而支付的各种开支、费用等。立案后至提起公诉前持续发生的经济损失，应一并计入渎职犯罪造成的经济损失。

债务人经法定程序被宣告破产，债务人潜逃、去向不明，或者因行为人的责任超过诉讼时效等，致使债权已经无法实现的，无法实现的债权部分应当认定为渎职犯罪的经济损失。

法律适用 司法解释

渎职犯罪或者与渎职犯罪相关联的犯罪立案后，犯罪分子及其亲友自行挽回的经济损失，司法机关或者犯罪分子所在单位及其上级主管部门挽回的经济损失，或者因客观原因减少的经济损失，不予扣减，但可以作为酌定从轻处罚的情节。

**第九条** 负有监督管理职责的国家机关工作人员滥用职权或者玩忽职守，致使不符合安全标准的食品、有毒有害食品、假药、劣药等流入社会，对人民群众生命、健康造成严重危害后果的，依照渎职罪的规定从严惩处。

**第十条** 最高人民法院、最高人民检察院此前发布的司法解释与本解释不一致的，以本解释为准。

**五、最高人民法院《全国法院审理经济犯罪案件工作座谈会纪要》（节录）**（2003年11月13日 法发〔2003〕167号）

**一、关于贪污贿赂犯罪和渎职犯罪的主体**

（一）国家机关工作人员的认定

刑法中所称的国家机关工作人员，是指在国家机关中从事公务的人员，包括在各级国家权力机关、行政机关、司法机关和军事机关中从事公务的人员。

根据有关立法解释的规定，在依照法律、法规规定行使国家行政管理职权的组织中从事公务的人员，或者在受国家机关委托代表国家行使职权的组织中从事公务的人员，或者虽未列入国家机关人员编制但在国家机关中从事公务的人员，视为国家机关工作人员。在乡（镇）以上中国共产党机关、人民政协机关中从事公务的人员，司法实践中也应当视为国家机关工作人员。

（二）国家机关、国有公司、企业、事业单位委派到非国有公司、企业、事业单位、社会团体从事公务的人员的认定

所谓委派，即委任、派遣，其形式多种多样，如任命、指派、提名、批准等。不论被委派的人身份如何，只要是接受国家机关、国有公司、企业、事业单位委派，代表国家机关、国有公司、企业、事业单位在非国有公司、企业、事业单位、社会团体中从事组织、领导、监督、管理等工作，都可以认定为国家机关、国有公司、企业、事业单位委派到非国有公司、企业、事业单位、社会团体从事公务的人员。如国家机关、国有公司、企业、事业单位委派在国有控股或者参股的股份有限公司从事组织、领导、监督、管理等工作的人员，应当以国家工作人员论。国有公司、企业改制为股份有限公司后，原国有公司、企业的工作人员和股份有限公司新任命的人员中，除代表国有投资主体行使监督、管理职权的人外，不以国家工作人员论。

（三）"其他依照法律从事公务的人员"的认定

刑法第九十三条第二款规定的"其他依照法律从事公务的人员"应当具有两个特征：一是在特定条件下行使国家管理职能；二是依照法律规定从事公务。具体包括：（1）依法履行职责的各级人民代表大会代表；（2）依法履行审判职责的人民陪审员；（3）协助乡镇人民政府、街道办事处从事行政管理工作的村民委员会、居民委员会等农村和城市基层组织人员；（4）其他由法律授权从事公务的人员。

（四）关于"从事公务"的理解

从事公务，是指代表国家机关、国有公司、企业、事业单位、人民团体等履行组织、领导、监督、管理等职责。公务主要表现为与职权相联系的公共事务以及监督、管理国有财产的职务活动。如国家机关工作人员依法履行职责，国有公司的董事、经理、监事、会计、出纳人员等管理、监督国有财产等活动，属于从事公务。那些不具备职权内容的劳务活动、技术服务工作，如售货员、售票员等所从事的工作，一般不认为是公务。

法律适用 司法解释

六、关于渎职罪

（一）渎职犯罪行为造成的公共财产重大损失的认定

根据刑法规定，玩忽职守、滥用职权等渎职犯罪是以致使公共财产、国家和人民利益遭受重大损失为构成要件的。其中，公共财产的重大损失，通常是指渎职行为已经造成的重大经济损失。在司法实践中，有以下情形之一的，虽然公共财产作为债权存在，但已无法实现债权的，可以认定为行为人的渎职行为造成了经济损失：（1）债务人已经法定程序被宣告破产；（2）债务人潜逃，去向不明；（3）因行为人责任，致使超过诉讼时效；（4）有证据证明债权无法实现的其他情况。

（二）玩忽职守罪的追诉时效

玩忽职守行为造成的重大损失当时没有发生，而是玩忽职守行为之后一定时间发生的，应从危害结果发生之日起计算玩忽职守罪的追诉期限。

（三）国有公司、企业人员渎职犯罪的法律适用

对于1999年12月24日《中华人民共和国刑法修正案》实施以前发生的国有公司、企业人员渎职行为（不包括徇私舞弊行为），尚未处理或者正在处理的，不能按照刑法修正案追究刑事责任。

（四）关于"徇私"的理解

徇私舞弊型渎职犯罪的"徇私"应理解为徇个人私情、私利。国家机关工作人员为了本单位的利益，实施滥用职权、玩忽职守行为，构成犯罪的，依照刑法第三百九十七条第一款的规定定罪处罚。

**六、最高人民检察院《关于对林业主管部门工作人员在发放林木采伐许可证之外滥用职权玩忽职守致使森林遭受严重破坏的行为适用法律问题的批复》**（2007年5月16日　高检发释字〔2007〕1号）

福建省人民检察院：

你院《关于林业主管部门工作人员滥用职权、玩忽职守造成森林资源损毁立案标准问题的请示》（闽检〔2007〕14号）收悉。经研究，批复如下：

林业主管部门工作人员违法发放林木采伐许可证，致使森林遭受严重破坏的，依照刑法第四百零七条的规定，以违法发放林木采伐许可证罪追究刑事责任；以其他方式滥用职权或者玩忽职守，致使森林遭受严重破坏的，依照刑法第三百九十七条的规定，以滥用职权罪或者玩忽职守罪追究刑事责任，立案标准依照《最高人民检察院关于渎职侵权犯罪案件立案标准的规定》第一部分渎职犯罪案件第十八条第三款的规定执行。

此复。

**七、最高人民法院、最高人民检察院《关于办理与盗窃、抢劫、诈骗、抢夺机动车相关刑事案件具体应用法律若干问题的解释》（节录）**（2007年5月9日　法释〔2007〕11号）

**第三条**　国家机关工作人员滥用职权，有下列情形之一，致使盗窃、抢劫、诈骗、抢夺的机动车被办理登记手续，数量达到三辆以上或者价值总额达到三十万元以上的，依照刑法第三百九十七条第一款的规定，以滥用职权罪定罪，处三年以下有期徒刑或者拘役：

（一）明知是登记手续不全或者不符合规定的机动车而办理登记手续的；

（二）指使他人为明知是登记手续不全或者不符合规定的机动车办理登记手续的；

（三）违规或者指使他人违规更改、调换车辆档案的；

（四）其他滥用职权的行为。

国家机关工作人员疏于审查或者审查不严，致使盗窃、抢劫、诈骗、抢夺的机动车被办理登记手续，数量达到五辆以上或者价值总额达到五十万元以上的，依照刑法第三百九十七条第一款的规定，以玩忽职守罪定罪，处三年以下有期徒刑或者拘役。

国家机关工作人员实施前两款规定的行为，致使盗窃、抢劫、诈骗、抢夺的机动车被办理登记手续，分别达到前两款规定数量、数额标准五倍以上的，或者明知是盗窃、抢劫、诈骗、抢夺的机动车而办理登记手续的，属于刑法第三百九十七条第一款规定的“情节特别严重”，处三年以上七年以下有期徒刑。

国家机关工作人员徇私舞弊，实施上述行为，构成犯罪的，依照刑法第三百九十七条第二款的规定定罪处罚。

**第四条** 实施本解释第一条、第二条、第三条第一款或者第三款规定的行为，事前与盗窃、抢劫、诈骗、抢夺机动车的犯罪分子通谋的，以盗窃罪、抢劫罪、诈骗罪、抢夺罪的共犯论处。

**第六条** 行为人实施本解释第一条、第三条第三款规定的行为，涉及的机动车有下列情形之一的，应当认定行为人主观上属于上述条款所称“明知”：

（一）没有合法有效的来历凭证；

（二）发动机号、车辆识别代号有明显更改痕迹，没有合法证明的。

**八、最高人民法院、最高人民检察院《关于办理危害生产安全刑事案件适用法律若干问题的解释》（节录）**（2015年12月14日　法释〔2015〕22号）

**第十五条** 国家机关工作人员在履行安全监督管理职责时滥用职权、玩忽职守，致使公共财产、国家和人民利益遭受重大损失的，或者徇私舞弊，对发现的刑事案件依法应当移交司法机关追究刑事责任而不移交，情节严重的，分别依照刑法第三百九十七条、第四百零二条的规定，以滥用职权罪、玩忽职守罪或者徇私舞弊不移交刑事案件罪定罪处罚。

公司、企业、事业单位的工作人员在依法或者受委托行使安全监督管理职责时滥用职权或者玩忽职守，构成犯罪的，应当依照《全国人民代表大会常务委员会关于〈中华人民共和国刑法〉第九章渎职罪主体适用问题的解释》的规定，适用渎职罪的规定追究刑事责任。

**九、最高人民法院、最高人民检察院《关于办理盗窃油气、破坏油气设备等刑事案件具体应用法律若干问题的解释》（节录）**（2007年1月15日　法释〔2007〕3号）

**第七条** 国家机关工作人员滥用职权或者玩忽职守，实施下列行为之一，致使公共财产、国家和人民利益遭受重大损失的，依照刑法第三百九十七条的规定，以滥用职权罪或者玩忽职守罪定罪处罚：

（一）超越职权范围，批准发放石油、天然气勘查、开采、加工、经营等许可证的；

（二）违反国家规定，给不符合法定条件的单位、个人发放石油、天然气勘查、开采、加工、经营等许可证的；

（三）违反《石油天然气管道保护条例》等国家规定，在油气设备安全保护范围内批准建设项目的；

（四）对发现或者经举报查实的未经依法批准、许可擅自从事石油、天然气勘查、开采、加工、经营等违法活动不予查封、取缔的。

**第八条** 本解释所称的“油气”，是指石油、天然气。其中，石油包括原油、成品油；天然气包括煤层气。

本解释所称“油气设备”，是指用于石油、天然气生产、储存、运输等易燃易爆设备。

**十、最高人民法院、最高人民检察院《关于办理非法制造、买卖、运输、储存毒鼠强等禁用剧毒化学品刑事案件具体应用法律若干问题的解释》（节录）**（2003年9月4日公布 法释〔2003〕14号）

第四条 对非法制造、买卖、运输、储存毒鼠强等禁用剧毒化学品行为负有查处职责的国家机关工作人员，滥用职权或者玩忽职守，致使公共财产、国家和人民利益遭受重大损失的，依照刑法第三百九十七条的规定，以滥用职权罪或者玩忽职守罪追究刑事责任。

第六条 本解释所称"毒鼠强等禁用剧毒化学品"，是指国家明令禁止的毒鼠强、氟乙酰氨、氟乙酸钠、毒鼠硅、甘氟（见附表1）。

**十一、最高人民法院、最高人民检察院《关于办理妨害预防、控制突发传染病疫情等灾害的刑事案件具体应用法律若干问题的解释》（节录）**（2003年5月14日 法释〔2003〕8号）

第十五条 在预防、控制突发传染病疫情等灾害的工作中，负有组织、协调、指挥、灾害调查、控制、医疗救治、信息传递、交通运输、物资保障等职责的国家机关工作人员，滥用职权或者玩忽职守，致使公共财产、国家和人民利益遭受重大损失的，依照刑法第三百九十七条的规定，以滥用职权罪或者玩忽职守罪定罪处罚。

第十七条 人民法院、人民检察院办理有关妨害预防、控制突发传染病疫情等灾害的刑事案件，对于有自首、立功等悔罪表现的，依法从轻、减轻、免除处罚或者依法作出不起诉决定。

第十八条 本解释所称"突发传染病疫情等灾害"，是指突然发生，造成或者可能造成社会公众健康严重损害的重大传染病疫情、群体性不明原因疾病以及其他严重影响公众健康的灾害。

**十二、最高人民检察院《关于镇财政所所长是否适用国家机关工作人员的批复》**

（2000年5月4日 高检发研字〔2000〕9号）

上海市人民检察院：

你院沪检发〔2000〕30号文收悉。经研究，批复如下：

对于属行政执法事业单位的镇财政所中按国家机关在编干部管理的工作人员，在履行政府行政公务活动中，滥用职权或玩忽职守构成犯罪的，应以国家机关工作人员论。

**十三、最高人民检察院《关于合同制民警能否成为玩忽职守罪主体问题的批复》**

（2000年10月9日 高检发研字〔2000〕20号）

辽宁省人民检察院：

你院辽检发诉字〔1999〕76号《关于犯罪嫌疑人李海玩忽职守一案的请示》收悉。经研究，批复如下：

根据刑法第九十三条第二款的规定，合同制民警在依法执行公务期间，属其他依照法律从事公务的人员，应以国家机关工作人员论。对合同制民警在依法执行公务活动中的玩忽职守行为，符合刑法第三百九十七条规定的玩忽职守罪构成条件的，依法以玩忽职守罪追究刑事责任。

此复。

**十四、最高人民检察院《关于属工人编制的乡（镇）工商所所长能否依照刑法第397条的规定追究刑事责任问题的批复》**（2000年10月31日　高检发研字〔2000〕23号）

江西省人民检察院：

你院赣检研发〔2000〕3号《关于乡（镇）工商所所长（工人编制）是否属于国家机关工作人员的请示》收悉。经研究，批复如下：

根据刑法第93条第2款的规定，经人事部门任命，但为工人编制的乡（镇）工商所所长，依法履行工商行政管理职责时，属其他依照法律从事公务的人员，应以国家机关工作人员论。如果玩忽职守，致使公共财产、国家和人民利益遭受重大损失，可适用刑法第397条的规定，以玩忽职守罪追究刑事责任。

此复。

**十五、最高人民检察院《关于对海事局工作人员如何使用法律问题的答复》**（2003年1月13日　〔2003〕高检研发第1号）

辽宁省人民检察院研究室：

你院《关于辽宁海事局的工作人员是否为国家机关工作人员的主体认定请示》（辽检发渎检字〔2002〕1号）收悉。经研究，答复如下：

根据国办发〔1999〕90号、中编办函〔2000〕184号等文件的规定，海事局负责行使国家水上安全监督和防止船舶污染及海上设施检验、航海保障的管理职权，是国家执法监督机构。海事局及其分支机构工作人员在从事上述公务活动中，滥用职权或者玩忽职守，致使公共财产、国家和人民利益遭受重大损失的，应当依照刑法第三百九十七条的规定，以滥用职权罪或者玩忽职守罪追究刑事责任。

**十六、最高人民法院、最高人民检察院《关于办理国家出资企业中职务犯罪案件具体应用法律若干问题的意见》**（2010年1月1日　法发〔2010〕49号）（略，详见本书第17页）

**十七、最高人民法院、最高人民检察院《关于办理职务犯罪案件严格适用缓刑、免予刑事处罚若干问题的意见》**（2012年8月8日　法发〔2012〕17号）（略，详见本书第16页）

**十八、最高人民法院《关于审理走私、非法经营、非法使用兴奋剂刑事案件适用法律若干问题的解释》（节录）**（2019年11月18日　法释〔2019〕16号）

**第六条**　国家机关工作人员在行使反兴奋剂管理职权时滥用职权或者玩忽职守，造成严重兴奋剂违规事件，严重损害国家声誉或者造成恶劣社会影响，符合刑法第三百九十七条规定的，以滥用职权罪、玩忽职守罪定罪处罚。

依法或者受委托行使反兴奋剂管理职权的单位的工作人员，在行使反兴奋剂管理职权时滥用职权或者玩忽职守的，依照前款规定定罪处罚。

**十九、最高人民法院、最高人民检察院《关于办理破坏野生动物资源刑事案件适用法律若干问题的解释》（节录）**（2022年4月6日　法释〔2022〕12号）

**第十条**　负有野生动物保护和进出口监督管理职责的国家机关工作人员，滥用职权或者玩忽职守，致使公共财产、国家和人民利益遭受重大损失的，应当依照刑法第三百九十七条的规定，以滥用职权罪或者玩忽职守罪追究刑事责任。

负有查禁破坏野生动物资源犯罪活动职责的国家机关工作人员，向犯罪分子通风报信、提供便利，帮助犯罪分子逃避处罚的，应当依照刑法第四百一十七条的规定，以帮助犯罪分子逃避处罚罪追究刑事责任。

**一、全国人民代表大会常务委员会《关于惩治骗购外汇、逃汇和非法买卖外汇犯罪的决定》**（1998 年 12 月 29 日第九届全国人民代表大会常务委员会第六次会议通过 1998 年 12 月 29 日中华人民共和国主席令第 14 号公布 自公布之日起施行）

为了惩治骗购外汇、逃汇和非法买卖外汇的犯罪行为，维护国家外汇管理秩序，对刑法作如下补充修改：

一、有下列情形之一，骗购外汇，数额较大的，处五年以下有期徒刑或者拘役，并处骗购外汇数额百分之五以上百分之三十以下罚金；数额巨大或者有其他严重情节的，处五年以上十年以下有期徒刑，并处骗购外汇数额百分之五以上百分之三十以下罚金；数额特别巨大或者有其他特别严重情节的，处十年以上有期徒刑或者无期徒刑，并处骗购外汇数额百分之五以上百分之三十以下罚金或者没收财产：

（一）使用伪造、变造的海关签发的报关单、进口证明、外汇管理部门核准件等凭证和单据的；

（二）重复使用海关签发的报关单、进口证明、外汇管理部门核准件等凭证和单据的；

（三）以其他方式骗购外汇的。

伪造、变造海关签发的报关单、进口证明、外汇管理部门核准件等凭证和单据，并用于骗购外汇的，依照前款的规定从重处罚。

明知用于骗购外汇而提供人民币资金的，以共犯论处。

单位犯前三款罪的，对单位依照第一款的规定判处罚金，并对其直接负责的主管人员和其他直接责任人员，处五年以下有期徒刑或者拘役；数额巨大或者有其他严重情节的，处五年以上十年以下有期徒刑；数额特别巨大或者有其他特别严重情节的，处十年以上有期徒刑或者无期徒刑。

二、买卖伪造、变造的海关签发的报关单、进口证明、外汇管理部门核准件等凭证和单据或者国家机关的其他公文、证件、印章的，依照刑法第二百八十条的规定定罪处罚。

三、将刑法第一百九十条修改为：公司、企业或者其他单位，违反国家规定，擅自将外汇存放境外，或者将境内的外汇非法转移到境外，数额较大的，对单位判处逃汇数额百分之五以上百分之三十以下罚金，并对其直接负责的主管人员和其他直接责任人员处五年以下有期徒刑或者拘役；数额巨大或者有其他严重情节的，对单位判处逃汇数额百分之五以上百分之三十以下罚金，并对其直接负责的主管人员和其他直接责任人员处五年以上有期徒刑。

四、在国家规定的交易场所以外非法买卖外汇，扰乱市场秩序，情节严重的，依照刑法第二百二十五条的规定定罪处罚。

单位犯前款罪的，依照刑法第二百三十一条的规定处罚。

五、海关、外汇管理部门以及金融机构、从事对外贸易经营活动的公司、企业或者其他单位的工作人员与骗购外汇或者逃汇的行为人通谋，为其提供购买外汇的有关凭证或者其他便利的，或者明知是伪造、变造的凭证和单据而售汇、付汇的，以共犯论，依照本决定从重处罚。

六、海关、外汇管理部门的工作人员严重不负责任，造成大量外汇被骗购或者逃汇，致使国家利益遭受重大损失的，依照刑法第三百九十七条的规定定罪处罚。

法律适用

相关法律法规

七、金融机构、从事对外贸易经营活动的公司、企业的工作人员严重不负责任，造成大量外汇被骗购或者逃汇，致使国家利益遭受重大损失的，依照刑法第一百六十七条的规定定罪处罚。

八、犯本决定规定之罪，依法被追缴、没收的财物和罚金，一律上缴国库。

九、本决定自公布之日起施行。

**二、《中华人民共和国公务员法》（节录）**（2005年4月27日第十届全国人民代表大会常务委员会第十五次会议通过　2017年9月1日修正　2018年12月29日修订）

**第五十九条**　公务员应当遵纪守法，不得有下列行为：

（一）散布有损宪法权威、中国共产党和国家声誉的言论，组织或者参加旨在反对宪法、中国共产党领导和国家的集会、游行、示威等活动；

（二）组织或者参加非法组织，组织或者参加罢工；

（三）挑拨、破坏民族关系，参加民族分裂活动或者组织、利用宗教活动破坏民族团结和社会稳定；

（四）不担当，不作为，玩忽职守，贻误工作；

（五）拒绝执行上级依法作出的决定和命令；

（六）对批评、申诉、控告、检举进行压制或者打击报复；

（七）弄虚作假，误导、欺骗领导和公众；

（八）贪污贿赂，利用职务之便为自己或者他人谋取私利；

（九）违反财经纪律，浪费国家资财；

（十）滥用职权，侵害公民、法人或者其他组织的合法权益；

（十一）泄露国家秘密或者工作秘密；

（十二）在对外交往中损害国家荣誉和利益；

（十三）参与或者支持色情、吸毒、赌博、迷信等活动；

（十四）违反职业道德、社会公德和家庭美德；

（十五）违反有关规定参与禁止的网络传播行为或者网络活动；

（十六）违反有关规定从事或者参与营利性活动，在企业或者其他营利性组织中兼任职务；

（十七）旷工或者因公外出、请假期满无正当理由逾期不归；

（十八）违纪违法的其他行为。

**第一百零八条**　公务员主管部门的工作人员，违反本法规定，滥用职权、玩忽职守、徇私舞弊，构成犯罪的，依法追究刑事责任；尚不构成犯罪的，给予处分或者由监察机关依法给予政务处分。

规章及规范性文件

**最高人民法院、最高人民检察院、公安部、农业农村部《依法惩治长江流域非法捕捞等违法犯罪的意见》（节录）**（2020年12月17日　公通字〔2020〕17号）

**二、准确适用法律，依法严惩非法捕捞等危害水生生物资源的各类违法犯罪**

（五）依法严惩危害水生生物资源的渎职犯罪。对长江流域重点水域水生生物资源保护负有监督管理、行政执法职责的国家机关工作人员，滥用职权或者玩忽职守，致使公共财产、国家和人民利益遭受重大损失的，应当依照刑法第三百九十七条的规定，以滥用职权罪或者玩忽职守罪定罪处罚。

负有查禁破坏水生生物资源犯罪活动职责的国家机关工作人员，向犯罪分子通风报信、提供便利，帮助犯罪分子逃避处罚的，应当依照刑法第四百一十七条的规定，以帮助犯罪分子逃避处罚罪定罪处罚。

# 16 玩忽职守案

**概念**

本罪是指国家机关工作人员严重不负责任，不履行或者不认真履行职责，致使公共财产、国家和人民利益遭受重大损失的行为。

**立案标准**

国家机关工作人员玩忽职守，具有下列情形之一的，应当认定为《刑法》第397条第1款规定的“致使公共财产、国家和人民利益遭受重大损失”，予以立案：

1. 造成死亡1人以上，或者重伤3人以上，或者轻伤9人以上，或者重伤2人、轻伤3人以上，或者重伤1人、轻伤6人以上的。
2. 造成经济损失30万元以上的。
3. 造成恶劣社会影响的。
4. 其他致使公共财产、国家和人民利益遭受重大损失的情形。

国家机关工作人员实施玩忽职守犯罪行为，触犯《刑法》分则第9章第398条至第419条规定的，依照该规定定罪处罚。国家机关工作人员玩忽职守，因不具备徇私舞弊等情形，不符合《刑法》分则第9章第398条至第419条的规定，但依法构成《刑法》第397条规定的犯罪的，以玩忽职守罪定罪处罚。

国家机关负责人员违法决定，或者指使、授意、强令其他国家机关工作人员违法履行职务或者不履行职务，构成《刑法》分则第9章规定的渎职犯罪的，应当依法追究刑事责任。

以“集体研究”形式实施的渎职犯罪，应当依照《刑法》分则第9章的规定追究国家机关负有责任的人员的刑事责任。对于具体执行人员，应当在综合认定其行为性质、是否提出反对意见、危害结果大小等情节的基础上决定是否追究刑事责任和应当判处的刑罚。

<table>
<tr><td rowspan="2">定罪标准</td><td>犯罪客体</td><td>本罪侵犯的客体是国家机关的正常管理活动，或者说是国家机关对社会的管理职能。</td></tr>
<tr><td>犯罪客观方面</td><td>本罪在客观方面表现为行为人严重不负责任，不履行或者不认真履行职责，致使公共财产、国家和人民利益遭受重大损失。<br>1. 行为人实施了玩忽职守的行为。<br>玩忽职守，是指行为人在工作中严重不负责任，不履行或者不认真履行职责。不履行职责，包括在岗不履行职责与擅离职守两种类型。不认真履行，是指不正确地履行职责，即形式上具有履行职责的行动，但是没有完全按照职责要求做，以致造成严重后果。从行为样态来看，不履行职责表现为不作为。但是不认真履行职责的行为样态比较复杂，既可表现为作为，也可表现为不作为。例如，当发生事故时，不认真履行职责导致重大损失时，不认真履行就是一种不作为；而当在经济领导工作中，不认真履行职责，盲目批准重大工程项目而导致重大损失时，不认真履行就是一种作为。</td></tr>
</table>

| 定罪标准 | | |
|---|---|---|
| | 犯罪客观方面 | 2. 玩忽职守的行为致使公共财产、国家和人民利益遭受重大损失。<br>首先，需要出现"致使公共财产、国家和人民利益遭受重大损失"这一结果。所谓"致使公共财产、国家和人民利益遭受重大损失"，是指国家机关工作人员玩忽职守，具有下列情形之一的：(1) 造成死亡1人以上，或者重伤3人以上，或者轻伤9人以上，或者重伤2人、轻伤3人以上，或者重伤1人、轻伤6人以上的；(2) 造成经济损失30万元以上的；(3) 造成恶劣社会影响的；(4) 其他致使公共财产、国家和人民利益遭受重大损失的情形。所谓"情节特别严重"，是指具有下列情形之一的：(1) 造成伤亡达到前述第1项规定人数3倍以上的；(2) 造成经济损失150万元以上的；(3) 造成前述规定的损失后果，不报、迟报、谎报或者授意、指使、强令他人不报、迟报、谎报事故情况，致使损失后果持续、扩大或者抢救工作延误的；(4) 造成特别恶劣社会影响的；(5) 其他特别严重的情节。<br>所谓"经济损失"，是指渎职犯罪或者与渎职犯罪相关联的犯罪立案时已经实际造成的财产损失，包括为挽回渎职犯罪所造成损失而支付的各种开支、费用等。立案后至提起公诉前持续发生的经济损失，应一并计入渎职犯罪造成的经济损失。债务人经法定程序被宣告破产，债务人潜逃、去向不明，或者因行为人的责任超过诉讼时效等，致使债权已经无法实现的，无法实现的债权部分应当认定为渎职犯罪的经济损失。渎职犯罪或者与渎职犯罪相关联的犯罪立案后，犯罪分子及其亲友自行挽回的经济损失，司法机关或者犯罪分子所在单位及其上级主管部门挽回的经济损失，或者因客观原因减少的经济损失，不予扣减，但可以作为酌定从轻处罚的情节。<br>其次，行为人玩忽职守行为与重大损失的结果之间存在因果关系。由于玩忽职守行为既可以是作为，也可以是不作为，在因果关系判断时比较困难。判断因果关系，应当分两步进行：(1) 判断玩忽职守行为与结果之间是否有条件关系：①当行为人实施的是作为（不认真履行职责）时，应当判断"如果没有该作为，结果会否发生"。若结论是"如果没有该作为，重大损失这一结果就不会发生"时，则该作为与结果之间就有条件关系。②当行为人实施的是不作为（不履行职责或者不认真履行职责）时，应当判断"如果行为人正确履行了职责，是否能避免重大损失这一结果的发生"；若结论是"如果行为人正确履行了职责，结果就应该能够避免"，则该不作为与结果之间就有条件关系。(2) 如果条件关系不成立，就不存在因果关系；如果条件关系成立，接下来还要判断，是否具有相当因果关系，即要参照社会生活之经验，如果行为人所实施的玩忽职守行为通常会导致该重大损失之结果时，则该玩忽职守行为与结果之间具有相当因果关系。<br>此外，依照《刑法》第397条第2款规定，徇私舞弊是本罪的加重情节。所谓的"徇私舞弊"，是指国家机关工作人员为徇私情、私利，故意违背事实和法律，伪造材料，隐瞒情况，弄虚作假的行为。其中，"徇私"应理解为徇个人私情、私利。 |
| | 犯罪主体 | 本罪是纯正的身份犯，主体是国家机关工作人员。"国家机关工作人员"，是指在国家机关中从事公务的人员，包括在各级国家权力机关、行政机关、司法机关和军事机关中从事公务的人员。认定本罪主体时，应当注意有关立法、立法解释和司法解释： |

| 定罪标准 | | |
|---|---|---|
| | 犯罪主体 | 1. 2012年12月7日最高人民法院、最高人民检察院公布的《关于办理渎职刑事案件适用法律若干问题的解释（一）》明确规定：国家机关负责人员违法决定，或者指使、授意、强令其他国家机关工作人员违法履行职务或者不履行职务，构成《刑法》分则第9章规定的渎职犯罪的，应当依法追究刑事责任。以“集体研究”形式实施的渎职犯罪，应当依照《刑法》分则第9章的规定追究国家机关负有责任的人员的刑事责任。对于具体执行人员，应当在综合认定其行为性质、是否提出反对意见、危害结果大小等情节的基础上决定是否追究刑事责任和应当判处的刑罚。<br>2. 1998年12月29日全国人大常委会公布施行的《关于惩治骗购外汇、逃汇和非法买卖外汇犯罪的决定》第6条规定，海关、外汇管理部门的工作人员严重不负责任，造成大量外汇被骗购或者逃汇，致使国家利益遭受重大损失的，依照《刑法》第397条的规定定罪处罚。<br>3. 2002年12月28日全国人大常委会对渎职罪主体适用问题进行了解释，认为在依照法律、法规规定行使国家行政管理职权的组织中从事公务的人员，或者在受国家机关委托代表国家机关行使职权的组织中从事公务的人员，或者虽未列入国家机关人员编制但在国家机关中从事公务的人员，在代表国家机关行使职权时有渎职行为构成犯罪的，依照《刑法》关于渎职罪的规定追究刑事责任。2012年12月7日最高人民法院、最高人民检察院公布的《关于办理渎职刑事案件适用法律若干问题的解释（一）》进一步明确：依法或者受委托行使国家行政管理职权的公司、企业、事业单位的工作人员，在行使行政管理职权时玩忽职守，构成犯罪的，应当依照《全国人民代表大会常务委员会关于〈中华人民共和国刑法〉第九章渎职罪主体适用问题的解释》的规定，适用渎职罪的规定追究刑事责任。<br>4. 2003年11月13日最高人民法院公布的《全国法院审理经济犯罪案件工作座谈会纪要》认为，在乡（镇）以上中国共产党机关、人民政协机关中从事公务的人员，司法实践中也应当视为国家机关工作人员。<br>5. 2000年5月4日最高人民检察院作出的《关于镇财政所所长是否适用国家机关工作人员的批复》认为，对于属于行政执法事业单位的镇财政所中按国家机关在编干部管理的工作人员，在履行政府行政公务活动中，滥用职权或者玩忽职守构成犯罪的，以国家机关工作人员论。<br>6. 2000年10月9日最高人民检察院作出的《关于合同制民警能否成为玩忽职守罪主体问题的批复》认为，根据《刑法》第93条第2款规定，合同制民警在依法执行公务期间，属其他依照法律从事公务的人员，应以国家机关工作人员论。对其执行公务中的玩忽职守行为，符合玩忽职守罪构成要件的，以玩忽职守罪追究刑事责任。<br>7. 2000年10月31日最高人民检察院作出的《关于属工人编制的乡（镇）工商所所长能否依照刑法第397条的规定追究刑事责任问题的批复》认为，根据《刑法》第93条第2款规定，经人事部门任命，但为工人编制的乡（镇）工商所所长，依法履行工商行政管理职责时，属其他依照法律从事公务的人员，应以国家机关工作人员论。如果玩忽职守，致使公共财产、国家和人民利益遭受重大损失，以玩忽职守罪追究刑事责任。 |
| | 犯罪主观方面 | 本罪在主观方面表现为过失，即对自己玩忽职守的行为可能导致的公共财产、国家和人民利益的重大损失应当预见而没有预见，或者已经预见而轻信能够避免。但行为人对违反工作纪律和规章制度，以及对自己的作为或者不作为，可能是明知故犯。 |

**定罪标准**

**罪与非罪**

区分罪与非罪的界限，关键是要区分本罪与工作失误的界限。工作失误，是指因为行为人的业务水平、工作能力不足，从而决策失当并导致损失。区别本罪与工作失误主要看以下两点：

1. 是否存在严重不负责任。本罪是过失犯罪，表现为严重不负责任；在玩忽职守案件中，行为人往往也会有决策失误，但其原因是行为人不认真履行职责。而工作失误的行为人虽然有一定的过错，但客观上不表现为不履行职责或不认真履行职责，但是往往只是因为经验不足、水平不够而导致决策失误。

2. 是否引发了严重后果。重大损失的发生，是本罪成立的必要要件；如果没有产生重大损失，则可能是一般的工作失误，但不构成本罪。但即使产生了重大损失，若客观上并没有玩忽职守的行为，则也不构成本罪。

**此罪与彼罪**

1. 本罪与滥用职权罪的界限。二者的界限，理论上存在许多争议。我们认为，二者的区别主要体现在客观与主观方面。从客观方面来看，本罪表现为严重不负责任，不履行或者不认真履行职责；而滥用职权罪则表现为超越职权，违法决定、处理其无权决定、处理的事项，或者违反规定处理公务。从主观方面来看，本罪是过失犯罪；而滥用职权罪是故意犯罪，往往出于不正当动机。

2. 本罪与其他特殊类型的玩忽职守罪的界限。除本罪外，《刑法》分则第 9 章还规定其他若干种玩忽职守的犯罪行为。《刑法》第 397 条明文规定，“本法另有规定的，依照规定”。《最高人民法院、最高人民检察院关于办理渎职刑事案件适用法律若干问题的解释（一）》也进一步明确规定，国家机关工作人员实施玩忽职守犯罪行为，触犯《刑法》分则第 9 章第 398 条至第 419 条规定的，依照该规定定罪处罚。国家机关工作人员玩忽职守，因不具备徇私舞弊等情形，不符合《刑法》分则第 9 章第 398 条至第 419 条的规定，但依法构成第 397 条规定的犯罪的，以玩忽职守罪定罪处罚。

国家机关工作人员实施渎职犯罪并收受贿赂，同时构成受贿罪的，除刑法另有规定外，以渎职犯罪和受贿罪数罪并罚。

国家机关工作人员实施渎职行为，放纵他人犯罪或者帮助他人逃避刑事处罚，构成犯罪的，依照渎职罪的规定定罪处罚。

国家机关工作人员与他人共谋，利用其职务行为帮助他人实施其他犯罪行为，同时构成渎职犯罪和共谋实施的其他犯罪共犯的，依照处罚较重的规定定罪处罚。

国家机关工作人员与他人共谋，既利用其职务行为帮助他人实施其他犯罪，又以非职务行为与他人共同实施该其他犯罪行为，同时构成渎职犯罪和其他犯罪的共犯的，依照数罪并罚的规定定罪处罚。

3. 本罪与重大责任事故罪的界限。本罪与重大责任事故罪在主观方面都可以出自过失，在客观方面都要求造成严重的危害后果。两者的区别在于：（1）犯罪主体不同。前者的主体是国家机关工作人员；后者的主体则是一般主体即从事任何生产、作业的人员。（2）行为发生的场合不同。前者发生在国家机关工作人员的管理活动中；后者发生在生产、作业过程中。（3）侵犯的客体不同。前者侵犯的客体是国家机关的正常管理活动；后者侵犯的客体是公共安全。

**证据参考标准**

**主体方面的证据**

**一、证明行为人刑事责任年龄、身份（国家机关工作人员）等自然情况的证据**

包括身份证明、户籍证明、任职证明、工作经历证明、特定职责证明等，主要是证明行为人的姓名（曾用名）、性别、出生年月日、民族、籍贯、出生地、职业（或职务）、住所地（或居所地）等证据材料，如户口簿、居民身份证、居住证、工作证、出生证、专业或技术等级证、干部履历表、职工登记表、护照等。

| | | |
|---|---|---|
| 证据参考标准 | 主体方面的证据 | 对于户籍、出生证等材料内容不实的，应提供其他证据材料。人大代表、政协委员犯罪的案件，应注明身份，并附身份证明材料。<br>**二、证明行为人刑事责任能力的证据**<br>证明行为人对自己的行为是否具有辨认能力与控制能力，如是否属于间歇性精神病人、案发时是否尚未完全丧失辨认或者控制自己行为能力的证明材料。 |
| | 主观方面的证据 | **证明行为人过失的证据**<br>1. 证明行为人疏忽大意过失的证据：（1）证明行为人应当预见自己严重不负责任的行为会发生危害社会的结果；（2）证明行为人因疏忽大意没有预见。2. 证明行为人过于自信过失的证据：（1）证明行为人已经预见自己严重不负责任的行为会发生危害社会的结果；（2）证明行为人轻信能避免危害结果的证据。 |
| | 客观方面的证据 | **证明行为人玩忽职守行为的证据**<br>具体证据包括：1. 证明行为人职责的证据。2. 证明行为人不履行职责的证据。3. 证明行为人不认真履行的证据。4. 证明出现公共财产、国家和人民利益遭受重大损失的证据。5. 证明玩忽职守行为与重大损失的结果之间存在因果关系的证据；如果行为人以不作为犯本罪时，还要有证明“若行为人正确履行职责，就应当能避免重大损失的发生”的证据。6. 证明情节特别严重的证据。7. 证明徇私舞弊的证据。 |
| | 量刑方面的证据 | **一、法定量刑情节证据**<br>1. 事实情节。2. 法定从重情节。3. 法定从轻、减轻情节：（1）可以从轻；（2）可以从轻或者减轻；（3）应当从轻或者减轻。4. 法定从轻、减轻、免除情节：（1）可以从轻、减轻或者免除处罚；（2）应当从轻、减轻或者免除处罚。5. 法定减轻、免除情节：（1）可以减轻或者免除处罚；（2）应当减轻或者免除处罚；（3）可以免除处罚。<br>**二、酌定量刑情节证据**<br>1. 犯罪手段。2. 犯罪对象。3. 危害结果。4. 犯罪动机。5. 平时表现。6. 认罪态度。7. 是否有前科。8. 其他证据。 |
| 量刑标准 | 犯本罪的 | 处三年以下有期徒刑或者拘役 |
| | 情节特别严重的 | 处三年以上七年以下有期徒刑 |
| | 徇私舞弊犯本罪的 | 处五年以下有期徒刑或者拘役 |
| | 徇私舞弊犯本罪，情节特别严重的 | 处五年以上十年以下有期徒刑 |
| | 不适用缓刑或者免予刑事处罚 | 1. 以下情形一般不适用缓刑或者免予刑事处罚：<br>（1）不如实供述罪行的；<br>（2）不予退缴赃款赃物或者将赃款赃物用于非法活动的；<br>（3）属于共同犯罪中情节严重的主犯的；<br>（4）犯有数个职务犯罪依法实行并罚或者以一罪处理的；<br>（5）曾因职务违纪违法行为受过行政处分的；<br>（6）犯罪涉及的财物属于救灾、抢险、防汛、优抚、扶贫、移民、救济、防疫等特定款物的；<br>（7）其他不应适用缓刑、免予刑事处罚的情形。 |

| | | |
|---|---|---|
| 量刑标准 | 不适用缓刑或者免予刑事处罚 | 对于具有以上情形之一，但根据全案事实和量刑情节，检察机关认为确有必要适用缓刑或者免予刑事处罚并据此提出量刑建议的，应经检察委员会讨论决定；审理法院认为确有必要适用缓刑或者免予刑事处罚的，应经审判委员会讨论决定。<br>2. 人民法院审理职务犯罪案件时应当注意听取检察机关、被告人、辩护人提出的量刑意见，分析影响性案件案发前后的社会反映，必要时可以征求案件查办等机关的意见。对于情节恶劣、社会反映强烈的职务犯罪案件，不得适用缓刑、免予刑事处罚。 |
| 法律适用 | 刑法条文 | **第三百九十七条** 国家机关工作人员滥用职权或者玩忽职守，致使公共财产、国家和人民利益遭受重大损失的，处三年以下有期徒刑或者拘役；情节特别严重的，处三年以上七年以下有期徒刑。本法另有规定的，依照规定。<br>国家机关工作人员徇私舞弊，犯前款罪的，处五年以下有期徒刑或者拘役；情节特别严重的，处五年以上十年以下有期徒刑。本法另有规定的，依照规定。<br>**第九十一条** 本法所称公共财产，是指下列财产：<br>（一）国有财产；<br>（二）劳动群众集体所有的财产；<br>（三）用于扶贫和其他公益事业的社会捐助或者专项基金的财产。<br>在国家机关、国有公司、企业、集体企业和人民团体管理、使用或者运输中的私人财产，以公共财产论。 |
| | 立法解释 | **一、全国人民代表大会常务委员会《关于〈中华人民共和国刑法〉第九章渎职罪主体适用问题的解释》**（2002年12月28日第九届全国人民代表大会常务委员会第三十一次会议通过）<br>全国人大常委会根据司法实践中遇到的情况，讨论了刑法第九章渎职罪主体的适用问题，解释如下：<br>在依照法律、法规规定行使国家行政管理职权的组织中从事公务的人员，或者在受国家机关委托代表国家机关行使职权的组织中从事公务的人员，或者虽未列入国家机关人员编制但在国家机关中从事公务的人员，在代表国家机关行使职权时，有渎职行为，构成犯罪的，依照刑法关于渎职罪的规定追究刑事责任。<br>现予公告。<br>**二、全国人民代表大会常务委员会《关于〈中华人民共和国刑法〉第三百一十三条的解释》**（2002年8月29日第九届全国人民代表大会常务委员会第二十九次会议通过）<br>全国人民代表大会常务委员会讨论了刑法第三百一十三条规定的“对人民法院的判决、裁定有能力执行而拒不执行，情节严重”的含义问题，解释如下：<br>刑法第三百一十三条规定的“人民法院的判决、裁定”，是指人民法院依法作出的具有执行内容并已发生法律效力的判决、裁定。人民法院为依法执行支付令、生效的调解书、仲裁裁决、公证债权文书等所作的裁定属于该条规定的裁定。<br>下列情形属于刑法第三百一十三条规定的“有能力执行而拒不执行，情节严重”的情形：<br>（一）被执行人隐藏、转移、故意毁损财产或者无偿转让财产、以明显不合理的低价转让财产，致使判决、裁定无法执行的； |

立法解释

（二）担保人或者被执行人隐藏、转移、故意毁损或者转让已向人民法院提供担保的财产，致使判决、裁定无法执行的；

（三）协助执行义务人接到人民法院协助执行通知书后，拒不协助执行，致使判决、裁定无法执行的；

（四）被执行人、担保人、协助执行义务人与国家机关工作人员通谋，利用国家机关工作人员的职权妨害执行，致使判决、裁定无法执行的；

（五）其他有能力执行而拒不执行，情节严重的情形。

国家机关工作人员有上述第四项行为的，以拒不执行判决、裁定罪的共犯追究刑事责任。国家机关工作人员收受贿赂或者滥用职权，有上述第四项行为的，同时又构成刑法第三百八十五条、第三百九十七条规定之罪的，依照处罚较重的规定定罪处罚。

现予公告。

法律适用 司法解释

**一、最高人民法院、最高人民检察院《关于办理扰乱无线电通讯管理秩序等刑事案件适用法律若干问题的解释》（节录）**（2017 年 6 月 27 日　法释〔2017〕11 号）

**第七条**　负有无线电监督管理职责的国家机关工作人员滥用职权或者玩忽职守，致使公共财产、国家和人民利益遭受重大损失的，应当依照刑法第三百九十七条的规定，以滥用职权罪或者玩忽职守罪追究刑事责任。

有查禁扰乱无线电管理秩序犯罪活动职责的国家机关工作人员，向犯罪分子通风报信、提供便利，帮助犯罪分子逃避处罚的，应当依照刑法第四百一十七条的规定，以帮助犯罪分子逃避处罚罪追究刑事责任；事先通谋的，以共同犯罪论处。

**二、最高人民法院、最高人民检察院《关于办理渎职刑事案件适用法律若干问题的解释（一）》**（2012 年 12 月 7 日　法释〔2012〕18 号）

为依法惩治渎职犯罪，根据刑法有关规定，现就办理渎职刑事案件适用法律的若干问题解释如下：

**第一条**　国家机关工作人员滥用职权或者玩忽职守，具有下列情形之一的，应当认定为刑法第三百九十七条规定的“致使公共财产、国家和人民利益遭受重大损失”：

（一）造成死亡 1 人以上，或者重伤 3 人以上，或者轻伤 9 人以上，或者重伤 2 人、轻伤 3 人以上，或者重伤 1 人、轻伤 6 人以上的；

（二）造成经济损失 30 万元以上的；

（三）造成恶劣社会影响的；

（四）其他致使公共财产、国家和人民利益遭受重大损失的情形。

具有下列情形之一的，应当认定为刑法第三百九十七条规定的“情节特别严重”：

（一）造成伤亡达到前款第（一）项规定人数 3 倍以上的；

（二）造成经济损失 150 万元以上的；

（三）造成前款规定的损失后果，不报、迟报、谎报或者授意、指使、强令他人不报、迟报、谎报事故情况，致使损失后果持续、扩大或者抢救工作延误的；

（四）造成特别恶劣社会影响的；

（五）其他特别严重的情节。

**第二条**　国家机关工作人员实施滥用职权或者玩忽职守犯罪行为，触犯刑法分则第九章第三百九十八条至第四百一十九条规定的，依照该规定定罪处罚。

国家机关工作人员滥用职权或者玩忽职守，因不具备徇私舞弊等情形，不符合刑法分则第九章第三百九十八条至第四百一十九条的规定，但依法构成第三百九十七条规定的犯罪的，以滥用职权罪或者玩忽职守罪定罪处罚。

**第三条** 国家机关工作人员实施渎职犯罪并收受贿赂，同时构成受贿罪的，除刑法另有规定外，以渎职犯罪和受贿罪数罪并罚。

**第四条** 国家机关工作人员实施渎职行为，放纵他人犯罪或者帮助他人逃避刑事处罚，构成犯罪的，依照渎职罪的规定定罪处罚。

国家机关工作人员与他人共谋，利用其职务行为帮助他人实施其他犯罪行为，同时构成渎职犯罪和共谋实施的其他犯罪共犯的，依照处罚较重的规定定罪处罚。

国家机关工作人员与他人共谋，既利用其职务行为帮助他人实施其他犯罪，又以非职务行为与他人共同实施该其他犯罪行为，同时构成渎职犯罪和其他犯罪的共犯的，依照数罪并罚的规定定罪处罚。

**第五条** 国家机关负责人员违法决定，或者指使、授意、强令其他国家机关工作人员违法履行职务或者不履行职务，构成刑法分则第九章规定的渎职犯罪的，应当依法追究刑事责任。

以“集体研究”形式实施的渎职犯罪，应当依照刑法分则第九章的规定追究国家机关负有责任的人员的刑事责任。对于具体执行人员，应当在综合认定其行为性质、是否提出反对意见、危害结果大小等情节的基础上决定是否追究刑事责任和应当判处的刑罚。

**第六条** 以危害结果为条件的渎职犯罪的追诉期限，从危害结果发生之日起计算；有数个危害结果的，从最后一个危害结果发生之日起计算。

**第七条** 依法或者受委托行使国家行政管理职权的公司、企业、事业单位的工作人员，在行使行政管理职权时滥用职权或者玩忽职守，构成犯罪的，应当依照《全国人民代表大会常务委员会关于〈中华人民共和国刑法〉第九章渎职罪主体适用问题的解释》的规定，适用渎职罪的规定追究刑事责任。

**第八条** 本解释规定的“经济损失”，是指渎职犯罪或者与渎职犯罪相关联的犯罪立案时已经实际造成的财产损失，包括为挽回渎职犯罪所造成损失而支付的各种开支、费用等。立案后至提起公诉前持续发生的经济损失，应一并计入渎职犯罪造成的经济损失。

债务人经法定程序被宣告破产，债务人潜逃、去向不明，或者因行为人的责任超过诉讼时效等，致使债权已经无法实现的，无法实现的债权部分应当认定为渎职犯罪的经济损失。

渎职犯罪或者与渎职犯罪相关联的犯罪立案后，犯罪分子及其亲友自行挽回的经济损失，司法机关或者犯罪分子所在单位及其上级主管部门挽回的经济损失，或者因客观原因减少的经济损失，不予扣减，但可以作为酌定从轻处罚的情节。

**第九条** 负有监督管理职责的国家机关工作人员滥用职权或者玩忽职守，致使不符合安全标准的食品、有毒有害食品、假药、劣药等流入社会，对人民群众生命、健康造成严重危害后果的，依照渎职罪的规定从严惩处。

**第十条** 最高人民法院、最高人民检察院此前发布的司法解释与本解释不一致的，以本解释为准。

法律适用

司法解释

**三、最高人民法院《全国法院审理经济犯罪案件工作座谈会纪要》（节录）**（2003年11月13日　法发〔2003〕167号）

**一、关于贪污贿赂犯罪和渎职犯罪的主体**

（一）国家机关工作人员的认定

刑法中所称的国家机关工作人员，是指在国家机关中从事公务的人员，包括在各级国家权力机关、行政机关、司法机关和军事机关中从事公务的人员。

根据有关立法解释的规定，在依照法律、法规规定行使国家行政管理职权的组织中从事公务的人员，或者在受国家机关委托代表国家行使职权的组织中从事公务的人员，或者虽未列入国家机关人员编制但在国家机关中从事公务的人员，视为国家机关工作人员。在乡（镇）以上中国共产党机关、人民政协机关中从事公务的人员，司法实践中也应当视为国家机关工作人员。

（二）国家机关、国有公司、企业、事业单位委派到非国有公司、企业、事业单位、社会团体从事公务的人员的认定

所谓委派，即委任、派遣，其形式多种多样，如任命、指派、提名、批准等。不论被委派的人身份如何，只要是接受国家机关、国有公司、企业、事业单位委派，代表国家机关、国有公司、企业、事业单位在非国有公司、企业、事业单位、社会团体中从事组织、领导、监督、管理等工作，都可以认定为国家机关、国有公司、企业、事业单位委派到非国有公司、企业、事业单位、社会团体从事公务的人员。如国家机关、国有公司、企业、事业单位委派在国有控股或者参股的股份有限公司从事组织、领导、监督、管理等工作的人员，应当以国家工作人员论。国有公司、企业改制为股份有限公司后，原国有公司、企业的工作人员和股份有限公司新任命的人员中，除代表国有投资主体行使监督、管理职权的人外，不以国家工作人员论。

（三）"其他依照法律从事公务的人员"的认定

刑法第九十三条第二款规定的"其他依照法律从事公务的人员"应当具有两个特征：一是在特定条件下行使国家管理职能；二是依照法律规定从事公务。具体包括：（1）依法履行职责的各级人民代表大会代表；（2）依法履行审判职责的人民陪审员；（3）协助乡镇人民政府、街道办事处从事行政管理工作的村民委员会、居民委员会等农村和城市基层组织人员；（4）其他由法律授权从事公务的人员。

（四）关于"从事公务"的理解

从事公务，是指代表国家机关、国有公司、企业、事业单位、人民团体等履行组织、领导、监督、管理等职责。公务主要表现为与职权相联系的公共事务以及监督、管理国有财产的职务活动。如国家机关工作人员依法履行职责，国有公司的董事、经理、监事、会计、出纳人员等管理、监督国有财产等活动，属于从事公务。那些不具备职权内容的劳务活动、技术服务工作，如售货员、售票员等所从事的工作，一般不认为是公务。

**六、关于渎职罪**

（一）渎职犯罪行为造成的公共财产重大损失的认定

根据刑法规定，玩忽职守、滥用职权等渎职犯罪是以致使公共财产、国家和人民利益遭受重大损失为构成要件的。其中，公共财产的重大损失，通常是指渎职行为已经造成的重大经济损失。在司法实践中，有以下情形之一的，虽然公共财产作为债权存在，但已无法实现债权的，可以认定为行为人的渎职行为造成了经济损失：（1）债务人已经法定程序被宣告破产；（2）债务人潜逃，去向不明；（3）因行为人责任，致使超过诉讼时效；（4）有证据证明债权无法实现的其他情况。

法律适用 司法解释

（二）玩忽职守罪的追诉时效

玩忽职守行为造成的重大损失当时没有发生，而是玩忽职守行为之后一定时间发生的，应从危害结果发生之日起计算玩忽职守罪的追诉期限。

（三）国有公司、企业人员渎职犯罪的法律适用

对于1999年12月24日《中华人民共和国刑法修正案》实施以前发生的国有公司、企业人员渎职行为（不包括徇私舞弊行为），尚未处理或者正在处理的，不能按照刑法修正案追究刑事责任。

（四）关于“徇私”的理解

徇私舞弊型渎职犯罪的“徇私”应理解为徇个人私情、私利。国家机关工作人员为了本单位的利益，实施滥用职权、玩忽职守行为，构成犯罪的，依照刑法第三百九十七条第一款的规定定罪处罚。

**四、最高人民检察院《关于对林业主管部门工作人员在发放林木采伐许可证之外滥用职权玩忽职守致使森林遭受严重破坏的行为适用法律问题的批复》**（2007年5月16日　高检发释字〔2007〕1号）

福建省人民检察院：

你院《关于林业主管部门工作人员滥用职权、玩忽职守造成森林资源损毁立案标准问题的请示》（闽检〔2007〕14号）收悉。经研究，批复如下：

林业主管部门工作人员违法发放林木采伐许可证，致使森林遭受严重破坏的，依照刑法第四百零七条的规定，以违法发放林木采伐许可证罪追究刑事责任；以其他方式滥用职权或者玩忽职守，致使森林遭受严重破坏的，依照刑法第三百九十七条的规定，以滥用职权罪或者玩忽职守罪追究刑事责任，立案标准依照《最高人民检察院关于渎职侵权犯罪案件立案标准的规定》第一部分渎职犯罪案件第十八条第三款的规定执行。

此复。

**五、最高人民法院、最高人民检察院《关于办理与盗窃、抢劫、诈骗、抢夺机动车相关刑事案件具体应用法律若干问题的解释》（节录）**（2007年5月9日　法释〔2007〕11号）

**第三条**　国家机关工作人员滥用职权，有下列情形之一，致使盗窃、抢劫、诈骗、抢夺的机动车被办理登记手续，数量达到三辆以上或者价值总额达到三十万元以上的，依照刑法第三百九十七条第一款的规定，以滥用职权罪定罪，处三年以下有期徒刑或者拘役：

（一）明知是登记手续不全或者不符合规定的机动车而办理登记手续的；

（二）指使他人为明知是登记手续不全或者不符合规定的机动车办理登记手续的；

（三）违规或者指使他人违规更改、调换车辆档案的；

（四）其他滥用职权的行为。

国家机关工作人员疏于审查或者审查不严，致使盗窃、抢劫、诈骗、抢夺的机动车被办理登记手续，数量达到五辆以上或者价值总额达到五十万元以上的，依照刑法第三百九十七条第一款的规定，以玩忽职守罪定罪，处三年以下有期徒刑或者拘役。

国家机关工作人员实施前两款规定的行为，致使盗窃、抢劫、诈骗、抢夺的机动车被办理登记手续，分别达到前两款规定数量、数额标准五倍以上的，或者明知是盗窃、抢劫、诈骗、抢夺的机动车而办理登记手续的，属于刑法第三百九十七条第一款规定的“情节特别严重”，处三年以上七年以下有期徒刑。

国家机关工作人员徇私舞弊，实施上述行为，构成犯罪的，依照刑法第三百九十七条第二款的规定定罪处罚。

**第四条** 实施本解释第一条、第二条、第三条第一款或者第三款规定的行为，事前与盗窃、抢劫、诈骗、抢夺机动车的犯罪分子通谋的，以盗窃罪、抢劫罪、诈骗罪、抢夺罪的共犯论处。

**第六条** 行为人实施本解释第一条、第三条第三款规定的行为，涉及的机动车有下列情形之一的，应当认定行为人主观上属于上述条款所称“明知”：

（一）没有合法有效的来历凭证；

（二）发动机号、车辆识别代号有明显更改痕迹，没有合法证明的。

**六、最高人民法院、最高人民检察院《关于办理危害生产安全刑事案件适用法律若干问题的解释》（节录）**（2015年12月14日 法释〔2015〕22号）

**第十五条** 国家机关工作人员在履行安全监督管理职责时滥用职权、玩忽职守，致使公共财产、国家和人民利益遭受重大损失的，或者徇私舞弊，对发现的刑事案件依法应当移交司法机关追究刑事责任而不移交，情节严重的，分别依照刑法第三百九十七条、第四百零二条的规定，以滥用职权罪、玩忽职守罪或者徇私舞弊不移交刑事案件罪定罪处罚。

公司、企业、事业单位的工作人员在依法或者受委托行使安全监督管理职责时滥用职权或者玩忽职守，构成犯罪的，应当依照《全国人民代表大会常务委员会关于〈中华人民共和国刑法〉第九章渎职罪主体适用问题的解释》的规定，适用渎职罪的规定追究刑事责任。

**七、最高人民法院、最高人民检察院《关于办理盗窃油气、破坏油气设备等刑事案件具体应用法律若干问题的解释》（节录）**（2007年1月15日 法释〔2007〕3号）

**第七条** 国家机关工作人员滥用职权或者玩忽职守，实施下列行为之一，致使公共财产、国家和人民利益遭受重大损失的，依照刑法第三百九十七条的规定，以滥用职权罪或者玩忽职守罪定罪处罚：

（一）超越职权范围，批准发放石油、天然气勘查、开采、加工、经营等许可证的；

（二）违反国家规定，给不符合法定条件的单位、个人发放石油、天然气勘查、开采、加工、经营等许可证的；

（三）违反《石油天然气管道保护条例》等国家规定，在油气设备安全保护范围内批准建设项目的；

（四）对发现或者经举报查实的未经依法批准、许可擅自从事石油、天然气勘查、开采、加工、经营等违法活动不予查封、取缔的。

**第八条** 本解释所称的“油气”，是指石油、天然气。其中，石油包括原油、成品油；天然气包括煤层气。

本解释所称"油气设备"，是指用于石油、天然气生产、储存、运输等易燃易爆设备。

**八、最高人民法院、最高人民检察院《关于办理非法制造、买卖、运输、储存毒鼠强等禁用剧毒化学品刑事案件具体应用法律若干问题的解释》（节录）**（2003 年 9 月 4 日 法释〔2003〕14 号）

**第四条** 对非法制造、买卖、运输、储存毒鼠强等禁用剧毒化学品行为负有查处职责的国家机关工作人员，滥用职权或者玩忽职守，致使公共财产、国家和人民利益遭受重大损失的，依照刑法第三百九十七条的规定，以滥用职权罪或者玩忽职守罪追究刑事责任。

**第六条** 本解释所称"毒鼠强等禁用剧毒化学品"，是指国家明令禁止的毒鼠强、氟乙酰氨、氟乙酸钠、毒鼠硅、甘氟（见附表 1）。

**九、最高人民法院、最高人民检察院《关于办理妨害预防、控制突发传染病疫情等灾害的刑事案件具体应用法律若干问题的解释》（节录）**（2003 年 5 月 14 日 法释〔2003〕8 号）

**第十五条** 在预防、控制突发传染病疫情等灾害的工作中，负有组织、协调、指挥、灾害调查、控制、医疗救治、信息传递、交通运输、物资保障等职责的国家机关工作人员，滥用职权或者玩忽职守，致使公共财产、国家和人民利益遭受重大损失的，依照刑法第三百九十七条的规定，以滥用职权罪或者玩忽职守罪定罪处罚。

**第十七条** 人民法院、人民检察院办理有关妨害预防、控制突发传染病疫情等灾害的刑事案件，对于有自首、立功等悔罪表现的，依法从轻、减轻、免除处罚或者依法作出不起诉决定。

**第十八条** 本解释所称"突发传染病疫情等灾害"，是指突然发生，造成或者可能造成社会公众健康严重损害的重大传染病疫情、群体性不明原因疾病以及其他严重影响公众健康的灾害。

**十、最高人民检察院《关于镇财政所所长是否适用国家机关工作人员的批复》**
（2000 年 5 月 4 日 高检发研字〔2000〕9 号）

上海市人民检察院：

你院沪检发〔2000〕30 号文收悉。经研究，批复如下：

对于属行政执法事业单位的镇财政所中按国家机关在编干部管理的工作人员，在履行政府行政公务活动中，滥用职权或玩忽职守构成犯罪的，应以国家机关工作人员论。

**十一、最高人民检察院《关于合同制民警能否成为玩忽职守罪主体问题的批复》**
（2000 年 10 月 9 日 高检发研字〔2000〕20 号）

辽宁省人民检察院：

你院辽检发诉字〔1999〕76 号《关于犯罪嫌疑人李海玩忽职守一案的请示》收悉。经研究，批复如下：

根据刑法第九十三条第二款的规定，合同制民警在依法执行公务期间，属其他依照法律从事公务的人员，应以国家机关工作人员论。对合同制民警在依法执行公务活动中的玩忽职守行为，符合刑法第三百九十七条规定的玩忽职守罪构成条件的，依法以玩忽职守罪追究刑事责任。

此复。

法律适用

司法解释

**十二、最高人民检察院《关于属工人编制的乡（镇）工商所所长能否依照刑法第397条的规定追究刑事责任问题的批复》**（2000年10月31日　高检发研字〔2000〕23号）

江西省人民检察院：

你院赣检研发〔2000〕3号《关于乡（镇）工商所所长（工人编制）是否属于国家机关工作人员的请示》收悉。经研究，批复如下：

根据刑法第93条第2款的规定，经人事部门任命，但为工人编制的乡（镇）工商所所长，依法履行工商行政管理职责时，属其他依照法律从事公务的人员，应以国家机关工作人员论。如果玩忽职守，致使公共财产、国家和人民利益遭受重大损失，可适用刑法第397条的规定，以玩忽职守罪追究刑事责任。

此复。

**十三、最高人民检察院《关于对海事局工作人员如何使用法律问题的答复》**（2003年1月13日　高检研发第〔2003〕1号）

辽宁省人民检察院研究室：

你院《关于辽宁海事局的工作人员是否为国家机关工作人员的主体认定请示》（辽检发渎检字〔2002〕1号）收悉。经研究，答复如下：

根据国办发［1999］90号、中编办函〔2000〕184号等文件的规定，海事局负责行使国家水上安全监督和防止船舶污染及海上设施检验、航海保障的管理职权，是国家执法监督机构。海事局及其分支机构工作人员在从事上述公务活动中，滥用职权或者玩忽职守，致使公共财产、国家和人民利益遭受重大损失的，应当依照刑法第三百九十七条的规定，以滥用职权罪或者玩忽职守罪追究刑事责任。

**十四、最高人民法院、最高人民检察院《关于办理职务犯罪案件严格适用缓刑、免予刑事处罚若干问题的意见》**（2012年8月8日　法发〔2012〕17号）（略，详见本书第16页）

相关法律法规

**一、全国人民代表大会常务委员会《关于惩治骗购外汇、逃汇和非法买卖外汇犯罪的决定》**（1998年12月29日第九届全国人民代表大会常务委员会第六次会议通过　1998年12月29日中华人民共和国主席令第14号公布　自公布之日起施行）

为了惩治骗购外汇、逃汇和非法买卖外汇的犯罪行为，维护国家外汇管理秩序，对刑法作如下补充修改：

一、有下列情形之一，骗购外汇，数额较大的，处五年以下有期徒刑或者拘役，并处骗购外汇数额百分之五以上百分之三十以下罚金；数额巨大或者有其他严重情节的，处五年以上十年以下有期徒刑，并处骗购外汇数额百分之五以上百分之三十以下罚金；数额特别巨大或者有其他特别严重情节的，处十年以上有期徒刑或者无期徒刑，并处骗购外汇数额百分之五以上百分之三十以下罚金或者没收财产：

（一）使用伪造、变造的海关签发的报关单、进口证明、外汇管理部门核准件等凭证和单据的；

（二）重复使用海关签发的报关单、进口证明、外汇管理部门核准件等凭证和单据的；

（三）以其他方式骗购外汇的。

伪造、变造海关签发的报关单、进口证明、外汇管理部门核准件等凭证和单据，并用于骗购外汇的，依照前款的规定从重处罚。

明知用于骗购外汇而提供人民币资金的，以共犯论处。

单位犯前三款罪的，对单位依照第一款的规定判处罚金，并对其直接负责的主管人员和其他直接责任人员，处五年以下有期徒刑或者拘役；数额巨大或者有其他严重情节的，处五年以上十年以下有期徒刑；数额特别巨大或者有其他特别严重情节的，处十年以上有期徒刑或者无期徒刑。

二、买卖伪造、变造的海关签发的报关单、进口证明、外汇管理部门核准件等凭证和单据或者国家机关的其他公文、证件、印章的，依照刑法第二百八十条的规定定罪处罚。

三、将刑法第一百九十条修改为：公司、企业或者其他单位，违反国家规定，擅自将外汇存放境外，或者将境内的外汇非法转移到境外，数额较大的，对单位判处逃汇数额百分之五以上百分之三十以下罚金，并对其直接负责的主管人员和其他直接责任人员处五年以下有期徒刑或者拘役；数额巨大或者有其他严重情节的，对单位判处逃汇数额百分之五以上百分之三十以下罚金，并对其直接负责的主管人员和其他直接责任人员处五年以上有期徒刑。

四、在国家规定的交易场所以外非法买卖外汇，扰乱市场秩序，情节严重的，依照刑法第二百二十五条的规定定罪处罚。

单位犯前款罪的，依照刑法第二百三十一条的规定处罚。

五、海关、外汇管理部门以及金融机构、从事对外贸易经营活动的公司、企业或者其他单位的工作人员与骗购外汇或者逃汇的行为人通谋，为其提供购买外汇的有关凭证或者其他便利的，或者明知是伪造、变造的凭证和单据而售汇、付汇的，以共犯论，依照本决定从重处罚。

六、海关、外汇管理部门的工作人员严重不负责任，造成大量外汇被骗购或者逃汇，致使国家利益遭受重大损失的，依照刑法第三百九十七条的规定定罪处罚。

七、金融机构、从事对外贸易经营活动的公司、企业的工作人员严重不负责任，造成大量外汇被骗购或者逃汇，致使国家利益遭受重大损失的，依照刑法第一百六十七条的规定定罪处罚。

八、犯本决定规定之罪，依法被追缴、没收的财物和罚金，一律上缴国库。

九、本决定自公布之日起施行。

**二、《中华人民共和国公务员法》（节录）**（2005 年 4 月 27 日第十届全国人民代表大会常务委员会第十五次会议通过　2017 年 9 月 1 日修正　2018 年 12 月 29 日修订）

**第五十九条**　公务员应当遵纪守法，不得有下列行为：

（一）散布有损宪法权威、中国共产党和国家声誉的言论，组织或者参加旨在反对宪法、中国共产党领导和国家的集会、游行、示威等活动；

（二）组织或者参加非法组织，组织或者参加罢工；

（三）挑拨、破坏民族关系，参加民族分裂活动或者组织、利用宗教活动破坏民族团结和社会稳定；

（四）不担当，不作为，玩忽职守，贻误工作；

（五）拒绝执行上级依法作出的决定和命令；

（六）对批评、申诉、控告、检举进行压制或者打击报复；

（七）弄虚作假，误导、欺骗领导和公众；

（八）贪污贿赂，利用职务之便为自己或者他人谋取私利；

定罪标准

**犯罪客观方面**

家的不宜在社会上大范围传播而限于一定范围人员知悉的重要信息。应当指出，故意泄露国家秘密罪中的“国家秘密”既包括绝密、机密，又包括秘密，也就是说，“国家秘密”是对绝密、机密和秘密的总称。

3. 行为是泄露国家秘密。泄露，是指使国家秘密被不应知悉者知悉，或者使国家秘密超出了限定的接触范围。泄露的具体方法多种多样，既可以用言辞，也可以用文字，还可以通过录音录像、复制等技术手段泄露。

4. 情节严重。“情节严重”是指有下列情形之一的：（1）泄露绝密级国家秘密1项（件）以上的；（2）泄露机密级国家秘密2项（件）以上的；（3）泄露秘密级国家秘密3项（件）以上的；（4）向非境外机构、组织、人员泄露国家秘密，造成或者可能造成危害社会稳定、经济发展或者其他严重危害后果的；（5）通过口头、书面或者网络等方式向公众散布、传播国家秘密的；（6）利用职权指使或者强迫他人违反国家保守秘密法的规定泄露国家秘密的；（7）以牟取私利为目的泄露国家秘密的；（8）其他情节严重的情形。

**犯罪主体**

本罪的主体主要是国家机关工作人员，但非国家机关工作人员实施相关行为构成犯罪的，依照本罪的规定酌情处罚。这里，非国家机关工作人员应作广义理解，是指一切知悉或了解国家秘密的非国家机关工作人员。

刑法中所称的国家机关工作人员，是指在国家机关中从事公务的人员，包括在各级国家权力机关、行政机关、司法机关和军事机关中从事公务的人员。根据有关立法解释的规定，在依照法律法规规定行使国家行政管理职权的组织中从事公务的人员，或者在受国家机关委托代表国家行使职权的组织中从事公务的人员，或者虽未列入国家机关人员编制但在国家机关中从事公务的人员，视为国家机关工作人员。在乡（镇）以上中国共产党机关、人民政协机关中从事公务的人员，司法实践中也应当视为国家机关工作人员。

《刑法》第308条之一第2款规定，司法工作人员、辩护人、诉讼代理人或者其他诉讼参与人，泄露依法不公开审理案件中的国家秘密的，依照本罪定罪处罚。

**犯罪主观方面**

本罪在主观方面表现为故意，即行为人明知是国家秘密而故意加以泄露。至于行为人出于何种目的和动机，并不影响犯罪的成立。有的是为了出卖获利，有的是为了炫耀，以显示自己消息灵通等，但动机如何，不影响本罪的构成。但是如果行为人出于危害国家安全的目的而泄露国家秘密的，应以为境外窃取、刺探、收买、非法提供国家秘密罪论处。如果过失泄露国家秘密的，应以过失泄露国家秘密罪论处。

**罪与非罪**

本罪罪与非罪的界限，应从以下两个方面进行区分：一是看行为人主观上有无泄露国家秘密的故意。本罪的成立，要求行为人在主观方面必须是出于故意。因而如果行为人泄露国家秘密不是出于故意，不能构成本罪。二是看行为的情节是否达到严重的程度。根据《刑法》第398条的规定，只有故意泄露国家秘密，情节严重的，才能构成本罪。如果情节尚未达到严重程度，只能作为一般的违法违纪行为处理。

**此罪与彼罪**

1. 本罪与为境外窃取、刺探、收买、非法提供国家秘密、情报罪的界限。根据《刑法》第111条的规定，为境外窃取、刺探、收买、非法提供国家秘密、情报罪是指为境外的机构、组织、人员窃取、刺探、收买、非法提供国家秘密或者情报的行为。本罪与为境外窃取、刺探、收买、非法提供国家秘密、情报罪的主要区别如下：（1）犯罪的客体不同。本罪侵犯的是国家的保密制度；为境外窃取、刺探、收买、非法提供国家秘密、情报罪侵犯的是国家安全。（2）客观方面不同。本罪不要求泄露国

| | | |
|---|---|---|
| 定罪标准 | 此罪与彼罪 | 家秘密给特定的对象；为境外窃取、刺探、收买、非法提供国家秘密、情报罪则必须是为境外的机构、组织、人员（特定对象）窃取、刺探、收买、非法提供国家秘密、情报。本罪必须是“情节严重”才成立犯罪；为境外窃取、刺探、收买、非法提供国家秘密、情报罪则并无情节的具体要求，只要故意实施为境外窃取、刺探、收买、非法提供国家秘密、情报的行为，即构成犯罪。本罪的对象限于国家秘密；为境外窃取、刺探、收买、非法提供国家秘密、情报罪则既包括国家秘密，还包括不属于秘密的国家情报。(3) 犯罪主观方面不同。本罪既可以是直接故意，也可以是间接故意；而为境外窃取、刺探、收买、非法提供国家秘密、情报罪只能是直接故意。根据《关于审理为境外窃取、刺探、收买、非法提供国家秘密、情报案件具体应用法律若干问题的解释》第6条的规定，通过互联网将国家秘密或者情报非法发送给境外的机构、组织、个人的，依照《刑法》第111条定罪处罚；将国家秘密通过互联网予以发布，情节严重的，依照《刑法》第398条定罪处罚。<br>2. 本罪与侵犯商业秘密罪的界限。根据《刑法》第219条的规定，侵犯商业秘密罪是指采取不正当手段，获取、披露、使用或者允许他人使用权利人的商业秘密，情节严重的行为。本罪与侵犯商业秘密罪的主要区别为：(1) 犯罪客体不同。本罪侵犯的客体是国家的保密制度；侵犯商业秘密罪侵犯的客体为知识产权。(2) 犯罪对象不同。本罪侵犯的对象是国家保密法所规定的国家秘密；侵犯商业秘密罪侵犯的对象仅限于商业秘密。假如国家机关工作人员将自己知悉的属于国家秘密范畴的商业秘密泄露出去的，则是一行为触犯数罪名，属于想象竞合，应择一重罪论处。<br>3. 本罪与《刑法》第282条规定的非法获取国家秘密罪以及非法持有国家绝密、机密文件、资料、物品罪的界限。主要区别在于客观方面不同：本罪客观上表现为“泄露”国家秘密，即将自己知道的（一般是通过合法途径知道的）国家秘密传递出去；后者则表现为“窃取、刺探、收买”国家秘密或“非法持有属于国家绝密、机密的文件、资料或者其他物品，拒不说明来源与用途”。假如行为人将“窃取、刺探、收买”的国家秘密又泄露出去的，则属于吸收犯的情况，应该从一重罪论处。<br>4. 本罪与间谍罪的界限。两罪主观上都是故意，在客观上间谍罪也可以表现为提供国家秘密的形式。两者的区别是：第一，侵犯的客体不同。前者侵犯的是国家的保密制度；后者侵犯的则是国家安全。第二，犯罪主体不同。前者的主体主要是国家机关工作人员；后者的主体则是一般主体。第三，客观方面不尽相同。后者虽然可以表现为提供国家秘密这种形式，但它必须是行为人在参加间谍组织或者接受间谍组织及其代理人的任务后提供国家秘密。前者则是在没有参加间谍组织或者接受间谍组织及其代理人的任务的情况下泄露国家秘密。这就决定了间谍罪只能是向间谍组织或者其代理人提供国家秘密，而本罪则是向其他人泄露国家秘密。 |
| 证据参考标准 | 主体方面的证据 | **一、证明行为人刑事责任年龄、身份等自然情况的证据**<br>包括身份证明、户籍证明、任职证明、工作经历证明、特定职责证明等，主要是证明行为人的姓名（曾用名）、性别、出生年月日、民族、籍贯、出生地、职业（或职务）、住所地（或居所地）等证据材料，如户口簿、居民身份证、居住证、工作证、出生证、专业或技术等级证、干部履历表、职工登记表、护照等。<br>对于户籍、出生证等材料内容不实的，应提供其他证据材料。人大代表、政协委员犯罪的案件，应注明身份，并附身份证明材料。<br>**二、证明行为人刑事责任能力的证据**<br>证明行为人对自己的行为是否具有辨认能力与控制能力，如是否属于间歇性精神病人、案发时是否尚未完全丧失辨认或者控制自己行为能力的证明材料。 |

<table>
<tr><td rowspan="3">证据参考标准</td><td>主观方面的证据</td><td colspan="2">证明行为人故意的证据<br>1. 证明行为人主观认识因素的证据：证明行为人明知自己的行为会发生危害社会的结果。2. 证明行为人主观意志因素的证据：证明行为人希望或者放任危害结果发生。</td></tr>
<tr><td>客观方面的证据</td><td colspan="2">证明行为人泄露国家秘密行为的证据<br>具体证据包括：1. 证明行为人违反了保守国家秘密法的证据。2. 证明被泄露的信息的性质属于国家秘密的证据。3. 证明行为人实施了泄露国家秘密行为的证据。4. 证明使国家秘密被不应知悉者知悉的证据。5. 证明使国家秘密超出了限定的接触范围的证据。6. 证明情节严重的证据。7. 证明情节特别严重的证据。</td></tr>
<tr><td>量刑方面的证据</td><td colspan="2">一、法定量刑情节证据<br>1. 事实情节。2. 法定从重情节。3. 法定从轻、减轻情节：（1）可以从轻；（2）可以从轻或者减轻；（3）应当从轻或者减轻。4. 法定从轻、减轻、免除情节：（1）可以从轻、减轻或者免除处罚；（2）应当从轻、减轻或者免除处罚。5. 法定减轻、免除情节：（1）可以减轻或者免除处罚；（2）应当减轻或者免除处罚；（3）可以免除处罚。<br>二、酌定量刑情节证据<br>1. 犯罪手段。2. 犯罪对象：（1）秘密；（2）机密；（3）绝密。3. 危害结果。4. 犯罪动机。5. 平时表现。6. 认罪态度。7. 是否有前科。8. 其他证据。</td></tr>
<tr><td rowspan="4">量刑标准</td><td colspan="2">犯本罪的</td><td>处三年以下有期徒刑或者拘役</td></tr>
<tr><td colspan="2">情节特别严重的</td><td>处三年以上七年以下有期徒刑</td></tr>
<tr><td colspan="2">非国家机关工作人员犯本罪的</td><td>依照上述规定酌情处罚</td></tr>
<tr><td>不适用缓刑或者免予刑事处罚</td><td colspan="2">1. 以下情形一般不适用缓刑或者免予刑事处罚：<br>（1）不如实供述罪行的；<br>（2）不予退缴赃款赃物或者将赃款赃物用于非法活动的；<br>（3）属于共同犯罪中情节严重的主犯的；<br>（4）犯有数个职务犯罪依法实行并罚或者以一罪处理的；<br>（5）曾因职务违纪违法行为受过行政处分的；<br>（6）犯罪涉及的财物属于救灾、抢险、防汛、优抚、扶贫、移民、救济、防疫等特定款物的；<br>（7）渎职犯罪中徇私舞弊情节或者滥用职权情节恶劣的；<br>（8）其他不应适用缓刑、免予刑事处罚的情形。<br>对于具有以上情形之一，但根据全案事实和量刑情节，检察机关认为确有必要适用缓刑或者免予刑事处罚并据此提出量刑建议的，应经检察委员会讨论决定；审理法院认为确有必要适用缓刑或者免予刑事处罚的，应经审判委员会讨论决定。<br>2. 人民法院审理职务犯罪案件时应当注意听取检察机关、被告人、辩护人提出的量刑意见，分析影响性案件案发前后的社会反映，必要时可以征求案件查办等机关的意见。对于情节恶劣、社会反映强烈的职务犯罪案件，不得适用缓刑、免予刑事处罚。</td></tr>
</table>

| 法律适用 | | |
|---|---|---|
| | 刑法条文 | **第三百九十八条** 国家机关工作人员违反保守国家秘密法的规定，故意或者过失泄露国家秘密，情节严重的，处三年以下有期徒刑或者拘役；情节特别严重的，处三年以上七年以下有期徒刑。<br>非国家机关工作人员犯前款罪的，依照前款的规定酌情处罚。<br>**第三百零八条之一第一款** 司法工作人员、辩护人、诉讼代理人或者其他诉讼参与人，泄露依法不公开审理的案件中不应当公开的信息，造成信息公开传播或者其他严重后果的，处三年以下有期徒刑、拘役或者管制，并处或者单处罚金。<br>**第二款** 有前款行为，泄露国家秘密的，依照本法第三百九十八条的规定定罪处罚。 |
| | 立法解释 | **全国人民代表大会常务委员会《关于〈中华人民共和国刑法〉第九章渎职罪主体适用问题的解释》**（2002年12月28日第九届全国人民代表大会常务委员会第三十一次会议通过）<br>全国人大常委会根据司法实践中遇到的情况，讨论了刑法第九章渎职罪主体的适用问题，解释如下：<br>在依照法律、法规规定行使国家行政管理职权的组织中从事公务的人员，或者在受国家机关委托代表国家机关行使职权的组织中从事公务的人员，或者虽未列入国家机关人员编制但在国家机关中从事公务的人员，在代表国家机关行使职权时，有渎职行为，构成犯罪的，依照刑法关于渎职罪的规定追究刑事责任。<br>现予公告。 |
| | 司法解释 | **一、最高人民检察院《关于渎职侵权犯罪案件立案标准的规定》①（节录）**（2006年7月26日 高检发释字〔2006〕2号）<br>根据《中华人民共和国刑法》、《中华人民共和国刑事诉讼法》和其他法律的有关规定，对国家机关工作人员渎职和利用职权实施的侵犯公民人身权利、民主权利犯罪案件的立案标准规定如下：<br>**一、渎职犯罪案件**<br>（三）故意泄露国家秘密案（第三百九十八条）<br>故意泄露国家秘密罪是指国家机关工作人员或者非国家机关工作人员违反保守国家秘密法，故意使国家秘密被不应知悉者知悉，或者故意使国家秘密超出了限定的接触范围，情节严重的行为。<br>涉嫌下列情形之一的，应予立案：<br>1. 泄露绝密级国家秘密1项（件）以上的；<br>2. 泄露机密级国家秘密2项（件）以上的；<br>3. 泄露秘密级国家秘密3项（件）以上的；<br>4. 向非境外机构、组织、人员泄露国家秘密，造成或者可能造成危害社会稳定、经济发展、国防安全或者其他严重危害后果的；<br>5. 通过口头、书面或者网络等方式向公众散布、传播国家秘密的；<br>6. 利用职权指使或者强迫他人违反国家保守秘密法的规定泄露国家秘密的；<br>7. 以牟取私利为目的泄露国家秘密的；<br>8. 其他情节严重的情形。 |

① 根据《监察法》的规定，涉嫌此类职务犯罪由监察机关立案调查。此文件仅供办案机关参考。下同。——编者注。

三、附 则

(一) 本规定中每个罪案名称后所注明的法律条款系《中华人民共和国刑法》的有关条款。

(二) 本规定所称"以上"包括本数;有关犯罪数额"不满",是指已达到该数额百分之八十以上的。

(三) 本规定中的"国家机关工作人员",是指在国家机关中从事公务的人员,包括在各级国家权力机关、行政机关、司法机关和军事机关中从事公务的人员。在依照法律、法规规定行使国家行政管理职权的组织中从事公务的人员,或者在受国家机关委托代表国家行使职权的组织中从事公务的人员,或者虽未列入国家机关人员编制但在国家机关中从事公务的人员,在代表国家机关行使职权时,视为国家机关工作人员。在乡(镇)以上中国共产党机关、人民政协机关中从事公务的人员,视为国家机关工作人员。

(四) 本规定中的"直接经济损失",是指与行为有直接因果关系而造成的财产损毁、减少的实际价值;"间接经济损失",是指由直接经济损失引起和牵连的其他损失,包括失去的在正常情况下可以获得的利益和为恢复正常的管理活动或者挽回所造成的损失所支付的各种开支、费用等。

有下列情形之一的,虽然有债权存在,但已无法实现债权的,可以认定为已经造成了经济损失:(1) 债务人已经法定程序被宣告破产,且无法清偿债务;(2) 债务人潜逃,去向不明;(3) 因行为人责任,致使超过诉讼时效;(4) 有证据证明债权无法实现的其他情况。

直接经济损失和间接经济损失,是指立案时确已造成的经济损失。移送审查起诉前,犯罪嫌疑人及其亲友自行挽回的经济损失,以及由司法机关或者犯罪嫌疑人所在单位及其上级主管部门挽回的经济损失,不予扣减,但可作为对犯罪嫌疑人从轻处理的情节考虑。

(五) 本规定中的"徇私舞弊",是指国家机关工作人员为徇私情、私利,故意违背事实和法律,伪造材料,隐瞒情况,弄虚作假的行为。

(六) 本规定自公布之日起施行。本规定发布前有关人民检察院直接受理立案侦查的国家机关工作人员渎职和利用职权实施的侵犯公民人身权利、民主权利犯罪案件的立案标准,与本规定有重复或者不一致的,适用本规定。

对于本规定施行前发生的国家机关工作人员渎职和利用职权实施的侵犯公民人身权利、民主权利犯罪案件,按照《最高人民法院、最高人民检察院关于适用刑事司法解释时间效力问题的规定》办理。

**二、最高人民法院《全国法院审理经济犯罪案件工作座谈会纪要》(节录)** (2003年11月13日 法发〔2003〕167号)

一、关于贪污贿赂犯罪和渎职犯罪的主体

(一) 国家机关工作人员的认定

刑法中所称的国家机关工作人员,是指在国家机关中从事公务的人员,包括在各级国家权力机关、行政机关、司法机关和军事机关中从事公务的人员。

根据有关立法解释的规定,在依照法律、法规规定行使国家行政管理职权的组织中从事公务的人员,或者在受国家机关委托代表国家行使职权的组织中从事公务的人员,或者虽未列入国家机关人员编制但在国家机关中从事公务的人员,视为国家机关工作人员。在乡(镇)以上中国共产党机关、人民政协机关中从事公务的人员,司法实践中也应当视为国家机关工作人员。

法律适用

司法解释

（二）国家机关、国有公司、企业、事业单位委派到非国有公司、企业、事业单位、社会团体从事公务的人员的认定

所谓委派，即委任、派遣，其形式多种多样，如任命、指派、提名、批准等。不论被委派的人身份如何，只要是接受国家机关、国有公司、企业、事业单位委派，代表国家机关、国有公司、企业、事业单位在非国有公司、企业、事业单位、社会团体中从事组织、领导、监督、管理等工作，都可以认定为国家机关、国有公司、企业、事业单位委派到非国有公司、企业、事业单位、社会团体从事公务的人员。如国家机关、国有公司、企业、事业单位委派在国有控股或者参股的股份有限公司从事组织、领导、监督、管理等工作的人员，应当以国家工作人员论。国有公司、企业改制为股份有限公司后，原国有公司、企业的工作人员和股份有限公司新任命的人员中，除代表国有投资主体行使监督、管理职权的人外，不以国家工作人员论。

（三）“其他依照法律从事公务的人员”的认定

刑法第九十三条第二款规定的“其他依照法律从事公务的人员”应当具有两个特征：一是在特定条件下行使国家管理职能；二是依照法律规定从事公务。具体包括：（1）依法履行职责的各级人民代表大会代表；（2）依法履行审判职责的人民陪审员；（3）协助乡镇人民政府、街道办事处从事行政管理工作的村民委员会、居民委员会等农村和城市基层组织人员；（4）其他由法律授权从事公务的人员。

（四）关于“从事公务”的理解

从事公务，是指代表国家机关、国有公司、企业、事业单位、人民团体等履行组织、领导、监督、管理等职责。公务主要表现为与职权相联系的公共事务以及监督、管理国有财产的职务活动。如国家机关工作人员依法履行职责，国有公司的董事、经理、监事、会计、出纳人员等管理、监督国有财产等活动，属于从事公务。那些不具备职权内容的劳务活动、技术服务工作，如售货员、售票员等所从事的工作，一般不认为是公务。

**三、最高人民法院《关于审理为境外窃取、刺探、收买、非法提供国家秘密、情报案件具体应用法律若干问题的解释》（节录）**（2001年1月17日　法释〔2001〕4号）

**第六条**　通过互联网将国家秘密或者情报非法发送给境外的机构、组织、个人的，依照刑法第一百一十一条的规定定罪处罚；将国家秘密通过互联网予以发布，情节严重的，依照刑法第三百九十八条的规定定罪处罚。

**第七条**　审理为境外窃取、刺探、收买、非法提供国家秘密案件，需要对有关事项是否属于国家秘密以及属于何种密级进行鉴定的，由国家保密工作部门或者省、自治区、直辖市保密工作部门鉴定。

**四、最高人民法院、最高人民检察院《关于办理职务犯罪案件严格适用缓刑、免予刑事处罚若干问题的意见》**（2012年8月8日　法发〔2012〕17号）（略，详见本书第16页）

相关法律法规

**一、《中华人民共和国保守国家秘密法》**（1988年9月5日第七届全国人民代表大会常务委员会第三次会议通过　2010年4月29日第一次修订　2024年2月27日第二次修订）

## 第一章　总　则

**第一条**　为了保守国家秘密，维护国家安全和利益，保障改革开放和社会主义现代化建设事业的顺利进行，根据宪法，制定本法。

法律适用 相关法律法规

**第二条** 国家秘密是关系国家安全和利益，依照法定程序确定，在一定时间内只限一定范围的人员知悉的事项。

**第三条** 坚持中国共产党对保守国家秘密（以下简称保密）工作的领导。中央保密工作领导机构领导全国保密工作，研究制定、指导实施国家保密工作战略和重大方针政策，统筹协调国家保密重大事项和重要工作，推进国家保密法治建设。

**第四条** 保密工作坚持总体国家安全观，遵循党管保密、依法管理，积极防范、突出重点，技管并重、创新发展的原则，既确保国家秘密安全，又便利信息资源合理利用。

法律、行政法规规定公开的事项，应当依法公开。

**第五条** 国家秘密受法律保护。

一切国家机关和武装力量、各政党和各人民团体、企业事业组织和其他社会组织以及公民都有保密的义务。

任何危害国家秘密安全的行为，都必须受到法律追究。

**第六条** 国家保密行政管理部门主管全国的保密工作。县级以上地方各级保密行政管理部门主管本行政区域的保密工作。

**第七条** 国家机关和涉及国家秘密的单位（以下简称机关、单位）管理本机关和本单位的保密工作。

中央国家机关在其职权范围内管理或者指导本系统的保密工作。

**第八条** 机关、单位应当实行保密工作责任制，依法设置保密工作机构或者指定专人负责保密工作，健全保密管理制度，完善保密防护措施，开展保密宣传教育，加强保密监督检查。

**第九条** 国家采取多种形式加强保密宣传教育，将保密教育纳入国民教育体系和公务员教育培训体系，鼓励大众传播媒介面向社会进行保密宣传教育，普及保密知识，宣传保密法治，增强全社会的保密意识。

**第十条** 国家鼓励和支持保密科学技术研究和应用，提升自主创新能力，依法保护保密领域的知识产权。

**第十一条** 县级以上人民政府应当将保密工作纳入本级国民经济和社会发展规划，所需经费列入本级预算。

机关、单位开展保密工作所需经费应当列入本机关、本单位年度预算或者年度收支计划。

**第十二条** 国家加强保密人才培养和队伍建设，完善相关激励保障机制。

对在保守、保护国家秘密工作中做出突出贡献的组织和个人，按照国家有关规定给予表彰和奖励。

## 第二章 国家秘密的范围和密级

**第十三条** 下列涉及国家安全和利益的事项，泄露后可能损害国家在政治、经济、国防、外交等领域的安全和利益的，应当确定为国家秘密：

（一）国家事务重大决策中的秘密事项；

（二）国防建设和武装力量活动中的秘密事项；

（三）外交和外事活动中的秘密事项以及对外承担保密义务的秘密事项；

（四）国民经济和社会发展中的秘密事项；

（五）科学技术中的秘密事项；

（六）维护国家安全活动和追查刑事犯罪中的秘密事项；

（七）经国家保密行政管理部门确定的其他秘密事项。

政党的秘密事项中符合前款规定的，属于国家秘密。

**第十四条** 国家秘密的密级分为绝密、机密、秘密三级。

绝密级国家秘密是最重要的国家秘密，泄露会使国家安全和利益遭受特别严重的损害；机密级国家秘密是重要的国家秘密，泄露会使国家安全和利益遭受严重的损害；秘密级国家秘密是一般的国家秘密，泄露会使国家安全和利益遭受损害。

**第十五条** 国家秘密及其密级的具体范围（以下简称保密事项范围），由国家保密行政管理部门单独或者会同有关中央国家机关规定。

军事方面的保密事项范围，由中央军事委员会规定。

保密事项范围的确定应当遵循必要、合理原则，科学论证评估，并根据情况变化及时调整。保密事项范围的规定应当在有关范围内公布。

**第十六条** 机关、单位主要负责人及其指定的人员为定密责任人，负责本机关、本单位的国家秘密确定、变更和解除工作。

机关、单位确定、变更和解除本机关、本单位的国家秘密，应当由承办人提出具体意见，经定密责任人审核批准。

**第十七条** 确定国家秘密的密级，应当遵守定密权限。

中央国家机关、省级机关及其授权的机关、单位可以确定绝密级、机密级和秘密级国家秘密；设区的市级机关及其授权的机关、单位可以确定机密级和秘密级国家秘密；特殊情况下无法按照上述规定授权定密的，国家保密行政管理部门或者省、自治区、直辖市保密行政管理部门可以授予机关、单位定密权限。具体的定密权限、授权范围由国家保密行政管理部门规定。

下级机关、单位认为本机关、本单位产生的有关定密事项属于上级机关、单位的定密权限，应当先行采取保密措施，并立即报请上级机关、单位确定；没有上级机关、单位的，应当立即提请有相应定密权限的业务主管部门或者保密行政管理部门确定。

公安机关、国家安全机关在其工作范围内按照规定的权限确定国家秘密的密级。

**第十八条** 机关、单位执行上级确定的国家秘密事项或者办理其他机关、单位确定的国家秘密事项，需要派生定密的，应当根据所执行、办理的国家秘密事项的密级确定。

**第十九条** 机关、单位对所产生的国家秘密事项，应当按照保密事项范围的规定确定密级，同时确定保密期限和知悉范围；有条件的可以标注密点。

**第二十条** 国家秘密的保密期限，应当根据事项的性质和特点，按照维护国家安全和利益的需要，限定在必要的期限内；不能确定期限的，应当确定解密的条件。

国家秘密的保密期限，除另有规定外，绝密级不超过三十年，机密级不超过二十年，秘密级不超过十年。

机关、单位应当根据工作需要，确定具体的保密期限、解密时间或者解密条件。

机关、单位对在决定和处理有关事项工作过程中确定需要保密的事项，根据工作需要决定公开的，正式公布时即视为解密。

**第二十一条** 国家秘密的知悉范围，应当根据工作需要限定在最小范围。

国家秘密的知悉范围能够限定到具体人员的，限定到具体人员；不能限定到具体人员的，限定到机关、单位，由该机关、单位限定到具体人员。

国家秘密的知悉范围以外的人员，因工作需要知悉国家秘密的，应当经过机关、单位主要负责人或者其指定的人员批准。原定密机关、单位对扩大国家秘密的知悉范围有明确规定的，应当遵守其规定。

法律适用　相关法律法规

**第二十二条**　机关、单位对承载国家秘密的纸介质、光介质、电磁介质等载体（以下简称国家秘密载体）以及属于国家秘密的设备、产品，应当作出国家秘密标志。

涉及国家秘密的电子文件应当按照国家有关规定作出国家秘密标志。

不属于国家秘密的，不得作出国家秘密标志。

**第二十三条**　国家秘密的密级、保密期限和知悉范围，应当根据情况变化及时变更。国家秘密的密级、保密期限和知悉范围的变更，由原定密机关、单位决定，也可以由其上级机关决定。

国家秘密的密级、保密期限和知悉范围变更的，应当及时书面通知知悉范围内的机关、单位或者人员。

**第二十四条**　机关、单位应当每年审核所确定的国家秘密。

国家秘密的保密期限已满的，自行解密。在保密期限内因保密事项范围调整不再作为国家秘密，或者公开后不会损害国家安全和利益，不需要继续保密的，应当及时解密；需要延长保密期限的，应当在原保密期限届满前重新确定密级、保密期限和知悉范围。提前解密或者延长保密期限的，由原定密机关、单位决定，也可以由其上级机关决定。

**第二十五条**　机关、单位对是否属于国家秘密或者属于何种密级不明确或者有争议的，由国家保密行政管理部门或者省、自治区、直辖市保密行政管理部门按照国家保密规定确定。

## 第三章　保密制度

**第二十六条**　国家秘密载体的制作、收发、传递、使用、复制、保存、维修和销毁，应当符合国家保密规定。

绝密级国家秘密载体应当在符合国家保密标准的设施、设备中保存，并指定专人管理；未经原定密机关、单位或者其上级机关批准，不得复制和摘抄；收发、传递和外出携带，应当指定人员负责，并采取必要的安全措施。

**第二十七条**　属于国家秘密的设备、产品的研制、生产、运输、使用、保存、维修和销毁，应当符合国家保密规定。

**第二十八条**　机关、单位应当加强对国家秘密载体的管理，任何组织和个人不得有下列行为：

（一）非法获取、持有国家秘密载体；

（二）买卖、转送或者私自销毁国家秘密载体；

（三）通过普通邮政、快递等无保密措施的渠道传递国家秘密载体；

（四）寄递、托运国家秘密载体出境；

（五）未经有关主管部门批准，携带、传递国家秘密载体出境；

（六）其他违反国家秘密载体保密规定的行为。

**第二十九条**　禁止非法复制、记录、存储国家秘密。

禁止未按照国家保密规定和标准采取有效保密措施，在互联网及其他公共信息网络或者有线和无线通信中传递国家秘密。

禁止在私人交往和通信中涉及国家秘密。

**第三十条**　存储、处理国家秘密的计算机信息系统（以下简称涉密信息系统）按照涉密程度实行分级保护。

涉密信息系统应当按照国家保密规定和标准规划、建设、运行、维护，并配备保密设施、设备。保密设施、设备应当与涉密信息系统同步规划、同步建设、同步运行。

法律适用 相关法律法规

涉密信息系统应当按照规定，经检查合格后，方可投入使用，并定期开展风险评估。

**第三十一条** 机关、单位应当加强对信息系统、信息设备的保密管理，建设保密自监管设施，及时发现并处置安全保密风险隐患。任何组织和个人不得有下列行为：

（一）未按照国家保密规定和标准采取有效保密措施，将涉密信息系统、涉密信息设备接入互联网及其他公共信息网络；

（二）未按照国家保密规定和标准采取有效保密措施，在涉密信息系统、涉密信息设备与互联网及其他公共信息网络之间进行信息交换；

（三）使用非涉密信息系统、非涉密信息设备存储或者处理国家秘密；

（四）擅自卸载、修改涉密信息系统的安全技术程序、管理程序；

（五）将未经安全技术处理的退出使用的涉密信息设备赠送、出售、丢弃或者改作其他用途；

（六）其他违反信息系统、信息设备保密规定的行为。

**第三十二条** 用于保护国家秘密的安全保密产品和保密技术装备应当符合国家保密规定和标准。

国家建立安全保密产品和保密技术装备抽检、复检制度，由国家保密行政管理部门设立或者授权的机构进行检测。

**第三十三条** 报刊、图书、音像制品、电子出版物的编辑、出版、印制、发行，广播节目、电视节目、电影的制作和播放，网络信息的制作、复制、发布、传播，应当遵守国家保密规定。

**第三十四条** 网络运营者应当加强对其用户发布的信息的管理，配合监察机关、保密行政管理部门、公安机关、国家安全机关对涉嫌泄露国家秘密案件进行调查处理；发现利用互联网及其他公共信息网络发布的信息涉嫌泄露国家秘密的，应当立即停止传输该信息，保存有关记录，向保密行政管理部门或者公安机关、国家安全机关报告；应当根据保密行政管理部门或者公安机关、国家安全机关的要求，删除涉及泄露国家秘密的信息，并对有关设备进行技术处理。

**第三十五条** 机关、单位应当依法对拟公开的信息进行保密审查，遵守国家保密规定。

**第三十六条** 开展涉及国家秘密的数据处理活动及其安全监管应当符合国家保密规定。

国家保密行政管理部门和省、自治区、直辖市保密行政管理部门会同有关主管部门建立安全保密防控机制，采取安全保密防控措施，防范数据汇聚、关联引发的泄密风险。

机关、单位应当对汇聚、关联后属于国家秘密事项的数据依法加强安全管理。

**第三十七条** 机关、单位向境外或者向境外在中国境内设立的组织、机构提供国家秘密，任用、聘用的境外人员因工作需要知悉国家秘密的，按照国家有关规定办理。

**第三十八条** 举办会议或者其他活动涉及国家秘密的，主办单位应当采取保密措施，并对参加人员进行保密教育，提出具体保密要求。

**第三十九条** 机关、单位应当将涉及绝密级或者较多机密级、秘密级国家秘密的机构确定为保密要害部门，将集中制作、存放、保管国家秘密载体的专门场所确定为保密要害部位，按照国家保密规定和标准配备、使用必要的技术防护设施、设备。

**第四十条** 军事禁区、军事管理区和属于国家秘密不对外开放的其他场所、部位，应当采取保密措施，未经有关部门批准，不得擅自决定对外开放或者扩大开放范围。

涉密军事设施及其他重要涉密单位周边区域应当按照国家保密规定加强保密管理。

**第四十一条** 从事涉及国家秘密业务的企业事业单位，应当具备相应的保密管理能力，遵守国家保密规定。

从事国家秘密载体制作、复制、维修、销毁，涉密信息系统集成，武器装备科研生产，或者涉密军事设施建设等涉及国家秘密业务的企业事业单位，应当经过审查批准，取得保密资质。

**第四十二条** 采购涉及国家秘密的货物、服务的机关、单位，直接涉及国家秘密的工程建设、设计、施工、监理等单位，应当遵守国家保密规定。

机关、单位委托企业事业单位从事涉及国家秘密的业务，应当与其签订保密协议，提出保密要求，采取保密措施。

**第四十三条** 在涉密岗位工作的人员（以下简称涉密人员），按照涉密程度分为核心涉密人员、重要涉密人员和一般涉密人员，实行分类管理。

任用、聘用涉密人员应当按照国家有关规定进行审查。

涉密人员应当具有良好的政治素质和品行，经过保密教育培训，具备胜任涉密岗位的工作能力和保密知识技能，签订保密承诺书，严格遵守国家保密规定，承担保密责任。

涉密人员的合法权益受法律保护。对因保密原因合法权益受到影响和限制的涉密人员，按照国家有关规定给予相应待遇或者补偿。

**第四十四条** 机关、单位应当建立健全涉密人员管理制度，明确涉密人员的权利、岗位责任和要求，对涉密人员履行职责情况开展经常性的监督检查。

**第四十五条** 涉密人员出境应当经有关部门批准，有关机关认为涉密人员出境将对国家安全造成危害或者对国家利益造成重大损失的，不得批准出境。

**第四十六条** 涉密人员离岗离职应当遵守国家保密规定。机关、单位应当开展保密教育提醒，清退国家秘密载体，实行脱密期管理。涉密人员在脱密期内，不得违反规定就业和出境，不得以任何方式泄露国家秘密；脱密期结束后，应当遵守国家保密规定，对知悉的国家秘密继续履行保密义务。涉密人员严重违反离岗离职及脱密期国家保密规定的，机关、单位应当及时报告同级保密行政管理部门，由保密行政管理部门会同有关部门依法采取处置措施。

**第四十七条** 国家工作人员或者其他公民发现国家秘密已经泄露或者可能泄露时，应当立即采取补救措施并及时报告有关机关、单位。机关、单位接到报告后，应当立即作出处理，并及时向保密行政管理部门报告。

## 第四章 监督管理

**第四十八条** 国家保密行政管理部门依照法律、行政法规的规定，制定保密规章和国家保密标准。

**第四十九条** 保密行政管理部门依法组织开展保密宣传教育、保密检查、保密技术防护、保密违法案件调查处理工作，对保密工作进行指导和监督管理。

**第五十条** 保密行政管理部门发现国家秘密确定、变更或者解除不当的，应当及时通知有关机关、单位予以纠正。

**第五十一条** 保密行政管理部门依法对机关、单位遵守保密法律法规和相关制度的情况进行检查；涉嫌保密违法的，应当及时调查处理或者组织、督促有关机关、单位调查处理；涉嫌犯罪的，应当依法移送监察机关、司法机关处理。

对严重违反国家保密规定的涉密人员，保密行政管理部门应当建议有关机关、单位将其调离涉密岗位。

有关机关、单位和个人应当配合保密行政管理部门依法履行职责。

**第五十二条** 保密行政管理部门在保密检查和案件调查处理中，可以依法查阅有关材料、询问人员、记录情况，先行登记保存有关设施、设备、文件资料等；必要时，可以进行保密技术检测。

保密行政管理部门对保密检查和案件调查处理中发现的非法获取、持有的国家秘密载体，应当予以收缴；发现存在泄露国家秘密隐患的，应当要求采取措施，限期整改；对存在泄露国家秘密隐患的设施、设备、场所，应当责令停止使用。

**第五十三条** 办理涉嫌泄露国家秘密案件的机关，需要对有关事项是否属于国家秘密、属于何种密级进行鉴定的，由国家保密行政管理部门或者省、自治区、直辖市保密行政管理部门鉴定。

**第五十四条** 机关、单位对违反国家保密规定的人员不依法给予处分的，保密行政管理部门应当建议纠正；对拒不纠正的，提请其上一级机关或者监察机关对该机关、单位负有责任的领导人员和直接责任人员依法予以处理。

**第五十五条** 设区的市级以上保密行政管理部门建立保密风险评估机制、监测预警制度、应急处置制度，会同有关部门开展信息收集、分析、通报工作。

**第五十六条** 保密协会等行业组织依照法律、行政法规的规定开展活动，推动行业自律，促进行业健康发展。

## 第五章 法律责任

**第五十七条** 违反本法规定，有下列情形之一，根据情节轻重，依法给予处分；有违法所得的，没收违法所得：

（一）非法获取、持有国家秘密载体的；

（二）买卖、转送或者私自销毁国家秘密载体的；

（三）通过普通邮政、快递等无保密措施的渠道传递国家秘密载体的；

（四）寄递、托运国家秘密载体出境，或者未经有关主管部门批准，携带、传递国家秘密载体出境的；

（五）非法复制、记录、存储国家秘密的；

（六）在私人交往和通信中涉及国家秘密的；

（七）未按照国家保密规定和标准采取有效保密措施，在互联网及其他公共信息网络或者有线和无线通信中传递国家秘密的；

（八）未按照国家保密规定和标准采取有效保密措施，将涉密信息系统、涉密信息设备接入互联网及其他公共信息网络的；

（九）未按照国家保密规定和标准采取有效保密措施，在涉密信息系统、涉密信息设备与互联网及其他公共信息网络之间进行信息交换的；

（十）使用非涉密信息系统、非涉密信息设备存储、处理国家秘密的；

（十一）擅自卸载、修改涉密信息系统的安全技术程序、管理程序的；

（十二）将未经安全技术处理的退出使用的涉密信息设备赠送、出售、丢弃或者改作其他用途的；

（十三）其他违反本法规定的情形。

有前款情形尚不构成犯罪，且不适用处分的人员，由保密行政管理部门督促其所在机关、单位予以处理。

**第五十八条** 机关、单位违反本法规定，发生重大泄露国家秘密案件的，依法对直接负责的主管人员和其他直接责任人员给予处分。不适用处分的人员，由保密行政管理部门督促其主管部门予以处理。

机关、单位违反本法规定，对应当定密的事项不定密，对不应当定密的事项定密，或者未履行解密审核责任，造成严重后果的，依法对直接负责的主管人员和其他直接责任人员给予处分。

**第五十九条** 网络运营者违反本法第三十四条规定的，由公安机关、国家安全机关、电信主管部门、保密行政管理部门按照各自职责分工依法予以处罚。

**第六十条** 取得保密资质的企业事业单位违反国家保密规定的，由保密行政管理部门责令限期整改，给予警告或者通报批评；有违法所得的，没收违法所得；情节严重的，暂停涉密业务、降低资质等级；情节特别严重的，吊销保密资质。

未取得保密资质的企业事业单位违法从事本法第四十一条第二款规定的涉密业务的，由保密行政管理部门责令停止涉密业务，给予警告或者通报批评；有违法所得的，没收违法所得。

**第六十一条** 保密行政管理部门的工作人员在履行保密管理职责中滥用职权、玩忽职守、徇私舞弊的，依法给予处分。

**第六十二条** 违反本法规定，构成犯罪的，依法追究刑事责任。

### 第六章 附 则

**第六十三条** 中国人民解放军和中国人民武装警察部队开展保密工作的具体规定，由中央军事委员会根据本法制定。

**第六十四条** 机关、单位对履行职能过程中产生或者获取的不属于国家秘密但泄露后会造成一定不利影响的事项，适用工作秘密管理办法采取必要的保护措施。工作秘密管理办法另行规定。

**第六十五条** 本法自2024年5月1日起施行。

**二、全国人民代表大会常务委员会《关于维护互联网安全的决定》（节录）**（2000年12月28日第九届全国人民代表大会常务委员会第十九次会议通过 2009年8月27日修正）

二、为了维护国家安全和社会稳定，对有下列行为之一，构成犯罪的，依照刑法有关规定追究刑事责任：

（一）利用互联网造谣、诽谤或者发表、传播其他有害信息，煽动颠覆国家政权、推翻社会主义制度，或者煽动分裂国家、破坏国家统一；

（二）通过互联网窃取、泄露国家秘密、情报或者军事秘密；

（三）利用互联网煽动民族仇恨、民族歧视，破坏民族团结；

（四）利用互联网组织邪教组织、联络邪教组织成员，破坏国家法律、行政法规实施。

**三、《中华人民共和国公务员法》（节录）**（2005年4月27日第十届全国人民代表大会常务委员会第十五次会议通过 2017年9月1日修正 2018年12月29日修订）

**第五十九条** 公务员应当遵纪守法，不得有下列行为：

（一）散布有损宪法权威、中国共产党和国家声誉的言论，组织或者参加旨在反对宪法、中国共产党领导和国家的集会、游行、示威等活动；

（二）组织或者参加非法组织，组织或者参加罢工；

（三）挑拨、破坏民族关系，参加民族分裂活动或者组织、利用宗教活动破坏民族团结和社会稳定；

（四）不担当，不作为，玩忽职守，贻误工作；

（五）拒绝执行上级依法作出的决定和命令；

（六）对批评、申诉、控告、检举进行压制或者打击报复；

（七）弄虚作假，误导、欺骗领导和公众；

（八）贪污贿赂，利用职务之便为自己或者他人谋取私利；

（九）违反财经纪律，浪费国家资财；

（十）滥用职权，侵害公民、法人或者其他组织的合法权益；

（十一）泄露国家秘密或者工作秘密；

（十二）在对外交往中损害国家荣誉和利益；

（十三）参与或者支持色情、吸毒、赌博、迷信等活动；

（十四）违反职业道德、社会公德和家庭美德；

（十五）违反有关规定参与禁止的网络传播行为或者网络活动；

（十六）违反有关规定从事或者参与营利性活动，在企业或者其他营利性组织中兼任职务；

（十七）旷工或者因公外出、请假期满无正当理由逾期不归；

（十八）违纪违法的其他行为。

**第一百零八条** 公务员主管部门的工作人员，违反本法规定，滥用职权、玩忽职守、徇私舞弊，构成犯罪的，依法追究刑事责任；尚不构成犯罪的，给予处分或者由监察机关依法给予政务处分。

**四、《中华人民共和国国家安全法》（节录）**（2015年7月1日第十二届全国人民代表大会常务委员会第十五次会议通过 2015年7月1日中华人民共和国主席令第29号公布 自公布之日起施行）

**第十五条** 国家坚持中国共产党的领导，维护中国特色社会主义制度，发展社会主义民主政治，健全社会主义法治，强化权力运行制约和监督机制，保障人民当家作主的各项权利。

国家防范、制止和依法惩治任何叛国、分裂国家、煽动叛乱、颠覆或者煽动颠覆人民民主专政政权的行为；防范、制止和依法惩治窃取、泄露国家秘密等危害国家安全的行为；防范、制止和依法惩治境外势力的渗透、破坏、颠覆、分裂活动。

**第七十七条** 公民和组织应当履行下列维护国家安全的义务：

（一）遵守宪法、法律法规关于国家安全的有关规定；

（二）及时报告危害国家安全活动的线索；

（三）如实提供所知悉的涉及危害国家安全活动的证据；

（四）为国家安全工作提供便利条件或者其他协助；

（五）向国家安全机关、公安机关和有关军事机关提供必要的支持和协助；

（六）保守所知悉的国家秘密；

（七）法律、行政法规规定的其他义务。

任何个人和组织不得有危害国家安全的行为，不得向危害国家安全的个人或者组织提供任何资助或者协助。

# 18 过失泄露国家秘密案

**概念**

**本罪是指国家机关工作人员违反保守国家秘密法的规定，过失泄露国家秘密，或者遗失国家秘密载体，致使国家秘密被不应知悉者知悉或者超出了限定的接触范围，情节严重的行为。**

**立案标准**

**国家机关工作人员违反保守国家秘密法，过失泄露国家秘密，或者遗失国家秘密载体，致使国家秘密被不应知悉者知悉或者超出了限定的接触范围，有下列情形之一的，应予立案：**

1. **泄露绝密级国家秘密 1 项（件）以上的。**
2. **泄露机密级国家秘密 3 项（件）以上的。**
3. **泄露秘密级国家秘密 4 项（件）以上的。**
4. **违反保密规定，将涉及国家秘密的计算机或者计算机信息系统与互联网相连接，泄露国家秘密的。**
5. **泄露国家秘密或者遗失国家秘密载体，隐瞒不报、不如实提供有关情况或者不采取补救措施的。**
6. **其他情节严重的情形。**

**定罪标准**

**犯罪客体**

本罪侵犯的客体是国家的保密制度。我国现行的保守国家秘密的法律法规、规章主要有《宪法》《保守国家秘密法》《保守国家秘密法实施条例》《国家秘密技术出口审查规定》等。此外，在我国现行的《法官法》《检察官法》《中国人民银行法》《地图管理条例》等法律法规中也含有保守国家秘密的规定。

**犯罪客观方面**

本罪在客观方面表现为违反保守国家秘密法，过失泄露国家秘密，使国家秘密被不应知悉者知悉，或者使国家秘密超出了限定的接触范围，情节严重的行为。具体包括以下四个方面的要素：

1. 违反保守国家秘密法，即违反保守国家秘密法的禁止性命令，包括《保守国家秘密法》《保守国家秘密法实施条例》等法律法规关于保守国家秘密的规定。

2. 行为对象是国家秘密。《保守国家秘密法》第 2 条把国家秘密概括为："国家秘密是关系国家安全和利益，依照法定程序确定，在一定时间内只限定一定范围的人员知悉的事项。"该法第 13 条明确把以下事项规定为国家秘密：（1）国家事务重大决策中的秘密事项；（2）国防建设和武装力量活动中的秘密事项；（3）外交和外事活动中的秘密事项以及对外承担保密义务的秘密事项；（4）国民经济和社会发展中的秘密事项；（5）科学技术中的秘密事项；（6）维护国家安全活动和追查刑事犯罪中的秘密事项；（7）经国家保密行政管理部门确定的其他秘密事项。政党的秘密事项中符合前述规定的，属于国家秘密。根据《保守国家秘密法》第 14 条规定，国家秘密分为绝密、机密和秘密三个等级。绝密是国家的最高级机密，只允许极少数人员知悉；机密是仅次于绝密的国家重要信息，只允许特定的专门工作人员知悉；秘密是国家的

| | | |
|---|---|---|
| 定罪标准 | 犯罪客观方面 | 不宜在社会上大范围传播而限于一定范围人员知悉的重要信息。应当指出，故意泄露国家秘密罪中的“国家秘密”，既包括绝密、机密，又包括秘密，也就是说，“国家秘密”是对绝密、机密和秘密的总称。<br>3. 行为及结果是泄露国家秘密或者遗失国家秘密载体，致使国家秘密被不应知悉者知悉或者超出了限定的接触范围。泄露，既可以作为的方式实施，也可以不作为的方式实施。<br>4. 情节严重。“情节严重”是指有下列情形之一的：(1) 泄露绝密级国家秘密1项（件）以上的；(2) 泄露机密级国家秘密3项（件）以上的；(3) 泄露秘密级国家秘密4项（件）以上的；(4) 违反保密规定，将涉及国家秘密的计算机或者计算机信息系统与互联网相连接，泄露国家秘密的；(5) 泄露国家秘密或者遗失国家秘密载体，隐瞒不报、不如实提供有关情况或者不采取补救措施的；(6) 其他情节严重的情形。 |
| | 犯罪主体 | 本罪的主体主要是国家机关工作人员，但非国家机关工作人员实施相关行为构成犯罪的，要按照本罪的规定酌情处罚。这里，非国家机关工作人员应作广义理解，是指一切知悉或了解国家秘密的非国家机关工作人员。<br>刑法中所称的国家机关工作人员，是指在国家机关中从事公务的人员，包括在各级国家权力机关、行政机关、司法机关和军事机关中从事公务的人员。根据有关立法解释的规定，在依照法律法规规定行使国家行政管理职权的组织中从事公务的人员，或者在受国家机关委托代表国家行使职权的组织中从事公务的人员，或者虽未列入国家机关人员编制但在国家机关中从事公务的人员，视为国家机关工作人员。在乡（镇）以上中国共产党机关、人民政协机关中从事公务的人员，司法实践中也应当视为国家机关工作人员。 |
| | 犯罪主观方面 | 本罪在主观方面表现为过失，即行为人应当预见自己的行为可能导致国家秘密被泄露的结果，却疏忽大意而没有预见，或者已经预见自己的行为可能导致国家秘密被泄露的结果而轻信能够避免的主观心态。 |
| | 罪与非罪 | 区分罪与非罪的界限，主要看泄露国家秘密的行为是否情节严重。根据《刑法》第398条之规定，并不是一切泄露国家秘密的行为都构成犯罪，而是只有“情节严重的”才构成犯罪。所以，对于一般并非“情节严重的”泄密行为，不能按犯罪来处理。 |
| 证据参考标准 | 主体方面的证据 | **一、证明行为人刑事责任年龄、身份等自然情况的证据**<br>包括身份证明、户籍证明、任职证明、工作经历证明、特定职责证明等，主要是证明行为人的姓名（曾用名）、性别、出生年月日、民族、籍贯、出生地、职业（或职务）、住所地（或居所地）等证据材料，如户口簿、居民身份证、居住证、工作证、出生证、专业或技术等级证、干部履历表、职工登记表、护照等。<br>对于户籍、出生证等材料内容不实的，应提供其他证据材料。人大代表、政协委员犯罪的案件，应注明身份，并附身份证明材料。<br>**二、证明行为人刑事责任能力的证据**<br>证明行为人对自己的行为是否具有辨认能力与控制能力，如是否属于间歇性精神病人、案发时是否尚未完全丧失辨认或者控制自己行为能力的证明材料。 |

<table>
<tr><td rowspan="3">证据参考标准</td><td>主观方面的证据</td><td colspan="2">证明行为人过失的证据<br>1. 证明行为人疏忽大意过失的证据：（1）证明行为人应当预见自己的行为会发生危害社会的结果；（2）证明行为人因疏忽大意没有预见。2. 证明行为人过于自信过失的证据：（1）证明行为人已经预见自己的行为会发生危害社会的结果；（2）证明行为人轻信能避免危害结果。</td></tr>
<tr><td>客观方面的证据</td><td colspan="2">证明行为人泄露国家秘密行为的证据<br>具体证据包括：1. 证明行为违反了保守国家秘密法的证据。2. 证明被泄露的信息的性质属于国家秘密的证据。3. 证明行为人实施了泄露国家秘密行为的证据。4. 证明行为人遗失国家秘密的证据。5. 证明使国家秘密被不应知悉者知悉的证据。6. 证明使国家秘密超出了限定的接触范围的证据。7. 证明情节严重的证据。8. 证明情节特别严重的证据。</td></tr>
<tr><td>量刑方面的证据</td><td colspan="2">一、法定量刑情节证据<br>1. 事实情节。2. 法定从重情节。3. 法定从轻、减轻情节：（1）可以从轻；（2）可以从轻或者减轻；（3）应当从轻或者减轻。4. 法定从轻、减轻、免除情节：（1）可以从轻、减轻或者免除处罚；（2）应当从轻、减轻或者免除处罚。5. 法定减轻、免除情节：（1）可以减轻或者免除处罚；（2）应当减轻或者免除处罚；（3）可以免除处罚。<br>二、酌定量刑情节证据<br>1. 犯罪手段。2. 犯罪对象：（1）秘密；（2）机密；（3）绝密。3. 危害结果。4. 犯罪动机。5. 平时表现。6. 认罪态度。7. 是否有前科。8. 其他证据。</td></tr>
<tr><td rowspan="4">量刑标准</td><td colspan="2">犯本罪的</td><td>处三年以下有期徒刑或者拘役</td></tr>
<tr><td colspan="2">情节特别严重的</td><td>处三年以上七年以下有期徒刑</td></tr>
<tr><td colspan="2">非国家机关工作人员犯本罪的</td><td>依照上述规定酌情处罚</td></tr>
<tr><td colspan="2">不适用缓刑或者免予刑事处罚</td><td>1. 以下情形一般不适用缓刑或者免予刑事处罚：<br>（1）不如实供述罪行的；<br>（2）不予退缴赃款赃物或者将赃款赃物用于非法活动的；<br>（3）属于共同犯罪中情节严重的主犯的；<br>（4）犯有数个职务犯罪依法实行并罚或者以一罪处理的；<br>（5）曾因职务违纪违法行为受过行政处分的；<br>（6）犯罪涉及的财物属于救灾、抢险、防汛、优抚、扶贫、移民、救济、防疫等特定款物的；<br>（7）渎职犯罪中徇私舞弊情节或者滥用职权情节恶劣的；<br>（8）其他不应适用缓刑、免予刑事处罚的情形。<br>对于具有以上情形之一，但根据全案事实和量刑情节，检察机关认为确有必要适用缓刑或者免予刑事处罚并据此提出量刑建议的，应经检察委员会讨论决定；审理法院认为确有必要适用缓刑或者免予刑事处罚的，应经审判委员会讨论决定。<br>2. 人民法院审理职务犯罪案件时应当注意听取检察机关、被告人、辩护人提出的量刑意见，分析影响性案件案发前后的社会反映，必要时可以征求案件查办等机关的意见。对于情节恶劣、社会反映强烈的职务犯罪案件，不得适用缓刑、免予刑事处罚。</td></tr>
</table>

法律适用

刑法条文

**第三百九十八条** 国家机关工作人员违反保守国家秘密法的规定，故意或者过失泄露国家秘密，情节严重的，处三年以下有期徒刑或者拘役；情节特别严重的，处三年以上七年以下有期徒刑。

非国家机关工作人员犯前款罪的，依照前款的规定酌情处罚。

立法解释

**全国人民代表大会常务委员会《关于〈中华人民共和国刑法〉第九章渎职罪主体适用问题的解释》**（2002年12月28日第九届全国人民代表大会常务委员会第三十一次会议通过）

全国人大常委会根据司法实践中遇到的情况，讨论了刑法第九章渎职罪主体的适用问题，解释如下：

在依照法律、法规规定行使国家行政管理职权的组织中从事公务的人员，或者在受国家机关委托代表国家机关行使职权的组织中从事公务的人员，或者虽未列入国家机关人员编制但在国家机关中从事公务的人员，在代表国家机关行使职权时，有渎职行为，构成犯罪的，依照刑法关于渎职罪的规定追究刑事责任。

现予公告。

司法解释

**一、最高人民检察院《关于渎职侵权犯罪案件立案标准的规定》（节录）**（2006年7月26日　高检发释字〔2006〕2号）

根据《中华人民共和国刑法》、《中华人民共和国刑事诉讼法》和其他法律的有关规定，对国家机关工作人员渎职和利用职权实施的侵犯公民人身权利、民主权利犯罪案件的立案标准规定如下：

**一、渎职犯罪案件**

（四）过失泄露国家秘密案（第三百九十八条）

过失泄露国家秘密罪是指国家机关工作人员或者非国家机关工作人员违反保守国家秘密法，过失泄露国家秘密，或者遗失国家秘密载体，致使国家秘密被不应知悉者知悉或者超出了限定的接触范围，情节严重的行为。

涉嫌下列情形之一的，应予立案：

1. 泄露绝密级国家秘密1项（件）以上的；
2. 泄露机密级国家秘密3项（件）以上的；
3. 泄露秘密级国家秘密4项（件）以上的；
4. 违反保密规定，将涉及国家秘密的计算机或者计算机信息系统与互联网相连接，泄露国家秘密的；
5. 泄露国家秘密或者遗失国家秘密载体，隐瞒不报、不如实提供有关情况或者不采取补救措施的；
6. 其他情节严重的情形。

**三、附 则**

（一）本规定中每个罪案名称后所注明的法律条款系《中华人民共和国刑法》的有关条款。

（二）本规定所称“以上”包括本数；有关犯罪数额“不满”，是指已达到该数额百分之八十以上的。

（三）本规定中的“国家机关工作人员”，是指在国家机关中从事公务的人员，包括在各级国家权力机关、行政机关、司法机关和军事机关中从事公务的人员。在依照法律、法规规定行使国家行政管理职权的组织中从事公务的人员，或者在受国家机关委托代表国家行使职权的组织中从事公务的人员，或者虽未列入国家机关人员编制但在国家机关中从事公务的人员，在代表国家机关行使职权时，视为国家机关工作人员。在乡（镇）以上中国共产党机关、人民政协机关中从事公务的人员，视为国家机关工作人员。

（四）本规定中的“直接经济损失”，是指与行为有直接因果关系而造成的财产损毁、减少的实际价值；“间接经济损失”，是指由直接经济损失引起和牵连的其他损失，包括失去的在正常情况下可以获得的利益和为恢复正常的管理活动或者挽回所造成的损失所支付的各种开支、费用等。

有下列情形之一的，虽然有债权存在，但已无法实现债权的，可以认定为已经造成了经济损失：（1）债务人已经法定程序被宣告破产，且无法清偿债务；（2）债务人潜逃，去向不明；（3）因行为人责任，致使超过诉讼时效；（4）有证据证明债权无法实现的其他情况。

直接经济损失和间接经济损失，是指立案时确已造成的经济损失。移送审查起诉前，犯罪嫌疑人及其亲友自行挽回的经济损失，以及由司法机关或者犯罪嫌疑人所在单位及其上级主管部门挽回的经济损失，不予扣减，但可作为对犯罪嫌疑人从轻处理的情节考虑。

（五）本规定中的“徇私舞弊”，是指国家机关工作人员为徇私情、私利，故意违背事实和法律，伪造材料，隐瞒情况，弄虚作假的行为。

（六）本规定自公布之日起施行。本规定发布前有关人民检察院直接受理立案侦查的国家机关工作人员渎职和利用职权实施的侵犯公民人身权利、民主权利犯罪案件的立案标准，与本规定有重复或者不一致的，适用本规定。

对于本规定施行前发生的国家机关工作人员渎职和利用职权实施的侵犯公民人身权利、民主权利犯罪案件，按照《最高人民法院、最高人民检察院关于适用刑事司法解释时间效力问题的规定》办理。

**二、最高人民法院《全国法院审理经济犯罪案件工作座谈会纪要》（节录）**（2003年11月13日　法发〔2003〕167号）

**一、关于贪污贿赂犯罪和渎职犯罪的主体**

（一）国家机关工作人员的认定

刑法中所称的国家机关工作人员，是指在国家机关中从事公务的人员，包括在各级国家权力机关、行政机关、司法机关和军事机关中从事公务的人员。

根据有关立法解释的规定，在依照法律、法规规定行使国家行政管理职权的组织中从事公务的人员，或者在受国家机关委托代表国家行使职权的组织中从事公务的人员，或者虽未列入国家机关人员编制但在国家机关中从事公务的人员，视为国家机关工作人员。在乡（镇）以上中国共产党机关、人民政协机关中从事公务的人员，司法实践中也应当视为国家机关工作人员。

（二）国家机关、国有公司、企业、事业单位委派到非国有公司、企业、事业单位、社会团体从事公务的人员的认定

所谓委派，即委任、派遣，其形式多种多样，如任命、指派、提名、批准等。不论被委派的人身份如何，只要是接受国家机关、国有公司、企业、事业单位委派，代

表国家机关、国有公司、企业、事业单位在非国有公司、企业、事业单位、社会团体中从事组织、领导、监督、管理等工作，都可以认定为国家机关、国有公司、企业、事业单位委派到非国有公司、企业、事业单位、社会团体从事公务的人员。如国家机关、国有公司、企业、事业单位委派在国有控股或者参股的股份有限公司从事组织、领导、监督、管理等工作的人员，应当以国家工作人员论。国有公司、企业改制为股份有限公司后，原国有公司、企业的工作人员和股份有限公司新任命的人员中，除代表国有投资主体行使监督、管理职权的人外，不以国家工作人员论。

（三）“其他依照法律从事公务的人员”的认定

刑法第九十三条第二款规定的“其他依照法律从事公务的人员”应当具有两个特征：一是在特定条件下行使国家管理职能；二是依照法律规定从事公务。具体包括：（1）依法履行职责的各级人民代表大会代表；（2）依法履行审判职责的人民陪审员；（3）协助乡镇人民政府、街道办事处从事行政管理工作的村民委员会、居民委员会等农村和城市基层组织人员；（4）其他由法律授权从事公务的人员。

（四）关于“从事公务”的理解

从事公务，是指代表国家机关、国有公司、企业、事业单位、人民团体等履行组织、领导、监督、管理等职责。公务主要表现为与职权相联系的公共事务以及监督、管理国有财产的职务活动。如国家机关工作人员依法履行职责，国有公司的董事、经理、监事、会计、出纳人员等管理、监督国有财产等活动，属于从事公务。那些不具备职权内容的劳务活动、技术服务工作，如售货员、售票员等所从事的工作，一般不认为是公务。

**六、关于渎职罪**

（一）渎职犯罪行为造成的公共财产重大损失的认定

根据刑法规定，玩忽职守、滥用职权等渎职犯罪是以致使公共财产、国家和人民利益遭受重大损失为构成要件的。其中，公共财产的重大损失，通常是指渎职行为已经造成的重大经济损失。在司法实践中，有以下情形之一的，虽然公共财产作为债权存在，但已无法实现债权的，可以认定为行为人的渎职行为造成了经济损失：（1）债务人已经法定程序被宣告破产；（2）债务人潜逃，去向不明；（3）因行为人责任，致使超过诉讼时效；（4）有证据证明债权无法实现的其他情况。

（二）玩忽职守罪的追诉时效

玩忽职守行为造成的重大损失当时没有发生，而是玩忽职守行为之后一定时间发生的，应从危害结果发生之日起计算玩忽职守罪的追诉期限。

（三）国有公司、企业人员渎职犯罪的法律适用

对于1999年12月24日《中华人民共和国刑法修正案》实施以前发生的国有公司、企业人员渎职行为（不包括徇私舞弊行为），尚未处理或者正在处理的，不能按照刑法修正案追究刑事责任。

（四）关于“徇私”的理解

徇私舞弊型渎职犯罪的“徇私”应理解为徇个人私情、私利。国家机关工作人员为了本单位的利益，实施滥用职权、玩忽职守行为，构成犯罪的，依照刑法第三百九十七条第一款的规定定罪处罚。

**三、最高人民法院《关于审理为境外窃取、刺探、收买、非法提供国家秘密、情报案件具体应用法律若干问题的解释》（节录）**（2001年1月17日　法释〔2001〕4号）

**第六条**　通过互联网将国家秘密或者情报非法发送给境外的机构、组织、个人的，依照刑法第一百一十一条的规定定罪处罚；将国家秘密通过互联网予以发布，情节严重的，依照刑法第三百九十八条的规定定罪处罚。

法律适用

司法解释

**第七条** 审理为境外窃取、刺探、收买、非法提供国家秘密案件，需要对有关事项是否属于国家秘密以及属于何种密级进行鉴定的，由国家保密工作部门或者省、自治区、直辖市保密工作部门鉴定。

**四、最高人民法院、最高人民检察院《关于办理职务犯罪案件严格适用缓刑、免予刑事处罚若干问题的意见》**（2012年8月8日　法发〔2012〕17号）（略，详见本书第16页）

相关法律法规

**一、《中华人民共和国保守国家秘密法》（节录）**（1988年9月5日第七届全国人民代表大会常务委员会第三次会议通过　2010年4月29日第一次修订　2024年2月27日第二次修订）

**第二条** 国家秘密是关系国家安全和利益，依照法定程序确定，在一定时间内只限一定范围的人员知悉的事项。

**第十三条** 下列涉及国家安全和利益的事项，泄露后可能损害国家在政治、经济、国防、外交等领域的安全和利益的，应当确定为国家秘密：

（一）国家事务重大决策中的秘密事项；

（二）国防建设和武装力量活动中的秘密事项；

（三）外交和外事活动中的秘密事项以及对外承担保密义务的秘密事项；

（四）国民经济和社会发展中的秘密事项；

（五）科学技术中的秘密事项；

（六）维护国家安全活动和追查刑事犯罪中的秘密事项；

（七）经国家保密行政管理部门确定的其他秘密事项。

政党的秘密事项中符合前款规定的，属于国家秘密。

**第十四条** 国家秘密的密级分为绝密、机密、秘密三级。

绝密级国家秘密是最重要的国家秘密，泄露会使国家安全和利益遭受特别严重的损害；机密级国家秘密是重要的国家秘密，泄露会使国家安全和利益遭受严重的损害；秘密级国家秘密是一般的国家秘密，泄露会使国家安全和利益遭受损害。

**第十五条** 国家秘密及其密级的具体范围（以下简称保密事项范围），由国家保密行政管理部门单独或者会同有关中央国家机关规定。

军事方面的保密事项范围，由中央军事委员会规定。

保密事项范围的确定应当遵循必要、合理原则，科学论证评估，并根据情况变化及时调整。保密事项范围的规定应当在有关范围内公布。

**第十六条** 机关、单位主要负责人及其指定的人员为定密责任人，负责本机关、本单位的国家秘密确定、变更和解除工作。

机关、单位确定、变更和解除本机关、本单位的国家秘密，应当由承办人提出具体意见，经定密责任人审核批准。

**第十七条** 确定国家秘密的密级，应当遵守定密权限。

中央国家机关、省级机关及其授权的机关、单位可以确定绝密级、机密级和秘密级国家秘密；设区的市级机关及其授权的机关、单位可以确定机密级和秘密级国家秘密；特殊情况下无法按照上述规定授权定密的，国家保密行政管理部门或者省、自治区、直辖市保密行政管理部门可以授予机关、单位定密权限。具体的定密权限、授权范围由国家保密行政管理部门规定。

下级机关、单位认为本机关、本单位产生的有关定密事项属于上级机关、单位的定密权限，应当先行采取保密措施，并立即报请上级机关、单位确定；没有上级机关、单位的，应当立即提请有相应定密权限的业务主管部门或者保密行政管理部门确定。

公安机关、国家安全机关在其工作范围内按照规定的权限确定国家秘密的密级。

**第十八条** 机关、单位执行上级确定的国家秘密事项或者办理其他机关、单位确定的国家秘密事项，需要派生定密的，应当根据所执行、办理的国家秘密事项的密级确定。

**第十九条** 机关、单位对所产生的国家秘密事项，应当按照保密事项范围的规定确定密级，同时确定保密期限和知悉范围；有条件的可以标注密点。

**第二十条** 国家秘密的保密期限，应当根据事项的性质和特点，按照维护国家安全和利益的需要，限定在必要的期限内；不能确定期限的，应当确定解密的条件。

国家秘密的保密期限，除另有规定外，绝密级不超过三十年，机密级不超过二十年，秘密级不超过十年。

机关、单位应当根据工作需要，确定具体的保密期限、解密时间或者解密条件。

机关、单位对在决定和处理有关事项工作过程中确定需要保密的事项，根据工作需要决定公开的，正式公布时即视为解密。

**第二十一条** 国家秘密的知悉范围，应当根据工作需要限定在最小范围。

国家秘密的知悉范围能够限定到具体人员的，限定到具体人员；不能限定到具体人员的，限定到机关、单位，由该机关、单位限定到具体人员。

国家秘密的知悉范围以外的人员，因工作需要知悉国家秘密的，应当经过机关、单位主要负责人或者其指定的人员批准。原定密机关、单位对扩大国家秘密的知悉范围有明确规定的，应当遵守其规定。

**第二十二条** 机关、单位对承载国家秘密的纸介质、光介质、电磁介质等载体（以下简称国家秘密载体）以及属于国家秘密的设备、产品，应当作出国家秘密标志。

涉及国家秘密的电子文件应当按照国家有关规定作出国家秘密标志。

不属于国家秘密的，不得作出国家秘密标志。

**第二十三条** 国家秘密的密级、保密期限和知悉范围，应当根据情况变化及时变更。国家秘密的密级、保密期限和知悉范围的变更，由原定密机关、单位决定，也可以由其上级机关决定。

国家秘密的密级、保密期限和知悉范围变更的，应当及时书面通知知悉范围内的机关、单位或者人员。

**第二十四条** 机关、单位应当每年审核所确定的国家秘密。

国家秘密的保密期限已满的，自行解密。在保密期限内因保密事项范围调整不再作为国家秘密，或者公开后不会损害国家安全和利益，不需要继续保密的，应当及时解密；需要延长保密期限的，应当在原保密期限届满前重新确定密级、保密期限和知悉范围。提前解密或者延长保密期限的，由原定密机关、单位决定，也可以由其上级机关决定。

**第二十五条** 机关、单位对是否属于国家秘密或者属于何种密级不明确或者有争议的，由国家保密行政管理部门或者省、自治区、直辖市保密行政管理部门按照国家保密规定确定。

**第二十八条** 机关、单位应当加强对国家秘密载体的管理，任何组织和个人不得有下列行为：

（一）非法获取、持有国家秘密载体；

（二）买卖、转送或者私自销毁国家秘密载体；

（三）通过普通邮政、快递等无保密措施的渠道传递国家秘密载体；

（四）寄递、托运国家秘密载体出境；

（五）未经有关主管部门批准，携带、传递国家秘密载体出境；

（六）其他违反国家秘密载体保密规定的行为。

法律适用 相关法律法规

**第四十六条** 涉密人员离岗离职应当遵守国家保密规定。机关、单位应当开展保密教育提醒，清退国家秘密载体，实行脱密期管理。涉密人员在脱密期内，不得违反规定就业和出境，不得以任何方式泄露国家秘密；脱密期结束后，应当遵守国家保密规定，对知悉的国家秘密继续履行保密义务。涉密人员严重违反离岗离职及脱密期国家保密规定的，机关、单位应当及时报告同级保密行政管理部门，由保密行政管理部门会同有关部门依法采取处置措施。

**第四十七条** 国家工作人员或者其他公民发现国家秘密已经泄露或者可能泄露时，应当立即采取补救措施并及时报告有关机关、单位。机关、单位接到报告后，应当立即作出处理，并及时向保密行政管理部门报告。

**第五十八条** 机关、单位违反本法规定，发生重大泄露国家秘密案件的，依法对直接负责的主管人员和其他直接责任人员给予处分。不适用处分的人员，由保密行政管理部门督促其主管部门予以处理。

机关、单位违反本法规定，对应当定密的事项不定密，对不应当定密的事项定密，或者未履行解密审核责任，造成严重后果的，依法对直接负责的主管人员和其他直接责任人员给予处分。

**二、《中华人民共和国公务员法》（节录）**（2005年4月27日第十届全国人民代表大会常务委员会第十五次会议通过　2017年9月1日修正　2018年12月29日修订）

**第五十九条** 公务员应当遵纪守法，不得有下列行为：

（一）散布有损宪法权威、中国共产党和国家声誉的言论，组织或者参加旨在反对宪法、中国共产党领导和国家的集会、游行、示威等活动；

（二）组织或者参加非法组织，组织或者参加罢工；

（三）挑拨、破坏民族关系，参加民族分裂活动或者组织、利用宗教活动破坏民族团结和社会稳定；

（四）不担当，不作为，玩忽职守，贻误工作；

（五）拒绝执行上级依法作出的决定和命令；

（六）对批评、申诉、控告、检举进行压制或者打击报复；

（七）弄虚作假，误导、欺骗领导和公众；

（八）贪污贿赂，利用职务之便为自己或者他人谋取私利；

（九）违反财经纪律，浪费国家资财；

（十）滥用职权，侵害公民、法人或者其他组织的合法权益；

（十一）泄露国家秘密或者工作秘密；

（十二）在对外交往中损害国家荣誉和利益；

（十三）参与或者支持色情、吸毒、赌博、迷信等活动；

（十四）违反职业道德、社会公德和家庭美德；

（十五）违反有关规定参与禁止的网络传播行为或者网络活动；

（十六）违反有关规定从事或者参与营利性活动，在企业或者其他营利性组织中兼任职务；

（十七）旷工或者因公外出、请假期满无正当理由逾期不归；

（十八）违纪违法的其他行为。

**第一百零八条** 公务员主管部门的工作人员，违反本法规定，滥用职权、玩忽职守、徇私舞弊，构成犯罪的，依法追究刑事责任；尚不构成犯罪的，给予处分或者由监察机关依法给予政务处分。

# 19 徇私枉法案

**概念**

本罪是指司法工作人员徇私枉法、徇情枉法，对明知是无罪的人而使他受追诉、对明知是有罪的人而故意包庇不使他受追诉，或者在刑事审判活动中故意违背事实和法律作枉法裁判的行为。

**立案标准**

司法工作人员涉嫌徇私枉法、徇情枉法，对明知是无罪的人而使他受追诉、对明知是有罪的人而故意包庇不使他受追诉，或者在刑事审判活动中故意违背事实和法律作枉法裁判，具有下列情形之一的，应予立案：

1. 对明知是没有犯罪事实或者其他依法不应当追究刑事责任的人，采取伪造、隐匿、毁灭证据或者其他隐瞒事实、违反法律的手段，以追究刑事责任为目的立案、侦查、起诉、审判的。

2. 对明知是有犯罪事实需要追究刑事责任的人，采取伪造、隐匿、毁灭证据或者其他隐瞒事实、违反法律的手段，故意包庇使其不受立案、侦查、起诉、审判的。

3. 采取伪造、隐匿、毁灭证据或者其他隐瞒事实、违反法律的手段，故意使罪重的人受较轻的追诉，或者使罪轻的人受较重的追诉的。

4. 在立案后，采取伪造、隐匿、毁灭证据或者其他隐瞒事实、违反法律的手段，应当采取强制措施而不采取强制措施，或者虽然采取强制措施，但中断侦查或者超过法定期限不采取任何措施，实际放任不管，以及违法撤销、变更强制措施，致使犯罪嫌疑人、被告人实际脱离司法机关侦控的。

5. 在刑事审判活动中故意违背事实和法律，作出枉法判决、裁定，即有罪判无罪、无罪判有罪，或者重罪轻判、轻罪重判的。

6. 其他徇私枉法应予追究刑事责任的情形。

| 定罪标准 | | |
|---|---|---|
| | 犯罪客体 | 本罪侵犯的客体是国家司法机关的正常活动和国家的司法公正。国家司法机关的正常活动，是指司法机关严格执法、依法办案，实现公正与公平的具体过程。只有正常的司法活动才能实现司法公正。徇私枉法的行为违背了法律的正义要求，并造成任意出入罪的结果，因而严重妨害了国家司法活动的正常进行，败坏了司法公正。此外，还包括因对无罪之人非法追究而侵犯的公民的人身权利。 |
| | 犯罪客观方面 | 本罪在客观方面表现为行为人在刑事司法活动中实施了徇私枉法、徇情枉法的行为。具体表现为以下几种情形之一：<br>1. 使无罪之人受到刑事追诉。无罪之人，既包括没有实施任何违法行为的人，也包括实施了违法行为但尚不构成犯罪之人。使无罪之人受刑事追诉，是指将无罪的人纳入刑事诉讼程序，即采取伪造、隐匿、毁灭证据或者其他隐瞒事实、违反法律的手段，以追究刑事责任为目的对其进行立案侦查、提起公诉、进行审判，以及采取刑事强制措施限制其人身自由等。此外，采取伪造、隐匿、毁灭证据或者其他隐瞒事实、违反法律的手段，故意使罪轻的人受较重的追诉的，也构成本罪。 |

<table>
<tr><td rowspan="6">定罪标准</td><td>犯罪客观方面</td><td>2. 包庇有罪之人而使其不受追诉。有罪之人，是指实施了犯罪行为且应当依法追究其刑事责任的人。包庇，是指使有罪之人不受侦查、起诉或者审判。比较常见的包庇方式包括：(1) 对明知是有犯罪事实需要追究刑事责任的人，采取伪造、隐匿、毁灭证据或者其他隐瞒事实、违反法律的手段，故意包庇使其不受立案、侦查、起诉、审判；(2) 采取伪造、隐匿、毁灭证据或者其他隐瞒事实、违反法律的手段，故意使罪重的人受较轻的追诉；(3) 在立案后，采取伪造、隐匿、毁灭证据或者其他隐瞒事实、违反法律的手段，应当采取强制措施而不采取强制措施，或者虽然采取强制措施，但中断侦查或者超过法定期限不采取任何措施，实际放任不管，以及违法撤销、变更强制措施，致使犯罪嫌疑人、被告人实际脱离司法机关侦控。<br>3. 违背事实和法律作枉法裁判。此种行为方式的主体限于刑事审判人员。所谓违背事实和法律，是指行为人违背“以事实为根据，以法律为准绳”的办案原则，不以行为人的行为事实为根据来依法认定行为人的行为性质。枉法裁判，是指行为人故意作出违法的判决或裁定，即对无罪者作有罪判决，对有罪者作无罪判决，或者轻罪重判，重罪轻判以及将此罪判为彼罪等。</td></tr>
<tr><td>犯罪主体</td><td>本罪是纯正的身份犯，主体是国家司法工作人员。根据《刑法》第 94 条的规定，司法工作人员，是指有侦查、检察、审判、监管职责的工作人员。</td></tr>
<tr><td>犯罪主观方面</td><td>本罪在主观方面表现为故意，主观动机在于徇私、徇情，即明知自己徇私枉法行为会损害国家司法机关的正常活动和国家的司法公正，希望或者放任这种结果发生。</td></tr>
<tr><td>罪与非罪</td><td>区分罪与非罪的界限，要注意以下几点：<br>1. 行为人是否有枉法追诉、枉法不追诉、枉法裁判的行为。如果行为人因为法律水平低等原因，而造成了应当受追诉的没有受追诉或者相反，或者造成了案件的错判、误判的，就不能构成本罪。但如果因为行为人严重不负责任而造成这种结果，符合玩忽职守罪要件的，可按玩忽职守罪处理。<br>2. 行为人是否具有侦查、检察、审判和监管职责。司法实践中，一些行为人如司法鉴定人员、人民陪审员等能否成为本罪的主体存在争论。我们认为，如果这些人员具有侦查、检察、审判和监管职责，则能够成为本罪主体，如果没有，则不能因为其在司法机关工作而认定为本罪的主体。<br>3. 看是否有徇私、徇情的主观动机。徇情是徇私的一种特殊表现；徇私是指徇个人之私而不包括徇单位之私。<br>4. 看行为是否属于情节显著轻微危害不大的情况。行为人虽然实施了徇私枉法的行为，但情节显著轻微危害不大的，根据《刑法》第 13 条“但书”的规定，不认为是犯罪。</td></tr>
<tr><td>共同犯罪</td><td>本罪的主体限于国家司法工作人员。非司法工作人员与司法工作人员勾结，共同实施徇私枉法行为，构成犯罪的，应当以徇私枉法罪的共犯追究刑事责任。</td></tr>
<tr><td>一罪与数罪</td><td>实践中，行为人往往是受贿后才犯本罪的。在这种情况下，行为人实施了两个行为，构成本罪与受贿罪两罪。但由于这种情形属于理论上的牵连犯，且根据《刑法》第 399 条第 4 款的规定，对行为人不数罪并罚，依照其中处罚较重的规定定罪处罚。</td></tr>
</table>

**定罪标准**

**此罪与彼罪**

1. 本罪与诬告陷害罪的界限。根据《刑法》第243条的规定，诬告陷害罪是指捏造事实诬告陷害他人，意图使他人受刑事追究，情节严重的行为。本罪中“对明知是无罪的人而使他受追诉”与诬告陷害罪具有相似之处。本罪与诬告陷害罪的区别在于：（1）客体不同。本罪的客体是司法机关的正常活动与司法公正；诬告陷害罪的客体为公民的人身权利。（2）客观方面存在差异。本罪是行为人在职务活动中利用职权出入罪、枉法裁判；诬告陷害罪则与行为人的职务或身份无任何关系。（3）主体不同。本罪为纯正的身份犯，主体为司法工作人员；诬告陷害罪是一般主体。

2. 本罪与妨害作证罪、帮助毁灭、伪造证据罪以及窝藏、包庇罪的界限。根据《刑法》第307条的规定，妨害作证罪是指以暴力、威胁、贿买等方法阻止证人作证或者指使他人作伪证的行为；帮助毁灭、伪造证据罪是指帮助当事人毁灭、伪造证据，情节严重的行为。根据《刑法》第310条的规定，窝藏、包庇罪是指明知是犯罪的人而为其提供隐藏处所、财物，帮助其逃匿或者作假证明包庇的行为。本罪中的包庇行为也可能表现为以威胁、贿买等方法阻止证人提供证明犯罪分子有罪的证据、帮助犯罪分子逃匿等行为，这就与妨害作证罪及帮助毁灭、伪造证据罪及窝藏、包庇罪有相似之处。但它们的区别在于：（1）侵犯客体不同。本罪侵犯的客体是司法机关的正常活动与司法公正；妨害作证罪、帮助毁灭、伪造证据罪以及窝藏、包庇罪侵犯的客体为社会管理秩序中的司法秩序。（2）客观方面不同。本罪中整个活动都与行为人职务有关，而妨害作证罪、帮助毁灭、伪造证据罪以及窝藏、包庇罪与行为人职务并无关系。如果司法工作人员在职务活动过程中实施妨害作证、帮助毁灭、伪造证据及窝藏、包庇行为而触犯数罪名的，属于想象竞合的情况，应按从一重罪处断的原则处理；如果在职务活动以外实施妨害作证、帮助毁灭、伪造证据及窝藏、包庇等行为的，则应按《刑法》妨害作证罪、帮助毁灭、伪造证据罪以及窝藏、包庇罪论处。（3）主体不同。本罪的主体限于司法工作人员；妨害作证罪、帮助毁灭、伪造证据罪以及窝藏、包庇罪是一般主体。

3. 本罪与伪证罪的界限。两罪主观上都是故意，都妨害了司法机关的司法活动，但有一定的区别：（1）犯罪主体不同。前者的主体只能是司法工作人员；后者的主体除记录人外，证人、鉴定人和翻译人都不是司法工作人员。（2）客观表现不同。前者表现为直接使有罪者不受追究，或者使无罪者受刑事追究，或者在刑事审判中作枉法裁判；后者表现为对与案件有重要关系的情节作虚假的证明、记录、鉴定或翻译，而不是直接使无罪者受追诉或使有罪者不受追诉。如果记录人仅仅作了虚假的记录，而未进一步利用其职权出入罪，那么，就只能以伪证罪处理。

**证据参考标准**

**主体方面的证据**

**一、证明行为人刑事责任年龄、身份等自然情况的证据**

包括身份证明、户籍证明、任职证明、工作经历证明、特定职责证明等，主要是证明行为人的姓名（曾用名）、性别、出生年月日、民族、籍贯、出生地、职业（或职务）、住所地（或居所地）等证据材料，如户口簿、居民身份证、居住证、工作证、出生证、专业或技术等级证、干部履历表、职工登记表、护照等。

对于户籍、出生证等材料内容不实的，应提供其他证据材料。人大代表、政协委员犯罪的案件，应注明身份，并附身份证明材料。

**二、证明行为人刑事责任能力的证据**

证明行为人对自己的行为是否具有辨认能力与控制能力，如是否属于间歇性精神病人、案发时是否尚未完全丧失辨认或者控制自己行为能力的证明材料。

<table>
<tr><td rowspan="3">证据参考标准</td><td>主观方面的证据</td><td colspan="2">证明行为人故意的证据<br>1. 证明行为人主观认识因素的证据：证明行为人明知自己的行为会发生危害社会的结果。2. 证明行为人主观意志因素的证据：证明行为人希望或者放任危害结果发生。3. 动机：徇私、徇情。</td></tr>
<tr><td>客观方面的证据</td><td colspan="2">证明行为人的徇私枉法行为的证据<br>具体证据包括：1. 证明使无罪之人受到刑事追诉的证据。包括：（1）证明采取伪造、隐匿、毁灭证据或者其他隐瞒事实、违反法律的手段的证据；（2）证明对无罪之人进行立案、侦查、起诉、审判的证据；（3）证明使罪轻的人受较重的追诉的证据；（4）其他。2. 证明包庇有罪之人而使其不受追诉的证据。包括：（1）证明采取伪造、隐匿、毁灭证据或者其他隐瞒事实、违反法律的手段的证据；（2）证明使有罪之人不受立案、侦查、起诉、审判的证据；（3）证明使罪重的人受较轻的追诉的证据；（4）证明在立案后，应当采取强制措施而不采取强制措施的证据；（5）证明在立案后，虽然采取强制措施，但中断侦查或者超过法定期限不采取任何措施，实际放任不管的证据；（6）证明在立案后，违法撤销、变更强制措施；（7）证明前述（4）至（6）的行为致使犯罪嫌疑人、被告人实际脱离司法机关侦控的证据；（8）其他。3. 证明违背事实和法律作枉法裁判的证据。包括：（1）证明违法事实和法律的证据；（2）证明对无罪者作有罪判决的证据；（3）证明对有罪者作无罪判决的证据；（4）证明轻罪重判的证据；（5）证明重罪轻判的证据；（6）证明将此罪判为彼罪的证据；（7）其他。4. 证明情节严重的证据。5. 证明情节特别严重的证据。6. 证明司法工作人员收受贿赂的证据。</td></tr>
<tr><td>量刑方面的证据</td><td colspan="2">一、法定量刑情节证据<br>1. 事实情节。2. 法定从重情节。3. 法定从轻、减轻情节：（1）可以从轻；（2）可以从轻或者减轻；（3）应当从轻或者减轻。4. 法定从轻、减轻、免除情节：（1）可以从轻、减轻或者免除处罚；（2）应当从轻、减轻或者免除处罚。5. 法定减轻、免除情节：（1）可以减轻或者免除处罚；（2）应当减轻或者免除处罚；（3）可以免除处罚。<br>二、酌定量刑情节证据<br>1. 犯罪手段：（1）使无罪之人受到刑事追诉；（2）包庇有罪之人而使其不受追诉；（3）证明违背事实和法律作枉法裁判。2. 犯罪对象。3. 危害结果。4. 犯罪动机。5. 平时表现。6. 认罪态度。7. 是否有前科。8. 其他证据。</td></tr>
<tr><td rowspan="4">量刑标准</td><td colspan="2">犯本罪的</td><td>处五年以下有期徒刑或者拘役</td></tr>
<tr><td colspan="2">情节严重的</td><td>处五年以上十年以下有期徒刑</td></tr>
<tr><td colspan="2">情节特别严重的</td><td>处十年以上有期徒刑</td></tr>
<tr><td>不适用缓刑或者免予刑事处罚</td><td colspan="2">1. 以下情形一般不适用缓刑或者免予刑事处罚：<br>（1）不如实供述罪行的；<br>（2）不予退缴赃款赃物或者将赃款赃物用于非法活动的；<br>（3）属于共同犯罪中情节严重的主犯的；<br>（4）犯有数个职务犯罪依法实行并罚或者以一罪处理的；<br>（5）曾因职务违纪违法行为受过行政处分的；</td></tr>
</table>

| | | |
|---|---|---|
| 量刑标准 | 不适用缓刑或者免予刑事处罚 | （6）犯罪涉及的财物属于救灾、抢险、防汛、优抚、扶贫、移民、救济、防疫等特定款物的；<br>（7）渎职犯罪中徇私舞弊情节或者滥用职权情节恶劣的；<br>（8）其他不应适用缓刑、免予刑事处罚的情形。<br>对于具有以上情形之一，但根据全案事实和量刑情节，检察机关认为确有必要适用缓刑或者免予刑事处罚并据此提出量刑建议的，应经检察委员会讨论决定；审理法院认为确有必要适用缓刑或者免予刑事处罚的，应经审判委员会讨论决定。<br>2. 人民法院审理职务犯罪案件时应当注意听取检察机关、被告人、辩护人提出的量刑意见，分析影响性案件案发前后的社会反映，必要时可以征求案件查办等机关的意见。对于情节恶劣、社会反映强烈的职务犯罪案件，不得适用缓刑、免予刑事处罚。 |
| 法律适用 | 刑法条文 | **第三百九十九条第一款** 司法工作人员徇私枉法、徇情枉法，对明知是无罪的人而使他受追诉、对明知是有罪的人而故意包庇不使他受追诉，或者在刑事审判活动中故意违背事实和法律作枉法裁判的，处五年以下有期徒刑或者拘役；情节严重的，处五年以上十年以下有期徒刑；情节特别严重的，处十年以上有期徒刑。<br>**第三百九十九条第四款** 司法工作人员收受贿赂，有前三款行为的，同时又构成本法第三百八十五条规定之罪的，依照处罚较重的规定定罪处罚。<br>**第九十四条** 本法所称司法工作人员，是指有侦查、检察、审判、监管职责的工作人员。 |
| | 立法解释 | **全国人民代表大会常务委员会《关于〈中华人民共和国刑法〉第九章渎职罪主体适用问题的解释》**（2002年12月28日第九届全国人民代表大会常务委员会第三十一次会议通过）<br>全国人大常委会根据司法实践中遇到的情况，讨论了刑法第九章渎职罪主体的适用问题，解释如下：<br>在依照法律、法规规定行使国家行政管理职权的组织中从事公务的人员，或者在受国家机关委托代表国家机关行使职权的组织中从事公务的人员，或者虽未列入国家机关人员编制但在国家机关中从事公务的人员，在代表国家机关行使职权时，有渎职行为，构成犯罪的，依照刑法关于渎职罪的规定追究刑事责任。<br>现予公告。 |
| | 司法解释 | **一、最高人民检察院《关于对检察机关办案部门和办案人员违法行使职权行为纠正、记录、通报及责任追究的规定》（节录）**（2015年12月15日　高检发〔2015〕16号）<br>**第三条** 检察机关办案部门和办案人员正在办理的案件中发生违法行使职权行为的，应当依照本规定进行纠正、记录、通报及责任追究。<br>**第四条** 违法行使职权行为是指以下情形：<br>（一）侵犯举报人、控告人、申诉人合法权益，或者泄露、隐匿、毁弃、伪造举报、控告、申诉等有关材料的；<br>（二）违法剥夺、限制诉讼参与人人身自由，或者违反办案安全防范规定的； |

（三）违法剥夺、限制诉讼参与人诉讼权利的；

（四）违法采取、变更、解除、撤销强制措施，或者超期羁押犯罪嫌疑人，或者没有法定事由，超过法定办案期限仍未办结案件的；

（五）违法使用武器、警械警具，或者殴打、体罚虐待、侮辱诉讼参与人的；

（六）刑讯逼供、暴力取证，或者以其他非法方法获取证据的；

（七）讯问职务犯罪嫌疑人未按规定同步录音录像，或者录音录像不规范的；

（八）隐匿、毁弃、伪造证据，违背事实作出勘验、检查笔录、鉴定意见，包庇、放纵被举报人、犯罪嫌疑人、被告人，或者使无罪的人受到刑事追究的；

（九）非法搜查，违法查封、扣押、冻结、处理涉案财物及其孳息的；

（十）具有法定回避情形而不回避的；

（十一）未依法依规保障律师行使知情权、会见权、阅卷权、申请收集调取证据权等执业权利，阻碍律师履行法定职责的；

（十二）违反法定程序或者办案纪律干预办案，或者未经批准私自办案的；

（十三）私自会见案件当事人及其亲友、利害关系人、辩护人、代理人，或者接受上述人员提供的宴请、财物、娱乐、健身、旅游等活动的；

（十四）为案件当事人及其亲友、利害关系人、辩护人、代理人打探案情、通风报信，或者泄露案件秘密的；

（十五）利用检察权或者借办案之机，通过当事人、利害关系人或发案单位、证人等谋取个人利益的；

（十六）越权办案、插手经济纠纷，利用办案之机拉赞助、乱收费、乱罚款，让发案单位、当事人、利害关系人报销费用，或者占用其房产或交通、通讯工具等物品的；

（十七）未依法对诉讼活动、行政机关违法行使职权或者不行使职权的行为履行法律监督职责，造成不良影响的；

（十八）其他违法行使职权的情形。

**第五条** 人民检察院办案部门负责人发现本部门和人员违法行使职权行为的，应当依照规定予以纠正并记录；检察人员发现本部门和人员违法行使职权行为的，应当及时报告部门负责人。

人民检察院检察长、分管副检察长发现办案部门和办案人员违法行使职权行为的，应当责成办案部门依照规定予以纠正并记录。

纠正记录情况属于办案中违反业务工作规范的，向案件管理部门备案；属于办案中违反廉洁从检等检察纪律规定的，移送纪检监察机构处理。

**第六条** 控告检察部门对办理案件中涉及违法行使职权问题的控告、申诉、举报，应当依法受理并及时审查。情况属实的，报请检察长决定予以纠正；需要追究纪律责任的，移送纪检监察机构处理。

**第七条** 侦查监督、公诉、刑事执行检察、民事行政检察、刑事申诉检察、案件管理等部门及负责人发现其他办案部门和办案人员违法行使职权行为的，应当分别情形予以纠正并记录：

（一）情节轻微的，可以向办案部门或者办案人员发出口头纠正通知；

（二）情节较重的，应当向办案部门发出书面纠正通知，提示办案部门及时查明情况并纠正；

（三）情节严重的，应当向办案部门发出书面纠正通知，同时抄送纪检监察机构。

**第八条** 人民检察院发现违法行使职权的，应当及时进行处理，不得隐瞒、包庇。

**第九条** 人民检察院对投诉、举报或者反映办案部门和办案人员违法行使职权的，应当建立登记和及时分析制度。

**第十条** 人民检察院对办案部门和办案人员发生违法行使职权的行为，应当全面如实记录并存入司法档案，做到有据可查。

**第十一条** 人民检察院对本院或者下级人民检察院违法行使职权问题，应当在调查处理后进行内部通报，必要时向社会公开。

**第十二条** 责任追究应当根据办案人员发生违法行使职权行为的事实、情节和后果，以及相关纪律和法律规定，作如下处理：

（一）批评教育。采取责令检查、诫勉谈话、通报批评、到上级人民检察院检讨责任等措施。

（二）组织处理。采取暂停执行职务、调离司法办案岗位、延期晋级晋职、责令辞职、免职、调离检察机关、辞退等措施。

（三）纪律处分。对于违纪行为，应当依照党纪处分条例和检察纪律规定给予处分。

（四）刑事处理。对于构成犯罪的，应当依法追究刑事责任。

办案部门违法行使职权的，应当对办案部门负责人和直接责任人根据具体情形追究责任，同时视情依照有关规定对部门进行组织处理并开展专项整改。

对办案部门和办案人员违法行使职权的责任追究适用《关于完善人民检察院司法责任制的若干意见》等有关规定。

**第十三条** 被追究部门或者人员对处理决定不服的，可以向本院提出申诉复查，并有权向上一级人民检察院申请复议，由纪检监察机构依规依纪进行。复查、复议期间原处理决定不停止执行。

**第十四条** 办案部门和办案人员发生严重违法行使职权问题的，应当依照有关规定同时追究相关领导责任。

**二、最高人民检察院《关于渎职侵权犯罪案件立案标准的规定》（节录）**（2006年7月26日 高检发释字〔2006〕2号）

**一、渎职犯罪案件**

（五）徇私枉法案（第三百九十九条第一款）

徇私枉法罪是指司法工作人员徇私枉法、徇情枉法，对明知是无罪的人而使他受追诉、对明知是有罪的人而故意包庇不使他受追诉，或者在刑事审判活动中故意违背事实和法律作枉法裁判的行为。

涉嫌下列情形之一的，应予立案：

1. 对明知是没有犯罪事实或者其他依法不应当追究刑事责任的人，采取伪造、隐匿、毁灭证据或者其他隐瞒事实、违反法律的手段，以追究刑事责任为目的立案、侦查、起诉、审判的；

2. 对明知是有犯罪事实需要追究刑事责任的人，采取伪造、隐匿、毁灭证据或者其他隐瞒事实、违反法律的手段，故意包庇使其不受立案、侦查、起诉、审判的；

3. 采取伪造、隐匿、毁灭证据或者其他隐瞒事实、违反法律的手段，故意使罪重的人受较轻的追诉，或者使罪轻的人受较重的追诉的；

4. 在立案后，采取伪造、隐匿、毁灭证据或者其他隐瞒事实、违反法律的手段，应当采取强制措施而不采取强制措施，或者虽然采取强制措施，但中断侦查或者超过法定期限不采取任何措施，实际放任不管，以及违法撤销、变更强制措施，致使犯罪嫌疑人、被告人实际脱离司法机关侦控的；

5. 在刑事审判活动中故意违背事实和法律，作出枉法判决、裁定，即有罪判无罪、无罪判有罪，或者重罪轻判、轻罪重判的；

6. 其他徇私枉法应予追究刑事责任的情形。

**三、附 则**

（一）本规定中每个罪案名称后所注明的法律条款系《中华人民共和国刑法》的有关条款。

（二）本规定所称"以上"包括本数；有关犯罪数额"不满"，是指已达到该数额百分之八十以上的。

（三）本规定中的"国家机关工作人员"，是指在国家机关中从事公务的人员，包括在各级国家权力机关、行政机关、司法机关和军事机关中从事公务的人员。在依照法律、法规规定行使国家行政管理职权的组织中从事公务的人员，或者在受国家机关委托代表国家行使职权的组织中从事公务的人员，或者虽未列入国家机关人员编制但在国家机关中从事公务的人员，在代表国家机关行使职权时，视为国家机关工作人员。在乡（镇）以上中国共产党机关、人民政协机关中从事公务的人员，视为国家机关工作人员。

（四）本规定中的"直接经济损失"，是指与行为有直接因果关系而造成的财产损毁、减少的实际价值；"间接经济损失"，是指由直接经济损失引起和牵连的其他损失，包括失去的在正常情况下可以获得的利益和为恢复正常的管理活动或者挽回所造成的损失所支付的各种开支、费用等。

有下列情形之一的，虽然有债权存在，但已无法实现债权的，可以认定为已经造成了经济损失：（1）债务人已经法定程序被宣告破产，且无法清偿债务；（2）债务人潜逃，去向不明；（3）因行为人责任，致使超过诉讼时效；（4）有证据证明债权无法实现的其他情况。

直接经济损失和间接经济损失，是指立案时确已造成的经济损失。移送审查起诉前，犯罪嫌疑人及其亲友自行挽回的经济损失，以及由司法机关或者犯罪嫌疑人所在单位及其上级主管部门挽回的经济损失，不予扣减，但可作为对犯罪嫌疑人从轻处理的情节考虑。

（五）本规定中的"徇私舞弊"，是指国家机关工作人员为徇私情、私利，故意违背事实和法律，伪造材料，隐瞒情况，弄虚作假的行为。

（六）本规定自公布之日起施行。本规定发布前有关人民检察院直接受理立案侦查的国家机关工作人员渎职和利用职权实施的侵犯公民人身权利、民主权利犯罪案件的立案标准，与本规定有重复或者不一致的，适用本规定。

对于本规定施行前发生的国家机关工作人员渎职和利用职权实施的侵犯公民人身权利、民主权利犯罪案件，按照《最高人民法院、最高人民检察院关于适用刑事司法解释时间效力问题的规定》办理。

**三、最高人民法院《全国法院审理经济犯罪案件工作座谈会纪要》（节录）**（2003年11月13日 法发〔2003〕167号）

**一、关于贪污贿赂犯罪和渎职犯罪的主体**

（一）国家机关工作人员的认定

刑法中所称的国家机关工作人员，是指在国家机关中从事公务的人员，包括在各级国家权力机关、行政机关、司法机关和军事机关中从事公务的人员。

根据有关立法解释的规定，在依照法律、法规规定行使国家行政管理职权的组织中从事公务的人员，或者在受国家机关委托代表国家行使职权的组织中从事公务的人员，或者虽未列入国家机关人员编制但在国家机关中从事公务的人员，视为国家机关工作人员。在乡（镇）以上中国共产党机关、人民政协机关中从事公务的人员，司法实践中也应当视为国家机关工作人员。

（二）国家机关、国有公司、企业、事业单位委派到非国有公司、企业、事业单位、社会团体从事公务的人员的认定

所谓委派，即委任、派遣，其形式多种多样，如任命、指派、提名、批准等。不论被委派的人身份如何，只要是接受国家机关、国有公司、企业、事业单位委派，代表国家机关、国有公司、企业、事业单位在非国有公司、企业、事业单位、社会团体中从事组织、领导、监督、管理等工作，都可以认定为国家机关、国有公司、企业、事业单位委派到非国有公司、企业、事业单位、社会团体从事公务的人员。如国家机关、国有公司、企业、事业单位委派在国有控股或者参股的股份有限公司从事组织、领导、监督、管理等工作的人员，应当以国家工作人员论。国有公司、企业改制为股份有限公司后，原国有公司、企业的工作人员和股份有限公司新任命的人员中，除代表国有投资主体行使监督、管理职权的人外，不以国家工作人员论。

（三）"其他依照法律从事公务的人员"的认定

刑法第九十三条第二款规定的"其他依照法律从事公务的人员"应当具有两个特征：一是在特定条件下行使国家管理职能；二是依照法律规定从事公务。具体包括：（1）依法履行职责的各级人民代表大会代表；（2）依法履行审判职责的人民陪审员；（3）协助乡镇人民政府、街道办事处从事行政管理工作的村民委员会、居民委员会等农村和城市基层组织人员；（4）其他由法律授权从事公务的人员。

（四）关于"从事公务"的理解

从事公务，是指代表国家机关、国有公司、企业、事业单位、人民团体等履行组织、领导、监督、管理等职责。公务主要表现为与职权相联系的公共事务以及监督、管理国有财产的职务活动。如国家机关工作人员依法履行职责，国有公司的董事、经理、监事、会计、出纳人员等管理、监督国有财产等活动，属于从事公务。那些不具备职权内容的劳务活动、技术服务工作，如售货员、售票员等所从事的工作，一般不认为是公务。

**六、关于渎职罪**

（一）渎职犯罪行为造成的公共财产重大损失的认定

根据刑法规定，玩忽职守、滥用职权等渎职犯罪是以致使公共财产、国家和人民利益遭受重大损失为构成要件的。其中，公共财产的重大损失，通常是指渎职行为已经造成的重大经济损失。在司法实践中，有以下情形之一的，虽然公共财产作为债权存在，但已无法实现债权的，可以认定为行为人的渎职行为造成了经济损失：（1）债务人已经法定程序被宣告破产；（2）债务人潜逃，去向不明；（3）因行为人责任，致使超过诉讼时效；（4）有证据证明债权无法实现的其他情况。

司法解释

（二）玩忽职守罪的追诉时效

玩忽职守行为造成的重大损失当时没有发生，而是玩忽职守行为之后一定时间发生的，应从危害结果发生之日起计算玩忽职守罪的追诉期限。

（三）国有公司、企业人员渎职犯罪的法律适用

对于1999年12月24日《中华人民共和国刑法修正案》实施以前发生的国有公司、企业人员渎职行为（不包括徇私舞弊行为），尚未处理或者正在处理的，不能按照刑法修正案追究刑事责任。

（四）关于“徇私”的理解

徇私舞弊型渎职犯罪的“徇私”应理解为徇个人私情、私利。国家机关工作人员为了本单位的利益，实施滥用职权、玩忽职守行为，构成犯罪的，依照刑法第三百九十七条第一款的规定定罪处罚。

**四、最高人民检察院法律政策研究室《关于非司法工作人员是否可以构成徇私枉法罪共犯问题的答复》**（2003年4月16日　〔2003〕高检研发第11号）

非司法工作人员与司法工作人员勾结，共同实施徇私枉法行为，构成犯罪的，应当以徇私枉法罪的共犯追究刑事责任。

**五、最高人民法院、最高人民检察院《关于办理职务犯罪案件严格适用缓刑、免予刑事处罚若干问题的意见》**（2012年8月8日　法发〔2012〕17号）（略，详见本书第16页）

法律适用

相关法律法规

**一、《中华人民共和国法官法》（节录）**（1995年2月28日第八届全国人民代表大会常务委员会第十二次会议通过　2001年6月30日第一次修正　2017年9月1日第二次修正　2019年4月23日修订）

**第十条**　法官应当履行下列义务：

（一）严格遵守宪法和法律；

（二）秉公办案，不得徇私枉法；

（三）依法保障当事人和其他诉讼参与人的诉讼权利；

（四）维护国家利益、社会公共利益，维护个人和组织的合法权益；

（五）保守国家秘密和审判工作秘密，对履行职责中知悉的商业秘密和个人隐私予以保密；

（六）依法接受法律监督和人民群众监督；

（七）通过依法办理案件以案释法，增强全民法治观念，推进法治社会建设；

（八）法律规定的其他义务。

**第四十六条**　法官有下列行为之一的，应当给予处分；构成犯罪的，依法追究刑事责任：

（一）贪污受贿、徇私舞弊、枉法裁判的；

（二）隐瞒、伪造、变造、故意损毁证据、案件材料的；

（三）泄露国家秘密、审判工作秘密、商业秘密或者个人隐私的；

（四）故意违反法律法规办理案件的；

（五）因重大过失导致裁判结果错误并造成严重后果的；

（六）拖延办案，贻误工作的；

（七）利用职权为自己或者他人谋取私利的；

（八）接受当事人及其代理人利益输送，或者违反有关规定会见当事人及其代理人的；

（九）违反有关规定从事或者参与营利性活动，在企业或者其他营利性组织中兼任职务的；

（十）有其他违纪违法行为的。

法官的处分按照有关规定办理。

**二、《中华人民共和国检察官法》（节录）**（1995年2月28日第八届全国人民代表大会常务委员会第十二次会议通过　2001年6月30日第一次修正　2017年9月1日第二次修正　2019年4月23日修订）

**第十条**　检察官应当履行下列义务：

（一）严格遵守宪法和法律；

（二）秉公办案，不得徇私枉法；

（三）依法保障当事人和其他诉讼参与人的诉讼权利；

（四）维护国家利益、社会公共利益，维护个人和组织的合法权益；

（五）保守国家秘密和检察工作秘密，对履行职责中知悉的商业秘密和个人隐私予以保密；

（六）依法接受法律监督和人民群众监督；

（七）通过依法办理案件以案释法，增强全民法治观念，推进法治社会建设；

（八）法律规定的其他义务。

**第四十七条**　检察官有下列行为之一的，应当给予处分；构成犯罪的，依法追究刑事责任：

（一）贪污受贿、徇私枉法、刑讯逼供的；

（二）隐瞒、伪造、变造、故意损毁证据、案件材料的；

（三）泄露国家秘密、检察工作秘密、商业秘密或者个人隐私的；

（四）故意违反法律法规办理案件的；

（五）因重大过失导致案件错误并造成严重后果的；

（六）拖延办案，贻误工作的；

（七）利用职权为自己或者他人谋取私利的；

（八）接受当事人及其代理人利益输送，或者违反有关规定会见当事人及其代理人的；

（九）违反有关规定从事或者参与营利性活动，在企业或者其他营利性组织中兼任职务的；

（十）有其他违纪违法行为的。

检察官的处分按照有关规定办理。

# 20 民事、行政枉法裁判案

**概念**

本罪是指司法工作人员在民事、行政审判活动中，故意违背事实和法律作枉法裁判，情节严重的行为。

**立案标准**

司法工作人员在民事、行政审判活动中，涉嫌故意违背事实和法律作枉法裁判，具有下列情形之一的，应予立案：

1. 枉法裁判，致使当事人或者其近亲属自杀、自残造成重伤、死亡，或者精神失常的。

2. 枉法裁判，造成个人财产直接经济损失 10 万元以上，或者直接经济损失不满 10 万元，但间接经济损失 50 万元以上的。

3. 枉法裁判，造成法人或者其他组织财产直接经济损失 20 万元以上，或者直接经济损失不满 20 万元，但间接经济损失 100 万元以上的。

4. 伪造、变造有关材料、证据，制造假案枉法裁判的。

5. 串通当事人制造伪证，毁灭证据或者篡改庭审笔录而枉法裁判的。

6. 徇私情、私利，明知是伪造、变造的证据予以采信，或者故意对应当采信的证据不予采信，或者故意违反法定程序，或者故意错误适用法律而枉法裁判的。

7. 其他情节严重的情形。

| 定罪标准 | | |
|---|---|---|
| 定罪标准 | 犯罪客体 | 本罪侵犯的客体是人民法院的正常审判活动和审判公正。 |
| 定罪标准 | 犯罪客观方面 | 本罪在客观方面表现为在民事、行政审判活动中，故意违背事实和法律作枉法裁判，情节严重的行为。具体包括以下三个要素：<br>1. 违背事实和法律作枉法裁判。违背事实，是指明知存在某种事实而认定为不存在；或者明知某种情况不存在而认定存在某种情况；具体主要是指审判人员违反证据规则的相关要求认定事实，包括：（1）对证据不充分的事实予以认定；（2）对有确实、充分证据证明的事实不予认定；（3）毁灭、伪造、变造证据等。违背法律，既包括违背诉讼法的规定，也包括违背相关实体法如《民法典》《行政处罚法》等。所谓枉法裁判，是指依照事实和法律本应判决当事人胜诉或败诉的，行为人却故意颠倒黑白地判决该当事人败诉或胜诉，或者本应承担较重民事、行政责任的当事人违法判定减轻其责任，对本应承担较轻民事、行政责任的当事人违法判定加重其责任，等等。<br>2. 枉法裁判的行为必须发生在民事、行政审判过程中。所谓民事、行政审判，是指按照《民事诉讼法》《行政诉讼法》审理的相关诉讼活动，具体包括民事案件、行政案件、经济审判、海事、海商案件的审判。“民事、行政审判活动”并不是指狭义的审判活动，而是指民事、行政诉讼过程。例如，诉前财产保全的裁定活动也属于民事审判活动。“民事、行政审判活动”也包括虚假的民事、行政审判活动。例如，虚构民事被告作出有利于某人的判决的，也成立民事枉法裁判罪。 |

| | | |
|---|---|---|
| 定罪标准 | 犯罪客观方面 | 3. 枉法裁判的行为须达到“情节严重”的程度。“情节严重”，系具有下列情形之一：(1) 枉法裁判，致使当事人或者其近亲属自杀、自残造成重伤、死亡，或者精神失常的；(2) 枉法裁判，造成个人财产直接经济损失 10 万元以上，或者直接经济损失不满 10 万元，但间接经济损失 50 万元以上的；(3) 枉法裁判，造成法人或者其他组织财产直接经济损失 20 万元以上，或者直接经济损失不满 20 万元，但间接经济损失 100 万元以上的；(4) 伪造、变造有关材料、证据，制造假案枉法裁判的；(5) 串通当事人制造伪证，毁灭证据或者篡改庭审笔录而枉法裁判的；(6) 徇私情、私利，明知是伪造、变造的证据予以采信，或者故意对应当采信的证据不予采信，或者故意违反法定程序，或者故意错误适用法律而枉法裁判的；(7) 其他情节严重的情形。 |
| | 犯罪主体 | 本罪是纯正的身份犯，主体是司法工作人员，具体是指在司法机关中参与民事、行政审判的人员及其主管人员。 |
| | 犯罪主观方面 | 本罪在主观方面表现为故意，即明知自己违背事实和法律作枉法裁判的行为会损害正常审判活动和审判公正，希望或者放任这种结果发生。 |
| | 罪与非罪 | 区分罪与非罪的界限，要注意把握以下几点：<br>1. 枉法裁判的行为是否达到“情节严重”的程度。未达到情节严重的，不构成犯罪。<br>2. 枉法裁判的行为是否故意实施。如果行为人过失地作出不公正判决，或者因为业务水平低而作出错误判决，均不能作为犯罪来处理。<br>3. 相关行为只有发生在民事、行政审判活动中才能构成本罪。如果发生在刑事诉讼领域，不能构成本罪，构成其他犯罪的依照其他犯罪处罚。 |
| | 一罪与数罪 | 实践中，行为人往往是受贿后才犯本罪的。在这种情况下，行为人实施了两个行为，构成本罪与受贿罪两罪。但由于这种情形属于理论上的牵连犯，且根据《刑法》第 399 条第 4 款的规定，对行为人不数罪并罚，依照其中处罚较重的规定定罪处罚。 |
| | 此罪与彼罪 | 本罪与徇私枉法罪的界限。二者的区别主要在于：(1) 虽然两者的客体都属于司法机关的正常活动和司法公正，但二者侵犯的客体又各有侧重。本罪侵犯的客体是民事、行政审判活动的正常进行及结果公正；徇私枉法罪侵犯的是刑事诉讼活动的正常进行与公正。(2) 客观方面不同。本罪仅能发生在人民法院的审判阶段；而徇私枉法罪既可存在于法院审判中，也可发生在立案侦查和审查起诉阶段。(3) 行为对象不同。本罪针对民事、行政诉讼的当事人；徇私枉法罪则针对一般公民和刑事案件的犯罪嫌疑人及被告人。 |
| 证据参考标准 | 主体方面的证据 | **一、证明行为人刑事责任年龄、身份等自然情况的证据**<br>包括身份证明、户籍证明、任职证明、工作经历证明、特定职责证明等，主要是证明行为人的姓名（曾用名）、性别、出生年月日、民族、籍贯、出生地、职业（或职务）、住所地（或居所地）等证据材料，如户口簿、居民身份证、居住证、工作证、出生证、专业或技术等级证、干部履历表、职工登记表、护照等。<br>对于户籍、出生证等材料内容不实的，应提供其他证据材料。人大代表、政协委员犯罪的案件，应注明身份，并附身份证明材料。<br>**二、证明行为人刑事责任能力的证据**<br>证明行为人对自己的行为是否具有辨认能力与控制能力，如是否属于间歇性精神病人、案发时是否尚未完全丧失辨认或者控制自己行为能力的证明材料。 |

<table>
<tr><td rowspan="3">证据参考标准</td><td>主观方面的证据</td><td>证明行为人故意的证据<br>1. 证明行为人主观认识因素的证据：证明行为人明知自己的行为会发生危害社会的结果。2. 证明行为人主观意志因素的证据：证明行为人希望或者放任危害结果发生。</td></tr>
<tr><td>客观方面的证据</td><td>证明行为人枉法裁判行为的证据<br>具体证据包括：1. 证明行为人的裁判违背事实的证据。2. 证明行为人的裁判违背法律的证据。3. 证明行为人作枉法裁判的证据。4. 证明枉法裁判行为达到情节严重的程度的证据。5. 证明情节特别严重的证据。6. 证明司法工作人员收受贿赂的证据。</td></tr>
<tr><td>量刑方面的证据</td><td>一、法定量刑情节证据<br>1. 事实情节。2. 法定从重情节。3. 法定从轻、减轻情节：（1）可以从轻；（2）可以从轻或者减轻；（3）应当从轻或者减轻。4. 法定从轻、减轻、免除情节：（1）可以从轻、减轻或者免除处罚；（2）应当从轻、减轻或者免除处罚。5. 法定减轻、免除情节：（1）可以减轻或者免除处罚；（2）应当减轻或者免除处罚；（3）可以免除处罚。<br>二、酌定量刑情节证据<br>1. 犯罪手段。2. 犯罪对象。3. 危害结果。4. 动机。5. 平时表现。6. 认罪态度。7. 是否有前科。8. 其他证据。</td></tr>
<tr><td rowspan="3">量刑标准</td><td>犯本罪的</td><td>处五年以下有期徒刑或者拘役</td></tr>
<tr><td>情节特别严重的</td><td>处五年以上十年以下有期徒刑</td></tr>
<tr><td>不适用缓刑或者免予刑事处罚</td><td>1. 以下情形一般不适用缓刑或者免予刑事处罚：<br>（1）不如实供述罪行的；<br>（2）不予退缴赃款赃物或者将赃款赃物用于非法活动的；<br>（3）属于共同犯罪中情节严重的主犯的；<br>（4）犯有数个职务犯罪依法实行并罚或者以一罪处理的；<br>（5）曾因职务违纪违法行为受过行政处分的；<br>（6）犯罪涉及的财物属于救灾、抢险、防汛、优抚、扶贫、移民、救济、防疫等特定款物的；<br>（7）渎职犯罪中徇私舞弊情节或者滥用职权情节恶劣的；<br>（8）其他不应适用缓刑、免予刑事处罚的情形。<br>对于具有以上情形之一，但根据全案事实和量刑情节，检察机关认为确有必要适用缓刑或者免予刑事处罚并据此提出量刑建议的，应经检察委员会讨论决定；审理法院认为确有必要适用缓刑或者免予刑事处罚的，应经审判委员会讨论决定。<br>2. 人民法院审理职务犯罪案件时应当注意听取检察机关、被告人、辩护人提出的量刑意见，分析影响性案件案发前后的社会反映，必要时可以征求案件查办等机关的意见。对于情节恶劣、社会反映强烈的职务犯罪案件，不得适用缓刑、免予刑事处罚。</td></tr>
</table>

法律适用

刑法条文

**第三百九十九条第二款** 在民事、行政审判活动中故意违背事实和法律作枉法裁判，情节严重的，处五年以下有期徒刑或者拘役；情节特别严重的，处五年以上十年以下有期徒刑。

**第三百九十九条第四款** 司法工作人员收受贿赂，有前三款行为的，同时又构成本法第三百八十五条规定之罪的，依照处罚较重的规定定罪处罚。

**第九十四条** 本法所称司法工作人员，是指有侦查、检察、审判、监管职责的工作人员。

立法解释

**全国人民代表大会常务委员会《关于〈中华人民共和国刑法〉第九章渎职罪主体适用问题的解释》**（2002年12月28日第九届全国人民代表大会常务委员会第三十一次会议通过）

全国人大常委会根据司法实践中遇到的情况，讨论了刑法第九章渎职罪主体的适用问题，解释如下：

在依照法律、法规规定行使国家行政管理职权的组织中从事公务的人员，或者在受国家机关委托代表国家机关行使职权的组织中从事公务的人员，或者虽未列入国家机关人员编制但在国家机关中从事公务的人员，在代表国家机关行使职权时，有渎职行为，构成犯罪的，依照刑法关于渎职罪的规定追究刑事责任。

现予公告。

司法解释

**一、最高人民法院、最高人民检察院《关于办理虚假诉讼刑事案件适用法律若干问题的解释》（节录）**（2018年9月26日　法释〔2018〕17号）

**第五条** 司法工作人员利用职权，与他人共同实施刑法第三百零七条之一前三款行为的，从重处罚；同时构成滥用职权罪，民事枉法裁判罪，执行判决、裁定滥用职权罪等犯罪的，依照处罚较重的规定定罪从重处罚。

**二、最高人民检察院《关于渎职侵权犯罪案件立案标准的规定》（节录）**（2006年7月26日　高检发释字〔2006〕2号）

**一、渎职犯罪案件**

（六）民事、行政枉法裁判案（第三百九十九条第二款）

民事、行政枉法裁判罪是指司法工作人员在民事、行政审判活动中，故意违背事实和法律作枉法裁判，情节严重的行为。

涉嫌下列情形之一的，应予立案：

1. 枉法裁判，致使当事人或者其近亲属自杀、自残造成重伤、死亡，或者精神失常的；
2. 枉法裁判，造成个人财产直接经济损失10万元以上，或者直接经济损失不满10万元，但间接经济损失50万元以上的；
3. 枉法裁判，造成法人或者其他组织财产直接经济损失20万元以上，或者直接经济损失不满20万元，但间接经济损失100万元以上的；
4. 伪造、变造有关材料、证据，制造假案枉法裁判的；
5. 串通当事人制造伪证，毁灭证据或者篡改庭审笔录而枉法裁判的；

6. 徇私情、私利，明知是伪造、变造的证据予以采信，或者故意对应当采信的证据不予采信，或者故意违反法定程序，或者故意错误适用法律而枉法裁判的；

7. 其他情节严重的情形。

三、附则

（一）本规定中每个罪案名称后所注明的法律条款系《中华人民共和国刑法》的有关条款。

（二）本规定所称"以上"包括本数；有关犯罪数额"不满"，是指已达到该数额百分之八十以上的。

（三）本规定中的"国家机关工作人员"，是指在国家机关中从事公务的人员，包括在各级国家权力机关、行政机关、司法机关和军事机关中从事公务的人员。在依照法律、法规规定行使国家行政管理职权的组织中从事公务的人员，或者在受国家机关委托代表国家行使职权的组织中从事公务的人员，或者虽未列入国家机关人员编制但在国家机关中从事公务的人员，在代表国家机关行使职权时，视为国家机关工作人员。在乡（镇）以上中国共产党机关、人民政协机关中从事公务的人员，视为国家机关工作人员。

（四）本规定中的"直接经济损失"，是指与行为有直接因果关系而造成的财产损毁、减少的实际价值；"间接经济损失"，是指由直接经济损失引起和牵连的其他损失，包括失去的在正常情况下可以获得的利益和为恢复正常的管理活动或者挽回所造成的损失所支付的各种开支、费用等。

有下列情形之一的，虽然有债权存在，但已无法实现债权的，可以认定为已经造成了经济损失：（1）债务人已经法定程序被宣告破产，且无法清偿债务；（2）债务人潜逃，去向不明；（3）因行为人责任，致使超过诉讼时效；（4）有证据证明债权无法实现的其他情况。

直接经济损失和间接经济损失，是指立案时确已造成的经济损失。移送审查起诉前，犯罪嫌疑人及其亲友自行挽回的经济损失，以及由司法机关或者犯罪嫌疑人所在单位及其上级主管部门挽回的经济损失，不予扣减，但可作为对犯罪嫌疑人从轻处理的情节考虑。

（五）本规定中的"徇私舞弊"，是指国家机关工作人员为徇私情、私利，故意违背事实和法律，伪造材料，隐瞒情况，弄虚作假的行为。

（六）本规定自公布之日起施行。本规定发布前有关人民检察院直接受理立案侦查的国家机关工作人员渎职和利用职权实施的侵犯公民人身权利、民主权利犯罪案件的立案标准，与本规定有重复或者不一致的，适用本规定。

对于本规定施行前发生的国家机关工作人员渎职和利用职权实施的侵犯公民人身权利、民主权利犯罪案件，按照《最高人民法院、最高人民检察院关于适用刑事司法解释时间效力问题的规定》办理。

**三、最高人民法院《全国法院审理经济犯罪案件工作座谈会纪要》（节录）**（2003年11月13日　法发〔2003〕167号）

一、关于贪污贿赂犯罪和渎职犯罪的主体

（一）国家机关工作人员的认定

刑法中所称的国家机关工作人员，是指在国家机关中从事公务的人员，包括在各级国家权力机关、行政机关、司法机关和军事机关中从事公务的人员。

根据有关立法解释的规定，在依照法律、法规规定行使国家行政管理职权的组织中从事公务的人员，或者在受国家机关委托代表国家行使职权的组织中从事公务的人员，或者虽未列入国家机关人员编制但在国家机关中从事公务的人员，视为国家机关工作人员。在乡（镇）以上中国共产党机关、人民政协机关中从事公务的人员，司法实践中也应当视为国家机关工作人员。

（二）国家机关、国有公司、企业、事业单位委派到非国有公司、企业、事业单位、社会团体从事公务的人员的认定

所谓委派，即委任、派遣，其形式多种多样，如任命、指派、提名、批准等。不论被委派的人身份如何，只要是接受国家机关、国有公司、企业、事业单位委派，代表国家机关、国有公司、企业、事业单位在非国有公司、企业、事业单位、社会团体中从事组织、领导、监督、管理等工作，都可以认定为国家机关、国有公司、企业、事业单位委派到非国有公司、企业、事业单位、社会团体从事公务的人员。如国家机关、国有公司、企业、事业单位委派在国有控股或者参股的股份有限公司从事组织、领导、监督、管理等工作的人员，应当以国家工作人员论。国有公司、企业改制为股份有限公司后，原国有公司、企业的工作人员和股份有限公司新任命的人员中，除代表国有投资主体行使监督、管理职权的人外，不以国家工作人员论。

（三）"其他依照法律从事公务的人员"的认定

刑法第九十三条第二款规定的"其他依照法律从事公务的人员"应当具有两个特征：一是在特定条件下行使国家管理职能；二是依照法律规定从事公务。具体包括：（1）依法履行职责的各级人民代表大会代表；（2）依法履行审判职责的人民陪审员；（3）协助乡镇人民政府、街道办事处从事行政管理工作的村民委员会、居民委员会等农村和城市基层组织人员；（4）其他由法律授权从事公务的人员。

（四）关于"从事公务"的理解

从事公务，是指代表国家机关、国有公司、企业、事业单位、人民团体等履行组织、领导、监督、管理等职责。公务主要表现为与职权相联系的公共事务以及监督、管理国有财产的职务活动。如国家机关工作人员依法履行职责，国有公司的董事、经理、监事、会计、出纳人员等管理、监督国有财产等活动，属于从事公务。那些不具备职权内容的劳务活动、技术服务工作，如售货员、售票员等所从事的工作，一般不认为是公务。

**六、关于渎职罪**

（一）渎职犯罪行为造成的公共财产重大损失的认定

根据刑法规定，玩忽职守、滥用职权等渎职犯罪是以致使公共财产、国家和人民利益遭受重大损失为构成要件的。其中，公共财产的重大损失，通常是指渎职行为已经造成的重大经济损失。在司法实践中，有以下情形之一的，虽然公共财产作为债权存在，但已无法实现债权的，可以认定为行为人的渎职行为造成了经济损失：（1）债务人已经法定程序被宣告破产；（2）债务人潜逃，去向不明；（3）因行为人责任，致使超过诉讼时效；（4）有证据证明债权无法实现的其他情况。

（二）玩忽职守罪的追诉时效

玩忽职守行为造成的重大损失当时没有发生，而是玩忽职守行为之后一定时间发生的，应从危害结果发生之日起计算玩忽职守罪的追诉期限。

（三）国有公司、企业人员渎职犯罪的法律适用

对于1999年12月24日《中华人民共和国刑法修正案》实施以前发生的国有公司、企业人员渎职行为（不包括徇私舞弊行为），尚未处理或者正在处理的，不能按照刑法修正案追究刑事责任。

司法解释

（四）关于"徇私"的理解

徇私舞弊型渎职犯罪的"徇私"应理解为徇个人私情、私利。国家机关工作人员为了本单位的利益，实施滥用职权、玩忽职守行为，构成犯罪的，依照刑法第三百九十七条第一款的规定定罪处罚。

**四、最高人民法院、最高人民检察院《关于办理职务犯罪案件严格适用缓刑、免予刑事处罚若干问题的意见》**（2012年8月8日　法发〔2012〕17号）（略，详见本书第16页）

法律适用　相关法律法规

**一、《中华人民共和国法官法》（节录）**（1995年2月28日第八届全国人民代表大会常务委员会第十二次会议通过　2001年6月30日第一次修正　2017年9月1日第二次修正　2019年4月23日修订）

**第十条**　法官应当履行下列义务：

（一）严格遵守宪法和法律；

（二）秉公办案，不得徇私枉法；

（三）依法保障当事人和其他诉讼参与人的诉讼权利；

（四）维护国家利益、社会公共利益，维护个人和组织的合法权益；

（五）保守国家秘密和审判工作秘密，对履行职责中知悉的商业秘密和个人隐私予以保密；

（六）依法接受法律监督和人民群众监督；

（七）通过依法办理案件以案释法，增强全民法治观念，推进法治社会建设；

（八）法律规定的其他义务。

**第四十六条**　法官有下列行为之一的，应当给予处分；构成犯罪的，依法追究刑事责任：

（一）贪污受贿、徇私舞弊、枉法裁判的；

（二）隐瞒、伪造、变造、故意损毁证据、案件材料的；

（三）泄露国家秘密、审判工作秘密、商业秘密或者个人隐私的；

（四）故意违反法律法规办理案件的；

（五）因重大过失导致裁判结果错误并造成严重后果的；

（六）拖延办案，贻误工作的；

（七）利用职权为自己或者他人谋取私利的；

（八）接受当事人及其代理人利益输送，或者违反有关规定会见当事人及其代理人的；

（九）违反有关规定从事或者参与营利性活动，在企业或者其他营利性组织中兼任职务的；

（十）有其他违纪违法行为的。

法官的处分按照有关规定办理。

**二、《中华人民共和国民事诉讼法》（节录）**（1991年4月9日第七届全国人民代表大会第四次会议通过　2007年10月28日第一次修正　2012年8月31日第二次修正　2017年6月27日第三次修正　2021年12月24日第四次修正　2023年9月1日第五次修正）

**第四十六条**　审判人员应当依法秉公办案。

审判人员不得接受当事人及其诉讼代理人请客送礼。

审判人员有贪污受贿，徇私舞弊，枉法裁判行为的，应当追究法律责任；构成犯罪的，依法追究刑事责任。

# 21 执行判决、裁定失职案

**概念**

**本罪是指司法工作人员在执行判决、裁定活动中，严重不负责任，不依法采取诉讼保全措施、不履行法定执行职责，或者违法采取保全措施、强制执行措施，致使当事人或者其他人的利益遭受重大损失的行为。**

**立案标准**

**司法工作人员在执行判决、裁定活动中，涉嫌严重不负责任，不依法采取诉讼保全措施、不履行法定执行职责，或者违法采取保全措施、强制执行措施，有下列情形之一的，应予立案：**

1. **致使当事人或者其近亲属自杀、自残造成重伤、死亡，或者精神失常的。**
2. **造成个人财产直接经济损失 15 万元以上，或者直接经济损失不满 15 万元，但间接经济损失 75 万元以上的。**
3. **造成法人或者其他组织财产直接经济损失 30 万元以上，或者直接经济损失不满 30 万元，但间接经济损失 150 万元以上的。**
4. **造成公司、企业等单位停业、停产 1 年以上，或者破产的。**
5. **其他致使当事人或者其他人的利益遭受重大损失的情形。**

**定罪标准**

**犯罪客体**

本罪所侵犯的客体是司法机关的正常执行活动。

**犯罪客观方面**

本罪在客观方面表现为行为人在执行判决、裁定活动中严重不负责任，不依法采取诉讼保全措施，不履行法定执行职责，或者违法采取保全措施、强制执行措施，致使当事人或者其他人的利益遭受重大损失。具体包括以下三个要素：

1. 行为发生在执行判决、裁定活动中。所谓执行，是指人民法院根据已经发生法律效力的裁判和其他法律文书规定，采取法律措施，强制当事人履行义务。根据《关于〈中华人民共和国刑法〉第三百一十条的解释》，“人民法院的判决、裁定”，是指人民法院依法作出的具有执行内容并已发生法律效力的判决、裁定。判决，是指人民法院对当事人实体权利所作的结论性判定，既包括民事判决、刑事附带民事诉讼关于民事部分的判决以及行政判决。裁定，是人民法院为解决案件程序问题或者在案件执行过程中，就诉讼程序上的有关事项所作的判定。人民法院为依法执行支付令、生效的调解书、仲裁裁决、公证债权文书等所作的裁定也属于本罪所规定的裁定。

2. 行为人严重不负责任，不依法采取诉讼保全措施，不履行法定执行职责，或者违法采取保全措施、强制执行措施。

诉讼保全，包括证据保全和财产保全；在执行过程中的保全指的是财产保全，即人民法院在案件受理前或者诉讼过程中，为了保证判决的执行或避免财产遭受损失，对当事人的财产或争议的标的物采取的强制措施；这种强制措施是在一定期限内限制当事人对该项财产进行支配、处分，其目的是保证人民法院作出的判决能够得到顺利

| | | |
|---|---|---|
| 定罪标准 | 犯罪客观方面 | 执行。不履行法定执行职责，是指本应根据已经发生法律效力的裁判和其他法律文书的规定，采取法律措施使当事人履行义务，但是不依法采取有关措施。我国《民事诉讼法》等法律规定了司法工作人员的多种执行职责，如执行调查、委托执行、执行监督、暂缓执行、执行中止、不予执行等。违法采取保全措施、强制执行措施，主要是指违反《民事诉讼法》的有关规定和相关司法解释。<br>3. 行为致使当事人或者其他人的利益遭受重大损失。所谓“重大损失”，是指有下列情形之一的：(1) 致使当事人或者其近亲属自杀、自残造成重伤、死亡，或者精神失常的；(2) 造成个人财产直接经济损失 15 万元以上，或者直接经济损失不满 15 万元，但间接经济损失 75 万元以上的；(3) 造成法人或者其他组织财产直接经济损失 30 万元以上，或者直接经济损失不满 30 万元，但间接经济损失 150 万元以上的；(4) 造成公司、企业等单位停业、停产 1 年以上，或者破产的；(5) 其他致使当事人或者其他人的利益遭受重大损失的情形。 |
| | 犯罪主体 | 本罪是纯正的身份犯，主体是司法工作人员。 |
| | 犯罪主观方面 | 本罪在主观方面表现为过失，即对自己的行为可能导致当事人或者其他人的利益遭受重大损失应当预见而没有预见，或者已经预见而轻信能够避免。 |
| | 罪与非罪 | 区分罪与非罪的界限，要注意行为人在执行过程中即使存在严重不负责任之行为，若所导致的当事人或者其他人的利益损失未达到重大程度；或者当事人及其他人的利益遭受的重大损失有行为人的因素但并没有“严重不负责任”情节的，则均不构成本罪。 |
| | 一罪与数罪 | 实践中，行为人往往是受贿后才犯本罪的。在这种情况下，行为人实施了两个行为，构成本罪与受贿罪两罪。但由于这种情形属于理论上的牵连犯，且根据《刑法》第 399 条第 4 款的规定，对行为人不数罪并罚，依照其中处罚较重的规定定罪处罚。 |
| 证据参考标准 | 主体方面的证据 | **一、证明行为人刑事责任年龄、身份等自然情况的证据**<br>包括身份证明、户籍证明、任职证明、工作经历证明、特定职责证明等，主要是证明行为人的姓名（曾用名）、性别、出生年月日、民族、籍贯、出生地、职业（或职务）、住所地（或居所地）等证据材料，如户口簿、居民身份证、居住证、工作证、出生证、专业或技术等级证、干部履历表、职工登记表、护照等。<br>对于户籍、出生证等材料内容不实的，应提供其他证据材料。外国人犯罪的案件，应有护照等身份证明材料。人大代表、政协委员犯罪的案件，应注明身份，并附身份证明材料。<br>**二、证明行为人刑事责任能力的证据**<br>证明行为人对自己的行为是否具有辨认能力与控制能力，如是否属于间歇性精神病人、案发时是否尚未完全丧失辨认或者控制自己行为能力的证明材料。 |

<table>
<tr>
<td rowspan="3">证据参考标准</td>
<td>主观方面的证据</td>
<td colspan="2">证明行为人过失的证据<br>1. 证明行为人疏忽大意过失的证据：（1）证明行为人应当预见自己严重不负责任的行为会发生危害社会的结果；（2）证明行为人因疏忽大意没有预见。2. 证明行为人过于自信过失的证据：（1）证明行为人已经预见自己严重不负责任的行为会发生危害社会的结果；（2）证明行为人轻信能避免危害结果。</td>
</tr>
<tr>
<td>客观方面的证据</td>
<td colspan="2">证明行为人执行判决、裁定失职行为的证据<br>具体证据包括：1. 证明行为人不依法采取诉讼保全措施的证据。2. 证明行为人不履行法定执行职责的证据。3. 证明行为人违法采取保全措施的证据。4. 证明行为人违法采取强制执行措施的证据。5. 证明行为人在执行判决、裁定活动中实施上述行为的证据。6. 证明行为致使当事人或者其他人的利益遭受重大损失的证据。7. 证明行为致使当事人或者其他人的利益遭受特别重大损失的证据。8. 证明司法工作人员收受贿赂的证据。</td>
</tr>
<tr>
<td>量刑方面的证据</td>
<td colspan="2">一、法定量刑情节证据<br>1. 事实情节。2. 法定从重情节。3. 法定从轻、减轻情节：（1）可以从轻；（2）可以从轻或者减轻；（3）应当从轻或者减轻。4. 法定从轻、减轻、免除情节：（1）可以从轻、减轻或者免除处罚；（2）应当从轻、减轻或者免除处罚。5. 法定减轻、免除情节：（1）可以减轻或者免除处罚；（2）应当减轻或者免除处罚；（3）可以免除处罚。<br>二、酌定量刑情节证据<br>1. 犯罪手段。2. 犯罪对象。3. 危害结果。4. 犯罪动机。5. 平时表现。6. 认罪态度。7. 是否有前科。8. 其他证据。</td>
</tr>
<tr>
<td rowspan="3">量刑标准</td>
<td colspan="2">犯本罪的</td>
<td>处五年以下有期徒刑或者拘役</td>
</tr>
<tr>
<td colspan="2">致使当事人或者其他人的利益遭受特别重大损失的</td>
<td>处五年以上十年以下有期徒刑</td>
</tr>
<tr>
<td>不适用缓刑或者免予刑事处罚</td>
<td colspan="2">1. 以下情形一般不适用缓刑或者免予刑事处罚：<br>（1）不如实供述罪行的；<br>（2）不予退缴赃款赃物或者将赃款赃物用于非法活动的；<br>（3）属于共同犯罪中情节严重的主犯的；<br>（4）犯有数个职务犯罪依法实行并罚或者以一罪处理的；<br>（5）曾因职务违纪违法行为受过行政处分的；<br>（6）犯罪涉及的财物属于救灾、抢险、防汛、优抚、扶贫、移民、救济、防疫等特定款物的；<br>（7）渎职犯罪中徇私舞弊情节或者滥用职权情节恶劣的；<br>（8）其他不应适用缓刑、免予刑事处罚的情形。<br>对于具有以上情形之一，但根据全案事实和量刑情节，检察机关认为确有必要适用缓刑或者免予刑事处罚并据此提出量刑建议的，应经检察委员会讨论决定；审理法院认为确有必要适用缓刑或者免予刑事处罚的，应经审判委员会讨论决定。<br>2. 人民法院审理职务犯罪案件时应当注意听取检察机关、被告人、辩护人提出的量刑意见，分析影响性案件案发前后的社会反映，必要时可以征求案件查办等机关的意见。对于情节恶劣、社会反映强烈的职务犯罪案件，不得适用缓刑、免予刑事处罚。</td>
</tr>
</table>

法律适用

刑法条文

**第三百九十九条第三款** 在执行判决、裁定活动中，严重不负责任或者滥用职权，不依法采取诉讼保全措施、不履行法定执行职责，或者违法采取诉讼保全措施、强制执行措施，致使当事人或者其他人的利益遭受重大损失的，处五年以下有期徒刑或者拘役；致使当事人或者其他人的利益遭受特别重大损失的，处五年以上十年以下有期徒刑。

**第三百九十九条第四款** 司法工作人员收受贿赂，有前三款行为的，同时又构成本法第三百八十五条规定之罪的，依照处罚较重的规定定罪处罚。

立法解释

**一、全国人民代表大会常务委员会《关于〈中华人民共和国刑法〉第九章渎职罪主体适用问题的解释》**（2002年12月28日第九届全国人民代表大会常务委员会第三十一次会议通过）

全国人大常委会根据司法实践中遇到的情况，讨论了刑法第九章渎职罪主体的适用问题，解释如下：

在依照法律、法规规定行使国家行政管理职权的组织中从事公务的人员，或者在受国家机关委托代表国家机关行使职权的组织中从事公务的人员，或者虽未列入国家机关人员编制但在国家机关中从事公务的人员，在代表国家机关行使职权时，有渎职行为，构成犯罪的，依照刑法关于渎职罪的规定追究刑事责任。

现予公告。

**二、全国人民代表大会常务委员会《关于〈中华人民共和国刑法〉第三百一十三条的解释》**（2002年8月29日第九届全国人民代表大会常务委员会第二十九次会议通过）

全国人民代表大会常务委员会讨论了刑法第三百一十三条规定的“对人民法院的判决、裁定有能力执行而拒不执行，情节严重”的含义问题，解释如下：

刑法第三百一十三条规定的“人民法院的判决、裁定”，是指人民法院依法作出的具有执行内容并已发生法律效力的判决、裁定。人民法院为依法执行支付令、生效的调解书、仲裁裁决、公证债权文书等所作的裁定属于该条规定的裁定。

下列情形属于刑法第三百一十三条规定的“有能力执行而拒不执行，情节严重”的情形：

（一）被执行人隐藏、转移、故意毁损财产或者无偿转让财产、以明显不合理的低价转让财产，致使判决、裁定无法执行的；

（二）担保人或者被执行人隐藏、转移、故意毁损或者转让已向人民法院提供担保的财产，致使判决、裁定无法执行的；

（三）协助执行义务人接到人民法院协助执行通知书后，拒不协助执行，致使判决、裁定无法执行的；

（四）被执行人、担保人、协助执行义务人与国家机关工作人员通谋，利用国家机关工作人员的职权妨害执行，致使判决、裁定无法执行的；

（五）其他有能力执行而拒不执行，情节严重的情形。

国家机关工作人员有上述第四项行为的，以拒不执行判决、裁定罪的共犯追究刑事责任。国家机关工作人员收受贿赂或者滥用职权，有上述第四项行为的，同时又构成刑法第三百八十五条、第三百九十七条规定之罪的，依照处罚较重的规定定罪处罚。

现予公告。

法律适用 司法解释

一、最高人民检察院《关于渎职侵权犯罪案件立案标准的规定》（节录）（2006年7月26日 高检发释字〔2006〕2号）

一、渎职犯罪案件

（七）执行判决、裁定失职案（第三百九十九条第三款）

执行判决、裁定失职罪是指司法工作人员在执行判决、裁定活动中，严重不负责任，不依法采取诉讼保全措施、不履行法定执行职责，或者违法采取保全措施、强制执行措施，致使当事人或者其他人的利益遭受重大损失的行为。

涉嫌下列情形之一的，应予立案：

1. 致使当事人或者其近亲属自杀、自残造成重伤、死亡，或者精神失常的；

2. 造成个人财产直接经济损失15万元以上，或者直接经济损失不满15万元，但间接经济损失75万元以上的；

3. 造成法人或者其他组织财产直接经济损失30万元以上，或者直接经济损失不满30万元，但间接经济损失150万元以上的；

4. 造成公司、企业等单位停业、停产1年以上，或者破产的；

5. 其他致使当事人或者其他人的利益遭受重大损失的情形。

三、附 则

（一）本规定中每个罪案名称后所注明的法律条款系《中华人民共和国刑法》的有关条款。

（二）本规定所称“以上”包括本数；有关犯罪数额“不满”，是指已达到该数额百分之八十以上的。

（三）本规定中的“国家机关工作人员”，是指在国家机关中从事公务的人员，包括在各级国家权力机关、行政机关、司法机关和军事机关中从事公务的人员。在依照法律、法规规定行使国家行政管理职权的组织中从事公务的人员，或者在受国家机关委托代表国家行使职权的组织中从事公务的人员，或者虽未列入国家机关人员编制但在国家机关中从事公务的人员，在代表国家机关行使职权时，视为国家机关工作人员。在乡（镇）以上中国共产党机关、人民政协机关中从事公务的人员，视为国家机关工作人员。

（四）本规定中的“直接经济损失”，是指与行为有直接因果关系而造成的财产损毁、减少的实际价值；“间接经济损失”，是指由直接经济损失引起和牵连的其他损失，包括失去的在正常情况下可以获得的利益和为恢复正常的管理活动或者挽回所造成的损失所支付的各种开支、费用等。

有下列情形之一的，虽然有债权存在，但已无法实现债权的，可以认定为已经造成了经济损失：（1）债务人已经法定程序被宣告破产，且无法清偿债务；（2）债务人潜逃，去向不明；（3）因行为人责任，致使超过诉讼时效；（4）有证据证明债权无法实现的其他情况。

直接经济损失和间接经济损失，是指立案时确已造成的经济损失。移送审查起诉前，犯罪嫌疑人及其亲友自行挽回的经济损失，以及由司法机关或者犯罪嫌疑人所在单位及其上级主管部门挽回的经济损失，不予扣减，但可作为对犯罪嫌疑人从轻处理的情节考虑。

（五）本规定中的“徇私舞弊”，是指国家机关工作人员为徇私情、私利，故意违背事实和法律，伪造材料，隐瞒情况，弄虚作假的行为。

（六）本规定自公布之日起施行。本规定发布前有关人民检察院直接受理立案侦查的国家机关工作人员渎职和利用职权实施的侵犯公民人身权利、民主权利犯罪案件的立案标准，与本规定有重复或者不一致的，适用本规定。

对于本规定施行前发生的国家机关工作人员渎职和利用职权实施的侵犯公民人身权利、民主权利犯罪案件，按照《最高人民法院、最高人民检察院关于适用刑事司法解释时间效力问题的规定》办理。

**二、最高人民法院《全国法院审理经济犯罪案件工作座谈会纪要》（节录）**（2003年11月13日　法发〔2003〕167号）

**一、关于贪污贿赂犯罪和渎职犯罪的主体**

（一）国家机关工作人员的认定

刑法中所称的国家机关工作人员，是指在国家机关中从事公务的人员，包括在各级国家权力机关、行政机关、司法机关和军事机关中从事公务的人员。

根据有关立法解释的规定，在依照法律、法规规定行使国家行政管理职权的组织中从事公务的人员，或者在受国家机关委托代表国家行使职权的组织中从事公务的人员，或者虽未列入国家机关人员编制但在国家机关中从事公务的人员，视为国家机关工作人员。在乡（镇）以上中国共产党机关、人民政协机关中从事公务的人员，司法实践中也应当视为国家机关工作人员。

（二）国家机关、国有公司、企业、事业单位委派到非国有公司、企业、事业单位、社会团体从事公务的人员的认定

所谓委派，即委任、派遣，其形式多种多样，如任命、指派、提名、批准等。不论被委派的人身份如何，只要是接受国家机关、国有公司、企业、事业单位委派，代表国家机关、国有公司、企业、事业单位在非国有公司、企业、事业单位、社会团体中从事组织、领导、监督、管理等工作，都可以认定为国家机关、国有公司、企业、事业单位委派到非国有公司、企业、事业单位、社会团体从事公务的人员。如国家机关、国有公司、企业、事业单位委派在国有控股或者参股的股份有限公司从事组织、领导、监督、管理等工作的人员，应当以国家工作人员论。国有公司、企业改制为股份有限公司后，原国有公司、企业的工作人员和股份有限公司新任命的人员中，除代表国有投资主体行使监督、管理职权的人外，不以国家工作人员论。

（三）"其他依照法律从事公务的人员"的认定

刑法第九十三条第二款规定的"其他依照法律从事公务的人员"应当具有两个特征：一是在特定条件下行使国家管理职能；二是依照法律规定从事公务。具体包括：(1) 依法履行职责的各级人民代表大会代表；(2) 依法履行审判职责的人民陪审员；(3) 协助乡镇人民政府、街道办事处从事行政管理工作的村民委员会、居民委员会等农村和城市基层组织人员；(4) 其他由法律授权从事公务的人员。

（四）关于"从事公务"的理解

从事公务，是指代表国家机关、国有公司、企业、事业单位、人民团体等履行组织、领导、监督、管理等职责。公务主要表现为与职权相联系的公共事务以及监督、管理国有财产的职务活动。如国家机关工作人员依法履行职责，国有公司的董事、经理、监事、会计、出纳人员等管理、监督国有财产等活动，属于从事公务。那些不具备职权内容的劳务活动、技术服务工作，如售货员、售票员等所从事的工作，一般不认为是公务。

**六、关于渎职罪**

（一）渎职犯罪行为造成的公共财产重大损失的认定

根据刑法规定，玩忽职守、滥用职权等渎职犯罪是以致使公共财产、国家和人民利益遭受重大损失为构成要件的。其中，公共财产的重大损失，通常是指渎职行为已经造成的重大经济损失。在司法实践中，有以下情形之一的，虽然公共财产作为债权存在，但已无法实现债权的，可以认定为行为人的渎职行为造成了经济损失：（1）债务人已经法定程序被宣告破产；（2）债务人潜逃，去向不明；（3）因行为人责任，致使超过诉讼时效；（4）有证据证明债权无法实现的其他情况。

（二）玩忽职守罪的追诉时效

玩忽职守行为造成的重大损失当时没有发生，而是玩忽职守行为之后一定时间发生的，应从危害结果发生之日起计算玩忽职守罪的追诉期限。

（三）国有公司、企业人员渎职犯罪的法律适用

对于1999年12月24日《中华人民共和国刑法修正案》实施以前发生的国有公司、企业人员渎职行为（不包括徇私舞弊行为），尚未处理或者正在处理的，不能按照刑法修正案追究刑事责任。

（四）关于“徇私”的理解

徇私舞弊型渎职犯罪的“徇私”应理解为徇个人私情、私利。国家机关工作人员为了本单位的利益，实施滥用职权、玩忽职守行为，构成犯罪的，依照刑法第三百九十七条第一款的规定定罪处罚。

**三、最高人民法院、最高人民检察院《关于办理虚假诉讼刑事案件适用法律若干问题的解释》（节录）**（2018年9月26日　法释〔2018〕17号）

**第五条**　司法工作人员利用职权，与他人共同实施刑法第三百零七条之一前三款行为的，从重处罚；同时构成滥用职权罪，民事枉法裁判罪，执行判决、裁定滥用职权罪等犯罪的，依照处罚较重的规定定罪从重处罚。

**四、最高人民法院《关于适用〈中华人民共和国民事诉讼法〉执行程序若干问题的解释》**（2020年12月29日　法释〔2020〕21号）

为了依法及时有效地执行生效法律文书，维护当事人的合法权益，根据《中华人民共和国民事诉讼法》（以下简称民事诉讼法），结合人民法院执行工作实际，对执行程序中适用法律的若干问题作出如下解释：

**第一条**　申请执行人向被执行的财产所在地人民法院申请执行的，应当提供该人民法院辖区有可供执行财产的证明材料。

**第二条**　对两个以上人民法院都有管辖权的执行案件，人民法院在立案前发现其他有管辖权的人民法院已经立案的，不得重复立案。

立案后发现其他有管辖权的人民法院已经立案的，应当撤销案件；已经采取执行措施的，应当将控制的财产交先立案的执行法院处理。

**第三条**　人民法院受理执行申请后，当事人对管辖权有异议的，应当自收到执行通知书之日起十日内提出。

人民法院对当事人提出的异议，应当审查。异议成立的，应当撤销执行案件，并告知当事人向有管辖权的人民法院申请执行；异议不成立的，裁定驳回。当事人对裁定不服的，可以向上一级人民法院申请复议。

管辖权异议审查和复议期间，不停止执行。

**第四条** 对人民法院采取财产保全措施的案件，申请执行人向采取保全措施的人民法院以外的其他有管辖权的人民法院申请执行的，采取保全措施的人民法院应当将保全的财产交执行法院处理。

**第五条** 执行过程中，当事人、利害关系人认为执行法院的执行行为违反法律规定的，可以依照民事诉讼法第二百二十五条的规定提出异议。

执行法院审查处理执行异议，应当自收到书面异议之日起十五日内作出裁定。

**第六条** 当事人、利害关系人依照民事诉讼法第二百二十五条规定申请复议的，应当采取书面形式。

**第七条** 当事人、利害关系人申请复议的书面材料，可以通过执行法院转交，也可以直接向执行法院的上一级人民法院提交。

执行法院收到复议申请后，应当在五日内将复议所需的案卷材料报送上一级人民法院；上一级人民法院收到复议申请后，应当通知执行法院在五日内报送复议所需的案卷材料。

**第八条** 当事人、利害关系人依照民事诉讼法第二百二十五条规定申请复议的，上一级人民法院应当自收到复议申请之日起三十日内审查完毕，并作出裁定。有特殊情况需要延长的，经本院院长批准，可以延长，延长的期限不得超过三十日。

**第九条** 执行异议审查和复议期间，不停止执行。

被执行人、利害关系人提供充分、有效的担保请求停止相应处分措施的，人民法院可以准许；申请执行人提供充分、有效的担保请求继续执行的，应当继续执行。

**第十条** 依照民事诉讼法第二百二十六条的规定，有下列情形之一的，上一级人民法院可以根据申请执行人的申请，责令执行法院限期执行或者变更执行法院：

（一）债权人申请执行时被执行人有可供执行的财产，执行法院自收到申请执行书之日起超过六个月对该财产未执行完结的；

（二）执行过程中发现被执行人可供执行的财产，执行法院自发现财产之日起超过六个月对该财产未执行完结的；

（三）对法律文书确定的行为义务的执行，执行法院自收到申请执行书之日起超过六个月未依法采取相应执行措施的；

（四）其他有条件执行超过六个月未执行的。

**第十一条** 上一级人民法院依照民事诉讼法第二百二十六条规定责令执行法院限期执行的，应当向其发出督促执行令，并将有关情况书面通知申请执行人。

上一级人民法院决定由本院执行或者指令本辖区其他人民法院执行的，应当作出裁定，送达当事人并通知有关人民法院。

**第十二条** 上一级人民法院责令执行法院限期执行，执行法院在指定期间内无正当理由仍未执行完结的，上一级人民法院应当裁定由本院执行或者指令本辖区其他人民法院执行。

**第十三条** 民事诉讼法第二百二十六条规定的六个月期间，不应当计算执行中的公告期间、鉴定评估期间、管辖争议处理期间、执行争议协调期间、暂缓执行期间以及中止执行期间。

**第十四条** 案外人对执行标的主张所有权或者有其他足以阻止执行标的转让、交付的实体权利的，可以依照民事诉讼法第二百二十七条的规定，向执行法院提出异议。

**第十五条** 案外人异议审查期间，人民法院不得对执行标的进行处分。

案外人向人民法院提供充分、有效的担保请求解除对异议标的的查封、扣押、冻结的，人民法院可以准许；申请执行人提供充分、有效的担保请求继续执行的，应当继续执行。

因案外人提供担保解除查封、扣押、冻结有错误，致使该标的无法执行的，人民法院可以直接执行担保财产；申请执行人提供担保请求继续执行有错误，给对方造成损失的，应当予以赔偿。

**第十六条** 案外人执行异议之诉审理期间，人民法院不得对执行标的进行处分。申请执行人请求人民法院继续执行并提供相应担保的，人民法院可以准许。

案外人请求解除查封、扣押、冻结或者申请执行人请求继续执行有错误，给对方造成损失的，应当予以赔偿。

**第十七条** 多个债权人对同一被执行人申请执行或者对执行财产申请参与分配的，执行法院应当制作财产分配方案，并送达各债权人和被执行人。债权人或者被执行人对分配方案有异议的，应当自收到分配方案之日起十五日内向执行法院提出书面异议。

**第十八条** 债权人或者被执行人对分配方案提出书面异议的，执行法院应当通知未提出异议的债权人或被执行人。

未提出异议的债权人、被执行人收到通知之日起十五日内未提出反对意见的，执行法院依异议人的意见对分配方案审查修正后进行分配；提出反对意见的，应当通知异议人。异议人可以自收到通知之日起十五日内，以提出反对意见的债权人、被执行人为被告，向执行法院提起诉讼；异议人逾期未提起诉讼的，执行法院依原分配方案进行分配。

诉讼期间进行分配的，执行法院应当将与争议债权数额相应的款项予以提存。

**第十九条** 在申请执行时效期间的最后六个月内，因不可抗力或者其他障碍不能行使请求权的，申请执行时效中止。从中止时效的原因消除之日起，申请执行时效期间继续计算。

**第二十条** 申请执行时效因申请执行、当事人双方达成和解协议、当事人一方提出履行要求或者同意履行义务而中断。从中断时起，申请执行时效期间重新计算。

**第二十一条** 生效法律文书规定债务人负有不作为义务的，申请执行时效期间从债务人违反不作为义务之日起计算。

**第二十二条** 执行员依照民事诉讼法第二百四十条规定立即采取强制执行措施的，可以同时或者自采取强制执行措施之日起三日内发送执行通知书。

**第二十三条** 依照民事诉讼法第二百五十五条规定对被执行人限制出境的，应当由申请执行人向执行法院提出书面申请；必要时，执行法院可以依职权决定。

**第二十四条** 被执行人为单位的，可以对其法定代表人、主要负责人或者影响债务履行的直接责任人员限制出境。

被执行人为无民事行为能力人或者限制民事行为能力人的，可以对其法定代理人限制出境。

**第二十五条** 在限制出境期间，被执行人履行法律文书确定的全部债务的，执行法院应当及时解除限制出境措施；被执行人提供充分、有效的担保或者申请执行人同意的，可以解除限制出境措施。

法律适用

司法解释

第二十六条　依照民事诉讼法第二百五十五条的规定，执行法院可以依职权或者依申请执行人的申请，将被执行人不履行法律文书确定义务的信息，通过报纸、广播、电视、互联网等媒体公布。

媒体公布的有关费用，由被执行人负担；申请执行人申请在媒体公布的，应当垫付有关费用。

第二十七条　本解释施行前本院公布的司法解释与本解释不一致的，以本解释为准。

**五、最高人民法院、最高人民检察院《关于办理职务犯罪案件严格适用缓刑、免予刑事处罚若干问题的意见》**（2012 年 8 月 8 日　法发〔2012〕17 号）（略，详见本书第 16 页）

相关法律法规

**《中华人民共和国民事诉讼法》（节录）**（1991 年 4 月 9 日第七届全国人民代表大会第四次会议通过　2007 年 10 月 28 日第一次修正　2012 年 8 月 31 日第二次修正　2017 年 6 月 27 日第三次修正　2021 年 12 月 24 日第四次修正　2023 年 9 月 1 日第五次修正）

第一百零三条　人民法院对于可能因当事人一方的行为或者其他原因，使判决难以执行或者造成当事人其他损害的案件，根据对方当事人的申请，可以裁定对其财产进行保全、责令其作出一定行为或者禁止其作出一定行为；当事人没有提出申请的，人民法院在必要时也可以裁定采取保全措施。

人民法院采取保全措施，可以责令申请人提供担保，申请人不提供担保的，裁定驳回申请。

人民法院接受申请后，对情况紧急的，必须在四十八小时内作出裁定；裁定采取保全措施的，应当立即开始执行。

第一百零四条　利害关系人因情况紧急，不立即申请保全将会使其合法权益受到难以弥补的损害的，可以在提起诉讼或者申请仲裁前向被保全财产所在地、被申请人住所地或者对案件有管辖权的人民法院申请采取保全措施。申请人应当提供担保，不提供担保的，裁定驳回申请。

人民法院接受申请后，必须在四十八小时内作出裁定；裁定采取保全措施的，应当立即开始执行。

申请人在人民法院采取保全措施后三十日内不依法提起诉讼或者申请仲裁的，人民法院应当解除保全。

第一百零五条　保全限于请求的范围，或者与本案有关的财物。

第一百零六条　财产保全采取查封、扣押、冻结或者法律规定的其他方法。人民法院保全财产后，应当立即通知被保全财产的人。

财产已被查封、冻结的，不得重复查封、冻结。

第一百零七条　财产纠纷案件，被申请人提供担保的，人民法院应当裁定解除保全。

第一百零八条　申请有错误的，申请人应当赔偿被申请人因保全所遭受的损失。

第一百零九条　人民法院对下列案件，根据当事人的申请，可以裁定先予执行：

（一）追索赡养费、扶养费、抚养费、抚恤金、医疗费用的；

（二）追索劳动报酬的；

（三）因情况紧急需要先予执行的。

法律适用 相关法律法规

**第一百一十条** 人民法院裁定先予执行的，应当符合下列条件：

（一）当事人之间权利义务关系明确，不先予执行将严重影响申请人的生活或者生产经营的；

（二）被申请人有履行能力。

人民法院可以责令申请人提供担保，申请人不提供担保的，驳回申请。申请人败诉的，应当赔偿被申请人因先予执行遭受的财产损失。

**第一百一十一条** 当事人对保全或者先予执行的裁定不服的，可以申请复议一次。复议期间不停止裁定的执行。

**第二百四十七条** 发生法律效力的民事判决、裁定，当事人必须履行。一方拒绝履行的，对方当事人可以向人民法院申请执行，也可以由审判员移送执行员执行。

调解书和其他应当由人民法院执行的法律文书，当事人必须履行。一方拒绝履行的，对方当事人可以向人民法院申请执行。

**第二百四十八条** 对依法设立的仲裁机构的裁决，一方当事人不履行的，对方当事人可以向有管辖权的人民法院申请执行。受申请的人民法院应当执行。

被申请人提出证据证明仲裁裁决有下列情形之一的，经人民法院组成合议庭审查核实，裁定不予执行：

（一）当事人在合同中没有订有仲裁条款或者事后没有达成书面仲裁协议的；

（二）裁决的事项不属于仲裁协议的范围或者仲裁机构无权仲裁的；

（三）仲裁庭的组成或者仲裁的程序违反法定程序的；

（四）裁决所根据的证据是伪造的；

（五）对方当事人向仲裁机构隐瞒了足以影响公正裁决的证据的；

（六）仲裁员在仲裁该案时有贪污受贿，徇私舞弊，枉法裁决行为的。

人民法院认定执行该裁决违背社会公共利益的，裁定不予执行。

裁定书应当送达双方当事人和仲裁机构。

仲裁裁决被人民法院裁定不予执行的，当事人可以根据双方达成的书面仲裁协议重新申请仲裁，也可以向人民法院起诉。

**第二百四十九条** 对公证机关依法赋予强制执行效力的债权文书，一方当事人不履行的，对方当事人可以向有管辖权的人民法院申请执行，受申请的人民法院应当执行。

公证债权文书确有错误的，人民法院裁定不予执行，并将裁定书送达双方当事人和公证机关。

**第二百五十条** 申请执行的期间为二年。申请执行时效的中止、中断，适用法律有关诉讼时效中止、中断的规定。

前款规定的期间，从法律文书规定履行期间的最后一日起计算；法律文书规定分期履行的，从最后一期履行期限届满之日起计算；法律文书未规定履行期间的，从法律文书生效之日起计算。

**第二百五十一条** 执行员接到申请执行书或者移交执行书，应当向被执行人发出执行通知，并可以立即采取强制执行措施。

**第二百五十二条** 被执行人未按执行通知履行法律文书确定的义务，应当报告当前以及收到执行通知之日前一年的财产情况。被执行人拒绝报告或者虚假报告的，人民法院可以根据情节轻重对被执行人或者其法定代理人、有关单位的主要负责人或者直接责任人员予以罚款、拘留。

法律适用

相关法律法规

**第二百五十三条** 被执行人未按执行通知履行法律文书确定的义务，人民法院有权向有关单位查询被执行人的存款、债券、股票、基金份额等财产情况。人民法院有权根据不同情形扣押、冻结、划拨、变价被执行人的财产。人民法院查询、扣押、冻结、划拨、变价的财产不得超出被执行人应当履行义务的范围。

人民法院决定扣押、冻结、划拨、变价财产，应当作出裁定，并发出协助执行通知书，有关单位必须办理。

**第二百五十四条** 被执行人未按执行通知履行法律文书确定的义务，人民法院有权扣留、提取被执行人应当履行义务部分的收入。但应当保留被执行人及其所扶养家属的生活必需费用。

人民法院扣留、提取收入时，应当作出裁定，并发出协助执行通知书，被执行人所在单位、银行、信用合作社和其他有储蓄业务的单位必须办理。

**第二百五十五条** 被执行人未按执行通知履行法律文书确定的义务，人民法院有权查封、扣押、冻结、拍卖、变卖被执行人应当履行义务部分的财产。但应当保留被执行人及其所扶养家属的生活必需品。

采取前款措施，人民法院应当作出裁定。

**第二百五十六条** 人民法院查封、扣押财产时，被执行人是公民的，应当通知被执行人或者他的成年家属到场；被执行人是法人或者其他组织的，应当通知其法定代表人或者主要负责人到场。拒不到场的，不影响执行。被执行人是公民的，其工作单位或者财产所在地的基层组织应当派人参加。

对被查封、扣押的财产，执行员必须造具清单，由在场人签名或者盖章后，交被执行人一份。被执行人是公民的，也可以交他的成年家属一份。

**第二百五十七条** 被查封的财产，执行员可以指定被执行人负责保管。因被执行人的过错造成的损失，由被执行人承担。

**第二百五十八条** 财产被查封、扣押后，执行员应当责令被执行人在指定期间履行法律文书确定的义务。被执行人逾期不履行的，人民法院应当拍卖被查封、扣押的财产；不适于拍卖或者当事人双方同意不进行拍卖的，人民法院可以委托有关单位变卖或者自行变卖。国家禁止自由买卖的物品，交有关单位按照国家规定的价格收购。

**第二百五十九条** 被执行人不履行法律文书确定的义务，并隐匿财产的，人民法院有权发出搜查令，对被执行人及其住所或者财产隐匿地进行搜查。

采取前款措施，由院长签发搜查令。

**第二百六十条** 法律文书指定交付的财物或者票证，由执行员传唤双方当事人当面交付，或者由执行员转交，并由被交付人签收。

有关单位持有该项财物或者票证的，应当根据人民法院的协助执行通知书转交，并由被交付人签收。

有关公民持有该项财物或者票证的，人民法院通知其交出。拒不交出的，强制执行。

**第二百六十一条** 强制迁出房屋或者强制退出土地，由院长签发公告，责令被执行人在指定期间履行。被执行人逾期不履行的，由执行员强制执行。

强制执行时，被执行人是公民的，应当通知被执行人或者他的成年家属到场；被执行人是法人或者其他组织的，应当通知其法定代表人或者主要负责人到场。拒不到场的，不影响执行。被执行人是公民的，其工作单位或者房屋、土地所在地的基层组织应当派人参加。执行员应当将强制执行情况记入笔录，由在场人签名或者盖章。

法律适用

相关法律法规

强制迁出房屋被搬出的财物，由人民法院派人运至指定处所，交给被执行人。被执行人是公民的，也可以交给他的成年家属。因拒绝接收而造成的损失，由被执行人承担。

**第二百六十二条** 在执行中，需要办理有关财产权证照转移手续的，人民法院可以向有关单位发出协助执行通知书，有关单位必须办理。

**第二百六十三条** 对判决、裁定和其他法律文书指定的行为，被执行人未按执行通知履行的，人民法院可以强制执行或者委托有关单位或者其他人完成，费用由被执行人承担。

**第二百六十四条** 被执行人未按判决、裁定和其他法律文书指定的期间履行给付金钱义务的，应当加倍支付迟延履行期间的债务利息。被执行人未按判决、裁定和其他法律文书指定的期间履行其他义务的，应当支付迟延履行金。

**第二百六十五条** 人民法院采取本法第二百五十三条、第二百五十四条、第二百五十五条规定的执行措施后，被执行人仍不能偿还债务的，应当继续履行义务。债权人发现被执行人有其他财产的，可以随时请求人民法院执行。

**第二百六十六条** 被执行人不履行法律文书确定的义务的，人民法院可以对其采取或者通知有关单位协助采取限制出境，在征信系统记录、通过媒体公布不履行义务信息以及法律规定的其他措施。

**第二百六十七条** 有下列情形之一的，人民法院应当裁定中止执行：

（一）申请人表示可以延期执行的；

（二）案外人对执行标的提出确有理由的异议的；

（三）作为一方当事人的公民死亡，需要等待继承人继承权利或者承担义务的；

（四）作为一方当事人的法人或者其他组织终止，尚未确定权利义务承受人的；

（五）人民法院认为应当中止执行的其他情形。

中止的情形消失后，恢复执行。

**第二百六十八条** 有下列情形之一的，人民法院裁定终结执行：

（一）申请人撤销申请的；

（二）据以执行的法律文书被撤销的；

（三）作为被执行人的公民死亡，无遗产可供执行，又无义务承担人的；

（四）追索赡养费、扶养费、抚养费案件的权利人死亡的；

（五）作为被执行人的公民因生活困难无力偿还借款，无收入来源，又丧失劳动能力的；

（六）人民法院认为应当终结执行的其他情形。

**第二百六十九条** 中止和终结执行的裁定，送达当事人后立即生效。

# 22 执行判决、裁定滥用职权案

**概念**

**本罪是指司法工作人员在执行判决、裁定活动中，滥用职权，不依法采取诉讼保全措施、不履行法定执行职责，或者违法采取保全措施、强制执行措施，致使当事人或者其他人的利益遭受重大损失的行为。**

**立案标准**

**司法工作人员在执行判决、裁定活动中，涉嫌滥用职权，不依法采取诉讼保全措施、不履行法定执行职责，或者违法采取保全措施、强制执行措施，有下列情形之一的，应予立案：**

1. **致使当事人或者其近亲属自杀、自残造成重伤、死亡，或者精神失常的。**
2. **造成个人财产直接经济损失 10 万元以上，或者直接经济损失不满 10 万元，但间接经济损失 50 万元以上的。**
3. **造成法人或者其他组织财产直接经济损失 20 万元以上，或者直接经济损失不满 20 万元，但间接经济损失 100 万元以上的。**
4. **造成公司、企业等单位停业、停产 6 个月以上，或者破产的。**
5. **其他致使当事人或者其他人的利益遭受重大损失的情形。**

## 定罪标准

### 犯罪客体

本罪侵犯的客体是司法机关的正常执行活动。

### 犯罪客观方面

本罪在客观方面表现为在执行判决、裁定活动中滥用职权，不依法采取诉讼保全措施，不履行法定执行职责，或者违法采取保全措施、强制执行措施，致使当事人或者其他人的利益遭受重大损失。具体包括以下三个要素：

1. 行为发生在执行判决、裁定活动中。所谓执行，是指人民法院根据已经发生法律效力的裁判和其他法律文书规定，采取法律措施，强制当事人履行义务。根据全国人大常委会《关于〈中华人民共和国刑法〉第三百一十条的解释》，“人民法院的判决、裁定”，是指人民法院依法作出的具有执行内容并已发生法律效力的判决、裁定。判决，是指人民法院对当事人实体权利所作的结论性判定，既包括民事判决、刑事附带民事诉讼关于民事部分的判决以及行政判决。裁定，是人民法院为解决案件程序问题或者在案件执行过程中，就诉讼程序上的有关事项所作的判定。人民法院为依法执行支付令、生效的调解书、仲裁裁决、公证债权文书等所作的裁定也属于本罪所规定的裁定。

2. 行为人实施了滥用职权的行为。“职权”是国家机关工作人员代表国家处理公务的职责和权力；“滥用”是指胡乱地或者过度地使用。滥用职权，则是指超越职权，违法决定、处理其无权决定、处理的事项，或者违反规定处理公务。在本罪中，行为人滥用职权具体表现为：不依法采取诉讼保全措施，不履行法定执行职责，或者违法采取保全措施、强制执行措施。

<table>
<tr><td rowspan="6">定罪标准</td><td>犯罪客观方面</td><td>诉讼保全，包括证据保全和财产保全；在执行过程中的保全指的是财产保全，即人民法院在案件受理前或者诉讼过程中，为了保证判决的执行或避免财产遭受损失，对当事人的财产或争议的标的物采取的强制措施；这种强制措施是在一定期限内限制当事人对该项财产进行支配、处分，其目的是保证人民法院作出的判决能够得到顺利执行。不履行法定执行职责，是指本应根据已经发生法律效力的裁判和其他法律文书的规定，采取法律措施使当事人履行义务，但是不依法采取有关措施。我国《民事诉讼法》等法律规定了司法工作人员多种执行职责，如执行调查、委托执行、执行监督、暂缓执行、执行中止、不予执行等。违法采取保全措施、强制执行措施，主要是指违反《民事诉讼法》的有关规定和相关司法解释。<br>3. 行为致使当事人或者其他人的利益遭受重大损失。行为人的滥用职权行为与重大损失之间存在因果关系的，才能以本罪论处。所谓“重大损失”，是指有下列情形之一的：（1）致使当事人或者其近亲属自杀、自残造成重伤、死亡，或者精神失常的；（2）造成个人财产直接经济损失 10 万元以上，或者直接经济损失不满 10 万元，但间接经济损失 50 万元以上的；（3）造成法人或者其他组织财产直接经济损失 20 万元以上，或者直接经济损失不满 20 万元，但间接经济损失 100 万元以上的；（4）造成公司、企业等单位停业、停产 6 个月以上，或者破产的；（5）其他致使当事人或者其他人的利益遭受重大损失的情形。</td></tr>
<tr><td>犯罪主体</td><td>本罪是纯正的身份犯，主体是司法工作人员。</td></tr>
<tr><td>犯罪主观方面</td><td>本罪在主观方面表现为故意，即行为人明知自己滥用职权的行为会导致当事人或者其他人的利益遭受重大损失，并且希望或者放任这种结果发生。</td></tr>
<tr><td>罪与非罪</td><td>区分罪与非罪的界限，关键是要看滥用职权行为是否致使当事人或者其他人的利益遭受重大损失。如果行为人虽然有滥用职权的行为，但其行为并没有导致上述结果的，属于一般的滥用职权行为，应给予相应的行政处分，不应按犯罪论处。</td></tr>
<tr><td>一罪与数罪</td><td>实践中，行为人往往是受贿后才犯本罪的。在这种情况下，行为人实施了两个行为，构成本罪与受贿罪两罪。但由于这种情形属于理论上的牵连犯，且根据《刑法》第 399 条第 4 款的规定，对行为人不数罪并罚，依照其中处罚较重的规定定罪处罚。</td></tr>
<tr><td colspan="2"></td></tr>
<tr><td>证据参考标准</td><td>主体方面的证据</td><td>一、证明行为人刑事责任年龄、身份等自然情况的证据<br>包括身份证明、户籍证明、任职证明、工作经历证明、特定职责证明等，主要是证明行为人的姓名（曾用名）、性别、出生年月日、民族、籍贯、出生地、职业（或职务）、住所地（或居所地）等证据材料，如户口簿、居民身份证、居住证、工作证、出生证、专业或技术等级证、干部履历表、职工登记表、护照等。<br>对于户籍、出生证等材料内容不实的，应提供其他证据材料。人大代表、政协委员犯罪的案件，应注明身份，并附身份证明材料。<br>二、证明行为人刑事责任能力的证据<br>证明行为人对自己的行为是否具有辨认能力与控制能力，如是否属于间歇性精神病人、案发时是否尚未完全丧失辨认或者控制自己行为能力的证明材料。</td></tr>
</table>

<table>
<tr><td rowspan="3">证据参考标准</td><td>主观方面的证据</td><td colspan="2">证明行为人故意的证据<br>1. 证明行为人主观认识因素的证据：证明行为人明知自己的行为会发生危害社会的结果。2. 证明行为人主观意志因素的证据：证明行为人希望或者放任危害结果发生。</td></tr>
<tr><td>客观方面的证据</td><td colspan="2">证明行为人执行判决、裁定滥用职权行为的证据<br>具体证据包括：1. 证明行为人不依法采取诉讼保全措施的证据。2. 证明行为人不履行法定执行职责的证据。3. 证明行为人违法采取保全措施的证据。4. 证明行为人违法采取强制执行措施的证据。5. 证明行为人在执行判决、裁定活动中发生实施上述行为的证据。6. 证明行为致使当事人或者其他人的利益遭受重大损失的证据。7. 证明行为致使当事人或者其他人的利益遭受特别重大损失的证据。8. 证明司法工作人员收受贿赂的证据。</td></tr>
<tr><td>量刑方面的证据</td><td colspan="2">一、法定量刑情节证据<br>1. 事实情节。2. 法定从重情节。3. 法定从轻、减轻情节：（1）可以从轻；（2）可以从轻或者减轻；（3）应当从轻或者减轻。4. 法定从轻、减轻、免除情节：（1）可以从轻、减轻或者免除处罚；（2）应当从轻、减轻或者免除处罚。5. 法定减轻、免除情节：（1）可以减轻或者免除处罚；（2）应当减轻或者免除处罚；（3）可以免除处罚。<br>二、酌定量刑情节证据<br>1. 犯罪手段。2. 犯罪对象。3. 危害结果。4. 犯罪动机。5. 平时表现。6. 认罪态度。7. 是否有前科。8. 其他证据。</td></tr>
<tr><td rowspan="3">量刑标准</td><td colspan="2">犯本罪的</td><td>处五年以下有期徒刑或者拘役</td></tr>
<tr><td colspan="2">致使当事人或者其他人的利益遭受特别重大损失的</td><td>处五年以上十年以下有期徒刑</td></tr>
<tr><td>不适用缓刑或者免予刑事处罚</td><td colspan="2">1. 以下情形一般不适用缓刑或者免予刑事处罚：<br>（1）不如实供述罪行的；<br>（2）不予退缴赃款赃物或者将赃款赃物用于非法活动的；<br>（3）属于共同犯罪中情节严重的主犯的；<br>（4）犯有数个职务犯罪依法实行并罚或者以一罪处理的；<br>（5）曾因职务违纪违法行为受过行政处分的；<br>（6）犯罪涉及的财物属于救灾、抢险、防汛、优抚、扶贫、移民、救济、防疫等特定款物的；<br>（7）渎职犯罪中徇私舞弊情节或者滥用职权情节恶劣的；<br>（8）其他不应适用缓刑、免予刑事处罚的情形。<br>对于具有以上情形之一，但根据全案事实和量刑情节，检察机关认为确有必要适用缓刑或者免予刑事处罚并据此提出量刑建议的，应经检察委员会讨论决定；审理法院认为确有必要适用缓刑或者免予刑事处罚的，应经审判委员会讨论决定。<br>2. 人民法院审理职务犯罪案件时应当注意听取检察机关、被告人、辩护人提出的量刑意见，分析影响性案件案发前后的社会反映，必要时可以征求案件查办等机关的意见。对于情节恶劣、社会反映强烈的职务犯罪案件，不得适用缓刑、免予刑事处罚。</td></tr>
</table>

法律适用

刑法条文

**第三百九十九条第三款** 在执行判决、裁定活动中，严重不负责任或者滥用职权，不依法采取诉讼保全措施、不履行法定执行职责，或者违法采取诉讼保全措施、强制执行措施，致使当事人或者其他人的利益遭受重大损失的，处五年以下有期徒刑或者拘役；致使当事人或者其他人的利益遭受特别重大损失的，处五年以上十年以下有期徒刑。

**第三百九十九条第四款** 司法工作人员收受贿赂，有前三款行为的，同时又构成本法第三百八十五条规定之罪的，依照处罚较重的规定定罪处罚。

立法解释

**一、全国人民代表大会常务委员会《关于〈中华人民共和国刑法〉第九章渎职罪主体适用问题的解释》**（2002年12月28日第九届全国人民代表大会常务委员会第三十一次会议通过）

全国人大常委会根据司法实践中遇到的情况，讨论了刑法第九章渎职罪主体的适用问题，解释如下：

在依照法律、法规规定行使国家行政管理职权的组织中从事公务的人员，或者在受国家机关委托代表国家机关行使职权的组织中从事公务的人员，或者虽未列入国家机关人员编制但在国家机关中从事公务的人员，在代表国家机关行使职权时，有渎职行为，构成犯罪的，依照刑法关于渎职罪的规定追究刑事责任。

现予公告。

**二、全国人民代表大会常务委员会《关于〈中华人民共和国刑法〉第三百一十三条的解释》**（2002年8月29日第九届全国人民代表大会常务委员会第二十九次会议通过）

全国人民代表大会常务委员会讨论了刑法第三百一十三条规定的“对人民法院的判决、裁定有能力执行而拒不执行，情节严重”的含义问题，解释如下：

刑法第三百一十三条规定的“人民法院的判决、裁定”，是指人民法院依法作出的具有执行内容并已发生法律效力的判决、裁定。人民法院为依法执行支付令、生效的调解书、仲裁裁决、公证债权文书等所作的裁定属于该条规定的裁定。

下列情形属于刑法第三百一十三条规定的“有能力执行而拒不执行，情节严重”的情形：

（一）被执行人隐藏、转移、故意毁损财产或者无偿转让财产、以明显不合理的低价转让财产，致使判决、裁定无法执行的；

（二）担保人或者被执行人隐藏、转移、故意毁损或者转让已向人民法院提供担保的财产，致使判决、裁定无法执行的；

（三）协助执行义务人接到人民法院协助执行通知书后，拒不协助执行，致使判决、裁定无法执行的；

（四）被执行人、担保人、协助执行义务人与国家机关工作人员通谋，利用国家机关工作人员的职权妨害执行，致使判决、裁定无法执行的；

（五）其他有能力执行而拒不执行，情节严重的情形。

国家机关工作人员有上述第四项行为的，以拒不执行判决、裁定罪的共犯追究刑事责任。国家机关工作人员收受贿赂或者滥用职权，有上述第四项行为的，同时又构成刑法第三百八十五条、第三百九十七条规定之罪的，依照处罚较重的规定定罪处罚。

现予公告。

法律适用 司法解释

一、最高人民检察院《关于渎职侵权犯罪案件立案标准的规定》(节录) (2006年7月26日 高检发释字〔2006〕2号)

一、渎职犯罪案件

(八)执行判决、裁定滥用职权案(第三百九十九条第三款)

执行判决、裁定滥用职权罪是指司法工作人员在执行判决、裁定活动中,滥用职权,不依法采取诉讼保全措施、不履行法定执行职责,或者违法采取保全措施、强制执行措施,致使当事人或者其他人的利益遭受重大损失的行为。

涉嫌下列情形之一的,应予立案:

1. 致使当事人或者其近亲属自杀、自残造成重伤、死亡,或者精神失常的;

2. 造成个人财产直接经济损失10万元以上,或者直接经济损失不满10万元,但间接经济损失50万元以上的;

3. 造成法人或者其他组织财产直接经济损失20万元以上,或者直接经济损失不满20万元,但间接经济损失100万元以上的;

4. 造成公司、企业等单位停业、停产6个月以上,或者破产的;

5. 其他致使当事人或者其他人的利益遭受重大损失的情形。

三、附 则

(一)本规定中每个罪案名称后所注明的法律条款系《中华人民共和国刑法》的有关条款。

(二)本规定所称"以上"包括本数;有关犯罪数额"不满",是指已达到该数额百分之八十以上的。

(三)本规定中的"国家机关工作人员",是指在国家机关中从事公务的人员,包括在各级国家权力机关、行政机关、司法机关和军事机关中从事公务的人员。在依照法律、法规规定行使国家行政管理职权的组织中从事公务的人员,或者在受国家机关委托代表国家行使职权的组织中从事公务的人员,或者虽未列入国家机关人员编制但在国家机关中从事公务的人员,在代表国家机关行使职权时,视为国家机关工作人员。在乡(镇)以上中国共产党机关、人民政协机关中从事公务的人员,视为国家机关工作人员。

(四)本规定中的"直接经济损失",是指与行为有直接因果关系而造成的财产损毁、减少的实际价值;"间接经济损失",是指由直接经济损失引起和牵连的其他损失,包括失去的在正常情况下可以获得的利益和为恢复正常的管理活动或者挽回所造成的损失所支付的各种开支、费用等。

有下列情形之一的,虽然有债权存在,但已无法实现债权的,可以认定为已经造成了经济损失:(1)债务人已经法定程序被宣告破产,且无法清偿债务;(2)债务人潜逃,去向不明;(3)因行为人责任,致使超过诉讼时效;(4)有证据证明债权无法实现的其他情况。

直接经济损失和间接经济损失,是指立案时确已造成的经济损失。移送审查起诉前,犯罪嫌疑人及其亲友自行挽回的经济损失,以及由司法机关或者犯罪嫌疑人所在单位及其上级主管部门挽回的经济损失,不予扣减,但可作为对犯罪嫌疑人从轻处理的情节考虑。

（五）本规定中的“徇私舞弊”，是指国家机关工作人员为徇私情、私利，故意违背事实和法律，伪造材料，隐瞒情况，弄虚作假的行为。

（六）本规定自公布之日起施行。本规定发布前有关人民检察院直接受理立案侦查的国家机关工作人员渎职和利用职权实施的侵犯公民人身权利、民主权利犯罪案件的立案标准，与本规定有重复或者不一致的，适用本规定。

对于本规定施行前发生的国家机关工作人员渎职和利用职权实施的侵犯公民人身权利、民主权利犯罪案件，按照《最高人民法院、最高人民检察院关于适用刑事司法解释时间效力问题的规定》办理。

**二、最高人民法院《全国法院审理经济犯罪案件工作座谈会纪要》（节录）**（2003年11月13日 法发〔2003〕167号）

**一、关于贪污贿赂犯罪和渎职犯罪的主体**

（一）国家机关工作人员的认定

刑法中所称的国家机关工作人员，是指在国家机关中从事公务的人员，包括在各级国家权力机关、行政机关、司法机关和军事机关中从事公务的人员。

根据有关立法解释的规定，在依照法律、法规规定行使国家行政管理职权的组织中从事公务的人员，或者在受国家机关委托代表国家行使职权的组织中从事公务的人员，或者虽未列入国家机关人员编制但在国家机关中从事公务的人员，视为国家机关工作人员。在乡（镇）以上中国共产党机关、人民政协机关中从事公务的人员，司法实践中也应当视为国家机关工作人员。

（二）国家机关、国有公司、企业、事业单位委派到非国有公司、企业、事业单位、社会团体从事公务的人员的认定

所谓委派，即委任、派遣，其形式多种多样，如任命、指派、提名、批准等。不论被委派的人身份如何，只要是接受国家机关、国有公司、企业、事业单位委派，代表国家机关、国有公司、企业、事业单位在非国有公司、企业、事业单位、社会团体中从事组织、领导、监督、管理等工作，都可以认定为国家机关、国有公司、企业、事业单位委派到非国有公司、企业、事业单位、社会团体从事公务的人员。如国家机关、国有公司、企业、事业单位委派在国有控股或者参股的股份有限公司从事组织、领导、监督、管理等工作的人员，应当以国家工作人员论。国有公司、企业改制为股份有限公司后，原国有公司、企业的工作人员和股份有限公司新任命的人员中，除代表国有投资主体行使监督、管理职权的人外，不以国家工作人员论。

（三）“其他依照法律从事公务的人员”的认定

刑法第九十三条第二款规定的“其他依照法律从事公务的人员”应当具有两个特征：一是在特定条件下行使国家管理职能；二是依照法律规定从事公务。具体包括：（1）依法履行职责的各级人民代表大会代表；（2）依法履行审判职责的人民陪审员；（3）协助乡镇人民政府、街道办事处从事行政管理工作的村民委员会、居民委员会等农村和城市基层组织人员；（4）其他由法律授权从事公务的人员。

（四）关于“从事公务”的理解

从事公务，是指代表国家机关、国有公司、企业、事业单位、人民团体等履行组

织、领导、监督、管理等职责。公务主要表现为与职权相联系的公共事务以及监督、管理国有财产的职务活动。如国家机关工作人员依法履行职责，国有公司的董事、经理、监事、会计、出纳人员等管理、监督国有财产等活动，属于从事公务。那些不具备职权内容的劳务活动、技术服务工作，如售货员、售票员等所从事的工作，一般不认为是公务。

六、关于渎职罪

（一）渎职犯罪行为造成的公共财产重大损失的认定

根据刑法规定，玩忽职守、滥用职权等渎职犯罪是以致使公共财产、国家和人民利益遭受重大损失为构成要件的。其中，公共财产的重大损失，通常是指渎职行为已经造成的重大经济损失。在司法实践中，有以下情形之一的，虽然公共财产作为债权存在，但已无法实现债权的，可以认定为行为人的渎职行为造成了经济损失：（1）债务人已经法定程序被宣告破产；（2）债务人潜逃，去向不明；（3）因行为人责任，致使超过诉讼时效；（4）有证据证明债权无法实现的其他情况。

（二）玩忽职守罪的追诉时效

玩忽职守行为造成的重大损失当时没有发生，而是玩忽职守行为之后一定时间发生的，应从危害结果发生之日起计算玩忽职守罪的追诉期限。

（三）国有公司、企业人员渎职犯罪的法律适用

对于1999年12月24日《中华人民共和国刑法修正案》实施以前发生的国有公司、企业人员渎职行为（不包括徇私舞弊行为），尚未处理或者正在处理的，不能按照刑法修正案追究刑事责任。

（四）关于“徇私”的理解

徇私舞弊型渎职犯罪的“徇私”应理解为徇个人私情、私利。国家机关工作人员为了本单位的利益，实施滥用职权、玩忽职守行为，构成犯罪的，依照刑法第三百九十七条第一款的规定定罪处罚。

**三、最高人民法院《关于适用〈中华人民共和国民事诉讼法〉执行程序若干问题的解释》**（2020年12月29日　法释〔2020〕21号）

为了依法及时有效地执行生效法律文书，维护当事人的合法权益，根据《中华人民共和国民事诉讼法》（以下简称民事诉讼法），结合人民法院执行工作实际，对执行程序中适用法律的若干问题作出如下解释：

**第一条**　申请执行人向被执行的财产所在地人民法院申请执行的，应当提供该人民法院辖区有可供执行财产的证明材料。

**第二条**　对两个以上人民法院都有管辖权的执行案件，人民法院在立案前发现其他有管辖权的人民法院已经立案的，不得重复立案。

立案后发现其他有管辖权的人民法院已经立案的，应当撤销案件；已经采取执行措施的，应当将控制的财产交先立案的执行法院处理。

**第三条**　人民法院受理执行申请后，当事人对管辖权有异议的，应当自收到执行通知书之日起十日内提出。

人民法院对当事人提出的异议，应当审查。异议成立的，应当撤销执行案件，并告知当事人向有管辖权的人民法院申请执行；异议不成立的，裁定驳回。当事人对裁定不服的，可以向上一级人民法院申请复议。

管辖权异议审查和复议期间，不停止执行。

**第四条** 对人民法院采取财产保全措施的案件，申请执行人向采取保全措施的人民法院以外的其他有管辖权的人民法院申请执行的，采取保全措施的人民法院应当将保全的财产交执行法院处理。

**第五条** 执行过程中，当事人、利害关系人认为执行法院的执行行为违反法律规定的，可以依照民事诉讼法第二百二十五条的规定提出异议。

执行法院审查处理执行异议，应当自收到书面异议之日起十五日内作出裁定。

**第六条** 当事人、利害关系人依照民事诉讼法第二百二十五条规定申请复议的，应当采取书面形式。

**第七条** 当事人、利害关系人申请复议的书面材料，可以通过执行法院转交，也可以直接向执行法院的上一级人民法院提交。

执行法院收到复议申请后，应当在五日内将复议所需的案卷材料报送上一级人民法院；上一级人民法院收到复议申请后，应当通知执行法院在五日内报送复议所需的案卷材料。

**第八条** 当事人、利害关系人依照民事诉讼法第二百二十五条规定申请复议的，上一级人民法院应当自收到复议申请之日起三十日内审查完毕，并作出裁定。有特殊情况需要延长的，经本院院长批准，可以延长，延长的期限不得超过三十日。

**第九条** 执行异议审查和复议期间，不停止执行。

被执行人、利害关系人提供充分、有效的担保请求停止相应处分措施的，人民法院可以准许；申请执行人提供充分、有效的担保请求继续执行的，应当继续执行。

**第十条** 依照民事诉讼法第二百二十六条的规定，有下列情形之一的，上一级人民法院可以根据申请执行人的申请，责令执行法院限期执行或者变更执行法院：

（一）债权人申请执行时被执行人有可供执行的财产，执行法院自收到申请执行书之日起超过六个月对该财产未执行完结的；

（二）执行过程中发现被执行人可供执行的财产，执行法院自发现财产之日起超过六个月对该财产未执行完结的；

（三）对法律文书确定的行为义务的执行，执行法院自收到申请执行书之日起超过六个月未依法采取相应执行措施的；

（四）其他有条件执行超过六个月未执行的。

**第十一条** 上一级人民法院依照民事诉讼法第二百二十六条规定责令执行法院限期执行的，应当向其发出督促执行令，并将有关情况书面通知申请执行人。

上一级人民法院决定由本院执行或者指令本辖区其他人民法院执行的，应当作出裁定，送达当事人并通知有关人民法院。

**第十二条** 上一级人民法院责令执行法院限期执行，执行法院在指定期间内无正当理由仍未执行完结的，上一级人民法院应当裁定由本院执行或者指令本辖区其他人民法院执行。

**第十三条** 民事诉讼法第二百二十六条规定的六个月期间，不应当计算执行中的公告期间、鉴定评估期间、管辖争议处理期间、执行争议协调期间、暂缓执行期间以及中止执行期间。

**第十四条** 案外人对执行标的主张所有权或者有其他足以阻止执行标的转让、交付的实体权利的，可以依照民事诉讼法第二百二十七条的规定，向执行法院提出异议。

**第十五条** 案外人异议审查期间，人民法院不得对执行标的进行处分。

案外人向人民法院提供充分、有效的担保请求解除对异议标的的查封、扣押、冻结的，人民法院可以准许；申请执行人提供充分、有效的担保请求继续执行的，应当继续执行。

因案外人提供担保解除查封、扣押、冻结有错误，致使该标的无法执行的，人民法院可以直接执行担保财产；申请执行人提供担保请求继续执行有错误，给对方造成损失的，应当予以赔偿。

**第十六条** 案外人执行异议之诉审理期间，人民法院不得对执行标的进行处分。申请执行人请求人民法院继续执行并提供相应担保的，人民法院可以准许。

案外人请求解除查封、扣押、冻结或者申请执行人请求继续执行有错误，给对方造成损失的，应当予以赔偿。

**第十七条** 多个债权人对同一被执行人申请执行或者对执行财产申请参与分配的，执行法院应当制作财产分配方案，并送达各债权人和被执行人。债权人或者被执行人对分配方案有异议的，应当自收到分配方案之日起十五日内向执行法院提出书面异议。

**第十八条** 债权人或者被执行人对分配方案提出书面异议的，执行法院应当通知未提出异议的债权人或被执行人。

未提出异议的债权人、被执行人收到通知之日起十五日内未提出反对意见的，执行法院依异议人的意见对分配方案审查修正后进行分配；提出反对意见的，应当通知异议人。异议人可以自收到通知之日起十五日内，以提出反对意见的债权人、被执行人为被告，向执行法院提起诉讼；异议人逾期未提起诉讼的，执行法院依原分配方案进行分配。

诉讼期间进行分配的，执行法院应当将与争议债权数额相应的款项予以提存。

**第十九条** 在申请执行时效期间的最后六个月内，因不可抗力或者其他障碍不能行使请求权的，申请执行时效中止。从中止时效的原因消除之日起，申请执行时效期间继续计算。

**第二十条** 申请执行时效因申请执行、当事人双方达成和解协议、当事人一方提出履行要求或者同意履行义务而中断。从中断时起，申请执行时效期间重新计算。

**第二十一条** 生效法律文书规定债务人负有不作为义务的，申请执行时效期间从债务人违反不作为义务之日起计算。

**第二十二条** 执行员依照民事诉讼法第二百四十条规定立即采取强制执行措施的，可以同时或者自采取强制执行措施之日起三日内发送执行通知书。

**第二十三条** 依照民事诉讼法第二百五十五条规定对被执行人限制出境的，应当由申请执行人向执行法院提出书面申请；必要时，执行法院可以依职权决定。

**第二十四条** 被执行人为单位的，可以对其法定代表人、主要负责人或者影响债务履行的直接责任人员限制出境。

被执行人为无民事行为能力人或者限制民事行为能力人的，可以对其法定代理人限制出境。

**第二十五条** 在限制出境期间，被执行人履行法律文书确定的全部债务的，执行法院应当及时解除限制出境措施；被执行人提供充分、有效的担保或者申请执行人同意的，可以解除限制出境措施。

法律适用

司法解释

**第二十六条** 依照民事诉讼法第二百五十五条的规定，执行法院可以依职权或者依申请执行人的申请，将被执行人不履行法律文书确定义务的信息，通过报纸、广播、电视、互联网等媒体公布。

媒体公布的有关费用，由被执行人负担；申请执行人申请在媒体公布的，应当垫付有关费用。

**第二十七条** 本解释施行前本院公布的司法解释与本解释不一致的，以本解释为准。

**四、最高人民法院、最高人民检察院《关于办理职务犯罪案件严格适用缓刑、免予刑事处罚若干问题的意见》**（2012年8月8日 法发〔2012〕17号）（略，详见本书第16页）

相关法律法规

**《中华人民共和国民事诉讼法》（节录）**（1991年4月9日第七届全国人民代表大会第四次会议通过 2007年10月28日第一次修正 2012年8月31日第二次修正 2017年6月27日第三次修正 2021年12月24日第四次修正 2023年9月1日第五次修正）

**第一百零三条** 人民法院对于可能因当事人一方的行为或者其他原因，使判决难以执行或者造成当事人其他损害的案件，根据对方当事人的申请，可以裁定对其财产进行保全、责令其作出一定行为或者禁止其作出一定行为；当事人没有提出申请的，人民法院在必要时也可以裁定采取保全措施。

人民法院采取保全措施，可以责令申请人提供担保，申请人不提供担保的，裁定驳回申请。

人民法院接受申请后，对情况紧急的，必须在四十八小时内作出裁定；裁定采取保全措施的，应当立即开始执行。

**第一百零四条** 利害关系人因情况紧急，不立即申请保全将会使其合法权益受到难以弥补的损害的，可以在提起诉讼或者申请仲裁前向被保全财产所在地、被申请人住所地或者对案件有管辖权的人民法院申请采取保全措施。申请人应当提供担保，不提供担保的，裁定驳回申请。

人民法院接受申请后，必须在四十八小时内作出裁定；裁定采取保全措施的，应当立即开始执行。

申请人在人民法院采取保全措施后三十日内不依法提起诉讼或者申请仲裁的，人民法院应当解除保全。

**第一百零五条** 保全限于请求的范围，或者与本案有关的财物。

**第一百零六条** 财产保全采取查封、扣押、冻结或者法律规定的其他方法。人民法院保全财产后，应当立即通知被保全财产的人。

财产已被查封、冻结的，不得重复查封、冻结。

**第一百零七条** 财产纠纷案件，被申请人提供担保的，人民法院应当裁定解除保全。

**第一百零八条** 申请有错误的，申请人应当赔偿被申请人因保全所遭受的损失。

**第一百零九条** 人民法院对下列案件，根据当事人的申请，可以裁定先予执行：

（一）追索赡养费、扶养费、抚养费、抚恤金、医疗费用的；

（二）追索劳动报酬的；

（三）因情况紧急需要先予执行的。

法律适用

相关法律法规

**第一百一十条** 人民法院裁定先予执行的，应当符合下列条件：

（一）当事人之间权利义务关系明确，不先予执行将严重影响申请人的生活或者生产经营的；

（二）被申请人有履行能力。

人民法院可以责令申请人提供担保，申请人不提供担保的，驳回申请。申请人败诉的，应当赔偿被申请人因先予执行遭受的财产损失。

**第一百一十一条** 当事人对保全或者先予执行的裁定不服的，可以申请复议一次。复议期间不停止裁定的执行。

**第二百四十七条** 发生法律效力的民事判决、裁定，当事人必须履行。一方拒绝履行的，对方当事人可以向人民法院申请执行，也可以由审判员移送执行员执行。

调解书和其他应当由人民法院执行的法律文书，当事人必须履行。一方拒绝履行的，对方当事人可以向人民法院申请执行。

**第二百四十八条** 对依法设立的仲裁机构的裁决，一方当事人不履行的，对方当事人可以向有管辖权的人民法院申请执行。受申请的人民法院应当执行。

被申请人提出证据证明仲裁裁决有下列情形之一的，经人民法院组成合议庭审查核实，裁定不予执行：

（一）当事人在合同中没有订有仲裁条款或者事后没有达成书面仲裁协议的；

（二）裁决的事项不属于仲裁协议的范围或者仲裁机构无权仲裁的；

（三）仲裁庭的组成或者仲裁的程序违反法定程序的；

（四）裁决所根据的证据是伪造的；

（五）对方当事人向仲裁机构隐瞒了足以影响公正裁决的证据的；

（六）仲裁员在仲裁该案时有贪污受贿，徇私舞弊，枉法裁决行为的。

人民法院认定执行该裁决违背社会公共利益的，裁定不予执行。

裁定书应当送达双方当事人和仲裁机构。

仲裁裁决被人民法院裁定不予执行的，当事人可以根据双方达成的书面仲裁协议重新申请仲裁，也可以向人民法院起诉。

**第二百四十九条** 对公证机关依法赋予强制执行效力的债权文书，一方当事人不履行的，对方当事人可以向有管辖权的人民法院申请执行，受申请的人民法院应当执行。

公证债权文书确有错误的，人民法院裁定不予执行，并将裁定书送达双方当事人和公证机关。

**第二百五十条** 申请执行的期间为二年。申请执行时效的中止、中断，适用法律有关诉讼时效中止、中断的规定。

前款规定的期间，从法律文书规定履行期间的最后一日起计算；法律文书规定分期履行的，从最后一期履行期限届满之日起计算；法律文书未规定履行期间的，从法律文书生效之日起计算。

**第二百五十一条** 执行员接到申请执行书或者移交执行书，应当向被执行人发出执行通知，并可以立即采取强制执行措施。

**第二百五十二条** 被执行人未按执行通知履行法律文书确定的义务，应当报告当前以及收到执行通知之日前一年的财产情况。被执行人拒绝报告或者虚假报告的，人民法院可以根据情节轻重对被执行人或者其法定代理人、有关单位的主要负责人或者直接责任人员予以罚款、拘留。

**第二百五十三条** 被执行人未按执行通知履行法律文书确定的义务，人民法院有权向有关单位查询被执行人的存款、债券、股票、基金份额等财产情况。人民法院有权根据不同情形扣押、冻结、划拨、变价被执行人的财产。人民法院查询、扣押、冻结、划拨、变价的财产不得超出被执行人应当履行义务的范围。

人民法院决定扣押、冻结、划拨、变价财产，应当作出裁定，并发出协助执行通知书，有关单位必须办理。

**第二百五十四条** 被执行人未按执行通知履行法律文书确定的义务，人民法院有权扣留、提取被执行人应当履行义务部分的收入。但应当保留被执行人及其所扶养家属的生活必需费用。

人民法院扣留、提取收入时，应当作出裁定，并发出协助执行通知书，被执行人所在单位、银行、信用合作社和其他有储蓄业务的单位必须办理。

**第二百五十五条** 被执行人未按执行通知履行法律文书确定的义务，人民法院有权查封、扣押、冻结、拍卖、变卖被执行人应当履行义务部分的财产。但应当保留被执行人及其所扶养家属的生活必需品。

采取前款措施，人民法院应当作出裁定。

**第二百五十六条** 人民法院查封、扣押财产时，被执行人是公民的，应当通知被执行人或者他的成年家属到场；被执行人是法人或者其他组织的，应当通知其法定代表人或者主要负责人到场。拒不到场的，不影响执行。被执行人是公民的，其工作单位或者财产所在地的基层组织应当派人参加。

对被查封、扣押的财产，执行员必须造具清单，由在场人签名或者盖章后，交被执行人一份。被执行人是公民的，也可以交他的成年家属一份。

**第二百五十七条** 被查封的财产，执行员可以指定被执行人负责保管。因被执行人的过错造成的损失，由被执行人承担。

**第二百五十八条** 财产被查封、扣押后，执行员应当责令被执行人在指定期间履行法律文书确定的义务。被执行人逾期不履行的，人民法院应当拍卖被查封、扣押的财产；不适于拍卖或者当事人双方同意不进行拍卖的，人民法院可以委托有关单位变卖或者自行变卖。国家禁止自由买卖的物品，交有关单位按照国家规定的价格收购。

**第二百五十九条** 被执行人不履行法律文书确定的义务，并隐匿财产的，人民法院有权发出搜查令，对被执行人及其住所或者财产隐匿地进行搜查。

采取前款措施，由院长签发搜查令。

**第二百六十条** 法律文书指定交付的财物或者票证，由执行员传唤双方当事人当面交付，或者由执行员转交，并由被交付人签收。

有关单位持有该项财物或者票证的，应当根据人民法院的协助执行通知书转交，并由被交付人签收。

有关公民持有该项财物或者票证的，人民法院通知其交出。拒不交出的，强制执行。

**第二百六十一条** 强制迁出房屋或者强制退出土地，由院长签发公告，责令被执行人在指定期间履行。被执行人逾期不履行的，由执行员强制执行。

强制执行时，被执行人是公民的，应当通知被执行人或者他的成年家属到场；被执行人是法人或者其他组织的，应当通知其法定代表人或者主要负责人到场。拒不到场的，不影响执行。被执行人是公民的，其工作单位或者房屋、土地所在地的基层组织应当派人参加。执行员应当将强制执行情况记入笔录，由在场人签名或者盖章。

法律适用

相关法律法规

强制迁出房屋被搬出的财物，由人民法院派人运至指定处所，交给被执行人。被执行人是公民的，也可以交给他的成年家属。因拒绝接收而造成的损失，由被执行人承担。

**第二百六十二条** 在执行中，需要办理有关财产权证照转移手续的，人民法院可以向有关单位发出协助执行通知书，有关单位必须办理。

**第二百六十三条** 对判决、裁定和其他法律文书指定的行为，被执行人未按执行通知履行的，人民法院可以强制执行或者委托有关单位或者其他人完成，费用由被执行人承担。

**第二百六十四条** 被执行人未按判决、裁定和其他法律文书指定的期间履行给付金钱义务的，应当加倍支付迟延履行期间的债务利息。被执行人未按判决、裁定和其他法律文书指定的期间履行其他义务的，应当支付迟延履行金。

**第二百六十五条** 人民法院采取本法第二百五十三条、第二百五十四条、第二百五十五条规定的执行措施后，被执行人仍不能偿还债务的，应当继续履行义务。债权人发现被执行人有其他财产的，可以随时请求人民法院执行。

**第二百六十六条** 被执行人不履行法律文书确定的义务的，人民法院可以对其采取或者通知有关单位协助采取限制出境，在征信系统记录、通过媒体公布不履行义务信息以及法律规定的其他措施。

**第二百六十七条** 有下列情形之一的，人民法院应当裁定中止执行：

（一）申请人表示可以延期执行的；

（二）案外人对执行标的提出确有理由的异议的；

（三）作为一方当事人的公民死亡，需要等待继承人继承权利或者承担义务的；

（四）作为一方当事人的法人或者其他组织终止，尚未确定权利义务承受人的；

（五）人民法院认为应当中止执行的其他情形。

中止的情形消失后，恢复执行。

**第二百六十八条** 有下列情形之一的，人民法院裁定终结执行：

（一）申请人撤销申请的；

（二）据以执行的法律文书被撤销的；

（三）作为被执行人的公民死亡，无遗产可供执行，又无义务承担人的；

（四）追索赡养费、扶养费、抚养费案件的权利人死亡的；

（五）作为被执行人的公民因生活困难无力偿还借款，无收入来源，又丧失劳动能力的；

（六）人民法院认为应当终结执行的其他情形。

**第二百六十九条** 中止和终结执行的裁定，送达当事人后立即生效。

# 23 枉法仲裁案

**概念** **本罪是指依法承担仲裁职责的人员，在仲裁活动中故意违背事实和法律作枉法裁决，情节严重的行为。**

**立案标准** **依法承担仲裁职责的人员，在仲裁活动中涉嫌故意违背事实和法律作枉法裁决，情节严重的，应予立案。**

## 定罪标准

### 犯罪客体

本罪侵犯的客体是仲裁机构正常的仲裁活动和仲裁当事人的合法权益。仲裁是指发生争议的双方当事人，根据其在争议发生前或者争议发生后达成的协议，或者根据法律规定，将其争议提交中立的第三者进行裁决的争议解决制度和方式。

### 犯罪客观方面

本罪在客观方面表现为在仲裁活动中故意违背事实和法律作枉法裁决，情节严重的行为。具体包括以下几个要素：

1. 裁决行为发生在仲裁活动中。仲裁是指发生争议的双方当事人，根据其在争议发生前或者争议发生后达成的协议，或者根据法律规定，将其争议提交中立的第三者进行裁决的争议解决制度和方式。仲裁活动，是指依照《仲裁法》等法律法规设置的仲裁机构，根据相关实体法及程序法的规定，对争议进行裁决并作出具有法律约束力的裁决的活动。民间自行组织的机构对相关争议作出裁决，不属于本罪中的裁决活动。

2. 实行行为是枉法裁决，即违背事实和法律作枉法裁决。违背事实，是指明知存在某种事实而认定为不存在；或者明知某种情况不存在而认定存在某种情况。一般表现为：对证据明显不足或没有证据的主张予以支持；对有充分证据证明的事实不予认定；捏造、变造、毁灭证据，歪曲事实等。违背法律，即曲解、滥用法律，包括实体性的法律，也包括程序性的法律。一般表现为：违反法律的真实含义进行裁决；违反法律目的滥用法律进行裁决；在涉外裁决时，故意对某一法律作错误翻译；等等。枉法裁决，是指依照事实和法律本应判决当事人胜诉或败诉的，行为人却故意颠倒黑白地裁定该当事人败诉或胜诉，或者本应承担较重民事责任的当事人违法裁定减轻其责任，对本应承担较轻民事责任的当事人违法裁定加重其责任等。

3. 枉法裁决达到情节严重的程度。“情节严重”一般是指致使当事人或者其近亲属自杀、自残造成重伤、死亡，或者精神失常；致使公民、组织财产重大损失；伪造、变造有关材料、证据，制造假案枉法裁决；串通当事人制造伪证，毁灭证据或者篡改笔录而枉法裁决；以及其他情节严重的情形。

### 犯罪主体

本罪是纯正的身份犯，主体是承担仲裁职责的人员，即在各种仲裁机构行使仲裁权的人员。

| | | |
|---|---|---|
| 定罪标准 | 犯罪主观方面 | 本罪在主观方面表现为故意，即明知自己枉法裁决行为会损害仲裁机构正常的仲裁活动和仲裁当事人的合法权益，希望或者放任这种结果发生。 |
| | 罪与非罪 | 区分罪与非罪的界限，关键要看枉法裁决行为是否达到情节严重的程度，情节不严重的枉法裁决行为不构成本罪。 |
| 证据参考标准 | 主体方面的证据 | **一、证明行为人刑事责任年龄、身份等自然情况的证据**<br>包括身份证明、户籍证明、任职证明、工作经历证明、特定职责证明等，主要是证明行为人的姓名（曾用名）、性别、出生年月日、民族、籍贯、出生地、职业（或职务）、住所地（或居所地）等证据材料，如户口簿、居民身份证、居住证、工作证、出生证、专业或技术等级证、干部履历表、职工登记表、护照等。<br>对于户籍、出生证等材料内容不实的，应提供其他证据材料。外国人犯罪的案件，应有护照等身份证明材料。人大代表、政协委员犯罪的案件，应注明身份，并附身份证明材料。<br>**二、证明行为人刑事责任能力的证据**<br>证明行为人对自己的行为是否具有辨认能力与控制能力，如是否属于间歇性精神病人、案发时是否尚未完全丧失辨认或者控制自己行为能力的证明材料。 |
| | 主观方面的证据 | **证明行为人故意的证据**<br>1. 证明行为人主观认识因素的证据：证明行为人明知自己的行为会发生危害社会的结果。2. 证明行为人主观意志因素的证据：证明行为人希望或者放任危害结果发生。 |
| | 客观方面的证据 | **证明行为人枉法仲裁行为的证据**<br>具体证据包括：1. 证明仲裁活动的证据。2. 证明行为违背事实的证据。3. 证明裁决行为违背法律的证据。4. 证明枉法裁决的证据。5. 证明情节严重的证据。6. 证明情节特别严重的证据。 |
| | 量刑方面的证据 | **一、法定量刑情节证据**<br>1. 事实情节。2. 法定从重情节。3. 法定从轻、减轻情节：（1）可以从轻；（2）可以从轻或者减轻；（3）应当从轻或者减轻。4. 法定从轻、减轻、免除情节：（1）可以从轻、减轻或者免除处罚；（2）应当从轻、减轻或者免除处罚。5. 法定减轻、免除情节：（1）可以减轻或者免除处罚；（2）应当减轻或者免除处罚；（3）可以免除处罚。<br>**二、酌定量刑情节证据**<br>1. 犯罪手段。2. 犯罪对象。3. 危害结果。4. 犯罪动机。5. 平时表现。6. 认罪态度。7. 是否有前科。8. 其他证据。 |

<table>
<tr><td rowspan="3">量刑标准</td><td colspan="2">犯本罪的</td><td>处三年以下有期徒刑或者拘役</td></tr>
<tr><td colspan="2">情节特别严重的</td><td>处三年以上七年以下有期徒刑</td></tr>
<tr><td colspan="2">不适用缓刑或者免予刑事处罚</td><td>1. 以下情形一般不适用缓刑或者免予刑事处罚：<br>（1）不如实供述罪行的；<br>（2）不予退缴赃款赃物或者将赃款赃物用于非法活动的；<br>（3）属于共同犯罪中情节严重的主犯的；<br>（4）犯有数个职务犯罪依法实行并罚或者以一罪处理的；<br>（5）曾因职务违纪违法行为受过行政处分的；<br>（6）犯罪涉及的财物属于救灾、抢险、防汛、优抚、扶贫、移民、救济、防疫等特定款物的；<br>（7）渎职犯罪中徇私舞弊情节或者滥用职权情节恶劣的；<br>（8）其他不应适用缓刑、免予刑事处罚的情形。<br>对于具有以上情形之一，但根据全案事实和量刑情节，检察机关认为确有必要适用缓刑或者免予刑事处罚并据此提出量刑建议的，应经检察委员会讨论决定；审理法院认为确有必要适用缓刑或者免予刑事处罚的，应经审判委员会讨论决定。<br>2. 人民法院审理职务犯罪案件时应当注意听取检察机关、被告人、辩护人提出的量刑意见，分析影响性案件案发前后的社会反映，必要时可以征求案件查办等机关的意见。对于情节恶劣、社会反映强烈的职务犯罪案件，不得适用缓刑、免予刑事处罚。</td></tr>
<tr><td rowspan="3">法律适用</td><td>刑法条文</td><td colspan="2">第三百九十九条之一　依法承担仲裁职责的人员，在仲裁活动中故意违背事实和法律作枉法裁决，情节严重的，处三年以下有期徒刑或者拘役；情节特别严重的，处三年以上七年以下有期徒刑。</td></tr>
<tr><td>立法解释</td><td colspan="2">全国人民代表大会常务委员会《关于〈中华人民共和国刑法〉第九章渎职罪主体适用问题的解释》（2002 年 12 月 28 日第九届全国人民代表大会常务委员会第三十一次会议通过）<br>全国人大常委会根据司法实践中遇到的情况，讨论了刑法第九章渎职罪主体的适用问题，解释如下：<br>在依照法律、法规规定行使国家行政管理职权的组织中从事公务的人员，或者在受国家机关委托代表国家机关行使职权的组织中从事公务的人员，或者虽未列入国家机关人员编制但在国家机关中从事公务的人员，在代表国家机关行使职权时，有渎职行为，构成犯罪的，依照刑法关于渎职罪的规定追究刑事责任。<br>现予公告。</td></tr>
<tr><td>司法解释</td><td colspan="2">最高人民法院、最高人民检察院《关于办理职务犯罪案件严格适用缓刑、免予刑事处罚若干问题的意见》（2012 年 8 月 8 日　法发〔2012〕17 号）（略，详见本书第 16 页）</td></tr>
</table>

法律适用

相关法律法规

**《中华人民共和国仲裁法》（节录）**（1994 年 8 月 31 日第八届全国人民代表大会常务委员会第九次会议通过 2009 年 8 月 27 日第一次修正 2017 年 9 月 1 日第二次修正）

**第五十八条** 当事人提出证据证明裁决有下列情形之一的，可以向仲裁委员会所在地的中级人民法院申请撤销裁决：

（一）没有仲裁协议的；

（二）裁决的事项不属于仲裁协议的范围或者仲裁委员会无权仲裁的；

（三）仲裁庭的组成或者仲裁的程序违反法定程序的；

（四）裁决所根据的证据是伪造的；

（五）对方当事人隐瞒了足以影响公正裁决的证据的；

（六）仲裁员在仲裁该案时有索贿受贿，徇私舞弊，枉法裁决行为的。

人民法院经组成合议庭审查核实裁决有前款规定情形之一的，应当裁定撤销。

人民法院认定该裁决违背社会公共利益的，应当裁定撤销。

# 24 私放在押人员案

## 概念

本罪是指司法工作人员利用职务上的便利，私放在押的犯罪嫌疑人、被告人或者罪犯的行为。

## 立案标准

司法工作人员涉嫌私放在押（包括在羁押场所和押解途中）的犯罪嫌疑人、被告人或者罪犯，有下列情形之一的，应予立案：

1. 私自将在押的犯罪嫌疑人、被告人、罪犯放走，或者授意、指使、强迫他人将在押的犯罪嫌疑人、被告人、罪犯放走的。
2. 伪造、变造有关法律文书、证明材料，以使在押的犯罪嫌疑人、被告人、罪犯逃跑或者被释放的。
3. 为私放在押的犯罪嫌疑人、被告人、罪犯，故意向其通风报信、提供条件，致使该在押的犯罪嫌疑人、被告人、罪犯脱逃的。
4. 其他私放在押的犯罪嫌疑人、被告人、罪犯应予追究刑事责任的情形。

| 定罪标准 | | |
|---|---|---|
| | 犯罪客体 | 本罪侵犯的客体是司法工作人员的监管职责和监管场所的正常监管秩序。 |
| | 犯罪客观方面 | 本罪在客观方面表现为私放在押的犯罪嫌疑人、被告人或者罪犯的行为。所谓私放，是指行为人利用职务便利，即利用其管教、看守、押解、拘留、逮捕、提审或者主管等职权或职责范围内的便利条件，非法将犯罪嫌疑人、被告人或者罪犯放走。既包括行为人亲自私放，也包括授意、指使、强迫他人私放，还可以是通过伪造、变造有关法律文书、证明材料使在押人员逃跑或者被释放，等等。如果行为人没有利用职务上的便利，而是利用熟悉环境、了解内情，与在押人员勾结将其放走致其脱逃的，应以脱逃罪的共犯论处。其表现形式可以是作为，也可以是不作为，如监所看守人员故意打开监所门让在押人员逃走，或者眼见在押人员从监所逃出，而故意不去追捕而致其逃脱等。本罪的对象是在押人员，即在押的犯罪嫌疑人、被告人或者罪犯。所谓在押的犯罪嫌疑人、被告人或者罪犯，是指已经被缉拿归案并被羁押于监所的犯罪嫌疑人、被提起公诉的被告人及已被审判终结的犯罪分子。这里，监所应作广义理解，既指监狱、看守所，也指一切关押犯罪嫌疑人、被告人或者罪犯的地方，还包括押解犯罪嫌疑人、被告人或者罪犯的途中以及对犯罪分子行刑的场所。如果私放的是被行政拘留、司法拘留的人员，则不成立本罪。 |
| | 犯罪主体 | 本罪是纯正的身份犯，主体是司法工作人员。<br>《关于工人等非监管机关在编监管人员私放在押人员行为和失职致使在押人员脱逃行为适用法律问题的解释》规定，工人等非监管机关在编监管人员在被监管机关聘用受委托履行监管职责的过程中私放在押人员的，应依《刑法》第 400 条第 1 款规定，以私放在押人员罪追究刑事责任。 |

| | | |
|---|---|---|
| 定罪标准 | 犯罪主观方面 | 本罪在主观方面表现为故意，即明知是在押的犯罪嫌疑人、被告人或者罪犯，明知自己的行为会使前述人员逃离监管，并且希望或者放任这种结果发生。 |
| | 罪与非罪 | 区分罪与非罪的界限，关键要看行为人是否实施了利用职务便利私放在押人员的行为。 |
| | 既遂标准 | 本罪的既遂标准是被私放的人员脱离了监管机关和监管人员的控制。但在司法实践中，应该结合个案作具体的判断：（1）押解途中私放在押人员的，如果被私放者已经逃离至不能被及时抓获的地方，则构成本罪的既遂；但如果被私放者虽然已经逃离但未来得及走远就被及时抓获，构成本罪的未遂。（2）在设置警戒线的场所私放在押人员的，被私放者超越警戒线的，行为人构成本罪的既遂；在押人员虽已逃离但没超越警戒线就被抓获的，行为人构成本罪的未遂。（3）在没有设置警戒线的场所私放在押人员的，若在押人员已经实际脱离监管人员控制范围的，行为人构成本罪的既遂。 |
| | 此罪与彼罪 | 本罪与司法工作人员帮助在押人员脱逃行为的界限。本罪的成立，要求行为人利用了职务便利。如果行为人没有利用职务便利，而是利用熟悉环境、了解内情，与在押人员勾结将其放走致其脱逃的，应以脱逃罪的共犯论处。 |
| 证据参考标准 | 主体方面的证据 | **一、证明行为人刑事责任年龄、身份等自然情况的证据**<br>包括身份证明、户籍证明、任职证明、工作经历证明、特定职责证明等，主要是证明行为人的姓名（曾用名）、性别、出生年月日、民族、籍贯、出生地、职业（或职务）、住所地（或居所地）等证据材料，如户口簿、居民身份证、居住证、工作证、出生证、专业或技术等级证、干部履历表、职工登记表、护照等。<br>对于户籍、出生证等材料内容不实的，应提供其他证据材料。人大代表、政协委员犯罪的案件，应注明身份，并附身份证明材料。<br>**二、证明行为人刑事责任能力的证据**<br>证明行为人对自己的行为是否具有辨认能力与控制能力，如是否属于间歇性精神病人、案发时是否尚未完全丧失辨认或者控制自己行为能力的证明材料。 |
| | 主观方面的证据 | **证明行为人故意的证据**<br>1. 证明行为人主观认识因素的证据：证明行为人明知自己的行为会发生危害社会的结果。2. 证明行为人主观意志因素的证据：证明行为人希望或者放任危害结果发生。 |
| | 客观方面的证据 | **证明行为人私放在押人员的证据**<br>具体证据包括：1. 证明私放在押的犯罪嫌疑人的证据。2. 证明私放在押的被告人的证据。3. 证明私放在押的罪犯的证据。4. 证明私放行为利用了行为人之职务便利的证据。5. 证明情节严重的证据。6. 证明情节特别严重的证据。 |

## 证据参考标准

### 量刑方面的证据

**一、法定量刑情节证据**

1. 事实情节。2. 法定从重情节。3. 法定从轻、减轻情节：（1）可以从轻；（2）可以从轻或者减轻；（3）应当从轻或者减轻。4. 法定从轻、减轻、免除情节：（1）可以从轻、减轻或者免除处罚；（2）应当从轻、减轻或者免除处罚。5. 法定减轻、免除情节：（1）可以减轻或者免除处罚；（2）应当减轻或者免除处罚；（3）可以免除处罚。

**二、酌定量刑情节证据**

1. 犯罪手段。2. 犯罪对象：（1）犯罪嫌疑人；（2）被告人；（3）罪犯。3. 危害结果。4. 犯罪动机。5. 平时表现。6. 认罪态度。7. 是否有前科。8. 其他证据。

## 量刑标准

|  |  |
|---|---|
| 犯本罪的 | 处五年以下有期徒刑或者拘役 |
| 情节严重的 | 处五年以上十年以下有期徒刑 |
| 情节特别严重的 | 处十年以上有期徒刑 |

### 不适用缓刑或者免予刑事处罚

1. 以下情形一般不适用缓刑或者免予刑事处罚：

（1）不如实供述罪行的；

（2）不予退缴赃款赃物或者将赃款赃物用于非法活动的；

（3）属于共同犯罪中情节严重的主犯的；

（4）犯有数个职务犯罪依法实行并罚或者以一罪处理的；

（5）曾因职务违纪违法行为受过行政处分的；

（6）犯罪涉及的财物属于救灾、抢险、防汛、优抚、扶贫、移民、救济、防疫等特定款物的；

（7）渎职犯罪中徇私舞弊情节或者滥用职权情节恶劣的；

（8）其他不应适用缓刑、免予刑事处罚的情形。

对于具有以上情形之一，但根据全案事实和量刑情节，检察机关认为确有必要适用缓刑或者免予刑事处罚并据此提出量刑建议的，应经检察委员会讨论决定；审理法院认为确有必要适用缓刑或者免予刑事处罚的，应经审判委员会讨论决定。

2. 人民法院审理职务犯罪案件时应当注意听取检察机关、被告人、辩护人提出的量刑意见，分析影响性案件案发前后的社会反映，必要时可以征求案件查办等机关的意见。对于情节恶劣、社会反映强烈的职务犯罪案件，不得适用缓刑、免予刑事处罚。

## 法律适用

### 刑法条文

**第四百条第一款** 司法工作人员私放在押的犯罪嫌疑人、被告人或者罪犯的，处五年以下有期徒刑或者拘役；情节严重的，处五年以上十年以下有期徒刑；情节特别严重的，处十年以上有期徒刑。

**第九十四条** 本法所称司法工作人员，是指有侦查、检察、审判、监管职责的工作人员。

### 立法解释

**全国人民代表大会常务委员会《关于〈中华人民共和国刑法〉第九章渎职罪主体适用问题的解释》**（2002年12月28日第九届全国人民代表大会常务委员会第三十一次会议通过）

全国人大常委会根据司法实践中遇到的情况，讨论了刑法第九章渎职罪主体的适用问题，解释如下：

立法解释

在依照法律、法规规定行使国家行政管理职权的组织中从事公务的人员，或者在受国家机关委托代表国家机关行使职权的组织中从事公务的人员，或者虽未列入国家机关人员编制但在国家机关中从事公务的人员，在代表国家机关行使职权时，有渎职行为，构成犯罪的，依照刑法关于渎职罪的规定追究刑事责任。

现予公告。

法律适用 司法解释

**一、最高人民检察院《关于渎职侵权犯罪案件立案标准的规定》（节录）**（2006年7月26日 高检发释字〔2006〕2号）

**一、渎职犯罪案件**

（九）私放在押人员案（第四百条第一款）

私放在押人员罪是指司法工作人员私放在押（包括在羁押场所和押解途中）的犯罪嫌疑人、被告人或者罪犯的行为。

涉嫌下列情形之一的，应予立案：

1. 私自将在押的犯罪嫌疑人、被告人、罪犯放走，或者授意、指使、强迫他人将在押的犯罪嫌疑人、被告人、罪犯放走的；

2. 伪造、变造有关法律文书、证明材料，以使在押的犯罪嫌疑人、被告人、罪犯逃跑或者被释放的；

3. 为私放在押的犯罪嫌疑人、被告人、罪犯，故意向其通风报信、提供条件，致使该在押的犯罪嫌疑人、被告人、罪犯脱逃的；

4. 其他私放在押的犯罪嫌疑人、被告人、罪犯应予追究刑事责任的情形。

**三、附 则**

（一）本规定中每个罪案名称后所注明的法律条款系《中华人民共和国刑法》的有关条款。

（二）本规定所称“以上”包括本数；有关犯罪数额“不满”，是指已达到该数额百分之八十以上的。

（三）本规定中的“国家机关工作人员”，是指在国家机关中从事公务的人员，包括在各级国家权力机关、行政机关、司法机关和军事机关中从事公务的人员。在依照法律、法规规定行使国家行政管理职权的组织中从事公务的人员，或者在受国家机关委托代表国家行使职权的组织中从事公务的人员，或者虽未列入国家机关人员编制但在国家机关中从事公务的人员，在代表国家机关行使职权时，视为国家机关工作人员。在乡（镇）以上中国共产党机关、人民政协机关中从事公务的人员，视为国家机关工作人员。

（四）本规定中的“直接经济损失”，是指与行为有直接因果关系而造成的财产损毁、减少的实际价值；“间接经济损失”，是指由直接经济损失引起和牵连的其他损失，包括失去的在正常情况下可以获得的利益和为恢复正常的管理活动或者挽回所造成的损失所支付的各种开支、费用等。

有下列情形之一的，虽然有债权存在，但已无法实现债权的，可以认定为已经造成了经济损失：（1）债务人已经法定程序被宣告破产，且无法清偿债务；（2）债务人潜逃，去向不明；（3）因行为人责任，致使超过诉讼时效；（4）有证据证明债权无法实现的其他情况。

直接经济损失和间接经济损失，是指立案时确已造成的经济损失。移送审查起诉前，犯罪嫌疑人及其亲友自行挽回的经济损失，以及由司法机关或者犯罪嫌疑人所在单位及其上级主管部门挽回的经济损失，不予扣减，但可作为对犯罪嫌疑人从轻处理的情节考虑。

法律适用

司法解释

（五）本规定中的“徇私舞弊”，是指国家机关工作人员为徇私情、私利，故意违背事实和法律，伪造材料，隐瞒情况，弄虚作假的行为。

（六）本规定自公布之日起施行。本规定发布前有关人民检察院直接受理立案侦查的国家机关工作人员渎职和利用职权实施的侵犯公民人身权利、民主权利犯罪案件的立案标准，与本规定有重复或者不一致的，适用本规定。

对于本规定施行前发生的国家机关工作人员渎职和利用职权实施的侵犯公民人身权利、民主权利犯罪案件，按照《最高人民法院、最高人民检察院关于适用刑事司法解释时间效力问题的规定》办理。

**二、最高人民检察院《关于工人等非监管机关在编监管人员私放在押人员行为和失职致使在押人员脱逃行为适用法律问题的解释》**（2001年3月2日　高检发释字〔2001〕2号）

为依法办理私放在押人员犯罪案件和失职致使在押人员脱逃犯罪案件，对工人等非监管机关在编监管人员私放在押人员行为和失职致使在押人员脱逃行为如何适用法律问题解释如下：

工人等非监管机关在编监管人员在被监管机关聘用受委托履行监管职责的过程中私放在押人员的，应当依照刑法第四百条第一款的规定，以私放在押人员罪追究刑事责任；由于严重不负责任，致使在押人员脱逃，造成严重后果的，应当依照刑法第四百条第二款的规定，以失职致使在押人员脱逃罪追究刑事责任。

**三、最高人民法院、最高人民检察院《关于办理职务犯罪案件严格适用缓刑、免予刑事处罚若干问题的意见》**（2012年8月8日　法发〔2012〕17号）（略，详见本书第16页）

相关法律法规

**《中华人民共和国监狱法》（节录）**（1994年12月29日第八届全国人民代表大会常务委员会第十一次会议通过　2012年10月26日修正）

**第四十一条**　监狱的武装警戒由人民武装警察部队负责，具体办法由国务院、中央军事委员会规定。

**第四十二条**　监狱发现在押罪犯脱逃，应当即时将其抓获，不能即时抓获的，应当立即通知公安机关，由公安机关负责追捕，监狱密切配合。

# 25 失职致使在押人员脱逃案

**概念**

**本罪是指司法工作人员由于严重不负责任，不履行或者不认真履行职责，致使在押（包括在羁押场所和押解途中）的犯罪嫌疑人、被告人、罪犯脱逃，造成严重后果的行为。**

**立案标准**

**司法工作人员涉嫌严重不负责任，不履行或者不认真履行职责，致使在押（包括在羁押场所和押解途中）的犯罪嫌疑人、被告人、罪犯脱逃，有下列情形之一的，应予立案：**

**1. 致使依法可能判处或者已经判处 10 年以上有期徒刑、无期徒刑、死刑的犯罪嫌疑人、被告人、罪犯脱逃的。**

**2. 致使犯罪嫌疑人、被告人、罪犯脱逃 3 人次以上的。**

**3. 犯罪嫌疑人、被告人、罪犯脱逃以后，打击报复报案人、控告人、举报人、被害人、证人和司法工作人员等，或者继续犯罪的。**

**4. 其他致使在押的犯罪嫌疑人、被告人、罪犯脱逃，造成严重后果的情形。**

| 定罪标准 | | |
|---|---|---|
| | 犯罪客体 | 本罪侵犯的客体是司法工作人员的监管职责和监管场所的正常监管秩序。 |
| | 犯罪客观方面 | 本罪在客观方面表现为严重不负责任，不履行或者不认真履行职责，致使在押（包括在羁押场所和押解途中）的犯罪嫌疑人、被告人、罪犯脱逃，造成严重后果的行为。具体要注意以下三点：<br>1. 本罪的对象是在押人员，即在押的犯罪嫌疑人、被告人或者罪犯。所谓在押的犯罪嫌疑人、被告人或者罪犯，是指已经被缉拿归案并被羁押于监所的犯罪嫌疑人、被提起公诉的被告人及已被审判终结的犯罪分子。这里，监所应作广义理解，既指监狱、看守所，也指一切关押犯罪嫌疑人、被告人或者罪犯的地方，还包括押解犯罪嫌疑人、被告人或者罪犯的途中以及对犯罪分子行刑的场所。<br>2. 本罪的行为是严重不负责任，不履行或者不认真履行职责。不履行职责，包括在岗不履行职责与擅离职守两种类型。不认真履行，是指不正确地履行职责，即形式上具有履行职责的行动，但是没有完全按照职责要求做，以致造成严重后果。例如，发现在押人员有脱逃迹象，不及时采取有效的防范措施；在押人员脱逃时，不及时组织、进行追捕。<br>3. 本罪的结果是在押的犯罪嫌疑人、被告人、罪犯脱逃，并造成严重后果。严重后果，是指以下情形之一的：（1）致使依法可能判处或者已经判处 10 年以上有期徒刑、无期徒刑、死刑的犯罪嫌疑人、被告人、罪犯脱逃的；（2）致使犯罪嫌疑人、被告人、罪犯脱逃 3 人次以上的；（3）犯罪嫌疑人、被告人、罪犯脱逃以后，打击报复报案人、控告人、举报人、被害人、证人和司法工作人员等，或者继续犯罪的；（4）其他致使在押的犯罪嫌疑人、被告人、罪犯脱逃，造成严重后果的情形。 |

<table>
<tr><td rowspan="3">定罪标准</td><td>犯罪主体</td><td>本罪是纯正的身份犯，主体是司法工作人员。本罪的司法工作人员，主要是指公安机关、国家安全机关、检察机关、审判机关、狱政管理机关等的工作人员，还包括执行监所看守任务的武警人员。非司法工作人员不能独立成为本罪主体，但帮助司法工作人员私放在押人员的，可成为本罪共犯。另外，根据《关于工人等非监管机关在编监管人员私放在押人员行为和失职致使在押人员脱逃行为适用法律问题的解释》的规定，工人等非监管机关在编监管人员在被监管机关聘用受委托履行监管职责的过程中，由于严重不负责任，致使在押人员脱逃，造成严重后果的，应依《刑法》第400条第2款规定，以失职致使在押人员脱逃罪追究刑事责任。</td></tr>
<tr><td>犯罪主观方面</td><td>本罪在主观方面表现为过失，即对自己失职行为可能致使在押人员脱逃，造成严重后果应当预见而没有预见，或者已经预见而轻信能够避免。但行为人对违反工作纪律和规章制度，以及对自己的作为或者不作为，可能是明知故犯。</td></tr>
<tr><td>罪与非罪</td><td>区分罪与非罪的界限，关键要看行为人是否不履行或者不认真履行职责，以及是否造成严重后果。在押人员虽然脱逃但行为人没有失职的，不构成本罪；虽然行为人的失职行为致使在押人员脱逃，但没有造成严重后果的，也不构成本罪。</td></tr>
<tr><td rowspan="3">证据参考标准</td><td>主体方面的证据</td><td>一、证明行为人刑事责任年龄、身份等自然情况的证据<br>包括身份证明、户籍证明、任职证明、工作经历证明、特定职责证明等，主要是证明行为人的姓名（曾用名）、性别、出生年月日、民族、籍贯、出生地、职业（或职务）、住所地（或居所地）等证据材料，如户口簿、居民身份证、居住证、工作证、出生证、专业或技术等级证、干部履历表、职工登记表、护照等。<br>对于户籍、出生证等材料内容不实的，应提供其他证据材料。人大代表、政协委员犯罪的案件，应注明身份，并附身份证明材料。<br>二、证明行为人刑事责任能力的证据<br>证明行为人对自己的行为是否具有辨认能力与控制能力，如是否属于间歇性精神病人、案发时是否尚未完全丧失辨认或者控制自己行为能力的证明材料。</td></tr>
<tr><td>主观方面的证据</td><td>证明行为人过失的证据<br>1. 证明行为人疏忽大意过失的证据：（1）证明行为人应当预见自己不履行或者不认真履行职责的行为会发生危害社会的结果；（2）证明行为人因疏忽大意没有预见。2. 证明行为人过于自信过失的证据：（1）证明行为人已经预见自己不履行或者不认真履行职责的行为会发生危害社会的结果；（2）证明行为人轻信能避免危害结果。</td></tr>
<tr><td>客观方面的证据</td><td>证明行为人失职行为的证据<br>具体证据包括：1. 证明行为人不履行职责的证据。2. 证明行为人不认真履行职责的证据。3. 证明在押人员脱逃的证据。4. 证明发生了严重后果的证据。5. 证明失职行为与脱逃结果、严重后果之间存在因果关系的证据。6. 证明造成特别严重后果的证据。</td></tr>
</table>

<table>
<tr><td>证据参考标准</td><td>量刑方面的证据</td><td colspan="2">一、法定量刑情节证据<br>1. 事实情节。2. 法定从重情节。3. 法定从轻、减轻情节：（1）可以从轻；（2）可以从轻或者减轻；（3）应当从轻或者减轻。4. 法定从轻、减轻、免除情节：（1）可以从轻、减轻或者免除处罚；（2）应当从轻、减轻或者免除处罚。5. 法定减轻、免除情节：（1）可以减轻或者免除处罚；（2）应当减轻或者免除处罚；（3）可以免除处罚。<br>二、酌定量刑情节证据<br>1. 犯罪手段。2. 犯罪对象：（1）犯罪嫌疑人；（2）被告人；（3）罪犯。3. 危害结果。4. 犯罪动机。5. 平时表现。6. 认罪态度。7. 是否有前科。8. 其他证据。</td></tr>
<tr><td rowspan="3">量刑标准</td><td colspan="2">犯本罪的</td><td>处三年以下有期徒刑或者拘役</td></tr>
<tr><td colspan="2">造成特别严重后果的</td><td>处三年以上十年以下有期徒刑</td></tr>
<tr><td>不适用缓刑或者免予刑事处罚</td><td colspan="2">1. 以下情形一般不适用缓刑或者免予刑事处罚：<br>（1）不如实供述罪行的；<br>（2）不予退缴赃款赃物或者将赃款赃物用于非法活动的；<br>（3）属于共同犯罪中情节严重的主犯的；<br>（4）犯有数个职务犯罪依法实行并罚或者以一罪处理的；<br>（5）曾因职务违纪违法行为受过行政处分的；<br>（6）犯罪涉及的财物属于救灾、抢险、防汛、优抚、扶贫、移民、救济、防疫等特定款物的；<br>（7）渎职犯罪中徇私舞弊情节或者滥用职权情节恶劣的；<br>（8）其他不应适用缓刑、免予刑事处罚的情形。<br>对于具有以上情形之一，但根据全案事实和量刑情节，检察机关认为确有必要适用缓刑或者免予刑事处罚并据此提出量刑建议的，应经检察委员会讨论决定；审理法院认为确有必要适用缓刑或者免予刑事处罚的，应经审判委员会讨论决定。<br>2. 人民法院审理职务犯罪案件时应当注意听取检察机关、被告人、辩护人提出的量刑意见，分析影响性案件案发前后的社会反映，必要时可以征求案件查办等机关的意见。对于情节恶劣、社会反映强烈的职务犯罪案件，不得适用缓刑、免予刑事处罚。</td></tr>
<tr><td rowspan="2">法律适用</td><td>刑法条文</td><td colspan="2">第四百条第二款　司法工作人员由于严重不负责任，致使在押的犯罪嫌疑人、被告人或者罪犯脱逃，造成严重后果的，处三年以下有期徒刑或者拘役；造成特别严重后果的，处三年以上十年以下有期徒刑。</td></tr>
<tr><td>立法解释</td><td colspan="2">全国人民代表大会常务委员会《关于〈中华人民共和国刑法〉第九章渎职罪主体适用问题的解释》（2002年12月28日第九届全国人民代表大会常务委员会第三十一次会议通过）<br>全国人大常委会根据司法实践中遇到的情况，讨论了刑法第九章渎职罪主体的适用问题，解释如下：<br>在依照法律、法规规定行使国家行政管理职权的组织中从事公务的人员，或者在受国家机关委托代表国家机关行使职权的组织中从事公务的人员，或者虽未列入国家机关人员编制但在国家机关中从事公务的人员，在代表国家机关行使职权时，有渎职行为，构成犯罪的，依照刑法关于渎职罪的规定追究刑事责任。<br>现予公告。</td></tr>
</table>

法律适用

司法解释

**一、最高人民检察院《关于渎职侵权犯罪案件立案标准的规定》(节录)** (2006年7月26日 高检发释字〔2006〕2号)

**一、渎职犯罪案件**

(十)失职致使在押人员脱逃案(第四百条第二款)

失职致使在押人员脱逃罪是指司法工作人员由于严重不负责任,不履行或者不认真履行职责,致使在押(包括在羁押场所和押解途中)的犯罪嫌疑人、被告人、罪犯脱逃,造成严重后果的行为。

涉嫌下列情形之一的,应予立案:

1. 致使依法可能判处或者已经判处10年以上有期徒刑、无期徒刑、死刑的犯罪嫌疑人、被告人、罪犯脱逃的;

2. 致使犯罪嫌疑人、被告人、罪犯脱逃3人次以上的;

3. 犯罪嫌疑人、被告人、罪犯脱逃以后,打击报复报案人、控告人、举报人、被害人、证人和司法工作人员等,或者继续犯罪的;

4. 其他致使在押的犯罪嫌疑人、被告人、罪犯脱逃,造成严重后果的情形。

**三、附 则**

(一)本规定中每个罪案名称后所注明的法律条款系《中华人民共和国刑法》的有关条款。

(二)本规定所称"以上"包括本数;有关犯罪数额"不满",是指已达到该数额百分之八十以上的。

(三)本规定中的"国家机关工作人员",是指在国家机关中从事公务的人员,包括在各级国家权力机关、行政机关、司法机关和军事机关中从事公务的人员。在依照法律、法规规定行使国家行政管理职权的组织中从事公务的人员,或者在受国家机关委托代表国家行使职权的组织中从事公务的人员,或者虽未列入国家机关人员编制但在国家机关中从事公务的人员,在代表国家机关行使职权时,视为国家机关工作人员。在乡(镇)以上中国共产党机关、人民政协机关中从事公务的人员,视为国家机关工作人员。

(四)本规定中的"直接经济损失",是指与行为有直接因果关系而造成的财产损毁、减少的实际价值;"间接经济损失",是指由直接经济损失引起和牵连的其他损失,包括失去的在正常情况下可以获得的利益和为恢复正常的管理活动或者挽回所造成的损失所支付的各种开支、费用等。

有下列情形之一的,虽然有债权存在,但已无法实现债权的,可以认定为已经造成了经济损失:(1)债务人已经法定程序被宣告破产,且无法清偿债务;(2)债务人潜逃,去向不明;(3)因行为人责任,致使超过诉讼时效;(4)有证据证明债权无法实现的其他情况。

直接经济损失和间接经济损失,是指立案时确已造成的经济损失。移送审查起诉前,犯罪嫌疑人及其亲友自行挽回的经济损失,以及由司法机关或者犯罪嫌疑人所在单位及其上级主管部门挽回的经济损失,不予扣减,但可作为对犯罪嫌疑人从轻处理的情节考虑。

(五)本规定中的"徇私舞弊",是指国家机关工作人员为徇私情、私利,故意违背事实和法律,伪造材料,隐瞒情况,弄虚作假的行为。

(六)本规定自公布之日起施行。本规定发布前有关人民检察院直接受理立案侦查的国家机关工作人员渎职和利用职权实施的侵犯公民人身权利、民主权利犯罪案件的立案标准,与本规定有重复或者不一致的,适用本规定。

司法解释

对于本规定施行前发生的国家机关工作人员渎职和利用职权实施的侵犯公民人身权利、民主权利犯罪案件，按照《最高人民法院、最高人民检察院关于适用刑事司法解释时间效力问题的规定》办理。

**二、最高人民检察院《关于工人等非监管机关在编监管人员私放在押人员行为和失职致使在押人员脱逃行为适用法律问题的解释》**（2001 年 3 月 2 日　高检发释字〔2001〕2 号）

为依法办理私放在押人员犯罪案件和失职致使在押人员脱逃犯罪案件，对工人等非监管机关在编监管人员私放在押人员行为和失职致使在押人员脱逃行为如何适用法律问题解释如下：

工人等非监管机关在编监管人员在被监管机关聘用受委托履行监管职责的过程中私放在押人员的，应当依照刑法第四百条第一款的规定，以私放在押人员罪追究刑事责任；由于严重不负责任，致使在押人员脱逃，造成严重后果的，应当依照刑法第四百条第二款的规定，以失职致使在押人员脱逃罪追究刑事责任。

**三、最高人民法院、最高人民检察院《关于办理职务犯罪案件严格适用缓刑、免予刑事处罚若干问题的意见》**（2012 年 8 月 8 日　法发〔2012〕17 号）（略，详见本书第 16 页）

法律适用

相关法律法规

**一、《中华人民共和国监狱法》（节录）**（1994 年 12 月 29 日第八届全国人民代表大会常务委员会第十一次会议通过　2012 年 10 月 26 日修正）

**第四十一条**　监狱的武装警戒由人民武装警察部队负责，具体办法由国务院、中央军事委员会规定。

**第四十二条**　监狱发现在押罪犯脱逃，应当即时将其抓获，不能即时抓获的，应当立即通知公安机关，由公安机关负责追捕，监狱密切配合。

**二、《中华人民共和国看守所条例》（节录）**（1990 年 3 月 17 日中华人民共和国国务院令第 52 号公布　自公布之日起施行）

**第十六条**　看守所实行二十四小时值班制度。值班人员应当坚守岗位，随时巡视监房。

**第十七条**　对已被判处死刑、尚未执行的犯人，必须加戴械具。

对有事实表明可能行凶、暴动、脱逃、自杀的人犯，经看守所所长批准，可以使用械具。在紧急情况下，可以先行使用，然后报告看守所所长。上述情形消除后，应当予以解除。

**第十八条**　看守人员和武警遇有下列情形之一，采取其他措施不能制止时，可以按照有关规定开枪射击：

（一）人犯越狱或者暴动的；

（二）人犯脱逃不听制止，或者在追捕中抗拒逮捕的；

（三）劫持人犯的；

（四）人犯持有管制刀具或者其他危险物，正在行凶或者破坏的；

（五）人犯暴力威胁看守人员、武警的生命安全的。

需要开枪射击时，除遇到特别紧迫的情况外，应当先鸣枪警告，人犯有畏服表示，应当立即停止射击。开枪射击后，应当保护现场，并立即报告主管公安机关和人民检察院。

# 26 徇私舞弊减刑、假释、暂予监外执行案

**概念**

本罪是指司法工作人员徇私舞弊，对不符合减刑、假释、暂予监外执行条件的罪犯予以减刑、假释、暂予监外执行的行为。

**立案标准**

司法工作人员涉嫌徇私舞弊，对不符合减刑、假释、暂予监外执行条件的罪犯予以减刑、假释、暂予监外执行，有下列情形之一的，应予立案：

1. 刑罚执行机关的工作人员对不符合减刑、假释、暂予监外执行条件的罪犯，捏造事实，伪造材料，违法报请减刑、假释、暂予监外执行的。

2. 审判人员对不符合减刑、假释、暂予监外执行条件的罪犯，徇私舞弊，违法裁定减刑、假释或者违法决定暂予监外执行的。

3. 监狱管理机关、公安机关的工作人员对不符合暂予监外执行条件的罪犯，徇私舞弊，违法批准暂予监外执行的。

4. 不具有报请、裁定、决定或者批准减刑、假释、暂予监外执行权的司法工作人员利用职务上的便利，伪造有关材料，导致不符合减刑、假释、暂予监外执行条件的罪犯被减刑、假释、暂予监外执行的。

5. 其他徇私舞弊减刑、假释、暂予监外执行应予追究刑事责任的情形。

**定罪标准**

**犯罪客体**

本罪侵犯的客体是国家的监狱管理秩序以及司法工作人员职务活动的正当性。

**犯罪客观方面**

本罪在客观方面表现为对不符合减刑、假释、暂予监外执行条件的罪犯，予以减刑、假释或者暂予监外执行。具体要注意以下两点：

1. 本罪的对象是不符合减刑、假释、暂予监外执行条件的罪犯。《刑法》第50条、第78条、第81条，《刑事诉讼法》第265条等法律以及相关司法解释对减刑、假释和暂予监外执行的条件作出了具体的规定。

(1) 关于减刑的条件。根据《刑法》第50条的规定，判处死刑缓期执行的，在死刑缓期执行期间，如果没有故意犯罪，2年期满以后，减为无期徒刑；如果确有重大立功表现，2年期满以后，减为25年有期徒刑。对被判处死刑缓期执行的累犯以及因故意杀人、强奸、抢劫、绑架、放火、爆炸、投放危险物质或者有组织的暴力性犯罪被判处死刑缓期执行的犯罪分子，人民法院根据犯罪情节等情况可以同时决定对其限制减刑。根据《刑法》第78条的规定，被判处管制、拘役、有期徒刑、无期徒刑的犯罪分子，在执行期间，如果认真遵守监规，接受教育改造，确有悔改表现的，或者有立功表现的，可以减刑；有下列重大立功表现之一的，应当减刑：①阻止他人重大犯罪活动的；②检举监狱内外重大犯罪活动，经查证属实的；③有发明创造或者重大技术革新的；④在日常生产、生活中舍己救人的；⑤在抗御自然灾害或者排除重大事故中，有突出表现的；⑥对国家和社会有其他重大贡献的。但减刑以后实际执行的刑期不能少于下列期限：①判处管制、拘役、有期徒刑的，不能少于原判刑期的1/2；

| | | |
|---|---|---|
| 定罪标准 | 犯罪客观方面 | ②判处无期徒刑的，不能少于13年；③人民法院依照本法第50条第2款规定限制减刑的死刑缓期执行的犯罪分子，缓期执行期满后依法减为无期徒刑的，不能少于25年，缓期执行期满后依法减为25年有期徒刑的，不能少于20年。<br>（2）关于假释的条件。根据《刑法》第81条的规定，被判处有期徒刑的犯罪分子，执行原判刑期1/2以上，被判处无期徒刑的犯罪分子，实际执行13年以上，如果认真遵守监规，接受教育改造，确有悔改表现，没有再犯罪的危险的，可以假释。如果有特殊情况，经最高人民法院核准，可以不受上述执行刑期的限制。对累犯以及因故意杀人、强奸、抢劫、绑架、放火、爆炸、投放危险物质或者有组织的暴力性犯罪被判处10年以上有期徒刑、无期徒刑的犯罪分子，不得假释。对犯罪分子决定假释时，应当考虑其假释后对所居住社区的影响。<br>（3）关于暂予监外执行的条件。根据《刑事诉讼法》第265条的规定，对于被判处有期徒刑或者拘役的罪犯，有下列情形之一的，可以暂予监外执行：①有严重疾病需要保外就医的；②怀孕或者正在哺乳自己婴儿的妇女；③生活不能自理，适用暂予监外执行不致危害社会的。对被判处无期徒刑的罪犯，有前述第②项规定情形的，可以暂予监外执行。对适用保外就医可能有社会危险性的罪犯，或者自伤自残的罪犯，不得保外就医。对罪犯确有严重疾病，必须保外就医的，由省级人民政府指定的医院诊断并开具证明文件。在交付执行前，暂予监外执行由交付执行的人民法院决定；在交付执行后，暂予监外执行由监狱或者看守所提出书面意见，报省级以上监狱管理机关或者设区的市一级以上公安机关批准。<br>2. 行为是徇私舞弊，对不符合减刑、假释、暂予监外执行条件的罪犯予以减刑、假释、暂予监外执行。“徇私舞弊”，是指国家机关工作人员为徇私情、私利，故意违背事实和法律，伪造材料，隐瞒情况，弄虚作假的行为。行为人的行为方式可以有多种，包括：（1）刑罚执行机关的工作人员对不符合减刑、假释、暂予监外执行条件的罪犯，捏造事实，伪造材料，违法报请减刑、假释、暂予监外执行的；（2）审判人员对不符合减刑、假释、暂予监外执行条件的罪犯，徇私舞弊，违法裁定减刑、假释或者违法决定暂予监外执行的；（3）监狱管理机关、公安机关的工作人员对不符合暂予监外执行条件的罪犯，徇私舞弊，违法批准暂予监外执行的；（4）不具有报请、裁定、决定或者批准减刑、假释、暂予监外执行权的司法工作人员利用职务上的便利，伪造有关材料，导致不符合减刑、假释、暂予监外执行条件的罪犯被减刑、假释、暂予监外执行的；（5）其他徇私舞弊减刑、假释、暂予监外执行的行为，如超过减刑的法定幅度予以减刑的，缩短法定的间隔时间予以减刑的。 |
| | 犯罪主体 | 本罪是纯正的身份犯，主体是司法工作人员。实践中，一般是指刑罚执行机关、审判机关中有权决定减刑、假释、暂予监外执行的司法工作人员。 |
| | 犯罪主观方面 | 本罪在主观方面表现为故意，即明知罪犯不符合减刑、假释、暂予监外执行的条件，明知自己的行为会损害国家的监狱管理秩序以及司法工作人员职务活动的正当性，希望或者放任这种结果发生。本罪在主观上还要求行为人有徇私动机。 |
| | 罪与非罪 | 区分罪与非罪的界限，关键是行为人是否徇私舞弊。行为人没有徇私舞弊，而只是因为业务水平不高，对不符合减刑、假释、暂予监外执行条件的罪犯予以减刑、假释、暂予监外执行的，不构成本罪。 |

| | | |
|---|---|---|
| 定罪标准 | 此罪与彼罪 | 本罪与私放在押人员罪的界限。根据《刑法》第400条的规定，私放在押人员罪是指司法工作人员私放在押（包括在羁押场所和押解途中）的犯罪嫌疑人、被告人或者罪犯的行为。本罪与私放在押人员罪的区分在于：（1）客观方面不同。首先，本罪的对象是不符合减刑、假释、暂予监外执行条件的罪犯；私放在押人员罪的对象是在押（包括在羁押场所和押解途中）的犯罪嫌疑人、被告人或者罪犯。其次，本罪的实行行为是徇私舞弊，对不符合减刑、假释、暂予监外执行条件的罪犯予以减刑、假释、暂予监外执行，而私放在押人员罪的实行行为则是私放在押的犯罪嫌疑人、被告人或者罪犯，以使其脱离监管或者羁押。（2）犯罪主体不同。本罪主体不仅包括刑罚执行机关的司法工作人员，而且包括人民法院、监狱管理机关的司法工作人员；私放在押人员罪的主体则是指负有监管、看守、押解职责的司法工作人员。（3）主观方面不同。本罪在主观上需要有“徇私”的动机；而私放在押人员罪则无此要求。 |
| 证据参考标准 | 主体方面的证据 | **一、证明行为人刑事责任年龄、身份等自然情况的证据**<br>包括身份证明、户籍证明、任职证明、工作经历证明、特定职责证明等，主要是证明行为人的姓名（曾用名）、性别、出生年月日、民族、籍贯、出生地、职业（或职务）、住所地（或居所地）等证据材料，如户口簿、居民身份证、居住证、工作证、出生证、专业或技术等级证、干部履历表、职工登记表、护照等。<br>对于户籍、出生证等材料内容不实的，应提供其他证据材料。人大代表、政协委员犯罪的案件，应注明身份，并附身份证明材料。<br>**二、证明行为人刑事责任能力的证据**<br>证明行为人对自己的行为是否具有辨认能力与控制能力，如是否属于间歇性精神病人、案发时是否尚未完全丧失辨认或者控制自己行为能力的证明材料。 |
| | 主观方面的证据 | **证明行为人故意的证据**<br>1. 证明行为人主观认识因素的证据：证明行为人明知罪犯不符合减刑、假释、暂予监外执行的条件、明知自己的行为会发生危害社会的结果。2. 证明行为人主观意志因素的证据：证明行为人希望或者放任危害结果发生。3. 动机：徇私。 |
| | 客观方面的证据 | **证明行为人徇私舞弊，对不符合减刑、假释、暂予监外执行条件的罪犯予以减刑、假释、暂予监外执行的证据**<br>具体证据包括：1. 证明罪犯不符合减刑、假释、暂予监外执行条件的证据。2. 证明刑罚执行机关的工作人员捏造事实、伪造材料，违法报请减刑、假释、暂予监外执行的证据。3. 证明审判人员徇私舞弊，违法裁定减刑、假释或者违法决定暂予监外执行的证据。4. 证明监狱管理机关、公安机关的工作人员徇私舞弊，违法批准暂予监外执行的证据。5. 证明不具有报请、裁定、决定或者批准减刑、假释、暂予监外执行权的司法工作人员利用职务上的便利，伪造有关材料，导致罪犯被减刑、假释、暂予监外执行的证据。6. 证明其他徇私舞弊减刑、假释、暂予监外执行行为的证据。7. 证明情节严重的证据。 |
| | 量刑方面的证据 | **一、法定量刑情节证据**<br>1. 事实情节。2. 法定从重情节。3. 法定从轻、减轻情节：（1）可以从轻；（2）可以从轻或者减轻；（3）应当从轻或者减轻。4. 法定从轻、减轻、免除情节：（1）可以 |

**证据参考标准**

**量刑方面的证据**

从轻、减轻或者免除处罚；（2）应当从轻、减轻或者免除处罚。5. 法定减轻、免除情节：（1）可以减轻或者免除处罚；（2）应当减轻或者免除处罚；（3）可以免除处罚。

**二、酌定量刑情节证据**

1. 犯罪手段。2. 犯罪对象：（1）不符合减刑条件的罪犯；（2）不符合假释条件的罪犯（3）不符合暂予监外执行条件的罪犯。3. 危害结果。4. 犯罪动机。5. 平时表现。6. 认罪态度。7. 是否有前科。8. 其他证据。

**量刑标准**

|  |  |
| --- | --- |
| 犯本罪的 | 处三年以下有期徒刑或者拘役 |
| 情节严重的 | 处三年以上七年以下有期徒刑 |
| 不适用缓刑或者免予刑事处罚 | 1. 以下情形一般不适用缓刑或者免予刑事处罚：<br>（1）不如实供述罪行的；<br>（2）不予退缴赃款赃物或者将赃款赃物用于非法活动的；<br>（3）属于共同犯罪中情节严重的主犯的；<br>（4）犯有数个职务犯罪依法实行并罚或者以一罪处理的；<br>（5）曾因职务违纪违法行为受过行政处分的；<br>（6）犯罪涉及的财物属于救灾、抢险、防汛、优抚、扶贫、移民、救济、防疫等特定款物的；<br>（7）渎职犯罪中徇私舞弊情节或者滥用职权情节恶劣的；<br>（8）其他不应适用缓刑、免予刑事处罚的情形。<br>对于具有以上情形之一，但根据全案事实和量刑情节，检察机关认为确有必要适用缓刑或者免予刑事处罚并据此提出量刑建议的，应经检察委员会讨论决定；审理法院认为确有必要适用缓刑或者免予刑事处罚的，应经审判委员会讨论决定。<br>2. 人民法院审理职务犯罪案件时应当注意听取检察机关、被告人、辩护人提出的量刑意见，分析影响性案件案发前后的社会反映，必要时可以征求案件查办等机关的意见。对于情节恶劣、社会反映强烈的职务犯罪案件，不得适用缓刑、免予刑事处罚。 |

**法律适用**

**刑法条文**

**第四百零一条** 司法工作人员徇私舞弊，对不符合减刑、假释、暂予监外执行条件的罪犯，予以减刑、假释或者暂予监外执行的，处三年以下有期徒刑或者拘役；情节严重的，处三年以上七年以下有期徒刑。

**第五十条** 判处死刑缓期执行的，在死刑缓期执行期间，如果没有故意犯罪，二年期满以后，减为无期徒刑；如果确有重大立功表现，二年期满以后，减为二十五年有期徒刑；如果故意犯罪，情节恶劣的，报请最高人民法院核准后执行死刑；对于故意犯罪未执行死刑的，死刑缓期执行的期间重新计算，并报最高人民法院备案。

对被判处死刑缓期执行的累犯以及因故意杀人、强奸、抢劫、绑架、放火、爆炸、投放危险物质或者有组织的暴力性犯罪被判处死刑缓期执行的犯罪分子，人民法院根据犯罪情节等情况可以同时决定对其限制减刑。

**第七十八条** 被判处管制、拘役、有期徒刑、无期徒刑的犯罪分子，在执行期间，如果认真遵守监规，接受教育改造，确有悔改表现的，或者有立功表现的，可以减刑；有下列重大立功表现之一的，应当减刑：

法律适用

刑法条文

（一）阻止他人重大犯罪活动的；

（二）检举监狱内外重大犯罪活动，经查证属实的；

（三）有发明创造或者重大技术革新的；

（四）在日常生产、生活中舍己救人的；

（五）在抗御自然灾害或者排除重大事故中，有突出表现的；

（六）对国家和社会有其他重大贡献的。

减刑以后实际执行的刑期不能少于下列期限：

（一）判处管制、拘役、有期徒刑的，不能少于原判刑期的二分之一；

（二）判处无期徒刑的，不能少于十三年；

（三）人民法院依照本法第五十条第二款规定限制减刑的死刑缓期执行的犯罪分子，缓期执行期满后依法减为无期徒刑的，不能少于二十五年，缓期执行期满后依法减为二十五年有期徒刑的，不能少于二十年。

**第八十一条** 被判处有期徒刑的犯罪分子，执行原判刑期二分之一以上，被判处无期徒刑的犯罪分子，实际执行十三年以上，如果认真遵守监规，接受教育改造，确有悔改表现，没有再犯罪的危险的，可以假释。如果有特殊情况，经最高人民法院核准，可以不受上述执行刑期的限制。

对累犯以及因故意杀人、强奸、抢劫、绑架、放火、爆炸、投放危险物质或者有组织的暴力性犯罪被判处十年以上有期徒刑、无期徒刑的犯罪分子，不得假释。

对犯罪分子决定假释时，应当考虑其假释后对所居住社区的影响。

**第九十四条** 本法所称司法工作人员，是指有侦查、检察、审判、监管职责的工作人员。

立法解释

**全国人民代表大会常务委员会《关于〈中华人民共和国刑法〉第九章渎职罪主体适用问题的解释》**（2002年12月28日第九届全国人民代表大会常务委员会第三十一次会议通过）

全国人大常委会根据司法实践中遇到的情况，讨论了刑法第九章渎职罪主体的适用问题，解释如下：

在依照法律、法规规定行使国家行政管理职权的组织中从事公务的人员，或者在受国家机关委托代表国家机关行使职权的组织中从事公务的人员，或者虽未列入国家机关人员编制但在国家机关中从事公务的人员，在代表国家机关行使职权时，有渎职行为，构成犯罪的，依照刑法关于渎职罪的规定追究刑事责任。

现予公告。

司法解释

**一、最高人民法院《关于办理减刑、假释案件具体应用法律的补充规定》**（2019年4月24日　法释〔2019〕6号）

为准确把握宽严相济刑事政策，严格执行《最高人民法院关于办理减刑、假释案件具体应用法律的规定》，现对《中华人民共和国刑法修正案（九）》施行后，依照刑法分则第八章贪污贿赂罪判处刑罚的原具有国家工作人员身份的罪犯的减刑、假释补充规定如下：

**第一条** 对拒不认罪悔罪的，或者确有履行能力而不履行或者不全部履行生效裁判中财产性判项的，不予假释，一般不予减刑。

**第二条** 被判处十年以上有期徒刑，符合减刑条件的，执行三年以上方可减刑；被判处不满十年有期徒刑，符合减刑条件的，执行二年以上方可减刑。

确有悔改表现或者有立功表现的，一次减刑不超过六个月有期徒刑；确有悔改表现并有立功表现的，一次减刑不超过九个月有期徒刑；有重大立功表现的，一次减刑不超过一年有期徒刑。

被判处十年以上有期徒刑的，两次减刑之间应当间隔二年以上；被判处不满十年有期徒刑的，两次减刑之间应当间隔一年六个月以上。

第三条　被判处无期徒刑，符合减刑条件的，执行四年以上方可减刑。

确有悔改表现或者有立功表现的，可以减为二十三年有期徒刑；确有悔改表现并有立功表现的，可以减为二十二年以上二十三年以下有期徒刑；有重大立功表现的，可以减为二十一年以上二十二年以下有期徒刑。

无期徒刑减为有期徒刑后再减刑时，减刑幅度比照本规定第二条的规定执行。两次减刑之间应当间隔二年以上。

第四条　被判处死刑缓期执行的，减为无期徒刑后，符合减刑条件的，执行四年以上方可减刑。

确有悔改表现或者有立功表现的，可以减为二十五年有期徒刑；确有悔改表现并有立功表现的，可以减为二十四年六个月以上二十五年以下有期徒刑；有重大立功表现的，可以减为二十四年以上二十四年六个月以下有期徒刑。

减为有期徒刑后再减刑时，减刑幅度比照本规定第二条的规定执行。两次减刑之间应当间隔二年以上。

第五条　罪犯有重大立功表现的，减刑时可以不受上述起始时间和间隔时间的限制。

第六条　对本规定所指贪污贿赂罪犯适用假释时，应当从严掌握。

第七条　本规定自2019年6月1日起施行。此前发布的司法解释与本规定不一致的，以本规定为准。

**二、最高人民法院《关于办理减刑、假释案件具体应用法律的规定》（节录）**（2016年11月14日　法释〔2016〕23号）

第一条　减刑、假释是激励罪犯改造的刑罚制度，减刑、假释的适用应当贯彻宽严相济刑事政策，最大限度地发挥刑罚的功能，实现刑罚的目的。

第二条　对于罪犯符合刑法第七十八条第一款规定"可以减刑"条件的案件，在办理时应当综合考察罪犯犯罪的性质和具体情节、社会危害程度、原判刑罚及生效裁判中财产性判项的履行情况、交付执行后的一贯表现等因素。

第三条　"确有悔改表现"是指同时具备以下条件：

（一）认罪悔罪；

（二）遵守法律法规及监规，接受教育改造；

（三）积极参加思想、文化、职业技术教育；

（四）积极参加劳动，努力完成劳动任务。

对职务犯罪、破坏金融管理秩序和金融诈骗犯罪、组织（领导、参加、包庇、纵容）黑社会性质组织犯罪等罪犯，不积极退赃、协助追缴赃款赃物、赔偿损失，或者服刑期间利用个人影响力和社会关系等不正当手段意图获得减刑、假释的，不认定其"确有悔改表现"。

罪犯在刑罚执行期间的申诉权利应当依法保护，对其正当申诉不能不加分析地认为是不认罪悔罪。

**第四条** 具有下列情形之一的，可以认定为有“立功表现”：

（一）阻止他人实施犯罪活动的；

（二）检举、揭发监狱内外犯罪活动，或者提供重要的破案线索，经查证属实的；

（三）协助司法机关抓捕其他犯罪嫌疑人的；

（四）在生产、科研中进行技术革新，成绩突出的；

（五）在抗御自然灾害或者排除重大事故中，表现积极的；

（六）对国家和社会有其他较大贡献的。

第（四）项、第（六）项中的技术革新或者其他较大贡献应当由罪犯在刑罚执行期间独立或者为主完成，并经省级主管部门确认。

**第五条** 具有下列情形之一的，应当认定为有“重大立功表现”：

（一）阻止他人实施重大犯罪活动的；

（二）检举监狱内外重大犯罪活动，经查证属实的；

（三）协助司法机关抓捕其他重大犯罪嫌疑人的；

（四）有发明创造或者重大技术革新的；

（五）在日常生产、生活中舍己救人的；

（六）在抗御自然灾害或者排除重大事故中，有突出表现的；

（七）对国家和社会有其他重大贡献的。

第（四）项中的发明创造或者重大技术革新应当是罪犯在刑罚执行期间独立或者为主完成并经国家主管部门确认的发明专利，且不包括实用新型专利和外观设计专利；第（七）项中的其他重大贡献应当由罪犯在刑罚执行期间独立或者为主完成，并经国家主管部门确认。

**第十五条** 对被判处终身监禁的罪犯，在死刑缓期执行期满依法减为无期徒刑的裁定中，应当明确终身监禁，不得再减刑或者假释。

**第十六条** 被判处管制、拘役的罪犯，以及判决生效后剩余刑期不满二年有期徒刑的罪犯，符合减刑条件的，可以酌情减刑，减刑起始时间可以适当缩短，但实际执行的刑期不得少于原判刑期的二分之一。

**第十七条** 被判处有期徒刑罪犯减刑时，对附加剥夺政治权利的期限可以酌减。酌减后剥夺政治权利的期限，不得少于一年。

被判处死刑缓期执行、无期徒刑的罪犯减为有期徒刑时，应当将附加剥夺政治权利的期限减为七年以上十年以下，经过一次或者几次减刑后，最终剥夺政治权利的期限不得少于三年。

**第十八条** 被判处拘役或者三年以下有期徒刑，并宣告缓刑的罪犯，一般不适用减刑。

前款规定的罪犯在缓刑考验期内有重大立功表现的，可以参照刑法第七十八条的规定予以减刑，同时应当依法缩减其缓刑考验期。缩减后，拘役的缓刑考验期限不得少于二个月，有期徒刑的缓刑考验期限不得少于一年。

**第十九条** 对在报请减刑前的服刑期间不满十八周岁，且所犯罪行不属于刑法第八十一条第二款规定情形的罪犯，认罪悔罪，遵守法律法规及监规，积极参加学习、劳动，应当视为确有悔改表现。

对上述罪犯减刑时，减刑幅度可以适当放宽，或者减刑起始时间、间隔时间可以适当缩短，但放宽的幅度和缩短的时间不得超过本规定中相应幅度、时间的三分之一。

法律适用 司法解释

**第二十条** 老年罪犯、患严重疾病罪犯或者身体残疾罪犯减刑时，应当主要考察其认罪悔罪的实际表现。

对基本丧失劳动能力，生活难以自理的上述罪犯减刑时，减刑幅度可以适当放宽，或者减刑起始时间、间隔时间可以适当缩短，但放宽的幅度和缩短的时间不得超过本规定中相应幅度、时间的三分之一。

**第二十一条** 被判处有期徒刑、无期徒刑的罪犯在刑罚执行期间又故意犯罪，新罪被判处有期徒刑的，自新罪判决确定之日起三年内不予减刑；新罪被判处无期徒刑的，自新罪判决确定之日起四年内不予减刑。

罪犯在死刑缓期执行期间又故意犯罪，未被执行死刑的，死刑缓期执行的期间重新计算，减为无期徒刑后，五年内不予减刑。

被判处死刑缓期执行罪犯减刑后，在刑罚执行期间又故意犯罪的，依照第一款规定处理。

**第二十二条** 办理假释案件，认定“没有再犯罪的危险”，除符合刑法第八十一条规定的情形外，还应当根据犯罪的具体情节、原判刑罚情况，在刑罚执行中的一贯表现，罪犯的年龄、身体状况、性格特征，假释后生活来源以及监管条件等因素综合考虑。

**第二十三条** 被判处有期徒刑的罪犯假释时，执行原判刑期二分之一的时间，应当从判决执行之日起计算，判决执行以前先行羁押的，羁押一日折抵刑期一日。

被判处无期徒刑的罪犯假释时，刑法中关于实际执行刑期不得少于十三年的时间，应当从判决生效之日起计算。判决生效以前先行羁押的时间不予折抵。

被判处死刑缓期执行的罪犯减为无期徒刑或者有期徒刑后，实际执行十五年以上，方可假释，该实际执行时间应当从死刑缓期执行期满之日起计算。死刑缓期执行期间不包括在内，判决确定以前先行羁押的时间不予折抵。

**第二十四条** 刑法第八十一条第一款规定的“特殊情况”，是指有国家政治、国防、外交等方面特殊需要的情况。

**第二十五条** 对累犯以及因故意杀人、强奸、抢劫、绑架、放火、爆炸、投放危险物质或者有组织的暴力性犯罪被判处十年以上有期徒刑、无期徒刑的罪犯，不得假释。

因前款情形和犯罪被判处死刑缓期执行的罪犯，被减为无期徒刑、有期徒刑后，也不得假释。

**第二十六条** 对下列罪犯适用假释时可以依法从宽掌握：

（一）过失犯罪的罪犯、中止犯罪的罪犯、被胁迫参加犯罪的罪犯；

（二）因防卫过当或者紧急避险过当而被判处有期徒刑以上刑罚的罪犯；

（三）犯罪时未满十八周岁的罪犯；

（四）基本丧失劳动能力、生活难以自理，假释后生活确有着落的老年罪犯、患严重疾病罪犯或者身体残疾罪犯；

（五）服刑期间改造表现特别突出的罪犯；

（六）具有其他可以从宽假释情形的罪犯。

罪犯既符合法定减刑条件，又符合法定假释条件的，可以优先适用假释。

**第二十七条** 对于生效裁判中有财产性判项，罪犯确有履行能力而不履行或者不全部履行的，不予假释。

**第二十八条** 罪犯减刑后又假释的，间隔时间不得少于一年；对一次减去一年以上有期徒刑后，决定假释的，间隔时间不得少于一年六个月。

罪犯减刑后余刑不足二年，决定假释的，可以适当缩短间隔时间。

**第二十九条** 罪犯在假释考验期内违反法律、行政法规或者国务院有关部门关于假释的监督管理规定的，作出假释裁定的人民法院，应当在收到报请机关或者检察机关撤销假释建议书后及时审查，作出是否撤销假释的裁定，并送达报请机关，同时抄送人民检察院、公安机关和原刑罚执行机关。

罪犯在逃的，撤销假释裁定书可以作为对罪犯进行追捕的依据。

**第三十条** 依照刑法第八十六条规定被撤销假释的罪犯，一般不得再假释。但依照该条第二款被撤销假释的罪犯，如果罪犯对漏罪曾作如实供述但原判未予认定，或者漏罪系其自首，符合假释条件的，可以再假释。

被撤销假释的罪犯，收监后符合减刑条件的，可以减刑，但减刑起始时间自收监之日起计算。

**第三十一条** 年满八十周岁、身患疾病或者生活难以自理、没有再犯罪危险的罪犯，既符合减刑条件，又符合假释条件的，优先适用假释；不符合假释条件的，参照本规定第二十条有关的规定从宽处理。

**第三十二条** 人民法院按照审判监督程序重新审理的案件，裁定维持原判决、裁定的，原减刑、假释裁定继续有效。

再审裁判改变原判决、裁定的，原减刑、假释裁定自动失效，执行机关应当及时报请有管辖权的人民法院重新作出是否减刑、假释的裁定。重新作出减刑裁定时，不受本规定有关减刑起始时间、间隔时间和减刑幅度的限制。重新裁定时应综合考虑各方面因素，减刑幅度不得超过原裁定减去的刑期总和。

再审改判为死刑缓期执行或者无期徒刑的，在新判决减为有期徒刑之时，原判决已经实际执行的刑期一并扣减。

再审裁判宣告无罪的，原减刑、假释裁定自动失效。

**第三十三条** 罪犯被裁定减刑后，刑罚执行期间因故意犯罪而数罪并罚时，经减刑裁定减去的刑期不计入已经执行的刑期。原判死刑缓期执行减为无期徒刑、有期徒刑，或者无期徒刑减为有期徒刑的裁定继续有效。

**第三十四条** 罪犯被裁定减刑后，刑罚执行期间因发现漏罪而数罪并罚的，原减刑裁定自动失效。如漏罪系罪犯主动交代的，对其原减去的刑期，由执行机关报请有管辖权的人民法院重新作出减刑裁定，予以确认；如漏罪系有关机关发现或者他人检举揭发的，由执行机关报请有管辖权的人民法院，在原减刑裁定减去的刑期总和之内，酌情重新裁定。

**第三十五条** 被判处死刑缓期执行的罪犯，在死刑缓期执行期内被发现漏罪，依据刑法第七十条规定数罪并罚，决定执行死刑缓期执行的，死刑缓期执行期间自新判决确定之日起计算，已经执行的死刑缓期执行期间计入新判决的死刑缓期执行期间内，但漏罪被判处死刑缓期执行的除外。

**第三十六条** 被判处死刑缓期执行的罪犯，在死刑缓期执行期满后被发现漏罪，依据刑法第七十条规定数罪并罚，决定执行死刑缓期执行的，交付执行时对罪犯实际执行无期徒刑，死缓考验期不再执行，但漏罪被判处死刑缓期执行的除外。

在无期徒刑减为有期徒刑时，前罪死刑缓期执行减为无期徒刑之日起至新判决生效之日止已经实际执行的刑期，应当计算在减刑裁定决定执行的刑期以内。

原减刑裁定减去的刑期依照本规定第三十四条处理。

**第三十七条** 被判处无期徒刑的罪犯在减为有期徒刑后因发现漏罪，依据刑法第七十条规定数罪并罚，决定执行无期徒刑的，前罪无期徒刑生效之日起至新判决生效之日止已经实际执行的刑期，应当在新判决的无期徒刑减为有期徒刑时，在减刑裁定决定执行的刑期内扣减。

无期徒刑罪犯减为有期徒刑后因发现漏罪判处三年有期徒刑以下刑罚，数罪并罚决定执行无期徒刑的，在新判决生效后执行一年以上，符合减刑条件的，可以减为有期徒刑，减刑幅度依照本规定第八条、第九条的规定执行。

原减刑裁定减去的刑期依照本规定第三十四条处理。

**第三十八条** 人民法院作出的刑事判决、裁定发生法律效力后，在依照刑事诉讼法第二百五十三条、第二百五十四条的规定将罪犯交付执行刑罚时，如果生效裁判中有财产性判项，人民法院应当将反映财产性判项执行、履行情况的有关材料一并随案移送刑罚执行机关。罪犯在服刑期间本人履行或者其亲属代为履行生效裁判中财产性判项的，应当及时向刑罚执行机关报告。刑罚执行机关报请减刑时应随案移送以上材料。

人民法院办理减刑、假释案件时，可以向原一审人民法院核实罪犯履行财产性判项的情况。原一审人民法院应当出具相关证明。

刑罚执行期间，负责办理减刑、假释案件的人民法院可以协助原一审人民法院执行生效裁判中的财产性判项。

**第三十九条** 本规定所称"老年罪犯"，是指报请减刑、假释时年满六十五周岁的罪犯。

本规定所称"患严重疾病罪犯"，是指因患有重病，久治不愈，而不能正常生活、学习、劳动的罪犯。

本规定所称"身体残疾罪犯"，是指因身体有肢体或者器官残缺、功能不全或者丧失功能，而基本丧失生活、学习、劳动能力的罪犯，但是罪犯犯罪后自伤致残的除外。

对刑罚执行机关提供的证明罪犯患有严重疾病或者有身体残疾的证明文件，人民法院应当审查，必要时可以委托有关单位重新诊断、鉴定。

**第四十条** 本规定所称"判决执行之日"，是指罪犯实际送交刑罚执行机关之日。

本规定所称"减刑间隔时间"，是指前一次减刑裁定送达之日起至本次减刑报请之日止的期间。

**第四十一条** 本规定所称"财产性判项"是指判决罪犯承担的附带民事赔偿义务判项，以及追缴、责令退赔、罚金、没收财产等判项。

**第四十二条** 本规定自2017年1月1日起施行。以前发布的司法解释与本规定不一致的，以本规定为准。

### 三、最高人民法院《关于完善人民法院司法责任制的若干意见》（节录）（2015年9月21日 法发〔2015〕13号）

26. 有下列情形之一的，应当依纪依法追究相关人员的违法审判责任：

（1）审理案件时有贪污受贿、徇私舞弊、枉法裁判行为的；

（2）违反规定私自办案或者制造虚假案件的；

（3）涂改、隐匿、伪造、偷换和故意损毁证据材料的，或者因重大过失丢失、损毁证据材料并造成严重后果的；

（4）向合议庭、审判委员会汇报案情时隐瞒主要证据、重要情节和故意提供虚假材料的，或者因重大过失遗漏主要证据、重要情节导致裁判错误并造成严重后果的；

（5）制作诉讼文书时，故意违背合议庭评议结果、审判委员会决定的，或者因重大过失导致裁判文书主文错误并造成严重后果的；

（6）违反法律规定，对不符合减刑、假释条件的罪犯裁定减刑、假释的，或者因重大过失对不符合减刑、假释条件的罪犯裁定减刑、假释并造成严重后果的；

（7）其他故意违背法定程序、证据规则和法律明确规定违法审判的，或者因重大过失导致裁判结果错误并造成严重后果的。

**四、最高人民检察院《关于渎职侵权犯罪案件立案标准的规定》（节录）**（2006年7月26日　高检发释字〔2006〕2号）

**一、渎职犯罪案件**

（十一）徇私舞弊减刑、假释、暂予监外执行案（第四百零一条）

徇私舞弊减刑、假释、暂予监外执行罪是指司法工作人员徇私舞弊，对不符合减刑、假释、暂予监外执行条件的罪犯予以减刑、假释、暂予监外执行的行为。

涉嫌下列情形之一的，应予立案：

1. 刑罚执行机关的工作人员对不符合减刑、假释、暂予监外执行条件的罪犯，捏造事实，伪造材料，违法报请减刑、假释、暂予监外执行的；

2. 审判人员对不符合减刑、假释、暂予监外执行条件的罪犯，徇私舞弊，违法裁定减刑、假释或者违法决定暂予监外执行的；

3. 监狱管理机关、公安机关的工作人员对不符合暂予监外执行条件的罪犯，徇私舞弊，违法批准暂予监外执行的；

4. 不具有报请、裁定、决定或者批准减刑、假释、暂予监外执行权的司法工作人员利用职务上的便利，伪造有关材料，导致不符合减刑、假释、暂予监外执行条件的罪犯被减刑、假释、暂予监外执行的；

5. 其他徇私舞弊减刑、假释、暂予监外执行应予追究刑事责任的情形。

**三、附　则**

（五）本规定中的“徇私舞弊”，是指国家机关工作人员为徇私情、私利，故意违背事实和法律，伪造材料，隐瞒情况，弄虚作假的行为。

（六）本规定自公布之日起施行。本规定发布前有关人民检察院直接受理立案侦查的国家机关工作人员渎职和利用职权实施的侵犯公民人身权利、民主权利犯罪案件的立案标准，与本规定有重复或者不一致的，适用本规定。

对于本规定施行前发生的国家机关工作人员渎职和利用职权实施的侵犯公民人身权利、民主权利犯罪案件，按照《最高人民法院、最高人民检察院关于适用刑事司法解释时间效力问题的规定》办理。

**五、最高人民法院《全国法院审理经济犯罪案件工作座谈会纪要》（节录）**（2003年11月13日　法发〔2003〕167号）

**六、关于渎职罪**

（四）关于“徇私”的理解

徇私舞弊型渎职犯罪的“徇私”应理解为徇个人私情、私利。国家机关工作人员为了本单位的利益，实施滥用职权、玩忽职守行为，构成犯罪的，依照刑法第三百九十七条第一款的规定定罪处罚。

**六、最高人民法院《关于减刑、假释案件审理程序的规定》（节录）**（2014年4月23日　法释〔2014〕5号）

**第二条**　人民法院受理减刑、假释案件，应当审查执行机关移送的下列材料：

（一）减刑或者假释建议书；

（二）终审法院裁判文书、执行通知书、历次减刑裁定书的复印件；

（三）罪犯确有悔改或者立功、重大立功表现的具体事实的书面证明材料；

（四）罪犯评审鉴定表、奖惩审批表等；

（五）其他根据案件审理需要应予移送的材料。

报请假释的，应当附有社区矫正机构或者基层组织关于罪犯假释后对所居住社区影响的调查评估报告。

人民检察院对报请减刑、假释案件提出检察意见的，执行机关应当一并移送受理减刑、假释案件的人民法院。

经审查，材料齐备的，应当立案；材料不齐的，应当通知执行机关在三日内补送，逾期未补送的，不予立案。

**第三条** 人民法院审理减刑、假释案件，应当在立案后五日内将执行机关报请减刑、假释的建议书等材料依法向社会公示。

公示内容应当包括罪犯的个人情况、原判认定的罪名和刑期、罪犯历次减刑情况、执行机关的建议及依据。

公示应当写明公示期限和提出意见的方式。公示期限为五日。

**第四条** 人民法院审理减刑、假释案件，应当依法由审判员或者由审判员和人民陪审员组成合议庭进行。

**第五条** 人民法院审理减刑、假释案件，除应当审查罪犯在执行期间的一贯表现外，还应当综合考虑犯罪的具体情节、原判刑罚情况、财产刑执行情况、附带民事裁判履行情况、罪犯退赃退赔等情况。

人民法院审理假释案件，除应当审查第一款所列情形外，还应当综合考虑罪犯的年龄、身体状况、性格特征、假释后生活来源以及监管条件等影响再犯罪的因素。

执行机关以罪犯有立功表现或重大立功表现为由提出减刑的，应当审查立功或重大立功表现是否属实。涉及发明创造、技术革新或者其他贡献的，应当审查该成果是否系罪犯在执行期间独立完成，并经有关主管机关确认。

**第六条** 人民法院审理减刑、假释案件，可以采取开庭审理或者书面审理的方式。但下列减刑、假释案件，应当开庭审理：

（一）因罪犯有重大立功表现报请减刑的；

（二）报请减刑的起始时间、间隔时间或者减刑幅度不符合司法解释一般规定的；

（三）公示期间收到不同意见的；

（四）人民检察院有异议的；

（五）被报请减刑、假释罪犯系职务犯罪罪犯，组织（领导、参加、包庇、纵容）黑社会性质组织犯罪罪犯，破坏金融管理秩序和金融诈骗犯罪罪犯及其他在社会上有重大影响或社会关注度高的；

（六）人民法院认为其他应当开庭审理的。

**第七条** 人民法院开庭审理减刑、假释案件，应当通知人民检察院、执行机关及被报请减刑、假释罪犯参加庭审。

人民法院根据需要，可以通知证明罪犯确有悔改表现或者立功、重大立功表现的证人，公示期间提出不同意见的人，以及鉴定人、翻译人员等其他人员参加庭审。

**第八条** 开庭审理应当在罪犯刑罚执行场所或者人民法院确定的场所进行。有条件的人民法院可以采取视频开庭的方式进行。

在社区执行刑罚的罪犯因重大立功被报请减刑的，可以在罪犯服刑地或者居住地开庭审理。

**第九条** 人民法院对于决定开庭审理的减刑、假释案件，应当在开庭三日前将开庭的时间、地点通知人民检察院、执行机关、被报请减刑、假释罪犯和有必要参加庭审的其他人员，并于开庭三日前进行公告。

**第十条** 减刑、假释案件的开庭审理由审判长主持，应当按照以下程序进行：

（一）审判长宣布开庭，核实被报请减刑、假释罪犯的基本情况；

（二）审判长宣布合议庭组成人员、检察人员、执行机关代表及其他庭审参加人；

（三）执行机关代表宣读减刑、假释建议书，并说明主要理由；

（四）检察人员发表检察意见；

（五）法庭对被报请减刑、假释罪犯确有悔改表现或立功表现、重大立功表现的事实以及其他影响减刑、假释的情况进行调查核实；

（六）被报请减刑、假释罪犯作最后陈述；

（七）审判长对庭审情况进行总结并宣布休庭评议。

**第十一条** 庭审过程中，合议庭人员对报请理由有疑问的，可以向被报请减刑、假释罪犯、证人、执行机关代表、检察人员提问。

庭审过程中，检察人员对报请理由有疑问的，在经审判长许可后，可以出示证据，申请证人到庭，向被报请减刑、假释罪犯及证人提问并发表意见。被报请减刑、假释罪犯对报请理由有疑问的，在经审判长许可后，可以出示证据，申请证人到庭，向证人提问并发表意见。

**第十二条** 庭审过程中，合议庭对证据有疑问需要进行调查核实，或者检察人员、执行机关代表提出申请的，可以宣布休庭。

**第十三条** 人民法院开庭审理减刑、假释案件，能够当庭宣判的应当当庭宣判；不能当庭宣判的，可以择期宣判。

**第十四条** 人民法院书面审理减刑、假释案件，可以就被报请减刑、假释罪犯是否符合减刑、假释条件进行调查核实或听取有关方面意见。

**第十五条** 人民法院书面审理减刑案件，可以提讯被报请减刑罪犯；书面审理假释案件，应当提讯被报请假释罪犯。

**第十六条** 人民法院审理减刑、假释案件，应当按照下列情形分别处理：

（一）被报请减刑、假释罪犯符合法律规定的减刑、假释条件的，作出予以减刑、假释的裁定；

（二）被报请减刑的罪犯符合法律规定的减刑条件，但执行机关报请的减刑幅度不适当的，对减刑幅度作出相应调整后作出予以减刑的裁定；

（三）被报请减刑、假释罪犯不符合法律规定的减刑、假释条件的，作出不予减刑、假释的裁定。

在人民法院作出减刑、假释裁定前，执行机关书面申请撤回减刑、假释建议的，是否准许，由人民法院决定。

**第十七条** 减刑、假释裁定书应当写明罪犯原判和历次减刑情况，确有悔改表现或者立功、重大立功表现的事实和理由，以及减刑、假释的法律依据。

裁定减刑的，应当注明刑期的起止时间；裁定假释的，应当注明假释考验期的起止时间。

裁定调整减刑幅度或者不予减刑、假释的，应当在裁定书中说明理由。

第十八条　人民法院作出减刑、假释裁定后，应当在七日内送达报请减刑、假释的执行机关、同级人民检察院以及罪犯本人。作出假释裁定的，还应当送达社区矫正机构或者基层组织。

第十九条　减刑、假释裁定书应当通过互联网依法向社会公布。

第二十条　人民检察院认为人民法院减刑、假释裁定不当，在法定期限内提出书面纠正意见的，人民法院应当在收到纠正意见后另行组成合议庭审理，并在一个月内作出裁定。

第二十一条　人民法院发现本院已经生效的减刑、假释裁定确有错误的，应当依法重新组成合议庭进行审理并作出裁定；上级人民法院发现下级人民法院已经生效的减刑、假释裁定确有错误的，应当指令下级人民法院另行组成合议庭审理，也可以自行依法组成合议庭进行审理并作出裁定。

第二十二条　最高人民法院以前发布的司法解释和规范性文件，与本规定不一致的，以本规定为准。

**七、最高人民法院、最高人民检察院《关于办理职务犯罪案件严格适用缓刑、免予刑事处罚若干问题的意见》**（2012 年 8 月 8 日　法发〔2012〕17 号）（略，详见本书第 16 页）

**八、最高人民检察院《关于对职务犯罪罪犯减刑、假释、暂予监外执行案件实行备案审查的规定》（节录）**（2014 年 6 月 23 日　高检发监字〔2014〕5 号）

第二条　人民检察院对职务犯罪罪犯减刑、假释、暂予监外执行案件实行备案审查，按照下列情形分别处理：

（一）对原厅局级以上职务犯罪罪犯减刑、假释、暂予监外执行的案件，人民检察院应当在收到减刑、假释裁定书或者暂予监外执行决定书后十日以内，逐案层报最高人民检察院备案审查；

（二）对原县处级职务犯罪罪犯减刑、假释、暂予监外执行的案件，人民检察院应当在收到减刑、假释裁定书或者暂予监外执行决定书后十日以内，逐案层报省级人民检察院备案审查。

第三条　人民检察院报请备案审查减刑、假释案件，应当填写备案审查登记表，并附下列材料的复印件：

（一）刑罚执行机关提请减刑、假释建议书；

（二）人民法院减刑、假释裁定书；

（三）人民检察院向刑罚执行机关、人民法院提出的书面意见；

罪犯有重大立功表现裁定减刑、假释的案件，还应当附重大立功表现相关证明材料的复印件。

第四条　人民检察院报请备案审查暂予监外执行案件，应当填写备案审查登记表，并附下列材料的复印件：

（一）刑罚执行机关提请暂予监外执行意见书或者审批表；

（二）决定或者批准机关暂予监外执行决定书；

（三）人民检察院向刑罚执行机关、暂予监外执行决定或者批准机关提出的书面意见；

（四）罪犯的病情诊断、鉴定意见以及相关证明材料。

**第五条** 上级人民检察院认为有必要的，可以要求下级人民检察院补报相关材料。下级人民检察院应当在收到通知后三日以内，按照要求报送。

**第六条** 最高人民检察院和省级人民检察院收到备案审查材料后，应当指定专人进行登记和审查，并在收到材料后十日以内，分别作出以下处理：

（一）对于职务犯罪罪犯减刑、假释、暂予监外执行不当的，应当通知下级人民检察院依法向有关单位提出纠正意见。其中，省级人民检察院认为高级人民法院作出的减刑、假释裁定或者省级监狱管理局、省级公安厅（局）作出的暂予监外执行决定不当的，应当依法提出纠正意见；

（二）对于职务犯罪罪犯减刑、假释、暂予监外执行存在疑点或者可能存在违法违规问题的，应当通知下级人民检察院依法进行调查核实。

**第七条** 下级人民检察院收到上级人民检察院对备案审查材料处理意见的通知后，应当立即执行，并在收到通知后三十日以内，报告执行情况。

**第八条** 省级人民检察院应当将本年度原县处级以上职务犯罪罪犯减刑、假释、暂予监外执行的名单，以及本年度职务犯罪罪犯减刑、假释、暂予监外执行的数量和比例对比情况，与人民法院、公安机关、监狱管理机关等有关单位核对后，于次年一月底前，报送最高人民检察院。

**第九条** 对于职务犯罪罪犯减刑、假释、暂予监外执行的比例明显高于其他罪犯的相应比例的，人民检察院应当对职务犯罪罪犯减刑、假释、暂予监外执行案件进行逐案复查，查找和分析存在的问题，依法向有关单位提出意见或者建议。

**第十条** 最高人民检察院和省级人民检察院应当每年对职务犯罪罪犯减刑、假释、暂予监外执行情况进行分析和总结，指导和督促下级人民检察院落实有关要求。

**第十一条** 本规定中的职务犯罪，是指贪污贿赂犯罪，国家工作人员的渎职犯罪，国家机关工作人员利用职权实施的非法拘禁、非法搜查、刑讯逼供、暴力取证、虐待被监管人、报复陷害、破坏选举的侵犯公民人身权利、公民民主权利的犯罪。

**九、《人民检察院办理减刑、假释案件规定》（节录）**（2014 年 7 月 21 日　高检发监字〔2014〕8 号）

**第二条** 人民检察院依法对减刑、假释案件的提请、审理、裁定等活动是否合法实行法律监督。

**第三条** 人民检察院办理减刑、假释案件，应当按照下列情形分别处理：

（一）对减刑、假释案件提请活动的监督，由对执行机关承担检察职责的人民检察院负责；

（二）对减刑、假释案件审理、裁定活动的监督，由人民法院的同级人民检察院负责；同级人民检察院对执行机关不承担检察职责的，可以根据需要指定对执行机关承担检察职责的人民检察院派员出席法庭；下级人民检察院发现减刑、假释裁定不当的，应当及时向作出减刑、假释裁定的人民法院的同级人民检察院报告。

**第四条** 人民检察院办理减刑、假释案件，依照规定实行统一案件管理和办案责任制。

**第五条** 人民检察院收到执行机关移送的下列减刑、假释案件材料后，应当及时进行审查：

（一）执行机关拟提请减刑、假释意见；

（二）终审法院裁判文书、执行通知书、历次减刑裁定书；

（三）罪犯确有悔改表现、立功表现或者重大立功表现的证明材料；

（四）罪犯评审鉴定表、奖惩审批表；

（五）其他应当审查的案件材料。

对拟提请假释案件，还应当审查社区矫正机构或者基层组织关于罪犯假释后对所居住社区影响的调查评估报告。

**第六条** 具有下列情形之一的，人民检察院应当进行调查核实：

（一）拟提请减刑、假释罪犯系职务犯罪罪犯，破坏金融管理秩序和金融诈骗犯罪罪犯，黑社会性质组织犯罪罪犯，严重暴力恐怖犯罪罪犯，或者其他在社会上有重大影响、社会关注度高的罪犯；

（二）因罪犯有立功表现或者重大立功表现拟提请减刑的；

（三）拟提请减刑、假释罪犯的减刑幅度大、假释考验期长、起始时间早、间隔时间短或者实际执行刑期短的；

（四）拟提请减刑、假释罪犯的考核计分高、专项奖励多或者鉴定材料、奖惩记录有疑点的；

（五）收到控告、举报的；

（六）其他应当进行调查核实的。

**第七条** 人民检察院可以采取调阅复制有关材料、重新组织诊断鉴别、进行文证鉴定、召开座谈会、个别询问等方式，对下列情况进行调查核实：

（一）拟提请减刑、假释罪犯在服刑期间的表现情况；

（二）拟提请减刑、假释罪犯的财产刑执行、附带民事裁判履行、退赃退赔等情况；

（三）拟提请减刑罪犯的立功表现、重大立功表现是否属实，发明创造、技术革新是否系罪犯在服刑期间独立完成并经有关主管机关确认；

（四）拟提请假释罪犯的身体状况、性格特征、假释后生活来源和监管条件等影响再犯罪的因素；

（五）其他应当进行调查核实的情况。

**第八条** 人民检察院可以派员列席执行机关提请减刑、假释评审会议，了解案件有关情况，根据需要发表意见。

**第九条** 人民检察院发现罪犯符合减刑、假释条件，但是执行机关未提请减刑、假释的，可以建议执行机关提请减刑、假释。

**第十条** 人民检察院收到执行机关抄送的减刑、假释建议书副本后，应当逐案进行审查，可以向人民法院提出书面意见。发现减刑、假释建议不当或者提请减刑、假释违反法定程序的，应当在收到建议书副本后十日以内，依法向审理减刑、假释案件的人民法院提出书面意见，同时将检察意见书副本抄送执行机关。案情复杂或者情况特殊的，可以延长十日。

**第十一条** 人民法院开庭审理减刑、假释案件的，人民检察院应当指派检察人员出席法庭，发表检察意见，并对法庭审理活动是否合法进行监督。

**第十二条** 出席法庭的检察人员不得少于二人，其中至少一人具有检察官职务。

**第十三条** 检察人员应当在庭审前做好下列准备工作：

（一）全面熟悉案情，掌握证据情况，拟定法庭调查提纲和出庭意见；

法律适用　司法解释

（二）对执行机关提请减刑、假释有异议的案件，应当收集相关证据，可以建议人民法院通知相关证人出庭作证。

**第十四条**　庭审开始后，在执行机关代表宣读减刑、假释建议书并说明理由之后，检察人员应当发表检察意见。

**第十五条**　庭审过程中，检察人员对执行机关提请减刑、假释有疑问的，经审判长许可，可以出示证据，申请证人出庭作证，要求执行机关代表出示证据或者作出说明，向被提请减刑、假释的罪犯及证人提问并发表意见。

**第十六条**　法庭调查结束时，在被提请减刑、假释罪犯作最后陈述之前，经审判长许可，检察人员可以发表总结性意见。

**第十七条**　庭审过程中，检察人员认为需要进一步调查核实案件事实、证据，需要补充鉴定或者重新鉴定，或者需要通知新的证人到庭的，应当建议休庭。

**第十八条**　检察人员发现法庭审理活动违反法律规定的，应当在庭审后及时向本院检察长报告，依法向人民法院提出纠正意见。

**第十九条**　人民检察院收到人民法院减刑、假释裁定书副本后，应当及时审查下列内容：

（一）人民法院对罪犯裁定予以减刑、假释，以及起始时间、间隔时间、实际执行刑期、减刑幅度或者假释考验期是否符合有关规定；

（二）人民法院对罪犯裁定不予减刑、假释是否符合有关规定；

（三）人民法院审理、裁定减刑、假释的程序是否合法；

（四）按照有关规定应当开庭审理的减刑、假释案件，人民法院是否开庭审理；

（五）人民法院减刑、假释裁定书是否依法送达执行并向社会公布。

**第二十条**　人民检察院经审查认为人民法院减刑、假释裁定不当的，应当在收到裁定书副本后二十日以内，依法向作出减刑、假释裁定的人民法院提出书面纠正意见。

**第二十一条**　人民检察院对人民法院减刑、假释裁定提出纠正意见的，应当监督人民法院在收到纠正意见后一个月以内重新组成合议庭进行审理并作出最终裁定。

**第二十二条**　人民检察院发现人民法院已经生效的减刑、假释裁定确有错误的，应当向人民法院提出书面纠正意见，提请人民法院按照审判监督程序依法另行组成合议庭重新审理并作出裁定。

**第二十三条**　人民检察院收到控告、举报或者发现司法工作人员在办理减刑、假释案件中涉嫌违法的，应当依法进行调查，并根据情况，向有关单位提出纠正违法意见，建议更换办案人，或者建议予以纪律处分；构成犯罪的，依法追究刑事责任。

**第二十四条**　人民检察院办理职务犯罪罪犯减刑、假释案件，按照有关规定实行备案审查。

**第二十五条**　本规定自发布之日起施行。最高人民检察院以前发布的有关规定与本规定不一致的，以本规定为准。

# 27 徇私舞弊不移交刑事案件案

**概念**

**本罪是指市场监督管理局、税务等行政执法人员，徇私舞弊，对依法应当移交司法机关追究刑事责任的案件不移交，情节严重的行为。**

**立案标准**

**市场监督管理、税务等行政执法人员，涉嫌徇私舞弊，对依法应当移交司法机关追究刑事责任的案件不移交，有下列情形之一的，应予立案：**

1. **对依法可能判处3年以上有期徒刑、无期徒刑、死刑的犯罪案件不移交的。**
2. **不移交刑事案件涉及3人次以上的。**
3. **司法机关提出意见后，无正当理由仍然不予移交的。**
4. **以罚代刑，放纵犯罪嫌疑人，致使犯罪嫌疑人继续进行违法犯罪活动的。**
5. **行政执法部门主管领导阻止移交的。**
6. **隐瞒、毁灭证据，伪造材料，改变刑事案件性质的。**
7. **直接负责的主管人员和其他直接责任人员为牟取本单位私利而不移交刑事案件，情节严重的。**
8. **其他情节严重的情形。**

| 定罪标准 | | |
|---|---|---|
| | 犯罪客体 | 本罪侵犯的客体是国家行政机关正常的行政执法活动。 |
| | 犯罪客观方面 | 本罪在客观方面表现为行为人徇私舞弊，对依法应当移交司法机关追究刑事责任的案件不移交，情节严重的行为。具体包括以下三个要素：<br>1. 行为对象是依法应当移交司法机关追究刑事责任的案件。具体而言，是指应当移交司法机关追究刑事责任案件中的所有犯罪嫌疑人。因此，即使行为人将案件的案卷材料及一部分犯罪嫌疑人移送司法机关，但不移交其他犯罪嫌疑人，情节严重的，也构成本罪。<br>2. 实行行为是徇私舞弊，不移交刑事案件。徇私舞弊，是指为徇私情、私利，故意违背事实和法律，伪造材料，隐瞒情况，弄虚作假的行为。不移交刑事案件，是指行为人对明知有犯罪嫌疑的案件不依法移交司法机关处理或将刑事违法行为当作其他违法行为处理或放纵行为人而不作任何处理。本罪的实行行为是不作为，因此，构成本罪的前提是行为人具有移交刑事案件的义务，即该刑事案件必须是触犯行政执法人员所执行的法律法规而构成犯罪的案件。如税务部门执法人员对杀人案件就没有移交的义务，行为人不移交杀人刑事案件的，不构成本罪。<br>3. 情节严重。判断情节是否严重，可以从不移交案件的危害性、次数、人数等方面综合考虑。有以下情形之一的，属于情节严重：（1）对依法可能判处3年以上有期徒刑、无期徒刑、死刑的犯罪案件不移交的；（2）不移交刑事案件涉及3人次以上的；司法机关提出意见后，无正当理由仍然不予移交的；（3）以罚代刑，放纵犯罪嫌疑人，致使犯罪嫌疑人继续进行违法犯罪活动的；（4）行政执法部门主管领导阻止移交的；（5）隐瞒、毁灭证据，伪造材料，改变刑事案件性质的；（6）直接负责的主管人员和其他直接责任人员为牟取本单位私利而不移交刑事案件，情节严重的；（7）其他情节严重的情形。 |

| | | |
|---|---|---|
| 定罪标准 | 犯罪主体 | 本罪是纯正的身份犯，主体是行政执法人员，即在具有行政执法权的行政机关中从事公务的人员，如市场监督管理、税务等机关的工作人员。 |
| | 犯罪主观方面 | 本罪在主观方面表现为故意，即明知是应当移交司法机关追究刑事责任的案件，明知自己徇私舞弊而不移交刑事案件的行为会损害国家行政机关正常的行政执法活动，希望或者放任这种结果发生。此外，行为人在主观上还有徇私的动机；但是直接负责的主管人员和其他直接责任人员为牟取本单位私利而不移交刑事案件，情节严重的，也构成本罪。 |
| | 罪与非罪 | 区分罪与非罪的界限，首先要看行为人不移交的行为是否情节严重，情节不严重的行为，不构成本罪；其次要看行为人主观上是否有故意，行为人过失不移交刑事案件或者因为业务水平低，认识不清案件性质而不移交的，不构成犯罪。 |
| | 此罪与彼罪 | 本罪与徇私枉法罪的界限。根据《刑法》399条的规定，徇私枉法罪是指司法工作人员徇私枉法、徇情枉法，对明知是无罪的人而使他受追诉、对明知是有罪的人而故意包庇不使他受追诉，或者在刑事审判活动中故意违背事实和法律作枉法裁判的行为。本罪与徇私枉法罪的区别在于：（1）客观方面不同。首先，本罪的实行行为是行为人不移交刑事案件；徇私枉法罪的实行行为是对明知是无罪的人而使他受追诉、对明知是有罪的人而故意包庇不使之受追诉，或者在刑事审判活动中故意违背事实和法律作枉法裁判。其次，本罪的成立要求情节严重；而徇私枉法则无此要求。（2）犯罪主体不同。本罪的主体是行政执法人员，即没有对犯罪行为直接行使侦查、检察、审判等司法权力的行政机关的执法人员；而徇私枉法罪的主体是司法工作人员，即对犯罪行为有侦查、检察、审判等职责的人员。在实践中，若行为主体是公安机关人员的话，两罪的区分就会比较困难，因为公安机关既是行政执法机关，又是司法机关。区分二罪的关键，在于行为人行使的是行政执法权还是侦查权。如果公安机关人员在办理刑事案件过程中，使有罪的人不受刑事追诉，则应以徇私枉法罪论处；如果公安机关人员在行政执法过程中，如办理出入境证件、治安管理过程中发现有刑事案件的发生而不移交侦查部门，情节严重的，则应当以本罪论处。 |
| 证据参考标准 | 主体方面的证据 | **一、证明行为人刑事责任年龄、身份等自然情况的证据**<br>包括身份证明、户籍证明、任职证明、工作经历证明、特定职责证明等，主要是证明行为人的姓名（曾用名）、性别、出生年月日、民族、籍贯、出生地、职业（或职务）、住所地（或居所地）等证据材料，如户口簿、居民身份证、居住证、工作证、出生证、专业或技术等级证、干部履历表、职工登记表、护照等。<br>对于户籍、出生证等材料内容不实的，应提供其他证据材料。人大代表、政协委员犯罪的案件，应注明身份，并附身份证明材料。<br>**二、证明行为人刑事责任能力的证据**<br>证明行为人对自己的行为是否具有辨认能力与控制能力，如是否属于间歇性精神病人、案发时是否尚未完全丧失辨认或者控制自己行为能力的证明材料。 |

<table>
<tr><td rowspan="3">证据参考标准</td><td>主观方面的证据</td><td colspan="2">证明行为人故意的证据<br>1. 证明行为人主观认识因素的证据：证明行为人明知是应当移交司法机关追究刑事责任的案件、明知自己的行为会发生危害社会的结果。2. 证明行为人主观意志因素的证据：证明行为人希望或者放任危害结果发生。3. 动机：徇私。徇私应理解为徇个人私情、私利。</td></tr>
<tr><td>客观方面的证据</td><td colspan="2">证明行为人不移交刑事案件的证据<br>具体证据包括：1. 证明涉及的案件属于依法应当移交司法机关追究刑事责任的案件的证据。2. 证明行为人有移交该案件的义务的证据。3. 证明行为人不移交该案件的证据。4. 证明行为人徇私舞弊的证据。5. 证明情节严重的证据。6. 证明造成严重后果的证据。</td></tr>
<tr><td>量刑方面的证据</td><td colspan="2">一、法定量刑情节证据<br>1. 事实情节。2. 法定从重情节。3. 法定从轻、减轻情节：（1）可以从轻；（2）可以从轻或者减轻；（3）应当从轻或者减轻。4. 法定从轻、减轻、免除情节：（1）可以从轻、减轻或者免除处罚；（2）应当从轻、减轻或者免除处罚。5. 法定减轻、免除情节：（1）可以减轻或者免除处罚；（2）应当减轻或者免除处罚；（3）可以免除处罚。<br>二、酌定量刑情节证据<br>1. 犯罪手段。2. 犯罪对象。3. 危害结果。4. 犯罪动机。5. 平时表现。6. 认罪态度。7. 是否有前科。8. 其他证据。</td></tr>
<tr><td rowspan="3">量刑标准</td><td colspan="2">犯本罪的</td><td>处三年以下有期徒刑或者拘役</td></tr>
<tr><td colspan="2">造成严重后果的</td><td>处三年以上七年以下有期徒刑</td></tr>
<tr><td>不适用缓刑或者免予刑事处罚</td><td colspan="2">1. 以下情形一般不适用缓刑或者免予刑事处罚：<br>（1）不如实供述罪行的；<br>（2）不予退缴赃款赃物或者将赃款赃物用于非法活动的；<br>（3）属于共同犯罪中情节严重的主犯的；<br>（4）犯有数个职务犯罪依法实行并罚或者以一罪处理的；<br>（5）曾因职务违纪违法行为受过行政处分的；<br>（6）犯罪涉及的财物属于救灾、抢险、防汛、优抚、扶贫、移民、救济、防疫等特定款物的；<br>（7）渎职犯罪中徇私舞弊情节或者滥用职权情节恶劣的；<br>（8）其他不应适用缓刑、免予刑事处罚的情形。<br>对于具有以上情形之一，但根据全案事实和量刑情节，检察机关认为确有必要适用缓刑或者免予刑事处罚并据此提出量刑建议的，应经检察委员会讨论决定；审理法院认为确有必要适用缓刑或者免予刑事处罚的，应经审判委员会讨论决定。<br>2. 人民法院审理职务犯罪案件时应当注意听取检察机关、被告人、辩护人提出的量刑意见，分析影响性案件案发前后的社会反映，必要时可以征求案件查办等机关的意见。对于情节恶劣、社会反映强烈的职务犯罪案件，不得适用缓刑、免予刑事处罚。</td></tr>
</table>

刑法条文

**第四百零二条** 行政执法人员徇私舞弊，对依法应当移交司法机关追究刑事责任的不移交，情节严重的，处三年以下有期徒刑或者拘役；造成严重后果的，处三年以上七年以下有期徒刑。

立法解释

**全国人民代表大会常务委员会《关于〈中华人民共和国刑法〉第九章渎职罪主体适用问题的解释》**（2002年12月28日第九届全国人民代表大会常务委员会第三十一次会议通过）

全国人大常委会根据司法实践中遇到的情况，讨论了刑法第九章渎职罪主体的适用问题，解释如下：

在依照法律、法规规定行使国家行政管理职权的组织中从事公务的人员，或者在受国家机关委托代表国家机关行使职权的组织中从事公务的人员，或者虽未列入国家机关人员编制但在国家机关中从事公务的人员，在代表国家机关行使职权时，有渎职行为，构成犯罪的，依照刑法关于渎职罪的规定追究刑事责任。

现予公告。

法律适用

司法解释

**一、最高人民检察院《关于渎职侵权犯罪案件立案标准的规定》（节录）**（2006年7月26日 高检发释字〔2006〕2号）

**一、渎职犯罪案件**

（十二）徇私舞弊不移交刑事案件案（第四百零二条）

徇私舞弊不移交刑事案件罪是指工商行政管理、税务、监察等行政执法人员，徇私舞弊，对依法应当移交司法机关追究刑事责任的案件不移交，情节严重的行为。

涉嫌下列情形之一的，应予立案：

1. 对依法可能判处3年以上有期徒刑、无期徒刑、死刑的犯罪案件不移交的；
2. 不移交刑事案件涉及3人次以上的；
3. 司法机关提出意见后，无正当理由仍然不予移交的；
4. 以罚代刑，放纵犯罪嫌疑人，致使犯罪嫌疑人继续进行违法犯罪活动的；
5. 行政执法部门主管领导阻止移交的；
6. 隐瞒、毁灭证据，伪造材料，改变刑事案件性质的；
7. 直接负责的主管人员和其他直接责任人员为牟取本单位私利而不移交刑事案件，情节严重的；
8. 其他情节严重的情形。

**三、附　则**

（一）本规定中每个罪案名称后所注明的法律条款系《中华人民共和国刑法》的有关条款。

（二）本规定所称“以上”包括本数；有关犯罪数额“不满”，是指已达到该数额百分之八十以上的。

（三）本规定中的“国家机关工作人员”，是指在国家机关中从事公务的人员，包括在各级国家权力机关、行政机关、司法机关和军事机关中从事公务的人员。在依照法律、法规规定行使国家行政管理职权的组织中从事公务的人员，或者在受国家机关委托代表国家行使职权的组织中从事公务的人员，或者虽未列入国家机关人员编制但在国家机关中从事公务的人员，在代表国家机关行使职权时，视为国家机关工作人员。在乡（镇）以上中国共产党机关、人民政协机关中从事公务的人员，视为国家机关工作人员。

（四）本规定中的"直接经济损失"，是指与行为有直接因果关系而造成的财产损毁、减少的实际价值；"间接经济损失"，是指由直接经济损失引起和牵连的其他损失，包括失去的在正常情况下可以获得的利益和为恢复正常的管理活动或者挽回所造成的损失所支付的各种开支、费用等。

有下列情形之一的，虽然有债权存在，但已无法实现债权的，可以认定为已经造成了经济损失：（1）债务人已经法定程序被宣告破产，且无法清偿债务；（2）债务人潜逃，去向不明；（3）因行为人责任，致使超过诉讼时效；（4）有证据证明债权无法实现的其他情况。

直接经济损失和间接经济损失，是指立案时确已造成的经济损失。移送审查起诉前，犯罪嫌疑人及其亲友自行挽回的经济损失，以及由司法机关或者犯罪嫌疑人所在单位及其上级主管部门挽回的经济损失，不予扣减，但可作为对犯罪嫌疑人从轻处理的情节考虑。

（五）本规定中的"徇私舞弊"，是指国家机关工作人员为徇私情、私利，故意违背事实和法律，伪造材料，隐瞒情况，弄虚作假的行为。

（六）本规定自公布之日起施行。本规定发布前有关人民检察院直接受理立案侦查的国家机关工作人员渎职和利用职权实施的侵犯公民人身权利、民主权利犯罪案件的立案标准，与本规定有重复或者不一致的，适用本规定。

对于本规定施行前发生的国家机关工作人员渎职和利用职权实施的侵犯公民人身权利、民主权利犯罪案件，按照《最高人民法院、最高人民检察院关于适用刑事司法解释时间效力问题的规定》办理。

**二、最高人民法院《全国法院审理经济犯罪案件工作座谈会纪要》（节录）**（2003年11月13日 法发〔2003〕167号）

**一、关于贪污贿赂犯罪和渎职犯罪的主体**

（一）国家机关工作人员的认定

刑法中所称的国家机关工作人员，是指在国家机关中从事公务的人员，包括在各级国家权力机关、行政机关、司法机关和军事机关中从事公务的人员。

根据有关立法解释的规定，在依照法律、法规规定行使国家行政管理职权的组织中从事公务的人员，或者在受国家机关委托代表国家行使职权的组织中从事公务的人员，或者虽未列入国家机关人员编制但在国家机关中从事公务的人员，视为国家机关工作人员。在乡（镇）以上中国共产党机关、人民政协机关中从事公务的人员，司法实践中也应当视为国家机关工作人员。

（二）国家机关、国有公司、企业、事业单位委派到非国有公司、企业、事业单位、社会团体从事公务的人员的认定

所谓委派，即委任、派遣，其形式多种多样，如任命、指派、提名、批准等。不论被委派的人身份如何，只要是接受国家机关、国有公司、企业、事业单位委派，代表国家机关、国有公司、企业、事业单位在非国有公司、企业、事业单位、社会团体中从事组织、领导、监督、管理等工作，都可以认定为国家机关、国有公司、企业、事业单位委派到非国有公司、企业、事业单位、社会团体从事公务的人员。如国家机关、国有公司、企业、事业单位委派在国有控股或者参股的股份有限公司从事组织、领导、监督、管理等工作的人员，应当以国家工作人员论。国有公司、企业改制为

股份有限公司后，原国有公司、企业的工作人员和股份有限公司新任命的人员中，除代表国有投资主体行使监督、管理职权的人外，不以国家工作人员论。

（三）“其他依照法律从事公务的人员”的认定

刑法第九十三条第二款规定的“其他依照法律从事公务的人员”应当具有两个特征：一是在特定条件下行使国家管理职能；二是依照法律规定从事公务。具体包括：（1）依法履行职责的各级人民代表大会代表；（2）依法履行审判职责的人民陪审员；（3）协助乡镇人民政府、街道办事处从事行政管理工作的村民委员会、居民委员会等农村和城市基层组织人员；（4）其他由法律授权从事公务的人员。

（四）关于“从事公务”的理解

从事公务，是指代表国家机关、国有公司、企业、事业单位、人民团体等履行组织、领导、监督、管理等职责。公务主要表现为与职权相联系的公共事务以及监督、管理国有财产的职务活动。如国家机关工作人员依法履行职责，国有公司的董事、经理、监事、会计、出纳人员等管理、监督国有财产等活动，属于从事公务。那些不具备职权内容的劳务活动、技术服务工作，如售货员、售票员等所从事的工作，一般不认为是公务。

**六、关于渎职罪**

（一）渎职犯罪行为造成的公共财产重大损失的认定

根据刑法规定，玩忽职守、滥用职权等渎职犯罪是以致使公共财产、国家和人民利益遭受重大损失为构成要件的。其中，公共财产的重大损失，通常是指渎职行为已经造成的重大经济损失。在司法实践中，有以下情形之一的，虽然公共财产作为债权存在，但已无法实现债权的，可以认定为行为人的渎职行为造成了经济损失：（1）债务人已经法定程序被宣告破产；（2）债务人潜逃，去向不明；（3）因行为人责任，致使超过诉讼时效；（4）有证据证明债权无法实现的其他情况。

（二）玩忽职守罪的追诉时效

玩忽职守行为造成的重大损失当时没有发生，而是玩忽职守行为之后一定时间发生的，应从危害结果发生之日起计算玩忽职守罪的追诉期限。

（三）国有公司、企业人员渎职犯罪的法律适用

对于1999年12月24日《中华人民共和国刑法修正案》实施以前发生的国有公司、企业人员渎职行为（不包括徇私舞弊行为），尚未处理或者正在处理的，不能按照刑法修正案追究刑事责任。

（四）关于“徇私”的理解

徇私舞弊型渎职犯罪的“徇私”应理解为徇个人私情、私利。国家机关工作人员为了本单位的利益，实施滥用职权、玩忽职守行为，构成犯罪的，依照刑法第三百九十七条第一款的规定定罪处罚。

**三、最高人民法院、最高人民检察院《关于办理危害食品安全刑事案件适用法律若干问题的解释》（节录）**（2021年12月30日　法释〔2021〕24号）

**第二十条**　负有食品安全监督管理职责的国家机关工作人员滥用职权或者玩忽职守，构成食品监管渎职罪，同时构成徇私舞弊不移交刑事案件罪、商检徇私舞弊罪、动植物检疫徇私舞弊罪、放纵制售伪劣商品犯罪行为罪等其他渎职犯罪的，依照处罚较重的规定定罪处罚。

负有食品安全监督管理职责的国家机关工作人员滥用职权或者玩忽职守，不构成食品监管渎职罪，但构成前款规定的其他渎职犯罪的，依照该其他犯罪定罪处罚。

司法解释

负有食品安全监督管理职责的国家机关工作人员与他人共谋，利用其职务行为帮助他人实施危害食品安全犯罪行为，同时构成渎职犯罪和危害食品安全犯罪共犯的，依照处罚较重的规定定罪从重处罚。

**四、最高人民法院、最高人民检察院《关于办理职务犯罪案件严格适用缓刑、免予刑事处罚若干问题的意见》**（2012 年 8 月 8 日　法发〔2012〕17 号）（略，详见本书第 16 页）

**五、最高人民法院、最高人民检察院《关于办理危害生产安全刑事案件适用法律若干问题的解释》（节录）**（2015 年 12 月 14 日　法释〔2015〕22 号）

**第十五条**　国家机关工作人员在履行安全监督管理职责时滥用职权、玩忽职守，致使公共财产、国家和人民利益遭受重大损失的，或者徇私舞弊，对发现的刑事案件依法应当移交司法机关追究刑事责任而不移交，情节严重的，分别依照刑法第三百九十七条、第四百零二条的规定，以滥用职权罪、玩忽职守罪或者徇私舞弊不移交刑事案件罪定罪处罚。

公司、企业、事业单位的工作人员在依法或者受委托行使安全监督管理职责时滥用职权或者玩忽职守，构成犯罪的，应当依照《全国人民代表大会常务委员会关于〈中华人民共和国刑法〉第九章渎职罪主体适用问题的解释》的规定，适用渎职罪的规定追究刑事责任。

法律适用

相关法律法规

**一、《中华人民共和国行政处罚法》（节录）**（1996 年 3 月 17 日第八届全国人民代表大会第四次会议通过　2009 年 8 月 27 日第一次修正　2017 年 9 月 1 日第二次修正　2021 年 1 月 22 日修订）

**第八十二条**　行政机关对应当依法移交司法机关追究刑事责任的案件不移交，以行政处罚代替刑事处罚，由上级行政机关或者有关机关责令改正，对直接负责的主管人员和其他直接责任人员依法给予处分；情节严重构成犯罪的，依法追究刑事责任。

**二、《行政执法机关移送涉嫌犯罪案件的规定》**（2001 年 7 月 9 日中华人民共和国国务院令第 310 号公布　根据 2020 年 8 月 7 日《国务院关于修改〈行政执法机关移送涉嫌犯罪案件的规定〉的决定》修订）

**第一条**　为了保证行政执法机关向公安机关及时移送涉嫌犯罪案件，依法惩罚破坏社会主义市场经济秩序罪、妨害社会管理秩序罪以及其他罪，保障社会主义建设事业顺利进行，制定本规定。

**第二条**　本规定所称行政执法机关，是指依照法律、法规或者规章的规定，对破坏社会主义市场经济秩序、妨害社会管理秩序以及其他违法行为具有行政处罚权的行政机关，以及法律、法规授权的具有管理公共事务职能、在法定授权范围内实施行政处罚的组织。

**第三条**　行政执法机关在依法查处违法行为过程中，发现违法事实涉及的金额、违法事实的情节、违法事实造成的后果等，根据刑法关于破坏社会主义市场经济秩序罪、妨害社会管理秩序罪等罪的规定和最高人民法院、最高人民检察院关于破坏社会主义市场经济秩序罪、妨害社会管理秩序罪等罪的司法解释以及最高人民检察院、公安部关于经济犯罪案件的追诉标准等规定，涉嫌构成犯罪，依法需要追究刑事责任的，必须依照本规定向公安机关移送。

知识产权领域的违法案件，行政执法机关根据调查收集的证据和查明的案件事实，认为存在犯罪的合理嫌疑，需要公安机关采取措施进一步获取证据以判断是否达到刑事案件立案追诉标准的，应当向公安机关移送。

**第四条** 行政执法机关在查处违法行为过程中，必须妥善保存所收集的与违法行为有关的证据。

行政执法机关对查获的涉案物品，应当如实填写涉案物品清单，并按照国家有关规定予以处理。对易腐烂、变质等不宜或者不易保管的涉案物品，应当采取必要措施，留取证据；对需要进行检验、鉴定的涉案物品，应当由法定检验、鉴定机构进行检验、鉴定，并出具检验报告或者鉴定结论。

**第五条** 行政执法机关对应当向公安机关移送的涉嫌犯罪案件，应当立即指定2名或者2名以上行政执法人员组成专案组专门负责，核实情况后提出移送涉嫌犯罪案件的书面报告，报经本机关正职负责人或者主持工作的负责人审批。

行政执法机关正职负责人或者主持工作的负责人应当自接到报告之日起3日内作出批准移送或者不批准移送的决定。决定批准的，应当在24小时内向同级公安机关移送；决定不批准的，应当将不予批准的理由记录在案。

**第六条** 行政执法机关向公安机关移送涉嫌犯罪案件，应当附有下列材料：

（一）涉嫌犯罪案件移送书；

（二）涉嫌犯罪案件情况的调查报告；

（三）涉案物品清单；

（四）有关检验报告或者鉴定结论；

（五）其他有关涉嫌犯罪的材料。

**第七条** 公安机关对行政执法机关移送的涉嫌犯罪案件，应当在涉嫌犯罪案件移送书的回执上签字；其中，不属于本机关管辖的，应当在24小时内转送有管辖权的机关，并书面告知移送案件的行政执法机关。

**第八条** 公安机关应当自接受行政执法机关移送的涉嫌犯罪案件之日起3日内，依照刑法、刑事诉讼法以及最高人民法院、最高人民检察院关于立案标准和公安部关于公安机关办理刑事案件程序的规定，对所移送的案件进行审查。认为有犯罪事实，需要追究刑事责任，依法决定立案的，应当书面通知移送案件的行政执法机关；认为没有犯罪事实，或者犯罪事实显著轻微，不需要追究刑事责任，依法不予立案的，应当说明理由，并书面通知移送案件的行政执法机关，相应退回案卷材料。

**第九条** 行政执法机关接到公安机关不予立案的通知书后，认为依法应当由公安机关决定立案的，可以自接到不予立案通知书之日起3日内，提请作出不予立案决定的公安机关复议，也可以建议人民检察院依法进行立案监督。

作出不予立案决定的公安机关应当自收到行政执法机关提请复议的文件之日起3日内作出立案或者不予立案的决定，并书面通知移送案件的行政执法机关。移送案件的行政执法机关对公安机关不予立案的复议决定仍有异议的，应当自收到复议决定通知书之日起3日内建议人民检察院依法进行立案监督。

公安机关应当接受人民检察院依法进行的立案监督。

**第十条** 行政执法机关对公安机关决定不予立案的案件，应当依法作出处理；其中，依照有关法律、法规或者规章的规定应当给予行政处罚的，应当依法实施行政处罚。

**第十一条** 行政执法机关对应当向公安机关移送的涉嫌犯罪案件，不得以行政处罚代替移送。

行政执法机关向公安机关移送涉嫌犯罪案件前已经作出的警告，责令停产停业，暂扣或者吊销许可证、暂扣或者吊销执照的行政处罚决定，不停止执行。

依照行政处罚法的规定，行政执法机关向公安机关移送涉嫌犯罪案件前，已经依法给予当事人罚款的，人民法院判处罚金时，依法折抵相应罚金。

第十二条　行政执法机关对公安机关决定立案的案件，应当自接到立案通知书之日起3日内将涉案物品以及与案件有关的其他材料移交公安机关，并办结交接手续；法律、行政法规另有规定的，依照其规定。

第十三条　公安机关对发现的违法行为，经审查，没有犯罪事实，或者立案侦查后认为犯罪事实显著轻微，不需要追究刑事责任，但依法应当追究行政责任的，应当及时将案件移送同级行政执法机关，有关行政执法机关应当依法作出处理。

第十四条　行政执法机关移送涉嫌犯罪案件，应当接受人民检察院和监察机关依法实施的监督。

任何单位和个人对行政执法机关违反本规定，应当向公安机关移送涉嫌犯罪案件而不移送的，有权向人民检察院、监察机关或者上级行政执法机关举报。

第十五条　行政执法机关违反本规定，隐匿、私分、销毁涉案物品的，由本级或者上级人民政府，或者实行垂直管理的上级行政执法机关，对其正职负责人根据情节轻重，给予降级以上的处分；构成犯罪的，依法追究刑事责任。

对前款所列行为直接负责的主管人员和其他直接责任人员，比照前款的规定给予处分；构成犯罪的，依法追究刑事责任。

第十六条　行政执法机关违反本规定，逾期不将案件移送公安机关的，由本级或者上级人民政府，或者实行垂直管理的上级行政执法机关，责令限期移送，并对其正职负责人或者主持工作的负责人根据情节轻重，给予记过以上的处分；构成犯罪的，依法追究刑事责任。

行政执法机关违反本规定，对应当向公安机关移送的案件不移送，或者以行政处罚代替移送的，由本级或者上级人民政府，或者实行垂直管理的上级行政执法机关，责令改正，给予通报；拒不改正的，对其正职负责人或者主持工作的负责人给予记过以上的处分；构成犯罪的，依法追究刑事责任。

对本条第一款、第二款所列行为直接负责的主管人员和其他直接责任人员，分别比照前两款的规定给予处分；构成犯罪的，依法追究刑事责任。

第十七条　公安机关违反本规定，不接受行政执法机关移送的涉嫌犯罪案件，或者逾期不作出立案或者不予立案的决定的，除由人民检察院依法实施立案监督外，由本级或者上级人民政府责令改正，对其正职负责人根据情节轻重，给予记过以上的处分；构成犯罪的，依法追究刑事责任。

对前款所列行为直接负责的主管人员和其他直接责任人员，比照前款的规定给予处分；构成犯罪的，依法追究刑事责任。

第十八条　有关机关存在本规定第十五条、第十六条、第十七条所列违法行为，需要由监察机关依法给予违法的公职人员政务处分的，该机关及其上级主管机关或者有关人民政府应当依照有关规定将相关案件线索移送监察机关处理。

第十九条　行政执法机关在依法查处违法行为过程中，发现公职人员有贪污贿赂、失职渎职或者利用职权侵犯公民人身权利和民主权利等违法行为，涉嫌构成职务犯罪的，应当依照刑法、刑事诉讼法、监察法等法律规定及时将案件线索移送监察机关或者人民检察院处理。

第二十条　本规定自公布之日起施行。

**一、公安部《公安机关受理行政执法机关移送涉嫌犯罪案件规定》**（2016年6月16日 公通字〔2016〕16号）

**第一条** 为规范公安机关受理行政执法机关移送涉嫌犯罪案件工作，完善行政执法与刑事司法衔接工作机制，根据有关法律、法规，制定本规定。

**第二条** 对行政执法机关移送的涉嫌犯罪案件，公安机关应当接受，及时录入执法办案信息系统，并检查是否附有下列材料：

（一）案件移送书，载明移送机关名称、行政违法行为涉嫌犯罪罪名、案件主办人及联系电话等。案件移送书应当附移送材料清单，并加盖移送机关公章；

（二）案件调查报告，载明案件来源、查获情况、嫌疑人基本情况、涉嫌犯罪的事实、证据和法律依据、处理建议等；

（三）涉案物品清单，载明涉案物品的名称、数量、特征、存放地等事项，并附采取行政强制措施、现场笔录等表明涉案物品来源的相关材料；

（四）附有鉴定机构和鉴定人资质证明或者其他证明文件的检验报告或者鉴定意见；

（五）现场照片、询问笔录、电子数据、视听资料、认定意见、责令整改通知书等其他与案件有关的证据材料。

移送材料表明移送案件的行政执法机关已经或者曾经作出有关行政处罚决定的，应当检查是否附有有关行政处罚决定书。

对材料不全的，应当在接受案件的二十四小时内书面告知移送的行政执法机关在三日内补正。但不得以材料不全为由，不接受移送案件。

**第三条** 对接受的案件，公安机关应当按照下列情形分别处理：

（一）对属于本公安机关管辖的，迅速进行立案审查；

（二）对属于公安机关管辖但不属于本公安机关管辖的，移送有管辖权的公安机关，并书面告知移送案件的行政执法机关；

（三）对不属于公安机关管辖的，退回移送案件的行政执法机关，并书面说明理由。

**第四条** 对接受的案件，公安机关应当立即审查，并在规定的时间内作出立案或者不立案的决定。

决定立案的，应当书面通知移送案件的行政执法机关。对决定不立案的，应当说明理由，制作不予立案通知书，连同案卷材料在三日内送达移送案件的行政执法机关。

**第五条** 公安机关审查发现涉嫌犯罪案件移送材料不全、证据不充分的，可以就证明有犯罪事实的相关证据要求等提出补充调查意见，商请移送案件的行政执法机关补充调查。必要时，公安机关可以自行调查。

**第六条** 对决定立案的，公安机关应当自立案之日起三日内与行政执法机关交接涉案物品以及与案件有关的其他证据材料。

对保管条件、保管场所有特殊要求的涉案物品，公安机关可以在采取必要措施固定留取证据后，商请行政执法机关代为保管。

移送案件的行政执法机关在移送案件后，需要作出责令停产停业、吊销许可证等行政处罚，或者在相关行政复议、行政诉讼中，需要使用已移送公安机关证据材料的，公安机关应当协助。

**第七条** 单位或者个人认为行政执法机关办理的行政案件涉嫌犯罪，向公安机关报案、控告、举报或者自首的，公安机关应当接受，不得要求相关单位或者人员先行向行政执法机关报案、控告、举报或者自首。

**第八条** 对行政执法机关移送的涉嫌犯罪案件，公安机关立案后决定撤销案件的，应当将撤销案件决定书连同案卷材料送达移送案件的行政执法机关。对依法应当追究行政法律责任的，可以同时向行政执法机关提出书面建议。

**第九条** 公安机关应当定期总结受理审查行政执法机关移送涉嫌犯罪案件情况，分析衔接工作中存在的问题，并提出意见建议，通报行政执法机关、同级人民检察院。必要时，同时通报本级或者上一级人民政府，或者实行垂直管理的行政执法机关的上一级机关。

**第十条** 公安机关受理行政执法机关移送涉嫌犯罪案件，依法接受人民检察院的法律监督。

**第十一条** 公安机关可以根据法律法规，联合同级人民检察院、人民法院、行政执法机关制定行政执法机关移送涉嫌犯罪案件类型、移送标准、证据要求、法律文书等文件。

**第十二条** 本规定自印发之日起实施。

## 二、公安部《关于打击拐卖妇女儿童犯罪适用法律和政策有关问题的意见》（节录）

（2000年3月24日 公通字〔2000〕25号）

### 六、关于不解救或者阻碍解救被拐卖的妇女、儿童等渎职犯罪

对被拐卖的妇女、儿童负有解救职责的国家机关工作人员不履行解救职责，或者袒护、纵容甚至支持买卖妇女、儿童，为买卖妇女、儿童人员通风报信，或者以其他方法阻碍解救工作的，要依法处理：

（一）对被拐卖的妇女、儿童负有解救职责的公安、司法等国家机关工作人员接到被拐卖的妇女、儿童及其家属的解救要求或者接到其他人的举报，而对被拐卖的妇女、儿童不进行解救的，要交由其主管部门进行党纪、政纪、警纪处分；构成犯罪的，应当以不解救被拐卖妇女、儿童罪移送人民检察院追究刑事责任。

（二）对被拐卖的妇女、儿童负有解救职责的公安、司法等国家机关工作人员利用职务阻碍解救被拐卖的妇女、儿童，构成犯罪的，应当以阻碍解救被拐卖妇女、儿童罪移送人民检察院追究刑事责任。

（三）行政执法人员徇私情、私利，伪造材料，隐瞒情况，弄虚作假，对依法应当移交司法机关追究刑事责任的拐卖妇女、儿童犯罪案件不移交司法机关处理，构成犯罪的，以徇私舞弊不移交刑事案件罪移送人民检察院追究刑事责任。

（四）有查禁拐卖妇女、儿童犯罪活动职责的国家机关工作人员，向拐卖妇女、儿童的犯罪分子通风报信、提供便利，帮助犯罪分子逃避处罚，构成犯罪的，以帮助犯罪分子逃避处罚罪移送人民检察院追究刑事责任。

# 28 滥用管理公司、证券职权案

**概念**

**本罪是指市场监督管理、证券监督管理等国家有关主管部门的工作人员徇私舞弊，滥用职权，对不符合法律规定条件的公司设立、登记申请或者股票、债券发行、上市申请予以批准或者登记，致使公共财产、国家和人民利益遭受重大损失的行为，以及上级部门、当地政府强令登记机关及其工作人员实施上述行为的行为。**

**立案标准**

**市场监督管理、证券监督管理等国家有关主管部门的工作人员涉嫌徇私舞弊，滥用职权，对不符合法律规定条件的公司设立、登记申请或者股票、债券发行、上市申请予以批准或者登记，以及上级部门、当地政府涉嫌强令登记机关及其工作人员实施上述行为，有下列情形之一的，应予立案：**

1. **造成直接经济损失 50 万元以上的。**
2. **市场监督管理部门的工作人员对不符合法律规定条件的公司设立、登记申请，违法予以批准、登记，严重扰乱市场秩序的。**
3. **金融证券管理机构的工作人员对不符合法律规定条件的股票、债券发行、上市申请，违法予以批准，严重损害公众利益，或者严重扰乱金融秩序的。**
4. **市场监督管理部门、金融证券管理机构的工作人员对不符合法律规定条件的公司设立、登记申请或者股票、债券发行、上市申请违法予以批准或者登记，致使犯罪行为得逞的。**
5. **上级部门、当地政府直接负责的主管人员强令登记机关及其工作人员，对不符合法律规定条件的公司设立、登记申请或者股票、债券发行、上市申请予以批准或者登记，致使公共财产、国家或者人民利益遭受重大损失的。**
6. **其他致使公共财产、国家和人民利益遭受重大损失的情形。**

| 定罪标准 | | |
|---|---|---|
| | 犯罪客体 | 本罪侵犯的客体是国家对公司的设立、登记，证券的发行、上市申请的管理制度。 |
| | 犯罪客观方面 | 本罪在客观方面表现为市场监督管理、证券监督管理等国家有关主管部门的工作人员徇私舞弊，滥用职权，对不符合法律规定条件的公司设立、登记申请或者股票、债券发行、上市申请予以批准或者登记，致使公共财产、国家和人民利益遭受重大损失，或者上级部门、当地政府强令登记机关及其工作人员实施上述行为。具体而言，本罪客观方面有两种行为类型：<br>1. 徇私舞弊，滥用职权，对不符合法律规定条件的公司设立、登记申请或者股票、债券发行、上市申请予以批准或者登记，致使公共财产、国家和人民利益遭受重大损失。具体包括以下两个要素：<br>（1）徇私舞弊、滥用职权的行为，即对不符合法律规定条件的公司设立、登记申请或者股票、债券发行、上市申请予以批准或者登记。“徇私舞弊”，是指国家机关工作人员为徇私情、私利，故意违背事实和法律，伪造材料，隐瞒情况，弄虚作假的行 |

| | | |
|---|---|---|
| 定罪标准 | 犯罪客观方面 | 为。滥用职权，则是指超越职权，违法决定、处理其无权决定、处理的事项，或者违反规定处理公务。<br>（2）滥用职权的行为致使公共财产、国家和人民利益遭受重大损失。行为与重大损失之间必须具有因果关系。而重大损失，是指以下情形之一的：①造成直接经济损失50万元以上的；②市场监督管理部门的工作人员对不符合法律规定条件的公司设立、登记申请，违法予以批准、登记，严重扰乱市场秩序的；③金融证券管理机构的工作人员对不符合法律规定条件的股票、债券发行、上市申请，违法予以批准，严重损害公众利益，或者严重扰乱金融秩序的；④市场监督管理部门、金融证券管理机构的工作人员对不符合法律规定条件的公司设立、登记申请或者股票、债券发行、上市申请违法予以批准或者登记，致使犯罪行为得逞的；⑤其他致使公共财产、国家和人民利益遭受重大损失的情形。<br>2. 上级部门、当地政府强令登记机关及其工作人员对不符合法律规定条件的公司设立、登记申请或者股票、债券发行、上市申请予以批准或者登记。强令，是指行为人明知其命令内容违反法律、法规，而强迫登记机关及其工作人员对不符合法律规定条件的公司设立、登记申请或者股票、债券发行、上市申请予以批准或者登记。 |
| | 犯罪主体 | 本罪是纯正的身份犯，主体包括以下两类：<br>1. 国家有关主管部门的国家机关工作人员。所谓“国家有关主管部门”，是指根据《公司法》《证券法》以及相关规定，负责对公司设立、登记申请或者股票、债券发行、上市申请予以批准或者登记的国家机关，主要包括市场监督管理部门、金融证券管理机构、银行业监督管理机构等。<br>2. 上级部门。《刑法》第403条第2款规定的是单位犯罪，即“强令”行为是单位集体研究决定或者由负责人员决定并以该部门的名义来实施的，体现了上级部门的整体意志。但是实行代罚制，只处罚直接负责的主管人员。 |
| | 犯罪主观方面 | 本罪在主观方面表现为故意，即明知是不符合法律规定条件的公司设立、登记申请或者股票、债券发行、上市申请，明知自己滥用职权的行为会损害国家对公司的设立、登记，证券的发行、上市申请的管理制度，希望或者放任这种结果发生。上级部门犯本罪的，还要求有单位的整体意志。 |
| | 罪与非罪 | 区分罪与非罪的界限，关键要看滥用职权的行为有没有致使公共财产、国家和人民利益遭受重大损失。没有发生重大损失，或者发生的重大损失与滥用职权行为之间不存在因果关系的，不构成本罪。 |
| | 共同犯罪 | 《刑法》第403条第2款规定的是上级部门所实施的单位犯罪，如果上级部门的主管人员以个人名义，强令登记机关及其工作人员实施第403条第1款的行为时，不适用第403条第2款，而应该适用第403条第1款，以本罪的共犯论处。 |
| 证据参考标准 | 主体方面的证据 | **一、证明行为人刑事责任年龄、身份等自然情况的证据**<br>包括身份证明、户籍证明、任职证明、工作经历证明、特定职责证明等，主要是证明行为人的姓名（曾用名）、性别、出生年月日、民族、籍贯、出生地、职业（或职务）、住所地（或居所地）等证据材料，如户口簿、居民身份证、居住证、工作证、 |

<table>
<tr><td rowspan="5">证据参考标准</td><td>主体方面的证据</td><td colspan="2">出生证、专业或技术等级证、干部履历表、职工登记表、护照等。<br>对于户籍、出生证等材料内容不实的，应提供其他证据材料。人大代表、政协委员犯罪的案件，应注明身份，并附身份证明材料。<br>二、证明行为人刑事责任能力的证据。<br>证明行为人对自己的行为是否具有辨认能力与控制能力，如是否属于间歇性精神病人、案发时是否尚未完全丧失辨认或者控制自己行为能力的证明材料。<br>三、证明上级部门的证据<br>证明是否属于上级部门。证明单位的名称、住所地、性质、单位负责人、职责范围等证据材料。<br>四、证明上级部门直接负责的主管人员的证据<br>在单位的任职、职责、负责权限的证明材料等。包括身份证明、户籍证明、任职证明等，如户口簿、居民身份证、居住证、工作证、护照、专业或技术等级证、干部履历表、职工登记表、任命书、业务分工文件、委派文件、单位证明、单位规章制度等。</td></tr>
<tr><td>主观方面的证据</td><td colspan="2">证明行为人故意的证据<br>1. 证明行为人主观认识因素的证据：证明行为人明知是不符合法律规定条件的公司设立、登记申请或者股票、债券发行、上市申请，证明行为人明知滥用职权的行为会发生危害社会的结果。2. 证明行为人主观意志因素的证据：证明行为人希望或者放任危害结果发生。3. 证明上级部门单位整体意志的证据。</td></tr>
<tr><td>客观方面的证据</td><td colspan="2">证明滥用管理公司、证券职权行为的证据<br>具体证据包括：1. 证明行为人对不符合法律规定条件的公司设立、登记申请，违法予以批准、登记的证据。2. 证明行为人对不符合法律规定条件的股票、债券发行、上市申请，违法予以批准的证据。3. 证明公共财产、国家和人民利益遭受重大损失的证据。4. 证明滥用职权行为与重大损失之间存在因果关系的证据。5. 证明上级部门强令登记机关及其工作人员实施上述滥用职权行为的证据。6. 证明当地政府强令登记机关及其工作人员实施上述滥用职权行为的证据。</td></tr>
<tr><td>量刑方面的证据</td><td colspan="2">一、法定量刑情节证据<br>1. 事实情节。2. 法定从重情节。3. 法定从轻、减轻情节：（1）可以从轻；（2）可以从轻或者减轻；（3）应当从轻或者减轻。4. 法定从轻、减轻、免除情节：（1）可以从轻、减轻或者免除处罚；（2）应当从轻、减轻或者免除处罚。5. 法定减轻、免除情节：（1）可以减轻或者免除处罚；（2）应当减轻或者免除处罚；（3）可以免除处罚。<br>二、酌定量刑情节证据<br>1. 犯罪手段。2. 犯罪对象。3. 危害结果。4. 犯罪动机。5. 平时表现。6. 认罪态度。7. 是否有前科。8. 其他证据。</td></tr>
<tr><td colspan="3"></td></tr>
<tr><td rowspan="2">量刑标准</td><td colspan="2">犯本罪的</td><td>处五年以下有期徒刑或者拘役</td></tr>
<tr><td>不适用缓刑或者免予刑事处罚</td><td colspan="2">1. 以下情形一般不适用缓刑或者免予刑事处罚：<br>（1）不如实供述罪行的；<br>（2）不予退缴赃款赃物或者将赃款赃物用于非法活动的；<br>（3）属于共同犯罪中情节严重的主犯的；<br>（4）犯有数个职务犯罪依法实行并罚或者以一罪处理的；</td></tr>
</table>

**量刑标准**

**不适用缓刑或者免予刑事处罚**

（5）曾因职务违纪违法行为受过行政处分的；

（6）犯罪涉及的财物属于救灾、抢险、防汛、优抚、扶贫、移民、救济、防疫等特定款物的；

（7）渎职犯罪中徇私舞弊情节或者滥用职权情节恶劣的；

（8）其他不应适用缓刑、免予刑事处罚的情形。

对于具有以上情形之一，但根据全案事实和量刑情节，检察机关认为确有必要适用缓刑或者免予刑事处罚并据此提出量刑建议的，应经检察委员会讨论决定；审理法院认为确有必要适用缓刑或者免予刑事处罚的，应经审判委员会讨论决定。

2. 人民法院审理职务犯罪案件时应当注意听取检察机关、被告人、辩护人提出的量刑意见，分析影响性案件案发前后的社会反映，必要时可以征求案件查办等机关的意见。对于情节恶劣、社会反映强烈的职务犯罪案件，不得适用缓刑、免予刑事处罚。

**法律适用**

**刑法条文**

**第四百零三条** 国家有关主管部门的国家机关工作人员，徇私舞弊，滥用职权，对不符合法律规定条件的公司设立、登记申请或者股票、债券发行、上市申请，予以批准或者登记，致使公共财产、国家和人民利益遭受重大损失的，处五年以下有期徒刑或者拘役。

上级部门强令登记机关及其工作人员实施前款行为的，对其直接负责的主管人员，依照前款的规定处罚。

**第九十一条** 本法所称公共财产，是指下列财产：

（一）国有财产；

（二）劳动群众集体所有的财产；

（三）用于扶贫和其他公益事业的社会捐助或者专项基金的财产。

在国家机关、国有公司、企业、集体企业和人民团体管理、使用或者运输中的私人财产，以公共财产论。

**立法解释**

**全国人民代表大会常务委员会《关于〈中华人民共和国刑法〉第九章渎职罪主体适用问题的解释》**（2002年12月28日第九届全国人民代表大会常务委员会第三十一次会议通过）

全国人大常委会根据司法实践中遇到的情况，讨论了刑法第九章渎职罪主体的适用问题，解释如下：

在依照法律、法规规定行使国家行政管理职权的组织中从事公务的人员，或者在受国家机关委托代表国家机关行使职权的组织中从事公务的人员，或者虽未列入国家机关人员编制但在国家机关中从事公务的人员，在代表国家机关行使职权时，有渎职行为，构成犯罪的，依照刑法关于渎职罪的规定追究刑事责任。

现予公告。

**司法解释**

**一、最高人民检察院《关于渎职侵权犯罪案件立案标准的规定》（节录）**（2006年7月26日 高检发释字〔2006〕2号）

**一、渎职犯罪案件**

（十三）滥用管理公司、证券职权案（第四百零三条）

滥用管理公司、证券职权罪是指工商行政管理、证券管理等国家有关主管部门的

法律适用 司法解释

工作人员徇私舞弊，滥用职权，对不符合法律规定条件的公司设立、登记申请或者股票、债券发行、上市申请予以批准或者登记，致使公共财产、国家和人民利益遭受重大损失的行为，以及上级部门、当地政府强令登记机关及其工作人员实施上述行为的行为。

涉嫌下列情形之一的，应予立案：

1. 造成直接经济损失50万元以上的；

2. 工商行政管理部门的工作人员对不符合法律规定条件的公司设立、登记申请，违法予以批准、登记，严重扰乱市场秩序的；

3. 金融证券管理机构的工作人员对不符合法律规定条件的股票、债券发行、上市申请，违法予以批准，严重损害公众利益，或者严重扰乱金融秩序的；

4. 工商行政管理部门、金融证券管理机构的工作人员对不符合法律规定条件的公司设立、登记申请或者股票、债券发行、上市申请违法予以批准或者登记，致使犯罪行为得逞的；

5. 上级部门、当地政府直接负责的主管人员强令登记机关及其工作人员，对不符合法律规定条件的公司设立、登记申请或者股票、债券发行、上市申请予以批准或者登记，致使公共财产、国家或者人民利益遭受重大损失的；

6. 其他致使公共财产、国家和人民利益遭受重大损失的情形。

三、附 则

（一）本规定中每个罪案名称后所注明的法律条款系《中华人民共和国刑法》的有关条款。

（二）本规定所称“以上”包括本数；有关犯罪数额“不满”，是指已达到该数额百分之八十以上的。

（三）本规定中的“国家机关工作人员”，是指在国家机关中从事公务的人员，包括在各级国家权力机关、行政机关、司法机关和军事机关中从事公务的人员。在依照法律、法规规定行使国家行政管理职权的组织中从事公务的人员，或者在受国家机关委托代表国家行使职权的组织中从事公务的人员，或者虽未列入国家机关人员编制但在国家机关中从事公务的人员，在代表国家机关行使职权时，视为国家机关工作人员。在乡（镇）以上中国共产党机关、人民政协机关中从事公务的人员，视为国家机关工作人员。

（四）本规定中的“直接经济损失”，是指与行为有直接因果关系而造成的财产损毁、减少的实际价值；“间接经济损失”，是指由直接经济损失引起和牵连的其他损失，包括失去的在正常情况下可以获得的利益和为恢复正常的管理活动或者挽回所造成的损失所支付的各种开支、费用等。

有下列情形之一的，虽然有债权存在，但已无法实现债权的，可以认定为已经造成了经济损失：(1) 债务人已经法定程序被宣告破产，且无法清偿债务；(2) 债务人潜逃，去向不明；(3) 因行为人责任，致使超过诉讼时效；(4) 有证据证明债权无法实现的其他情况。

直接经济损失和间接经济损失，是指立案时确已造成的经济损失。移送审查起诉前，犯罪嫌疑人及其亲友自行挽回的经济损失，以及由司法机关或者犯罪嫌疑人所在单位及其上级主管部门挽回的经济损失，不予扣减，但可作为对犯罪嫌疑人从轻处理的情节考虑。

（五）本规定中的“徇私舞弊”，是指国家机关工作人员为徇私情、私利，故意违背事实和法律，伪造材料，隐瞒情况，弄虚作假的行为。

（六）本规定自公布之日起施行。本规定发布前有关人民检察院直接受理立案侦查的国家机关工作人员渎职和利用职权实施的侵犯公民人身权利、民主权利犯罪案件的立案标准，与本规定有重复或者不一致的，适用本规定。

对于本规定施行前发生的国家机关工作人员渎职和利用职权实施的侵犯公民人身权利、民主权利犯罪案件，按照《最高人民法院、最高人民检察院关于适用刑事司法解释时间效力问题的规定》办理。

**二、最高人民法院《全国法院审理经济犯罪案件工作座谈会纪要》（节录）**（2003年11月13日　法发〔2003〕167号）

**一、关于贪污贿赂犯罪和渎职犯罪的主体**

（一）国家机关工作人员的认定

刑法中所称的国家机关工作人员，是指在国家机关中从事公务的人员，包括在各级国家权力机关、行政机关、司法机关和军事机关中从事公务的人员。

根据有关立法解释的规定，在依照法律、法规规定行使国家行政管理职权的组织中从事公务的人员，或者在受国家机关委托代表国家行使职权的组织中从事公务的人员，或者虽未列入国家机关人员编制但在国家机关中从事公务的人员，视为国家机关工作人员。在乡（镇）以上中国共产党机关、人民政协机关中从事公务的人员，司法实践中也应当视为国家机关工作人员。

（二）国家机关、国有公司、企业、事业单位委派到非国有公司、企业、事业单位、社会团体从事公务的人员的认定

所谓委派，即委任、派遣，其形式多种多样，如任命、指派、提名、批准等。不论被委派的人身份如何，只要是接受国家机关、国有公司、企业、事业单位委派，代表国家机关、国有公司、企业、事业单位在非国有公司、企业、事业单位、社会团体中从事组织、领导、监督、管理等工作，都可以认定为国家机关、国有公司、企业、事业单位委派到非国有公司、企业、事业单位、社会团体从事公务的人员。如国家机关、国有公司、企业、事业单位委派在国有控股或者参股的股份有限公司从事组织、领导、监督、管理等工作的人员，应当以国家工作人员论。国有公司、企业改制为股份有限公司后，原国有公司、企业的工作人员和股份有限公司新任命的人员中，除代表国有投资主体行使监督、管理职权的人外，不以国家工作人员论。

（三）“其他依照法律从事公务的人员”的认定

刑法第九十三条第二款规定的“其他依照法律从事公务的人员”应当具有两个特征：一是在特定条件下行使国家管理职能；二是依照法律规定从事公务。具体包括：（1）依法履行职责的各级人民代表大会代表；（2）依法履行审判职责的人民陪审员；（3）协助乡镇人民政府、街道办事处从事行政管理工作的村民委员会、居民委员会等农村和城市基层组织人员；（4）其他由法律授权从事公务的人员。

（四）关于“从事公务”的理解

从事公务，是指代表国家机关、国有公司、企业、事业单位、人民团体等履行组织、领导、监督、管理等职责。公务主要表现为与职权相联系的公共事务以及监督、管理国有财产的职务活动。如国家机关工作人员依法履行职责，国有公司的董事、经理、监事、会计、出纳人员等管理、监督国有财产等活动，属于从事公务。那些不具备职权内容的劳务活动、技术服务工作，如售货员、售票员等所从事的工作，一般不认为是公务。

法律适用

司法解释

**六、关于渎职罪**

（一）渎职犯罪行为造成的公共财产重大损失的认定

根据刑法规定，玩忽职守、滥用职权等渎职犯罪是以致使公共财产、国家和人民利益遭受重大损失为构成要件的。其中，公共财产的重大损失，通常是指渎职行为已经造成的重大经济损失。在司法实践中，有以下情形之一的，虽然公共财产作为债权存在，但已无法实现债权的，可以认定为行为人的渎职行为造成了经济损失：（1）债务人已经法定程序被宣告破产；（2）债务人潜逃，去向不明；（3）因行为人责任，致使超过诉讼时效；（4）有证据证明债权无法实现的其他情况。

（二）玩忽职守罪的追诉时效

玩忽职守行为造成的重大损失当时没有发生，而是玩忽职守行为之后一定时间发生的，应从危害结果发生之日起计算玩忽职守罪的追诉期限。

（三）国有公司、企业人员渎职犯罪的法律适用

对于1999年12月24日《中华人民共和国刑法修正案》实施以前发生的国有公司、企业人员渎职行为（不包括徇私舞弊行为），尚未处理或者正在处理的，不能按照刑法修正案追究刑事责任。

（四）关于“徇私”的理解

徇私舞弊型渎职犯罪的“徇私”应理解为徇个人私情、私利。国家机关工作人员为了本单位的利益，实施滥用职权、玩忽职守行为，构成犯罪的，依照刑法第三百九十七条第一款的规定定罪处罚。

**三、最高人民法院、最高人民检察院《关于办理职务犯罪案件严格适用缓刑、免予刑事处罚若干问题的意见》**（2012年8月8日　法发〔2012〕17号）（略，详见本书第16页）

相关法律法规

**一、《中华人民共和国公司法》（节录）**（1993年12月29日第八届全国人民代表大会常务委员会第五次会议通过　1999年12月25日第一次修正　2004年8月28日第二次修正　2005年10月27日第一次修订　2013年12月28日第三次修正　2018年10月26日第四次修正　2023年12月29日第二次修订）

**第二十九条**　设立公司，应当依法向公司登记机关申请设立登记。

法律、行政法规规定设立公司必须报经批准的，应当在公司登记前依法办理批准手续。

**第三十条**　申请设立公司，应当提交设立登记申请书、公司章程等文件，提交的相关材料应当真实、合法和有效。

申请材料不齐全或者不符合法定形式的，公司登记机关应当一次性告知需要补正的材料。

**第三十一条**　申请设立公司，符合本法规定的设立条件的，由公司登记机关分别登记为有限责任公司或者股份有限公司；不符合本法规定的设立条件的，不得登记为有限责任公司或者股份有限公司。

**第三十二条**　公司登记事项包括：

（一）名称；

（二）住所；

（三）注册资本；

（四）经营范围；

（五）法定代表人的姓名；

（六）有限责任公司股东、股份有限公司发起人的姓名或者名称。

公司登记机关应当将前款规定的公司登记事项通过国家企业信用信息公示系统向社会公示。

**第三十三条** 依法设立的公司，由公司登记机关发给公司营业执照。公司营业执照签发日期为公司成立日期。

公司营业执照应当载明公司的名称、住所、注册资本、经营范围、法定代表人姓名等事项。

公司登记机关可以发给电子营业执照。电子营业执照与纸质营业执照具有同等法律效力。

**第三十四条** 公司登记事项发生变更的，应当依法办理变更登记。

公司登记事项未经登记或者未经变更登记，不得对抗善意相对人。

**第三十五条** 公司申请变更登记，应当向公司登记机关提交公司法定代表人签署的变更登记申请书、依法作出的变更决议或者决定等文件。

公司变更登记事项涉及修改公司章程的，应当提交修改后的公司章程。

公司变更法定代表人的，变更登记申请书由变更后的法定代表人签署。

**第三十六条** 公司营业执照记载的事项发生变更的，公司办理变更登记后，由公司登记机关换发营业执照。

**第三十七条** 公司因解散、被宣告破产或者其他法定事由需要终止的，应当依法向公司登记机关申请注销登记，由公司登记机关公告公司终止。

**第三十八条** 公司设立分公司，应当向公司登记机关申请登记，领取营业执照。

**第三十九条** 虚报注册资本、提交虚假材料或者采取其他欺诈手段隐瞒重要事实取得公司设立登记的，公司登记机关应当依照法律、行政法规的规定予以撤销。

**第四十条** 公司应当按照规定通过国家企业信用信息公示系统公示下列事项：

（一）有限责任公司股东认缴和实缴的出资额、出资方式和出资日期，股份有限公司发起人认购的股份数；

（二）有限责任公司股东、股份有限公司发起人的股权、股份变更信息；

（三）行政许可取得、变更、注销等信息；

（四）法律、行政法规规定的其他信息。

公司应当确保前款公示信息真实、准确、完整。

**第四十一条** 公司登记机关应当优化公司登记办理流程，提高公司登记效率，加强信息化建设，推行网上办理等便捷方式，提升公司登记便利化水平。

国务院市场监督管理部门根据本法和有关法律、行政法规的规定，制定公司登记注册的具体办法。

**第一百九十五条** 公开发行公司债券，应当经国务院证券监督管理机构注册，公告公司债券募集办法。

公司债券募集办法应当载明下列主要事项：

（一）公司名称；

（二）债券募集资金的用途；

（三）债券总额和债券的票面金额；

（四）债券利率的确定方式；

（五）还本付息的期限和方式；

（六）债券担保情况；

（七）债券的发行价格、发行的起止日期；

（八）公司净资产额；

（九）已发行的尚未到期的公司债券总额；

（十）公司债券的承销机构。

**第二百五十八条** 公司登记机关违反法律、行政法规规定未履行职责或者履行职责不当的，对负有责任的领导人员和直接责任人员依法给予政务处分。

**二、《中华人民共和国证券法》（节录）**（1998 年 12 月 29 日第九届全国人民代表大会常务委员会第六次会议通过 2004 年 8 月 28 日第一次修正 2005 年 10 月 27 日第一次修订 2013 年 6 月 29 日第二次修正 2014 年 8 月 31 日第三次修正 2019 年 12 月 28 日第二次修订）

**第十条** 发行人申请公开发行股票、可转换为股票的公司债券，依法采取承销方式的，或者公开发行法律、行政法规规定实行保荐制度的其他证券的，应当聘请证券公司担任保荐人。

保荐人应当遵守业务规则和行业规范，诚实守信，勤勉尽责，对发行人的申请文件和信息披露资料进行审慎核查，督导发行人规范运作。

保荐人的管理办法由国务院证券监督管理机构规定。

**第十一条** 设立股份有限公司公开发行股票，应当符合《中华人民共和国公司法》规定的条件和经国务院批准的国务院证券监督管理机构规定的其他条件，向国务院证券监督管理机构报送募股申请和下列文件：

（一）公司章程；

（二）发起人协议；

（三）发起人姓名或者名称，发起人认购的股份数、出资种类及验资证明；

（四）招股说明书；

（五）代收股款银行的名称及地址；

（六）承销机构名称及有关的协议。

依照本法规定聘请保荐人的，还应当报送保荐人出具的发行保荐书。

法律、行政法规规定设立公司必须报经批准的，还应当提交相应的批准文件。

**第十二条** 公司首次公开发行新股，应当符合下列条件：

（一）具备健全且运行良好的组织机构；

（二）具有持续经营能力；

（三）最近三年财务会计报告被出具无保留意见审计报告；

（四）发行人及其控股股东、实际控制人最近三年不存在贪污、贿赂、侵占财产、挪用财产或者破坏社会主义市场经济秩序的刑事犯罪；

（五）经国务院批准的国务院证券监督管理机构规定的其他条件。

上市公司发行新股，应当符合经国务院批准的国务院证券监督管理机构规定的条件，具体管理办法由国务院证券监督管理机构规定。

公开发行存托凭证的，应当符合首次公开发行新股的条件以及国务院证券监督管理机构规定的其他条件。

**第十三条** 公司公开发行新股，应当报送募股申请和下列文件：

（一）公司营业执照；

（二）公司章程；

（三）股东大会决议；

（四）招股说明书或者其他公开发行募集文件；

（五）财务会计报告；

（六）代收股款银行的名称及地址。

依照本法规定聘请保荐人的，还应当报送保荐人出具的发行保荐书。依照本法规定实行承销的，还应当报送承销机构名称及有关的协议。

**第十四条** 公司对公开发行股票所募集资金，必须按照招股说明书或者其他公开发行募集文件所列资金用途使用；改变资金用途，必须经股东大会作出决议。擅自改变用途，未作纠正的，或者未经股东大会认可的，不得公开发行新股。

**第十五条** 公开发行公司债券，应当符合下列条件：

（一）具备健全且运行良好的组织机构；

（二）最近三年平均可分配利润足以支付公司债券一年的利息；

（三）国务院规定的其他条件。

公开发行公司债券筹集的资金，必须按照公司债券募集办法所列资金用途使用；改变资金用途，必须经债券持有人会议作出决议。公开发行公司债券筹集的资金，不得用于弥补亏损和非生产性支出。

上市公司发行可转换为股票的公司债券，除应当符合第一款规定的条件外，还应当遵守本法第十二条第二款的规定。但是，按照公司债券募集办法，上市公司通过收购本公司股份的方式进行公司债券转换的除外。

**第十六条** 申请公开发行公司债券，应当向国务院授权的部门或者国务院证券监督管理机构报送下列文件：

（一）公司营业执照；

（二）公司章程；

（三）公司债券募集办法；

（四）国务院授权的部门或者国务院证券监督管理机构规定的其他文件。

依照本法规定聘请保荐人的，还应当报送保荐人出具的发行保荐书。

**第十七条** 有下列情形之一的，不得再次公开发行公司债券：

（一）对已公开发行的公司债券或者其他债务有违约或者延迟支付本息的事实，仍处于继续状态；

（二）违反本法规定，改变公开发行公司债券所募资金的用途。

**第十八条** 发行人依法申请公开发行证券所报送的申请文件的格式、报送方式，由依法负责注册的机构或者部门规定。

**第十九条** 发行人报送的证券发行申请文件，应当充分披露投资者作出价值判断和投资决策所必需的信息，内容应当真实、准确、完整。

为证券发行出具有关文件的证券服务机构和人员，必须严格履行法定职责，保证所出具文件的真实性、准确性和完整性。

**第二十条** 发行人申请首次公开发行股票的，在提交申请文件后，应当按照国务院证券监督管理机构的规定预先披露有关申请文件。

**第二十一条** 国务院证券监督管理机构或者国务院授权的部门依照法定条件负责证券发行申请的注册。证券公开发行注册的具体办法由国务院规定。

按照国务院的规定，证券交易所等可以审核公开发行证券申请，判断发行人是否符合发行条件、信息披露要求，督促发行人完善信息披露内容。

依照前两款规定参与证券发行申请注册的人员，不得与发行申请人有利害关系，不得直接或者间接接受发行申请人的馈赠，不得持有所注册的发行申请的证券，不得私下与发行申请人进行接触。

**第二十二条** 国务院证券监督管理机构或者国务院授权的部门应当自受理证券发行申请文件之日起三个月内，依照法定条件和法定程序作出予以注册或者不予注册的决定，发行人根据要求补充、修改发行申请文件的时间不计算在内。不予注册的，应当说明理由。

**第二十三条** 证券发行申请经注册后，发行人应当依照法律、行政法规的规定，在证券公开发行前公告公开发行募集文件，并将该文件置备于指定场所供公众查阅。

发行证券的信息依法公开前，任何知情人不得公开或者泄露该信息。

发行人不得在公告公开发行募集文件前发行证券。

**第二十四条** 国务院证券监督管理机构或者国务院授权的部门对已作出的证券发行注册的决定，发现不符合法定条件或者法定程序，尚未发行证券的，应当予以撤销，停止发行。已经发行尚未上市的，撤销发行注册决定，发行人应当按照发行价并加算银行同期存款利息返还证券持有人；发行人的控股股东、实际控制人以及保荐人，应当与发行人承担连带责任，但是能够证明自己没有过错的除外。

股票的发行人在招股说明书等证券发行文件中隐瞒重要事实或者编造重大虚假内容，已经发行并上市的，国务院证券监督管理机构可以责令发行人回购证券，或者责令负有责任的控股股东、实际控制人买回证券。

**第二十五条** 股票依法发行后，发行人经营与收益的变化，由发行人自行负责；由此变化引致的投资风险，由投资者自行负责。

**第二十六条** 发行人向不特定对象发行的证券，法律、行政法规规定应当由证券公司承销的，发行人应当同证券公司签订承销协议。证券承销业务采取代销或者包销方式。

证券代销是指证券公司代发行人发售证券，在承销期结束时，将未售出的证券全部退还给发行人的承销方式。

证券包销是指证券公司将发行人的证券按照协议全部购入或者在承销期结束时将售后剩余证券全部自行购入的承销方式。

**第二十七条** 公开发行证券的发行人有权依法自主选择承销的证券公司。

**第二十八条** 证券公司承销证券，应当同发行人签订代销或者包销协议，载明下列事项：

（一）当事人的名称、住所及法定代表人姓名；

（二）代销、包销证券的种类、数量、金额及发行价格；

（三）代销、包销的期限及起止日期；

（四）代销、包销的付款方式及日期；

（五）代销、包销的费用和结算办法；

（六）违约责任；

（七）国务院证券监督管理机构规定的其他事项。

**第二十九条** 证券公司承销证券，应当对公开发行募集文件的真实性、准确性、完整性进行核查。发现有虚假记载、误导性陈述或者重大遗漏的，不得进行销售活动；已经销售的，必须立即停止销售活动，并采取纠正措施。

证券公司承销证券，不得有下列行为：

（一）进行虚假的或者误导投资者的广告宣传或者其他宣传推介活动；

（二）以不正当竞争手段招揽承销业务；

（三）其他违反证券承销业务规定的行为。

法律适用

相关法律法规

证券公司有前款所列行为，给其他证券承销机构或者投资者造成损失的，应当依法承担赔偿责任。

**第三十条** 向不特定对象发行证券聘请承销团承销的，承销团应当由主承销和参与承销的证券公司组成。

**第三十一条** 证券的代销、包销期限最长不得超过九十日。

证券公司在代销、包销期内，对所代销、包销的证券应当保证先行出售给认购人，证券公司不得为本公司预留所代销的证券和预先购入并留存所包销的证券。

**第三十二条** 股票发行采取溢价发行的，其发行价格由发行人与承销的证券公司协商确定。

**第三十三条** 股票发行采用代销方式，代销期限届满，向投资者出售的股票数量未达到拟公开发行股票数量百分之七十的，为发行失败。发行人应当按照发行价并加算银行同期存款利息返还股票认购人。

**第三十四条** 公开发行股票，代销、包销期限届满，发行人应当在规定的期限内将股票发行情况报国务院证券监督管理机构备案。

# 29 徇私舞弊不征、少征税款案

**概念**

**本罪是指税务机关工作人员徇私舞弊，不征、少征应征税款，致使国家税收遭受重大损失的行为。**

**立案标准**

**税务机关工作人员涉嫌徇私舞弊，不征、少征应征税款，有下列情形之一的，应予立案：**

1. **徇私舞弊不征、少征应征税款，致使国家税收损失累计达 10 万元以上的。**
2. **上级主管部门工作人员指使税务机关工作人员徇私舞弊不征、少征应征税款，致使国家税收损失累计达 10 万元以上的。**
3. **徇私舞弊不征、少征应征税款不满 10 万元，但具有索取或者收受贿赂或者其他恶劣情节的。**
4. **其他致使国家税收遭受重大损失的情形。**

**定罪标准**

**犯罪客体**

本罪侵犯的客体是国家税收利益和税收征管制度。

**犯罪客观方面**

本罪在客观方面表现为徇私舞弊，不征、少征应征税款，致使国家税收遭受重大损失。具体包括以下两个要素：

1. 徇私舞弊，不征、少征应征税款。“徇私舞弊”，是指国家机关工作人员为徇私情、私利，故意违背事实和法律，伪造材料，隐瞒情况，弄虚作假的行为。本罪的行为对象是应征税款，即根据法律、行政法规应向纳税人征收的税款。具体法律、行政法规包括《企业所得税法》《个人所得税法》《增值税暂行条例》等。对税款应作广义理解，既包括狭义的应当征收的税款，还包括滞纳金以及因违反税法而应缴纳的罚款。不征是指行为人违反法律规定，对不应免征税款的纳税人豁免其应征税款或玩忽职守不对纳税人征收应征税款；少征是指行为人违反法律规定，擅自减少纳税人应征税款。不征、少征税款在实践中的表现形式多种多样，如停征、减征、免征，应当通知银行和其他金融机构扣缴而不通知，应当扣押、查封欠税人相应物品而不扣押、不查封等。

2. 行为致使国家税收遭受重大损失。首先，重大损失，是指下列情形之一的：（1）徇私舞弊不征、少征应征税款，致使国家税收损失累计达 10 万元以上的；（2）上级主管部门工作人员指使税务机关工作人员徇私舞弊不征、少征应征税款，致使国家税收损失累计达 10 万元以上的；（3）徇私舞弊不征、少征应征税款不满 10 万元，但具有索取或者收受贿赂或者其他恶劣情节的；（4）其他致使国家税收遭受重大损失的情形。其次，行为人的不征、少征税款的行为与重大损失之间存在因果关系。

| | | |
|---|---|---|
| 定罪标准 | 犯罪主体 | 本罪是纯正的身份犯，主体是税务机关工作人员。在理解“税务机关工作人员”的范围时，需要注意国家机关工作人员的范围。在我国，刑法中所称的国家机关工作人员，是指在国家机关中从事公务的人员，包括在各级国家权力机关、行政机关、司法机关和军事机关中从事公务的人员。根据有关立法解释的规定，在依照法律法规规定行使国家行政管理职权的组织中从事公务的人员，或者在受国家机关委托代表国家行使职权的组织中从事公务的人员，或者虽未列入国家机关人员编制但在国家机关中从事公务的人员，视为国家机关工作人员。在乡（镇）以上中国共产党机关、人民政协机关中从事公务的人员，司法实践中也应当视为国家机关工作人员。 |
| | 犯罪主观方面 | 本罪在主观方面表现为故意，即明知纳税人应缴纳税款或者应缴纳税款的数额，明知自己不征或少征税款的行为会损害国家税收利益和税收征管制度，希望或者放任这种结果的发生。本罪的主观方面还要有徇私动机。 |
| | 罪与非罪 | 区分罪与非罪的界限，首先要看行为人主观上是否有故意；如果行为人由于计算错误等过失而不征、少征税款的，则不构成本罪。但玩忽职守，严重不负责任，给国家税收造成重大损失的，可以玩忽职守罪论处。其次要看是否有造成重大损失的后果，行为人的行为没有造成重大损失的，应当按照税收征收管理法等法律给予行为人相应的行政处分。 |
| | 共同犯罪 | 在实践中，往往会出现这样的情况：税务机关工作人员明知纳税人逃税，为徇私情、私利而故意不征或者少征税款，或者与纳税人合谋逃税。在逃税行为构成《刑法》第201条逃税罪的情况下，如何认定税务机关工作人员行为的性质以及税务机关工作人员与纳税人的共同犯罪问题，理论上争议很大。我们认为，税务机关工作人员因为其不征、少征税款的行为而触犯了本罪，同时因为该行为属于帮助纳税人逃税的行为，因此也触犯《刑法》第201条，构成逃税罪。由于行为人只实施了一个行为，因此属于想象竞合的情况，应当从一重罪论处。由于本罪的法定刑比较高，所以一般而言，对税务机关工作人员应当以本罪论处。同理，在共同犯罪中，纳税人既构成了逃税罪的正犯，也构成了本罪的共犯。由于纳税人不具有本罪所要求的身份，在这种情况下，应根据两罪的刑罚轻重选择一重罪对纳税人进行处罚。 |
| 证据参考标准 | 主体方面的证据 | **一、证明行为人刑事责任年龄、身份等自然情况的证据**<br>包括身份证明、户籍证明、任职证明、工作经历证明、特定职责证明等，主要是证明行为人的姓名（曾用名）、性别、出生年月日、民族、籍贯、出生地、职业（或职务）、住所地（或居所地）等证据材料，如户口簿、居民身份证、居住证、工作证、出生证、专业或技术等级证、干部履历表、职工登记表、护照等。<br>对于户籍、出生证等材料内容不实的，应提供其他证据材料。人大代表、政协委员犯罪的案件，应注明身份，并附身份证明材料。<br>**二、证明行为人刑事责任能力的证据**<br>证明行为人对自己的行为是否具有辨认能力与控制能力，如是否属于间歇性精神病人、案发时是否尚未完全丧失辨认或者控制自己行为能力的证明材料。 |

<table>
<tr><td rowspan="3">证据参考标准</td><td>主观方面的证据</td><td colspan="2">证明行为人故意的证据<br>1. 证明行为人主观认识因素的证据：证明行为人明知纳税人应缴纳税款或者应缴纳税款的数额，明知自己不征或少征税款的行为会发生危害社会的结果。2. 证明行为人主观意志因素的证据：证明行为人希望或者放任危害结果发生。3. 动机：徇私。</td></tr>
<tr><td>客观方面的证据</td><td colspan="2">证明行为人不征、少征税款行为的证据<br>具体证据包括：1. 证明纳税人应当纳税的证据。2. 证明纳税人应当纳税的数额的证据。3. 证明行为人不征税款的证据。4. 证明行为人少征税款的证据。5. 证明行为人徇私舞弊的证据。6. 证明国家税收遭受重大损失的证据。7. 证明行为人的行为与重大损失之间存在因果关系的证据。8. 证明造成特别重大损失的证据。</td></tr>
<tr><td>量刑方面的证据</td><td colspan="2">一、法定量刑情节证据<br>1. 事实情节。2. 法定从重情节。3. 法定从轻、减轻情节：（1）可以从轻；（2）可以从轻或者减轻；（3）应当从轻或者减轻。4. 法定从轻、减轻、免除情节：（1）可以从轻、减轻或者免除处罚；（2）应当从轻、减轻或者免除处罚。5. 法定减轻、免除情节：（1）可以减轻或者免除处罚；（2）应当减轻或者免除处罚；（3）可以免除处罚。<br>二、酌定量刑情节证据<br>1. 犯罪手段：（1）不征税款；（2）少征税款。2. 犯罪对象。3. 危害结果。4. 犯罪动机。5. 平时表现。6. 认罪态度。7. 是否有前科。8. 其他证据。</td></tr>
<tr><td rowspan="3">量刑标准</td><td colspan="2">犯本罪的</td><td>处五年以下有期徒刑或者拘役</td></tr>
<tr><td colspan="2">造成特别重大损失的</td><td>处五年以上有期徒刑</td></tr>
<tr><td>不适用缓刑或者免予刑事处罚</td><td colspan="2">1. 以下情形一般不适用缓刑或者免予刑事处罚：<br>（1）不如实供述罪行的；<br>（2）不予退缴赃款赃物或者将赃款赃物用于非法活动的；<br>（3）属于共同犯罪中情节严重的主犯的；<br>（4）犯有数个职务犯罪依法实行并罚或者以一罪处理的；<br>（5）曾因职务违纪违法行为受过行政处分的；<br>（6）犯罪涉及的财物属于救灾、抢险、防汛、优抚、扶贫、移民、救济、防疫等特定款物的；<br>（7）渎职犯罪中徇私舞弊情节或者滥用职权情节恶劣的；<br>（8）其他不应适用缓刑、免予刑事处罚的情形。<br>对于具有以上情形之一，但根据全案事实和量刑情节，检察机关认为确有必要适用缓刑或者免予刑事处罚并据此提出量刑建议的，应经检察委员会讨论决定；审理法院认为确有必要适用缓刑或者免予刑事处罚的，应经审判委员会讨论决定。<br>2. 人民法院审理职务犯罪案件时应当注意听取检察机关、被告人、辩护人提出的量刑意见，分析影响性案件案发前后的社会反映，必要时可以征求案件查办等机关的意见。对于情节恶劣、社会反映强烈的职务犯罪案件，不得适用缓刑、免予刑事处罚。</td></tr>
</table>

法律适用

刑法条文

**第四百零四条** 税务机关的工作人员徇私舞弊，不征或者少征应征税款，致使国家税收遭受重大损失的，处五年以下有期徒刑或者拘役；造成特别重大损失的，处五年以上有期徒刑。

立法解释

**全国人民代表大会常务委员会《关于〈中华人民共和国刑法〉第九章渎职罪主体适用问题的解释》**（2002年12月28日第九届全国人民代表大会常务委员会第三十一次会议通过）

全国人大常委会根据司法实践中遇到的情况，讨论了刑法第九章渎职罪主体的适用问题，解释如下：

在依照法律、法规规定行使国家行政管理职权的组织中从事公务的人员，或者在受国家机关委托代表国家机关行使职权的组织中从事公务的人员，或者虽未列入国家机关人员编制但在国家机关中从事公务的人员，在代表国家机关行使职权时，有渎职行为，构成犯罪的，依照刑法关于渎职罪的规定追究刑事责任。

现予公告。

司法解释

**一、最高人民检察院《关于渎职侵权犯罪案件立案标准的规定》（节录）**（2006年7月26日　高检发释字〔2006〕2号）

**一、渎职犯罪案件**

（十四）徇私舞弊不征、少征税款案（第四百零四条）

徇私舞弊不征、少征税款罪是指税务机关工作人员徇私舞弊，不征、少征应征税款，致使国家税收遭受重大损失的行为。

涉嫌下列情形之一的，应予立案：

1. 徇私舞弊不征、少征应征税款，致使国家税收损失累计达10万元以上的；

2. 上级主管部门工作人员指使税务机关工作人员徇私舞弊不征、少征应征税款，致使国家税收损失累计达10万元以上的；

3. 徇私舞弊不征、少征应征税款不满10万元，但具有索取或者收受贿赂或者其他恶劣情节的；

4. 其他致使国家税收遭受重大损失的情形。

**三、附　则**

（一）本规定中每个罪案名称后所注明的法律条款系《中华人民共和国刑法》的有关条款。

（二）本规定所称“以上”包括本数；有关犯罪数额“不满”，是指已达到该数额百分之八十以上的。

（三）本规定中的“国家机关工作人员”，是指在国家机关中从事公务的人员，包括在各级国家权力机关、行政机关、司法机关和军事机关中从事公务的人员。在依照法律、法规规定行使国家行政管理职权的组织中从事公务的人员，或者在受国家机关委托代表国家行使职权的组织中从事公务的人员，或者虽未列入国家机关人员编制但在国家机关中从事公务的人员，在代表国家机关行使职权时，视为国家机关工作人员。在乡（镇）以上中国共产党机关、人民政协机关中从事公务的人员，视为国家机关工作人员。

（四）本规定中的“直接经济损失”，是指与行为有直接因果关系而造成的财产损毁、减少的实际价值；“间接经济损失”，是指由直接经济损失引起和牵连的其他损失，包括失去的在正常情况下可以获得的利益和为恢复正常的管理活动或者挽回所造成的损失所支付的各种开支、费用等。

有下列情形之一的，虽然有债权存在，但已无法实现债权的，可以认定为已经造成了经济损失：（1）债务人已经法定程序被宣告破产，且无法清偿债务；（2）债务人潜逃，去向不明；（3）因行为人责任，致使超过诉讼时效；（4）有证据证明债权无法实现的其他情况。

直接经济损失和间接经济损失，是指立案时确已造成的经济损失。移送审查起诉前，犯罪嫌疑人及其亲友自行挽回的经济损失，以及由司法机关或者犯罪嫌疑人所在单位及其上级主管部门挽回的经济损失，不予扣减，但可作为对犯罪嫌疑人从轻处理的情节考虑。

（五）本规定中的“徇私舞弊”，是指国家机关工作人员为徇私情、私利，故意违背事实和法律，伪造材料，隐瞒情况，弄虚作假的行为。

（六）本规定自公布之日起施行。本规定发布前有关人民检察院直接受理立案侦查的国家机关工作人员渎职和利用职权实施的侵犯公民人身权利、民主权利犯罪案件的立案标准，与本规定有重复或者不一致的，适用本规定。

对于本规定施行前发生的国家机关工作人员渎职和利用职权实施的侵犯公民人身权利、民主权利犯罪案件，按照《最高人民法院、最高人民检察院关于适用刑事司法解释时间效力问题的规定》办理。

**二、最高人民法院《全国法院审理经济犯罪案件工作座谈会纪要》（节录）**（2003年11月13日　法发〔2003〕167号）

**一、关于贪污贿赂犯罪和渎职犯罪的主体**

（一）国家机关工作人员的认定

刑法中所称的国家机关工作人员，是指在国家机关中从事公务的人员，包括在各级国家权力机关、行政机关、司法机关和军事机关中从事公务的人员。

根据有关立法解释的规定，在依照法律、法规规定行使国家行政管理职权的组织中从事公务的人员，或者在受国家机关委托代表国家行使职权的组织中从事公务的人员，或者虽未列入国家机关人员编制但在国家机关中从事公务的人员，视为国家机关工作人员。在乡（镇）以上中国共产党机关、人民政协机关中从事公务的人员，司法实践中也应当视为国家机关工作人员。

（二）国家机关、国有公司、企业、事业单位委派到非国有公司、企业、事业单位、社会团体从事公务的人员的认定

所谓委派，即委任、派遣，其形式多种多样，如任命、指派、提名、批准等。不论被委派的人身份如何，只要是接受国家机关、国有公司、企业、事业单位委派，代表国家机关、国有公司、企业、事业单位在非国有公司、企业、事业单位、社会团体中从事组织、领导、监督、管理等工作，都可以认定为国家机关、国有公司、企业、事业单位委派到非国有公司、企业、事业单位、社会团体从事公务的人员。如国家机关、国有公司、企业、事业单位委派在国有控股或者参股的股份有限公司从事组织、领导、监督、管理等工作的人员，应当以国家工作人员论。国有公司、企业改制为股份有限公司后，原国有公司、企业的工作人员和股份有限公司新任命的人员中，除代表国有投资主体行使监督、管理职权的人外，不以国家工作人员论。

法律适用

司法解释

（三）“其他依照法律从事公务的人员”的认定

刑法第九十三条第二款规定的“其他依照法律从事公务的人员”应当具有两个特征：一是在特定条件下行使国家管理职能；二是依照法律规定从事公务。具体包括：（1）依法履行职责的各级人民代表大会代表；（2）依法履行审判职责的人民陪审员；（3）协助乡镇人民政府、街道办事处从事行政管理工作的村民委员会、居民委员会等农村和城市基层组织人员；（4）其他由法律授权从事公务的人员。

（四）关于“从事公务”的理解

从事公务，是指代表国家机关、国有公司、企业、事业单位、人民团体等履行组织、领导、监督、管理等职责。公务主要表现为与职权相联系的公共事务以及监督、管理国有财产的职务活动。如国家机关工作人员依法履行职责，国有公司的董事、经理、监事、会计、出纳人员等管理、监督国有财产等活动，属于从事公务。那些不具备职权内容的劳务活动、技术服务工作，如售货员、售票员等所从事的工作，一般不认为是公务。

**六、关于渎职罪**

（一）渎职犯罪行为造成的公共财产重大损失的认定

根据刑法规定，玩忽职守、滥用职权等渎职犯罪是以致使公共财产、国家和人民利益遭受重大损失为构成要件的。其中，公共财产的重大损失，通常是指渎职行为已经造成的重大经济损失。在司法实践中，有以下情形之一的，虽然公共财产作为债权存在，但已无法实现债权的，可以认定为行为人的渎职行为造成了经济损失：（1）债务人已经法定程序被宣告破产；（2）债务人潜逃，去向不明；（3）因行为人责任，致使超过诉讼时效；（4）有证据证明债权无法实现的其他情况。

（二）玩忽职守罪的追诉时效

玩忽职守行为造成的重大损失当时没有发生，而是玩忽职守行为之后一定时间发生的，应从危害结果发生之日起计算玩忽职守罪的追诉期限。

（三）国有公司、企业人员渎职犯罪的法律适用

对于1999年12月24日《中华人民共和国刑法修正案》实施以前发生的国有公司、企业人员渎职行为（不包括徇私舞弊行为），尚未处理或者正在处理的，不能按照刑法修正案追究刑事责任。

（四）关于“徇私”的理解

徇私舞弊型渎职犯罪的“徇私”应理解为徇个人私情、私利。国家机关工作人员为了本单位的利益，实施滥用职权、玩忽职守行为，构成犯罪的，依照刑法第三百九十七条第一款的规定定罪处罚。

**三、最高人民法院、最高人民检察院《关于办理职务犯罪案件严格适用缓刑、免予刑事处罚若干问题的意见》**（2012年8月8日　法发〔2012〕17号）（略，详见本书第16页）

相关法律法规

**《中华人民共和国税收征收管理法》（节录）**（1992年9月4日第七届全国人民代表大会常务委员会第二十七次会议通过　1995年2月28日第一次修正　2001年4月28日修订　2013年6月29日第二次修正　2015年4月24日第三次修正）

**第九条**　税务机关应当加强队伍建设，提高税务人员的政治业务素质。

税务机关、税务人员必须秉公执法，忠于职守，清正廉洁，礼貌待人，文明服务，尊重和保护纳税人、扣缴义务人的权利，依法接受监督。

法律适用

相关法律法规

税务人员不得索贿受贿、徇私舞弊、玩忽职守、不征或者少征应征税款；不得滥用职权多征税款或者故意刁难纳税人和扣缴义务人。

**第二十八条** 税务机关依照法律、行政法规的规定征收税款，不得违反法律、行政法规的规定开征、停征、多征、少征、提前征收、延缓征收或者摊派税款。

农业税应纳税额按照法律、行政法规的规定核定。

**第八十二条第一款** 税务人员徇私舞弊或者玩忽职守，不征或者少征应征税款，致使国家税收遭受重大损失，构成犯罪的，依法追究刑事责任；尚不构成犯罪的，依法给予行政处分。

**第八十四条** 违反法律、行政法规的规定，擅自作出税收的开征、停征或者减税、免税、退税、补税以及其他同税收法律、行政法规相抵触的决定的，除依照本法规定撤销其擅自作出的决定外，补征应征未征税款，退还不应征收而征收的税款，并由上级机关追究直接负责的主管人员和其他直接责任人员的行政责任；构成犯罪的，依法追究刑事责任。

# 30 徇私舞弊发售发票、抵扣税款、出口退税案

**概念**

**本罪是指税务机关工作人员违反法律、行政法规的规定，在办理发售发票、抵扣税款、出口退税工作中徇私舞弊，致使国家利益遭受重大损失的行为。**

**立案标准**

**税务机关工作人员涉嫌违反法律、行政法规的规定，在办理发售发票、抵扣税款、出口退税工作中徇私舞弊，有下列情形之一的，应予立案：**

1. **徇私舞弊，致使国家税收损失累计达10万元以上的。**
2. **徇私舞弊，致使国家税收损失累计不满10万元，但发售增值税专用发票25份以上或者其他发票50份以上或者增值税专用发票与其他发票合计50份以上，或者具有索取、收受贿赂或者其他恶劣情节的。**
3. **其他致使国家利益遭受重大损失的情形。**

## 定罪标准

### 犯罪客体

本罪侵犯的客体是国家税收利益和税收征管制度。在我国，发售发票、抵扣税款、出口退税，法律和行政法规明确规定了法定条件和程序，税务机关工作人员必须严格依法办理发售发票、抵扣税款、出口退税事宜。如果行为人为一己之私而弄虚作假，滥售发票，或者对不符合抵扣税款、出口退税条件的纳税人给予抵扣税款、出口退税的待遇，这就严重损害了国家税收利益和税收征管制度。

### 犯罪客观方面

本罪在客观方面表现为违反法律、行政法规的规定，在办理发售发票、抵扣税款、出口退税工作中徇私舞弊，致使国家利益遭受重大损失。具体包括以下三个要素：

1. 违反法律、行政法规的规定。我国相关法律法规，如《发票管理办法》《增值税暂行条例》《税收征收管理法》等，对发售发票、抵扣税款、出口退税工作作出了相应规定，行为人违反这些规定，是构成本罪的前提。

2. 在办理发售发票、抵扣税款、出口退税工作中徇私舞弊。“徇私舞弊”，是指国家机关工作人员为徇私情、私利，故意违背事实和法律，伪造材料，隐瞒情况，弄虚作假的行为。

“发售发票”，是指税务机关根据依法办理税务登记的单位和个人的发票领购簿，向其分发销售发票的活动。如果税务机关违反相关发票领购的规定，在领购人没有办理税务登记或者不符合其他条件的情况下，如所申购的发票种类与其经营活动不相一致，给领购人发售发票的，即属于违法行为。

“抵扣税款”，是指国家税务机关根据法律法规，根据纳税人的增值税专用发票等发票上所注明的税额依法予以抵扣国家应征税款的一项专门税收管理活动。目前可以用于抵扣税款的发票主要是增值税专用发票，以及其他一些可以抵扣税款的发票，如废旧物品收购发票、运输发票等。在抵扣税款活动中徇私舞弊，是指税务机关工作人员违背事实和法律，伪造材料、隐瞒情况、弄虚作假，致使不应抵扣的国家税款被非法抵扣。

| | | |
|---|---|---|
| 定罪标准 | 犯罪客观方面 | "出口退税"，是指国家税务机关依法向出口商品的生产或经营单位退还该商品在生产、流通环节已征收的增值税和消费税。出口退税中的徇私舞弊，是指税务机关的工作人员违背事实和法律，伪造材料、隐瞒情况、弄虚作假，致使不应退还的税款退还给出口商。<br>3. 行为致使国家利益遭受重大损失。首先，重大损失是指以下情形之一的：(1) 徇私舞弊，致使国家税收损失累计达 10 万元以上的；(2) 徇私舞弊，致使国家税收损失累计不满 10 万元，但发售增值税专用发票 25 份以上或者其他发票 50 份以上或者增值税专用发票与其他发票合计 50 份以上，或者具有索取、收受贿赂或者其他恶劣情节的；(3) 其他致使国家利益遭受重大损失的情形。其次，徇私舞弊行为与重大损失之间存在因果关系。 |
| | 犯罪主体 | 本罪是纯正的身份犯，主体是税务机关工作人员。在理解"税务机关工作人员"的范围时，需要注意国家机关工作人员的范围。在我国，刑法中所称的国家机关工作人员，是指在国家机关中从事公务的人员，包括在各级国家权力机关、行政机关、司法机关和军事机关中从事公务的人员。根据有关立法解释的规定，在依照法律、法规规定行使国家行政管理职权的组织中从事公务的人员，或者在受国家机关委托代表国家行使职权的组织中从事公务的人员，或者虽未列入国家机关人员编制但在国家机关中从事公务的人员，视为国家机关工作人员。在乡（镇）以上中国共产党机关、人民政协机关中从事公务的人员，司法实践中也应当视为国家机关工作人员。 |
| | 犯罪主观方面 | 本罪在主观方面表现为故意，即明知自己的徇私舞弊行为会损害国家税收利益和税收征管制度，希望或者放任这种结果发生。本罪主观上还要求行为人有徇私的动机。 |
| | 罪与非罪 | 区分罪与非罪的界限，首先要看徇私舞弊的行为是否致使国家利益遭受重大损失，如果国家利益没有遭受重大损失，则不构成本罪。其次要看行为人主观上是否故意。由于工作失误造成损失的，不构成本罪；但应根据具体情况分析是否构成玩忽职守罪。 |
| | 此罪与彼罪 | 本罪与徇私舞弊不征、少征税款罪的界限。本罪在主体、客体方面与徇私舞弊不征、少征税款罪有相同或相似之处。根据《刑法》第 404 条的规定，徇私舞弊不征、少征税款罪指税务机关工作人员徇私舞弊，不征、少征应征税款，致使国家税收遭受重大损失的行为。本罪与徇私舞弊不征、少征税款罪的区别主要在于：(1) 发生的具体阶段不同。徇私舞弊不征、少征税款罪往往直接发生在税务机关工作人员征收税收的过程中；而本罪中的徇私舞弊发售发票往往发生在征收税收之前，徇私舞弊出口退税则往往发生在征收税收之后，只有抵扣税款的行为可以发生在征收过程中。(2) 行为的具体方式不同。徇私舞弊不征、少征税款罪往往表现为不作为，即故意不履行其应当履行的职责，或者不正确履行其职责；本罪往往表现为作为，即通过积极的作为违法发售发票、抵扣税款或者办理出口退税。 |
| 证据参考标准 | 主体方面的证据 | **一、证明行为人刑事责任年龄、身份等自然情况的证据**<br>包括身份证明、户籍证明、任职证明、工作经历证明、特定职责证明等，主要是证明行为人的姓名（曾用名）、性别、出生年月日、民族、籍贯、出生地、职业（或职务）、住所地（或居所地）等证据材料，如户口簿、居民身份证、居住证、工作证、 |

<table>
<tr><td rowspan="4">证据参考标准</td><td>主体方面的证据</td><td colspan="2">出生证、专业或技术等级证、干部履历表、职工登记表、护照等。<br>对于户籍、出生证等材料内容不实的，应提供其他证据材料。人大代表、政协委员犯罪的案件，应注明身份，并附身份证明材料。<br>二、证明行为人刑事责任能力的证据<br>证明行为人对自己的行为是否具有辨认能力与控制能力，如是否属于间歇性精神病人、案发时是否尚未完全丧失辨认或者控制自己行为能力的证明材料。</td></tr>
<tr><td>主观方面的证据</td><td colspan="2">证明行为人故意的证据<br>1. 证明行为人主观认识因素的证据：证明行为人明知自己的行为会发生危害社会的结果。2. 证明行为人主观意志因素的证据：证明行为人希望或者放任危害结果发生。3. 动机：徇私。</td></tr>
<tr><td>客观方面的证据</td><td colspan="2">证明行为人徇私舞弊发售发票、抵扣税款、出口退税行为的证据<br>具体证据包括：1. 证明行为人的行为违反法律、行政法规的规定的证据。2. 证明行为人徇私舞弊发售发票的证据。3. 证明行为人徇私舞弊抵扣税款的证据。4. 证明行为人徇私舞弊办理出口退税的证据。5. 证明国家利益遭受重大损失的证据。6. 证明行为人徇私舞弊的行为与重大损失之间存在因果关系的证据。7. 证明致使国家利益遭受特别重大损失的证据。</td></tr>
<tr><td>量刑方面的证据</td><td colspan="2">一、法定量刑情节证据<br>1. 事实情节。2. 法定从重情节。3. 法定从轻、减轻情节：（1）可以从轻；（2）可以从轻或者减轻；（3）应当从轻或者减轻。4. 法定从轻、减轻、免除情节：（1）可以从轻、减轻或者免除处罚；（2）应当从轻、减轻或者免除处罚。5. 法定减轻、免除情节：（1）可以减轻或者免除处罚；（2）应当减轻或者免除处罚；（3）可以免除处罚。<br>二、酌定量刑情节证据<br>1. 犯罪手段：（1）徇私舞弊办理发售发票；（2）徇私舞弊办理抵扣税款；（3）徇私舞弊办理出口退税。2. 犯罪对象。3. 危害结果。4. 犯罪动机。5. 平时表现。6. 认罪态度。7. 是否有前科。8. 其他证据。</td></tr>
<tr><td rowspan="3">量刑标准</td><td colspan="2">犯本罪的</td><td>处五年以下有期徒刑或者拘役</td></tr>
<tr><td colspan="2">致使国家利益遭受特别重大损失的</td><td>处五年以上有期徒刑</td></tr>
<tr><td>不适用缓刑或者免予刑事处罚</td><td colspan="2">1. 以下情形一般不适用缓刑或者免予刑事处罚：<br>（1）不如实供述罪行的；<br>（2）不予退缴赃款赃物或者将赃款赃物用于非法活动的；<br>（3）属于共同犯罪中情节严重的主犯的；<br>（4）犯有数个职务犯罪依法实行并罚或者以一罪处理的；<br>（5）曾因职务违纪违法行为受过行政处分的；<br>（6）犯罪涉及的财物属于救灾、抢险、防汛、优抚、扶贫、移民、救济、防疫等特定款物的；<br>（7）渎职犯罪中徇私舞弊情节或者滥用职权情节恶劣的；</td></tr>
</table>

| | | |
|---|---|---|
| 量刑标准 | 不适用缓刑或者免予刑事处罚 | （8）其他不应适用缓刑、免予刑事处罚的情形。<br>对于具有以上情形之一，但根据全案事实和量刑情节，检察机关认为确有必要适用缓刑或者免予刑事处罚并据此提出量刑建议的，应经检察委员会讨论决定；审理法院认为确有必要适用缓刑或者免予刑事处罚的，应经审判委员会讨论决定。<br>2. 人民法院审理职务犯罪案件时应当注意听取检察机关、被告人、辩护人提出的量刑意见，分析影响性案件案发前后的社会反映，必要时可以征求案件查办等机关的意见。对于情节恶劣、社会反映强烈的职务犯罪案件，不得适用缓刑、免予刑事处罚。 |
| 法律适用 | 刑法条文 | **第四百零五条第一款** 税务机关的工作人员违反法律、行政法规的规定，在办理发售发票、抵扣税款、出口退税工作中，徇私舞弊，致使国家利益遭受重大损失的，处五年以下有期徒刑或者拘役；致使国家利益遭受特别重大损失的，处五年以上有期徒刑。 |
| | 立法解释 | **全国人民代表大会常务委员会《关于〈中华人民共和国刑法〉第九章渎职罪主体适用问题的解释》**（2002年12月28日第九届全国人民代表大会常务委员会第三十一次会议通过）<br>全国人大常委会根据司法实践中遇到的情况，讨论了刑法第九章渎职罪主体的适用问题，解释如下：<br>在依照法律、法规规定行使国家行政管理职权的组织中从事公务的人员，或者在受国家机关委托代表国家机关行使职权的组织中从事公务的人员，或者虽未列入国家机关人员编制但在国家机关中从事公务的人员，在代表国家机关行使职权时，有渎职行为，构成犯罪的，依照刑法关于渎职罪的规定追究刑事责任。<br>现予公告。 |
| | 司法解释 | **一、最高人民检察院《关于渎职侵权犯罪案件立案标准的规定》（节录）**（2006年7月26日　高检发释字〔2006〕2号）<br>**一、渎职犯罪案件**<br>（十五）徇私舞弊发售发票、抵扣税款、出口退税案（第四百零五条第一款）<br>徇私舞弊发售发票、抵扣税款、出口退税罪是指税务机关工作人员违反法律、行政法规的规定，在办理发售发票、抵扣税款、出口退税工作中徇私舞弊，致使国家利益遭受重大损失的行为。<br>涉嫌下列情形之一的，应予立案：<br>1. 徇私舞弊，致使国家税收损失累计达10万元以上的；<br>2. 徇私舞弊，致使国家税收损失累计不满10万元，但发售增值税专用发票25份以上或者其他发票50份以上或者增值税专用发票与其他发票合计50份以上，或者具有索取、收受贿赂或者其他恶劣情节的；<br>3. 其他致使国家利益遭受重大损失的情形。<br>**三、附　则**<br>（一）本规定中每个罪案名称后所注明的法律条款系《中华人民共和国刑法》的有关条款。 |

（二）本规定所称“以上”包括本数；有关犯罪数额“不满”，是指已达到该数额百分之八十以上的。

（三）本规定中的“国家机关工作人员”，是指在国家机关中从事公务的人员，包括在各级国家权力机关、行政机关、司法机关和军事机关中从事公务的人员。在依照法律、法规规定行使国家行政管理职权的组织中从事公务的人员，或者在受国家机关委托代表国家行使职权的组织中从事公务的人员，或者虽未列入国家机关人员编制但在国家机关中从事公务的人员，在代表国家机关行使职权时，视为国家机关工作人员。在乡（镇）以上中国共产党机关、人民政协机关中从事公务的人员，视为国家机关工作人员。

（四）本规定中的“直接经济损失”，是指与行为有直接因果关系而造成的财产损毁、减少的实际价值；“间接经济损失”，是指由直接经济损失引起和牵连的其他损失，包括失去的在正常情况下可以获得的利益和为恢复正常的管理活动或者挽回所造成的损失所支付的各种开支、费用等。

有下列情形之一的，虽然有债权存在，但已无法实现债权的，可以认定为已经造成了经济损失：（1）债务人已经法定程序被宣告破产，且无法清偿债务；（2）债务人潜逃，去向不明；（3）因行为人责任，致使超过诉讼时效；（4）有证据证明债权无法实现的其他情况。

直接经济损失和间接经济损失，是指立案时确已造成的经济损失。移送审查起诉前，犯罪嫌疑人及其亲友自行挽回的经济损失，以及由司法机关或者犯罪嫌疑人所在单位及其上级主管部门挽回的经济损失，不予扣减，但可作为对犯罪嫌疑人从轻处理的情节考虑。

（五）本规定中的“徇私舞弊”，是指国家机关工作人员为徇私情、私利，故意违背事实和法律，伪造材料，隐瞒情况，弄虚作假的行为。

（六）本规定自公布之日起施行。本规定发布前有关人民检察院直接受理立案侦查的国家机关工作人员渎职和利用职权实施的侵犯公民人身权利、民主权利犯罪案件的立案标准，与本规定有重复或者不一致的，适用本规定。

对于本规定施行前发生的国家机关工作人员渎职和利用职权实施的侵犯公民人身权利、民主权利犯罪案件，按照《最高人民法院、最高人民检察院关于适用刑事司法解释时间效力问题的规定》办理。

**二、最高人民法院《全国法院审理经济犯罪案件工作座谈会纪要》（节录）**（2003年11月13日 法发〔2003〕167号）

**一、关于贪污贿赂犯罪和渎职犯罪的主体**

（一）国家机关工作人员的认定

刑法中所称的国家机关工作人员，是指在国家机关中从事公务的人员，包括在各级国家权力机关、行政机关、司法机关和军事机关中从事公务的人员。

根据有关立法解释的规定，在依照法律、法规规定行使国家行政管理职权的组织中从事公务的人员，或者在受国家机关委托代表国家行使职权的组织中从事公务的人员，或者虽未列入国家机关人员编制但在国家机关中从事公务的人员，视为国家机关工作人员。在乡（镇）以上中国共产党机关、人民政协机关中从事公务的人员，司法实践中也应当视为国家机关工作人员。

（二）国家机关、国有公司、企业、事业单位委派到非国有公司、企业、事业单位、社会团体从事公务的人员的认定

所谓委派，即委任、派遣，其形式多种多样，如任命、指派、提名、批准等。不论被委派的人身份如何，只要是接受国家机关、国有公司、企业、事业单位委派，代表国家机关、国有公司、企业、事业单位在非国有公司、企业、事业单位、社会团体中从事组织、领导、监督、管理等工作，都可以认定为国家机关、国有公司、企业、事业单位委派到非国有公司、企业、事业单位、社会团体从事公务的人员。如国家机关、国有公司、企业、事业单位委派在国有控股或者参股的股份有限公司从事组织、领导、监督、管理等工作的人员，应当以国家工作人员论。国有公司、企业改制为股份有限公司后，原国有公司、企业的工作人员和股份有限公司新任命的人员中，除代表国有投资主体行使监督、管理职权的人外，不以国家工作人员论。

（三）"其他依照法律从事公务的人员"的认定

刑法第九十三条第二款规定的"其他依照法律从事公务的人员"应当具有两个特征：一是在特定条件下行使国家管理职能；二是依照法律规定从事公务。具体包括：（1）依法履行职责的各级人民代表大会代表；（2）依法履行审判职责的人民陪审员；（3）协助乡镇人民政府、街道办事处从事行政管理工作的村民委员会、居民委员会等农村和城市基层组织人员；（4）其他由法律授权从事公务的人员。

（四）关于"从事公务"的理解

从事公务，是指代表国家机关、国有公司、企业、事业单位、人民团体等履行组织、领导、监督、管理等职责。公务主要表现为与职权相联系的公共事务以及监督、管理国有财产的职务活动。如国家机关工作人员依法履行职责，国有公司的董事、经理、监事、会计、出纳人员等管理、监督国有财产等活动，属于从事公务。那些不具备职权内容的劳务活动、技术服务工作，如售货员、售票员等所从事的工作，一般不认为是公务。

**六、关于渎职罪**

（一）渎职犯罪行为造成的公共财产重大损失的认定

根据刑法规定，玩忽职守、滥用职权等渎职犯罪是以致使公共财产、国家和人民利益遭受重大损失为构成要件的。其中，公共财产的重大损失，通常是指渎职行为已经造成的重大经济损失。在司法实践中，有以下情形之一的，虽然公共财产作为债权存在，但已无法实现债权的，可以认定为行为人的渎职行为造成了经济损失：（1）债务人已经法定程序被宣告破产；（2）债务人潜逃，去向不明；（3）因行为人责任，致使超过诉讼时效；（4）有证据证明债权无法实现的其他情况。

（二）玩忽职守罪的追诉时效

玩忽职守行为造成的重大损失当时没有发生，而是玩忽职守行为之后一定时间发生的，应从危害结果发生之日起计算玩忽职守罪的追诉期限。

（三）国有公司、企业人员渎职犯罪的法律适用

对于1999年12月24日《中华人民共和国刑法修正案》实施以前发生的国有公司、企业人员渎职行为（不包括徇私舞弊行为），尚未处理或者正在处理的，不能按照刑法修正案追究刑事责任。

（四）关于"徇私"的理解

徇私舞弊型渎职犯罪的"徇私"应理解为徇个人私情、私利。国家机关工作人员为了本单位的利益，实施滥用职权、玩忽职守行为，构成犯罪的，依照刑法第三百九十七条第一款的规定定罪处罚。

司法解释

**三、最高人民法院《关于对〈审计署关于咨询虚开增值税专用发票罪问题的函〉的复函》**（2001 年 10 月 17 日　法函〔2001〕66 号）

国家审计署：

你署审函〔2001〕75 号《审计署关于咨询虚开增值税专用发票罪问题的函》收悉。经研究，现提出以下意见供参考：

地方税务机关实施“高开低征”或者“开大征小”等违规开具增值税专用发票的行为，不属于刑法第二百零五条规定的虚开增值税专用发票的犯罪行为，造成国家税款重大损失的，对有关主管部门的国家机关工作人员，应当根据刑法有关渎职罪的规定追究刑事责任。

此复。

**四、最高人民法院、最高人民检察院《关于办理职务犯罪案件严格适用缓刑、免予刑事处罚若干问题的意见》**（2012 年 8 月 8 日　法发〔2012〕17 号）（略，详见本书第 16 页）

法律适用　相关法律法规

**一、《中华人民共和国发票管理办法》（节录）**（1993 年 12 月 12 日国务院批准　1993 年 12 月 23 日财政部令第 6 号发布　2010 年 12 月 20 日第一次修订　2019 年 3 月 2 日第二次修订　2023 年 7 月 20 日第三次修订）

**第三条**　本办法所称发票，是指在购销商品、提供或者接受服务以及从事其他经营活动中，开具、收取的收付款凭证。

发票包括纸质发票和电子发票。电子发票与纸质发票具有同等法律效力。国家积极推广使用电子发票。

**第十五条**　需要领用发票的单位和个人，应当持设立登记证件或者税务登记证件，以及经办人身份证明，向主管税务机关办理发票领用手续。领用纸质发票的，还应当提供按照国务院税务主管部门规定式样制作的发票专用章的印模。主管税务机关根据领用单位和个人的经营范围、规模和风险等级，在 5 个工作日内确认领用发票的种类、数量以及领用方式。

单位和个人领用发票时，应当按照税务机关的规定报告发票使用情况，税务机关应当按照规定进行查验。

**第四十一条**　税务人员利用职权之便，故意刁难印制、使用发票的单位和个人，或者有违反发票管理法规行为的，依照国家有关规定给予处分；构成犯罪的，依法追究刑事责任。

**二、《中华人民共和国增值税暂行条例》（节录）**（2008 年 11 月 5 日国务院第 34 次常务会议修订通过　2016 年 2 月 6 日第一次修订　2017 年 11 月 19 日第二次修订）

**第四条**　除本条例第十一条规定外，纳税人销售货物、劳务、服务、无形资产、不动产（以下统称应税销售行为），应纳税额为当期销项税额抵扣当期进项税额后的余额。应纳税额计算公式：

应纳税额 = 当期销项税额 − 当期进项税额

当期销项税额小于当期进项税额不足抵扣时，其不足部分可以结转下期继续抵扣。

**第五条**　纳税人发生应税销售行为，按照销售额和本条例第二条规定的税率计算收取的增值税额，为销项税额。销项税额计算公式：

销项税额 = 销售额 × 税率

**第六条**　销售额为纳税人发生应税销售行为收取的全部价款和价外费用，但是不包括收取的销项税额。

销售额以人民币计算。纳税人以人民币以外的货币结算销售额的，应当折合成人民币计算。

**第七条** 纳税人发生应税销售行为的价格明显偏低并无正当理由的，由主管税务机关核定其销售额。

**第八条** 纳税人购进货物、劳务、服务、无形资产、不动产支付或者负担的增值税额，为进项税额。

下列进项税额准予从销项税额中抵扣：

（一）从销售方取得的增值税专用发票上注明的增值税额。

（二）从海关取得的海关进口增值税专用缴款书上注明的增值税额。

（三）购进农产品，除取得增值税专用发票或者海关进口增值税专用缴款书外，按照农产品收购发票或者销售发票上注明的农产品买价和11%的扣除率计算的进项税额，国务院另有规定的除外。进项税额计算公式：

进项税额＝买价×扣除率

（四）自境外单位或者个人购进劳务、服务、无形资产或者境内的不动产，从税务机关或者扣缴义务人取得的代扣代缴税款的完税凭证上注明的增值税额。

准予抵扣的项目和扣除率的调整，由国务院决定。

**第十条** 下列项目的进项税额不得从销项税额中抵扣：

（一）用于简易计税方法计税项目、免征增值税项目、集体福利或者个人消费的购进货物、劳务、服务、无形资产和不动产；

（二）非正常损失的购进货物，以及相关的劳务和交通运输服务；

（三）非正常损失的在产品、产成品所耗用的购进货物（不包括固定资产）、劳务和交通运输服务；

（四）国务院规定的其他项目。

**第十一条** 小规模纳税人发生应税销售行为，实行按照销售额和征收率计算应纳税额的简易办法，并不得抵扣进项税额。应纳税额计算公式：

应纳税额＝销售额×征收率

小规模纳税人的标准由国务院财政、税务主管部门规定。

**三、《中华人民共和国税收征收管理法》（节录）**（1992年9月4日第七届全国人民代表大会常务委员会第二十七次会议通过　1995年2月28日第一次修正　2001年4月28日修订　2013年6月29日第二次修正　2015年4月24日第三次修正）

**第三条** 税收的开征、停征以及减税、免税、退税、补税，依照法律的规定执行；法律授权国务院规定的，依照国务院制定的行政法规的规定执行。

任何机关、单位和个人不得违反法律、行政法规的规定，擅自作出税收开征、停征以及减税、免税、退税、补税和其他同税收法律、行政法规相抵触的决定。

**第八十四条** 违反法律、行政法规的规定，擅自作出税收的开征、停征或者减税、免税、退税、补税以及其他同税收法律、行政法规相抵触的决定的，除依照本法规定撤销其擅自作出的决定外，补征应征未征税款，退还不应征收而征收的税款，并由上级机关追究直接负责的主管人员和其他直接责任人员的行政责任；构成犯罪的，依法追究刑事责任。

# 31 违法提供出口退税凭证案

**概念**

**本罪是指海关、外汇管理等国家机关工作人员违反国家规定，在提供出口货物报关单、出口收汇核销单等出口退税凭证的工作中徇私舞弊，致使国家利益遭受重大损失的行为。**

**立案标准**

**海关、外汇管理等国家机关工作人员涉嫌违反国家规定，在提供出口货物报关单、出口收汇核销单等出口退税凭证的工作中徇私舞弊，有下列情形之一的，应予立案：**

1. **徇私舞弊，致使国家税收损失累计达 10 万元以上的。**
2. **徇私舞弊，致使国家税收损失累计不满 10 万元，但具有索取、收受贿赂或者其他恶劣情节的。**
3. **其他致使国家利益遭受重大损失的情形。**

**定罪标准**

**犯罪客体**

本罪侵犯的客体是国家出口退税管理制度和国家税收利益。

**犯罪客观方面**

本罪在客观方面表现为违反国家规定，在提供出口货物报关单、出口收汇核销单等出口退税凭证的工作中徇私舞弊，致使国家利益遭受重大损失。具体包括以下几个要素：

1. 行为对象是出口退税凭证。出口退税，是指税务机关在出口环节依法向商品生产或者经营单位退还在其他环节已经征收的增值税和消费税等。根据《出口货物退（免）税管理办法（试行）》等有关规定，企业办理出口退税时，必须提供下列凭证：（1）购进出口货物的增值税专用发票（税款抵扣联）或者普通发票。申请退还消费税的企业，还应提供由工厂开具并经税务机关和银行（国库）签章的《税收（出口产品专用）缴款书》；（2）出口货物销售明细账；（3）盖有海关验讫章的《出口货物报关单（出口退税联）》；（4）出口收汇单证。由于本罪的主体是海关、外汇管理等非税务的国家机关工作人员，因此本罪的行为对象一般是出口货物报关单、出口收汇核销单。“出口收汇核销单”是指由国家外汇管理局制发，出口单位和受委托银行及解付银行填写，海关凭以受理报关，外汇管理部门凭以核销收汇的有顺序编号的凭证。

2. 实行行为是徇私舞弊提供出口货物报关单、出口收汇核销单等出口退税凭证的行为，即在提供出口退税工作中，对没有货物出口或者虽然有货物出口但以少报多、以劣报优的，为徇私情、私利，违反国家法律法规的规定，弄虚作假，出具出口货物报关单（出口退税专用）、出口收汇核销单或者伪造、虚报报关、收汇数据等行为。

3. 徇私舞弊的行为致使国家利益遭受重大损失。首先，重大损失是指以下情形之一的：（1）徇私舞弊，致使国家税收损失累计达 10 万元以上的；（2）徇私舞弊，

| | | |
|---|---|---|
| 定罪标准 | 犯罪客观方面 | 致使国家税收损失累计不满10万元，但具有索取、收受贿赂或者其他恶劣情节的；(3) 其他致使国家利益遭受重大损失的情形。其次，徇私舞弊的行为与重大损失之间存在因果关系。 |
| | 犯罪主体 | 本罪是纯正的身份犯，主体是税务机关以外的其他国家机关的工作人员，主要是指海关、外汇管理等国家机关中承担提供出口退税凭证职责的工作人员。<br>在理解“税务机关以外的其他国家机关的工作人员”的范围时，需要注意国家机关工作人员的范围。在我国，刑法中所称的国家机关工作人员，是指在国家机关中从事公务的人员，包括在各级国家权力机关、行政机关、司法机关和军事机关中从事公务的人员。根据有关立法解释的规定，在依照法律、法规规定行使国家行政管理职权的组织中从事公务的人员，或者在受国家机关委托代表国家行使职权的组织中从事公务的人员，或者虽未列入国家机关人员编制但在国家机关中从事公务的人员，视为国家机关工作人员。在乡（镇）以上中国共产党机关、人民政协机关中从事公务的人员，司法实践中也应当视为国家机关工作人员。 |
| | 犯罪主观方面 | 本罪在主观方面表现为故意，即明知行为会损害国家出口退税管理制度和国家税收利益，希望或者放任这种结果的发生。 |
| | 罪与非罪 | 区分罪与非罪的界限，关键要看行为人的行为是否致使国家利益遭受重大损失的。没有造成损失，即犯罪分子没有实际骗取到出口退税，或者虽然犯罪分子实际骗取了国家的出口退税，但其数额未达到法定标准的要求，也没有其他严重情节，不构成犯罪，可作为一般徇私舞弊行为，由主管部门予以行政处分。 |
| | 此罪与彼罪 | 1. 本罪与徇私舞弊出口退税罪的界限。本罪与徇私舞弊出口退税罪都是在有关出口退税工作中发生的犯罪，都侵犯了国家税收利益与税收管理制度；在客观上二罪都发生了致使国家税收遭受了重大损失的危害后果；两罪的主观方面相同，都是故意，都出于徇私情、私利的动机。两者的区别主要表现在以下几个方面：(1) 客观方面不同。首先，行为发生的阶段的不同。违法提供出口退税凭证的行为一般发生在办理出口退税前；徇私办理出口退税的行为一般发生在办理出口退税过程中，而且常常以伪造或者非法提供的出口退税凭证为依据。其次，行为方式不同。本罪的行为方式是徇私提供出口退税凭证，为骗取出口退税的犯罪分子提供了犯罪条件，因此是积极的作为；而徇私舞弊出口退税罪的行为方式是徇私办理出口退税，不履行或者不正确履行法定职责，因此是不作为。(2) 主体范围不同。本罪的主体是税务机关以外的其他国家机关工作人员，主要是海关、商检、外汇管理等国家机关的工作人员；徇私舞弊出口退税罪的主体仅限于税务机关的工作人员。<br>2. 本罪与骗取出口退税罪的界限。根据《刑法》第204条的规定，骗取出口退税罪是指以假报出口或者其他欺骗手段，骗取国家出口退税款，数额较大的行为。本罪与骗取出口退税罪的主要区别是：(1) 侵犯的客体不同。本罪是渎职犯罪，侵犯的客体是国家出口退税管理制度和国家税收利益；而骗取出口退税罪不是渎职犯罪，侵犯的客体是国家的税收利益。(2) 客观方面不同。本罪的客观方面表现为税务机关以 |

| 定罪标准 | | |
|---|---|---|
| 定罪标准 | 此罪与彼罪 | 外的国家机关工作人员徇私舞弊，非法提供出口货物报关单、出口收汇核销单等出口退税凭证；骗取出口退税罪的客观方面表现为假报出口或者以少报多、以劣报优或者以其他欺骗手段，骗取国家出口退税款。（3）主体不同。本罪是身份犯，主体是税务机关以外的其他国家机关工作人员；骗取出口退税罪的主体是一般主体。 |
| 证据参考标准 | 主体方面的证据 | **一、证明行为人刑事责任年龄、身份等自然情况的证据**<br>包括身份证明、户籍证明、任职证明、工作经历证明、特定职责证明等，主要是证明行为人的姓名（曾用名）、性别、出生年月日、民族、籍贯、出生地、职业（或职务）、住所地（或居所地）等证据材料，如户口簿、居民身份证、居住证、工作证、出生证、专业或技术等级证、干部履历表、职工登记表、护照等。<br>对于户籍、出生证等材料内容不实的，应提供其他证据材料。人大代表、政协委员犯罪的案件，应注明身份，并附身份证明材料。<br>**二、证明行为人刑事责任能力的证据。**<br>证明行为人对自己的行为是否具有辨认能力与控制能力，如是否属于间歇性精神病人、案发时是否尚未完全丧失辨认或者控制自己行为能力的证明材料。 |
| 证据参考标准 | 主观方面的证据 | **证明行为人故意的证据**<br>1. 证明行为人主观认识因素的证据：证明行为人明知自己的行为会发生危害社会的结果。2. 证明行为人主观意志因素的证据：证明行为人希望或者放任危害结果发生。3. 目的：非法占有公共财物。 |
| 证据参考标准 | 客观方面的证据 | **证明行为人违法提供出口退税凭证行为的证据**<br>具体证据包括：1. 证明行为人提供的是出口退税凭证的证据。2. 证明行为人违法提供出口退税凭证的证据：（1）证明徇私舞弊提供出口货物报关单；（2）证明徇私舞弊提供出口收汇核销单；（3）证明徇私舞弊提供其他出口退税凭证。3. 证明国家利益遭受重大损失的证据。4. 证明徇私舞弊行为与重大损失之间因果关系的证据。5. 证明致使国家利益遭受特别重大损失的证据。 |
| 证据参考标准 | 量刑方面的证据 | **一、法定量刑情节证据**<br>1. 事实情节。2. 法定从重情节。3. 法定从轻、减轻情节：（1）可以从轻；（2）可以从轻或者减轻；（3）应当从轻或者减轻。4. 法定从轻、减轻、免除情节：（1）可以从轻、减轻或者免除处罚；（2）应当从轻、减轻或者免除处罚。5. 法定减轻、免除情节：（1）可以减轻或者免除处罚；（2）应当减轻或者免除处罚；（3）可以免除处罚。<br>**二、酌定量刑情节证据**<br>1. 犯罪手段。2. 犯罪对象（1）出口货物报关单；（2）出口收汇核销单；（3）其他。3. 危害结果。4. 犯罪动机。5. 平时表现。6. 认罪态度。7. 是否有前科。8. 其他证据。 |

**量刑标准**

| 量刑标准 | |
|---|---|
| 犯本罪的 | 处五年以下有期徒刑或者拘役 |
| 致使国家利益遭受特别重大损失的 | 处五年以上有期徒刑 |
| 不适用缓刑或者免予刑事处罚 | 1. 以下情形一般不适用缓刑或者免予刑事处罚：<br>（1）不如实供述罪行的；<br>（2）不予退缴赃款赃物或者将赃款赃物用于非法活动的；<br>（3）属于共同犯罪中情节严重的主犯的；<br>（4）犯有数个职务犯罪依法实行并罚或者以一罪处理的；<br>（5）曾因职务违纪违法行为受过行政处分的；<br>（6）犯罪涉及的财物属于救灾、抢险、防汛、优抚、扶贫、移民、救济、防疫等特定款物的；<br>（7）渎职犯罪中徇私舞弊情节或者滥用职权情节恶劣的；<br>（8）其他不应适用缓刑、免予刑事处罚的情形。<br>对于具有以上情形之一，但根据全案事实和量刑情节，检察机关认为确有必要适用缓刑或者免予刑事处罚并据此提出量刑建议的，应经检察委员会讨论决定；审理法院认为确有必要适用缓刑或者免予刑事处罚的，应经审判委员会讨论决定。<br>2. 人民法院审理职务犯罪案件时应当注意听取检察机关、被告人、辩护人提出的量刑意见，分析影响性案件案发前后的社会反映，必要时可以征求案件查办等机关的意见。对于情节恶劣、社会反映强烈的职务犯罪案件，不得适用缓刑、免予刑事处罚。 |

**法律适用**

**刑法条文**

**第四百零五条** 税务机关的工作人员违反法律、行政法规的规定，在办理发售发票、抵扣税款、出口退税工作中，徇私舞弊，致使国家利益遭受重大损失的，处五年以下有期徒刑或者拘役；致使国家利益遭受特别重大损失的，处五年以上有期徒刑。

其他国家机关工作人员违反国家规定，在提供出口货物报关单、出口收汇核销单等出口退税凭证的工作中，徇私舞弊，致使国家利益遭受重大损失的，依照前款的规定处罚。

**立法解释**

**全国人民代表大会常务委员会《关于〈中华人民共和国刑法〉第九章渎职罪主体适用问题的解释》**（2002年12月28日第九届全国人民代表大会常务委员会第三十一次会议通过）

全国人大常委会根据司法实践中遇到的情况，讨论了刑法第九章渎职罪主体的适用问题，解释如下：

在依照法律、法规规定行使国家行政管理职权的组织中从事公务的人员，或者在受国家机关委托代表国家机关行使职权的组织中从事公务的人员，或者虽未列入国家机关人员编制但在国家机关中从事公务的人员，在代表国家机关行使职权时，有渎职行为，构成犯罪的，依照刑法关于渎职罪的规定追究刑事责任。

现予公告。

法律适用 司法解释

**一、最高人民检察院《关于渎职侵权犯罪案件立案标准的规定》（节录）**（2006年7月26日 高检发释字〔2006〕2号）

**一、渎职犯罪案件**

（十六）违法提供出口退税凭证案（第四百零五条第二款）

违法提供出口退税凭证罪是指海关、外汇管理等国家机关工作人员违反国家规定，在提供出口货物报关单、出口收汇核销单等出口退税凭证的工作中徇私舞弊，致使国家利益遭受重大损失的行为。

涉嫌下列情形之一的，应予立案：

1. 徇私舞弊，致使国家税收损失累计达10万元以上的；

2. 徇私舞弊，致使国家税收损失累计不满10万元，但具有索取、收受贿赂或者其他恶劣情节的；

3. 其他致使国家利益遭受重大损失的情形。

**三、附 则**

（一）本规定中每个罪案名称后所注明的法律条款系《中华人民共和国刑法》的有关条款。

（二）本规定所称"以上"包括本数；有关犯罪数额"不满"，是指已达到该数额百分之八十以上的。

（三）本规定中的"国家机关工作人员"，是指在国家机关中从事公务的人员，包括在各级国家权力机关、行政机关、司法机关和军事机关中从事公务的人员。在依照法律、法规规定行使国家行政管理职权的组织中从事公务的人员，或者在受国家机关委托代表国家行使职权的组织中从事公务的人员，或者虽未列入国家机关人员编制但在国家机关中从事公务的人员，在代表国家机关行使职权时，视为国家机关工作人员。在乡（镇）以上中国共产党机关、人民政协机关中从事公务的人员，视为国家机关工作人员。

（四）本规定中的"直接经济损失"，是指与行为有直接因果关系而造成的财产损毁、减少的实际价值；"间接经济损失"，是指由直接经济损失引起和牵连的其他损失，包括失去的在正常情况下可以获得的利益和为恢复正常的管理活动或者挽回所造成的损失所支付的各种开支、费用等。

有下列情形之一的，虽然有债权存在，但已无法实现债权的，可以认定为已经造成了经济损失：（1）债务人已经法定程序被宣告破产，且无法清偿债务；（2）债务人潜逃，去向不明；（3）因行为人责任，致使超过诉讼时效；（4）有证据证明债权无法实现的其他情况。

直接经济损失和间接经济损失，是指立案时确已造成的经济损失。移送审查起诉前，犯罪嫌疑人及其亲友自行挽回的经济损失，以及由司法机关或者犯罪嫌疑人所在单位及其上级主管部门挽回的经济损失，不予扣减，但可作为对犯罪嫌疑人从轻处理的情节考虑。

（五）本规定中的"徇私舞弊"，是指国家机关工作人员为徇私情、私利，故意违背事实和法律，伪造材料，隐瞒情况，弄虚作假的行为。

（六）本规定自公布之日起施行。本规定发布前有关人民检察院直接受理立案侦查的国家机关工作人员渎职和利用职权实施的侵犯公民人身权利、民主权利犯罪案件的立案标准，与本规定有重复或者不一致的，适用本规定。

对于本规定施行前发生的国家机关工作人员渎职和利用职权实施的侵犯公民人身权利、民主权利犯罪案件，按照《最高人民法院、最高人民检察院关于适用刑事司法解释时间效力问题的规定》办理。

**二、最高人民法院《全国法院审理经济犯罪案件工作座谈会纪要》（节录）**（2003年11月13日　法发〔2003〕167号）

**一、关于贪污贿赂犯罪和渎职犯罪的主体**

（一）国家机关工作人员的认定

刑法中所称的国家机关工作人员，是指在国家机关中从事公务的人员，包括在各级国家权力机关、行政机关、司法机关和军事机关中从事公务的人员。

根据有关立法解释的规定，在依照法律、法规规定行使国家行政管理职权的组织中从事公务的人员，或者在受国家机关委托代表国家行使职权的组织中从事公务的人员，或者虽未列入国家机关人员编制但在国家机关中从事公务的人员，视为国家机关工作人员。在乡（镇）以上中国共产党机关、人民政协机关中从事公务的人员，司法实践中也应当视为国家机关工作人员。

（二）国家机关、国有公司、企业、事业单位委派到非国有公司、企业、事业单位、社会团体从事公务的人员的认定

所谓委派，即委任、派遣，其形式多种多样，如任命、指派、提名、批准等。不论被委派的人身份如何，只要是接受国家机关、国有公司、企业、事业单位委派，代表国家机关、国有公司、企业、事业单位在非国有公司、企业、事业单位、社会团体中从事组织、领导、监督、管理等工作，都可以认定为国家机关、国有公司、企业、事业单位委派到非国有公司、企业、事业单位、社会团体从事公务的人员。如国家机关、国有公司、企业、事业单位委派在国有控股或者参股的股份有限公司从事组织、领导、监督、管理等工作的人员，应当以国家工作人员论。国有公司、企业改制为股份有限公司后，原国有公司、企业的工作人员和股份有限公司新任命的人员中，除代表国有投资主体行使监督、管理职权的人外，不以国家工作人员论。

（三）“其他依照法律从事公务的人员”的认定

刑法第九十三条第二款规定的“其他依照法律从事公务的人员”应当具有两个特征：一是在特定条件下行使国家管理职能；二是依照法律规定从事公务。具体包括：（1）依法履行职责的各级人民代表大会代表；（2）依法履行审判职责的人民陪审员；（3）协助乡镇人民政府、街道办事处从事行政管理工作的村民委员会、居民委员会等农村和城市基层组织人员；（4）其他由法律授权从事公务的人员。

（四）关于“从事公务”的理解

从事公务，是指代表国家机关、国有公司、企业、事业单位、人民团体等履行组织、领导、监督、管理等职责。公务主要表现为与职权相联系的公共事务以及监督、管理国有财产的职务活动。如国家机关工作人员依法履行职责，国有公司的董事、经理、监事、会计、出纳人员等管理、监督国有财产等活动，属于从事公务。那些不具备职权内容的劳务活动、技术服务工作，如售货员、售票员等所从事的工作，一般不认为是公务。

**六、关于渎职罪**

（一）渎职犯罪行为造成的公共财产重大损失的认定

根据刑法规定，玩忽职守、滥用职权等渎职犯罪是以致使公共财产、国家和人民利益遭受重大损失为构成要件的。其中，公共财产的重大损失，通常是指渎职行为已经造成的重大经济损失。在司法实践中，有以下情形之一的，虽然公共财产作为债权存在，但已无法实现债权的，可以认定为行为人的渎职行为造成了经济损失：（1）债务人已经法定程序被宣告破产；（2）债务人潜逃，去向不明；（3）因行为人责任，致使超过诉讼时效；（4）有证据证明债权无法实现的其他情况。

司法解释

（二）玩忽职守罪的追诉时效

玩忽职守行为造成的重大损失当时没有发生，而是玩忽职守行为之后一定时间发生的，应从危害结果发生之日起计算玩忽职守罪的追诉期限。

（三）国有公司、企业人员渎职犯罪的法律适用

对于1999年12月24日《中华人民共和国刑法修正案》实施以前发生的国有公司、企业人员渎职行为（不包括徇私舞弊行为），尚未处理或者正在处理的，不能按照刑法修正案追究刑事责任。

（四）关于“徇私”的理解

徇私舞弊型渎职犯罪的“徇私”应理解为徇个人私情、私利。国家机关工作人员为了本单位的利益，实施滥用职权、玩忽职守行为，构成犯罪的，依照刑法第三百九十七条第一款的规定定罪处罚。

**三、最高人民法院、最高人民检察院《关于办理职务犯罪案件严格适用缓刑、免予刑事处罚若干问题的意见》**（2012年8月8日　法发〔2012〕17号）（略，详见本书第16页）

法律适用

规章及规范性文件

**国家税务总局《出口货物退（免）税管理办法（试行）》（节录）**（2005年3月16日公布　2018年6月15日修正）

**第五条**　对外贸易经营者按《中华人民共和国对外贸易法》和商务部《对外贸易经营者备案登记办法》的规定办理备案登记后，没有出口经营资格的生产企业委托出口自产货物（含视同自产产品，下同），应分别在备案登记、代理出口协议签定之日起30日内持有关资料，填写《出口货物退（免）税认定表》，到所在地税务机关办理出口货物退（免）税认定手续。

特定退（免）税的企业和人员办理出口货物退（免）税认定手续按国家有关规定执行。

**第六条**　已办理出口货物退（免）税认定的出口商，其认定内容发生变化的，须自有关管理机关批准变更之日起30日内，持相关证件向税务机关申请办理出口货物退（免）税认定变更手续。

**第七条**　出口商发生解散、破产、撤销以及其他依法应终止出口货物退（免）税事项的，应持相关证件、资料向税务机关办理出口货物退（免）税注销认定。

对申请注销认定的出口商，税务机关应先结清其出口货物退（免）税款，再按规定办理注销手续。

**第八条**　出口商应在规定期限内，收齐出口货物退（免）税所需的有关单证，使用国家税务总局认可的出口货物退（免）税电子申报系统生成电子申报数据，如实填写出口货物退（免）税申报表，向税务机关申报办理出口货物退（免）税手续。逾期申报的，除另有规定者外，税务机关不再受理该笔出口货物的退（免）税申报，该补税的应按有关规定补征税款。

**第九条**　出口商申报出口货物退（免）税时，税务机关应及时予以接受并进行初审。经初步审核，出口商报送的申报资料、电子申报数据及纸质凭证齐全的，税务机关受理该笔出口货物退（免）税申报。出口商报送的申报资料或纸质凭证不齐全的，除另有规定者外，税务机关不予受理该笔出口货物的退（免）税申报，并要当即向出口商提出改正、补充资料、凭证的要求。

税务机关受理出口商的出口货物退（免）税申报后，应为出口商出具回执，并对出口货物退（免）税申报情况进行登记。

**第十条** 出口商报送的出口货物退（免）税申报资料及纸质凭证齐全的，除另有规定者外，在规定申报期限结束前，税务机关不得以无相关电子信息或电子信息核对不符等原因，拒不受理出口商的出口货物退（免）税申报。

**第十一条** 税务机关应当使用国家税务总局认可的出口货物退（免）税电子化管理系统以及总局下发的出口退税率文库，按照有关规定进行出口货物退（免）税审核、审批，不得随意更改出口货物退（免）税电子化管理系统的审核配置、出口退税率文库以及接收的有关电子信息。

**第十二条** 税务机关受理出口商出口货物退（免）税申报后，应在规定的时间内，对申报凭证、资料的合法性、准确性进行审查，并核实申报数据之间的逻辑对应关系。根据出口商申报的出口货物退（免）税凭证、资料的不同情况，税务机关应当重点审核以下内容：

（一）申报出口货物退（免）税的报表种类、内容及印章是否齐全、准确。

（二）申报出口货物退（免）税提供的电子数据和出口货物退（免）税申报表是否一致。

（三）申报出口货物退（免）税的凭证是否有效，与出口货物退（免）税申报表明细内容是否一致等。重点审核的凭证有：

1. 出口货物报关单（出口退税专用）。出口货物报关单必须是盖有海关验讫章，注明“出口退税专用”字样的原件（另有规定者除外），出口报关单的海关编号、出口商海关代码、出口日期、商品编号、出口数量及离岸价等主要内容应与申报退（免）税的报表一致。

2. 代理出口证明。代理出口货物证明上的受托方企业名称、出口商品代码、出口数量、离岸价等应与出口货物报关单（出口退税专用）上内容相匹配并与申报退（免）税的报表一致。

3. 增值税专用发票（抵扣联）。增值税专用发票（抵扣联）必须印章齐全，没有涂改。增值税专用发票（抵扣联）的开票日期、数量、金额、税率等主要内容应与申报退（免）税的报表匹配。

4. 出口收汇核销单（或出口收汇核销清单，下同）。出口收汇核销单的编号、核销金额、出口商名称应当与对应的出口货物报关单上注明的批准文号、离岸价、出口商名称匹配。

5. 消费税税收（出口货物专用）缴款书。消费税税收（出口货物专用）缴款书各栏目的填写内容应与对应的发票一致；征税机关、国库（银行）印章必须齐全并符合要求。

**第十三条** 在对申报的出口货物退（免）税凭证、资料进行人工审核后，税务机关应当使用出口货物退（免）税电子化管理系统进行计算机审核，将出口商申报出口货物退（免）税提供的电子数据、凭证、资料与国家税务总局及有关部门传递的出口货物报关单、出口收汇核销单、代理出口证明、增值税专用发票、消费税税收（出口货物专用）缴款书等电子信息进行核对。审核、核对重点是：

（一）出口报关单电子信息。出口报关单的海关编号、出口日期、商品代码、出口数量及离岸价等项目是否与电子信息核对相符；

（二）代理出口证明电子信息。代理出口证明的编号、商品代码、出口日期、出口离岸价等项目是否与电子信息核对相符；

（三）出口收汇核销单电子信息。出口收汇核销单号码等项目是否与电子信息核对相符；

（四）出口退税率文库。出口商申报出口退（免）税的货物是否属于可退税货物，申报的退税率与出口退税率文库中的退税率是否一致。

（五）增值税专用发票电子信息。增值税专用发票的开票日期、金额、税额、购货方及销售方的纳税人识别号、发票代码、发票号码是否与增值税专用发票电子信息核对相符。

在核对增值税专用发票时应使用增值税专用发票稽核、协查信息。暂未收到增值税专用发票稽核、协查信息的，税务机关可先使用增值税专用发票认证信息，但必须及时用相关稽核、协查信息进行复核；对复核有误的，要及时追回已退（免）税款。

（六）消费税税收（出口货物专用）缴款书电子信息。消费税税收（出口货物专用）缴款书的号码、购货企业海关代码、计税金额、实缴税额、税率（额）等项目是否与电子信息核对相符。

**第十四条** 税务机关在审核中，发现的不符合规定的申报凭证、资料，税务机关应通知出口商进行调整或重新申报；对在计算机审核中发现的疑点，应当严格按照有关规定处理；对出口商申报的出口货物退（免）税凭证、资料有疑问的，应分别以下情况处理：

（一）凡对出口商申报的出口货物退（免）税凭证、资料无电子信息或核对不符的，应及时按照规定进行核查。

（二）凡对出口货物报关单（出口退税专用）、出口收汇核销单等纸质凭证有疑问的，应向相关部门发函核实。

（三）凡对防伪税控系统开具的增值税专用发票（抵扣联）有疑问的，应向同级税务稽查部门提出申请，通过税务系统增值税专用发票协查系统进行核查；

（四）对出口商申报出口货物的货源、纳税、供货企业经营状况等情况有疑问的，税务机关应按国家税务总局有关规定进行发函调查，或向同级税务稽查部门提出申请，由税务稽查部门按有关规定进行调查，并依据回函或调查情况进行处理。

**第十五条** 出口商提出办理相关出口货物退（免）税证明的申请，税务机关经审核符合有关规定的，应及时出具相关证明。

**第十六条** 出口货物退（免）税应当由设区的市、自治州以上（含本级）税务机关根据审核结果按照有关规定进行审批。

税务机关在审批后应当按照有关规定办理退库或调库手续。

# 32 国家机关工作人员签订、履行合同失职被骗案

**概念**

**本罪是指国家机关工作人员在签订、履行合同过程中，因严重不负责任，不履行或者不认真履行职责被诈骗，致使国家利益遭受重大损失的行为。**

**立案标准**

**国家机关工作人员在签订、履行合同过程中，涉嫌因严重不负责任，不履行或者不认真履行职责被诈骗，有下列情形之一的，应予立案：**

**1. 造成直接经济损失30万元以上，或者直接经济损失不满30万元，但间接经济损失150万元以上的。**

**2. 其他致使国家利益遭受重大损失的情形。**

<table>
<tr><td rowspan="2">定罪标准</td><td>犯罪客体</td><td>本罪侵犯的客体是国家机关工作人员职务的勤政性和国家经济利益。</td></tr>
<tr><td>犯罪客观方面</td><td>本罪在客观方面表现为在签订、履行合同过程中，严重不负责任，不履行或者不认真履行职责被诈骗，致使国家利益遭受重大损失。具体包括以下两个要素：<br>1. 在签订、履行合同过程中被诈骗。被诈骗，是指被合同对方当事人诈骗。司法机关在办理案件过程中，只要认定对方当事人的行为已经涉嫌构成诈骗犯罪，可依法认定行为人构成国家机关工作人员签订、履行合同失职被骗罪。<br>（1）被诈骗发生在签订、履行合同过程中。所谓签订合同，是指当事人双方就合同的主要条款经过协商，达成一致。所谓履行合同，是指合同当事人完成合同所约定的事项。这里所说的合同，应作广义的理解，既包括书面合同，也包括口头合同。国家机关工作人员在经贸活动中，盲目轻信对方，不认真审查对方当事人的资信情况，甚至不签订书面合同，只经口头协议，便盲目履行协议或者合同，致使国家利益遭受重大损失的，同样是一种失职行为，应以本罪定罪处罚。<br>（2）被诈骗的原因是行为人严重不负责任，不履行或者不认真履行职责。所谓严重不负责任，是指国家机关工作人员在签订、履行合同过程中，不按法律规定或者有关规章规定履行自己的职责或者不正确履行自己的职责，玩忽职守，滥用职权。在现实生活中，不履行或者不认真履行职责的表现形式是多种多样的，如有的行为人无视规章和工作纪律，擅自越权签订或者履行合同；有的行为人未向主管单位或有关单位了解对方当事人的合同主体资格、资信情况、履约能力和资源等情况；有的行为人不辨真假，盲目吸收投资，同假外商签订引资合作协议等，以致上当受骗；有的行为人知道被诈骗后，对质次货劣的商品，不及时采取措施，延误索赔期或者擅自决定不索赔，造成重大损失；等等。<br>2. 国家利益遭受重大损失。首先，所谓重大损失，包括物质性损失和非物质性损失。非物质性损失是指给国家机关的正常活动和信誉造成严重损害或者造成其他恶劣的政治、社会影响。重大损失，具体是指以下情形之一的：（1）直接经济损失30万</td></tr>
</table>

<table>
<tr><td rowspan="5">定罪标准</td><td>犯罪客观方面</td><td>元以上；（2）直接经济损失不满 30 万元，但间接经济损失 150 万元以上的；（3）其他致使国家利益遭受重大损失的情形。其中，“直接经济损失”，是指与行为有直接因果关系而造成的财产损毁、减少的实际价值；“间接经济损失”，是指由直接经济损失引起和牵连的其他损失，包括失去的在正常情况下可以获得的利益和为恢复正常的管理活动或者挽回所造成的损失所支付的各种开支、费用等。有下列情形之一的，虽然有债权存在，但已无法实现债权的，可以认定为已经造成了经济损失：（1）债务人已经法定程序被宣告破产，且无法清偿债务；（2）债务人潜逃，去向不明；（3）因行为人责任，致使超过诉讼时效；（4）有证据证明债权无法实现的其他情况。直接经济损失和间接经济损失，是指立案时确已造成的经济损失。移送审查起诉前，犯罪嫌疑人及其亲友自行挽回的经济损失，以及由司法机关或者犯罪嫌疑人所在单位及其上级主管部门挽回的经济损失，不予扣减，但可作为对犯罪嫌疑人从轻处理的情节考虑。其次，重大损失与失职被骗之间存在因果关系。</td></tr>
<tr><td>犯罪主体</td><td>本罪是纯正的身份犯，主体是国家机关工作人员。<br>刑法中所称的国家机关工作人员，是指在国家机关中从事公务的人员，包括在各级国家权力机关、行政机关、司法机关和军事机关中从事公务的人员。根据有关立法解释的规定，在依照法律、法规规定行使国家行政管理职权的组织中从事公务的人员，或者在受国家机关委托代表国家行使职权的组织中从事公务的人员，或者虽未列入国家机关人员编制但在国家机关中从事公务的人员，视为国家机关工作人员。在乡（镇）以上中国共产党机关、人民政协机关中从事公务的人员，司法实践中也应当视为国家机关工作人员。</td></tr>
<tr><td>犯罪主观方面</td><td>本罪在主观方面表现为过失，即行为人应当预见自己的行为可能发生被诈骗、可能致使国家利益遭受重大损失，由于疏忽大意没有预见，或者已经预见而轻信能避免。</td></tr>
<tr><td>罪与非罪</td><td>区分罪与非罪的界限，首先要看行为人是否严重不负责任。国家在履行合同过程中虽然遭受重大损失，但如果这是由于市场行情剧变、个人业务水平不高或者不可抗力的原因导致的，不构成犯罪。其次要看失职行为是否致使国家利益遭受重大损失。行为人虽然有失职行为，但国家利益没有因此遭受重大损失的，不构成犯罪。</td></tr>
<tr><td>此罪与彼罪</td><td>本罪与签订、履行合同失职被骗罪的界限。根据《刑法》第 167 条的规定，签订、履行合同失职被骗罪是指国有公司、企业、事业单位直接负责的主管人员，在签订、履行合同过程中，因严重不负责任被诈骗，致使国家利益遭受重大损失的行为。本罪与签订、履行合同失职被骗罪在犯罪主观方面与客观方面相同。主要的区别是犯罪主体不同，本罪的主体是国家机关工作人员；签订、履行合同失职被骗罪的主体是国有公司、企业、事业单位的主管人员。</td></tr>
</table>

<table>
<tr><td rowspan="4">证据参考标准</td><td>主体方面的证据</td><td>一、证明行为人刑事责任年龄、身份等自然情况的证据<br>包括身份证明、户籍证明、任职证明、工作经历证明、特定职责证明等，主要是证明行为人的姓名（曾用名）、性别、出生年月日、民族、籍贯、出生地、职业（或职务）、住所地（或居所地）等证据材料，如户口簿、居民身份证、居住证、工作证、出生证、专业或技术等级证、干部履历表、职工登记表、护照等。<br>对于户籍、出生证等材料内容不实的，应提供其他证据材料。人大代表、政协委员犯罪的案件，应注明身份，并附身份证明材料。<br>二、证明行为人刑事责任能力的证据<br>证明行为人对自己的行为是否具有辨认能力与控制能力，如是否属于间歇性精神病人、案发时是否尚未完全丧失辨认或者控制自己行为能力的证明材料。</td></tr>
<tr><td>主观方面的证据</td><td>证明行为人过失的证据<br>1. 证明行为人疏忽大意过失的证据：（1）证明行为人应当预见自己可能被诈骗、其行为可能致使国家利益遭受重大损失；（2）证明行为人因疏忽大意没有预见。2. 证明行为人过于自信过失的证据：（1）证明行为人已经预见自己可能发生被诈骗、其行为可能致使国家利益遭受重大损失；（2）证明行为人轻信能避免危害结果。</td></tr>
<tr><td>客观方面的证据</td><td>证明行为人签订、履行合同失职被骗的证据<br>具体证据包括：1. 证明行为人签订、履行合同的证据。2. 证明行为人在签订、履行合同过程中被诈骗的证据。3. 证明行为人严重不负责任，不履行职责的证据。4. 证明行为人严重不负责任，不认真履行职责的证据。5. 证明国家利益遭受重大损失的证据。6. 证明重大损失与失职被骗之间存在因果关系的证据。7. 证明致使国家利益遭受特别重大损失的证据。</td></tr>
<tr><td>量刑方面的证据</td><td>一、法定量刑情节证据<br>1. 事实情节。2. 法定从重情节。3. 法定从轻、减轻情节：（1）可以从轻；（2）可以从轻或者减轻；（3）应当从轻或者减轻。4. 法定从轻、减轻、免除情节：（1）可以从轻、减轻或者免除处罚；（2）应当从轻、减轻或者免除处罚。5. 法定减轻、免除情节：（1）可以减轻或者免除处罚；（2）应当减轻或者免除处罚；（3）可以免除处罚。<br>二、酌定量刑情节证据<br>1. 犯罪手段。2. 犯罪对象。3. 危害结果。4. 犯罪动机。5. 平时表现。6. 认罪态度。7. 是否有前科。8. 其他证据。</td></tr>
</table>

<table>
<tr><td rowspan="3">量刑标准</td><td>犯本罪的</td><td>处三年以下有期徒刑或者拘役</td></tr>
<tr><td>致使国家利益遭受特别重大损失的</td><td>处三年以上七年以下有期徒刑</td></tr>
<tr><td>不适用缓刑或者免予刑事处罚</td><td>1. 以下情形一般不适用缓刑或者免予刑事处罚：<br>（1）不如实供述罪行的；<br>（2）不予退缴赃款赃物或者将赃款赃物用于非法活动的；<br>（3）属于共同犯罪中情节严重的主犯的；</td></tr>
</table>

| | | |
|---|---|---|
| 量刑标准 | 不适用缓刑或者免予刑事处罚 | （4）犯有数个职务犯罪依法实行并罚或者以一罪处理的；<br>（5）曾因职务违纪违法行为受过行政处分的；<br>（6）犯罪涉及的财物属于救灾、抢险、防汛、优抚、扶贫、移民、救济、防疫等特定款物的；<br>（7）渎职犯罪中徇私舞弊情节或者滥用职权情节恶劣的；<br>（8）其他不应适用缓刑、免予刑事处罚的情形。<br>对于具有以上情形之一，但根据全案事实和量刑情节，检察机关认为确有必要适用缓刑或者免予刑事处罚并据此提出量刑建议的，应经检察委员会讨论决定；审理法院认为确有必要适用缓刑或者免予刑事处罚的，应经审判委员会讨论决定。<br>2. 人民法院审理职务犯罪案件时应当注意听取检察机关、被告人、辩护人提出的量刑意见，分析影响性案件案发前后的社会反映，必要时可以征求案件查办等机关的意见。对于情节恶劣、社会反映强烈的职务犯罪案件，不得适用缓刑、免予刑事处罚。 |
| 法律适用 | 刑法条文 | **第四百零六条** 国家机关工作人员在签订、履行合同过程中，因严重不负责任被诈骗，致使国家利益遭受重大损失的，处三年以下有期徒刑或者拘役；致使国家利益遭受特别重大损失的，处三年以上七年以下有期徒刑。 |
| | 立法解释 | **全国人民代表大会常务委员会《关于〈中华人民共和国刑法〉第九章渎职罪主体适用问题的解释》**（2002年12月28日第九届全国人民代表大会常务委员会第三十一次会议通过）<br>全国人大常委会根据司法实践中遇到的情况，讨论了刑法第九章渎职罪主体的适用问题，解释如下：<br>在依照法律、法规规定行使国家行政管理职权的组织中从事公务的人员，或者在受国家机关委托代表国家机关行使职权的组织中从事公务的人员，或者虽未列入国家机关人员编制但在国家机关中从事公务的人员，在代表国家机关行使职权时，有渎职行为，构成犯罪的，依照刑法关于渎职罪的规定追究刑事责任。<br>现予公告。 |
| | 司法解释 | **一、最高人民检察院《关于渎职侵权犯罪案件立案标准的规定》（节录）**（2006年7月26日 高检发释字〔2006〕2号）<br>**一、渎职犯罪案件**<br>（十七）国家机关工作人员签订、履行合同失职被骗案（第四百零六条）<br>国家机关工作人员签订、履行合同失职被骗罪是指国家机关工作人员在签订、履行合同过程中，因严重不负责任，不履行或者不认真履行职责被诈骗，致使国家利益遭受重大损失的行为。<br>涉嫌下列情形之一的，应予立案：<br>1. 造成直接经济损失30万元以上，或者直接经济损失不满30万元，但间接经济损失150万元以上的；<br>2. 其他致使国家利益遭受重大损失的情形。 |

三、附　则

（一）本规定中每个罪案名称后所注明的法律条款系《中华人民共和国刑法》的有关条款。

（二）本规定所称“以上”包括本数；有关犯罪数额“不满”，是指已达到该数额百分之八十以上的。

（三）本规定中的“国家机关工作人员”，是指在国家机关中从事公务的人员，包括在各级国家权力机关、行政机关、司法机关和军事机关中从事公务的人员。在依照法律、法规规定行使国家行政管理职权的组织中从事公务的人员，或者在受国家机关委托代表国家行使职权的组织中从事公务的人员，或者虽未列入国家机关人员编制但在国家机关中从事公务的人员，在代表国家机关行使职权时，视为国家机关工作人员。在乡（镇）以上中国共产党机关、人民政协机关中从事公务的人员，视为国家机关工作人员。

（四）本规定中的“直接经济损失”，是指与行为有直接因果关系而造成的财产损毁、减少的实际价值；“间接经济损失”，是指由直接经济损失引起和牵连的其他损失，包括失去的在正常情况下可以获得的利益和为恢复正常的管理活动或者挽回所造成的损失所支付的各种开支、费用等。

有下列情形之一的，虽然有债权存在，但已无法实现债权的，可以认定为已经造成了经济损失：（1）债务人已经法定程序被宣告破产，且无法清偿债务；（2）债务人潜逃，去向不明；（3）因行为人责任，致使超过诉讼时效；（4）有证据证明债权无法实现的其他情况。

直接经济损失和间接经济损失，是指立案时确已造成的经济损失。移送审查起诉前，犯罪嫌疑人及其亲友自行挽回的经济损失，以及由司法机关或者犯罪嫌疑人所在单位及其上级主管部门挽回的经济损失，不予扣减，但可作为对犯罪嫌疑人从轻处理的情节考虑。

（五）本规定中的“徇私舞弊”，是指国家机关工作人员为徇私情、私利，故意违背事实和法律，伪造材料，隐瞒情况，弄虚作假的行为。

（六）本规定自公布之日起施行。本规定发布前有关人民检察院直接受理立案侦查的国家机关工作人员渎职和利用职权实施的侵犯公民人身权利、民主权利犯罪案件的立案标准，与本规定有重复或者不一致的，适用本规定。

对于本规定施行前发生的国家机关工作人员渎职和利用职权实施的侵犯公民人身权利、民主权利犯罪案件，按照《最高人民法院、最高人民检察院关于适用刑事司法解释时间效力问题的规定》办理。

**二、最高人民法院《全国法院审理经济犯罪案件工作座谈会纪要》（节录）**（2003年11月13日　法发〔2003〕167号）

**一、关于贪污贿赂犯罪和渎职犯罪的主体**

（一）国家机关工作人员的认定

刑法中所称的国家机关工作人员，是指在国家机关中从事公务的人员，包括在各级国家权力机关、行政机关、司法机关和军事机关中从事公务的人员。

根据有关立法解释的规定，在依照法律、法规规定行使国家行政管理职权的组织中从事公务的人员，或者在受国家机关委托代表国家行使职权的组织中从事公务的人员，或者虽未列入国家机关人员编制但在国家机关中从事公务的人员，视为国家机关工作人员。在乡（镇）以上中国共产党机关、人民政协机关中从事公务的人员，司法实践中也应当视为国家机关工作人员。

（二）国家机关、国有公司、企业、事业单位委派到非国有公司、企业、事业单位、社会团体从事公务的人员的认定

所谓委派，即委任、派遣，其形式多种多样，如任命、指派、提名、批准等。不论被委派的人身份如何，只要是接受国家机关、国有公司、企业、事业单位委派，代表国家机关、国有公司、企业、事业单位在非国有公司、企业、事业单位、社会团体中从事组织、领导、监督、管理等工作，都可以认定为国家机关、国有公司、企业、事业单位委派到非国有公司、企业、事业单位、社会团体从事公务的人员。如国家机关、国有公司、企业、事业单位委派在国有控股或者参股的股份有限公司从事组织、领导、监督、管理等工作的人员，应当以国家工作人员论。国有公司、企业改制为股份有限公司后，原国有公司、企业的工作人员和股份有限公司新任命的人员中，除代表国有投资主体行使监督、管理职权的人外，不以国家工作人员论。

（三）“其他依照法律从事公务的人员”的认定

刑法第九十三条第二款规定的“其他依照法律从事公务的人员”应当具有两个特征：一是在特定条件下行使国家管理职能；二是依照法律规定从事公务。具体包括：（1）依法履行职责的各级人民代表大会代表；（2）依法履行审判职责的人民陪审员；（3）协助乡镇人民政府、街道办事处从事行政管理工作的村民委员会、居民委员会等农村和城市基层组织人员；（4）其他由法律授权从事公务的人员。

（四）关于“从事公务”的理解

从事公务，是指代表国家机关、国有公司、企业、事业单位、人民团体等履行组织、领导、监督、管理等职责。公务主要表现为与职权相联系的公共事务以及监督、管理国有财产的职务活动。如国家机关工作人员依法履行职责，国有公司的董事、经理、监事、会计、出纳人员等管理、监督国有财产等活动，属于从事公务。那些不具备职权内容的劳务活动、技术服务工作，如售货员、售票员等所从事的工作，一般不认为是公务。

**六、关于渎职罪**

（一）渎职犯罪行为造成的公共财产重大损失的认定

根据刑法规定，玩忽职守、滥用职权等渎职犯罪是以致使公共财产、国家和人民利益遭受重大损失为构成要件的。其中，公共财产的重大损失，通常是指渎职行为已经造成的重大经济损失。在司法实践中，有以下情形之一的，虽然公共财产作为债权存在，但已无法实现债权的，可以认定为行为人的渎职行为造成了经济损失：（1）债务人已经法定程序被宣告破产；（2）债务人潜逃，去向不明；（3）因行为人责任，致使超过诉讼时效；（4）有证据证明债权无法实现的其他情况。

（二）玩忽职守罪的追诉时效

玩忽职守行为造成的重大损失当时没有发生，而是玩忽职守行为之后一定时间发生的，应从危害结果发生之日起计算玩忽职守罪的追诉期限。

（三）国有公司、企业人员渎职犯罪的法律适用

对于1999年12月24日《中华人民共和国刑法修正案》实施以前发生的国有公司、企业人员渎职行为（不包括徇私舞弊行为），尚未处理或者正在处理的，不能按照刑法修正案追究刑事责任。

（四）关于“徇私”的理解

徇私舞弊型渎职犯罪的“徇私”应理解为徇个人私情、私利。国家机关工作人员为了本单位的利益，实施滥用职权、玩忽职守行为，构成犯罪的，依照刑法第三百九十七条第一款的规定定罪处罚。

法律适用

司法解释

**三、最高人民法院、最高人民检察院《关于办理职务犯罪案件严格适用缓刑、免予刑事处罚若干问题的意见》**（2012年8月8日　法发〔2012〕17号）（略，详见本书第16页）

其他相关文件

**《关于签订、履行合同失职被骗犯罪是否以对方当事人的行为构成诈骗犯罪为要件的意见》（节录）**

认定签订、履行合同失职被骗罪和国家机关工作人员签订、履行合同失职被骗罪应当以对方当事人涉嫌诈骗，行为构成犯罪为前提。

但司法机关在办理或者审判行为人被指控犯有上述两罪的案件过程中，不能以对方当事人已经被人民法院判决构成诈骗犯罪作为认定本案当事人构成签订、履行合同失职被骗罪或者国家机关工作人员签订、履行合同失职被骗罪的前提。

也就是说，司法机关在办理案件过程中，只要认定对方当事人的行为已经涉嫌构成诈骗犯罪，就可依法认定行为人构成签订、履行合同失职被骗罪或者国家机关工作人员签订、履行合同失职被骗罪，而不需要搁置或者中止审理，直至对方当事人被人民法院审理并判决构成诈骗犯罪。

# 33 违法发放林木采伐许可证案

**概念**

本罪是指林业主管部门的工作人员违反《森林法》的规定，超过批准的年采伐限额发放林木采伐许可证或者违反规定滥发林木采伐许可证，情节严重，致使森林遭受严重破坏的行为。

**立案标准**

林业主管部门的工作人员涉嫌违反《森林法》的规定，超过批准的年采伐限额发放林木采伐许可证或者违反规定滥发林木采伐许可证，有下列情形之一的，应予立案：

1. 发放林木采伐许可证允许采伐数量累计超过批准的年采伐限额，导致林木被超限额采伐10立方米以上的。

2. 滥发林木采伐许可证，导致林木被滥伐20立方米以上，或者导致幼树被滥伐1000株以上的。

3. 滥发林木采伐许可证，导致防护林、特种用途林被滥伐5立方米以上，或者幼树被滥伐200株以上的。

4. 滥发林木采伐许可证，导致珍贵树木或者国家重点保护的其他树木被滥伐的。

5. 滥发林木采伐许可证，导致国家禁止采伐的林木被采伐的。

6. 其他情节严重，致使森林遭受严重破坏的情形。

**定罪标准**

**犯罪客体**

本罪侵犯的客体是国家林业管理制度和森林资源。根据《森林法》等法律法规的规定，国家根据用耗量低于生长量的原则，严格控制森林和其他林木的年采伐量。审核发放林木采伐许可证的部门在审核发放林木采伐许可证的工作中，应当严格遵守有关采伐林木的法律规定，不得对不符合规定条件的采伐申请予以批准，不得超过批准的年采伐限额发放采伐许可证。林业主管部门的工作人员滥发林木采伐许可证的行为，不仅侵犯了国家林业的管理制度，而且对我国森林资源造成损害。

**犯罪客观方面**

本罪在客观方面表现为违反《森林法》的规定，超过批准的年采伐限额发放林木采伐许可证或者违反规定滥发林木采伐许可证，情节严重，致使森林遭受严重破坏。

1. 违反《森林法》的规定，超过批准的年采伐限额发放林木采伐许可证或者违反规定滥发林木采伐许可证。

"违反《森林法》的规定"不仅指违反《森林法》的规定，也包括违反《森林法实施条例》等国务院及国务院林业主管部门颁布的林业行政法规、规章中有关森林年采伐限额、采伐森林和林木的范围及方式、林木采伐许可证的申请与审核发放权限等事项的规定。没有违反上述规定的，不构成本罪。

超过批准的年采伐限额发放林木采伐许可证或者违反规定滥发林木采伐许可证，是林业主管部门的工作人员滥用职权的表现形式。"超过批准的年采伐限额发放林木采伐许可证"，是指林业主管部门的工作人员滥用职权，在年度采伐限额以外，擅自

| 定罪标准 | | |
|---|---|---|
| | 犯罪客观方面 | 发放给林木采伐申请人采伐许可证的行为。"违反规定滥发林木采伐许可证"，是指林业主管部门的工作人员违反《森林法》以及有关行政法规的规定，滥用所掌握的发放林木采伐许可证的职权，对不应当发放许可证或者应当少量发放许可证的林木采伐申请人，擅自发放或者超规定发放林木采伐许可证的行为。<br>2. 情节严重，致使森林遭受严重破坏。情节严重，是指具有下列情形之一的：（1）发放林木采伐许可证允许采伐数量累计超过批准的年采伐限额，导致林木被超限额采伐10立方米以上的；（2）滥发林木采伐许可证，导致林木被滥伐20立方米以上，或者导致幼树被滥伐1000株以上的；（3）滥发林木采伐许可证，导致防护林、特种用途林被滥伐5立方米以上，或者幼树被滥伐200株以上的；（4）滥发林木采伐许可证，导致珍贵树木或者国家重点保护的其他树木被滥伐的；（5）滥发林木采伐许可证，导致国家禁止采伐的林木被采伐的；（6）其他情节严重，致使森林遭受严重破坏的情形。 |
| | 犯罪主体 | 本罪是纯正的身份犯，主体是林业主管部门的工作人员。在理解"林业主管部门的工作人员"的范围时，需要注意国家机关工作人员的范围。在我国，刑法中所称的国家机关工作人员，是指在国家机关中从事公务的人员，包括在各级国家权力机关、行政机关、司法机关和军事机关中从事公务的人员。根据有关立法解释的规定，在依照法律、法规规定行使国家行政管理职权的组织中从事公务的人员，或者在受国家机关委托代表国家行使职权的组织中从事公务的人员，或者虽未列入国家机关人员编制但在国家机关中从事公务的人员，视为国家机关工作人员。在乡（镇）以上中国共产党机关、人民政协机关中从事公务的人员，司法实践中也应当视为国家机关工作人员。 |
| | 犯罪主观方面 | 本罪在主观方面表现为故意，即明知超过批准的年采伐限额发放林木采伐许可证或者违反规定滥发林木采伐许可证的行为会损害国家林业管理制度和森林资源，希望或者放任这种结果发生。 |
| | 罪与非罪 | 区分罪与非罪的界限，首先要看是否违反《森林法》的规定，没有违反相关规定的行为，不构成犯罪。其次要看违法发放林木采伐许可证行为的情节是否严重，是否致使森林遭受严重破坏。如果情节严重，致使森林遭受严重破坏，应依法认定为此罪；否则，就不能以此罪论处，而应当根据《森林法》等规定对行为人给予行政处分。 |
| | 此罪与彼罪 | 本罪与滥用职权罪、玩忽职守罪的界限。一般而言，本罪与滥用职权罪、玩忽职守罪的界限比较明显，但是当林业主管部门的工作人员滥用职权或者玩忽职守，致使森林遭受严重破坏时，需要特别注意本罪与滥用职权罪、玩忽职守罪的界限。区分的关键在于行为人是否以违法发放林木采伐许可证的方式实施犯罪。根据《关于对林业主管部门工作人员在发放林木采伐许可证之外滥用职权玩忽职守致使森林遭受严重破坏的行为适用法律问题的批复》，林业主管部门工作人员违法发放林木采伐许可证，致使森林遭受严重破坏的，依照《刑法》第407条的规定，以违法发放林木采伐许可证罪追究刑事责任；以其他方式滥用职权或者玩忽职守，致使森林遭受严重破坏的，依照《刑法》第397条的规定，以滥用职权罪或者玩忽职守罪追究刑事责任。 |

<table>
<tr><td rowspan="4">证据参考标准</td><td>主体方面的证据</td><td colspan="2">一、证明行为人刑事责任年龄、身份等自然情况的证据<br>包括身份证明、户籍证明、任职证明、工作经历证明、特定职责证明等，主要是证明行为人的姓名（曾用名）、性别、出生年月日、民族、籍贯、出生地、职业（或职务）、住所地（或居所地）等证据材料，如户口簿、居民身份证、居住证、工作证、出生证、专业或技术等级证、干部履历表、职工登记表、护照等。<br>对于户籍、出生证等材料内容不实的，应提供其他证据材料。人大代表、政协委员犯罪的案件，应注明身份，并附身份证明材料。<br>二、证明行为人刑事责任能力的证据<br>证明行为人对自己的行为是否具有辨认能力与控制能力，如是否属于间歇性精神病人、案发时是否尚未完全丧失辨认或者控制自己行为能力的证明材料。</td></tr>
<tr><td>主观方面的证据</td><td colspan="2">证明行为人故意的证据<br>1. 证明行为人主观认识因素的证据：证明行为人明知自己的行为会发生危害社会的结果。2. 证明行为人主观意志因素的证据：证明行为人希望或者放任危害结果发生。</td></tr>
<tr><td>客观方面的证据</td><td colspan="2">证明行为人违法发放林木采伐许可证的证据<br>具体证据包括：1. 证明行为人发放了林木许可证的证据。2. 证明行为人发放许可证违反了《森林法》的规定的证据：（1）证明超过批准的年采伐限额发放林木采伐许可证；（2）证明违反规定滥发林木采伐许可证。3. 证明情节严重，致使森林遭受严重破坏的证据。</td></tr>
<tr><td>量刑方面的证据</td><td colspan="2">一、法定量刑情节证据<br>1. 事实情节。2. 法定从重情节。3. 法定从轻、减轻情节：（1）可以从轻；（2）可以从轻或者减轻；（3）应当从轻或者减轻。4. 法定从轻、减轻、免除情节：（1）可以从轻、减轻或者免除处罚；（2）应当从轻、减轻或者免除处罚。5. 法定减轻、免除情节：（1）可以减轻或者免除处罚；（2）应当减轻或者免除处罚；（3）可以免除处罚。<br>二、酌定量刑情节证据<br>1. 犯罪手段。2. 犯罪对象：（1）幼树；（2）防护林；（3）特种用途林；（4）珍贵树木；（5）除珍贵树木外，国家重点保护的树木；（6）国家禁止采伐的林木；（7）其他。3. 危害结果。4. 犯罪动机。5. 平时表现。6. 认罪态度。7. 是否有前科。8. 其他证据。</td></tr>
<tr><td rowspan="2">量刑标准</td><td colspan="2">犯本罪的</td><td>处三年以下有期徒刑或者拘役</td></tr>
<tr><td colspan="2">不适用缓刑或者免予刑事处罚</td><td>1. 以下情形一般不适用缓刑或者免予刑事处罚：<br>（1）不如实供述罪行的；<br>（2）不予退缴赃款赃物或者将赃款赃物用于非法活动的；<br>（3）属于共同犯罪中情节严重的主犯的；</td></tr>
</table>

**量刑标准**

**不适用缓刑或者免予刑事处罚**

(4)犯有数个职务犯罪依法实行并罚或者以一罪处理的;

(5)曾因职务违纪违法行为受过行政处分的;

(6)犯罪涉及的财物属于救灾、抢险、防汛、优抚、扶贫、移民、救济、防疫等特定款物的;

(7)渎职犯罪中徇私舞弊情节或者滥用职权情节恶劣的;

(8)其他不应适用缓刑、免予刑事处罚的情形。

对于具有以上情形之一,但根据全案事实和量刑情节,检察机关认为确有必要适用缓刑或者免予刑事处罚并据此提出量刑建议的,应经检察委员会讨论决定;审理法院认为确有必要适用缓刑或者免予刑事处罚的,应经审判委员会讨论决定。

2. 人民法院审理职务犯罪案件时应当注意听取检察机关、被告人、辩护人提出的量刑意见,分析影响性案件案发前后的社会反映,必要时可以征求案件查办等机关的意见。对于情节恶劣、社会反映强烈的职务犯罪案件,不得适用缓刑、免予刑事处罚。

**法律适用**

**刑法条文**

**第四百零七条** 林业主管部门的工作人员违反森林法的规定,超过批准的年采伐限额发放林木采伐许可证或者违反规定滥发林木采伐许可证,情节严重,致使森林遭受严重破坏的,处三年以下有期徒刑或者拘役。

**立法解释**

**全国人民代表大会常务委员会《关于〈中华人民共和国刑法〉第九章渎职罪主体适用问题的解释》**(2002年12月28日第九届全国人民代表大会常务委员会第三十一次会议通过)

全国人大常委会根据司法实践中遇到的情况,讨论了刑法第九章渎职罪主体的适用问题,解释如下:

在依照法律、法规规定行使国家行政管理职权的组织中从事公务的人员,或者在受国家机关委托代表国家机关行使职权的组织中从事公务的人员,或者虽未列入国家机关人员编制但在国家机关中从事公务的人员,在代表国家机关行使职权时,有渎职行为,构成犯罪的,依照刑法关于渎职罪的规定追究刑事责任。

现予公告。

**司法解释**

**一、最高人民检察院《关于渎职侵权犯罪案件立案标准的规定》(节录)**(2006年7月26日 高检发释字〔2006〕2号)

**一、渎职犯罪案件**

(十八)违法发放林木采伐许可证案(第四百零七条)

违法发放林木采伐许可证罪是指林业主管部门的工作人员违反森林法的规定,超过批准的年采伐限额发放林木采伐许可证或者违反规定滥发林木采伐许可证,情节严重,致使森林遭受严重破坏的行为。

涉嫌下列情形之一的,应予立案:

1. 发放林木采伐许可证允许采伐数量累计超过批准的年采伐限额,导致林木被超限额采伐10立方米以上的;

2. 滥发林木采伐许可证，导致林木被滥伐 20 立方米以上，或者导致幼树被滥伐 1000 株以上的；

3. 滥发林木采伐许可证，导致防护林、特种用途林被滥伐 5 立方米以上，或者幼树被滥伐 200 株以上的；

4. 滥发林木采伐许可证，导致珍贵树木或者国家重点保护的其他树木被滥伐的；

5. 滥发林木采伐许可证，导致国家禁止采伐的林木被采伐的；

6. 其他情节严重，致使森林遭受严重破坏的情形。

林业主管部门工作人员之外的国家机关工作人员，违反森林法的规定，滥用职权或者玩忽职守，致使林木被滥伐 40 立方米以上或者幼树被滥伐 2000 株以上，或者致使防护林、特种用途林被滥伐 10 立方米以上或者幼树被滥伐 400 株以上，或者致使珍贵树木被采伐、毁坏 4 立方米或者 4 株以上，或者致使国家重点保护的其他植物被采伐、毁坏后果严重的，或者致使国家严禁采伐的林木被采伐、毁坏情节恶劣的，按照刑法第 397 条的规定以滥用职权罪或者玩忽职守罪追究刑事责任。

三、附　则

（一）本规定中每个罪案名称后所注明的法律条款系《中华人民共和国刑法》的有关条款。

（二）本规定所称“以上”包括本数；有关犯罪数额“不满”，是指已达到该数额百分之八十以上的。

（三）本规定中的“国家机关工作人员”，是指在国家机关中从事公务的人员，包括在各级国家权力机关、行政机关、司法机关和军事机关中从事公务的人员。在依照法律、法规规定行使国家行政管理职权的组织中从事公务的人员，或者在受国家机关委托代表国家行使职权的组织中从事公务的人员，或者虽未列入国家机关人员编制但在国家机关中从事公务的人员，在代表国家机关行使职权时，视为国家机关工作人员。在乡（镇）以上中国共产党机关、人民政协机关中从事公务的人员，视为国家机关工作人员。

（四）本规定中的“直接经济损失”，是指与行为有直接因果关系而造成的财产损毁、减少的实际价值；“间接经济损失”，是指由直接经济损失引起和牵连的其他损失，包括失去的在正常情况下可以获得的利益和为恢复正常的管理活动或者挽回所造成的损失所支付的各种开支、费用等。

有下列情形之一的，虽然有债权存在，但已无法实现债权的，可以认定为已经造成了经济损失：（1）债务人已经法定程序被宣告破产，且无法清偿债务；（2）债务人潜逃，去向不明；（3）因行为人责任，致使超过诉讼时效；（4）有证据证明债权无法实现的其他情况。

直接经济损失和间接经济损失，是指立案时确已造成的经济损失。移送审查起诉前，犯罪嫌疑人及其亲友自行挽回的经济损失，以及由司法机关或者犯罪嫌疑人所在单位及其上级主管部门挽回的经济损失，不予扣减，但可作为对犯罪嫌疑人从轻处理的情节考虑。

（五）本规定中的“徇私舞弊”，是指国家机关工作人员为徇私情、私利，故意违背事实和法律，伪造材料，隐瞒情况，弄虚作假的行为。

（六）本规定自公布之日起施行。本规定发布前有关人民检察院直接受理立案侦查的国家机关工作人员渎职和利用职权实施的侵犯公民人身权利、民主权利犯罪案件的立案标准，与本规定有重复或者不一致的，适用本规定。

对于本规定施行前发生的国家机关工作人员渎职和利用职权实施的侵犯公民人身权利、民主权利犯罪案件，按照《最高人民法院、最高人民检察院关于适用刑事司法解释时间效力问题的规定》办理。

**二、最高人民法院《全国法院审理经济犯罪案件工作座谈会纪要》（节录）**（2003年11月13日　法发〔2003〕167号）

**一、关于贪污贿赂犯罪和渎职犯罪的主体**

（一）国家机关工作人员的认定

刑法中所称的国家机关工作人员，是指在国家机关中从事公务的人员，包括在各级国家权力机关、行政机关、司法机关和军事机关中从事公务的人员。

根据有关立法解释的规定，在依照法律、法规规定行使国家行政管理职权的组织中从事公务的人员，或者在受国家机关委托代表国家行使职权的组织中从事公务的人员，或者虽未列入国家机关人员编制但在国家机关中从事公务的人员，视为国家机关工作人员。在乡（镇）以上中国共产党机关、人民政协机关中从事公务的人员，司法实践中也应当视为国家机关工作人员。

（二）国家机关、国有公司、企业、事业单位委派到非国有公司、企业、事业单位、社会团体从事公务的人员的认定

所谓委派，即委任、派遣，其形式多种多样，如任命、指派、提名、批准等。不论被委派的人身份如何，只要是接受国家机关、国有公司、企业、事业单位委派，代表国家机关、国有公司、企业、事业单位在非国有公司、企业、事业单位、社会团体中从事组织、领导、监督、管理等工作，都可以认定为国家机关、国有公司、企业、事业单位委派到非国有公司、企业、事业单位、社会团体从事公务的人员。如国家机关、国有公司、企业、事业单位委派在国有控股或者参股的股份有限公司从事组织、领导、监督、管理等工作的人员，应当以国家工作人员论。国有公司、企业改制为股份有限公司后，原国有公司、企业的工作人员和股份有限公司新任命的人员中，除代表国有投资主体行使监督、管理职权的人外，不以国家工作人员论。

（三）"其他依照法律从事公务的人员"的认定

刑法第九十三条第二款规定的"其他依照法律从事公务的人员"应当具有两个特征：一是在特定条件下行使国家管理职能；二是依照法律规定从事公务。具体包括：（1）依法履行职责的各级人民代表大会代表；（2）依法履行审判职责的人民陪审员；（3）协助乡镇人民政府、街道办事处从事行政管理工作的村民委员会、居民委员会等农村和城市基层组织人员；（4）其他由法律授权从事公务的人员。

（四）关于"从事公务"的理解

从事公务，是指代表国家机关、国有公司、企业、事业单位、人民团体等履行组织、领导、监督、管理等职责。公务主要表现为与职权相联系的公共事务以及监督、管理国有财产的职务活动。如国家机关工作人员依法履行职责，国有公司的董事、经理、监事、会计、出纳人员等管理、监督国有财产等活动，属于从事公务。那些不具备职权内容的劳务活动、技术服务工作，如售货员、售票员等所从事的工作，一般不认为是公务。

**六、关于渎职罪**

（一）渎职犯罪行为造成的公共财产重大损失的认定

根据刑法规定，玩忽职守、滥用职权等渎职犯罪是以致使公共财产、国家和人民利益遭受重大损失为构成要件的。其中，公共财产的重大损失，通常是指渎职行为已

法律适用

司法解释

经造成的重大经济损失。在司法实践中，有以下情形之一的，虽然公共财产作为债权存在，但已无法实现债权的，可以认定为行为人的渎职行为造成了经济损失：（1）债务人已经法定程序被宣告破产；（2）债务人潜逃，去向不明；（3）因行为人责任，致使超过诉讼时效；（4）有证据证明债权无法实现的其他情况。

（二）玩忽职守罪的追诉时效

玩忽职守行为造成的重大损失当时没有发生，而是玩忽职守行为之后一定时间发生的，应从危害结果发生之日起计算玩忽职守罪的追诉期限。

（三）国有公司、企业人员渎职犯罪的法律适用

对于1999年12月24日《中华人民共和国刑法修正案》实施以前发生的国有公司、企业人员渎职行为（不包括徇私舞弊行为），尚未处理或者正在处理的，不能按照刑法修正案追究刑事责任。

（四）关于“徇私”的理解

徇私舞弊型渎职犯罪的“徇私”应理解为徇个人私情、私利。国家机关工作人员为了本单位的利益，实施滥用职权、玩忽职守行为，构成犯罪的，依照刑法第三百九十七条第一款的规定定罪处罚。

**三、最高人民检察院《关于对林业主管部门工作人员在发放林木采伐许可证之外滥用职权玩忽职守致使森林遭受严重破坏的行为适用法律问题的批复》**（2007年5月16日　高检发释字〔2007〕1号）

福建省人民检察院：

你院《关于林业主管部门工作人员滥用职权、玩忽职守造成森林资源损毁立案标准问题的请示》（闽检〔2007〕14号）收悉。经研究，批复如下：

林业主管部门工作人员违法发放林木采伐许可证，致使森林遭受严重破坏的，依照刑法第四百零七条的规定，以违法发放林木采伐许可证罪追究刑事责任；以其他方式滥用职权或者玩忽职守，致使森林遭受严重破坏的，依照刑法第三百九十七条的规定，以滥用职权罪或者玩忽职守罪追究刑事责任，立案标准依照《最高人民检察院关于渎职侵权犯罪案件立案标准的规定》第一部分渎职犯罪案件第十八条第三款的规定执行。

此复。

**四、最高人民法院、最高人民检察院《关于办理职务犯罪案件严格适用缓刑、免予刑事处罚若干问题的意见》**（2012年8月8日　法发〔2012〕17号）（略，详见本书第16页）

相关法律法规

**《中华人民共和国森林法》**（1984年9月20日第六届全国人民代表大会常务委员会第七次会议通过　1998年4月29日第一次修正　2009年8月27日第二次修正　2019年12月28日修订）

### 第一章　总　　则

**第一条**　为了践行绿水青山就是金山银山理念，保护、培育和合理利用森林资源，加快国土绿化，保障森林生态安全，建设生态文明，实现人与自然和谐共生，制定本法。

**第二条**　在中华人民共和国领域内从事森林、林木的保护、培育、利用和森林、林木、林地的经营管理活动，适用本法。

**第三条** 保护、培育、利用森林资源应当尊重自然、顺应自然，坚持生态优先、保护优先、保育结合、可持续发展的原则。

**第四条** 国家实行森林资源保护发展目标责任制和考核评价制度。上级人民政府对下级人民政府完成森林资源保护发展目标和森林防火、重大林业有害生物防治工作的情况进行考核，并公开考核结果。

地方人民政府可以根据本行政区域森林资源保护发展的需要，建立林长制。

**第五条** 国家采取财政、税收、金融等方面的措施，支持森林资源保护发展。各级人民政府应当保障森林生态保护修复的投入，促进林业发展。

**第六条** 国家以培育稳定、健康、优质、高效的森林生态系统为目标，对公益林和商品林实行分类经营管理，突出主导功能，发挥多种功能，实现森林资源永续利用。

**第七条** 国家建立森林生态效益补偿制度，加大公益林保护支持力度，完善重点生态功能区转移支付政策，指导受益地区和森林生态保护地区人民政府通过协商等方式进行生态效益补偿。

**第八条** 国务院和省、自治区、直辖市人民政府可以依照国家对民族自治地方自治权的规定，对民族自治地方的森林保护和林业发展实行更加优惠的政策。

**第九条** 国务院林业主管部门主管全国林业工作。县级以上地方人民政府林业主管部门，主管本行政区域的林业工作。

乡镇人民政府可以确定相关机构或者设置专职、兼职人员承担林业相关工作。

**第十条** 植树造林、保护森林，是公民应尽的义务。各级人民政府应当组织开展全民义务植树活动。

每年三月十二日为植树节。

**第十一条** 国家采取措施，鼓励和支持林业科学研究，推广先进适用的林业技术，提高林业科学技术水平。

**第十二条** 各级人民政府应当加强森林资源保护的宣传教育和知识普及工作，鼓励和支持基层群众性自治组织、新闻媒体、林业企业事业单位、志愿者等开展森林资源保护宣传活动。

教育行政部门、学校应当对学生进行森林资源保护教育。

**第十三条** 对在造林绿化、森林保护、森林经营管理以及林业科学研究等方面成绩显著的组织或者个人，按照国家有关规定给予表彰、奖励。

## 第二章　森 林 权 属

**第十四条** 森林资源属于国家所有，由法律规定属于集体所有的除外。

国家所有的森林资源的所有权由国务院代表国家行使。国务院可以授权国务院自然资源主管部门统一履行国有森林资源所有者职责。

**第十五条** 林地和林地上的森林、林木的所有权、使用权，由不动产登记机构统一登记造册，核发证书。国务院确定的国家重点林区（以下简称重点林区）的森林、林木和林地，由国务院自然资源主管部门负责登记。

森林、林木、林地的所有者和使用者的合法权益受法律保护，任何组织和个人不得侵犯。

森林、林木、林地的所有者和使用者应当依法保护和合理利用森林、林木、林地，不得非法改变林地用途和毁坏森林、林木、林地。

**第十六条** 国家所有的林地和林地上的森林、林木可以依法确定给林业经营者使用。林业经营者依法取得的国有林地和林地上的森林、林木的使用权，经批准可以转让、出租、作价出资等。具体办法由国务院制定。

林业经营者应当履行保护、培育森林资源的义务，保证国有森林资源稳定增长，提高森林生态功能。

**第十七条** 集体所有和国家所有依法由农民集体使用的林地（以下简称集体林地）实行承包经营的，承包方享有林地承包经营权和承包林地上的林木所有权，合同另有约定的从其约定。承包方可以依法采取出租（转包）、入股、转让等方式流转林地经营权、林木所有权和使用权。

**第十八条** 未实行承包经营的集体林地以及林地上的林木，由农村集体经济组织统一经营。经本集体经济组织成员的村民会议三分之二以上成员或者三分之二以上村民代表同意并公示，可以通过招标、拍卖、公开协商等方式依法流转林地经营权、林木所有权和使用权。

**第十九条** 集体林地经营权流转应当签订书面合同。林地经营权流转合同一般包括流转双方的权利义务、流转期限、流转价款及支付方式、流转期限届满林地上的林木和固定生产设施的处置、违约责任等内容。

受让方违反法律规定或者合同约定造成森林、林木、林地严重毁坏的，发包方或者承包方有权收回林地经营权。

**第二十条** 国有企业事业单位、机关、团体、部队营造的林木，由营造单位管护并按照国家规定支配林木收益。

农村居民在房前屋后、自留地、自留山种植的林木，归个人所有。城镇居民在自有房屋的庭院内种植的林木，归个人所有。

集体或者个人承包国家所有和集体所有的宜林荒山荒地荒滩营造的林木，归承包的集体或者个人所有；合同另有约定的从其约定。

其他组织或者个人营造的林木，依法由营造者所有并享有林木收益；合同另有约定的从其约定。

**第二十一条** 为了生态保护、基础设施建设等公共利益的需要，确需征收、征用林地、林木的，应当依照《中华人民共和国土地管理法》等法律、行政法规的规定办理审批手续，并给予公平、合理的补偿。

**第二十二条** 单位之间发生的林木、林地所有权和使用权争议，由县级以上人民政府依法处理。

个人之间、个人与单位之间发生的林木所有权和林地使用权争议，由乡镇人民政府或者县级以上人民政府依法处理。

当事人对有关人民政府的处理决定不服的，可以自接到处理决定通知之日起三十日内，向人民法院起诉。

在林木、林地权属争议解决前，除因森林防火、林业有害生物防治、国家重大基础设施建设等需要外，当事人任何一方不得砍伐有争议的林木或者改变林地现状。

## 第三章 发展规划

**第二十三条** 县级以上人民政府应当将森林资源保护和林业发展纳入国民经济和社会发展规划。

**第二十四条** 县级以上人民政府应当落实国土空间开发保护要求，合理规划森林资源保护利用结构和布局，制定森林资源保护发展目标，提高森林覆盖率、森林蓄积量，提升森林生态系统质量和稳定性。

**第二十五条** 县级以上人民政府林业主管部门应当根据森林资源保护发展目标，编制林业发展规划。下级林业发展规划依据上级林业发展规划编制。

**第二十六条** 县级以上人民政府林业主管部门可以结合本地实际，编制林地保护利用、造林绿化、森林经营、天然林保护等相关专项规划。

**第二十七条** 国家建立森林资源调查监测制度，对全国森林资源现状及变化情况进行调查、监测和评价，并定期公布。

## 第四章 森林保护

**第二十八条** 国家加强森林资源保护，发挥森林蓄水保土、调节气候、改善环境、维护生物多样性和提供林产品等多种功能。

**第二十九条** 中央和地方财政分别安排资金，用于公益林的营造、抚育、保护、管理和非国有公益林权利人的经济补偿等，实行专款专用。具体办法由国务院财政部门会同林业主管部门制定。

**第三十条** 国家支持重点林区的转型发展和森林资源保护修复，改善生产生活条件，促进所在地区经济社会发展。重点林区按照规定享受国家重点生态功能区转移支付等政策。

**第三十一条** 国家在不同自然地带的典型森林生态地区、珍贵动物和植物生长繁殖的林区、天然热带雨林区和具有特殊保护价值的其他天然林区，建立以国家公园为主体的自然保护地体系，加强保护管理。

国家支持生态脆弱地区森林资源的保护修复。

县级以上人民政府应当采取措施对具有特殊价值的野生植物资源予以保护。

**第三十二条** 国家实行天然林全面保护制度，严格限制天然林采伐，加强天然林管护能力建设，保护和修复天然林资源，逐步提高天然林生态功能。具体办法由国务院规定。

**第三十三条** 地方各级人民政府应当组织有关部门建立护林组织，负责护林工作；根据实际需要建设护林设施，加强森林资源保护；督促相关组织订立护林公约、组织群众护林、划定护林责任区、配备专职或者兼职护林员。

县级或者乡镇人民政府可以聘用护林员，其主要职责是巡护森林，发现火情、林业有害生物以及破坏森林资源的行为，应当及时处理并向当地林业等有关部门报告。

**第三十四条** 地方各级人民政府负责本行政区域的森林防火工作，发挥群防作用；县级以上人民政府组织领导应急管理、林业、公安等部门按照职责分工密切配合做好森林火灾的科学预防、扑救和处置工作：

（一）组织开展森林防火宣传活动，普及森林防火知识；

（二）划定森林防火区，规定森林防火期；

（三）设置防火设施，配备防灭火装备和物资；

（四）建立森林火灾监测预警体系，及时消除隐患；

（五）制定森林火灾应急预案，发生森林火灾，立即组织扑救；

（六）保障预防和扑救森林火灾所需费用。

国家综合性消防救援队伍承担国家规定的森林火灾扑救任务和预防相关工作。

**第三十五条** 县级以上人民政府林业主管部门负责本行政区域的林业有害生物的监测、检疫和防治。

省级以上人民政府林业主管部门负责确定林业植物及其产品的检疫性有害生物，划定疫区和保护区。

重大林业有害生物灾害防治实行地方人民政府负责制。发生暴发性、危险性等重大林业有害生物灾害时，当地人民政府应当及时组织除治。

林业经营者在政府支持引导下，对其经营管理范围内的林业有害生物进行防治。

**第三十六条** 国家保护林地，严格控制林地转为非林地，实行占用林地总量控制，确保林地保有量不减少。各类建设项目占用林地不得超过本行政区域的占用林地总量控制指标。

**第三十七条** 矿藏勘查、开采以及其他各类工程建设，应当不占或者少占林地；确需占用林地的，应当经县级以上人民政府林业主管部门审核同意，依法办理建设用地审批手续。

占用林地的单位应当缴纳森林植被恢复费。森林植被恢复费征收使用管理办法由国务院财政部门会同林业主管部门制定。

县级以上人民政府林业主管部门应当按照规定安排植树造林，恢复森林植被，植树造林面积不得少于因占用林地而减少的森林植被面积。上级林业主管部门应当定期督促下级林业主管部门组织植树造林、恢复森林植被，并进行检查。

**第三十八条** 需要临时使用林地的，应当经县级以上人民政府林业主管部门批准；临时使用林地的期限一般不超过二年，并不得在临时使用的林地上修建永久性建筑物。

临时使用林地期满后一年内，用地单位或者个人应当恢复植被和林业生产条件。

**第三十九条** 禁止毁林开垦、采石、采砂、采土以及其他毁坏林木和林地的行为。

禁止向林地排放重金属或者其他有毒有害物质含量超标的污水、污泥，以及可能造成林地污染的清淤底泥、尾矿、矿渣等。

禁止在幼林地砍柴、毁苗、放牧。

禁止擅自移动或者损坏森林保护标志。

**第四十条** 国家保护古树名木和珍贵树木。禁止破坏古树名木和珍贵树木及其生存的自然环境。

**第四十一条** 各级人民政府应当加强林业基础设施建设，应用先进适用的科技手段，提高森林防火、林业有害生物防治等森林管护能力。

各有关单位应当加强森林管护。国有林业企业事业单位应当加大投入，加强森林防火、林业有害生物防治，预防和制止破坏森林资源的行为。

## 第五章 造林绿化

**第四十二条** 国家统筹城乡造林绿化，开展大规模国土绿化行动，绿化美化城乡，推动森林城市建设，促进乡村振兴，建设美丽家园。

**第四十三条** 各级人民政府应当组织各行各业和城乡居民造林绿化。

宜林荒山荒地荒滩，属于国家所有的，由县级以上人民政府林业主管部门和其他有关主管部门组织开展造林绿化；属于集体所有的，由集体经济组织组织开展造林绿化。

城市规划区内、铁路公路两侧、江河两侧、湖泊水库周围，由各有关主管部门按照有关规定因地制宜组织开展造林绿化；工矿区、工业园区、机关、学校用地，部队营区以及农场、牧场、渔场经营地区，由各该单位负责造林绿化。组织开展城市造林绿化的具体办法由国务院制定。

国家所有和集体所有的宜林荒山荒地荒滩可以由单位或者个人承包造林绿化。

**第四十四条** 国家鼓励公民通过植树造林、抚育管护、认建认养等方式参与造林绿化。

**第四十五条** 各级人民政府组织造林绿化，应当科学规划、因地制宜，优化林种、树种结构，鼓励使用乡土树种和林木良种、营造混交林，提高造林绿化质量。

国家投资或者以国家投资为主的造林绿化项目，应当按照国家规定使用林木良种。

**第四十六条** 各级人民政府应当采取以自然恢复为主、自然恢复和人工修复相结合的措施，科学保护修复森林生态系统。新造幼林地和其他应当封山育林的地方，由当地人民政府组织封山育林。

各级人民政府应当对国务院确定的坡耕地、严重沙化耕地、严重石漠化耕地、严重污染耕地等需要生态修复的耕地，有计划地组织实施退耕还林还草。

各级人民政府应当对自然因素等导致的荒废和受损山体、退化林地以及宜林荒山荒地荒滩，因地制宜实施森林生态修复工程，恢复植被。

## 第六章 经营管理

**第四十七条** 国家根据生态保护的需要，将森林生态区位重要或者生态状况脆弱，以发挥生态效益为主要目的的林地和林地上的森林划定为公益林。未划定为公益林的林地和林地上的森林属于商品林。

**第四十八条** 公益林由国务院和省、自治区、直辖市人民政府划定并公布。

下列区域的林地和林地上的森林，应当划定为公益林：

（一）重要江河源头汇水区域；

（二）重要江河干流及支流两岸、饮用水水源地保护区；

（三）重要湿地和重要水库周围；

（四）森林和陆生野生动物类型的自然保护区；

（五）荒漠化和水土流失严重地区的防风固沙林基干林带；

（六）沿海防护林基干林带；

（七）未开发利用的原始林地区；

（八）需要划定的其他区域。

公益林划定涉及非国有林地的，应当与权利人签订书面协议，并给予合理补偿。

公益林进行调整的，应当经原划定机关同意，并予以公布。

国家级公益林划定和管理的办法由国务院制定；地方级公益林划定和管理的办法由省、自治区、直辖市人民政府制定。

**第四十九条** 国家对公益林实施严格保护。

县级以上人民政府林业主管部门应当有计划地组织公益林经营者对公益林中生态功能低下的疏林、残次林等低质低效林，采取林分改造、森林抚育等措施，提高公益林的质量和生态保护功能。

在符合公益林生态区位保护要求和不影响公益林生态功能的前提下，经科学论证，可以合理利用公益林林地资源和森林景观资源，适度开展林下经济、森林旅游等。利用公益林开展上述活动应当严格遵守国家有关规定。

**第五十条** 国家鼓励发展下列商品林：

（一）以生产木材为主要目的的森林；

（二）以生产果品、油料、饮料、调料、工业原料和药材等林产品为主要目的的森林；

（三）以生产燃料和其他生物质能源为主要目的的森林；

（四）其他以发挥经济效益为主要目的的森林。

在保障生态安全的前提下，国家鼓励建设速生丰产、珍贵树种和大径级用材林，增加林木储备，保障木材供给安全。

法律适用 相关法律法规

**第五十一条** 商品林由林业经营者依法自主经营。在不破坏生态的前提下，可以采取集约化经营措施，合理利用森林、林木、林地，提高商品林经济效益。

**第五十二条** 在林地上修筑下列直接为林业生产经营服务的工程设施，符合国家有关部门规定的标准的，由县级以上人民政府林业主管部门批准，不需要办理建设用地审批手续；超出标准需要占用林地的，应当依法办理建设用地审批手续：

（一）培育、生产种子、苗木的设施；

（二）贮存种子、苗木、木材的设施；

（三）集材道、运材道、防火巡护道、森林步道；

（四）林业科研、科普教育设施；

（五）野生动植物保护、护林、林业有害生物防治、森林防火、木材检疫的设施；

（六）供水、供电、供热、供气、通讯基础设施；

（七）其他直接为林业生产服务的工程设施。

**第五十三条** 国有林业企业事业单位应当编制森林经营方案，明确森林培育和管护的经营措施，报县级以上人民政府林业主管部门批准后实施。重点林区的森林经营方案由国务院林业主管部门批准后实施。

国家支持、引导其他林业经营者编制森林经营方案。

编制森林经营方案的具体办法由国务院林业主管部门制定。

**第五十四条** 国家严格控制森林年采伐量。省、自治区、直辖市人民政府林业主管部门根据消耗量低于生长量和森林分类经营管理的原则，编制本行政区域的年采伐限额，经征求国务院林业主管部门意见，报本级人民政府批准后公布实施，并报国务院备案。重点林区的年采伐限额，由国务院林业主管部门编制，报国务院批准后公布实施。

**第五十五条** 采伐森林、林木应当遵守下列规定：

（一）公益林只能进行抚育、更新和低质低效林改造性质的采伐。但是，因科研或者实验、防治林业有害生物、建设护林防火设施、营造生物防火隔离带、遭受自然灾害等需要采伐的除外。

（二）商品林应当根据不同情况，采取不同采伐方式，严格控制皆伐面积，伐育同步规划实施。

（三）自然保护区的林木，禁止采伐。但是，因防治林业有害生物、森林防火、维护主要保护对象生存环境、遭受自然灾害等特殊情况必须采伐的和实验区的竹林除外。

省级以上人民政府林业主管部门应当根据前款规定，按照森林分类经营管理、保护优先、注重效率和效益等原则，制定相应的林木采伐技术规程。

**第五十六条** 采伐林地上的林木应当申请采伐许可证，并按照采伐许可证的规定进行采伐；采伐自然保护区以外的竹林，不需要申请采伐许可证，但应当符合林木采伐技术规程。

农村居民采伐自留地和房前屋后个人所有的零星林木，不需要申请采伐许可证。

非林地上的农田防护林、防风固沙林、护路林、护岸护堤林和城镇林木等的更新采伐，由有关主管部门按照有关规定管理。

采挖移植林木按照采伐林木管理。具体办法由国务院林业主管部门制定。

禁止伪造、变造、买卖、租借采伐许可证。

**第五十七条** 采伐许可证由县级以上人民政府林业主管部门核发。

县级以上人民政府林业主管部门应当采取措施，方便申请人办理采伐许可证。

农村居民采伐自留山和个人承包集体林地上的林木，由县级人民政府林业主管部门或者其委托的乡镇人民政府核发采伐许可证。

**第五十八条** 申请采伐许可证，应当提交有关采伐的地点、林种、树种、面积、蓄积、方式、更新措施和林木权属等内容的材料。超过省级以上人民政府林业主管部门规定面积或者蓄积量的，还应当提交伐区调查设计材料。

**第五十九条** 符合林木采伐技术规程的，审核发放采伐许可证的部门应当及时核发采伐许可证。但是，审核发放采伐许可证的部门不得超过年采伐限额发放采伐许可证。

**第六十条** 有下列情形之一的，不得核发采伐许可证：

（一）采伐封山育林期、封山育林区内的林木；

（二）上年度采伐后未按照规定完成更新造林任务；

（三）上年度发生重大滥伐案件、森林火灾或者林业有害生物灾害，未采取预防和改进措施；

（四）法律法规和国务院林业主管部门规定的禁止采伐的其他情形。

**第六十一条** 采伐林木的组织和个人应当按照有关规定完成更新造林。更新造林的面积不得少于采伐的面积，更新造林应当达到相关技术规程规定的标准。

**第六十二条** 国家通过贴息、林权收储担保补助等措施，鼓励和引导金融机构开展涉林抵押贷款、林农信用贷款等符合林业特点的信贷业务，扶持林权收储机构进行市场化收储担保。

**第六十三条** 国家支持发展森林保险。县级以上人民政府依法对森林保险提供保险费补贴。

**第六十四条** 林业经营者可以自愿申请森林认证，促进森林经营水平提高和可持续经营。

**第六十五条** 木材经营加工企业应当建立原料和产品出入库台账。任何单位和个人不得收购、加工、运输明知是盗伐、滥伐等非法来源的林木。

## 第七章 监督检查

**第六十六条** 县级以上人民政府林业主管部门依照本法规定，对森林资源的保护、修复、利用、更新等进行监督检查，依法查处破坏森林资源等违法行为。

**第六十七条** 县级以上人民政府林业主管部门履行森林资源保护监督检查职责，有权采取下列措施：

（一）进入生产经营场所进行现场检查；

（二）查阅、复制有关文件、资料，对可能被转移、销毁、隐匿或者篡改的文件、资料予以封存；

（三）查封、扣押有证据证明来源非法的林木以及从事破坏森林资源活动的工具、设备或者财物；

（四）查封与破坏森林资源活动有关的场所。

省级以上人民政府林业主管部门对森林资源保护发展工作不力、问题突出、群众反映强烈的地区，可以约谈所在地区县级以上地方人民政府及其有关部门主要负责人，要求其采取措施及时整改。约谈整改情况应当向社会公开。

**第六十八条** 破坏森林资源造成生态环境损害的，县级以上人民政府自然资源主管部门、林业主管部门可以依法向人民法院提起诉讼，对侵权人提出损害赔偿要求。

**第六十九条** 审计机关按照国家有关规定对国有森林资源资产进行审计监督。

## 第八章 法律责任

**第七十条** 县级以上人民政府林业主管部门或者其他有关国家机关未依照本法规定履行职责的，对直接负责的主管人员和其他直接责任人员依法给予处分。

依照本法规定应当作出行政处罚决定而未作出的，上级主管部门有权责令下级主管部门作出行政处罚决定或者直接给予行政处罚。

**第七十一条** 违反本法规定，侵害森林、林木、林地的所有者或者使用者的合法权益的，依法承担侵权责任。

**第七十二条** 违反本法规定，国有林业企业事业单位未履行保护培育森林资源义务、未编制森林经营方案或者未按照批准的森林经营方案开展森林经营活动的，由县级以上人民政府林业主管部门责令限期改正，对直接负责的主管人员和其他直接责任人员依法给予处分。

**第七十三条** 违反本法规定，未经县级以上人民政府林业主管部门审核同意，擅自改变林地用途的，由县级以上人民政府林业主管部门责令限期恢复植被和林业生产条件，可以处恢复植被和林业生产条件所需费用三倍以下的罚款。

虽经县级以上人民政府林业主管部门审核同意，但未办理建设用地审批手续擅自占用林地的，依照《中华人民共和国土地管理法》的有关规定处罚。

在临时使用的林地上修建永久性建筑物，或者临时使用林地期满后一年内未恢复植被或者林业生产条件的，依照本条第一款规定处罚。

**第七十四条** 违反本法规定，进行开垦、采石、采砂、采土或者其他活动，造成林木毁坏的，由县级以上人民政府林业主管部门责令停止违法行为，限期在原地或者异地补种毁坏株数一倍以上三倍以下的树木，可以处毁坏林木价值五倍以下的罚款；造成林地毁坏的，由县级以上人民政府林业主管部门责令停止违法行为，限期恢复植被和林业生产条件，可以处恢复植被和林业生产条件所需费用三倍以下的罚款。

违反本法规定，在幼林地砍柴、毁苗、放牧造成林木毁坏的，由县级以上人民政府林业主管部门责令停止违法行为，限期在原地或者异地补种毁坏株数一倍以上三倍以下的树木。

向林地排放重金属或者其他有毒有害物质含量超标的污水、污泥，以及可能造成林地污染的清淤底泥、尾矿、矿渣等的，依照《中华人民共和国土壤污染防治法》的有关规定处罚。

**第七十五条** 违反本法规定，擅自移动或者毁坏森林保护标志的，由县级以上人民政府林业主管部门恢复森林保护标志，所需费用由违法者承担。

**第七十六条** 盗伐林木的，由县级以上人民政府林业主管部门责令限期在原地或者异地补种盗伐株数一倍以上五倍以下的树木，并处盗伐林木价值五倍以上十倍以下的罚款。

滥伐林木的，由县级以上人民政府林业主管部门责令限期在原地或者异地补种滥伐株数一倍以上三倍以下的树木，可以处滥伐林木价值三倍以上五倍以下的罚款。

**第七十七条** 违反本法规定，伪造、变造、买卖、租借采伐许可证的，由县级以上人民政府林业主管部门没收证件和违法所得，并处违法所得一倍以上三倍以下的罚款；没有违法所得的，可以处二万元以下的罚款。

**第七十八条** 违反本法规定，收购、加工、运输明知是盗伐、滥伐等非法来源的林木的，由县级以上人民政府林业主管部门责令停止违法行为，没收违法收购、加工、运输的林木或者变卖所得，可以处违法收购、加工、运输林木价款三倍以下的罚款。

法律适用　相关法律法规

**第七十九条**　违反本法规定，未完成更新造林任务的，由县级以上人民政府林业主管部门责令限期完成；逾期未完成的，可以处未完成造林任务所需费用二倍以下的罚款；对直接负责的主管人员和其他直接责任人员，依法给予处分。

**第八十条**　违反本法规定，拒绝、阻碍县级以上人民政府林业主管部门依法实施监督检查的，可以处五万元以下的罚款，情节严重的，可以责令停产停业整顿。

**第八十一条**　违反本法规定，有下列情形之一的，由县级以上人民政府林业主管部门依法组织代为履行，代为履行所需费用由违法者承担：

（一）拒不恢复植被和林业生产条件，或者恢复植被和林业生产条件不符合国家有关规定；

（二）拒不补种树木，或者补种不符合国家有关规定。

恢复植被和林业生产条件、树木补种的标准，由省级以上人民政府林业主管部门制定。

**第八十二条**　公安机关按照国家有关规定，可以依法行使本法第七十四条第一款、第七十六条、第七十七条、第七十八条规定的行政处罚权。

违反本法规定，构成违反治安管理行为的，依法给予治安管理处罚；构成犯罪的，依法追究刑事责任。

## 第九章　附　　则

**第八十三条**　本法下列用语的含义是：

（一）森林，包括乔木林、竹林和国家特别规定的灌木林。按照用途可以分为防护林、特种用途林、用材林、经济林和能源林。

（二）林木，包括树木和竹子。

（三）林地，是指县级以上人民政府规划确定的用于发展林业的土地。包括郁闭度0.2以上的乔木林地以及竹林地、灌木林地、疏林地、采伐迹地、火烧迹地、未成林造林地、苗圃地等。

**第八十四条**　本法自2020年7月1日起施行。

# 34 环境监管失职案

**概念**

**本罪是指负有环境保护监督管理职责的国家机关工作人员严重不负责任，不履行或者不认真履行环境保护监管职责导致发生重大环境污染事故，致使公私财产遭受重大损失或者造成人身伤亡的严重后果的行为。**

**立案标准**

**负有环境保护监督管理职责的国家机关工作人员严重不负责任，不履行或者不认真履行环境保护监管职责，涉嫌下列情形之一的，应予立案：**

1. **造成死亡1人以上，或者重伤3人以上，或者重伤2人、轻伤4人以上，或者重伤1人、轻伤7人以上，或者轻伤10人以上的。**
2. **导致30人以上严重中毒的。**
3. **造成个人财产直接经济损失15万元以上，或者直接经济损失不满15万元，但间接经济损失75万元以上的。**
4. **造成公共财产、法人或者其他组织财产直接经济损失30万元以上，或者直接经济损失不满30万元，但间接经济损失150万元以上的。**
5. **虽未达到3、4两项数额标准，但3、4两项合计直接经济损失30万元以上，或者合计直接经济损失不满30万元，但合计间接经济损失150万元以上的。**
6. **造成基本农田或者防护林地、特种用途林地10亩以上，或者基本农田以外的耕地50亩以上，或者其他土地70亩以上被严重毁坏的。**
7. **造成生活饮用水地表水源和地下水源严重污染的。**
8. **其他致使公私财产遭受重大损失或者造成人身伤亡严重后果的情形。**

| 定罪标准 | | |
|---|---|---|
| | 犯罪客体 | 本罪侵犯的客体是国家对环境保护的监督管理制度。负有环境保护监督管理职责的国家机关工作人员，如不依法办事，不认真履行职责，将会导致发生重大环境污染事故，损害国家关于环境保护的监管制度。 |
| | 犯罪客观方面 | 本罪在客观方面表现为国家机关工作人员严重不负责任，不履行或者不认真履行环境保护监管职责，导致发生重大环境污染事故，致使公私财产遭受重大损失或者造成人身伤亡的严重后果。<br>所谓“严重不负责任”，是指负有环境保护监督管理职责的人员，不履行或者不认真履行环保法律法规所赋予的职责，对工作极其马虎、敷衍塞责、草率应付。国家环境保护监督管理机关及其工作人员应负的具体职责有：对环境进行监测、防治废气、废水、废渣、粉尘、垃圾、放射性物质、农药、化学危险物品等有害物质和噪声、震动等对环境的污染和危害。<br>所谓“污染”，是指造成大气、水源、海洋、土壤等环境质量标准严重不符合国家规定的质量标准，足以对人们身心健康、经济发展、公私财产等造成严重危害的情形。一般是指“五大公害”，即水污染、大气污染、固体废物污染、环境噪声污染、放射性污染。 |
| | 犯罪主体 | 本罪是纯正的身份犯，主体是负有环境保护监督管理职责的国家机关工作人员。根据《环境保护法》第10条的规定，主要包括：在国务院环境保护主管部门、县级以上地方人民政府环境保护主管部门从事环境保护监督管理工作的人员；在县级以上人民政府有关部门和军队环境保护部门从事环境保护监督管理工作的人员。 |

| | | |
|---|---|---|
| 定罪标准 | 犯罪主体 | 在理解“负有环境保护监督管理职责的国家机关工作人员”的范围时，需要注意国家机关工作人员的范围。在我国，刑法中所称的国家机关工作人员，是指在国家机关中从事公务的人员，包括在各级国家权力机关、行政机关、司法机关和军事机关中从事公务的人员。根据有关立法解释的规定，在依照法律法规规定行使国家行政管理职权的组织中从事公务的人员，或者在受国家机关委托代表国家行使职权的组织中从事公务的人员或者虽未列入国家机关人员编制但在国家机关中从事公务的人员，视为国家机关工作人员。在乡（镇）以上中国共产党机关、人民政协机关中从事公务的人员，司法实践中也应当视为国家机关工作人员。 |
| | 犯罪主观方面 | 本罪在主观方面表现为过失，即应当预见自己严重不负责任可能导致发生重大污染事故，因为疏忽大意而未能预见，或者已经预见而轻信能够避免。 |
| | 罪与非罪 | 区分罪与非罪的界限，要注意把握以下几点：<br>1. 必须造成严重的后果，即造成重大的环境污染事故，致使公私财产遭受重大损失或者人身伤亡的，才以犯罪论处。没有造成上述后果的，不构成本罪。<br>2. 要区分本罪与工作失误的界限。环境监管人员工作上的失误一般是指由于监管措施、监管方法或有关的制度不完善或监测手段技术落后等原因，造成的危害后果。行为人客观上没有实施严重不负责任的行为，对危害结果的发生主观上一般也无法预见。对于此种工作失误，不能以本罪论处。 |
| | 此罪与彼罪 | 要注意区分本罪与污染环境罪的界限。根据《刑法》第338条的规定，污染环境罪是指违反国家规定，排放、倾倒或者处置有放射性的废物、含传染病病原体的废物、有毒物质或者其他有害物质，严重污染环境的行为。本罪与污染环境罪行为的结果相同，都表现为造成重大环境污染事故，主观方面都是过失构成。两罪的区别主要在于：（1）犯罪客体不同。本罪是渎职犯罪，客体是国家对环境保护的监督管理制度；而污染环境罪不是渎职犯罪，客体是环境资源。（2）客观方面表现不同。本罪的客观方面表现为不履行或不履行环境等行政法规所赋予的职责；污染环境罪的客观方面表现为违反国家规定，向土地、水体、大气排放、倾倒或者处置有放射性的废物、含传染病病原体的废物、有毒物质或者其他危险废物。（3）犯罪主体不同。本罪是身份犯，主体是负有环境保护监督管理职责的国家机关工作人员；污染环境罪的主体是一般主体，包括自然人和单位。 |
| 证据参考标准 | 主体方面的证据 | **一、证明行为人刑事责任年龄、身份等自然情况的证据**<br>包括身份证明、户籍证明、任职证明、工作经历证明、特定职责证明等，主要是证明行为人的姓名（曾用名）、性别、出生年月日、民族、籍贯、出生地、职业（或职务）、住所地（或居所地）等证据材料，如户口簿、居民身份证、居住证、工作证、出生证、专业或技术等级证、干部履历表、职工登记表、护照等。<br>对于户籍、出生证等材料内容不实的，应提供其他证据材料。人大代表、政协委员犯罪的案件，应注明身份，并附身份证明材料。<br>**二、证明行为人刑事责任能力的证据**<br>证明行为人对自己的行为是否具有辨认能力与控制能力，如是否属于间歇性精神病人、案发时是否尚未完全丧失辨认或者控制自己行为能力的证明材料。 |

<table>
<tr><td rowspan="3">证据参考标准</td><td>主观方面的证据</td><td colspan="2">

**证明行为人过失的证据**

1. 证明行为人疏忽大意过失的证据：（1）证明行为人应当预见自己严重不负责任的行为会发生危害社会的结果；（2）证明行为人因疏忽大意没有预见。2. 证明行为人过于自信过失的证据：（1）证明行为人已经预见自己严重不负责任的行为会发生危害社会的结果；（2）证明行为人轻信能避免危害结果。

</td></tr>
<tr><td>客观方面的证据</td><td colspan="2">

**证明行为人环境监管失职行为的证据**

具体证据包括：1. 证明行为人严重不负责任的证据：（1）证明行为人不履行环境保护监管职责的证据；（2）证明行为人不认真履行环境保护监管职责的证据。2. 证明发生重大环境污染事故的证据。3. 证明公私财产遭受重大损失的证据。4. 证明发生人身伤亡的严重后果的证据。5. 证明失职行为与结果之间有因果关系的证据。

</td></tr>
<tr><td>量刑方面的证据</td><td colspan="2">

**一、法定量刑情节证据**

1. 事实情节。2. 法定从重情节。3. 法定从轻、减轻情节：（1）可以从轻；（2）可以从轻或者减轻；（3）应当从轻或者减轻。4. 法定从轻、减轻、免除情节：（1）可以从轻、减轻或者免除处罚；（2）应当从轻、减轻或者免除处罚。5. 法定减轻、免除情节：（1）可以减轻或者免除处罚；（2）应当减轻或者免除处罚；（3）可以免除处罚。

**二、酌定量刑情节证据**

1. 犯罪手段。2. 犯罪对象。3. 危害结果。4. 犯罪动机。5. 平时表现。6. 认罪态度。7. 是否有前科。8. 其他证据。

</td></tr>
<tr><td rowspan="2">量刑标准</td><td colspan="2">犯本罪的</td><td>处三年以下有期徒刑或者拘役</td></tr>
<tr><td>不适用缓刑或者免予刑事处罚</td><td colspan="2">

1. 以下情形一般不适用缓刑或者免予刑事处罚：

（1）不如实供述罪行的；

（2）不予退缴赃款赃物或者将赃款赃物用于非法活动的；

（3）属于共同犯罪中情节严重的主犯的；

（4）犯有数个职务犯罪依法实行并罚或者以一罪处理的；

（5）曾因职务违纪违法行为受过行政处分的；

（6）犯罪涉及的财物属于救灾、抢险、防汛、优抚、扶贫、移民、救济、防疫等特定款物的；

（7）渎职犯罪中徇私舞弊情节或者滥用职权情节恶劣的；

（8）其他不应适用缓刑、免予刑事处罚的情形。

对于具有以上情形之一，但根据全案事实和量刑情节，检察机关认为确有必要适用缓刑或者免予刑事处罚并据此提出量刑建议的，应经检察委员会讨论决定；审理法院认为确有必要适用缓刑或者免予刑事处罚的，应经审判委员会讨论决定。

2. 人民法院审理职务犯罪案件时应当注意听取检察机关、被告人、辩护人提出的量刑意见，分析影响性案件案发前后的社会反映，必要时可以征求案件查办等机关的意见。对于情节恶劣、社会反映强烈的职务犯罪案件，不得适用缓刑、免予刑事处罚。

</td></tr>
</table>

法律适用

| | |
|---|---|
| 刑法条文 | **第四百零八条** 负有环境保护监督管理职责的国家机关工作人员严重不负责任，导致发生重大环境污染事故，致使公私财产遭受重大损失或造成人身伤亡的严重后果的，处三年以下有期徒刑或者拘役。 |
| 立法解释 | **全国人民代表大会常务委员会《关于〈中华人民共和国刑法〉第九章渎职罪主体适用问题的解释》**（2002年12月28日第九届全国人民代表大会常务委员会第三十一次会议通过）<br>全国人大常委会根据司法实践中遇到的情况，讨论了刑法第九章渎职罪主体的适用问题，解释如下：<br>在依照法律、法规规定行使国家行政管理职权的组织中从事公务的人员，或者在受国家机关委托代表国家机关行使职权的组织中从事公务的人员，或者虽未列入国家机关人员编制但在国家机关中从事公务的人员，在代表国家机关行使职权时，有渎职行为，构成犯罪的，依照刑法关于渎职罪的规定追究刑事责任。<br>现予公告。 |
| 司法解释 | **一、最高人民法院、最高人民检察院《关于办理环境污染刑事案件适用法律若干问题的解释》（节录）**（2023年8月8日　法释〔2023〕7号）<br>为依法惩治环境污染犯罪，根据《中华人民共和国刑法》、《中华人民共和国刑事诉讼法》、《中华人民共和国环境保护法》等法律的有关规定，现就办理此类刑事案件适用法律的若干问题解释如下：<br>**第一条** 实施刑法第三百三十八条规定的行为，具有下列情形之一的，应当认定为“严重污染环境”：<br>（一）在饮用水水源保护区、自然保护地核心保护区等依法确定的重点保护区域排放、倾倒、处置有放射性的废物、含传染病病原体的废物、有毒物质的；<br>（二）非法排放、倾倒、处置危险废物三吨以上的；<br>（三）排放、倾倒、处置含铅、汞、镉、铬、砷、铊、锑的污染物，超过国家或者地方污染物排放标准三倍以上的；<br>（四）排放、倾倒、处置含镍、铜、锌、银、钒、锰、钴的污染物，超过国家或者地方污染物排放标准十倍以上的；<br>（五）通过暗管、渗井、渗坑、裂隙、溶洞、灌注、非紧急情况下开启大气应急排放通道等逃避监管的方式排放、倾倒、处置有放射性的废物、含传染病病原体的废物、有毒物质的；<br>（六）二年内曾因在重污染天气预警期间，违反国家规定，超标排放二氧化硫、氮氧化物等实行排放总量控制的大气污染物受过二次以上行政处罚，又实施此类行为的；<br>（七）重点排污单位、实行排污许可重点管理的单位篡改、伪造自动监测数据或者干扰自动监测设施，排放化学需氧量、氨氮、二氧化硫、氮氧化物等污染物的；<br>（八）二年内曾因违反国家规定，排放、倾倒、处置有放射性的废物、含传染病病原体的废物、有毒物质受过二次以上行政处罚，又实施此类行为的；<br>（九）违法所得或者致使公私财产损失三十万元以上的；<br>（十）致使乡镇集中式饮用水水源取水中断十二小时以上的；<br>（十一）其他严重污染环境的情形。 |

**第二条** 实施刑法第三百三十八条规定的行为，具有下列情形之一的，应当认定为“情节严重”：

（一）在饮用水水源保护区、自然保护地核心保护区等依法确定的重点保护区域排放、倾倒、处置有放射性的废物、含传染病病原体的废物、有毒物质，造成相关区域的生态功能退化或者野生生物资源严重破坏的；

（二）向国家确定的重要江河、湖泊水域排放、倾倒、处置有放射性的废物、含传染病病原体的废物、有毒物质，造成相关水域的生态功能退化或者水生生物资源严重破坏的；

（三）非法排放、倾倒、处置危险废物一百吨以上的；

（四）违法所得或者致使公私财产损失一百万元以上的；

（五）致使县级城区集中式饮用水水源取水中断十二小时以上的；

（六）致使永久基本农田、公益林地十亩以上，其他农用地二十亩以上，其他土地五十亩以上基本功能丧失或者遭受永久性破坏的；

（七）致使森林或者其他林木死亡五十立方米以上，或者幼树死亡二千五百株以上的；

（八）致使疏散、转移群众五千人以上的；

（九）致使三十人以上中毒的；

（十）致使一人以上重伤、严重疾病或者三人以上轻伤的；

（十一）其他情节严重的情形。

**第三条** 实施刑法第三百三十八条规定的行为，具有下列情形之一的，应当处七年以上有期徒刑，并处罚金：

（一）在饮用水水源保护区、自然保护地核心保护区等依法确定的重点保护区域排放、倾倒、处置有放射性的废物、含传染病病原体的废物、有毒物质，具有下列情形之一的：

1. 致使设区的市级城区集中式饮用水水源取水中断十二小时以上的；
2. 造成自然保护地主要保护的生态系统严重退化，或者主要保护的自然景观损毁的；
3. 造成国家重点保护的野生动植物资源或者国家重点保护物种栖息地、生长环境严重破坏的；
4. 其他情节特别严重的情形。

（二）向国家确定的重要江河、湖泊水域排放、倾倒、处置有放射性的废物、含传染病病原体的废物、有毒物质，具有下列情形之一的：

1. 造成国家确定的重要江河、湖泊水域生态系统严重退化的；
2. 造成国家重点保护的野生动植物资源严重破坏的；
3. 其他情节特别严重的情形。

（三）致使永久基本农田五十亩以上基本功能丧失或者遭受永久性破坏的；

（四）致使三人以上重伤、严重疾病，或者一人以上严重残疾、死亡的。

**第四条** 实施刑法第三百三十九条第一款规定的行为，具有下列情形之一的，应当认定为“致使公私财产遭受重大损失或者严重危害人体健康”：

（一）致使公私财产损失一百万元以上的；

（二）具有本解释第二条第五项至第十项规定情形之一的；

（三）其他致使公私财产遭受重大损失或者严重危害人体健康的情形。

**第五条** 实施刑法第三百三十八条、第三百三十九条规定的犯罪行为，具有下列情形之一的，应当从重处罚：

（一）阻挠环境监督检查或者突发环境事件调查，尚不构成妨害公务等犯罪的；

（二）在医院、学校、居民区等人口集中地区及其附近，违反国家规定排放、倾倒、处置有放射性的废物、含传染病病原体的废物、有毒物质或者其他有害物质的；

（三）在突发环境事件处置期间或者被责令限期整改期间，违反国家规定排放、倾倒、处置有放射性的废物、含传染病病原体的废物、有毒物质或者其他有害物质的；

（四）具有危险废物经营许可证的企业违反国家规定排放、倾倒、处置有放射性的废物、含传染病病原体的废物、有毒物质或者其他有害物质的；

（五）实行排污许可重点管理的企业事业单位和其他生产经营者未依法取得排污许可证，排放、倾倒、处置有放射性的废物、含传染病病原体的废物、有毒物质或者其他有害物质的。

**第七条** 无危险废物经营许可证从事收集、贮存、利用、处置危险废物经营活动，严重污染环境的，按照污染环境罪定罪处罚；同时构成非法经营罪的，依照处罚较重的规定定罪处罚。

实施前款规定的行为，不具有超标排放污染物、非法倾倒污染物或者其他违法造成环境污染的情形的，可以认定为非法经营情节显著轻微危害不大，不认为是犯罪；构成生产、销售伪劣产品等其他犯罪的，以其他犯罪论处。

**第八条** 明知他人无危险废物经营许可证，向其提供或者委托其收集、贮存、利用、处置危险废物，严重污染环境的，以共同犯罪论处。

**第九条** 违反国家规定，排放、倾倒、处置含有毒害性、放射性、传染病病原体等物质的污染物，同时构成污染环境罪、非法处置进口的固体废物罪、投放危险物质罪等犯罪的，依照处罚较重的规定定罪处罚。

**第十条** 承担环境影响评价、环境监测、温室气体排放检验检测、排放报告编制或者核查等职责的中介组织的人员故意提供虚假证明文件，具有下列情形之一的，应当认定为刑法第二百二十九条第一款规定的“情节严重”：

（一）违法所得三十万元以上的；

（二）二年内曾因提供虚假证明文件受过二次以上行政处罚，又提供虚假证明文件的；

（三）其他情节严重的情形。

实施前款规定的行为，在涉及公共安全的重大工程、项目中提供虚假的环境影响评价等证明文件，致使公共财产、国家和人民利益遭受特别重大损失的，应当依照刑法第二百二十九条第一款的规定，处五年以上十年以下有期徒刑，并处罚金。

实施前两款规定的行为，同时索取他人财物或者非法收受他人财物构成犯罪的，依照处罚较重的规定定罪处罚。

**第十一条** 违反国家规定，针对环境质量监测系统实施下列行为，或者强令、指使、授意他人实施下列行为，后果严重的，应当依照刑法第二百八十六条的规定，以破坏计算机信息系统罪定罪处罚：

（一）修改系统参数或者系统中存储、处理、传输的监测数据的；

（二）干扰系统采样，致使监测数据因系统不能正常运行而严重失真的；

（三）其他破坏环境质量监测系统的行为。

重点排污单位、实行排污许可重点管理的单位篡改、伪造自动监测数据或者干扰自动监测设施，排放化学需氧量、氨氮、二氧化硫、氮氧化物等污染物，同时构成污染环境罪和破坏计算机信息系统罪的，依照处罚较重的规定定罪处罚。

从事环境监测设施维护、运营的人员实施或者参与实施篡改、伪造自动监测数据、干扰自动监测设施、破坏环境质量监测系统等行为的，依法从重处罚。

**第十二条** 对于实施本解释规定的相关行为被不起诉或者免予刑事处罚的行为人，需要给予行政处罚、政务处分或者其他处分的，依法移送有关主管机关处理。有关主管机关应当将处理结果及时通知人民检察院、人民法院。

**第十三条** 单位实施本解释规定的犯罪的，依照本解释规定的定罪量刑标准，对直接负责的主管人员和其他直接责任人员定罪处罚，并对单位判处罚金。

**第十四条** 环境保护主管部门及其所属监测机构在行政执法过程中收集的监测数据，在刑事诉讼中可以作为证据使用。

公安机关单独或者会同环境保护主管部门，提取污染物样品进行检测获取的数据，在刑事诉讼中可以作为证据使用。

**第十五条** 对国家危险废物名录所列的废物，可以依据涉案物质的来源、产生过程、被告人供述、证人证言以及经批准或者备案的环境影响评价文件、排污许可证、排污登记表等证据，结合环境保护主管部门、公安机关等出具的书面意见作出认定。

对于危险废物的数量，依据案件事实，综合被告人供述，涉案企业的生产工艺、物耗、能耗情况，以及经批准或者备案的环境影响评价文件等证据作出认定。

**第十六条** 对案件所涉的环境污染专门性问题难以确定的，依据鉴定机构出具的鉴定意见，或者国务院环境保护主管部门、公安部门指定的机构出具的报告，结合其他证据作出认定。

**第十七条** 下列物质应当认定为刑法第三百三十八条规定的“有毒物质”：

（一）危险废物，是指列入国家危险废物名录，或者根据国家规定的危险废物鉴别标准和鉴别方法认定的，具有危险特性的固体废物；

（二）《关于持久性有机污染物的斯德哥尔摩公约》附件所列物质；

（三）重金属含量超过国家或者地方污染物排放标准的污染物；

（四）其他具有毒性，可能污染环境的物质。

**第十八条** 无危险废物经营许可证，以营利为目的，从危险废物中提取物质作为原材料或者燃料，并具有超标排放污染物、非法倾倒污染物或者其他违法造成环境污染的情形的行为，应当认定为“非法处置危险废物”。

**第十九条** 本解释所称“二年内”，以第一次违法行为受到行政处罚的生效之日与又实施相应行为之日的时间间隔计算确定。

本解释所称“重点排污单位”，是指设区的市级以上人民政府环境保护主管部门依法确定的应当安装、使用污染物排放自动监测设备的重点监控企业及其他单位。

本解释所称“违法所得”，是指实施刑法第二百二十九条、第三百三十八条、第三百三十九条规定的行为所得和可得的全部违法收入。

本解释所称“公私财产损失”，包括实施刑法第三百三十八条、第三百三十九条规定的行为直接造成财产损毁、减少的实际价值，为防止污染扩大、消除污染而采取必要合理措施所产生的费用，以及处置突发环境事件的应急监测费用。

本解释所称“无危险废物经营许可证”，是指未取得危险废物经营许可证，或者超出危险废物经营许可证的经营范围。

**第二十条** 本解释自2023年8月15日起施行。本解释施行后，《最高人民法院、最高人民检察院关于办理环境污染刑事案件适用法律若干问题的解释》（法释〔2016〕29号）同时废止；之前发布的司法解释与本解释不一致的，以本解释为准。

**二、最高人民法院《全国法院审理经济犯罪案件工作座谈会纪要》（节录）**（2003年11月13日 法发〔2003〕167号）

**一、关于贪污贿赂犯罪和渎职犯罪的主体**

（一）国家机关工作人员的认定

刑法中所称的国家机关工作人员，是指在国家机关中从事公务的人员，包括在各级国家权力机关、行政机关、司法机关和军事机关中从事公务的人员。

根据有关立法解释的规定，在依照法律、法规规定行使国家行政管理职权的组织中从事公务的人员，或者在受国家机关委托代表国家行使职权的组织中从事公务的人员，或者虽未列入国家机关人员编制但在国家机关中从事公务的人员，视为国家机关工作人员。在乡（镇）以上中国共产党机关、人民政协机关中从事公务的人员，司法实践中也应当视为国家机关工作人员。

（二）国家机关、国有公司、企业、事业单位委派到非国有公司、企业、事业单位、社会团体从事公务的人员的认定

所谓委派，即委任、派遣，其形式多种多样，如任命、指派、提名、批准等。不论被委派的人身份如何，只要是接受国家机关、国有公司、企业、事业单位委派，代表国家机关、国有公司、企业、事业单位在非国有公司、企业、事业单位、社会团体中从事组织、领导、监督、管理等工作，都可以认定为国家机关、国有公司、企业、事业单位委派到非国有公司、企业、事业单位、社会团体从事公务的人员。如国家机关、国有公司、企业、事业单位委派在国有控股或者参股的股份有限公司从事组织、领导、监督、管理等工作的人员，应当以国家工作人员论。国有公司、企业改制为股份有限公司后，原国有公司、企业的工作人员和股份有限公司新任命的人员中，除代表国有投资主体行使监督、管理职权的人外，不以国家工作人员论。

（三）“其他依照法律从事公务的人员”的认定

刑法第九十三条第二款规定的“其他依照法律从事公务的人员”应当具有两个特征：一是在特定条件下行使国家管理职能；二是依照法律规定从事公务。具体包括：（1）依法履行职责的各级人民代表大会代表；（2）依法履行审判职责的人民陪审员；（3）协助乡镇人民政府、街道办事处从事行政管理工作的村民委员会、居民委员会等农村和城市基层组织人员；（4）其他由法律授权从事公务的人员。

（四）关于“从事公务”的理解

从事公务，是指代表国家机关、国有公司、企业、事业单位、人民团体等履行组织、领导、监督、管理等职责。公务主要表现为与职权相联系的公共事务以及监督、管理国有财产的职务活动。如国家机关工作人员依法履行职责，国有公司的董事、经理、监事、会计、出纳人员等管理、监督国有财产等活动，属于从事公务。那些不具备职权内容的劳务活动、技术服务工作，如售货员、售票员等所从事的工作，一般不认为是公务。

法律适用

司法解释

六、关于渎职罪

（一）渎职犯罪行为造成的公共财产重大损失的认定

根据刑法规定，玩忽职守、滥用职权等渎职犯罪是以致使公共财产、国家和人民利益遭受重大损失为构成要件的。其中，公共财产的重大损失，通常是指渎职行为已经造成的重大经济损失。在司法实践中，有以下情形之一的，虽然公共财产作为债权存在，但已无法实现债权的，可以认定为行为人的渎职行为造成了经济损失：（1）债务人已经法定程序被宣告破产；（2）债务人潜逃，去向不明；（3）因行为人责任，致使超过诉讼时效；（4）有证据证明债权无法实现的其他情况。

（二）玩忽职守罪的追诉时效

玩忽职守行为造成的重大损失当时没有发生，而是玩忽职守行为之后一定时间发生的，应从危害结果发生之日起计算玩忽职守罪的追诉期限。

（三）国有公司、企业人员渎职犯罪的法律适用

对于1999年12月24日《中华人民共和国刑法修正案》实施以前发生的国有公司、企业人员渎职行为（不包括徇私舞弊行为），尚未处理或者正在处理的，不能按照刑法修正案追究刑事责任。

（四）关于“徇私”的理解

徇私舞弊型渎职犯罪的“徇私”应理解为徇个人私情、私利。国家机关工作人员为了本单位的利益，实施滥用职权、玩忽职守行为，构成犯罪的，依照刑法第三百九十七条第一款的规定定罪处罚。

**三、最高人民法院、最高人民检察院《关于办理职务犯罪案件严格适用缓刑、免予刑事处罚若干问题的意见》**（2012年8月8日　法发〔2012〕17号）（略，详见本书第16页）

相关法律法规

**一、《中华人民共和国环境保护法》（节录）**（1989年12月26日第七届全国人民代表大会常务委员会第十一次会议通过　2014年4月24日修订）

**第十条**　国务院环境保护主管部门，对全国环境保护工作实施统一监督管理；县级以上地方人民政府环境保护主管部门，对本行政区域环境保护工作实施统一监督管理。

县级以上人民政府有关部门和军队环境保护部门，依照有关法律的规定对资源保护和污染防治等环境保护工作实施监督管理。

**第十八条**　省级以上人民政府应当组织有关部门或者委托专业机构，对环境状况进行调查、评价，建立环境资源承载能力监测预警机制。

**第二十四条**　县级以上人民政府环境保护主管部门及其委托的环境监察机构和其他负有环境保护监督管理职责的部门，有权对排放污染物的企业事业单位和其他生产经营者进行现场检查。被检查者应当如实反映情况，提供必要的资料。实施现场检查的部门、机构及其工作人员应当为被检查者保守商业秘密。

**第二十五条**　企业事业单位和其他生产经营者违反法律法规规定排放污染物，造成或者可能造成严重污染的，县级以上人民政府环境保护主管部门和其他负有环境保护监督管理职责的部门，可以查封、扣押造成污染物排放的设施、设备。

**第二十八条**　地方各级人民政府应当根据环境保护目标和治理任务，采取有效措施，改善环境质量。

未达到国家环境质量标准的重点区域、流域的有关地方人民政府，应当制定限期达标规划，并采取措施按期达标。

**第二十九条** 国家在重点生态功能区、生态环境敏感区和脆弱区等区域划定生态保护红线，实行严格保护。

各级人民政府对具有代表性的各种类型的自然生态系统区域，珍稀、濒危的野生动植物自然分布区域，重要的水源涵养区域，具有重大科学文化价值的地质构造、著名溶洞和化石分布区、冰川、火山、温泉等自然遗迹，以及人文遗迹、古树名木，应当采取措施予以保护，严禁破坏。

**第三十条** 开发利用自然资源，应当合理开发，保护生物多样性，保障生态安全，依法制定有关生态保护和恢复治理方案并予以实施。

引进外来物种以及研究、开发和利用生物技术，应当采取措施，防止对生物多样性的破坏。

**第三十一条** 国家建立、健全生态保护补偿制度。

国家加大对生态保护地区的财政转移支付力度。有关地方人民政府应当落实生态保护补偿资金，确保其用于生态保护补偿。

国家指导受益地区和生态保护地区人民政府通过协商或者按照市场规则进行生态保护补偿。

**第三十二条** 国家加强对大气、水、土壤等的保护，建立和完善相应的调查、监测、评估和修复制度。

**第三十三条** 各级人民政府应当加强对农业环境的保护，促进农业环境保护新技术的使用，加强对农业污染源的监测预警，统筹有关部门采取措施，防治土壤污染和土地沙化、盐渍化、贫瘠化、石漠化、地面沉降以及防治植被破坏、水土流失、水体富营养化、水源枯竭、种源灭绝等生态失调现象，推广植物病虫害的综合防治。

县级、乡级人民政府应当提高农村环境保护公共服务水平，推动农村环境综合整治。

**第三十四条** 国务院和沿海地方各级人民政府应当加强对海洋环境的保护。向海洋排放污染物、倾倒废弃物，进行海岸工程和海洋工程建设，应当符合法律法规规定和有关标准，防止和减少对海洋环境的污染损害。

**第三十五条** 城乡建设应当结合当地自然环境的特点，保护植被、水域和自然景观，加强城市园林、绿地和风景名胜区的建设与管理。

**第三十六条** 国家鼓励和引导公民、法人和其他组织使用有利于保护环境的产品和再生产品，减少废弃物的产生。

国家机关和使用财政资金的其他组织应当优先采购和使用节能、节水、节材等有利于保护环境的产品、设备和设施。

**第三十七条** 地方各级人民政府应当采取措施，组织对生活废弃物的分类处置、回收利用。

**第三十八条** 公民应当遵守环境保护法律法规，配合实施环境保护措施，按照规定对生活废弃物进行分类放置，减少日常生活对环境造成的损害。

**第三十九条** 国家建立、健全环境与健康监测、调查和风险评估制度；鼓励和组织开展环境质量对公众健康影响的研究，采取措施预防和控制与环境污染有关的疾病。

**第四十条** 国家促进清洁生产和资源循环利用。

国务院有关部门和地方各级人民政府应当采取措施，推广清洁能源的生产和使用。

企业应当优先使用清洁能源，采用资源利用率高、污染物排放量少的工艺、设备以及废弃物综合利用技术和污染物无害化处理技术，减少污染物的产生。

**第四十三条** 排放污染物的企业事业单位和其他生产经营者，应当按照国家有关规定缴纳排污费。排污费应当全部专项用于环境污染防治，任何单位和个人不得截留、挤占或者挪作他用。

依照法律规定征收环境保护税的，不再征收排污费。

**第四十四条** 国家实行重点污染物排放总量控制制度。重点污染物排放总量控制指标由国务院下达，省、自治区、直辖市人民政府分解落实。企业事业单位在执行国家和地方污染物排放标准的同时，应当遵守分解落实到本单位的重点污染物排放总量控制指标。

对超过国家重点污染物排放总量控制指标或者未完成国家确定的环境质量目标的地区，省级以上人民政府环境保护主管部门应当暂停审批其新增重点污染物排放总量的建设项目环境影响评价文件。

**第四十五条** 国家依照法律规定实行排污许可管理制度。

实行排污许可管理的企业事业单位和其他生产经营者应当按照排污许可证的要求排放污染物；未取得排污许可证的，不得排放污染物。

**第四十六条** 国家对严重污染环境的工艺、设备和产品实行淘汰制度。任何单位和个人不得生产、销售或者转移、使用严重污染环境的工艺、设备和产品。

禁止引进不符合我国环境保护规定的技术、设备、材料和产品。

**第四十七条** 各级人民政府及其有关部门和企业事业单位，应当依照《中华人民共和国突发事件应对法》的规定，做好突发环境事件的风险控制、应急准备、应急处置和事后恢复等工作。

县级以上人民政府应当建立环境污染公共监测预警机制，组织制定预警方案；环境受到污染，可能影响公众健康和环境安全时，依法及时公布预警信息，启动应急措施。

企业事业单位应当按照国家有关规定制定突发环境事件应急预案，报环境保护主管部门和有关部门备案。在发生或者可能发生突发环境事件时，企业事业单位应当立即采取措施处理，及时通报可能受到危害的单位和居民，并向环境保护主管部门和有关部门报告。

突发环境事件应急处置工作结束后，有关人民政府应当立即组织评估事件造成的环境影响和损失，并及时将评估结果向社会公布。

**第四十九条** 各级人民政府及其农业等有关部门和机构应当指导农业生产经营者科学种植和养殖，科学合理施用农药、化肥等农业投入品，科学处置农用薄膜、农作物秸秆等农业废弃物，防止农业面源污染。

禁止将不符合农用标准和环境保护标准的固体废物、废水施入农田。施用农药、化肥等农业投入品及进行灌溉，应当采取措施，防止重金属和其他有毒有害物质污染环境。

畜禽养殖场、养殖小区、定点屠宰企业等的选址、建设和管理应当符合有关法律法规规定。从事畜禽养殖和屠宰的单位和个人应当采取措施，对畜禽粪便、尸体和污水等废弃物进行科学处置，防止污染环境。

县级人民政府负责组织农村生活废弃物的处置工作。

**第五十三条** 公民、法人和其他组织依法享有获取环境信息、参与和监督环境保护的权利。

各级人民政府环境保护主管部门和其他负有环境保护监督管理职责的部门，应当依法公开环境信息、完善公众参与程序，为公民、法人和其他组织参与和监督环境保护提供便利。

**第五十四条** 国务院环境保护主管部门统一发布国家环境质量、重点污染源监测信息及其他重大环境信息。省级以上人民政府环境保护主管部门定期发布环境状况公报。

县级以上人民政府环境保护主管部门和其他负有环境保护监督管理职责的部门，应当依法公开环境质量、环境监测、突发环境事件以及环境行政许可、行政处罚、排污费的征收和使用情况等信息。

县级以上地方人民政府环境保护主管部门和其他负有环境保护监督管理职责的部门，应当将企业事业单位和其他生产经营者的环境违法信息记入社会诚信档案，及时向社会公布违法者名单。

**第六十七条** 上级人民政府及其环境保护主管部门应当加强对下级人民政府及其有关部门环境保护工作的监督。发现有关工作人员有违法行为，依法应当给予处分的，应当向其任免机关或者监察机关提出处分建议。

依法应当给予行政处罚，而有关环境保护主管部门不给予行政处罚的，上级人民政府环境保护主管部门可以直接作出行政处罚的决定。

**第六十八条** 地方各级人民政府、县级以上人民政府环境保护主管部门和其他负有环境保护监督管理职责的部门有下列行为之一的，对直接负责的主管人员和其他直接责任人员给予记过、记大过或者降级处分；造成严重后果的，给予撤职或者开除处分，其主要负责人应当引咎辞职：

（一）不符合行政许可条件准予行政许可的；

（二）对环境违法行为进行包庇的；

（三）依法应当作出责令停业、关闭的决定而未作出的；

（四）对超标排放污染物、采用逃避监管的方式排放污染物、造成环境事故以及不落实生态保护措施造成生态破坏等行为，发现或者接到举报未及时查处的；

（五）违反本法规定，查封、扣押企业事业单位和其他生产经营者的设施、设备的；

（六）篡改、伪造或者指使篡改、伪造监测数据的；

（七）应当依法公开环境信息而未公开的；

（八）将征收的排污费截留、挤占或者挪作他用的；

（九）法律法规规定的其他违法行为。

**第六十九条** 违反本法规定，构成犯罪的，依法追究刑事责任。

**二、《中华人民共和国海洋环境保护法》（节录）**（1982年8月23日第五届全国人民代表大会常务委员会第二十四次会议通过　1999年12月25日第一次修订　2013年12月28日第一次修正　2016年11月7日第二次修正　2017年11月4日第三次修正　2023年10月24日第二次修订）

**第四条** 国务院生态环境主管部门负责全国海洋环境的监督管理，负责全国防治陆源污染物、海岸工程和海洋工程建设项目（以下称工程建设项目）、海洋倾倒废弃物对海洋环境污染损害的环境保护工作，指导、协调和监督全国海洋生态保护修复工作。

国务院自然资源主管部门负责海洋保护和开发利用的监督管理，负责全国海洋生态、海域海岸线和海岛的修复工作。

国务院交通运输主管部门负责所辖港区水域内非军事船舶和港区水域外非渔业、非军事船舶污染海洋环境的监督管理，组织、协调、指挥重大海上溢油应急处置。海事管理机构具体负责上述水域内相关船舶污染海洋环境的监督管理，并负责污染事故的调查处理；对在中华人民共和国管辖海域航行、停泊和作业的外国籍船舶造成的污染事故登轮检查处理。船舶污染事故给渔业造成损害的，应当吸收渔业主管部门参与调查处理。

国务院渔业主管部门负责渔港水域内非军事船舶和渔港水域外渔业船舶污染海洋环境的监督管理，负责保护渔业水域生态环境工作，并调查处理前款规定的污染事故以外的渔业污染事故。

国务院发展改革、水行政、住房和城乡建设、林业和草原等部门在各自职责范围内负责有关行业、领域涉及的海洋环境保护工作。

海警机构在职责范围内对海洋工程建设项目、海洋倾倒废弃物对海洋环境污染损害、自然保护地海岸线向海一侧保护利用等活动进行监督检查，查处违法行为，按照规定权限参与海洋环境污染事故的应急处置和调查处理。

军队生态环境保护部门负责军事船舶污染海洋环境的监督管理及污染事故的调查处理。

**第五条** 沿海县级以上地方人民政府对其管理海域的海洋环境质量负责。

国家实行海洋环境保护目标责任制和考核评价制度，将海洋环境保护目标完成情况纳入考核评价的内容。

**第六条** 沿海县级以上地方人民政府可以建立海洋环境保护区域协作机制，组织协调其管理海域的环境保护工作。

跨区域的海洋环境保护工作，由有关沿海地方人民政府协商解决，或者由上级人民政府协调解决。

跨部门的重大海洋环境保护工作，由国务院生态环境主管部门协调；协调未能解决的，由国务院作出决定。

**第七条** 国务院和沿海县级以上地方人民政府应当将海洋环境保护工作纳入国民经济和社会发展规划，按照事权和支出责任划分原则，将海洋环境保护工作所需经费纳入本级政府预算。

**第八条** 各级人民政府及其有关部门应当加强海洋环境保护的宣传教育和知识普及工作，增强公众海洋环境保护意识，引导公众依法参与海洋环境保护工作；鼓励基层群众性自治组织、社会组织、志愿者等开展海洋环境保护法律法规和知识的宣传活动；按照职责分工依法公开海洋环境相关信息。

新闻媒体应当采取多种形式开展海洋环境保护的宣传报道，并对违法行为进行舆论监督。

**第九条** 任何单位和个人都有保护海洋环境的义务，并有权对污染海洋环境、破坏海洋生态的单位和个人，以及海洋环境监督管理人员的违法行为进行监督和检举。

从事影响海洋环境活动的任何单位和个人，都应当采取有效措施，防止、减轻海洋环境污染、生态破坏。排污者应当依法公开排污信息。

**第十条** 国家鼓励、支持海洋环境保护科学技术研究、开发和应用，促进海洋环境保护信息化建设，加强海洋环境保护专业技术人才培养，提高海洋环境保护科学技术水平。

国家鼓励、支持海洋环境保护国际交流与合作。

**第十一条** 对在海洋环境保护工作中做出显著成绩的单位和个人，按照国家有关规定给予表彰和奖励。

**第十二条** 国家实施陆海统筹、区域联动的海洋环境监督管理制度，加强规划、标准、监测等监督管理制度的衔接协调。

各级人民政府及其有关部门应当加强海洋环境监督管理能力建设，提高海洋环境监督管理科技化、信息化水平。

**第十三条** 国家优先将生态功能极重要、生态极敏感脆弱的海域划入生态保护红线，实行严格保护。

开发利用海洋资源或者从事影响海洋环境的建设活动，应当根据国土空间规划科学合理布局，严格遵守国土空间用途管制要求，严守生态保护红线，不得造成海洋生态环境的损害。沿海地方各级人民政府应当根据国土空间规划，保护和科学合理地使用海域。沿海省、自治区、直辖市人民政府应当加强对生态保护红线内人为活动的监督管理，定期评估保护成效。

国务院有关部门、沿海设区的市级以上地方人民政府及其有关部门，对其组织编制的国土空间规划和相关规划，应当依法进行包括海洋环境保护内容在内的环境影响评价。

**第十四条** 国务院生态环境主管部门会同有关部门、机构和沿海省、自治区、直辖市人民政府制定全国海洋生态环境保护规划，报国务院批准后实施。全国海洋生态环境保护规划应当与全国国土空间规划相衔接。

沿海地方各级人民政府应当根据全国海洋生态环境保护规划，组织实施其管理海域的海洋环境保护工作。

**第十五条** 沿海省、自治区、直辖市人民政府应当根据其管理海域的生态环境和资源利用状况，将其管理海域纳入生态环境分区管控方案和生态环境准入清单，报国务院生态环境主管部门备案后实施。生态环境分区管控方案和生态环境准入清单应当与国土空间规划相衔接。

**第十六条** 国务院生态环境主管部门根据海洋环境质量状况和国家经济、技术条件，制定国家海洋环境质量标准。

沿海省、自治区、直辖市人民政府对国家海洋环境质量标准中未作规定的项目，可以制定地方海洋环境质量标准；对国家海洋环境质量标准中已作规定的项目，可以制定严于国家海洋环境质量标准的地方海洋环境质量标准。地方海洋环境质量标准应当报国务院生态环境主管部门备案。

国家鼓励开展海洋环境基准研究。

**第十七条** 制定海洋环境质量标准，应当征求有关部门、行业协会、企业事业单位、专家和公众等的意见，提高海洋环境质量标准的科学性。

海洋环境质量标准应当定期评估，并根据评估结果适时修订。

**第十八条** 国家和有关地方水污染物排放标准的制定，应当将海洋环境质量标准作为重要依据之一。

对未完成海洋环境保护目标的海域，省级以上人民政府生态环境主管部门暂停审批新增相应种类污染物排放总量的建设项目环境影响报告书（表），会同有关部门约谈该地区人民政府及其有关部门的主要负责人，要求其采取有效措施及时整改，约谈和整改情况应当向社会公开。

**第十九条** 国家加强海洋环境质量管控，推进海域综合治理，严格海域排污许可管理，提升重点海域海洋环境质量。

需要直接向海洋排放工业废水、医疗污水的海岸工程和海洋工程单位，城镇污水集中处理设施的运营单位及其他企业事业单位和生产经营者，应当依法取得排污许可证。排污许可的管理按照国务院有关规定执行。

实行排污许可管理的企业事业单位和其他生产经营者应当执行排污许可证关于排放污染物的种类、浓度、排放量、排放方式、排放去向和自行监测等要求。

禁止通过私设暗管或者篡改、伪造监测数据，以及不正常运行污染防治设施等逃避监管的方式向海洋排放污染物。

**第二十条** 国务院生态环境主管部门根据海洋环境状况和质量改善要求，会同国务院发展改革、自然资源、住房和城乡建设、交通运输、水行政、渔业等部门和海警机构，划定国家环境治理重点海域及其控制区域，制定综合治理行动方案，报国务院批准后实施。

沿海设区的市级以上地方人民政府应当根据综合治理行动方案，制定其管理海域的实施方案，因地制宜采取特别管控措施，开展综合治理，协同推进重点海域治理与美丽海湾建设。

**第二十一条** 直接向海洋排放应税污染物的企业事业单位和其他生产经营者，应当依照法律规定缴纳环境保护税。

向海洋倾倒废弃物，应当按照国家有关规定缴纳倾倒费。具体办法由国务院发展改革部门、国务院财政主管部门会同国务院生态环境主管部门制定。

**第二十二条** 国家加强防治海洋环境污染损害的科学技术的研究和开发，对严重污染海洋环境的落后生产工艺和落后设备，实行淘汰制度。

企业事业单位和其他生产经营者应当优先使用清洁低碳能源，采用资源利用率高、污染物排放量少的清洁生产工艺，防止对海洋环境的污染。

**第二十三条** 国务院生态环境主管部门负责海洋生态环境监测工作，制定海洋生态环境监测规范和标准并监督实施，组织实施海洋生态环境质量监测，统一发布国家海洋生态环境状况公报，定期组织对海洋生态环境质量状况进行调查评价。

国务院自然资源主管部门组织开展海洋资源调查和海洋生态预警监测，发布海洋生态预警监测警报和公报。

其他依照本法规定行使海洋环境监督管理权的部门和机构应当按照职责分工开展监测、监视。

**第二十四条** 国务院有关部门和海警机构应当向国务院生态环境主管部门提供编制国家海洋生态环境状况公报所必需的入海河口和海洋环境监测、调查、监视等方面的资料。

生态环境主管部门应当向有关部门和海警机构提供与海洋环境监督管理有关的资料。

**第二十五条** 国务院生态环境主管部门会同有关部门和机构通过智能化的综合信息系统，为海洋环境保护监督管理、信息共享提供服务。

国务院有关部门、海警机构和沿海县级以上地方人民政府及其有关部门应当按照规定，推进综合监测、协同监测和常态化监测，加强监测数据、执法信息等海洋环境管理信息共享，提高海洋环境保护综合管理水平。

**第二十六条** 国家加强海洋辐射环境监测，国务院生态环境主管部门负责制定海洋辐射环境应急监测方案并组织实施。

**第二十七条** 因发生事故或者其他突发性事件，造成或者可能造成海洋环境污染、生态破坏事件的单位和个人，应当立即采取有效措施解除或者减轻危害，及时向可能受到危害者通报，并向依照本法规定行使海洋环境监督管理权的部门和机构报告，接受调查处理。

沿海县级以上地方人民政府在本行政区域近岸海域的生态环境受到严重损害时，应当采取有效措施，解除或者减轻危害。

**第二十八条** 国家根据防止海洋环境污染的需要，制定国家重大海上污染事件应急预案，建立健全海上溢油污染等应急机制，保障应对工作的必要经费。

国家建立重大海上溢油应急处置部际联席会议制度。国务院交通运输主管部门牵头组织编制国家重大海上溢油应急处置预案并组织实施。

国务院生态环境主管部门负责制定全国海洋石油勘探开发海上溢油污染事件应急预案并组织实施。

国家海事管理机构负责制定全国船舶重大海上溢油污染事件应急预案，报国务院生态环境主管部门、国务院应急管理部门备案。

沿海县级以上地方人民政府及其有关部门应当制定有关应急预案，在发生海洋突发环境事件时，及时启动应急预案，采取有效措施，解除或者减轻危害。

可能发生海洋突发环境事件的单位，应当按照有关规定，制定本单位的应急预案，配备应急设备和器材，定期组织开展应急演练；应急预案应当向依照本法规定行使海洋环境监督管理权的部门和机构备案。

**第二十九条** 依照本法规定行使海洋环境监督管理权的部门和机构，有权对从事影响海洋环境活动的单位和个人进行现场检查；在巡航监视中发现违反本法规定的行为时，应当予以制止并调查取证，必要时有权采取有效措施，防止事态扩大，并报告有关部门或者机构处理。

被检查者应当如实反映情况，提供必要的资料。检查者应当依法为被检查者保守商业秘密、个人隐私和个人信息。

依照本法规定行使海洋环境监督管理权的部门和机构可以在海上实行联合执法。

**第三十条** 造成或者可能造成严重海洋环境污染、生态破坏的，或者有关证据可能灭失或者被隐匿的，依照本法规定行使海洋环境监督管理权的部门和机构可以查封、扣押有关船舶、设施、设备、物品。

**第三十一条** 在中华人民共和国管辖海域以外，造成或者可能造成中华人民共和国管辖海域环境污染、生态破坏的，有关部门和机构有权采取必要的措施。

**第三十二条** 国务院生态环境主管部门会同有关部门和机构建立向海洋排放污染物、从事废弃物海洋倾倒、从事海洋生态环境治理和服务的企业事业单位和其他生产经营者信用记录与评价应用制度，将相关信用记录纳入全国公共信用信息共享平台。

**第三十三条** 国家加强海洋生态保护，提升海洋生态系统质量和多样性、稳定性、持续性。

国务院和沿海地方各级人民政府应当采取有效措施，重点保护红树林、珊瑚礁、海藻场、海草床、滨海湿地、海岛、海湾、入海河口、重要渔业水域等具有典型性、代表性的海洋生态系统，珍稀濒危海洋生物的天然集中分布区，具有重要经济价值的海洋生物生存区域及有重大科学文化价值的海洋自然遗迹和自然景观。

**第三十四条** 国务院和沿海省、自治区、直辖市人民政府及其有关部门根据保护海洋的需要，依法将重要的海洋生态系统、珍稀濒危海洋生物的天然集中分布区、海洋自然遗迹和自然景观集中分布区等区域纳入国家公园、自然保护区或者自然公园等自然保护地。

**第三十五条** 国家建立健全海洋生态保护补偿制度。

国务院和沿海省、自治区、直辖市人民政府应当通过转移支付、产业扶持等方式支持开展海洋生态保护补偿。

法律适用 相关法律法规

沿海地方各级人民政府应当落实海洋生态保护补偿资金，确保其用于海洋生态保护补偿。

**第三十六条** 国家加强海洋生物多样性保护，健全海洋生物多样性调查、监测、评估和保护体系，维护和修复重要海洋生态廊道，防止对海洋生物多样性的破坏。

开发利用海洋和海岸带资源，应当对重要海洋生态系统、生物物种、生物遗传资源实施有效保护，维护海洋生物多样性。

引进海洋动植物物种，应当进行科学论证，避免对海洋生态系统造成危害。

**第三十七条** 国家鼓励科学开展水生生物增殖放流，支持科学规划，因地制宜采取投放人工鱼礁和种植海藻场、海草床、珊瑚等措施，恢复海洋生物多样性，修复改善海洋生态。

**第三十八条** 开发海岛及周围海域的资源，应当采取严格的生态保护措施，不得造成海岛地形、岸滩、植被和海岛周围海域生态环境的损害。

**第三十九条** 国家严格保护自然岸线，建立健全自然岸线控制制度。沿海省、自治区、直辖市人民政府负责划定严格保护岸线的范围并发布。

沿海地方各级人民政府应当加强海岸线分类保护与利用，保护修复自然岸线，促进人工岸线生态化，维护岸线岸滩稳定平衡，因地制宜、科学合理划定海岸建筑退缩线。

禁止违法占用、损害自然岸线。

**第四十条** 国务院水行政主管部门确定重要入海河流的生态流量管控指标，应当征求并研究国务院生态环境、自然资源等部门的意见。确定生态流量管控指标，应当进行科学论证，综合考虑水资源条件、气候状况、生态环境保护要求、生活生产用水状况等因素。

入海河口所在地县级以上地方人民政府及其有关部门按照河海联动的要求，制定实施河口生态修复和其他保护措施方案，加强对水、沙、盐、潮滩、生物种群、河口形态的综合监测，采取有效措施防止海水入侵和倒灌，维护河口良好生态功能。

**第四十一条** 沿海地方各级人民政府应当结合当地自然环境的特点，建设海岸防护设施、沿海防护林、沿海城镇园林和绿地，对海岸侵蚀和海水入侵地区进行综合治理。

禁止毁坏海岸防护设施、沿海防护林、沿海城镇园林和绿地。

**第四十二条** 对遭到破坏的具有重要生态、经济、社会价值的海洋生态系统，应当进行修复。海洋生态修复应当以改善生境、恢复生物多样性和生态系统基本功能为重点，以自然恢复为主、人工修复为辅，并优先修复具有典型性、代表性的海洋生态系统。

国务院自然资源主管部门负责统筹海洋生态修复，牵头组织编制海洋生态修复规划并实施有关海洋生态修复重大工程。编制海洋生态修复规划，应当进行科学论证评估。

国务院自然资源、生态环境等部门应当按照职责分工开展修复成效监督评估。

**第四十三条** 国务院自然资源主管部门负责开展全国海洋生态灾害预防、风险评估和隐患排查治理。

沿海县级以上地方人民政府负责其管理海域的海洋生态灾害应对工作，采取必要的灾害预防、处置和灾后恢复措施，防止和减轻灾害影响。

企业事业单位和其他生产经营者应当采取必要应对措施，防止海洋生态灾害扩大。

法律适用

相关法律法规

**第四十四条** 国家鼓励发展生态渔业，推广多种生态渔业生产方式，改善海洋生态状况，保护海洋环境。

沿海县级以上地方人民政府应当因地制宜编制并组织实施养殖水域滩涂规划，确定可以用于养殖业的水域和滩涂，科学划定海水养殖禁养区、限养区和养殖区，建立禁养区内海水养殖的清理和退出机制。

**第四十五条** 从事海水养殖活动应当保护海域环境，科学确定养殖规模和养殖密度，合理投饵、投肥，正确使用药物，及时规范收集处理固体废物，防止造成海洋生态环境的损害。

禁止在氮磷浓度严重超标的近岸海域新增或者扩大投饵、投肥海水养殖规模。

向海洋排放养殖尾水污染物等应当符合污染物排放标准。沿海省、自治区、直辖市人民政府应当制定海水养殖污染物排放相关地方标准，加强养殖尾水污染防治的监督管理。

工厂化养殖和设置统一排污口的集中连片养殖的排污单位，应当按照有关规定对养殖尾水自行监测。

# 35 食品、药品监管渎职案

**概念**

**本罪是指负有食品、药品安全监督管理职责的国家机关工作人员，滥用职权或者玩忽职守，造成严重后果或者有其他严重情节的行为。**

**立案标准**

**根据《刑法》第408条之一的规定，负有食品、药品安全监督管理职责的国家机关工作人员滥用职权或者玩忽职守，涉嫌下列情形之一，造成严重后果或有其他严重情节的，应当立案：**

1. **瞒报、谎报食品安全事故、药品安全事件的。**
2. **对发现的严重食品药品安全违法行为未按规定查处的。**
3. **在药品和特殊食品审批审评过程中，对不符合条件的申请准予许可的。**
4. **依法应当移交司法机关追究刑事责任不移交的。**
5. **有其他滥用职权或者玩忽职守行为的。**

<table>
<tr><td rowspan="2">定罪标准</td><td>犯罪客体</td><td>本罪侵犯的客体是国家对食品、药品安全的监督管理制度。</td></tr>
<tr><td>犯罪客观方面</td><td>本罪在客观方面表现为滥用职权或者玩忽职守，造成严重后果或者有其他严重情节。<br>滥用职权，是指超越职权，违法决定、处理其无权决定、处理的事项，或者违反规定处理公务。玩忽职守，是指行为人在工作中严重不负责任，不履行或者不认真履行职责。不履行职责，包括在岗不履行职责与擅离职守两种类型。不认真履行，是指不正确地履行职责，即形式上具有履行职责的行动，但是没有完全按照职责要求做，以致造成严重后果。<br>具体包括以下几种情形：<br>1. 瞒报、谎报食品安全事故、药品安全事。瞒报，是指隐瞒事实不报。谎报，是指不真实的报告。根据《食品安全法》第150条的规定，食品安全事故，是指食源性疾病、食品污染等源于食品，对人体健康有危害或者可能有危害的事故。药品安全事件，是指在药品研发、生产、经营、使用中发生的，对人体健康造成或者可能造成危害的事件。<br>2. 对发现的严重食品药品安全违法行为未按规定查处。严重食品药品安全违法行为，是指严重违反《食品安全法》《药品管理法》《疫苗管理法》及其配套规定的行为。<br>3. 在药品和特殊食品审批审评过程中，对不符合条件的申请准予许可。根据《药品管理法》第2条第2款的规定，药品是指用于预防、治疗、诊断人的疾病，有目的地调节人的生理机能并规定有适应症或者功能主治、用法和用量的物质，包括中药、化学药和生物制品等。根据《食品安全法》第74条的规定，特殊食品包括保健食品、特殊医学用途配方食品和婴幼儿配方食品等。根据《药品管理法》和《食品</td></tr>
</table>

| | | |
|---|---|---|
| 定罪标准 | 犯罪客观方面 | 安全法》的规定，药品和特殊食品在研制、生产、经营、使用等环节，需要依法向监管部门申请审批审评，监管部门的工作人员应当依照有关法律规定和技术标准进行审批审评。有关国家机关工作人员对明知不符合条件的药品和特殊食品审批审评申请准予许可的，对食品药品安全造成危害，可能构成本罪。<br>4. 依法应当移交司法机关追究刑事责任不移交。食品药品监管机关的工作人员对于行政执法中发现的犯罪线索，应当依法及时移交司法机关追究刑事责任。如果不移交或者降格处理以罚代刑的，可能构成本条规定的犯罪。<br>5. 其他滥用职权或者玩忽职守行为。<br>行为人徇私舞弊实施上述行为的，是本罪的从重处罚情节。所谓徇私舞弊，是指国家机关工作人员为徇私情、私利，故意违背事实和法律，伪造材料，隐瞒情况，弄虚作假的行为。 |
| | 犯罪主体 | 本罪是纯正的身份犯，主体是负有食品、药品安全监督管理职责的国家机关工作人员。<br>在理解“负有食品、药品安全监督管理职责的国家机关工作人员”的范围时，需要注意国家机关工作人员的范围。在我国，刑法中所称的国家机关工作人员，是指在国家机关中从事公务的人员，包括在各级国家权力机关、行政机关、司法机关和军事机关中从事公务的人员。根据有关立法解释的规定，在依照法律、法规规定行使国家行政管理职权的组织中从事公务的人员，或者在受国家机关委托代表国家行使职权的组织中从事公务的人员或者虽未列入国家机关人员编制但在国家机关中从事公务的人员，视为国家机关工作人员。在乡（镇）以上中国共产党机关、人民政协机关中从事公务的人员，司法实践中也应当视为国家机关工作人员。 |
| | 犯罪主观方面 | 本罪在罪状表述中既包括滥用职权也包括玩忽职守。关于本罪的罪过形式，既可以是故意，也可以是过失。具体而言，行为人对于滥用职权或者不依法履行职权可以有明确的认识或者因为疏忽大意而没有认识到，但是对于危害结果的发生，行为人主观上持排斥的心理态度。不过，如果有证据表明行为人不仅对其违反或者超越法律规定的权限和程序而滥用权力，或者不依法履行职权存在明知，而且积极追求或放任危害结果的发生，则可以进一步确定其存在犯罪的主观故意。但同时也要注意，此种情形下，行为人与实施食品、药品安全违法犯罪的行为人是否存在主观上的意思联络，进而可考虑按照危害食品、药品安全犯罪的共犯处理。 |
| | 罪与非罪 | 区分罪与非罪。需要注意的是，行为人滥用职权、玩忽职守，有瞒报、谎报食品安全事故、药品安全事件；对发现的严重食品药品安全违法行为未按规定查处；在药品和特殊食品审批审评过程中，对不符合条件的申请准予许可；依法应当移交司法机关追究刑事责任不移交的等行为之一，但未造成严重后果或不具有其他严重情节，不构成本罪。 |

<table>
<tr>
<td rowspan="4">证据参考标准</td>
<td>主体方面的证据</td>
<td>
一、证明行为人刑事责任年龄、身份等事实情况的证据<br>
包括但不限于身份证明、户籍证明、任职证明、工作经历证明、特定职责证明等，主要用于证明行为人的姓名（曾用名）、性别、出生年月日、民族、机关、出生地、职业（职务）、住所地（居住地）等的证据材料，具体如居民身份证、户口簿、居住证、工作证、出生证、专业或技术等级证、干部履历表、职工登记表、护照等。<br>
对于户籍、身份证等材料内容不实的，应提供其他证据材料。人大代表、政协委员犯罪的案件，应当注明身份并附上身份证明材料。<br>
二、证明行为人刑事责任能力的证据<br>
证明行为人对自己的行为具有辨认、控制能力，如是否属于间歇性精神病人、案发时是否尚未完全丧失辨认或者控制自己行为能力的证明材料。
</td>
</tr>
<tr>
<td>主观方面的证据</td>
<td>
一、证明行为人故意的证据<br>
1. 证明行为人明知的证据：证明行为人明知自己的行为会发生危害社会的结果；2. 证明直接故意的证据：证明行为人希望危害结果发生；3. 证明间接故意的证据：证明行为人放任危害结果发生。<br>
二、证明行为人过失的证据<br>
1. 证明行为人疏忽大意过失的证据：（1）证明行为人应当预见自己严重不负责任的行为会发生危害社会的结果；（2）证明行为人因疏忽大意而没有预见。2. 证明行为人过于自信过失的证据：（1）证明行为人已经预见自己严重不负责任的行为会发生危害社会的结果；（2）证明行为人轻信能避免危害结果发生的证据。
</td>
</tr>
<tr>
<td>客观方面的证据</td>
<td>
证明行为人监管渎职行为的证据<br>
1. 证明行为人滥用职权、玩忽职守，瞒报、谎报食品安全事故、药品安全事件的证据；2. 证明行为人滥用职权、玩忽职守，对发现的严重食品药品安全违法行为未按规定查处的证据；3. 证明行为人滥用职权、玩忽职守，在药品和特殊食品审批审评过程中，对不符合条件的申请准予许可的证据；4. 证明行为人滥用职权、玩忽职守，对依法应当移交司法机关追究刑事责任而不移交的证据；5. 证明行为人滥用职权、玩忽职守，有其他滥用职权或者玩忽职守行为的证据；6. 证明造成严重后果或者有其他严重情节的证据；7. 证明造成特别严重后果或者有其他特别严重情节的证据；8. 证明行为人徇私舞弊的证据。
</td>
</tr>
<tr>
<td>量刑方面的证据</td>
<td>
一、法定量刑情节证据<br>
1. 事实情节。2. 法定从重情节：（1）徇私舞弊；（2）其他。3. 法定从轻、减轻情节：（1）可以从轻；（2）可以从轻或者减轻；（3）应当从轻或者减轻。4. 法定从轻、减轻、免除情节：（1）可以从轻、减轻或者免除处罚；（2）应当从轻、减轻或者免除处罚。5. 法定减、轻免除情节：（1）可以减轻或者免除处罚；（2）应当减轻或者免除处罚；（3）可以免除处罚。<br>
二、酌定量刑情节证据<br>
1. 犯罪手段。2. 犯罪对象。3. 危害结果。4. 犯罪动机。5. 平时表现。6. 认罪态度。7. 是否有前科。8. 其他证据。
</td>
</tr>
</table>

<table>
<tr><td rowspan="4">量刑标准</td><td colspan="2">犯本罪的</td><td>处五年以下有期徒刑或者拘役</td></tr>
<tr><td colspan="2">造成特别严重后果或者有其他特别严重情节的</td><td>处五年以上十年以下有期徒刑</td></tr>
<tr><td colspan="2">徇私舞弊犯本罪的</td><td>从重处罚</td></tr>
<tr><td>不适用缓刑或者免予刑事处罚</td><td colspan="2">1. 以下情形一般不适用缓刑或者免予刑事处罚：<br>（1）不如实供述罪行的；<br>（2）不予退缴赃款赃物或者将赃款赃物用于非法活动的；<br>（3）属于共同犯罪中情节严重的主犯的；<br>（4）犯有数个职务犯罪依法实行并罚或者以一罪处理的；<br>（5）曾因职务违纪违法行为受过行政处分的；<br>（6）犯罪涉及的财物属于救灾、抢险、防汛、优抚、扶贫、移民、救济、防疫等特定款物的；<br>（7）渎职犯罪中徇私舞弊情节或者滥用职权情节恶劣的；<br>（8）其他不应适用缓刑、免予刑事处罚的情形。<br>对于具有以上情形之一，但根据全案事实和量刑情节，检察机关认为确有必要适用缓刑或者免予刑事处罚并据此提出量刑建议的，应经检察委员会讨论决定；审理法院认为确有必要适用缓刑或者免予刑事处罚的，应经审判委员会讨论决定。<br>2. 人民法院审理职务犯罪案件时应当注意听取检察机关、被告人、辩护人提出的量刑意见，分析影响性案件案发前后的社会反映，必要时可以征求案件查办等机关的意见。对于情节恶劣、社会反映强烈的职务犯罪案件，不得适用缓刑、免予刑事处罚。</td></tr>
<tr><td>法律适用</td><td>刑法条文</td><td colspan="2">第四百零八条之一　负有食品药品安全监督管理职责的国家机关工作人员，滥用职权或者玩忽职守，有下列情形之一，造成严重后果或者有其他严重情节的，处五年以下有期徒刑或者拘役；造成特别严重后果或者有其他特别严重情节的，处五年以上十年以下有期徒刑：<br>（一）瞒报、谎报食品安全事故、药品安全事件的；<br>（二）对发现的严重食品药品安全违法行为未按规定查处的；<br>（三）在药品和特殊食品审批审评过程中，对不符合条件的申请准予许可的；<br>（四）依法应当移交司法机关追究刑事责任不移交的；<br>（五）有其他滥用职权或者玩忽职守行为的。<br>徇私舞弊犯前款罪的，从重处罚。</td></tr>
</table>

法律适用

立法解释

**全国人民代表大会常务委员会《关于〈中华人民共和国刑法〉第九章渎职罪主体适用问题的解释》**（2002年12月28日第九届全国人民代表大会常务委员会第三十一次会议通过）

全国人大常委会根据司法实践中遇到的情况，讨论了刑法第九章渎职罪主体的适用问题，解释如下：

在依照法律、法规规定行使国家行政管理职权的组织中从事公务的人员，或者在受国家机关委托代表国家机关行使职权的组织中从事公务的人员，或者虽未列入国家机关人员编制但在国家机关中从事公务的人员，在代表国家机关行使职权时，有渎职行为，构成犯罪的，依照刑法关于渎职罪的规定追究刑事责任。

现予公告。

司法解释

**一、最高人民法院、最高人民检察院《关于办理危害药品安全刑事案件适用法律若干问题的解释》**（2022年3月3日　高检发释字〔2022〕1号）

为依法惩治危害药品安全犯罪，保障人民群众生命健康，维护药品管理秩序，根据《中华人民共和国刑法》《中华人民共和国刑事诉讼法》及《中华人民共和国药品管理法》等有关规定，现就办理此类刑事案件适用法律的若干问题解释如下：

**第一条**　生产、销售、提供假药，具有下列情形之一的，应当酌情从重处罚：

（一）涉案药品以孕产妇、儿童或者危重病人为主要使用对象的；

（二）涉案药品属于麻醉药品、精神药品、医疗用毒性药品、放射性药品、生物制品，或者以药品类易制毒化学品冒充其他药品的；

（三）涉案药品属于注射剂药品、急救药品的；

（四）涉案药品系用于应对自然灾害、事故灾难、公共卫生事件、社会安全事件等突发事件的；

（五）药品使用单位及其工作人员生产、销售假药的；

（六）其他应当酌情从重处罚的情形。

**第二条**　生产、销售、提供假药，具有下列情形之一的，应当认定为刑法第一百四十一条规定的“对人体健康造成严重危害”：

（一）造成轻伤或者重伤的；

（二）造成轻度残疾或者中度残疾的；

（三）造成器官组织损伤导致一般功能障碍或者严重功能障碍的；

（四）其他对人体健康造成严重危害的情形。

**第三条**　生产、销售、提供假药，具有下列情形之一的，应当认定为刑法第一百四十一条规定的“其他严重情节”：

（一）引发较大突发公共卫生事件的；

（二）生产、销售、提供假药的金额二十万元以上不满五十万元的；

（三）生产、销售、提供假药的金额十万元以上不满二十万元，并具有本解释第一条规定情形之一的；

（四）根据生产、销售、提供的时间、数量、假药种类、对人体健康危害程度等，应当认定为情节严重的。

**第四条**　生产、销售、提供假药，具有下列情形之一的，应当认定为刑法第一百四十一条规定的“其他特别严重情节”：

法律适用 司法解释

（一）致人重度残疾以上的；

（二）造成三人以上重伤、中度残疾或者器官组织损伤导致严重功能障碍的；

（三）造成五人以上轻度残疾或者器官组织损伤导致一般功能障碍的；

（四）造成十人以上轻伤的；

（五）引发重大、特别重大突发公共卫生事件的；

（六）生产、销售、提供假药的金额五十万元以上的；

（七）生产、销售、提供假药的金额二十万元以上不满五十万元，并具有本解释第一条规定情形之一的；

（八）根据生产、销售、提供的时间、数量、假药种类、对人体健康危害程度等，应当认定为情节特别严重的。

**第五条** 生产、销售、提供劣药，具有本解释第一条规定情形之一的，应当酌情从重处罚。

生产、销售、提供劣药，具有本解释第二条规定情形之一的，应当认定为刑法第一百四十二条规定的“对人体健康造成严重危害”。

生产、销售、提供劣药，致人死亡，或者具有本解释第四条第一项至第五项规定情形之一的，应当认定为刑法第一百四十二条规定的“后果特别严重”。

**第六条** 以生产、销售、提供假药、劣药为目的，合成、精制、提取、储存、加工炮制药品原料，或者在将药品原料、辅料、包装材料制成成品过程中，进行配料、混合、制剂、储存、包装的，应当认定为刑法第一百四十一条、第一百四十二条规定的“生产”。

药品使用单位及其工作人员明知是假药、劣药而有偿提供给他人使用的，应当认定为刑法第一百四十一条、第一百四十二条规定的“销售”；无偿提供给他人使用的，应当认定为刑法第一百四十一条、第一百四十二条规定的“提供”。

**第七条** 实施妨害药品管理的行为，具有下列情形之一的，应当认定为刑法第一百四十二条之一规定的“足以严重危害人体健康”：

（一）生产、销售国务院药品监督管理部门禁止使用的药品，综合生产、销售的时间、数量、禁止使用原因等情节，认为具有严重危害人体健康的现实危险的；

（二）未取得药品相关批准证明文件生产药品或者明知是上述药品而销售，涉案药品属于本解释第一条第一项至第三项规定情形的；

（三）未取得药品相关批准证明文件生产药品或者明知是上述药品而销售，涉案药品的适应症、功能主治或者成分不明的；

（四）未取得药品相关批准证明文件生产药品或者明知是上述药品而销售，涉案药品没有国家药品标准，且无核准的药品质量标准，但检出化学药成分的；

（五）未取得药品相关批准证明文件进口药品或者明知是上述药品而销售，涉案药品在境外也未合法上市的；

（六）在药物非临床研究或者药物临床试验过程中故意使用虚假试验用药品，或者瞒报与药物临床试验用药品相关的严重不良事件的；

（七）故意损毁原始药物非临床研究数据或者药物临床试验数据，或者编造受试动物信息、受试者信息、主要试验过程记录、研究数据、检测数据等药物非临床研究数据或者药物临床试验数据，影响药品的安全性、有效性和质量可控性的；

（八）编造生产、检验记录，影响药品的安全性、有效性和质量可控性的；

（九）其他足以严重危害人体健康的情形。

对于涉案药品是否在境外合法上市，应当根据境外药品监督管理部门或者权利人的证明等证据，结合犯罪嫌疑人、被告人及其辩护人提供的证据材料综合审查，依法作出认定。

对于“足以严重危害人体健康”难以确定的，根据地市级以上药品监督管理部门出具的认定意见，结合其他证据作出认定。

**第八条** 实施妨害药品管理的行为，具有本解释第二条规定情形之一的，应当认定为刑法第一百四十二条之一规定的“对人体健康造成严重危害”。

实施妨害药品管理的行为，足以严重危害人体健康，并具有下列情形之一的，应当认定为刑法第一百四十二条之一规定的“有其他严重情节”：

（一）生产、销售国务院药品监督管理部门禁止使用的药品，生产、销售的金额五十万元以上的；

（二）未取得药品相关批准证明文件生产、进口药品或者明知是上述药品而销售，生产、销售的金额五十万元以上的；

（三）药品申请注册中提供虚假的证明、数据、资料、样品或者采取其他欺骗手段，造成严重后果的；

（四）编造生产、检验记录，造成严重后果的；

（五）造成恶劣社会影响或者具有其他严重情节的情形。

实施刑法第一百四十二条之一规定的行为，同时又构成生产、销售、提供假药罪、生产、销售、提供劣药罪或者其他犯罪的，依照处罚较重的规定定罪处罚。

**第九条** 明知他人实施危害药品安全犯罪，而有下列情形之一的，以共同犯罪论处：

（一）提供资金、贷款、账号、发票、证明、许可证件的；

（二）提供生产、经营场所、设备或者运输、储存、保管、邮寄、销售渠道等便利条件的；

（三）提供生产技术或者原料、辅料、包装材料、标签、说明书的；

（四）提供虚假药物非临床研究报告、药物临床试验报告及相关材料的；

（五）提供广告宣传的；

（六）提供其他帮助的。

**第十条** 办理生产、销售、提供假药、生产、销售、提供劣药、妨害药品管理等刑事案件，应当结合行为人的从业经历、认知能力、药品质量、进货渠道和价格、销售渠道和价格以及生产、销售方式等事实综合判断认定行为人的主观故意。具有下列情形之一的，可以认定行为人有实施相关犯罪的主观故意，但有证据证明确实不具有故意的除外：

（一）药品价格明显异于市场价格的；

（二）向不具有资质的生产者、销售者购买药品，且不能提供合法有效的来历证明的；

（三）逃避、抗拒监督检查的；

（四）转移、隐匿、销毁涉案药品、进销货记录的；

（五）曾因实施危害药品安全违法犯罪行为受过处罚，又实施同类行为的；

（六）其他足以认定行为人主观故意的情形。

**第十一条** 以提供给他人生产、销售、提供药品为目的，违反国家规定，生产、销售不符合药用要求的原料、辅料，符合刑法第一百四十条规定的，以生产、销售伪劣产品罪从重处罚；同时构成其他犯罪的，依照处罚较重的规定定罪处罚。

法律适用　司法解释

**第十二条**　广告主、广告经营者、广告发布者违反国家规定，利用广告对药品作虚假宣传，情节严重的，依照刑法第二百二十二条的规定，以虚假广告罪定罪处罚。

**第十三条**　明知系利用医保骗保购买的药品而非法收购、销售，金额五万元以上的，应当依照刑法第三百一十二条的规定，以掩饰、隐瞒犯罪所得罪定罪处罚；指使、教唆、授意他人利用医保骗保购买药品，进而非法收购、销售，符合刑法第二百六十六条规定的，以诈骗罪定罪处罚。

对于利用医保骗保购买药品的行为人是否追究刑事责任，应当综合骗取医保基金的数额、手段、认罪悔罪态度等案件具体情节，依法妥当决定。利用医保骗保购买药品的行为人是否被追究刑事责任，不影响对非法收购、销售有关药品的行为人定罪处罚。

对于第一款规定的主观明知，应当根据药品标志、收购渠道、价格、规模及药品追溯信息等综合认定。

**第十四条**　负有药品安全监督管理职责的国家机关工作人员，滥用职权或者玩忽职守，构成药品监管渎职罪，同时构成商检徇私舞弊罪、商检失职罪等其他渎职犯罪的，依照处罚较重的规定定罪处罚。

负有药品安全监督管理职责的国家机关工作人员滥用职权或者玩忽职守，不构成药品监管渎职罪，但构成前款规定的其他渎职犯罪的，依照该其他犯罪定罪处罚。

负有药品安全监督管理职责的国家机关工作人员与他人共谋，利用其职务便利帮助他人实施危害药品安全犯罪行为，同时构成渎职犯罪和危害药品安全犯罪共犯的，依照处罚较重的规定定罪从重处罚。

**第十五条**　对于犯生产、销售、提供假药罪、生产、销售、提供劣药罪、妨害药品管理罪的，应当结合被告人的犯罪数额、违法所得，综合考虑被告人缴纳罚金的能力，依法判处罚金。罚金一般应当在生产、销售、提供的药品金额二倍以上；共同犯罪的，对各共同犯罪人合计判处的罚金一般应当在生产、销售、提供的药品金额二倍以上。

**第十六条**　对于犯生产、销售、提供假药罪、生产、销售、提供劣药罪、妨害药品管理罪的，应当依照刑法规定的条件，严格缓刑、免予刑事处罚的适用。对于被判处刑罚的，可以根据犯罪情况和预防再犯罪的需要，依法宣告职业禁止或者禁止令。《中华人民共和国药品管理法》等法律、行政法规另有规定的，从其规定。

对于被不起诉或者免予刑事处罚的行为人，需要给予行政处罚、政务处分或者其他处分的，依法移送有关主管机关处理。

**第十七条**　单位犯生产、销售、提供假药罪、生产、销售、提供劣药罪、妨害药品管理罪的，对单位判处罚金，并对直接负责的主管人员和其他直接责任人员，依照本解释规定的自然人犯罪的定罪量刑标准处罚。

单位犯罪的，对被告单位及其直接负责的主管人员、其他直接责任人员合计判处的罚金一般应当在生产、销售、提供的药品金额二倍以上。

**第十八条**　根据民间传统配方私自加工药品或者销售上述药品，数量不大，且未造成他人伤害后果或者延误诊治的，或者不以营利为目的实施带有自救、互助性质的生产、进口、销售药品的行为，不应当认定为犯罪。

对于是否属于民间传统配方难以确定的，根据地市级以上药品监督管理部门或者有关部门出具的认定意见，结合其他证据作出认定。

**第十九条**　刑法第一百四十一条、第一百四十二条规定的“假药”“劣药”，依照《中华人民共和国药品管理法》的规定认定。

对于《中华人民共和国药品管理法》第九十八条第二款第二项、第四项及第三款第三项至第六项规定的假药、劣药，能够根据现场查获的原料、包装，结合犯罪嫌疑人、被告人供述等证据材料作出判断的，可以由地市级以上药品监督管理部门出具认定意见。对于依据《中华人民共和国药品管理法》第九十八条第二款、第三款的其他规定认定假药、劣药，或者是否属于第九十八条第二款第二项、第三款第六项规定的假药、劣药存在争议的，应当由省级以上药品监督管理部门设置或者确定的药品检验机构进行检验，出具质量检验结论。司法机关根据认定意见、检验结论，结合其他证据作出认定。

**第二十条** 对于生产、提供药品的金额，以药品的货值金额计算；销售药品的金额，以所得和可得的全部违法收入计算。

**第二十一条** 本解释自2022年3月6日起施行。本解释公布施行后，《最高人民法院、最高人民检察院关于办理危害药品安全刑事案件适用法律若干问题的解释》(法释〔2014〕14号)、《最高人民法院、最高人民检察院关于办理药品、医疗器械注册申请材料造假刑事案件适用法律若干问题的解释》(法释〔2017〕15号)同时废止。

## 二、最高人民法院、最高人民检察院《关于办理危害食品安全刑事案件适用法律若干问题的解释》(2021年12月30日 法释〔2021〕24号)

为依法惩治危害食品安全犯罪，保障人民群众身体健康、生命安全，根据《中华人民共和国刑法》《中华人民共和国刑事诉讼法》的有关规定，对办理此类刑事案件适用法律的若干问题解释如下：

**第一条** 生产、销售不符合食品安全标准的食品，具有下列情形之一的，应当认定为刑法第一百四十三条规定的“足以造成严重食物中毒事故或者其他严重食源性疾病”：

（一）含有严重超出标准限量的致病性微生物、农药残留、兽药残留、生物毒素、重金属等污染物质以及其他严重危害人体健康的物质的；

（二）属于病死、死因不明或者检验检疫不合格的畜、禽、兽、水产动物肉类及其制品的；

（三）属于国家为防控疾病等特殊需要明令禁止生产、销售的；

（四）特殊医学用途配方食品、专供婴幼儿的主辅食品营养成分严重不符合食品安全标准的；

（五）其他足以造成严重食物中毒事故或者严重食源性疾病的情形。

**第二条** 生产、销售不符合食品安全标准的食品，具有下列情形之一的，应当认定为刑法第一百四十三条规定的“对人体健康造成严重危害”：

（一）造成轻伤以上伤害的；

（二）造成轻度残疾或者中度残疾的；

（三）造成器官组织损伤导致一般功能障碍或者严重功能障碍的；

（四）造成十人以上严重食物中毒或者其他严重食源性疾病的；

（五）其他对人体健康造成严重危害的情形。

**第三条** 生产、销售不符合食品安全标准的食品，具有下列情形之一的，应当认定为刑法第一百四十三条规定的“其他严重情节”：

（一）生产、销售金额二十万元以上的；

（二）生产、销售金额十万元以上不满二十万元，不符合食品安全标准的食品数量较大或者生产、销售持续时间六个月以上的；

（三）生产、销售金额十万元以上不满二十万元，属于特殊医学用途配方食品、专供婴幼儿的主辅食品的；

（四）生产、销售金额十万元以上不满二十万元，且在中小学校园、托幼机构、养老机构及周边面向未成年人、老年人销售的；

（五）生产、销售金额十万元以上不满二十万元，曾因危害食品安全犯罪受过刑事处罚或者二年内因危害食品安全违法行为受过行政处罚的；

（六）其他情节严重的情形。

**第四条** 生产、销售不符合食品安全标准的食品，具有下列情形之一的，应当认定为刑法第一百四十三条规定的“后果特别严重”：

（一）致人死亡的；

（二）造成重度残疾以上的；

（三）造成三人以上重伤、中度残疾或者器官组织损伤导致严重功能障碍的；

（四）造成十人以上轻伤、五人以上轻度残疾或者器官组织损伤导致一般功能障碍的；

（五）造成三十人以上严重食物中毒或者其他严重食源性疾病的；

（六）其他特别严重的后果。

**第五条** 在食品生产、销售、运输、贮存等过程中，违反食品安全标准，超限量或者超范围滥用食品添加剂，足以造成严重食物中毒事故或者其他严重食源性疾病的，依照刑法第一百四十三条的规定以生产、销售不符合安全标准的食品罪定罪处罚。

在食用农产品种植、养殖、销售、运输、贮存等过程中，违反食品安全标准，超限量或者超范围滥用添加剂、农药、兽药等，足以造成严重食物中毒事故或者其他严重食源性疾病的，适用前款的规定定罪处罚。

**第六条** 生产、销售有毒、有害食品，具有本解释第二条规定情形之一的，应当认定为刑法第一百四十四条规定的“对人体健康造成严重危害”。

**第七条** 生产、销售有毒、有害食品，具有下列情形之一的，应当认定为刑法第一百四十四条规定的“其他严重情节”：

（一）生产、销售金额二十万元以上不满五十万元的；

（二）生产、销售金额十万元以上不满二十万元，有毒、有害食品数量较大或者生产、销售持续时间六个月以上的；

（三）生产、销售金额十万元以上不满二十万元，属于特殊医学用途配方食品、专供婴幼儿的主辅食品的；

（四）生产、销售金额十万元以上不满二十万元，且在中小学校园、托幼机构、养老机构及周边面向未成年人、老年人销售的；

（五）生产、销售金额十万元以上不满二十万元，曾因危害食品安全犯罪受过刑事处罚或者二年内因危害食品安全违法行为受过行政处罚的；

（六）有毒、有害的非食品原料毒害性强或者含量高的；

（七）其他情节严重的情形。

**第八条** 生产、销售有毒、有害食品，生产、销售金额五十万元以上，或者具有本解释第四条第二项至第六项规定的情形之一的，应当认定为刑法第一百四十四条规定的“其他特别严重情节”。

**第九条** 下列物质应当认定为刑法第一百四十四条规定的“有毒、有害的非食品原料”：

（一）因危害人体健康，被法律、法规禁止在食品生产经营活动中添加、使用的物质；

（二）因危害人体健康，被国务院有关部门列入《食品中可能违法添加的非食用物质名单》《保健食品中可能非法添加的物质名单》和国务院有关部门公告的禁用农药、《食品动物中禁止使用的药品及其他化合物清单》等名单上的物质；

（三）其他有毒、有害的物质。

**第十条** 刑法第一百四十四条规定的“明知”，应当综合行为人的认知能力、食品质量、进货或者销售的渠道及价格等主、客观因素进行认定。

具有下列情形之一的，可以认定为刑法第一百四十四条规定的“明知”，但存在相反证据并经查证属实的除外：

（一）长期从事相关食品、食用农产品生产、种植、养殖、销售、运输、贮存行业，不依法履行保障食品安全义务的；

（二）没有合法有效的购货凭证，且不能提供或者拒不提供销售的相关食品来源的；

（三）以明显低于市场价格进货或者销售且无合理原因的；

（四）在有关部门发出禁令或者食品安全预警的情况下继续销售的；

（五）因实施危害食品安全行为受过行政处罚或者刑事处罚，又实施同种行为的；

（六）其他足以认定行为人明知的情形。

**第十一条** 在食品生产、销售、运输、贮存等过程中，掺入有毒、有害的非食品原料，或者使用有毒、有害的非食品原料生产食品的，依照刑法第一百四十四条的规定以生产、销售有毒、有害食品罪定罪处罚。

在食用农产品种植、养殖、销售、运输、贮存等过程中，使用禁用农药、食品动物中禁止使用的药品及其他化合物等有毒、有害的非食品原料，适用前款的规定定罪处罚。

在保健食品或者其他食品中非法添加国家禁用药物等有毒、有害的非食品原料的，适用第一款的规定定罪处罚。

**第十二条** 在食品生产、销售、运输、贮存等过程中，使用不符合食品安全标准的食品包装材料、容器、洗涤剂、消毒剂，或者用于食品生产经营的工具、设备等，造成食品被污染，符合刑法第一百四十三条、第一百四十四条规定的，以生产、销售不符合安全标准的食品罪或者生产、销售有毒、有害食品罪定罪处罚。

**第十三条** 生产、销售不符合食品安全标准的食品，有毒、有害食品，符合刑法第一百四十三条、第一百四十四条规定的，以生产、销售不符合安全标准的食品罪或者生产、销售有毒、有害食品罪定罪处罚。同时构成其他犯罪的，依照处罚较重的规定定罪处罚。

生产、销售不符合食品安全标准的食品，无证据证明足以造成严重食物中毒事故或者其他严重食源性疾病，不构成生产、销售不符合安全标准的食品罪，但构成生产、销售伪劣产品罪，妨害动植物防疫、检疫罪等其他犯罪的，依照该其他犯罪定罪处罚。

**第十四条** 明知他人生产、销售不符合食品安全标准的食品，有毒、有害食品，具有下列情形之一的，以生产、销售不符合安全标准的食品罪或者生产、销售有毒、有害食品罪的共犯论处：

（一）提供资金、贷款、账号、发票、证明、许可证件的；

（二）提供生产、经营场所或者运输、贮存、保管、邮寄、销售渠道等便利条件的；

（三）提供生产技术或者食品原料、食品添加剂、食品相关产品或者有毒、有害的非食品原料的；

（四）提供广告宣传的；

（五）提供其他帮助行为的。

**第十五条**　生产、销售不符合食品安全标准的食品添加剂，用于食品的包装材料、容器、洗涤剂、消毒剂，或者用于食品生产经营的工具、设备等，符合刑法第一百四十条规定的，以生产、销售伪劣产品罪定罪处罚。

生产、销售用超过保质期的食品原料、超过保质期的食品、回收食品作为原料的食品，或者以更改生产日期、保质期、改换包装等方式销售超过保质期的食品、回收食品，适用前款的规定定罪处罚。

实施前两款行为，同时构成生产、销售不符合安全标准的食品罪，生产、销售不符合安全标准的产品罪等其他犯罪的，依照处罚较重的规定定罪处罚。

**第十六条**　以提供给他人生产、销售食品为目的，违反国家规定，生产、销售国家禁止用于食品生产、销售的非食品原料，情节严重的，依照刑法第二百二十五条的规定以非法经营罪定罪处罚。

以提供给他人生产、销售食用农产品为目的，违反国家规定，生产、销售国家禁用农药、食品动物中禁止使用的药品及其他化合物等有毒、有害的非食品原料，或者生产、销售添加上述有毒、有害的非食品原料的农药、兽药、饲料、饲料添加剂、饲料原料，情节严重的，依照前款的规定定罪处罚。

**第十七条**　违反国家规定，私设生猪屠宰厂（场），从事生猪屠宰、销售等经营活动，情节严重的，依照刑法第二百二十五条的规定以非法经营罪定罪处罚。

在畜禽屠宰相关环节，对畜禽使用食品动物中禁止使用的药品及其他化合物等有毒、有害的非食品原料，依照刑法第一百四十四条的规定以生产、销售有毒、有害食品罪定罪处罚；对畜禽注水或者注入其他物质，足以造成严重食物中毒事故或者其他严重食源性疾病的，依照刑法第一百四十三条的规定以生产、销售不符合安全标准的食品罪定罪处罚；虽不足以造成严重食物中毒事故或者其他严重食源性疾病，但符合刑法第一百四十条规定的，以生产、销售伪劣产品罪定罪处罚。

**第十八条**　实施本解释规定的非法经营行为，非法经营数额在十万元以上，或者违法所得数额在五万元以上的，应当认定为刑法第二百二十五条规定的“情节严重”；非法经营数额在五十万元以上，或者违法所得数额在二十五万元以上的，应当认定为刑法第二百二十五条规定的“情节特别严重”。

实施本解释规定的非法经营行为，同时构成生产、销售伪劣产品罪，生产、销售不符合安全标准的食品罪，生产、销售有毒、有害食品罪，生产、销售伪劣农药、兽药罪等其他犯罪的，依照处罚较重的规定定罪处罚。

**第十九条**　违反国家规定，利用广告对保健食品或者其他食品作虚假宣传，符合刑法第二百二十二条规定的，以虚假广告罪定罪处罚；以非法占有为目的，利用销售保健食品或者其他食品诈骗财物，符合刑法第二百六十六条规定的，以诈骗罪定罪处罚。同时构成生产、销售伪劣产品罪等其他犯罪的，依照处罚较重的规定定罪处罚。

**第二十条**　负有食品安全监督管理职责的国家机关工作人员，滥用职权或者玩忽职守，构成食品监管渎职罪，同时构成徇私舞弊不移交刑事案件罪、商检徇私舞弊罪、动植物检疫徇私舞弊罪、放纵制售伪劣商品犯罪行为罪等其他渎职犯罪的，依照处罚较重的规定定罪处罚。

负有食品安全监督管理职责的国家机关工作人员滥用职权或者玩忽职守，不构成食品监管渎职罪，但构成前款规定的其他渎职犯罪的，依照该其他犯罪定罪处罚。

负有食品安全监督管理职责的国家机关工作人员与他人共谋，利用其职务行为帮助他人实施危害食品安全犯罪行为，同时构成渎职犯罪和危害食品安全犯罪共犯的，依照处罚较重的规定定罪从重处罚。

**第二十一条** 犯生产、销售不符合安全标准的食品罪，生产、销售有毒、有害食品罪，一般应当依法判处生产、销售金额二倍以上的罚金。

共同犯罪的，对各共同犯罪人合计判处的罚金一般应当在生产、销售金额的二倍以上。

**第二十二条** 对实施本解释规定之犯罪的犯罪分子，应当依照刑法规定的条件，严格适用缓刑、免予刑事处罚。对于依法适用缓刑的，可以根据犯罪情况，同时宣告禁止令。

对于被不起诉或者免予刑事处罚的行为人，需要给予行政处罚、政务处分或者其他处分的，依法移送有关主管机关处理。

**第二十三条** 单位实施本解释规定的犯罪的，对单位判处罚金，并对直接负责的主管人员和其他直接责任人员，依照本解释规定的定罪量刑标准处罚。

**第二十四条** “足以造成严重食物中毒事故或者其他严重食源性疾病”“有毒、有害的非食品原料”等专门性问题难以确定的，司法机关可以依据鉴定意见、检验报告、地市级以上相关行政主管部门组织出具的书面意见，结合其他证据作出认定。必要时，专门性问题由省级以上相关行政主管部门组织出具书面意见。

**第二十五条** 本解释所称“二年内”，以第一次违法行为受到行政处罚的生效之日与又实施相应行为之日的时间间隔计算确定。

**第二十六条** 本解释自2022年1月1日起施行。本解释公布实施后，《最高人民法院、最高人民检察院关于办理危害食品安全刑事案件适用法律若干问题的解释》（法释〔2013〕12号）同时废止；之前发布的司法解释与本解释不一致的，以本解释为准。

### 三、最高人民法院《全国法院审理经济犯罪案件工作座谈会纪要》（节录）（2003年11月13日 法发〔2003〕167号）

#### 一、关于贪污贿赂犯罪和渎职犯罪的主体

##### （一）国家机关工作人员的认定

刑法中所称的国家机关工作人员，是指在国家机关中从事公务的人员，包括在各级国家权力机关、行政机关、司法机关和军事机关中从事公务的人员。

根据有关立法解释的规定，在依照法律、法规规定行使国家行政管理职权的组织中从事公务的人员，或者在受国家机关委托代表国家行使职权的组织中从事公务的人员，或者虽未列入国家机关人员编制但在国家机关中从事公务的人员，视为国家机关工作人员。在乡（镇）以上中国共产党机关、人民政协机关中从事公务的人员，司法实践中也应当视为国家机关工作人员。

##### （二）国家机关、国有公司、企业、事业单位委派到非国有公司、企业、事业单位、社会团体从事公务的人员的认定

所谓委派，即委任、派遣，其形式多种多样，如任命、指派、提名、批准等。不论被委派的人身份如何，只要是接受国家机关、国有公司、企业、事业单位委派，代表国家机关、国有公司、企业、事业单位在非国有公司、企业、事业单位、社会团体

中从事组织、领导、监督、管理等工作，都可以认定为国家机关、国有公司、企业、事业单位委派到非国有公司、企业、事业单位、社会团体从事公务的人员。如国家机关、国有公司、企业、事业单位委派在国有控股或者参股的股份有限公司从事组织、领导、监督、管理等工作的人员，应当以国家工作人员论。国有公司、企业改制为股份有限公司后，原国有公司、企业的工作人员和股份有限公司新任命的人员中，除代表国有投资主体行使监督、管理职权的人外，不以国家工作人员论。

（三）“其他依照法律从事公务的人员”的认定

刑法第九十三条第二款规定的“其他依照法律从事公务的人员”应当具有两个特征：一是在特定条件下行使国家管理职能；二是依照法律规定从事公务。具体包括：（1）依法履行职责的各级人民代表大会代表；（2）依法履行审判职责的人民陪审员；（3）协助乡镇人民政府、街道办事处从事行政管理工作的村民委员会、居民委员会等农村和城市基层组织人员；（4）其他由法律授权从事公务的人员。

（四）关于“从事公务”的理解

从事公务，是指代表国家机关、国有公司、企业、事业单位、人民团体等履行组织、领导、监督、管理等职责。公务主要表现为与职权相联系的公共事务以及监督、管理国有财产的职务活动。如国家机关工作人员依法履行职责，国有公司的董事、经理、监事、会计、出纳人员等管理、监督国有财产等活动，属于从事公务。那些不具备职权内容的劳务活动、技术服务工作，如售货员、售票员等所从事的工作，一般不认为是公务。

**六、关于渎职罪**

（一）渎职犯罪行为造成的公共财产重大损失的认定

根据刑法规定，玩忽职守、滥用职权等渎职犯罪是以致使公共财产、国家和人民利益遭受重大损失为构成要件的。其中，公共财产的重大损失，通常是指渎职行为已经造成的重大经济损失。在司法实践中，有以下情形之一的，虽然公共财产作为债权存在，但已无法实现债权的，可以认定为行为人的渎职行为造成了经济损失：（1）债务人已经法定程序被宣告破产；（2）债务人潜逃，去向不明；（3）因行为人责任，致使超过诉讼时效；（4）有证据证明债权无法实现的其他情况。

（二）玩忽职守罪的追诉时效

玩忽职守行为造成的重大损失当时没有发生，而是玩忽职守行为之后一定时间发生的，应从危害结果发生之日起计算玩忽职守罪的追诉期限。

（三）国有公司、企业人员渎职犯罪的法律适用

对于1999年12月24日《中华人民共和国刑法修正案》实施以前发生的国有公司、企业人员渎职行为（不包括徇私舞弊行为），尚未处理或者正在处理的，不能按照刑法修正案追究刑事责任。

（四）关于“徇私”的理解

徇私舞弊型渎职犯罪的“徇私”应理解为徇个人私情、私利。国家机关工作人员为了本单位的利益，实施滥用职权、玩忽职守行为，构成犯罪的，依照刑法第三百九十七条第一款的规定定罪处罚。

**四、最高人民法院、最高人民检察院《关于办理职务犯罪案件严格适用缓刑、免予刑事处罚若干问题的意见》**（2012年8月8日　法发〔2012〕17号）（略，详见本书第16页）

法律适用　相关法律法规

**一、《中华人民共和国食品安全法》（节录）**（2009 年 2 月 28 日第十一届全国人民代表大会常务委员会第七次会议通过　2015 年 4 月 24 日修订　2018 年 12 月 29 日第一次修正　2021 年 4 月 29 日第二次修正）

## 第一章　总　　则

**第一条**　为了保证食品安全，保障公众身体健康和生命安全，制定本法。

**第二条**　在中华人民共和国境内从事下列活动，应当遵守本法：

（一）食品生产和加工（以下称食品生产），食品销售和餐饮服务（以下称食品经营）；

（二）食品添加剂的生产经营；

（三）用于食品的包装材料、容器、洗涤剂、消毒剂和用于食品生产经营的工具、设备（以下称食品相关产品）的生产经营；

（四）食品生产经营者使用食品添加剂、食品相关产品；

（五）食品的贮存和运输；

（六）对食品、食品添加剂、食品相关产品的安全管理。

供食用的源于农业的初级产品（以下称食用农产品）的质量安全管理，遵守《中华人民共和国农产品质量安全法》的规定。但是，食用农产品的市场销售、有关质量安全标准的制定、有关安全信息的公布和本法对农业投入品作出规定的，应当遵守本法的规定。

**第三条**　食品安全工作实行预防为主、风险管理、全程控制、社会共治，建立科学、严格的监督管理制度。

**第四条**　食品生产经营者对其生产经营食品的安全负责。

食品生产经营者应当依照法律、法规和食品安全标准从事生产经营活动，保证食品安全，诚信自律，对社会和公众负责，接受社会监督，承担社会责任。

**第五条**　国务院设立食品安全委员会，其职责由国务院规定。

国务院食品安全监督管理部门依照本法和国务院规定的职责，对食品生产经营活动实施监督管理。

国务院卫生行政部门依照本法和国务院规定的职责，组织开展食品安全风险监测和风险评估，会同国务院食品安全监督管理部门制定并公布食品安全国家标准。

国务院其他有关部门依照本法和国务院规定的职责，承担有关食品安全工作。

**第六条**　县级以上地方人民政府对本行政区域的食品安全监督管理工作负责，统一领导、组织、协调本行政区域的食品安全监督管理工作以及食品安全突发事件应对工作，建立健全食品安全全程监督管理工作机制和信息共享机制。

县级以上地方人民政府依照本法和国务院的规定，确定本级食品安全监督管理、卫生行政部门和其他有关部门的职责。有关部门在各自职责范围内负责本行政区域的食品安全监督管理工作。

县级人民政府食品安全监督管理部门可以在乡镇或者特定区域设立派出机构。

**第七条**　县级以上地方人民政府实行食品安全监督管理责任制。上级人民政府负责对下一级人民政府的食品安全监督管理工作进行评议、考核。县级以上地方人民政府负责对本级食品安全监督管理部门和其他有关部门的食品安全监督管理工作进行评议、考核。

**第八条**　县级以上人民政府应当将食品安全工作纳入本级国民经济和社会发展规划，将食品安全工作经费列入本级政府财政预算，加强食品安全监督管理能力建设，为食品安全工作提供保障。

县级以上人民政府食品安全监督管理部门和其他有关部门应当加强沟通、密切配合，按照各自职责分工，依法行使职权，承担责任。

**第九条** 食品行业协会应当加强行业自律，按照章程建立健全行业规范和奖惩机制，提供食品安全信息、技术等服务，引导和督促食品生产经营者依法生产经营，推动行业诚信建设，宣传、普及食品安全知识。

消费者协会和其他消费者组织对违反本法规定，损害消费者合法权益的行为，依法进行社会监督。

**第十条** 各级人民政府应当加强食品安全的宣传教育，普及食品安全知识，鼓励社会组织、基层群众性自治组织、食品生产经营者开展食品安全法律、法规以及食品安全标准和知识的普及工作，倡导健康的饮食方式，增强消费者食品安全意识和自我保护能力。

新闻媒体应当开展食品安全法律、法规以及食品安全标准和知识的公益宣传，并对食品安全违法行为进行舆论监督。有关食品安全的宣传报道应当真实、公正。

**第十一条** 国家鼓励和支持开展与食品安全有关的基础研究、应用研究，鼓励和支持食品生产经营者为提高食品安全水平采用先进技术和先进管理规范。

国家对农药的使用实行严格的管理制度，加快淘汰剧毒、高毒、高残留农药，推动替代产品的研发和应用，鼓励使用高效低毒低残留农药。

**第十二条** 任何组织或者个人有权举报食品安全违法行为，依法向有关部门了解食品安全信息，对食品安全监督管理工作提出意见和建议。

**第十三条** 对在食品安全工作中做出突出贡献的单位和个人，按照国家有关规定给予表彰、奖励。

## 第二章 食品安全风险监测和评估

**第十四条** 国家建立食品安全风险监测制度，对食源性疾病、食品污染以及食品中的有害因素进行监测。

国务院卫生行政部门会同国务院食品安全监督管理等部门，制定、实施国家食品安全风险监测计划。

国务院食品安全监督管理部门和其他有关部门获知有关食品安全风险信息后，应当立即核实并向国务院卫生行政部门通报。对有关部门通报的食品安全风险信息以及医疗机构报告的食源性疾病等有关疾病信息，国务院卫生行政部门应当会同国务院有关部门分析研究，认为必要的，及时调整国家食品安全风险监测计划。

省、自治区、直辖市人民政府卫生行政部门会同同级食品安全监督管理等部门，根据国家食品安全风险监测计划，结合本行政区域的具体情况，制定、调整本行政区域的食品安全风险监测方案，报国务院卫生行政部门备案并实施。

**第十五条** 承担食品安全风险监测工作的技术机构应当根据食品安全风险监测计划和监测方案开展监测工作，保证监测数据真实、准确，并按照食品安全风险监测计划和监测方案的要求报送监测数据和分析结果。

食品安全风险监测工作人员有权进入相关食用农产品种植养殖、食品生产经营场所采集样品、收集相关数据。采集样品应当按照市场价格支付费用。

**第十六条** 食品安全风险监测结果表明可能存在食品安全隐患的，县级以上人民政府卫生行政部门应当及时将相关信息通报同级食品安全监督管理等部门，并报告本级人民政府和上级人民政府卫生行政部门。食品安全监督管理等部门应当组织开展进一步调查。

**第十七条** 国家建立食品安全风险评估制度，运用科学方法，根据食品安全风险监测信息、科学数据以及有关信息，对食品、食品添加剂、食品相关产品中生物性、化学性和物理性危害因素进行风险评估。

国务院卫生行政部门负责组织食品安全风险评估工作，成立由医学、农业、食品、营养、生物、环境等方面的专家组成的食品安全风险评估专家委员会进行食品安全风险评估。食品安全风险评估结果由国务院卫生行政部门公布。

对农药、肥料、兽药、饲料和饲料添加剂等的安全性评估，应当有食品安全风险评估专家委员会的专家参加。

食品安全风险评估不得向生产经营者收取费用，采集样品应当按照市场价格支付费用。

**第十八条** 有下列情形之一的，应当进行食品安全风险评估：

（一）通过食品安全风险监测或者接到举报发现食品、食品添加剂、食品相关产品可能存在安全隐患的；

（二）为制定或者修订食品安全国家标准提供科学依据需要进行风险评估的；

（三）为确定监督管理的重点领域、重点品种需要进行风险评估的；

（四）发现新的可能危害食品安全因素的；

（五）需要判断某一因素是否构成食品安全隐患的；

（六）国务院卫生行政部门认为需要进行风险评估的其他情形。

**第十九条** 国务院食品安全监督管理、农业行政等部门在监督管理工作中发现需要进行食品安全风险评估的，应当向国务院卫生行政部门提出食品安全风险评估的建议，并提供风险来源、相关检验数据和结论等信息、资料。属于本法第十八条规定情形的，国务院卫生行政部门应当及时进行食品安全风险评估，并向国务院有关部门通报评估结果。

**第二十条** 省级以上人民政府卫生行政、农业行政部门应当及时相互通报食品、食用农产品安全风险监测信息。

国务院卫生行政、农业行政部门应当及时相互通报食品、食用农产品安全风险评估结果等信息。

**第二十一条** 食品安全风险评估结果是制定、修订食品安全标准和实施食品安全监督管理的科学依据。

经食品安全风险评估，得出食品、食品添加剂、食品相关产品不安全结论的，国务院食品安全监督管理等部门应当依据各自职责立即向社会公告，告知消费者停止食用或者使用，并采取相应措施，确保该食品、食品添加剂、食品相关产品停止生产经营；需要制定、修订相关食品安全国家标准的，国务院卫生行政部门应当会同国务院食品安全监督管理部门立即制定、修订。

**第二十二条** 国务院食品安全监督管理部门应当会同国务院有关部门，根据食品安全风险评估结果、食品安全监督管理信息，对食品安全状况进行综合分析。对经综合分析表明可能具有较高程度安全风险的食品，国务院食品安全监督管理部门应当及时提出食品安全风险警示，并向社会公布。

**第二十三条** 县级以上人民政府食品安全监督管理部门和其他有关部门、食品安全风险评估专家委员会及其技术机构，应当按照科学、客观、及时、公开的原则，组织食品生产经营者、食品检验机构、认证机构、食品行业协会、消费者协会以及新闻媒体等，就食品安全风险评估信息和食品安全监督管理信息进行交流沟通。

法律适用 相关法律法规

## 第三章 食品安全标准

**第二十四条** 制定食品安全标准，应当以保障公众身体健康为宗旨，做到科学合理、安全可靠。

**第二十五条** 食品安全标准是强制执行的标准。除食品安全标准外，不得制定其他食品强制性标准。

**第二十六条** 食品安全标准应当包括下列内容：

（一）食品、食品添加剂、食品相关产品中的致病性微生物，农药残留、兽药残留、生物毒素、重金属等污染物质以及其他危害人体健康物质的限量规定；

（二）食品添加剂的品种、使用范围、用量；

（三）专供婴幼儿和其他特定人群的主辅食品的营养成分要求；

（四）对与卫生、营养等食品安全要求有关的标签、标志、说明书的要求；

（五）食品生产经营过程的卫生要求；

（六）与食品安全有关的质量要求；

（七）与食品安全有关的食品检验方法与规程；

（八）其他需要制定为食品安全标准的内容。

**第二十七条** 食品安全国家标准由国务院卫生行政部门会同国务院食品安全监督管理部门制定、公布，国务院标准化行政部门提供国家标准编号。

食品中农药残留、兽药残留的限量规定及其检验方法与规程由国务院卫生行政部门、国务院农业行政部门会同国务院食品安全监督管理部门制定。

屠宰畜、禽的检验规程由国务院农业行政部门会同国务院卫生行政部门制定。

**第二十八条** 制定食品安全国家标准，应当依据食品安全风险评估结果并充分考虑食用农产品安全风险评估结果，参照相关的国际标准和国际食品安全风险评估结果，并将食品安全国家标准草案向社会公布，广泛听取食品生产经营者、消费者、有关部门等方面的意见。

食品安全国家标准应当经国务院卫生行政部门组织的食品安全国家标准审评委员会审查通过。食品安全国家标准审评委员会由医学、农业、食品、营养、生物、环境等方面的专家以及国务院有关部门、食品行业协会、消费者协会的代表组成，对食品安全国家标准草案的科学性和实用性等进行审查。

**第二十九条** 对地方特色食品，没有食品安全国家标准的，省、自治区、直辖市人民政府卫生行政部门可以制定并公布食品安全地方标准，报国务院卫生行政部门备案。食品安全国家标准制定后，该地方标准即行废止。

**第三十条** 国家鼓励食品生产企业制定严于食品安全国家标准或者地方标准的企业标准，在本企业适用，并报省、自治区、直辖市人民政府卫生行政部门备案。

**第三十一条** 省级以上人民政府卫生行政部门应当在其网站上公布制定和备案的食品安全国家标准、地方标准和企业标准，供公众免费查阅、下载。

对食品安全标准执行过程中的问题，县级以上人民政府卫生行政部门应当会同有关部门及时给予指导、解答。

**第三十二条** 省级以上人民政府卫生行政部门应当会同同级食品安全监督管理、农业行政等部门，分别对食品安全国家标准和地方标准的执行情况进行跟踪评价，并根据评价结果及时修订食品安全标准。

省级以上人民政府食品安全监督管理、农业行政等部门应当对食品安全标准执行中存在的问题进行收集、汇总，并及时向同级卫生行政部门通报。

食品生产经营者、食品行业协会发现食品安全标准在执行中存在问题的，应当立即向卫生行政部门报告。

**二、《中华人民共和国药品管理法》（节录）**（1984 年 9 月 20 日第六届全国人民代表大会常务委员会第七次会议通过　2001 年 2 月 28 日第一次修订　2013 年 12 月 28 日第一次修正　2015 年 4 月 24 日第二次修正　2019 年 8 月 26 日第二次修订）

**第九十八条**　禁止生产（包括配制，下同）、销售、使用假药、劣药。

有下列情形之一的，为假药：

（一）药品所含成份与国家药品标准规定的成份不符；

（二）以非药品冒充药品或者以他种药品冒充此种药品；

（三）变质的药品；

（四）药品所标明的适应症或者功能主治超出规定范围。

有下列情形之一的，为劣药：

（一）药品成份的含量不符合国家药品标准；

（二）被污染的药品；

（三）未标明或者更改有效期的药品；

（四）未注明或者更改产品批号的药品；

（五）超过有效期的药品；

（六）擅自添加防腐剂、辅料的药品；

（七）其他不符合药品标准的药品。

禁止未取得药品批准证明文件生产、进口药品；禁止使用未按照规定审评、审批的原料药、包装材料和容器生产药品。

**第九十九条**　药品监督管理部门应当依照法律、法规的规定对药品研制、生产、经营和药品使用单位使用药品等活动进行监督检查，必要时可以对为药品研制、生产、经营、使用提供产品或者服务的单位和个人进行延伸检查，有关单位和个人应当予以配合，不得拒绝和隐瞒。

药品监督管理部门应当对高风险的药品实施重点监督检查。

对有证据证明可能存在安全隐患的，药品监督管理部门根据监督检查情况，应当采取告诫、约谈、限期整改以及暂停生产、销售、使用、进口等措施，并及时公布检查处理结果。

药品监督管理部门进行监督检查时，应当出示证明文件，对监督检查中知悉的商业秘密应当保密。

**第一百条**　药品监督管理部门根据监督管理的需要，可以对药品质量进行抽查检验。抽查检验应当按照规定抽样，并不得收取任何费用；抽样应当购买样品。所需费用按照国务院规定列支。

对有证据证明可能危害人体健康的药品及其有关材料，药品监督管理部门可以查封、扣押，并在七日内作出行政处理决定；药品需要检验的，应当自检验报告书发出之日起十五日内作出行政处理决定。

**第一百零一条**　国务院和省、自治区、直辖市人民政府的药品监督管理部门应当定期公告药品质量抽查检验结果；公告不当的，应当在原公告范围内予以更正。

**第一百零二条**　当事人对药品检验结果有异议的，可以自收到药品检验结果之日起七日内向原药品检验机构或者上一级药品监督管理部门设置或者指定的药品检验机构申请复验，也可以直接向国务院药品监督管理部门设置或者指定的药品检验机构申请复验。受理复验的药品检验机构应当在国务院药品监督管理部门规定的时间内作出复验结论。

**第一百零三条**　药品监督管理部门应当对药品上市许可持有人、药品生产企业、

法律适用 相关法律法规

药品经营企业和药物非临床安全性评价研究机构、药物临床试验机构等遵守药品生产质量管理规范、药品经营质量管理规范、药物非临床研究质量管理规范、药物临床试验质量管理规范等情况进行检查，监督其持续符合法定要求。

**第一百零四条** 国家建立职业化、专业化药品检查员队伍。检查员应当熟悉药品法律法规，具备药品专业知识。

**第一百零五条** 药品监督管理部门建立药品上市许可持有人、药品生产企业、药品经营企业、药物非临床安全性评价研究机构、药物临床试验机构和医疗机构药品安全信用档案，记录许可颁发、日常监督检查结果、违法行为查处等情况，依法向社会公布并及时更新；对有不良信用记录的，增加监督检查频次，并可以按照国家规定实施联合惩戒。

**第一百零六条** 药品监督管理部门应当公布本部门的电子邮件地址、电话，接受咨询、投诉、举报，并依法及时答复、核实、处理。对查证属实的举报，按照有关规定给予举报人奖励。

药品监督管理部门应当对举报人的信息予以保密，保护举报人的合法权益。举报人举报所在单位的，该单位不得以解除、变更劳动合同或者其他方式对举报人进行打击报复。

**第一百零七条** 国家实行药品安全信息统一公布制度。国家药品安全总体情况、药品安全风险警示信息、重大药品安全事件及其调查处理信息和国务院确定需要统一公布的其他信息由国务院药品监督管理部门统一公布。药品安全风险警示信息和重大药品安全事件及其调查处理信息的影响限于特定区域的，也可以由有关省、自治区、直辖市人民政府药品监督管理部门公布。未经授权不得发布上述信息。

公布药品安全信息，应当及时、准确、全面，并进行必要的说明，避免误导。

任何单位和个人不得编造、散布虚假药品安全信息。

**第一百零八条** 县级以上人民政府应当制定药品安全事件应急预案。药品上市许可持有人、药品生产企业、药品经营企业和医疗机构等应当制定本单位的药品安全事件处置方案，并组织开展培训和应急演练。

发生药品安全事件，县级以上人民政府应当按照应急预案立即组织开展应对工作；有关单位应当立即采取有效措施进行处置，防止危害扩大。

**第一百零九条** 药品监督管理部门未及时发现药品安全系统性风险，未及时消除监督管理区域内药品安全隐患的，本级人民政府或者上级人民政府药品监督管理部门应当对其主要负责人进行约谈。

地方人民政府未履行药品安全职责，未及时消除区域性重大药品安全隐患的，上级人民政府或者上级人民政府药品监督管理部门应当对其主要负责人进行约谈。

被约谈的部门和地方人民政府应当立即采取措施，对药品监督管理工作进行整改。

约谈情况和整改情况应当纳入有关部门和地方人民政府药品监督管理工作评议、考核记录。

**第一百一十条** 地方人民政府及其药品监督管理部门不得以要求实施药品检验、审批等手段限制或者排斥非本地区药品上市许可持有人、药品生产企业生产的药品进入本地区。

**第一百一十一条** 药品监督管理部门及其设置或者指定的药品专业技术机构不得参与药品生产经营活动，不得以其名义推荐或者监制、监销药品。

药品监督管理部门及其设置或者指定的药品专业技术机构的工作人员不得参与药品生产经营活动。

# 36 传染病防治失职案

**概念**

本罪是指从事传染病防治的政府卫生行政部门的工作人员严重不负责任，不履行或者不认真履行传染病防治监管职责，导致传染病传播或者流行，情节严重的行为。

**立案标准**

从事传染病防治的政府卫生行政部门的工作人员涉嫌严重不负责任，不履行或者不认真履行传染病防治监管职责，导致传染病传播或者流行，有下列情形之一的，应予立案：

1. 导致甲类传染病传播的。
2. 导致乙类、丙类传染病流行的。
3. 因传染病传播或者流行，造成人员重伤或者死亡的。
4. 因传染病传播或者流行，严重影响正常的生产、生活秩序的。
5. 在国家对突发传染病疫情等灾害采取预防、控制措施后，对发生突发传染病疫情等灾害的地区或者突发传染病病人、病原携带者、疑似突发传染病病人，未按照预防、控制突发传染病疫情等灾害工作规范的要求做好防疫、检疫、隔离、防护、救治等工作，或者采取的预防、控制措施不当，造成传染范围扩大或者疫情、灾情加重的。
6. 在国家对突发传染病疫情等灾害采取预防、控制措施后，隐瞒、缓报、谎报或者授意、指使、强令他人隐瞒、缓报、谎报疫情、灾情，造成传染范围扩大或者疫情、灾情加重的。
7. 在国家对突发传染病疫情等灾害采取预防、控制措施后，拒不执行突发传染病疫情等灾害应急处理指挥机构的决定、命令，造成传染范围扩大或者疫情、灾情加重的。
8. 其他情节严重的情形。

**定罪标准**

**犯罪客体**

本罪侵犯的客体是国家卫生行政部门传染病防治职责的有效性。传染病可能通过不同方式直接或者间接地传播，给人民群众生命健康造成很大威胁。为防范传染病的危害，我国《传染病防治法》等法律法规规定从事传染病防治的政府卫生行政部门有职责预防、监督以及控制传染病的流行。若有关工作人员，不履行或者不认真履行传染病防治监管职责，将会导致传染病的传播和流行，损害传染病防治职责的有效性。

**犯罪客观方面**

本罪在客观方面表现为严重不负责任，导致传染病传播或者流行，情节严重。具体包括以下两个要素：

1. 行为人实施了严重不负责任的行为，即不履行或者不认真履行传染病防治监管职责。

（1）行为人有传染病防治监管职责。我国《传染病防治法》等法律法规对行为人应当履行的职责作出了具体规定。国家卫生行政部门的传染病防治职责主要包括

| 定罪标准 | | |
|---|---|---|
| | 犯罪客观方面 | 预防传染病，报告、通报和公布疫情，控制疫情，以及对下级人民政府卫生行政部门、疾病预防控制机构、医疗机构的传染病防治工作等进行监督管理。<br>(2) 行为人不履行或者不认真履行传染病防治监管职责。实践中，行为人严重不负责任的表现是多种多样的，如不履行预防接种、传染病监测、预警等关于传染病预防的职责；发现传染病流行或者接到疫情报告后，不报告或者瞒报、谎报、延误报告；在国家对突发传染病疫情等灾害采取预防、控制措施后，拒不执行突发传染病疫情等灾害应急处理指挥机构的决定、命令；等等。<br>2. 行为人严重不负责任的行为导致传染病传播或者流行，情节严重。<br>《传染病防治法》根据传染性的强弱、传播途径难易、传播速度的快慢、人群易感范围等，将传染病分为甲类、乙类和丙类。甲类传染病是指：鼠疫、霍乱；乙类传染病是指：传染性非典型肺炎、艾滋病、病毒性肝炎、脊髓灰质炎、人感染高致病性禽流感、麻疹、流行性出血热、狂犬病、流行性乙型脑炎、登革热、炭疽、细菌性和阿米巴性痢疾、肺结核、伤寒和副伤寒、流行性脑脊髓膜炎、百日咳、白喉、新生儿破伤风、猩红热、布鲁氏菌病、淋病、梅毒、钩端螺旋体病、血吸虫病、疟疾；丙类传染病是指：流行性感冒、流行性腮腺炎、风疹、急性出血性结膜炎、麻风病、流行性和地方性斑疹伤寒、黑热病、包虫病、丝虫病，除霍乱、细菌性和阿米巴性痢疾、伤寒和副伤寒以外的感染性腹泻病。此外，根据《关于将甲型 H1N1 流感（原称人感染猪流感）纳入〈中华人民共和国传染病防治法〉和〈中华人民共和国国境卫生检疫法〉管理的公告》的规定，甲型 H1N1 流感（原称人感染猪流感）属于乙类传染病，并采取甲类传染病的预防、控制措施。<br>传染病传播，是指传染病通过一定的途径播散给其他健康的人；传染病流行，是指某一地区某种传染病发病率显著超过该病历年的一般发病率。<br>情节严重是指有下列情形之一的：(1) 导致甲类传染病传播的；(2) 导致乙类、丙类传染病流行的；(3) 因传染病传播或者流行，造成人员重伤或者死亡的；(4) 因传染病传播或者流行，严重影响正常的生产、生活秩序的；(5) 在国家对突发传染病疫情等灾害采取预防、控制措施后，对发生突发传染病疫情等灾害的地区或者突发传染病病人、病原携带者、疑似突发传染病病人，未按照预防、控制突发传染病疫情等灾害工作规范的要求做好防疫、检疫、隔离、防护、救治等工作，或者采取的预防、控制措施不当，造成传染范围扩大或者疫情、灾情加重的；(6) 在国家对突发传染病疫情等灾害采取预防、控制措施后，隐瞒、缓报、谎报或者授意、指使、强令他人隐瞒、缓报、谎报疫情、灾情，造成传染范围扩大或者疫情、灾情加重的；(7) 在国家对突发传染病疫情等灾害采取预防、控制措施后，拒不执行突发传染病疫情等灾害应急处理指挥机构的决定、命令，造成传染范围扩大或者疫情、灾情加重的；(8) 其他情节严重的情形。 |
| | 犯罪主体 | 本罪是纯正的身份犯，主体是从事传染病防治的政府卫生行政部门（各级卫生健康部门）的工作人员。此外，根据《关于办理妨害预防、控制突发传染病疫情等灾害的刑事案件具体应用法律若干问题的解释》第 16 条的规定，在预防、控制突发传染病疫情等灾害期间，除从事传染病防治的政府卫生行政部门的工作人员外，以下两类人员在代表政府卫生行政部门行使职权时，可以成为本罪的主体：(1) 在受政府卫生行政部门委托代表政府卫生行政部门行使职权的组织中从事公务的人员；(2) 虽未列入政府卫生行政部门人员编制但在政府卫生行政部门从事公务的人员。<br>在理解“从事传染病防治的政府卫生行政部门的工作人员”的范围时，需要注意国家机关工作人员的范围。在我国，刑法中所称的国家机关工作人员，是指在国家机 |

| | | |
|---|---|---|
| 定罪标准 | 犯罪主体 | 关中从事公务的人员，包括在各级国家权力机关、行政机关、司法机关和军事机关中从事公务的人员。根据有关立法解释的规定，在依照法律、法规规定行使国家行政管理职权的组织中从事公务的人员，或者在受国家机关委托代表国家行使职权的组织中从事公务的人员或者虽未列入国家机关人员编制但在国家机关中从事公务的人员，视为国家机关工作人员。在乡（镇）以上中国共产党机关、人民政协机关中从事公务的人员，司法实践中也应当视为国家机关工作人员。 |
| | 犯罪主观方面 | 本罪在主观方面表现为过失，即行为人应该预见自己严重不负责任的行为可能造成传染病的传播、流行，由于疏忽大意而没有预见，或者虽然预见，但轻信能够避免。 |
| | 罪与非罪 | 区分罪与非罪的界限，要注意把握以下两点：<br>1. 从事传染病防治的政府卫生行政部门的机关工作人员有严重不负责任行为的，才构成犯罪。行为人没有实施严重不负责任的行为，只是由于轻微的工作失误或者技术水平不高等客观原因而造成危害结果的，不构成犯罪。<br>2. 必须造成严重的后果——导致传染病传播或者流行并且情节严重的行为的，才以犯罪论处。 |
| | 此罪与彼罪 | 本罪与妨害传染病防治罪的界限。根据《刑法》第330条的规定，妨害传染病防治罪是指违反《传染病防治法》的规定，有下列情形之一，引起甲类传染病以及依法确定采取甲类传染病预防、控制措施的传染病传播或者有传播严重危险的行为：（1）供水单位供应的饮用水不符合国家规定的卫生标准的；（2）拒绝按照疾病预防控制机构提出的卫生要求，对传染病病原体污染的污水、污物、场所和物品进行消毒处理的；（3）准许或者纵容传染病病人、病原携带者和疑似传染病病人从事国务院卫生行政部门规定禁止从事的易使该传染病扩散的工作的；（4）出售、运输疫区中被传染病病原体污染或者可能被传染病病原体污染的物品，未进行消毒处理的；（5）拒绝执行县级以上人民政府、疾病预防控制机构依照传染病防治法提出的预防、控制措施的。本罪与妨害传染病防治罪的结果有相似之处，主观方面都由过失构成。二罪的主要区别在于：（1）主体不同。本罪是身份犯，主体是从事传染病防治的政府卫生行政部门的工作人员；妨害传染病防治罪是一般主体，包括自然人与单位。（2）客观方面不同。首先，本罪的传染病包括甲类、乙类和丙类；而妨害传染病防治罪的传染病仅指甲类传染病以及依法确定采取甲类传染病预防、控制措施的传染病。其次，本罪是实害犯，必须出现传染病传播或者流行且“情节严重”的结果；而妨害传染病防治罪是实害犯或者具体危险犯，出现甲类传染病传播或者有严重传播危险的，即构成妨害传染病防治罪。最后，本罪的实行行为是严重不负责任的行为；而妨害传染病防治罪的实行行为包括前述五种行为。 |
| 证据参考标准 | 主体方面的证据 | **一、证明行为人刑事责任年龄、身份等自然情况的证据**<br>包括身份证明、户籍证明、任职证明、工作经历证明、特定职责证明等，主要是证明行为人的姓名（曾用名）、性别、出生年月日、民族、籍贯、出生地、职业（或职务）、住所地（或居所地）等证据材料，如户口簿、居民身份证、居住证、工作证、出生证、专业或技术等级证、干部履历表、职工登记表、护照等。<br>对于户籍、出生证等材料内容不实的，应提供其他证据材料。人大代表、政协委员犯罪的案件，应注明身份，并附身份证明材料。 |

<table>
<tr><td rowspan="5">证据参考标准</td><td>主体方面的证据</td><td colspan="2">二、证明行为人刑事责任能力的证据。<br>证明行为人对自己的行为是否具有辨认能力与控制能力，如是否属于间歇性精神病人、案发时是否尚未完全丧失辨认或者控制自己行为能力的证明材料。</td></tr>
<tr><td>主观方面的证据</td><td colspan="2">证明行为人过失的证据<br>1. 证明行为人疏忽大意过失的证据：（1）证明行为人应当预见自己不履行或者不认真履行职责的行为会发生危害社会的结果；（2）证明行为人因疏忽大意没有预见。2. 证明行为人过于自信过失的证据：（1）证明行为人已经预见自己不履行或者不认真履行职责的行为会发生危害社会的结果；（2）证明行为人轻信能避免危害结果的发生。</td></tr>
<tr><td>客观方面的证据</td><td colspan="2">证明传染病防治失职行为的证据<br>具体证据包括：1. 证明行为人实施严重不负责任行为的证据：（1）证明行为人承担的传染病防治监管职责的具体内容；（2）证明行为人不履行传染病防治监管职责；（3）证明行为人的证据不认真履行传染病防治监管职责。2. 证明传染病传播的证据。3. 证明传染病流行的证据。4. 证明情节严重的证据。5. 证明不负责任的行为与传染病传播或者流行之间有因果关系的证据。</td></tr>
<tr><td>量刑方面的证据</td><td colspan="2">一、法定量刑情节证据<br>1. 事实情节。2. 法定从重情节。3. 法定从轻、减轻情节：（1）可以从轻；（2）可以从轻或者减轻；（3）应当从轻或者减轻。4. 法定从轻、减轻、免除情节：（1）可以从轻、减轻或者免除处罚；（2）应当从轻、减轻或者免除处罚。5. 法定减轻、免除情节：（1）可以减轻或者免除处罚；（2）应当减轻或者免除处罚；（3）可以免除处罚。<br>二、酌定量刑情节证据<br>1. 犯罪手段。2. 犯罪对象。3. 危害结果。4. 犯罪动机。5. 平时表现。6. 认罪态度。7. 是否有前科。8. 其他证据。</td></tr>
<tr></tr>
<tr><td rowspan="2">量刑标准</td><td colspan="2">犯本罪的</td><td>处三年以下有期徒刑或者拘役</td></tr>
<tr><td>不适用缓刑或者免予刑事处罚</td><td colspan="2">1. 以下情形一般不适用缓刑或者免予刑事处罚：<br>（1）不如实供述罪行的；<br>（2）不予退缴赃款赃物或者将赃款赃物用于非法活动的；<br>（3）属于共同犯罪中情节严重的主犯的；<br>（4）犯有数个职务犯罪依法实行并罚或者以一罪处理的；<br>（5）曾因职务违纪违法行为受过行政处分的；<br>（6）犯罪涉及的财物属于救灾、抢险、防汛、优抚、扶贫、移民、救济、防疫等特定款物的；<br>（7）渎职犯罪中徇私舞弊情节或者滥用职权情节恶劣的；<br>（8）其他不应适用缓刑、免予刑事处罚的情形。<br>对于具有以上情形之一，但根据全案事实和量刑情节，检察机关认为确有必要适用缓刑或者免予刑事处罚并据此提出量刑建议的，应经检察委员会讨论决定；审理法院认为确有必要适用缓刑或者免予刑事处罚的，应经审判委员会讨论决定。</td></tr>
</table>

量刑标准

不适用缓刑或者免予刑事处罚

2. 人民法院审理职务犯罪案件时应当注意听取检察机关、被告人、辩护人提出的量刑意见，分析影响性案件案发前后的社会反映，必要时可以征求案件查办等机关的意见。对于情节恶劣、社会反映强烈的职务犯罪案件，不得适用缓刑、免予刑事处罚。

法律适用

刑法条文

**第四百零九条** 从事传染病防治的政府卫生行政部门的工作人员严重不负责任，导致传染病传播或者流行，情节严重的，处三年以下有期徒刑或者拘役。

立法解释

**全国人民代表大会常务委员会《关于〈中华人民共和国刑法〉第九章渎职罪主体适用问题的解释》**（2002年12月28日第九届全国人民代表大会常务委员会第三十一次会议通过）

全国人大常委会根据司法实践中遇到的情况，讨论了刑法第九章渎职罪主体的适用问题，解释如下：

在依照法律、法规规定行使国家行政管理职权的组织中从事公务的人员，或者在受国家机关委托代表国家机关行使职权的组织中从事公务的人员，或者虽未列入国家机关人员编制但在国家机关中从事公务的人员，在代表国家机关行使职权时，有渎职行为，构成犯罪的，依照刑法关于渎职罪的规定追究刑事责任。

现予公告。

司法解释

**一、最高人民检察院《关于渎职侵权犯罪案件立案标准的规定》（节录）**（2006年7月26日 高检发释字〔2006〕2号）

**一、渎职犯罪案件**

（二十）传染病防治失职案（第四百零九条）

传染病防治失职罪是指从事传染病防治的政府卫生行政部门的工作人员严重不负责任，不履行或者不认真履行传染病防治监管职责，导致传染病传播或者流行，情节严重的行为。

涉嫌下列情形之一的，应予立案：

1. 导致甲类传染病传播的；
2. 导致乙类、丙类传染病流行的；
3. 因传染病传播或者流行，造成人员重伤或者死亡的；
4. 因传染病传播或者流行，严重影响正常的生产、生活秩序的；
5. 在国家对突发传染病疫情等灾害采取预防、控制措施后，对发生突发传染病疫情等灾害的地区或者突发传染病病人、病原携带者、疑似突发传染病病人，未按照预防、控制突发传染病疫情等灾害工作规范的要求做好防疫、检疫、隔离、防护、救治等工作，或者采取的预防、控制措施不当，造成传染范围扩大或者疫情、灾情加重的；
6. 在国家对突发传染病疫情等灾害采取预防、控制措施后，隐瞒、缓报、谎报或者授意、指使、强令他人隐瞒、缓报、谎报疫情、灾情，造成传染范围扩大或者疫情、灾情加重的；

7. 在国家对突发传染病疫情等灾害采取预防、控制措施后，拒不执行突发传染病疫情等灾害应急处理指挥机构的决定、命令，造成传染范围扩大或者疫情、灾情加重的；

8. 其他情节严重的情形。

三、附　则

（一）本规定中每个罪案名称后所注明的法律条款系《中华人民共和国刑法》的有关条款。

（二）本规定所称"以上"包括本数；有关犯罪数额"不满"，是指已达到该数额百分之八十以上的。

（三）本规定中的"国家机关工作人员"，是指在国家机关中从事公务的人员，包括在各级国家权力机关、行政机关、司法机关和军事机关中从事公务的人员。在依照法律、法规规定行使国家行政管理职权的组织中从事公务的人员，或者在受国家机关委托代表国家行使职权的组织中从事公务的人员，或者虽未列入国家机关人员编制但在国家机关中从事公务的人员，在代表国家机关行使职权时，视为国家机关工作人员。在乡（镇）以上中国共产党机关、人民政协机关中从事公务的人员，视为国家机关工作人员。

（四）本规定中的"直接经济损失"，是指与行为有直接因果关系而造成的财产损毁、减少的实际价值；"间接经济损失"，是指由直接经济损失引起和牵连的其他损失，包括失去的在正常情况下可以获得的利益和为恢复正常的管理活动或者挽回所造成的损失所支付的各种开支、费用等。

有下列情形之一的，虽然有债权存在，但已无法实现债权的，可以认定为已经造成了经济损失：(1) 债务人已经法定程序被宣告破产，且无法清偿债务；(2) 债务人潜逃，去向不明；(3) 因行为人责任，致使超过诉讼时效；(4) 有证据证明债权无法实现的其他情况。

直接经济损失和间接经济损失，是指立案时确已造成的经济损失。移送审查起诉前，犯罪嫌疑人及其亲友自行挽回的经济损失，以及由司法机关或者犯罪嫌疑人所在单位及其上级主管部门挽回的经济损失，不予扣减，但可作为对犯罪嫌疑人从轻处理的情节考虑。

（五）本规定中的"徇私舞弊"，是指国家机关工作人员为徇私情、私利，故意违背事实和法律，伪造材料，隐瞒情况，弄虚作假的行为。

（六）本规定自公布之日起施行。本规定发布前有关人民检察院直接受理立案侦查的国家机关工作人员渎职和利用职权实施的侵犯公民人身权利、民主权利犯罪案件的立案标准，与本规定有重复或者不一致的，适用本规定。

对于本规定施行前发生的国家机关工作人员渎职和利用职权实施的侵犯公民人身权利、民主权利犯罪案件，按照《最高人民法院、最高人民检察院关于适用刑事司法解释时间效力问题的规定》办理。

**二、最高人民法院《全国法院审理经济犯罪案件工作座谈会纪要》（节录）**（2003年11月13日　法发〔2003〕167号）

**一、关于贪污贿赂犯罪和渎职犯罪的主体**

（一）国家机关工作人员的认定

刑法中所称的国家机关工作人员，是指在国家机关中从事公务的人员，包括在各级国家权力机关、行政机关、司法机关和军事机关中从事公务的人员。

根据有关立法解释的规定，在依照法律、法规规定行使国家行政管理职权的组织中从事公务的人员，或者在受国家机关委托代表国家行使职权的组织中从事公务的人员，或者虽未列入国家机关人员编制但在国家机关中从事公务的人员，视为国家机关工作人员。在乡（镇）以上中国共产党机关、人民政协机关中从事公务的人员，司法实践中也应当视为国家机关工作人员。

（二）国家机关、国有公司、企业、事业单位委派到非国有公司、企业、事业单位、社会团体从事公务的人员的认定

所谓委派，即委任、派遣，其形式多种多样，如任命、指派、提名、批准等。不论被委派的人身份如何，只要是接受国家机关、国有公司、企业、事业单位委派，代表国家机关、国有公司、企业、事业单位在非国有公司、企业、事业单位、社会团体中从事组织、领导、监督、管理等工作，都可以认定为国家机关、国有公司、企业、事业单位委派到非国有公司、企业、事业单位、社会团体从事公务的人员。如国家机关、国有公司、企业、事业单位委派在国有控股或者参股的股份有限公司从事组织、领导、监督、管理等工作的人员，应当以国家工作人员论。国有公司、企业改制为股份有限公司后，原国有公司、企业的工作人员和股份有限公司新任命的人员中，除代表国有投资主体行使监督、管理职权的人外，不以国家工作人员论。

（三）"其他依照法律从事公务的人员"的认定

刑法第九十三条第二款规定的"其他依照法律从事公务的人员"应当具有两个特征：一是在特定条件下行使国家管理职能；二是依照法律规定从事公务。具体包括：（1）依法履行职责的各级人民代表大会代表；（2）依法履行审判职责的人民陪审员；（3）协助乡镇人民政府、街道办事处从事行政管理工作的村民委员会、居民委员会等农村和城市基层组织人员；（4）其他由法律授权从事公务的人员。

（四）关于"从事公务"的理解

从事公务，是指代表国家机关、国有公司、企业、事业单位、人民团体等履行组织、领导、监督、管理等职责。公务主要表现为与职权相联系的公共事务以及监督、管理国有财产的职务活动。如国家机关工作人员依法履行职责，国有公司的董事、经理、监事、会计、出纳人员等管理、监督国有财产等活动，属于从事公务。那些不具备职权内容的劳务活动、技术服务工作，如售货员、售票员等所从事的工作，一般不认为是公务。

**六、关于渎职罪**

（一）渎职犯罪行为造成的公共财产重大损失的认定

根据刑法规定，玩忽职守、滥用职权等渎职犯罪是以致使公共财产、国家和人民利益遭受重大损失为构成要件的。其中，公共财产的重大损失，通常是指渎职行为已经造成的重大经济损失。在司法实践中，有以下情形之一的，虽然公共财产作为债权存在，但已无法实现债权的，可以认定为行为人的渎职行为造成了经济损失：（1）债务人已经法定程序被宣告破产；（2）债务人潜逃，去向不明；（3）因行为人责任，致使超过诉讼时效；（4）有证据证明债权无法实现的其他情况。

（二）玩忽职守罪的追诉时效

玩忽职守行为造成的重大损失当时没有发生，而是玩忽职守行为之后一定时间发生的，应从危害结果发生之日起计算玩忽职守罪的追诉期限。

（三）国有公司、企业人员渎职犯罪的法律适用

对于1999年12月24日《中华人民共和国刑法修正案》实施以前发生的国有公司、企业人员渎职行为（不包括徇私舞弊行为），尚未处理或者正在处理的，不能按

照刑法修正案追究刑事责任。

(四) 关于“徇私”的理解

徇私舞弊型渎职犯罪的“徇私”应理解为徇个人私情、私利。国家机关工作人员为了本单位的利益，实施滥用职权、玩忽职守行为，构成犯罪的，依照刑法第三百九十七条第一款的规定定罪处罚。

**三、最高人民法院、最高人民检察院《关于办理妨害预防、控制突发传染病疫情等灾害的刑事案件具体应用法律若干问题的解释》**（2003 年 5 月 14 日　法释〔2003〕8 号）

为依法惩治妨害预防、控制突发传染病疫情等灾害的犯罪活动，保障预防、控制突发传染病疫情等灾害工作的顺利进行，切实维护人民群众的身体健康和生命安全，根据《中华人民共和国刑法》等有关法律规定，现就办理相关刑事案件具体应用法律的若干问题解释如下：

**第一条**　故意传播突发传染病病原体，危害公共安全的，依照刑法第一百一十四条、第一百一十五条第一款的规定，按照以危险方法危害公共安全罪定罪处罚。

患有突发传染病或者疑似突发传染病而拒绝接受检疫、强制隔离或者治疗，过失造成传染病传播，情节严重，危害公共安全的，依照刑法第一百一十五条第二款的规定，按照过失以危险方法危害公共安全罪定罪处罚。

**第二条**　在预防、控制突发传染病疫情等灾害期间，生产、销售伪劣的防治、防护产品、物资，或者生产、销售用于防治传染病的假药、劣药，构成犯罪的，分别依照刑法第一百四十条、第一百四十一条、第一百四十二条的规定，以生产、销售伪劣产品罪，生产、销售假药罪或者生产、销售劣药罪定罪，依法从重处罚。

**第三条**　在预防、控制突发传染病疫情等灾害期间，生产用于防治传染病的不符合保障人体健康的国家标准、行业标准的医疗器械、医用卫生材料，或者销售明知是用于防治传染病的不符合保障人体健康的国家标准、行业标准的医疗器械、医用卫生材料，不具有防护、救治功能，足以严重危害人体健康的，依照刑法第一百四十五条的规定，以生产、销售不符合标准的医用器材罪定罪，依法从重处罚。

医疗机构或者个人，知道或者应当知道系前款规定的不符合保障人体健康的国家标准、行业标准的医疗器械、医用卫生材料而购买并有偿使用的，以销售不符合标准的医用器材罪定罪，依法从重处罚。

**第四条**　国有公司、企业、事业单位的工作人员，在预防、控制突发传染病疫情等灾害的工作中，由于严重不负责任或者滥用职权，造成国有公司、企业破产或者严重损失，致使国家利益遭受重大损失的，依照刑法第一百六十八条的规定，以国有公司、企业、事业单位人员失职罪或者国有公司、企业、事业单位人员滥用职权罪定罪处罚。

**第五条**　广告主、广告经营者、广告发布者违反国家规定，假借预防、控制突发传染病疫情等灾害的名义，利用广告对所推销的商品或者服务作虚假宣传，致使多人上当受骗，违法所得数额较大或者有其他严重情节的，依照刑法第二百二十二条的规定，以虚假广告罪定罪处罚。

**第六条**　违反国家在预防、控制突发传染病疫情等灾害期间有关市场经营、价格管理等规定，哄抬物价、牟取暴利，严重扰乱市场秩序，违法所得数额较大或者有其他严重情节的，依照刑法第二百二十五条第（四）项的规定，以非法经营罪定罪，依法从重处罚。

法律适用 司法解释

**第七条** 在预防、控制突发传染病疫情等灾害期间，假借研制、生产或者销售用于预防、控制突发传染病疫情等灾害用品的名义，诈骗公私财物数额较大的，依照刑法有关诈骗罪的规定定罪，依法从重处罚。

**第八条** 以暴力、威胁方法阻碍国家机关工作人员、红十字会工作人员依法履行为防治突发传染病疫情等灾害而采取的防疫、检疫、强制隔离、隔离治疗等预防、控制措施的，依照刑法第二百七十七条第一款、第三款的规定，以妨害公务罪定罪处罚。

**第九条** 在预防、控制突发传染病疫情等灾害期间，聚众“打砸抢”，致人伤残、死亡的，依照刑法第二百八十九条、第二百三十四条、第二百三十二条的规定，以故意伤害罪或者故意杀人罪定罪，依法从重处罚。对毁坏或者抢走公私财物的首要分子，依照刑法第二百八十九条、第二百六十三条的规定，以抢劫罪定罪，依法从重处罚。

**第十条** 编造与突发传染病疫情等灾害有关的恐怖信息，或者明知是编造的此类恐怖信息而故意传播，严重扰乱社会秩序的，依照刑法第二百九十一条之一的规定，以编造、故意传播虚假恐怖信息罪定罪处罚。

利用突发传染病疫情等灾害，制造、传播谣言，煽动分裂国家、破坏国家统一，或者煽动颠覆国家政权、推翻社会主义制度的，依照刑法第一百零三条第二款、第一百零五条第二款的规定，以煽动分裂国家罪或者煽动颠覆国家政权罪定罪处罚。

**第十一条** 在预防、控制突发传染病疫情等灾害期间，强拿硬要或者任意损毁、占用公私财物情节严重，或者在公共场所起哄闹事，造成公共场所秩序严重混乱的，依照刑法第二百九十三条的规定，以寻衅滋事罪定罪，依法从重处罚。

**第十二条** 未取得医师执业资格非法行医，具有造成突发传染病病人、病原携带者、疑似突发传染病病人贻误诊治或者造成交叉感染等严重情节的，依照刑法第三百三十六条第一款的规定，以非法行医罪定罪，依法从重处罚。

**第十三条** 违反传染病防治法等国家有关规定，向土地、水体、大气排放、倾倒或者处置含传染病病原体的废物、有毒物质或者其他危险废物，造成突发传染病传播等重大环境污染事故，致使公私财产遭受重大损失或者人身伤亡的严重后果的，依照刑法第三百三十八条的规定，以重大环境污染事故罪定罪处罚。

**第十四条** 贪污、侵占用于预防、控制突发传染病疫情等灾害的款物或者挪用归个人使用，构成犯罪的，分别依照刑法第三百八十二条、第三百八十三条、第二百七十一条、第三百八十四条、第二百七十二条的规定，以贪污罪、侵占罪、挪用公款罪、挪用资金罪定罪，依法从重处罚。

挪用用于预防、控制突发传染病疫情等灾害的救灾、优抚、救济等款物，构成犯罪的，对直接责任人员，依照刑法第二百七十三条的规定，以挪用特定款物罪定罪处罚。

**第十五条** 在预防、控制突发传染病疫情等灾害的工作中，负有组织、协调、指挥、灾害调查、控制、医疗救治、信息传递、交通运输、物资保障等职责的国家机关工作人员，滥用职权或者玩忽职守，致使公共财产、国家和人民利益遭受重大损失的，依照刑法第三百九十七条的规定，以滥用职权罪或者玩忽职守罪定罪处罚。

**第十六条** 在预防、控制突发传染病疫情等灾害期间，从事传染病防治的政府卫生行政部门的工作人员，或者在受政府卫生行政部门委托代表政府卫生行政部门行使职权的组织中从事公务的人员，或者虽未列入政府卫生行政部门人员编制但在政府卫生行政部门从事公务的人员，在代表政府卫生行政部门行使职权时，严重不负责任，导致传染病传播或者流行，情节严重的，依照刑法第四百零九条的规定，以传染病防治失职罪定罪处罚。

法律适用

司法解释

在国家对突发传染病疫情等灾害采取预防、控制措施后，具有下列情形之一的，属于刑法第四百零九条规定的“情节严重”：

（一）对发生突发传染病疫情等灾害的地区或者突发传染病病人、病原携带者、疑似突发传染病病人，未按照预防、控制突发传染病疫情等灾害工作规范的要求做好防疫、检疫、隔离、防护、救治等工作，或者采取的预防、控制措施不当，造成传染范围扩大或者疫情、灾情加重的；

（二）隐瞒、缓报、谎报或者授意、指使、强令他人隐瞒、缓报、谎报疫情、灾情，造成传染范围扩大或者疫情、灾情加重的；

（三）拒不执行突发传染病疫情等灾害应急处理指挥机构的决定、命令，造成传染范围扩大或者疫情、灾情加重的；

（四）具有其他严重情节的。

**第十七条** 人民法院、人民检察院办理有关妨害预防、控制突发传染病疫情等灾害的刑事案件，对于有自首、立功等悔罪表现的，依法从轻、减轻、免除处罚或者依法作出不起诉决定。

**第十八条** 本解释所称“突发传染病疫情等灾害”，是指突然发生，造成或者可能造成社会公众健康严重损害的重大传染病疫情、群体性不明原因疾病以及其他严重影响公众健康的灾害。

**四、最高人民法院、最高人民检察院《关于办理职务犯罪案件严格适用缓刑、免予刑事处罚若干问题的意见》**（2012 年 8 月 8 日　法发〔2012〕17 号）（略，详见本书第 16 页）

相关法律法规

**《中华人民共和国传染病防治法》（节录）**（1989 年 2 月 21 日第七届全国人民代表大会常务委员会第六次会议通过　2004 年 8 月 28 日修订　2013 年 6 月 29 日修正）

**第三条** 本法规定的传染病分为甲类、乙类和丙类。

甲类传染病是指：鼠疫、霍乱。

乙类传染病是指：传染性非典型肺炎、艾滋病、病毒性肝炎、脊髓灰质炎、人感染高致病性禽流感、麻疹、流行性出血热、狂犬病、流行性乙型脑炎、登革热、炭疽、细菌性和阿米巴性痢疾、肺结核、伤寒和副伤寒、流行性脑脊髓膜炎、百日咳、白喉、新生儿破伤风、猩红热、布鲁氏菌病、淋病、梅毒、钩端螺旋体病、血吸虫病、疟疾。

丙类传染病是指：流行性感冒、流行性腮腺炎、风疹、急性出血性结膜炎、麻风病、流行性和地方性斑疹伤寒、黑热病、包虫病、丝虫病，除霍乱、细菌性和阿米巴性痢疾、伤寒和副伤寒以外的感染性腹泻病。

国务院卫生行政部门根据传染病暴发、流行情况和危害程度，可以决定增加、减少或者调整乙类、丙类传染病病种并予以公布。

**第四条** 对乙类传染病中传染性非典型肺炎、炭疽中的肺炭疽和人感染高致病性禽流感，采取本法所称甲类传染病的预防、控制措施。其他乙类传染病和突发原因不明的传染病需要采取本法所称甲类传染病的预防、控制措施的，由国务院卫生行政部门及时报经国务院批准后予以公布、实施。

需要解除依照前款规定采取的甲类传染病预防、控制措施的，由国务院卫生行政部门报经国务院批准后予以公布。

省、自治区、直辖市人民政府对本行政区域内常见、多发的其他地方性传染病，可以根据情况决定按照乙类或者丙类传染病管理并予以公布，报国务院卫生行政部门备案。

**第六条** 国务院卫生行政部门主管全国传染病防治及其监督管理工作。县级以上地方人民政府卫生行政部门负责本行政区域内的传染病防治及其监督管理工作。

县级以上人民政府其他部门在各自的职责范围内负责传染病防治工作。

军队的传染病防治工作，依照本法和国家有关规定办理，由中国人民解放军卫生主管部门实施监督管理。

**第十三条** 各级人民政府组织开展群众性卫生活动，进行预防传染病的健康教育，倡导文明健康的生活方式，提高公众对传染病的防治意识和应对能力，加强环境卫生建设，消除鼠害和蚊、蝇等病媒生物的危害。

各级人民政府农业、水利、林业行政部门按照职责分工负责指导和组织消除农田、湖区、河流、牧场、林区的鼠害与血吸虫危害，以及其他传播传染病的动物和病媒生物的危害。

铁路、交通、民用航空行政部门负责组织消除交通工具以及相关场所的鼠害和蚊、蝇等病媒生物的危害。

**第十四条** 地方各级人民政府应当有计划地建设和改造公共卫生设施，改善饮用水卫生条件，对污水、污物、粪便进行无害化处置。

**第十五条** 国家实行有计划的预防接种制度。国务院卫生行政部门和省、自治区、直辖市人民政府卫生行政部门，根据传染病预防、控制的需要，制定传染病预防接种规划并组织实施。用于预防接种的疫苗必须符合国家质量标准。

国家对儿童实行预防接种证制度。国家免疫规划项目的预防接种实行免费。医疗机构、疾病预防控制机构与儿童的监护人应当相互配合，保证儿童及时接受预防接种。具体办法由国务院制定。

**第十七条** 国家建立传染病监测制度。

国务院卫生行政部门制定国家传染病监测规划和方案。省、自治区、直辖市人民政府卫生行政部门根据国家传染病监测规划和方案，制定本行政区域的传染病监测计划和工作方案。

各级疾病预防控制机构对传染病的发生、流行以及影响其发生、流行的因素，进行监测；对国外发生、国内尚未发生的传染病或者国内新发生的传染病，进行监测。

**第十九条** 国家建立传染病预警制度。

国务院卫生行政部门和省、自治区、直辖市人民政府根据传染病发生、流行趋势的预测，及时发出传染病预警，根据情况予以公布。

**第二十条** 县级以上地方人民政府应当制定传染病预防、控制预案，报上一级人民政府备案。

传染病预防、控制预案应当包括以下主要内容：

（一）传染病预防控制指挥部的组成和相关部门的职责；

（二）传染病的监测、信息收集、分析、报告、通报制度；

（三）疾病预防控制机构、医疗机构在发生传染病疫情时的任务与职责；

（四）传染病暴发、流行情况的分级以及相应的应急工作方案；

（五）传染病预防、疫点疫区现场控制，应急设施、设备、救治药品和医疗器械以及其他物资和技术的储备与调用。

地方人民政府和疾病预防控制机构接到国务院卫生行政部门或者省、自治区、直辖市人民政府发出的传染病预警后，应当按照传染病预防、控制预案，采取相应的预防、控制措施。

**第三十三条** 疾病预防控制机构应当主动收集、分析、调查、核实传染病疫情信息。接到甲类、乙类传染病疫情报告或者发现传染病暴发、流行时，应当立即报告当地卫生行政部门，由当地卫生行政部门立即报告当地人民政府，同时报告上级卫生行政部门和国务院卫生行政部门。

疾病预防控制机构应当设立或者指定专门的部门、人员负责传染病疫情信息管理工作，及时对疫情报告进行核实、分析。

**第三十四条** 县级以上地方人民政府卫生行政部门应当及时向本行政区域内的疾病预防控制机构和医疗机构通报传染病疫情以及监测、预警的相关信息。接到通报的疾病预防控制机构和医疗机构应当及时告知本单位的有关人员。

**第三十五条** 国务院卫生行政部门应当及时向国务院其他有关部门和各省、自治区、直辖市人民政府卫生行政部门通报全国传染病疫情以及监测、预警的相关信息。

毗邻的以及相关的地方人民政府卫生行政部门，应当及时互相通报本行政区域的传染病疫情以及监测、预警的相关信息。

县级以上人民政府有关部门发现传染病疫情时，应当及时向同级人民政府卫生行政部门通报。

中国人民解放军卫生主管部门发现传染病疫情时，应当向国务院卫生行政部门通报。

**第四十一条** 对已经发生甲类传染病病例的场所或者该场所内的特定区域的人员，所在地的县级以上地方人民政府可以实施隔离措施，并同时向上一级人民政府报告；接到报告的上级人民政府应当即时作出是否批准的决定。上级人民政府作出不予批准决定的，实施隔离措施的人民政府应当立即解除隔离措施。

在隔离期间，实施隔离措施的人民政府应当对被隔离人员提供生活保障；被隔离人员有工作单位的，所在单位不得停止支付其隔离期间的工作报酬。

隔离措施的解除，由原决定机关决定并宣布。

**第四十二条** 传染病暴发、流行时，县级以上地方人民政府应当立即组织力量，按照预防、控制预案进行防治，切断传染病的传播途径，必要时，报经上一级人民政府决定，可以采取下列紧急措施并予以公告：

（一）限制或者停止集市、影剧院演出或者其他人群聚集的活动；

（二）停工、停业、停课；

（三）封闭或者封存被传染病病原体污染的公共饮用水源、食品以及相关物品；

（四）控制或者扑杀染疫野生动物、家畜家禽；

（五）封闭可能造成传染病扩散的场所。

上级人民政府接到下级人民政府关于采取前款所列紧急措施的报告时，应当即时作出决定。

紧急措施的解除，由原决定机关决定并宣布。

**第四十三条** 甲类、乙类传染病暴发、流行时，县级以上地方人民政府报经上一级人民政府决定，可以宣布本行政区域部分或者全部为疫区；国务院可以决定并宣布跨省、自治区、直辖市的疫区。县级以上地方人民政府可以在疫区内采取本法第四十二条规定的紧急措施，并可以对出入疫区的人员、物资和交通工具实施卫生检疫。

省、自治区、直辖市人民政府可以决定对本行政区域内的甲类传染病疫区实施封锁；但是，封锁大、中城市的疫区或者封锁跨省、自治区、直辖市的疫区，以及封锁疫区导致中断干线交通或者封锁国境的，由国务院决定。

疫区封锁的解除，由原决定机关决定并宣布。

**第五十三条** 县级以上人民政府卫生行政部门对传染病防治工作履行下列监督检查职责：

（一）对下级人民政府卫生行政部门履行本法规定的传染病防治职责进行监督检查；

（二）对疾病预防控制机构、医疗机构的传染病防治工作进行监督检查；

（三）对采供血机构的采供血活动进行监督检查；

（四）对用于传染病防治的消毒产品及其生产单位进行监督检查，并对饮用水供水单位从事生产或者供应活动以及涉及饮用水卫生安全的产品进行监督检查；

（五）对传染病菌种、毒种和传染病检测样本的采集、保藏、携带、运输、使用进行监督检查；

（六）对公共场所和有关单位的卫生条件和传染病预防、控制措施进行监督检查。

省级以上人民政府卫生行政部门负责组织对传染病防治重大事项的处理。

**第五十四条** 县级以上人民政府卫生行政部门在履行监督检查职责时，有权进入被检查单位和传染病疫情发生现场调查取证，查阅或者复制有关的资料和采集样本。被检查单位应当予以配合，不得拒绝、阻挠。

**第五十五条** 县级以上地方人民政府卫生行政部门在履行监督检查职责时，发现被传染病病原体污染的公共饮用水源、食品以及相关物品，如不及时采取控制措施可能导致传染病传播、流行的，可以采取封闭公共饮用水源、封存食品以及相关物品或者暂停销售的临时控制措施，并予以检验或者进行消毒。经检验，属于被污染的食品，应当予以销毁；对未被污染的食品或者经消毒后可以使用的物品，应当解除控制措施。

**第六十五条** 地方各级人民政府未依照本法的规定履行报告职责，或者隐瞒、谎报、缓报传染病疫情，或者在传染病暴发、流行时，未及时组织救治、采取控制措施的，由上级人民政府责令改正，通报批评；造成传染病传播、流行或者其他严重后果的，对负有责任的主管人员，依法给予行政处分；构成犯罪的，依法追究刑事责任。

**第六十六条** 县级以上人民政府卫生行政部门违反本法规定，有下列情形之一的，由本级人民政府、上级人民政府卫生行政部门责令改正，通报批评；造成传染病传播、流行或者其他严重后果的，对负有责任的主管人员和其他直接责任人员，依法给予行政处分；构成犯罪的，依法追究刑事责任：

（一）未依法履行传染病疫情通报、报告或者公布职责，或者隐瞒、谎报、缓报传染病疫情的；

（二）发生或者可能发生传染病传播时未及时采取预防、控制措施的；

（三）未依法履行监督检查职责，或者发现违法行为不及时查处的；

（四）未及时调查、处理单位和个人对下级卫生行政部门不履行传染病防治职责的举报的；

（五）违反本法的其他失职、渎职行为。

**第六十七条** 县级以上人民政府有关部门未依照本法的规定履行传染病防治和保障职责的，由本级人民政府或者上级人民政府有关部门责令改正，通报批评；造成传染病传播、流行或者其他严重后果的，对负有责任的主管人员和其他直接责任人员，依法给予行政处分；构成犯罪的，依法追究刑事责任。

法律适用

规章及规范性文件

**卫生部（已撤销）《关于将甲型H1N1流感（原称人感染猪流感）纳入〈中华人民共和国传染病防治法〉和〈中华人民共和国国境卫生检疫法〉管理的公告》**（2009年4月30日公布　自公布之日起施行）

经国务院批准，现公告如下：

一、将甲型H1N1流感（原称人感染猪流感）纳入《中华人民共和国传染病防治法》规定的乙类传染病，并采取甲类传染病的预防、控制措施。

二、将甲型H1N1流感（原称人感染猪流感）纳入《中华人民共和国国境卫生检疫法》规定的检疫传染病管理。

特此公告。

# 37 非法批准征收、征用、占用土地案

**概念**

本罪是指国家机关工作人员徇私舞弊，违反土地管理法规，滥用职权，非法批准征收、征用、占用耕地、林地等农用地以及其他土地，情节严重的行为。

**立案标准**

国家机关工作人员涉嫌徇私舞弊，违反《土地管理法》《森林法》《草原法》等法律以及有关行政法规中关于土地管理的规定，滥用职权，非法批准征收、征用、占用耕地、林地等农用地以及其他土地，有下列情形之一的，应予立案：

1. 非法批准征收、征用、占用基本农田 10 亩以上的。
2. 非法批准征收、征用、占用基本农田以外的耕地 30 亩以上的。
3. 非法批准征收、征用、占用其他土地 50 亩以上的。
4. 虽未达到上述数量标准，但造成有关单位、个人直接经济损失 30 万元以上，或者造成耕地大量毁坏或者植被遭到严重破坏的。
5. 非法批准征收、征用、占用土地，影响群众生产、生活，引起纠纷，造成恶劣影响或者其他严重后果的。
6. 非法批准征收、征用、占用防护林地、特种用途林地分别或者合计 10 亩以上的。
7. 非法批准征收、征用、占用其他林地 20 亩以上的。
8. 非法批准征收、征用、占用林地造成直接经济损失 30 万元以上，或者造成防护林地、特种用途林地分别或者合计 5 亩以上或者其他林地 10 亩以上毁坏的。
9. 非法批准征收、征用、占用草原 40 亩以上的。
10. 非法批准征收、征用、占用草原，造成 20 亩以上草原被毁坏的。
11. 非法批准征收、征用、占用草原，造成直接经济损失 30 万元以上，或者具有其他恶劣情节的。
12. 其他情节严重的情形。

**定罪标准**

**犯罪客体**

本罪侵犯的客体是国家的土地管理制度。为保护、开发土地资源，合理利用土地，切实保护耕地，我国法律法规对土地管理制度作出了详细规定。《土地管理法》第 2 条对我国土地管理制度作出了原则性规定："中华人民共和国实行土地的社会主义公有制，即全民所有制和劳动群众集体所有制。全民所有，即国家所有土地的所有权由国务院代表国家行使。任何单位和个人不得侵占、买卖或者以其他形式非法转让土地。土地使用权可以依法转让。国家为了公共利益的需要，可以依法对土地实行征收或者征用并给予补偿。国家依法实行国有土地有偿使用制度。但是，国家在法律规定的范围内划拨国有土地使用权的除外。"

| | | |
|---|---|---|
| 定罪标准 | 犯罪客观方面 | 本罪在客观方面表现为徇私舞弊，违反土地管理法规，滥用职权，非法批准征收、征用、占用土地，情节严重的行为。<br>1. 违法土地管理法规。根据《全国人民代表大会常务委员关于〈中华人民共和国刑法〉第二百二十八条、第三百四十二条、第四百一十条的解释》的规定，“违反土地管理法规”，就指违反《土地管理法》《森林法》《草原法》等法律以及有关行政法规中关于土地管理的规定。<br>2. 实行行为是徇私舞弊，滥用职权，非法批准征收、征用、占用土地。<br>首先，行为对象是土地。根据《全国人民代表大会常务委员关于〈中华人民共和国刑法〉第二百二十八条、第三百四十二条、第四百一十条的解释》的规定，“土地”，是指耕地、林地等农用地以及其他土地。另根据《土地管理法》第4条的规定，土地分为农用地、建设用地和未利用地。“农用地”是指直接用于农业生产的土地，包括耕地、林地、草地、农田水利用地、养殖水面等；“建设用地”是指建造建筑物、构筑物的土地，包括城乡住宅和公共设施用地、工矿用地、交通水利设施用地、旅游用地、军事设施用地等；“未利用地”是指农用地和建设用地以外的土地。<br>其次，行为方式是徇私舞弊，滥用职权，非法批准征收、征用、占用土地。滥用职权，是指超越职权，违法决定、处理其无权决定、处理的事项，或者违反规定处理公务。“徇私舞弊”，是指国家机关工作人员为徇私情、私利，故意违背事实和法律，伪造材料，隐瞒情况，弄虚作假的行为。判断行为人是否徇私舞弊、滥用职权，关键要看其是否非法批准征收、征用、占用土地。所谓非法批准，包括以下几种情形：(1) 无批准权限而批准征收、征用、占用土地。(2) 超越批准权限批准征收、征用、占用土地。(3) 不按照法律规定的程序批准征收、征用、占用土地。(4) 不按照土地利用总体规划确定的用途批准用地的。(5) 其他非法批准征收、征用、占用土地的行为。<br>3. 情节严重，即指下列情形之一的：(1) 非法批准征收、征用、占用基本农田10亩以上的；(2) 非法批准征收、征用、占用基本农田以外的耕地30亩以上的；(3) 非法批准征收、征用、占用其他土地50亩以上的；(4) 虽未达到上述数量标准，但造成有关单位、个人直接经济损失30万元以上，或者造成耕地大量毁坏或者植被遭到严重破坏的；(5) 非法批准征收、征用、占用土地，影响群众生产、生活，引起纠纷，造成恶劣影响或者其他严重后果的；(6) 非法批准征收、征用、占用防护林地、特种用途林地分别或者合计10亩以上的；(7) 非法批准征收、征用、占用其他林地20亩以上的；(8) 非法批准征收、征用、占用林地造成直接经济损失30万元以上，或者造成防护林地、特种用途林地分别或者合计5亩以上或者其他林地10亩以上毁坏的；(9) 非法批准征收、征用、占用草原40亩以上的；(10) 非法批准征收、征用、占用草原，造成20亩以上草原被毁坏的；(11) 非法批准征收、征用、占用草原，造成直接经济损失30万元以上，或者具有其他恶劣情；(12) 其他情节严重的情形。 |
| | 犯罪主体 | 本罪是纯正的身份犯，主体是国家机关工作人员，主要是指国家土地管理部门具有一定职权的工作人员。<br>刑法中所称的国家机关工作人员，是指在国家机关中从事公务的人员，包括在各级国家权力机关、行政机关、司法机关和军事机关中从事公务的人员。根据有关立法解释的规定，在依照法律、法规规定行使国家行政管理职权的组织中从事公务的人员，或者在受国家机关委托代表国家行使职权的组织中从事公务的人员或者虽未列入 |

| | | |
|---|---|---|
| 定罪标准 | 犯罪主体 | 国家机关人员编制但在国家机关中从事公务的人员，视为国家机关工作人员。在乡（镇）以上中国共产党机关、人民政协机关中从事公务的人员，司法实践中也应当视为国家机关工作人员。 |
| | 犯罪主观方面 | 本罪在主观方面表现为故意，即明知自己非法批准征收、征用、占用土地的行为损害国家的土地管理制度，希望或者放任这种结果的发生。行为人主观上还有徇私的动机。 |
| | 罪与非罪 | 区分罪与非罪的界限，关键要看情节是否严重。行为人虽然实施了违法批准征收、征用、占用土地的行为，但是如果情节不严重的，不构成犯罪，应当依法给予行政处分。 |
| | 此罪与彼罪 | 1. 本罪与非法转让、倒卖土地使用权罪的界限。根据《刑法》第228条的规定，非法转让、倒卖土地使用权罪是指以牟利为目的，违反土地管理法规，非法转让、倒卖土地使用权，情节严重的行为。本罪与非法转让、倒卖土地使用权罪都是违反国家的土地管理法规，有关土地所有权、使用权的犯罪，而且都是故意犯罪。二者的区别在于：（1）犯罪客体不同。本罪侵犯的客体是国家土地管理制度；非法转让、倒卖土地使用权罪侵犯的客体是国家对土地使用权合法转让的管理制度。（2）客观方面不同。本罪客观方面表现为违反土地管理法规，滥用职权，非法批准征收、征用、占用土地，情节严重的行为；而非法转让、倒卖土地使用权罪则表现为实施了非法转让、倒卖土地使用权的行为。（3）犯罪主体不同。本罪是身份犯，主体是国家机关工作人员；非法转让、倒卖土地使用权罪的主体是一般主体。<br>2. 本罪与非法占用农用地罪的界限。根据《刑法》第342条的规定，非法占用农用地罪，是指违反土地管理法规，非法占用耕地、林地等农用地，改变被占用土地用途，数量较大，造成耕地、林地等农用地大量毁坏的行为。本罪与非法占用农用地罪均是违反土地管理法规的犯罪，而且都是故意犯罪。本罪与非法占用农用地罪的主要区别在于：（1）犯罪客观方面不同。本罪在客观方面表现为违反国家土地管理法规，非法批准征收、征用、占用土地；行为对象并不仅限于农用地，也可以是农用地以外的土地。非法占用农用地罪的客观方面表现为非法占用耕地、林地等农用地，改变被占用土地用途，数量较大，造成耕地、林地等农用地大量毁坏；行为对象仅限于农用地。（2）犯罪主体不同。本罪是身份犯，主体是国家机关工作人员；非法占用农用地罪的主体是一般主体。 |
| 证据参考标准 | 主体方面的证据 | **一、证明行为人刑事责任年龄、身份等自然情况的证据**<br>包括身份证明、户籍证明、任职证明、工作经历证明、特定职责证明等，主要是证明行为人的姓名（曾用名）、性别、出生年月日、民族、籍贯、出生地、职业（或职务）、住所地（或居所地）等证据材料，如户口簿、居民身份证、居住证、工作证、出生证、专业或技术等级证、干部履历表、职工登记表、护照等。<br>对于户籍、出生证等材料内容不实的，应提供其他证据材料。人大代表、政协委员犯罪的案件，应注明身份，并附身份证明材料。 |

<table>
<tr><td rowspan="4">证据参考标准</td><td>主体方面的证据</td><td colspan="2">二、证明行为人刑事责任能力的证据<br>证明行为人对自己的行为是否具有辨认能力与控制能力，如是否属于间歇性精神病人、案发时是否尚未完全丧失辨认或者控制自己行为能力的证明材料。</td></tr>
<tr><td>主观方面的证据</td><td colspan="2">证明行为人故意的证据<br>1. 证明行为人主观认识因素的证据：证明行为人明知自己的行为会发生危害社会的结果。2. 证明行为人主观意志因素的证据：证明行为人希望或者放任危害结果发生。3. 证明行为人徇私动机的证据。</td></tr>
<tr><td>客观方面的证据</td><td colspan="2">证明行为人非法批准征收、征用、占用土地的证据<br>具体证据包括：1. 证明行为人批准征收、征用、占用土地的证据。2. 证明批准行为违法土地管理法规的证据。3. 证明行为人徇私舞弊的证据。4. 证明行为人滥用职权的证据。5. 证明非法批准行为情节严重的证据。6. 证明非法批准行为致使国家或者集体利益遭受特别重大损失的证据。</td></tr>
<tr><td>量刑方面的证据</td><td colspan="2">一、法定量刑情节证据<br>1. 事实情节。2. 法定从重情节。3. 法定从轻、减轻情节：（1）可以从轻；（2）可以从轻或者减轻；（3）应当从轻或者减轻。4. 法定从轻、减轻、免除情节：（1）可以从轻、减轻或者免除处罚；（2）应当从轻、减轻或者免除处罚。5. 法定减、轻免除情节：（1）可以减轻或者免除处罚；（2）应当减轻或者免除处罚；（3）可以免除处罚。<br>二、酌定量刑情节证据<br>1. 犯罪手段。2. 犯罪对象：（1）基本农田；（2）基本农田以外的耕地；（3）防护林地；（4）特种用途林地；（5）其他林地；（6）其他土地。3. 危害结果。4. 犯罪动机。5. 平时表现。6. 认罪态度。7. 是否有前科。8. 其他证据。</td></tr>
<tr><td rowspan="3">量刑标准</td><td colspan="2">犯本罪的</td><td>处三年以下有期徒刑或者拘役</td></tr>
<tr><td colspan="2">致使国家或者集体利益遭受特别重大损失的</td><td>处三年以上七年以下有期徒刑</td></tr>
<tr><td>不适用缓刑或者免予刑事处罚</td><td colspan="2">1. 以下情形一般不适用缓刑或者免予刑事处罚：<br>（1）不如实供述罪行的；<br>（2）不予退缴赃款赃物或者将赃款赃物用于非法活动的；<br>（3）属于共同犯罪中情节严重的主犯的；<br>（4）犯有数个职务犯罪依法实行并罚或者以一罪处理的；<br>（5）曾因职务违纪违法行为受过行政处分的；<br>（6）犯罪涉及的财物属于救灾、抢险、防汛、优抚、扶贫、移民、救济、防疫等特定款物的；<br>（7）渎职犯罪中徇私舞弊情节或者滥用职权情节恶劣的；</td></tr>
</table>

**量刑标准**

| | |
|---|---|
| 不适用缓刑或者免予刑事处罚 | （8）其他不应适用缓刑、免予刑事处罚的情形。<br>对于具有以上情形之一，但根据全案事实和量刑情节，检察机关认为确有必要适用缓刑或者免予刑事处罚并据此提出量刑建议的，应经检察委员会讨论决定；审理法院认为确有必要适用缓刑或者免予刑事处罚的，应经审判委员会讨论决定。<br>2. 人民法院审理职务犯罪案件时应当注意听取检察机关、被告人、辩护人提出的量刑意见，分析影响性案件案发前后的社会反映，必要时可以征求案件查办等机关的意见。对于情节恶劣、社会反映强烈的职务犯罪案件，不得适用缓刑、免予刑事处罚。 |

**法律适用**

**刑法条文**

**第四百一十条** 国家机关工作人员徇私舞弊，违反土地管理法规，滥用职权，非法批准征收、征用、占用土地，或者非法低价出让国有土地使用权，情节严重的，处三年以下有期徒刑或者拘役；致使国家或者集体利益遭受特别重大损失的，处三年以上七年以下有期徒刑。

**立法解释**

**一、全国人民代表大会常务委员会《关于〈中华人民共和国刑法〉第九章渎职罪主体适用问题的解释》**（2002年12月28日第九届全国人民代表大会常务委员会第三十一次会议通过）

全国人大常委会根据司法实践中遇到的情况，讨论了刑法第九章渎职罪主体的适用问题，解释如下：

在依照法律、法规规定行使国家行政管理职权的组织中从事公务的人员，或者在受国家机关委托代表国家机关行使职权的组织中从事公务的人员，或者虽未列入国家机关人员编制但在国家机关中从事公务的人员，在代表国家机关行使职权时，有渎职行为，构成犯罪的，依照刑法关于渎职罪的规定追究刑事责任。

现予公告。

**二、全国人民代表大会常务委员会《关于〈中华人民共和国刑法〉第二百二十八条、第三百四十二条、第四百一十条的解释》**（2001年8月31日第九届全国人民代表大会常务委员会第二十三次会议通过 2009年8月27修正）

全国人民代表大会常务委员会讨论了刑法第二百二十八条、第三百四十二条、第四百一十条规定的“违反土地管理法规”和第四百一十条规定的“非法批准征收、征用、占用土地”的含义问题，解释如下：

刑法第二百二十八条、第三百四十二条、第四百一十条规定的“违反土地管理法规”，是指违反土地管理法、森林法、草原法等法律以及有关行政法规中关于土地管理的规定。

刑法第四百一十条规定的“非法批准征收、征用、占用土地”，是指非法批准征收、征用、占用耕地、林地等农用地以及其他土地。

现予公告。

**司法解释**

**一、最高人民法院《关于审理破坏草原资源刑事案件应用法律若干问题的解释》**（2012年11月2日 法释〔2012〕15号）

为依法惩处破坏草原资源犯罪活动，依照《中华人民共和国刑法》的有关规定，现就审理此类刑事案件应用法律的若干问题解释如下：

**第一条** 违反草原法等土地管理法规，非法占用草原，改变被占用草原用途，数量较大，造成草原大量毁坏的，依照刑法第三百四十二条的规定，以非法占用农用地罪定罪处罚。

**第二条** 非法占用草原，改变被占用草原用途，数量在二十亩以上的，或者曾因非法占用草原受过行政处罚，在三年内又非法占用草原，改变被占用草原用途，数量在十亩以上的，应当认定为刑法第三百四十二条规定的“数量较大”。

非法占用草原，改变被占用草原用途，数量较大，具有下列情形之一的，应当认定为刑法第三百四十二条规定的“造成耕地、林地等农用地大量毁坏”：

（一）开垦草原种植粮食作物、经济作物、林木的；

（二）在草原上建窑、建房、修路、挖砂、采石、采矿、取土、剥取草皮的；

（三）在草原上堆放或者排放废弃物，造成草原的原有植被严重毁坏或者严重污染的；

（四）违反草原保护、建设、利用规划种植牧草和饲料作物，造成草原沙化或者水土严重流失的；

（五）其他造成草原严重毁坏的情形。

**第三条** 国家机关工作人员徇私舞弊，违反草原法等土地管理法规，具有下列情形之一的，应当认定为刑法第四百一十条规定的“情节严重”：

（一）非法批准征收、征用、占用草原四十亩以上的；

（二）非法批准征收、征用、占用草原，造成二十亩以上草原被毁坏的；

（三）非法批准征收、征用、占用草原，造成直接经济损失三十万元以上，或者具有其他恶劣情节的。

具有下列情形之一，应当认定为刑法第四百一十条规定的“致使国家或者集体利益遭受特别重大损失”：

（一）非法批准征收、征用、占用草原八十亩以上的；

（二）非法批准征收、征用、占用草原，造成四十亩以上草原被毁坏的；

（三）非法批准征收、征用、占用草原，造成直接经济损失六十万元以上，或者具有其他特别恶劣情节的。

**第四条** 以暴力、威胁方法阻碍草原监督检查人员依法执行职务，构成犯罪的，依照刑法第二百七十七条的规定，以妨害公务罪追究刑事责任。

煽动群众暴力抗拒草原法律、行政法规实施，构成犯罪的，依照刑法第二百七十八条的规定，以煽动暴力抗拒法律实施罪追究刑事责任。

**第五条** 单位实施刑法第三百四十二条规定的行为，对单位判处罚金，并对其直接负责的主管人员和其他直接责任人员，依照本解释规定的定罪量刑标准定罪处罚。

**第六条** 多次实施破坏草原资源的违法犯罪行为，未经处理，应当依法追究刑事责任的，按照累计的数量、数额定罪处罚。

**第七条** 本解释所称“草原”，是指天然草原和人工草地，天然草原包括草地、草山和草坡，人工草地包括改良草地和退耕还草地，不包括城镇草地。

## 二、最高人民检察院《关于渎职侵权犯罪案件立案标准的规定》（节录）（2006年7月26日 高检发释字〔2006〕2号）

### 一、渎职犯罪案件

#### （二十一）非法批准征用、占用土地案（第四百一十条）

非法批准征用、占用土地罪是指国家机关工作人员徇私舞弊，违反土地管理法、森林法、草原法等法律以及有关行政法规中关于土地管理的规定，滥用职权，非法批准征用、占用耕地、林地等农用地以及其他土地，情节严重的行为。

涉嫌下列情形之一的，应予立案：

1. 非法批准征用、占用基本农田 10 亩以上的；

2. 非法批准征用、占用基本农田以外的耕地 30 亩以上的；

3. 非法批准征用、占用其他土地 50 亩以上的；

4. 虽未达到上述数量标准，但造成有关单位、个人直接经济损失 30 万元以上，或者造成耕地大量毁坏或者植被遭到严重破坏的；

5. 非法批准征用、占用土地，影响群众生产、生活，引起纠纷，造成恶劣影响或者其他严重后果的；

6. 非法批准征用、占用防护林地、特种用途林地分别或者合计 10 亩以上的；

7. 非法批准征用、占用其他林地 20 亩以上的；

8. 非法批准征用、占用林地造成直接经济损失 30 万元以上，或者造成防护林地、特种用途林地分别或者合计 5 亩以上或者其他林地 10 亩以上毁坏的；

9. 其他情节严重的情形。

三、附　则

（一）本规定中每个罪案名称后所注明的法律条款系《中华人民共和国刑法》的有关条款。

（二）本规定所称“以上”包括本数；有关犯罪数额“不满”，是指已达到该数额百分之八十以上的。

（三）本规定中的“国家机关工作人员”，是指在国家机关中从事公务的人员，包括在各级国家权力机关、行政机关、司法机关和军事机关中从事公务的人员。在依照法律、法规规定行使国家行政管理职权的组织中从事公务的人员，或者在受国家机关委托代表国家行使职权的组织中从事公务的人员，或者虽未列入国家机关人员编制但在国家机关中从事公务的人员，在代表国家机关行使职权时，视为国家机关工作人员。在乡（镇）以上中国共产党机关、人民政协机关中从事公务的人员，视为国家机关工作人员。

（四）本规定中的“直接经济损失”，是指与行为有直接因果关系而造成的财产损毁、减少的实际价值；“间接经济损失”，是指由直接经济损失引起和牵连的其他损失，包括失去的在正常情况下可以获得的利益和为恢复正常的管理活动或者挽回所造成的损失所支付的各种开支、费用等。

有下列情形之一的，虽然有债权存在，但已无法实现债权的，可以认定为已经造成了经济损失：（1）债务人已经法定程序被宣告破产，且无法清偿债务；（2）债务人潜逃，去向不明；（3）因行为人责任，致使超过诉讼时效；（4）有证据证明债权无法实现的其他情况。

直接经济损失和间接经济损失，是指立案时确已造成的经济损失。移送审查起诉前，犯罪嫌疑人及其亲友自行挽回的经济损失，以及由司法机关或者犯罪嫌疑人所在单位及其上级主管部门挽回的经济损失，不予扣减，但可作为对犯罪嫌疑人从轻处理的情节考虑。

（五）本规定中的“徇私舞弊”，是指国家机关工作人员为徇私情、私利，故意违背事实和法律，伪造材料，隐瞒情况，弄虚作假的行为。

（六）本规定自公布之日起施行。本规定发布前有关人民检察院直接受理立案侦查的国家机关工作人员渎职和利用职权实施的侵犯公民人身权利、民主权利犯罪案件的立案标准，与本规定有重复或者不一致的，适用本规定。

对于本规定施行前发生的国家机关工作人员渎职和利用职权实施的侵犯公民人身权利、民主权利犯罪案件，按照《最高人民法院、最高人民检察院关于适用刑事司法解释时间效力问题的规定》办理。

**三、最高人民法院《全国法院审理经济犯罪案件工作座谈会纪要》（节录）**（2003年11月13日　法发〔2003〕167号）

**一、关于贪污贿赂犯罪和渎职犯罪的主体**

**（一）国家机关工作人员的认定**

刑法中所称的国家机关工作人员，是指在国家机关中从事公务的人员，包括在各级国家权力机关、行政机关、司法机关和军事机关中从事公务的人员。

根据有关立法解释的规定，在依照法律、法规规定行使国家行政管理职权的组织中从事公务的人员，或者在受国家机关委托代表国家行使职权的组织中从事公务的人员，或者虽未列入国家机关人员编制但在国家机关中从事公务的人员，视为国家机关工作人员。在乡（镇）以上中国共产党机关、人民政协机关中从事公务的人员，司法实践中也应当视为国家机关工作人员。

（二）国家机关、国有公司、企业、事业单位委派到非国有公司、企业、事业单位、社会团体从事公务的人员的认定

所谓委派，即委任、派遣，其形式多种多样，如任命、指派、提名、批准等。不论被委派的人身份如何，只要是接受国家机关、国有公司、企业、事业单位委派，代表国家机关、国有公司、企业、事业单位在非国有公司、企业、事业单位、社会团体中从事组织、领导、监督、管理等工作，都可以认定为国家机关、国有公司、企业、事业单位委派到非国有公司、企业、事业单位、社会团体从事公务的人员。如国家机关、国有公司、企业、事业单位委派在国有控股或者参股的股份有限公司从事组织、领导、监督、管理等工作的人员，应当以国家工作人员论。国有公司、企业改制为股份有限公司后，原国有公司、企业的工作人员和股份有限公司新任命的人员中，除代表国有投资主体行使监督、管理职权的人外，不以国家工作人员论。

（三）“其他依照法律从事公务的人员”的认定

刑法第九十三条第二款规定的“其他依照法律从事公务的人员”应当具有两个特征：一是在特定条件下行使国家管理职能；二是依照法律规定从事公务。具体包括：(1) 依法履行职责的各级人民代表大会代表；(2) 依法履行审判职责的人民陪审员；(3) 协助乡镇人民政府、街道办事处从事行政管理工作的村民委员会、居民委员会等农村和城市基层组织人员；(4) 其他由法律授权从事公务的人员。

（四）关于“从事公务”的理解

从事公务，是指代表国家机关、国有公司、企业、事业单位、人民团体等履行组织、领导、监督、管理等职责。公务主要表现为与职权相联系的公共事务以及监督、管理国有财产的职务活动。如国家机关工作人员依法履行职责，国有公司的董事、经理、监事、会计、出纳人员等管理、监督国有财产等活动，属于从事公务。那些不具

备职权内容的劳务活动、技术服务工作，如售货员、售票员等所从事的工作，一般不认为是公务。

六、关于渎职罪

（一）渎职犯罪行为造成的公共财产重大损失的认定

根据刑法规定，玩忽职守、滥用职权等渎职犯罪是以致使公共财产、国家和人民利益遭受重大损失为构成要件的。其中，公共财产的重大损失，通常是指渎职行为已经造成的重大经济损失。在司法实践中，有以下情形之一的，虽然公共财产作为债权存在，但已无法实现债权的，可以认定为行为人的渎职行为造成了经济损失：（1）债务人已经法定程序被宣告破产；（2）债务人潜逃，去向不明；（3）因行为人责任，致使超过诉讼时效；（4）有证据证明债权无法实现的其他情况。

（二）玩忽职守罪的追诉时效

玩忽职守行为造成的重大损失当时没有发生，而是玩忽职守行为之后一定时间发生的，应从危害结果发生之日起计算玩忽职守罪的追诉期限。

（三）国有公司、企业人员渎职犯罪的法律适用

对于1999年12月24日《中华人民共和国刑法修正案》实施以前发生的国有公司、企业人员渎职行为（不包括徇私舞弊行为），尚未处理或者正在处理的，不能按照刑法修正案追究刑事责任。

（四）关于"徇私"的理解

徇私舞弊型渎职犯罪的"徇私"应理解为徇个人私情、私利。国家机关工作人员为了本单位的利益，实施滥用职权、玩忽职守行为，构成犯罪的，依照刑法第三百九十七条第一款的规定定罪处罚。

## 四、最高人民法院《关于审理破坏土地资源刑事案件具体应用法律若干问题的解释》

（2000年6月19日　法释〔2000〕14号）

为依法惩处破坏土地资源犯罪活动，根据刑法的有关规定，现就审理这类案件具体应用法律的若干问题解释如下：

**第一条**　以牟利为目的，违反土地管理法规，非法转让、倒卖土地使用权，具有下列情形之一的，属于非法转让、倒卖土地使用权"情节严重"，依照刑法第二百二十八条的规定，以非法转让、倒卖土地使用权罪定罪处罚：

（一）非法转让、倒卖基本农田5亩以上的；

（二）非法转让、倒卖基本农田以外的耕地10亩以上的；

（三）非法转让、倒卖其他土地20亩以上的；

（四）非法获利50万元以上的；

（五）非法转让、倒卖土地接近上述数量标准并具有其他恶劣情节的，如曾因非法转让、倒卖土地使用权受过行政处罚或者造成严重后果等。

**第二条**　实施第一条规定的行为，具有下列情形之一的，属于非法转让、倒卖土地使用权"情节特别严重"：

（一）非法转让、倒卖基本农田10亩以上的；

（二）非法转让、倒卖基本农田以外的耕地20亩以上的；

（三）非法转让、倒卖其他土地40亩以上的；

（四）非法获利100万元以上的；

（五）非法转让、倒卖土地接近上述数量标准并具有其他恶劣情节，如造成严重后果等。

**第三条** 违反土地管理法规，非法占用耕地改作他用，数量较大，造成耕地大量毁坏的，依照刑法第三百四十二条的规定，以非法占用耕地罪定罪处罚：

（一）非法占用耕地"数量较大"，是指非法占用基本农田5亩以上或者非法占用基本农田以外的耕地10亩以上。

（二）非法占用耕地"造成耕地大量毁坏"，是指行为人非法占用耕地建窑、建坟、建房、挖沙、采石、采矿、取土、堆放固体废弃物或者进行其他非农业建设，造成基本农田5亩以上或者基本农田以外的耕地10亩以上种植条件严重毁坏或者严重污染。

**第四条** 国家机关工作人员徇私舞弊，违反土地管理法规，滥用职权，非法批准征用、占用土地，具有下列情形之一的，属于非法批准征用、占用土地"情节严重"，依照刑法第四百一十条的规定，以非法批准征用、占用土地罪定罪处罚：

（一）非法批准征用、占用基本农田10亩以上的；

（二）非法批准征用、占用基本农田以外的耕地30亩以上的；

（三）非法批准征用、占用其他土地50亩以上的；

（四）虽未达到上述数量标准，但非法批准征用、占用土地造成直接经济损失30万元以上；造成耕地大量毁坏等恶劣情节的。

**第五条** 实施第四条规定的行为，具有下列情形之一的，属于非法批准征用、占用土地"致使国家或者集体利益遭受特别重大损失"：

（一）非法批准征用、占用基本农田20亩以上的；

（二）非法批准征用、占用基本农田以外的耕地60亩以上的；

（三）非法批准征用、占用其他土地100亩以上的；

（四）非法批准征用、占用土地，造成基本农田5亩以上，其他耕地10亩以上严重毁坏的；

（五）非法批准征用、占用土地造成直接经济损失50万元以上等恶劣情节的。

**第六条** 国家机关工作人员徇私舞弊，违反土地管理法规，非法低价出让国有土地使用权，具有下列情形之一的，属于"情节严重"，依照刑法第四百一十条的规定，以非法低价出让国有土地使用权罪定罪处罚：

（一）出让国有土地使用权面积在30亩以上，并且出让价额低于国家规定的最低价额标准的60%的；

（二）造成国有土地资产流失价额在30万元以上的。

**第七条** 实施第六条规定的行为，具有下列情形之一的，属于非法低价出让国有土地使用权，"致使国家和集体利益遭受特别重大损失"：

（一）非法低价出让国有土地使用权面积在60亩以上，并且出让价额低于国家规定的最低价额标准的40%的；

（二）造成国有土地资产流失价额在50万元以上的。

**第八条** 单位犯非法转让、倒卖土地使用权罪、非法占有耕地罪的定罪量刑标准，依照本解释第一条、第二条、第三条的规定执行。

**第九条** 多次实施本解释规定的行为依法应当追诉的，或者1年内多次实施本解释规定的行为未经处理的，按照累计的数量、数额处罚。

**五、最高人民法院、最高人民检察院《关于办理职务犯罪案件严格适用缓刑、免予刑事处罚若干问题的意见》**（2012年8月8日　法发〔2012〕17号）（略，详见本书第16页）

**一、《中华人民共和国土地管理法》**（1986年6月25日第六届全国人民代表大会常务委员会第十六次会议通过 1988年12月29日第一次修正 1998年8月29日修订 2004年8月28日第二次修正 2019年8月26日第三次修正）

## 第一章 总 则

**第一条** 为了加强土地管理，维护土地的社会主义公有制，保护、开发土地资源，合理利用土地，切实保护耕地，促进社会经济的可持续发展，根据宪法，制定本法。

**第二条** 中华人民共和国实行土地的社会主义公有制，即全民所有制和劳动群众集体所有制。

全民所有，即国家所有土地的所有权由国务院代表国家行使。

任何单位和个人不得侵占、买卖或者以其他形式非法转让土地。土地使用权可以依法转让。

国家为了公共利益的需要，可以依法对土地实行征收或者征用并给予补偿。

国家依法实行国有土地有偿使用制度。但是，国家在法律规定的范围内划拨国有土地使用权的除外。

**第三条** 十分珍惜、合理利用土地和切实保护耕地是我国的基本国策。各级人民政府应当采取措施，全面规划，严格管理，保护、开发土地资源，制止非法占用土地的行为。

**第四条** 国家实行土地用途管制制度。

国家编制土地利用总体规划，规定土地用途，将土地分为农用地、建设用地和未利用地。严格限制农用地转为建设用地，控制建设用地总量，对耕地实行特殊保护。

前款所称农用地是指直接用于农业生产的土地，包括耕地、林地、草地、农田水利用地、养殖水面等；建设用地是指建造建筑物、构筑物的土地，包括城乡住宅和公共设施用地、工矿用地、交通水利设施用地、旅游用地、军事设施用地等；未利用地是指农用地和建设用地以外的土地。

使用土地的单位和个人必须严格按照土地利用总体规划确定的用途使用土地。

**第五条** 国务院自然资源主管部门统一负责全国土地的管理和监督工作。

县级以上地方人民政府自然资源主管部门的设置及其职责，由省、自治区、直辖市人民政府根据国务院有关规定确定。

**第六条** 国务院授权的机构对省、自治区、直辖市人民政府以及国务院确定的城市人民政府土地利用和土地管理情况进行督察。

**第七条** 任何单位和个人都有遵守土地管理法律、法规的义务，并有权对违反土地管理法律、法规的行为提出检举和控告。

**第八条** 在保护和开发土地资源、合理利用土地以及进行有关的科学研究等方面成绩显著的单位和个人，由人民政府给予奖励。

## 第二章 土地的所有权和使用权

**第九条** 城市市区的土地属于国家所有。

农村和城市郊区的土地，除由法律规定属于国家所有的以外，属于农民集体所有；宅基地和自留地、自留山，属于农民集体所有。

**第十条** 国有土地和农民集体所有的土地，可以依法确定给单位或者个人使用。使用土地的单位和个人，有保护、管理和合理利用土地的义务。

**第十一条** 农民集体所有的土地依法属于村农民集体所有的，由村集体经济组织或者村民委员会经营、管理；已经分别属于村内两个以上农村集体经济组织的农民集体所有的，由村内各该农村集体经济组织或者村民小组经营、管理；已经属于乡（镇）农民集体所有的，由乡（镇）农村集体经济组织经营、管理。

**第十二条** 土地的所有权和使用权的登记，依照有关不动产登记的法律、行政法规执行。

依法登记的土地的所有权和使用权受法律保护，任何单位和个人不得侵犯。

**第十三条** 农民集体所有和国家所有依法由农民集体使用的耕地、林地、草地，以及其他依法用于农业的土地，采取农村集体经济组织内部的家庭承包方式承包，不宜采取家庭承包方式的荒山、荒沟、荒丘、荒滩等，可以采取招标、拍卖、公开协商等方式承包，从事种植业、林业、畜牧业、渔业生产。家庭承包的耕地的承包期为三十年，草地的承包期为三十年至五十年，林地的承包期为三十年至七十年；耕地承包期届满后再延长三十年，草地、林地承包期届满后依法相应延长。

国家所有依法用于农业的土地可以由单位或者个人承包经营，从事种植业、林业、畜牧业、渔业生产。

发包方和承包方应当依法订立承包合同，约定双方的权利和义务。承包经营土地的单位和个人，有保护和按照承包合同约定的用途合理利用土地的义务。

**第十四条** 土地所有权和使用权争议，由当事人协商解决；协商不成的，由人民政府处理。

单位之间的争议，由县级以上人民政府处理；个人之间、个人与单位之间的争议，由乡级人民政府或者县级以上人民政府处理。

当事人对有关人民政府的处理决定不服的，可以自接到处理决定通知之日起三十日内，向人民法院起诉。

在土地所有权和使用权争议解决前，任何一方不得改变土地利用现状。

## 第三章 土地利用总体规划

**第十五条** 各级人民政府应当依据国民经济和社会发展规划、国土整治和资源环境保护的要求、土地供给能力以及各项建设对土地的需求，组织编制土地利用总体规划。

土地利用总体规划的规划期限由国务院规定。

**第十六条** 下级土地利用总体规划应当依据上一级土地利用总体规划编制。

地方各级人民政府编制的土地利用总体规划中的建设用地总量不得超过上一级土地利用总体规划确定的控制指标，耕地保有量不得低于上一级土地利用总体规划确定的控制指标。

省、自治区、直辖市人民政府编制的土地利用总体规划，应当确保本行政区域内耕地总量不减少。

**第十七条** 土地利用总体规划按照下列原则编制：

（一）落实国土空间开发保护要求，严格土地用途管制；

（二）严格保护永久基本农田，严格控制非农业建设占用农用地；

（三）提高土地节约集约利用水平；

（四）统筹安排城乡生产、生活、生态用地，满足乡村产业和基础设施用地合理需求，促进城乡融合发展；

（五）保护和改善生态环境，保障土地的可持续利用；

（六）占用耕地与开发复垦耕地数量平衡、质量相当。

**第十八条** 国家建立国土空间规划体系。编制国土空间规划应当坚持生态优先，绿色、可持续发展，科学有序统筹安排生态、农业、城镇等功能空间，优化国土空间结构和布局，提升国土空间开发、保护的质量和效率。

经依法批准的国土空间规划是各类开发、保护、建设活动的基本依据。已经编制国土空间规划的，不再编制土地利用总体规划和城乡规划。

**第十九条** 县级土地利用总体规划应当划分土地利用区，明确土地用途。

乡（镇）土地利用总体规划应当划分土地利用区，根据土地使用条件，确定每一块土地的用途，并予以公告。

**第二十条** 土地利用总体规划实行分级审批。

省、自治区、直辖市的土地利用总体规划，报国务院批准。

省、自治区人民政府所在地的市、人口在一百万以上的城市以及国务院指定的城市的土地利用总体规划，经省、自治区人民政府审查同意后，报国务院批准。

本条第二款、第三款规定以外的土地利用总体规划，逐级上报省、自治区、直辖市人民政府批准；其中，乡（镇）土地利用总体规划可以由省级人民政府授权的设区的市、自治州人民政府批准。

土地利用总体规划一经批准，必须严格执行。

**第二十一条** 城市建设用地规模应当符合国家规定的标准，充分利用现有建设用地，不占或者尽量少占农用地。

城市总体规划、村庄和集镇规划，应当与土地利用总体规划相衔接，城市总体规划、村庄和集镇规划中建设用地规模不得超过土地利用总体规划确定的城市和村庄、集镇建设用地规模。

在城市规划区内、村庄和集镇规划区内，城市和村庄、集镇建设用地应当符合城市规划、村庄和集镇规划。

**第二十二条** 江河、湖泊综合治理和开发利用规划，应当与土地利用总体规划相衔接。在江河、湖泊、水库的管理和保护范围以及蓄洪滞洪区内，土地利用应当符合江河、湖泊综合治理和开发利用规划，符合河道、湖泊行洪、蓄洪和输水的要求。

**第二十三条** 各级人民政府应当加强土地利用计划管理，实行建设用地总量控制。

土地利用年度计划，根据国民经济和社会发展计划、国家产业政策、土地利用总体规划以及建设用地和土地利用的实际状况编制。土地利用年度计划应当对本法第六十三条规定的集体经营性建设用地作出合理安排。土地利用年度计划的编制审批程序与土地利用总体规划的编制审批程序相同，一经审批下达，必须严格执行。

**第二十四条** 省、自治区、直辖市人民政府应当将土地利用年度计划的执行情况列为国民经济和社会发展计划执行情况的内容，向同级人民代表大会报告。

**第二十五条** 经批准的土地利用总体规划的修改，须经原批准机关批准；未经批准，不得改变土地利用总体规划确定的土地用途。

经国务院批准的大型能源、交通、水利等基础设施建设用地，需要改变土地利用总体规划的，根据国务院的批准文件修改土地利用总体规划。

经省、自治区、直辖市人民政府批准的能源、交通、水利等基础设施建设用地，需要改变土地利用总体规划的，属于省级人民政府土地利用总体规划批准权限内的，根据省级人民政府的批准文件修改土地利用总体规划。

**第二十六条** 国家建立土地调查制度。

县级以上人民政府自然资源主管部门会同同级有关部门进行土地调查。土地所有者或者使用者应当配合调查，并提供有关资料。

**第二十七条** 县级以上人民政府自然资源主管部门会同同级有关部门根据土地调查成果、规划土地用途和国家制定的统一标准，评定土地等级。

**第二十八条** 国家建立土地统计制度。

县级以上人民政府统计机构和自然资源主管部门依法进行土地统计调查，定期发布土地统计资料。土地所有者或者使用者应当提供有关资料，不得拒报、迟报，不得提供不真实、不完整的资料。

统计机构和自然资源主管部门共同发布的土地面积统计资料是各级人民政府编制土地利用总体规划的依据。

**第二十九条** 国家建立全国土地管理信息系统，对土地利用状况进行动态监测。

## 第四章 耕地保护

**第三十条** 国家保护耕地，严格控制耕地转为非耕地。

国家实行占用耕地补偿制度。非农业建设经批准占用耕地的，按照“占多少，垦多少”的原则，由占用耕地的单位负责开垦与所占用耕地的数量和质量相当的耕地；没有条件开垦或者开垦的耕地不符合要求的，应当按照省、自治区、直辖市的规定缴纳耕地开垦费，专款用于开垦新的耕地。

省、自治区、直辖市人民政府应当制定开垦耕地计划，监督占用耕地的单位按照计划开垦耕地或者按照计划组织开垦耕地，并进行验收。

**第三十一条** 县级以上地方人民政府可以要求占用耕地的单位将所占用耕地耕作层的土壤用于新开垦耕地、劣质地或者其他耕地的土壤改良。

**第三十二条** 省、自治区、直辖市人民政府应当严格执行土地利用总体规划和土地利用年度计划，采取措施，确保本行政区域内耕地总量不减少、质量不降低。耕地总量减少的，由国务院责令在规定期限内组织开垦与所减少耕地的数量与质量相当的耕地；耕地质量降低的，由国务院责令在规定期限内组织整治。新开垦和整治的耕地由国务院自然资源主管部门会同农业农村主管部门验收。

个别省、直辖市确因土地后备资源匮乏，新增建设用地后，新开垦耕地的数量不足以补偿所占用耕地的数量的，必须报经国务院批准减免本行政区域内开垦耕地的数量，易地开垦数量和质量相当的耕地。

**第三十三条** 国家实行永久基本农田保护制度。下列耕地应当根据土地利用总体规划划为永久基本农田，实行严格保护：

（一）经国务院农业农村主管部门或者县级以上地方人民政府批准确定的粮、棉、油、糖等重要农产品生产基地内的耕地；

（二）有良好的水利与水土保持设施的耕地，正在实施改造计划以及可以改造的中、低产田和已建成的高标准农田；

（三）蔬菜生产基地；

（四）农业科研、教学试验田；

（五）国务院规定应当划为永久基本农田的其他耕地。

各省、自治区、直辖市划定的永久基本农田一般应当占本行政区域内耕地的百分之八十以上，具体比例由国务院根据各省、自治区、直辖市耕地实际情况规定。

法律适用 相关法律法规

**第三十四条** 永久基本农田划定以乡（镇）为单位进行，由县级人民政府自然资源主管部门会同同级农业农村主管部门组织实施。永久基本农田应当落实到地块，纳入国家永久基本农田数据库严格管理。

乡（镇）人民政府应当将永久基本农田的位置、范围向社会公告，并设立保护标志。

**第三十五条** 永久基本农田经依法划定后，任何单位和个人不得擅自占用或者改变其用途。国家能源、交通、水利、军事设施等重点建设项目选址确实难以避让永久基本农田，涉及农用地转用或者土地征收的，必须经国务院批准。

禁止通过擅自调整县级土地利用总体规划、乡（镇）土地利用总体规划等方式规避永久基本农田农用地转用或者土地征收的审批。

**第三十六条** 各级人民政府应当采取措施，引导因地制宜轮作休耕，改良土壤，提高地力，维护排灌工程设施，防止土地荒漠化、盐渍化、水土流失和土壤污染。

**第三十七条** 非农业建设必须节约使用土地，可以利用荒地的，不得占用耕地；可以利用劣地的，不得占用好地。

禁止占用耕地建窑、建坟或者擅自在耕地上建房、挖砂、采石、采矿、取土等。

禁止占用永久基本农田发展林果业和挖塘养鱼。

**第三十八条** 禁止任何单位和个人闲置、荒芜耕地。已经办理审批手续的非农业建设占用耕地，一年内不用而又可以耕种并收获的，应当由原耕种该幅耕地的集体或者个人恢复耕种，也可以由用地单位组织耕种；一年以上未动工建设的，应当按照省、自治区、直辖市的规定缴纳闲置费；连续二年未使用的，经原批准机关批准，由县级以上人民政府无偿收回用地单位的土地使用权；该幅土地原为农民集体所有的，应当交由原农村集体经济组织恢复耕种。

在城市规划区范围内，以出让方式取得土地使用权进行房地产开发的闲置土地，依照《中华人民共和国城市房地产管理法》的有关规定办理。

**第三十九条** 国家鼓励单位和个人按照土地利用总体规划，在保护和改善生态环境、防止水土流失和土地荒漠化的前提下，开发未利用的土地；适宜开发为农用地的，应当优先开发成农用地。

国家依法保护开发者的合法权益。

**第四十条** 开垦未利用的土地，必须经过科学论证和评估，在土地利用总体规划划定的可开垦的区域内，经依法批准后进行。禁止毁坏森林、草原开垦耕地，禁止围湖造田和侵占江河滩地。

根据土地利用总体规划，对破坏生态环境开垦、围垦的土地，有计划有步骤地退耕还林、还牧、还湖。

**第四十一条** 开发未确定使用权的国有荒山、荒地、荒滩从事种植业、林业、畜牧业、渔业生产的，经县级以上人民政府依法批准，可以确定给开发单位或者个人长期使用。

**第四十二条** 国家鼓励土地整理。县、乡（镇）人民政府应当组织农村集体经济组织，按照土地利用总体规划，对田、水、路、林、村综合整治，提高耕地质量，增加有效耕地面积，改善农业生产条件和生态环境。

地方各级人民政府应当采取措施，改造中、低产田，整治闲散地和废弃地。

**第四十三条** 因挖损、塌陷、压占等造成土地破坏，用地单位和个人应当按照国家有关规定负责复垦；没有条件复垦或者复垦不符合要求的，应当缴纳土地复垦费，专项用于土地复垦。复垦的土地应当优先用于农业。

## 第五章 建设用地

**第四十四条** 建设占用土地，涉及农用地转为建设用地的，应当办理农用地转用审批手续。

永久基本农田转为建设用地的，由国务院批准。

在土地利用总体规划确定的城市和村庄、集镇建设用地规模范围内，为实施该规划而将永久基本农田以外的农用地转为建设用地的，按土地利用年度计划分批次按照国务院规定由原批准土地利用总体规划的机关或者其授权的机关批准。在已批准的农用地转用范围内，具体建设项目用地可以由市、县人民政府批准。

在土地利用总体规划确定的城市和村庄、集镇建设用地规模范围外，将永久基本农田以外的农用地转为建设用地的，由国务院或者国务院授权的省、自治区、直辖市人民政府批准。

**第四十五条** 为了公共利益的需要，有下列情形之一，确需征收农民集体所有的土地的，可以依法实施征收：

（一）军事和外交需要用地的；

（二）由政府组织实施的能源、交通、水利、通信、邮政等基础设施建设需要用地的；

（三）由政府组织实施的科技、教育、文化、卫生、体育、生态环境和资源保护、防灾减灾、文物保护、社区综合服务、社会福利、市政公用、优抚安置、英烈保护等公共事业需要用地的；

（四）由政府组织实施的扶贫搬迁、保障性安居工程建设需要用地的；

（五）在土地利用总体规划确定的城镇建设用地范围内，经省级以上人民政府批准由县级以上地方人民政府组织实施的成片开发建设需要用地的；

（六）法律规定为公共利益需要可以征收农民集体所有的土地的其他情形。

前款规定的建设活动，应当符合国民经济和社会发展规划、土地利用总体规划、城乡规划和专项规划；第（四）项、第（五）项规定的建设活动，还应当纳入国民经济和社会发展年度计划；第（五）项规定的成片开发并应当符合国务院自然资源主管部门规定的标准。

**第四十六条** 征收下列土地的，由国务院批准：

（一）永久基本农田；

（二）永久基本农田以外的耕地超过三十五公顷的；

（三）其他土地超过七十公顷的。

征收前款规定以外的土地的，由省、自治区、直辖市人民政府批准。

征收农用地的，应当依照本法第四十四条的规定先行办理农用地转用审批。其中，经国务院批准农用地转用的，同时办理征地审批手续，不再另行办理征地审批；经省、自治区、直辖市人民政府在征地批准权限内批准农用地转用的，同时办理征地审批手续，不再另行办理征地审批，超过征地批准权限的，应当依照本条第一款的规定另行办理征地审批。

**第四十七条** 国家征收土地的，依照法定程序批准后，由县级以上地方人民政府予以公告并组织实施。

县级以上地方人民政府拟申请征收土地的，应当开展拟征收土地现状调查和社会稳定风险评估，并将征收范围、土地现状、征收目的、补偿标准、安置方式和社会保障等在拟征收土地所在的乡（镇）和村、村民小组范围内公告至少三十日，听取被征地的农村集体经济组织及其成员、村民委员会和其他利害关系人的意见。

多数被征地的农村集体经济组织成员认为征地补偿安置方案不符合法律、法规规定的，县级以上地方人民政府应当组织召开听证会，并根据法律、法规的规定和听证会情况修改方案。

拟征收土地的所有权人、使用权人应当在公告规定期限内，持不动产权属证明材料办理补偿登记。县级以上地方人民政府应当组织有关部门测算并落实有关费用，保证足额到位，与拟征收土地的所有权人、使用权人就补偿、安置等签订协议；个别确实难以达成协议的，应当在申请征收土地时如实说明。

相关前期工作完成后，县级以上地方人民政府方可申请征收土地。

**第四十八条** 征收土地应当给予公平、合理的补偿，保障被征地农民原有生活水平不降低、长远生计有保障。

征收土地应当依法及时足额支付土地补偿费、安置补助费以及农村村民住宅、其他地上附着物和青苗等的补偿费用，并安排被征地农民的社会保障费用。

征收农用地的土地补偿费、安置补助费标准由省、自治区、直辖市通过制定公布区片综合地价确定。制定区片综合地价应当综合考虑土地原用途、土地资源条件、土地产值、土地区位、土地供求关系、人口以及经济社会发展水平等因素，并至少每三年调整或者重新公布一次。

征收农用地以外的其他土地、地上附着物和青苗等的补偿标准，由省、自治区、直辖市制定。对其中的农村村民住宅，应当按照先补偿后搬迁、居住条件有改善的原则，尊重农村村民意愿，采取重新安排宅基地建房、提供安置房或者货币补偿等方式给予公平、合理的补偿，并对因征收造成的搬迁、临时安置等费用予以补偿，保障农村村民居住的权利和合法的住房财产权益。

县级以上地方人民政府应当将被征地农民纳入相应的养老等社会保障体系。被征地农民的社会保障费用主要用于符合条件的被征地农民的养老保险等社会保险缴费补贴。被征地农民社会保障费用的筹集、管理和使用办法，由省、自治区、直辖市制定。

**第四十九条** 被征地的农村集体经济组织应当将征收土地的补偿费用的收支状况向本集体经济组织的成员公布，接受监督。

禁止侵占、挪用被征收土地单位的征地补偿费用和其他有关费用。

**第五十条** 地方各级人民政府应当支持被征地的农村集体经济组织和农民从事开发经营，兴办企业。

**第五十一条** 大中型水利、水电工程建设征收土地的补偿费标准和移民安置办法，由国务院另行规定。

**第五十二条** 建设项目可行性研究论证时，自然资源主管部门可以根据土地利用总体规划、土地利用年度计划和建设用地标准，对建设用地有关事项进行审查，并提出意见。

**第五十三条** 经批准的建设项目需要使用国有建设用地的，建设单位应当持法律、行政法规规定的有关文件，向有批准权的县级以上人民政府自然资源主管部门提出建设用地申请，经自然资源主管部门审查，报本级人民政府批准。

**第五十四条** 建设单位使用国有土地，应当以出让等有偿使用方式取得；但是，下列建设用地，经县级以上人民政府依法批准，可以以划拨方式取得：

（一）国家机关用地和军事用地；

（二）城市基础设施用地和公益事业用地；

（三）国家重点扶持的能源、交通、水利等基础设施用地；

（四）法律、行政法规规定的其他用地。

**第五十五条** 以出让等有偿使用方式取得国有土地使用权的建设单位，按照国务院规定的标准和办法，缴纳土地使用权出让金等土地有偿使用费和其他费用后，方可使用土地。

自本法施行之日起，新增建设用地的土地有偿使用费，百分之三十上缴中央财政，百分之七十留给有关地方人民政府。具体使用管理办法由国务院财政部门会同有关部门制定，并报国务院批准。

**第五十六条** 建设单位使用国有土地的，应当按照土地使用权出让等有偿使用合同的约定或者土地使用权划拨批准文件的规定使用土地；确需改变该幅土地建设用途的，应当经有关人民政府自然资源主管部门同意，报原批准用地的人民政府批准。其中，在城市规划区内改变土地用途的，在报批前，应当先经有关城市规划行政主管部门同意。

**第五十七条** 建设项目施工和地质勘查需要临时使用国有土地或者农民集体所有的土地的，由县级以上人民政府自然资源主管部门批准。其中，在城市规划区内的临时用地，在报批前，应当先经有关城市规划行政主管部门同意。土地使用者应当根据土地权属，与有关自然资源主管部门或者农村集体经济组织、村民委员会签订临时使用土地合同，并按照合同的约定支付临时使用土地补偿费。

临时使用土地的使用者应当按照临时使用土地合同约定的用途使用土地，并不得修建永久性建筑物。

临时使用土地期限一般不超过二年。

**第五十八条** 有下列情形之一的，由有关人民政府自然资源主管部门报经原批准用地的人民政府或者有批准权的人民政府批准，可以收回国有土地使用权：

（一）为实施城市规划进行旧城区改建以及其他公共利益需要，确需使用土地的；

（二）土地出让等有偿使用合同约定的使用期限届满，土地使用者未申请续期或者申请续期未获批准的；

（三）因单位撤销、迁移等原因，停止使用原划拨的国有土地的；

（四）公路、铁路、机场、矿场等经核准报废的。

依照前款第（一）项的规定收回国有土地使用权的，对土地使用权人应当给予适当补偿。

**第五十九条** 乡镇企业、乡（镇）村公共设施、公益事业、农村村民住宅等乡（镇）村建设，应当按照村庄和集镇规划，合理布局，综合开发，配套建设；建设用地，应当符合乡（镇）土地利用总体规划和土地利用年度计划，并依照本法第四十四条、第六十条、第六十一条、第六十二条的规定办理审批手续。

**第六十条** 农村集体经济组织使用乡（镇）土地利用总体规划确定的建设用地兴办企业或者与其他单位、个人以土地使用权入股、联营等形式共同举办企业的，应当持有关批准文件，向县级以上地方人民政府自然资源主管部门提出申请，按照省、自治区、直辖市规定的批准权限，由县级以上地方人民政府批准；其中，涉及占用农用地的，依照本法第四十四条的规定办理审批手续。

按照前款规定兴办企业的建设用地，必须严格控制。省、自治区、直辖市可以按照乡镇企业的不同行业和经营规模，分别规定用地标准。

**第六十一条** 乡（镇）村公共设施、公益事业建设，需要使用土地的，经乡（镇）人民政府审核，向县级以上地方人民政府自然资源主管部门提出申请，按照省、自治区、直辖市规定的批准权限，由县级以上地方人民政府批准；其中，涉及占用农用地的，依照本法第四十四条的规定办理审批手续。

**第六十二条** 农村村民一户只能拥有一处宅基地，其宅基地的面积不得超过省、自治区、直辖市规定的标准。

人均土地少、不能保障一户拥有一处宅基地的地区，县级人民政府在充分尊重农村村民意愿的基础上，可以采取措施，按照省、自治区、直辖市规定的标准保障农村村民实现户有所居。

农村村民建住宅，应当符合乡（镇）土地利用总体规划、村庄规划，不得占用永久基本农田，并尽量使用原有的宅基地和村内空闲地。编制乡（镇）土地利用总体规划、村庄规划应当统筹并合理安排宅基地用地，改善农村村民居住环境和条件。

农村村民住宅用地，由乡（镇）人民政府审核批准；其中，涉及占用农用地的，依照本法第四十四条的规定办理审批手续。

农村村民出卖、出租、赠与住宅后，再申请宅基地的，不予批准。

国家允许进城落户的农村村民依法自愿有偿退出宅基地，鼓励农村集体经济组织及其成员盘活利用闲置宅基地和闲置住宅。

国务院农业农村主管部门负责全国农村宅基地改革和管理有关工作。

**第六十三条** 土地利用总体规划、城乡规划确定为工业、商业等经营性用途，并经依法登记的集体经营性建设用地，土地所有权人可以通过出让、出租等方式交由单位或者个人使用，并应当签订书面合同，载明土地界址、面积、动工期限、使用期限、土地用途、规划条件和双方其他权利义务。

前款规定的集体经营性建设用地出让、出租等，应当经本集体经济组织成员的村民会议三分之二以上成员或者三分之二以上村民代表的同意。

通过出让等方式取得的集体经营性建设用地使用权可以转让、互换、出资、赠与或者抵押，但法律、行政法规另有规定或者土地所有权人、土地使用权人签订的书面合同另有约定的除外。

集体经营性建设用地的出租，集体建设用地使用权的出让及其最高年限、转让、互换、出资、赠与、抵押等，参照同类用途的国有建设用地执行。具体办法由国务院制定。

**第六十四条** 集体建设用地的使用者应当严格按照土地利用总体规划、城乡规划确定的用途使用土地。

**第六十五条** 在土地利用总体规划制定前已建的不符合土地利用总体规划确定的用途的建筑物、构筑物，不得重建、扩建。

**第六十六条** 有下列情形之一的，农村集体经济组织报经原批准用地的人民政府批准，可以收回土地使用权：

（一）为乡（镇）村公共设施和公益事业建设，需要使用土地的；

（二）不按照批准的用途使用土地的；

（三）因撤销、迁移等原因而停止使用土地的。

依照前款第（一）项规定收回农民集体所有的土地的，对土地使用权人应当给予适当补偿。

收回集体经营性建设用地使用权，依照双方签订的书面合同办理，法律、行政法规另有规定的除外。

## 第六章 监督检查

**第六十七条** 县级以上人民政府自然资源主管部门对违反土地管理法律、法规的行为进行监督检查。

县级以上人民政府农业农村主管部门对违反农村宅基地管理法律、法规的行为进行监督检查的，适用本法关于自然资源主管部门监督检查的规定。

土地管理监督检查人员应当熟悉土地管理法律、法规，忠于职守、秉公执法。

**第六十八条** 县级以上人民政府自然资源主管部门履行监督检查职责时，有权采取下列措施：

（一）要求被检查的单位或者个人提供有关土地权利的文件和资料，进行查阅或者予以复制；

（二）要求被检查的单位或者个人就有关土地权利的问题作出说明；

（三）进入被检查单位或者个人非法占用的土地现场进行勘测；

（四）责令非法占用土地的单位或者个人停止违反土地管理法律、法规的行为。

**第六十九条** 土地管理监督检查人员履行职责，需要进入现场进行勘测、要求有关单位或者个人提供文件、资料和作出说明的，应当出示土地管理监督检查证件。

**第七十条** 有关单位和个人对县级以上人民政府自然资源主管部门就土地违法行为进行的监督检查应当支持与配合，并提供工作方便，不得拒绝与阻碍土地管理监督检查人员依法执行职务。

**第七十一条** 县级以上人民政府自然资源主管部门在监督检查工作中发现国家工作人员的违法行为，依法应当给予处分的，应当依法予以处理；自己无权处理的，应当依法移送监察机关或者有关机关处理。

**第七十二条** 县级以上人民政府自然资源主管部门在监督检查工作中发现土地违法行为构成犯罪的，应当将案件移送有关机关，依法追究刑事责任；尚不构成犯罪的，应当依法给予行政处罚。

**第七十三条** 依照本法规定应当给予行政处罚，而有关自然资源主管部门不给予行政处罚的，上级人民政府自然资源主管部门有权责令有关自然资源主管部门作出行政处罚决定或者直接给予行政处罚，并给予有关自然资源主管部门的负责人处分。

### 第七章 法律责任

**第七十四条** 买卖或者以其他形式非法转让土地的，由县级以上人民政府自然资源主管部门没收违法所得；对违反土地利用总体规划擅自将农用地改为建设用地的，限期拆除在非法转让的土地上新建的建筑物和其他设施，恢复土地原状，对符合土地利用总体规划的，没收在非法转让的土地上新建的建筑物和其他设施；可以并处罚款；对直接负责的主管人员和其他直接责任人员，依法给予处分；构成犯罪的，依法追究刑事责任。

**第七十五条** 违反本法规定，占用耕地建窑、建坟或者擅自在耕地上建房、挖砂、采石、采矿、取土等，破坏种植条件的，或者因开发土地造成土地荒漠化、盐渍化的，由县级以上人民政府自然资源主管部门、农业农村主管部门等按照职责责令限期改正或者治理，可以并处罚款；构成犯罪的，依法追究刑事责任。

**第七十六条** 违反本法规定，拒不履行土地复垦义务的，由县级以上人民政府自然资源主管部门责令限期改正；逾期不改正的，责令缴纳复垦费，专项用于土地复垦，可以处以罚款。

**第七十七条** 未经批准或者采取欺骗手段骗取批准，非法占用土地的，由县级以上人民政府自然资源主管部门责令退还非法占用的土地，对违反土地利用总体规划擅自将农用地改为建设用地的，限期拆除在非法占用的土地上新建的建筑物和其他设施，恢复土地原状，对符合土地利用总体规划的，没收在非法占用的土地上新建的建筑物和其他设施，可以并处罚款；对非法占用土地单位的直接负责的主管人员和其他直接责任人员，依法给予处分；构成犯罪的，依法追究刑事责任。

超过批准的数量占用土地，多占的土地以非法占用土地论处。

**第七十八条** 农村村民未经批准或者采取欺骗手段骗取批准，非法占用土地建住宅的，由县级以上人民政府农业农村主管部门责令退还非法占用的土地，限期拆除在非法占用的土地上新建的房屋。

超过省、自治区、直辖市规定的标准，多占的土地以非法占用土地论处。

**第七十九条** 无权批准征收、使用土地的单位或者个人非法批准占用土地的，超越批准权限非法批准占用土地的，不按照土地利用总体规划确定的用途批准用地的，或者违反法律规定的程序批准占用、征收土地的，其批准文件无效，对非法批准征收、使用土地的直接负责的主管人员和其他直接责任人员，依法给予处分；构成犯罪的，依法追究刑事责任。非法批准、使用的土地应当收回，有关当事人拒不归还的，以非法占用土地论处。

非法批准征收、使用土地，对当事人造成损失的，依法应当承担赔偿责任。

**第八十条** 侵占、挪用被征收土地单位的征地补偿费用和其他有关费用，构成犯罪的，依法追究刑事责任；尚不构成犯罪的，依法给予处分。

**第八十一条** 依法收回国有土地使用权当事人拒不交出土地的，临时使用土地期满拒不归还的，或者不按照批准的用途使用国有土地的，由县级以上人民政府自然资源主管部门责令交还土地，处以罚款。

**第八十二条** 擅自将农民集体所有的土地通过出让、转让使用权或者出租等方式用于非农业建设，或者违反本法规定，将集体经营性建设用地通过出让、出租等方式交由单位或者个人使用的，由县级以上人民政府自然资源主管部门责令限期改正，没收违法所得，并处罚款。

**第八十三条** 依照本法规定，责令限期拆除在非法占用的土地上新建的建筑物和其他设施的，建设单位或者个人必须立即停止施工，自行拆除；对继续施工的，作出处罚决定的机关有权制止。建设单位或者个人对责令限期拆除的行政处罚决定不服的，可以在接到责令限期拆除决定之日起十五日内，向人民法院起诉；期满不起诉又不自行拆除的，由作出处罚决定的机关依法申请人民法院强制执行，费用由违法者承担。

**第八十四条** 自然资源主管部门、农业农村主管部门的工作人员玩忽职守、滥用职权、徇私舞弊，构成犯罪的，依法追究刑事责任；尚不构成犯罪的，依法给予处分。

## 第八章 附 则

**第八十五条** 外商投资企业使用土地的，适用本法；法律另有规定的，从其规定。

**第八十六条** 在根据本法第十八条的规定编制国土空间规划前，经依法批准的土地利用总体规划和城乡规划继续执行。

**第八十七条** 本法自 1999 年 1 月 1 日起施行。

**二、《中华人民共和国草原法》（节录）**（1985 年 6 月 18 日第六届全国人民代表大会常务委员会第十一次会议通过 2002 年 12 月 28 日第一次修正 2013 年 6 月 29 日第二次修正 2021 年 4 月 29 日第三次修正）

**第三十八条** 进行矿藏开采和工程建设，应当不占或者少占草原；确需征收、征用或者使用草原的，必须经省级以上人民政府草原行政主管部门审核同意后，依照有关土地管理的法律、行政法规办理建设用地审批手续。

**第三十九条** 因建设征收、征用集体所有的草原的，应当依照《中华人民共和国土地管理法》的规定给予补偿；因建设使用国家所有的草原的，应当依照国务院有关规定对草原承包经营者给予补偿。

法律适用 相关法律法规

因建设征收、征用或者使用草原的，应当交纳草原植被恢复费。草原植被恢复费专款专用，由草原行政主管部门按照规定用于恢复草原植被，任何单位和个人不得截留、挪用。草原植被恢复费的征收、使用和管理办法，由国务院价格主管部门和国务院财政部门会同国务院草原行政主管部门制定。

**第六十三条** 无权批准征收、征用、使用草原的单位或者个人非法批准征收、征用、使用草原的，超越批准权限非法批准征收、征用、使用草原的，或者违反法律规定的程序批准征收、征用、使用草原，构成犯罪的，依法追究刑事责任；尚不够刑事处罚的，依法给予行政处分。非法批准征收、征用、使用草原的文件无效。非法批准征收、征用、使用的草原应当收回，当事人拒不归还的，以非法使用草原论处。

非法批准征收、征用、使用草原，给当事人造成损失的，依法承担赔偿责任。

**三、《中华人民共和国森林法》（节录）**（1984 年 9 月 20 日第六届全国人民代表大会常务委员会第七次会议通过　1998 年 4 月 29 日第一次修正　2009 年 8 月 27 日第二次修正　2019 年 12 月 28 日修订）

**第三十六条** 国家保护林地，严格控制林地转为非林地，实行占用林地总量控制，确保林地保有量不减少。各类建设项目占用林地不得超过本行政区域的占用林地总量控制指标。

**第三十七条** 矿藏勘查、开采以及其他各类工程建设，应当不占或者少占林地；确需占用林地的，应当经县级以上人民政府林业主管部门审核同意，依法办理建设用地审批手续。

占用林地的单位应当缴纳森林植被恢复费。森林植被恢复费征收使用管理办法由国务院财政部门会同林业主管部门制定。

县级以上人民政府林业主管部门应当按照规定安排植树造林，恢复森林植被，植树造林面积不得少于因占用林地而减少的森林植被面积。上级林业主管部门应当定期督促下级林业主管部门组织植树造林、恢复森林植被，并进行检查。

# 38 非法低价出让国有土地使用权案

**概念**

本罪是指国家机关工作人员徇私舞弊，违反土地管理规定，滥用职权，非法低价出让国有土地使用权，情节严重的行为。

**立案标准**

国家机关工作人员涉嫌徇私舞弊，违反《土地管理法》《森林法》《草原法》等法律以及有关行政法规中关于土地管理的规定，滥用职权，非法低价出让国有土地使用权，有下列情形之一的，应予立案：

1. 非法低价出让国有土地 30 亩以上，并且出让价额低于国家规定的最低价额标准的 60% 的。
2. 造成国有土地资产流失价额 30 万元以上的。
3. 非法低价出让国有土地使用权，影响群众生产、生活，引起纠纷，造成恶劣影响或者其他严重后果的。
4. 非法低价出让林地合计 30 亩以上，并且出让价额低于国家规定的最低价额标准的 60% 的。
5. 造成国有资产流失 30 万元以上的。
6. 其他情节严重的情形。

**定罪标准**

**犯罪客体**

本罪侵犯的客体是国家的土地管理制度。

**犯罪客观方面**

本罪在客观方面表现为徇私舞弊，违反土地管理法规，滥用职权，非法低价出让国有土地使用权，情节严重的行为。

1. 违法土地管理法规。根据《全国人民代表大会常务委员关于〈中华人民共和国刑法〉第二百二十八条、第三百四十二条、第四百一十条的解释》的规定，“违反土地管理法规”，就指违反《土地管理法》《森林法》《草原法》等法律以及有关行政法规中关于土地管理的规定。

2. 实行行为是徇私舞弊，滥用职权，非法低价出让国有土地使用权。

首先，行为对象是国有土地使用权。《土地管理法》第 9 条规定，城市市区的土地属于国家所有。农村和城市郊区的土地，除由法律规定属于国家所有的以外，属于农民集体所有；宅基地和自留地、自留山，属于农民集体所有。根据《土地管理法实施条例》的规定，下列土地属于全民所有即国家所有：（1）城市市区的土地；（2）农村和城市郊区中已经依法没收、征收、征购为国有的土地；（3）国家依法征收的土地；（4）依法不属于集体所有的林地、草地、荒地、滩涂及其他土地；（5）农村集体经济组织全部成员转为城镇居民的，原属于其成员集体所有的土地；（6）因国家组织移民、自然灾害等原因，农民成建制地集体迁移后不再使用的原属于迁移农民集体所有的土地。所谓国有土地使用权，是指国家对土地的占有、作用和收益的专有权利。

| | | |
|---|---|---|
| 定罪标准 | 犯罪客观方面 | 根据《城镇国有土地使用权出让和转让暂行条例》的规定，国家按照所有权与使用权分离的原则，实行城镇国有土地使用权出让、转让制度。<br>其次，行为方式是徇私舞弊，滥用职权，非法低价出让国有土地使用权。滥用职权，则是指超越职权，违法决定、处理其无权决定、处理的事项，或者违反规定处理公务。“徇私舞弊”，是指国家机关工作人员为徇私情、私利，故意违背事实和法律，伪造材料，隐瞒情况，弄虚作假的行为。判断行为人是否徇私舞弊，滥用职权，关键要看其是否非法低价出让国有土地使用权。所谓“非法低价出让国有土地使用权”，指的是以低于国家规定的最低价额出让国有土地使用权。根据《土地管理法》第54条的规定，建设单位使用国有土地，应当以出让等有偿使用方式取得。另根据《城市房地产管理法》的规定，土地使用权出让，可以采取拍卖、招标或者双方协议的方式。其中，采取双方协议方式出让土地使用权的出让金不得低于按国家规定所确定的最低价。由于招标、拍卖具有公开性与竞争性，一般不存在低价出让土地使用权的情况，但低价出让容易发生在协议出让的情况之下。为了保障协议出让的合法性以及出让价格的合理性，《协议出让国有土地使用权规定》规定，出让国有土地使用权，除依照法律法规和规章的规定应当采用招标、拍卖或者挂牌方式外，方可采取协议方式。同时，协议出让最低价不得低于新增建设用地的土地有偿使用费、征地（拆迁）补偿费用以及按照国家规定应当缴纳的有关税费之和。有基准地价的地区，协议出让最低价不得低于出让地块所在级别基准地价的70%。违反前述规定，以低于法定最低价格出让土地的，即属于本罪的“非法低价出让国有土地使用权”。<br>3. 情节严重，即指下列情形之一的：（1）非法低价出让国有土地30亩以上，并且出让价额低于国家规定的最低价额标准的60%的；（2）造成国有土地资产流失价额30万元以上的；（3）非法低价出让国有土地使用权，影响群众生产、生活，引起纠纷，造成恶劣影响或者其他严重后果的；（4）非法低价出让林地合计30亩以上，并且出让价额低于国家规定的最低价额标准的60%的；（5）造成国有资产流失30万元以上的；（6）其他情节严重的情形。 |
| | 犯罪主体 | 本罪是纯正的身份犯，主体是国家机关工作人员，主要是指有权出让国有土地使用权的国家机关的工作人员。<br>刑法中所称的国家机关工作人员，是指在国家机关中从事公务的人员，包括在各级国家权力机关、行政机关、司法机关和军事机关中从事公务的人员。根据有关立法解释的规定，在依照法律、法规规定行使国家行政管理职权的组织中从事公务的人员，或者在受国家机关委托代表国家行使职权的组织中从事公务的人员或者虽未列入国家机关人员编制但在国家机关中从事公务的人员，视为国家机关工作人员。在乡（镇）以上中国共产党机关、人民政协机关中从事公务的人员，司法实践中也应当视为国家机关工作人员。 |
| | 犯罪主观方面 | 本罪在主观方面表现为故意，即明知自己非法低价出让国有土地使用权的行为会损害国家的土地管理制度，希望或者放任这种结果发生。 |
| | 罪与非罪 | 区分罪与非罪的界限，关键要看非法低价出让国有土地使用权的行为是否“情节严重”。如果行为人非法低价出让国有土地使用权的行为没有达到“情节严重”的程度，则属于一般违法行为，只能给予行政处罚。 |

<table>
<tr><td rowspan="4">证据参考标准</td><td>主体方面的证据</td><td colspan="2">

**一、证明行为人刑事责任年龄、身份等自然情况的证据**

包括身份证明、户籍证明、任职证明、工作经历证明、特定职责证明等，主要是证明行为人的姓名（曾用名）、性别、出生年月日、民族、籍贯、出生地、职业（或职务）、住所地（或居所地）等证据材料，如户口簿、居民身份证、居住证、工作证、出生证、专业或技术等级证、干部履历表、职工登记表、护照等。

对于户籍、出生证等材料内容不实的，应提供其他证据材料。人大代表、政协委员犯罪的案件，应注明身份，并附身份证明材料。

**二、证明行为人刑事责任能力的证据**

证明行为人对自己的行为是否具有辨认能力与控制能力，如是否属于间歇性精神病人、案发时是否尚未完全丧失辨认或者控制自己行为能力的证明材料。</td></tr>
<tr><td>主观方面的证据</td><td colspan="2">

**证明行为人故意的证据**

1. 证明行为人主观认识因素的证据：证明行为人明知自己的行为会发生危害社会的结果。2. 证明行为人主观意志因素的证据：证明行为人希望或者放任危害结果发生。3. 证明徇私动机的证据。</td></tr>
<tr><td>客观方面的证据</td><td colspan="2">

**证明行为人非法低价出让国有土地使用权的证据**

具体证据包括：1. 证明低价出让国有土地使用权的证据。2. 证明低价出让国有土地使用权违反土地管理法规的证据。3. 证明行为人徇私舞弊的证据。4. 证明行为人滥用职权的证据。5. 证明情节严重的证据。6. 证明非法低价出让行为致使国家或者集体利益遭受特别重大损失的证据。</td></tr>
<tr><td>量刑方面的证据</td><td colspan="2">

**一、法定量刑情节证据**

1. 事实情节。2. 法定从重情节。3. 法定从轻、减轻情节：（1）可以从轻；（2）可以从轻或者减轻；（3）应当从轻或者减轻。4. 法定从轻、减轻、免除情节：（1）可以从轻、减轻或者免除处罚；（2）应当从轻、减轻或者免除处罚。5. 法定减轻、免除情节：（1）可以减轻或者免除处罚；（2）应当减轻或者免除处罚；（3）可以免除处罚。

**二、酌定量刑情节证据**

1. 犯罪手段。2. 犯罪对象。3. 危害结果。4. 犯罪动机。5. 平时表现。6. 认罪态度。7. 是否有前科。8. 其他证据。</td></tr>
<tr><td rowspan="3">量刑标准</td><td colspan="2">犯本罪的</td><td>处三年以下有期徒刑或者拘役</td></tr>
<tr><td colspan="2">致使国家或者集体利益遭受特别重大损失的</td><td>处三年以上七年以下有期徒刑</td></tr>
<tr><td>不适用缓刑或者免予刑事处罚</td><td colspan="2">1. 以下情形一般不适用缓刑或者免予刑事处罚：<br>（1）不如实供述罪行的；<br>（2）不予退缴赃款赃物或者将赃款赃物用于非法活动的；<br>（3）属于共同犯罪中情节严重的主犯的；<br>（4）犯有数个职务犯罪依法实行并罚或者以一罪处理的；<br>（5）曾因职务违纪违法行为受过行政处分的；</td></tr>
</table>

**量刑标准**

**不适用缓刑或者免予刑事处罚**

（6）犯罪涉及的财物属于救灾、抢险、防汛、优抚、扶贫、移民、救济、防疫等特定款物的；

（7）渎职犯罪中徇私舞弊情节或者滥用职权情节恶劣的；

（8）其他不应适用缓刑、免予刑事处罚的情形。

对于具有以上情形之一，但根据全案事实和量刑情节，检察机关认为确有必要适用缓刑或者免予刑事处罚并据此提出量刑建议的，应经检察委员会讨论决定；审理法院认为确有必要适用缓刑或者免予刑事处罚的，应经审判委员会讨论决定。

2. 人民法院审理职务犯罪案件时应当注意听取检察机关、被告人、辩护人提出的量刑意见，分析影响性案件案发前后的社会反映，必要时可以征求案件查办等机关的意见。对于情节恶劣、社会反映强烈的职务犯罪案件，不得适用缓刑、免予刑事处罚。

**法律适用**

**刑法条文**

**第四百一十条** 国家机关工作人员徇私舞弊，违反土地管理法规，滥用职权，非法批准征收、征用、占用土地，或者非法低价出让国有土地使用权，情节严重的，处三年以下有期徒刑或者拘役；致使国家或者集体利益遭受特别重大损失的，处三年以上七年以下有期徒刑。

**立法解释**

**全国人民代表大会常务委员会《关于〈中华人民共和国刑法〉第九章渎职罪主体适用问题的解释》**（2002年12月28日第九届全国人民代表大会常务委员会第三十一次会议通过）

全国人大常委会根据司法实践中遇到的情况，讨论了刑法第九章渎职罪主体的适用问题，解释如下：

在依照法律、法规规定行使国家行政管理职权的组织中从事公务的人员，或者在受国家机关委托代表国家机关行使职权的组织中从事公务的人员，或者虽未列入国家机关人员编制但在国家机关中从事公务的人员，在代表国家机关行使职权时，有渎职行为，构成犯罪的，依照刑法关于渎职罪的规定追究刑事责任。

现予公告。

**司法解释**

**一、最高人民检察院《关于渎职侵权犯罪案件立案标准的规定》（节录）**（2006年7月26日 高检发释字〔2006〕2号）

**一、渎职犯罪案件**

（二十二）非法低价出让国有土地使用权案（第四百一十条）

非法低价出让国有土地使用权罪是指国家机关工作人员徇私舞弊，违反土地管理法、森林法、草原法等法律以及有关行政法规中关于土地管理的规定，滥用职权，非法低价出让国有土地使用权，情节严重的行为。

涉嫌下列情形之一的，应予立案：

1. 非法低价出让国有土地30亩以上，并且出让价额低于国家规定的最低价额标准的百分之六十的；

2. 造成国有土地资产流失价额30万元以上的；

3. 非法低价出让国有土地使用权，影响群众生产、生活，引起纠纷，造成恶劣影响或者其他严重后果的；

4. 非法低价出让林地合计30亩以上，并且出让价额低于国家规定的最低价额标准的百分之六十的；

5. 造成国有资产流失30万元以上的；

6. 其他情节严重的情形。

三、附　则

（一）本规定中每个罪案名称后所注明的法律条款系《中华人民共和国刑法》的有关条款。

（二）本规定所称“以上”包括本数；有关犯罪数额“不满”，是指已达到该数额百分之八十以上的。

（三）本规定中的“国家机关工作人员”，是指在国家机关中从事公务的人员，包括在各级国家权力机关、行政机关、司法机关和军事机关中从事公务的人员。在依照法律、法规规定行使国家行政管理职权的组织中从事公务的人员，或者在受国家机关委托代表国家行使职权的组织中从事公务的人员，或者虽未列入国家机关人员编制但在国家机关中从事公务的人员，在代表国家机关行使职权时，视为国家机关工作人员。在乡（镇）以上中国共产党机关、人民政协机关中从事公务的人员，视为国家机关工作人员。

（四）本规定中的“直接经济损失”，是指与行为有直接因果关系而造成的财产损毁、减少的实际价值；“间接经济损失”，是指由直接经济损失引起和牵连的其他损失，包括失去的在正常情况下可以获得的利益和为恢复正常的管理活动或者挽回所造成的损失所支付的各种开支、费用等。

有下列情形之一的，虽然有债权存在，但已无法实现债权的，可以认定为已经造成了经济损失：（1）债务人已经法定程序被宣告破产，且无法清偿债务；（2）债务人潜逃，去向不明；（3）因行为人责任，致使超过诉讼时效；（4）有证据证明债权无法实现的其他情况。

直接经济损失和间接经济损失，是指立案时确已造成的经济损失。移送审查起诉前，犯罪嫌疑人及其亲友自行挽回的经济损失，以及由司法机关或者犯罪嫌疑人所在单位及其上级主管部门挽回的经济损失，不予扣减，但可作为对犯罪嫌疑人从轻处理的情节考虑。

（五）本规定中的“徇私舞弊”，是指国家机关工作人员为徇私情、私利，故意违背事实和法律，伪造材料，隐瞒情况，弄虚作假的行为。

（六）本规定自公布之日起施行。本规定发布前有关人民检察院直接受理立案侦查的国家机关工作人员渎职和利用职权实施的侵犯公民人身权利、民主权利犯罪案件的立案标准，与本规定有重复或者不一致的，适用本规定。

对于本规定施行前发生的国家机关工作人员渎职和利用职权实施的侵犯公民人身权利、民主权利犯罪案件，按照《最高人民法院、最高人民检察院关于适用刑事司法解释时间效力问题的规定》办理。

**二、最高人民法院《全国法院审理经济犯罪案件工作座谈会纪要》（节录）**（2003年11月13日　法发〔2003〕167号）

**一、关于贪污贿赂犯罪和渎职犯罪的主体**

（一）国家机关工作人员的认定

刑法中所称的国家机关工作人员，是指在国家机关中从事公务的人员，包括在各级国家权力机关、行政机关、司法机关和军事机关中从事公务的人员。

根据有关立法解释的规定，在依照法律、法规规定行使国家行政管理职权的组织中从事公务的人员，或者在受国家机关委托代表国家行使职权的组织中从事公务的人员，或者虽未列入国家机关人员编制但在国家机关中从事公务的人员，视为国家机关工作人员。在乡（镇）以上中国共产党机关、人民政协机关中从事公务的人员，司法实践中也应当视为国家机关工作人员。

（二）国家机关、国有公司、企业、事业单位委派到非国有公司、企业、事业单位、社会团体从事公务的人员的认定

所谓委派，即委任、派遣，其形式多种多样，如任命、指派、提名、批准等。不论被委派的人身份如何，只要是接受国家机关、国有公司、企业、事业单位委派，代表国家机关、国有公司、企业、事业单位在非国有公司、企业、事业单位、社会团体中从事组织、领导、监督、管理等工作，都可以认定为国家机关、国有公司、企业、事业单位委派到非国有公司、企业、事业单位、社会团体从事公务的人员。如国家机关、国有公司、企业、事业单位委派在国有控股或者参股的股份有限公司从事组织、领导、监督、管理等工作的人员，应当以国家工作人员论。国有公司、企业改制为股份有限公司后，原国有公司、企业的工作人员和股份有限公司新任命的人员中，除代表国有投资主体行使监督、管理职权的人外，不以国家工作人员论。

（三）“其他依照法律从事公务的人员”的认定

刑法第九十三条第二款规定的“其他依照法律从事公务的人员”应当具有两个特征：一是在特定条件下行使国家管理职能；二是依照法律规定从事公务。具体包括：（1）依法履行职责的各级人民代表大会代表；（2）依法履行审判职责的人民陪审员；（3）协助乡镇人民政府、街道办事处从事行政管理工作的村民委员会、居民委员会等农村和城市基层组织人员；（4）其他由法律授权从事公务的人员。

（四）关于“从事公务”的理解

从事公务，是指代表国家机关、国有公司、企业、事业单位、人民团体等履行组织、领导、监督、管理等职责。公务主要表现为与职权相联系的公共事务以及监督、管理国有财产的职务活动。如国家机关工作人员依法履行职责，国有公司的董事、经理、监事、会计、出纳人员等管理、监督国有财产等活动，属于从事公务。那些不具备职权内容的劳务活动、技术服务工作，如售货员、售票员等所从事的工作，一般不认为是公务。

**六、关于渎职罪**

（一）渎职犯罪行为造成的公共财产重大损失的认定

根据刑法规定，玩忽职守、滥用职权等渎职犯罪是以致使公共财产、国家和人民利益遭受重大损失为构成要件的。其中，公共财产的重大损失，通常是指渎职行为已经造成的重大经济损失。在司法实践中，有以下情形之一的，虽然公共财产作为债权存在，但已无法实现债权的，可以认定为行为人的渎职行为造成了经济损失：（1）债务人已经法定程序被宣告破产；（2）债务人潜逃，去向不明；（3）因行为人责任，致使超过诉讼时效；（4）有证据证明债权无法实现的其他情况。

（二）玩忽职守罪的追诉时效

玩忽职守行为造成的重大损失当时没有发生，而是玩忽职守行为之后一定时间发生的，应从危害结果发生之日起计算玩忽职守罪的追诉期限。

（三）国有公司、企业人员渎职犯罪的法律适用

对于1999年12月24日《中华人民共和国刑法修正案》实施以前发生的国有公司、企业人员渎职行为（不包括徇私舞弊行为），尚未处理或者正在处理的，不能按照刑法修正案追究刑事责任。

（四）关于“徇私”的理解

徇私舞弊型渎职犯罪的“徇私”应理解为徇个人私情、私利。国家机关工作人员为了本单位的利益，实施滥用职权、玩忽职守行为，构成犯罪的，依照刑法第三百九十七条第一款的规定定罪处罚。

法律适用

司法解释

三、最高人民法院《关于审理破坏土地资源刑事案件具体应用法律若干问题的解释》（节录）（2000年6月19日　法释〔2000〕14号）

第六条　国家机关工作人员徇私舞弊，违反土地管理法规，非法低价出让国有土地使用权，具有下列情形之一的，属于“情节严重”，依照刑法第四百一十条的规定，以非法低价出让国有土地使用权罪定罪处罚：

（一）出让国有土地使用权面积在三十亩以上，并且出让价额低于国家规定的最低价额标准的百分之六十的；

（二）造成国有土地资产流失价额在三十万元以上的。

第七条　实施第六条规定的行为，具有下列情形之一的，属于非法低价出让国有土地使用权，“致使国家和集体利益遭受特别重大损失”：

（一）非法低价出让国有土地使用权面积在六十亩以上，并且出让价额低于国家规定的最低价额标准的百分之四十的；

（二）造成国有土地资产流失价额在五十万元以上的。

第九条　多次实施本解释规定的行为依法应当追诉的，或者一年内多次实施本解释规定的行为未经处理的，按照累计的数量、数额处罚。

四、最高人民法院、最高人民检察院《关于办理职务犯罪案件严格适用缓刑、免予刑事处罚若干问题的意见》（2012年8月8日　法发〔2012〕17号）（略，详见本书第16页）

相关法律法规

一、《中华人民共和国土地管理法》（节录）（1986年6月25日第六届全国人民代表大会常务委员会第十六次会议通过　1988年12月29日第一次修正　1998年8月29日修订　2004年8月28日第二次修正　2019年8月26日第三次修正）

第九条　城市市区的土地属于国家所有。

农村和城市郊区的土地，除由法律规定属于国家所有的以外，属于农民集体所有；宅基地和自留地、自留山，属于农民集体所有。

第五十四条　建设单位使用国有土地，应当以出让等有偿使用方式取得；但是，下列建设用地，经县级以上人民政府依法批准，可以以划拨方式取得：

（一）国家机关用地和军事用地；

（二）城市基础设施用地和公益事业用地；

（三）国家重点扶持的能源、交通、水利等基础设施用地；

（四）法律、行政法规规定的其他用地。

二、《中华人民共和国城镇国有土地使用权出让和转让暂行条例》（节录）（1990年5月19日中华人民共和国国务院令第55号发布　2020年11月29日修订）

第二条　国家按照所有权与使用权分离的原则，实行城镇国有土地使用权出让、转让制度，但地下资源、埋藏物和市政公用设施除外。

前款所称城镇国有土地是指市、县城、建制镇、工矿区范围内属于全民所有的土地（以下简称土地）。

第六条　县级以上人民政府土地管理部门依法对土地使用权的出让、转让、出租、抵押、终止进行监督检查。

第八条　土地使用权出让是指国家以土地所有者的身份将土地使用权在一定年限内让与土地使用者，并由土地使用者向国家支付土地使用权出让金的行为。

土地使用权出让应当签订出让合同。

# 39 放纵走私案

**概念**

**本罪是指海关工作人员徇私舞弊，放纵走私，情节严重的行为。**

**立案标准**

**海关工作人员涉嫌徇私舞弊，放纵走私，有下列情形之一的，应予立案：**
1. **放纵走私犯罪的。**
2. **因放纵走私致使国家应收税额损失累计达 10 万元以上的。**
3. **放纵走私行为 3 起次以上的。**
4. **放纵走私行为，具有索取或者收受贿赂情节的。**
5. **其他情节严重的情形。**

## 定罪标准

### 犯罪客体

本罪侵犯的客体是国家的海关监督管理制度。

### 犯罪客观方面

本罪在客观方面表现为徇私舞弊，放纵走私，情节严重的行为。认定本罪的客观方面时，应注意以下三点：

1. “徇私舞弊”，是指国家机关工作人员为徇私情、私利，故意违背事实和法律，伪造材料，隐瞒情况，弄虚作假的行为。本罪的“徇私舞弊”，一般表现为海关工作人员对所担负的海关监管职责，出于贪图财物、袒护亲朋或者其他私情、私利，不依法履行或不认真履行其职责。

2. 行为人实施了放纵走私的行为。首先，“走私”，根据《海关法》第 82 条的规定，是指下列行为之一的：（1）运输、携带、邮寄国家禁止或者限制进出境货物、物品或者依法应当缴纳税款的货物、物品进出境的；（2）未经海关许可并且未缴纳应纳税款、交验有关许可证件，擅自将保税货物、特定减免税货物以及其他海关监管货物、物品、进境的境外运输工具，在境内销售的；（3）有逃避海关监管，构成走私的其他行为的。此外，根据《海关法》第 83 条的规定，有下列行为之一的，按走私行为论处：（1）直接向走私人非法收购走私进口的货物、物品的；（2）在内海、领海、界河、界湖，船舶及所载人员运输、收购、贩卖国家禁止或者限制进出境的货物、物品，或者运输、收购、贩卖依法应当缴纳税款的货物，没有合法证明的。对于上述走私行为，海关工作人员应当依法追究责任：①若尚不构成犯罪的，由海关没收走私货物、物品及违法所得，可以并处罚款；专门或者多次用于掩护走私的货物、物品，专门或者多次用于走私的运输工具，予以没收，藏匿走私货物、物品的特制设备，责令拆毁或者没收。②若上述走私行为，构成犯罪的，依法追究刑事责任。其次，所谓“放纵走私”，是指放任、纵容走私行为，即不履行查禁走私活动的职权，具体指对应当查缉的走私货物、物品不予查缉，或者对应当追究法律责任的走私活动违法犯罪人不予追究，而包庇、纵容、放走走私活动违法犯罪人的行为。

<table>
<tr><td rowspan="7">定罪标准</td><td>犯罪客观方面</td><td>3. 行为情节严重的，才构成本罪。所谓“情节严重”，是指下列情形之一的：(1) 放纵走私犯罪的；(2) 因放纵走私致使国家应收税额损失累计达 10 万元以上的；(3) 放纵走私行为 3 起次以上的；(4) 放纵走私行为，具有索取或者收受贿赂情节的；(5) 其他情节严重的情形。</td></tr>
<tr><td>犯罪主体</td><td>本罪是纯正的身份犯，主体是海关工作人员。在理解“海关工作人员”的范围时，需要注意国家机关工作人员的范围。在我国，刑法中所称的国家机关工作人员，是指在国家机关中从事公务的人员，包括在各级国家权力机关、行政机关、司法机关和军事机关中从事公务的人员。根据有关立法解释的规定，在依照法律、法规规定行使国家行政管理职权的组织中从事公务的人员，或者在受国家机关委托代表国家行使职权的组织中从事公务的人员或者虽未列入国家机关人员编制但在国家机关中从事公务的人员，视为国家机关工作人员。在乡（镇）以上中国共产党机关、人民政协机关中从事公务的人员，司法实践中也应当视为国家机关工作人员。</td></tr>
<tr><td>犯罪主观方面</td><td>本罪在主观方面表现为故意，即明知自己放纵走私的行为会损害国家海关监督管理制度，希望或者放任这种结果发生。</td></tr>
<tr><td>罪与非罪</td><td>区分罪与非罪的界限，关键是要区分放纵走私罪与放纵走私的一般违法行为的界限。二者的差别主要在于情节不同。放纵走私行为，情节严重的，构成本罪；情节不严重的，属于一般违法行为，不构成犯罪，只能给予相关责任人员行政处分。</td></tr>
<tr><td>共同犯罪</td><td>应当注意海关工作人员与走私罪的犯罪分子通谋的情况下，如何追究共同犯罪刑事责任的问题。根据最高人民法院、最高人民检察院、海关总署《办理走私刑事案件适用法律若干问题的意见》，放纵走私行为，一般是消极的不作为。如果海关工作人员与走私分子通谋，在放纵走私过程中以积极的行为配合走私分子逃避海关监管或者在放纵走私之后分得赃款的，应以共同走私犯罪追究刑事责任。</td></tr>
<tr><td>一罪与数罪</td><td>在认定一罪与数罪问题时，应当注意以下两点：<br>1. 海关工作人员受贿后放纵走私的情况下，如何认定罪数的问题。根据最高人民法院、最高人民检察院、海关总署《办理走私刑事案件适用法律若干问题的意见》，海关工作人员收受贿赂又放纵走私的，应以受贿罪和放纵走私罪数罪并罚。<br>2. 本罪与徇私舞弊不移交刑事案件罪的关系。根据《刑法》第 402 条的规定，徇私舞弊不移交刑事案件罪是指行政执法人员徇私舞弊，对依法应当移交司法机关追究刑事责任的不移交，情节严重的行为。海关工作人员放纵走私犯罪的，构成本罪；若行为符合 402 条“情节严重”的规定，则同时构成徇私舞弊不移交刑事案件罪。但是对行为人不能数罪并罚，原因是本罪与徇私舞弊不移交刑事案件罪存在法条竞合的关系。相对而言，《刑法》第 402 条的主体规定的是一般的行政执法人员，而第 411 条规定的主体是特殊的行政执法人员——海关工作人员，因此第 411 条是特别法条，而第 402 条是一般法条。行为人的行为如果同时符合第 411 条和第 402 条，则根据法条竞合的原则进行处理。</td></tr>
</table>

<table>
<tr><td rowspan="4">证据参考标准</td><td>主体方面的证据</td><td colspan="2">一、证明行为人刑事责任年龄、身份等自然情况的证据<br>包括身份证明、户籍证明、任职证明、工作经历证明、特定职责证明等，主要是证明行为人的姓名（曾用名）、性别、出生年月日、民族、籍贯、出生地、职业（或职务）、住所地（或居所地）等证据材料，如户口簿、居民身份证、居住证、工作证、出生证、专业或技术等级证、干部履历表、职工登记表、护照等。<br>对于户籍、出生证等材料内容不实的，应提供其他证据材料。人大代表、政协委员犯罪的案件，应注明身份，并附身份证明材料。<br>二、证明行为人刑事责任能力的证据<br>证明行为人对自己的行为是否具有辨认能力与控制能力，如是否属于间歇性精神病人、案发时是否尚未完全丧失辨认或者控制自己行为能力的证明材料。</td></tr>
<tr><td>主观方面的证据</td><td colspan="2">证明行为人故意的证据<br>1. 证明行为人主观认识因素的证据：证明行为人明知自己的行为会发生危害社会的结果。2. 证明行为人主观意志因素的证据：证明行为人希望或者放任危害结果发生。3. 证明行为人徇私动机的证据。</td></tr>
<tr><td>客观方面的证据</td><td colspan="2">证明行为人放纵走私行为的证据<br>具体证据包括：1. 证明存在走私行为的证据。2. 证明行为人徇私舞弊的证据。3. 证明行为人放纵走私的证据。4. 证明情节严重的证据。5. 证明情节特别严重的证据。</td></tr>
<tr><td>量刑方面的证据</td><td colspan="2">一、法定量刑情节证据<br>1. 事实情节。2. 法定从重情节。3. 法定从轻、减轻情节：（1）可以从轻；（2）可以从轻或者减轻；（3）应当从轻或者减轻。4. 法定从轻、减轻、免除情节：（1）可以从轻、减轻或者免除处罚；（2）应当从轻、减轻或者免除处罚。5. 法定减轻、免除情节：（1）可以减轻或者免除处罚；（2）应当减轻或者免除处罚；（3）可以免除处罚。<br>二、酌定量刑情节证据<br>1. 犯罪手段。2. 犯罪对象。3. 危害结果。4. 犯罪动机。5. 平时表现。6. 认罪态度。7. 是否有前科。8. 其他证据。</td></tr>
<tr><td rowspan="3">量刑标准</td><td colspan="2">犯本罪的</td><td>处五年以下有期徒刑或者拘役</td></tr>
<tr><td colspan="2">情节特别严重的</td><td>处五年以上有期徒刑</td></tr>
<tr><td>不适用缓刑或者免予刑事处罚</td><td colspan="2">1. 以下情形一般不适用缓刑或者免予刑事处罚：<br>（1）不如实供述罪行的；<br>（2）不予退缴赃款赃物或者将赃款赃物用于非法活动的；<br>（3）属于共同犯罪中情节严重的主犯的；<br>（4）犯有数个职务犯罪依法实行并罚或者以一罪处理的；<br>（5）曾因职务违纪违法行为受过行政处分的；</td></tr>
</table>

<table>
<tr><td rowspan="1">量刑标准</td><td>不适用缓刑或者免予刑事处罚</td><td>（6）犯罪涉及的财物属于救灾、抢险、防汛、优抚、扶贫、移民、救济、防疫等特定款物的；<br>（7）渎职犯罪中徇私舞弊情节或者滥用职权情节恶劣的；<br>（8）其他不应适用缓刑、免予刑事处罚的情形。<br>对于具有以上情形之一，但根据全案事实和量刑情节，检察机关认为确有必要适用缓刑或者免予刑事处罚并据此提出量刑建议的，应经检察委员会讨论决定；审理法院认为确有必要适用缓刑或者免予刑事处罚的，应经审判委员会讨论决定。<br>2. 人民法院审理职务犯罪案件时应当注意听取检察机关、被告人、辩护人提出的量刑意见，分析影响性案件案发前后的社会反映，必要时可以征求案件查办等机关的意见。对于情节恶劣、社会反映强烈的职务犯罪案件，不得适用缓刑、免予刑事处罚。</td></tr>
<tr><td rowspan="3">法律适用</td><td>刑法条文</td><td>**第四百一十一条** 海关工作人员徇私舞弊，放纵走私，情节严重的，处五年以下有期徒刑或者拘役；情节特别严重的，处五年以上有期徒刑。</td></tr>
<tr><td>立法解释</td><td>**全国人民代表大会常务委员会《关于〈中华人民共和国刑法〉第九章渎职罪主体适用问题的解释》**（2002 年 12 月 28 日第九届全国人民代表大会常务委员会第三十一次会议通过）<br>全国人大常委会根据司法实践中遇到的情况，讨论了刑法第九章渎职罪主体的适用问题，解释如下：<br>在依照法律、法规规定行使国家行政管理职权的组织中从事公务的人员，或者在受国家机关委托代表国家机关行使职权的组织中从事公务的人员，或者虽未列入国家机关人员编制但在国家机关中从事公务的人员，在代表国家机关行使职权时，有渎职行为，构成犯罪的，依照刑法关于渎职罪的规定追究刑事责任。<br>现予公告。</td></tr>
<tr><td>司法解释</td><td>**一、最高人民检察院《关于渎职侵权犯罪案件立案标准的规定》（节录）**（2006 年 7 月 26 日　高检发释字〔2006〕2 号）<br>根据《中华人民共和国刑法》、《中华人民共和国刑事诉讼法》和其他法律的有关规定，对国家机关工作人员渎职和利用职权实施的侵犯公民人身权利、民主权利犯罪案件的立案标准规定如下：<br>**一、渎职犯罪案件**<br>（二十三）放纵走私案（第四百一十一条）<br>放纵走私罪是指海关工作人员徇私舞弊，放纵走私，情节严重的行为。<br>涉嫌下列情形之一的，应予立案：<br>1. 放纵走私犯罪的；<br>2. 因放纵走私致使国家应收税额损失累计达 10 万元以上的；<br>3. 放纵走私行为 3 起次以上的；<br>4. 放纵走私行为，具有索取或者收受贿赂情节的；<br>5. 其他情节严重的情形。</td></tr>
</table>

三、附　则

（一）本规定中每个罪案名称后所注明的法律条款系《中华人民共和国刑法》的有关条款。

（二）本规定所称“以上”包括本数；有关犯罪数额“不满”，是指已达到该数额百分之八十以上的。

（三）本规定中的“国家机关工作人员”，是指在国家机关中从事公务的人员，包括在各级国家权力机关、行政机关、司法机关和军事机关中从事公务的人员。在依照法律、法规规定行使国家行政管理职权的组织中从事公务的人员，或者在受国家机关委托代表国家行使职权的组织中从事公务的人员，或者虽未列入国家机关人员编制但在国家机关中从事公务的人员，在代表国家机关行使职权时，视为国家机关工作人员。在乡（镇）以上中国共产党机关、人民政协机关中从事公务的人员，视为国家机关工作人员。

（四）本规定中的“直接经济损失”，是指与行为有直接因果关系而造成的财产损毁、减少的实际价值；“间接经济损失”，是指由直接经济损失引起和牵连的其他损失，包括失去的在正常情况下可以获得的利益和为恢复正常的管理活动或者挽回所造成的损失所支付的各种开支、费用等。

有下列情形之一的，虽然有债权存在，但已无法实现债权的，可以认定为已经造成了经济损失：（1）债务人已经法定程序被宣告破产，且无法清偿债务；（2）债务人潜逃，去向不明；（3）因行为人责任，致使超过诉讼时效；（4）有证据证明债权无法实现的其他情况。

直接经济损失和间接经济损失，是指立案时确已造成的经济损失。移送审查起诉前，犯罪嫌疑人及其亲友自行挽回的经济损失，以及由司法机关或者犯罪嫌疑人所在单位及其上级主管部门挽回的经济损失，不予扣减，但可作为对犯罪嫌疑人从轻处理的情节考虑。

（五）本规定中的“徇私舞弊”，是指国家机关工作人员为徇私情、私利，故意违背事实和法律，伪造材料，隐瞒情况，弄虚作假的行为。

（六）本规定自公布之日起施行。本规定发布前有关人民检察院直接受理立案侦查的国家机关工作人员渎职和利用职权实施的侵犯公民人身权利、民主权利犯罪案件的立案标准，与本规定有重复或者不一致的，适用本规定。

对于本规定施行前发生的国家机关工作人员渎职和利用职权实施的侵犯公民人身权利、民主权利犯罪案件，按照《最高人民法院、最高人民检察院关于适用刑事司法解释时间效力问题的规定》办理。

**二、最高人民法院《全国法院审理经济犯罪案件工作座谈会纪要》（节录）**（2003年11月13日　法发〔2003〕167号）

**一、关于贪污贿赂犯罪和渎职犯罪的主体**

（一）国家机关工作人员的认定

刑法中所称的国家机关工作人员，是指在国家机关中从事公务的人员，包括在各级国家权力机关、行政机关、司法机关和军事机关中从事公务的人员。

根据有关立法解释的规定，在依照法律、法规规定行使国家行政管理职权的组织中从事公务的人员，或者在受国家机关委托代表国家行使职权的组织中从事公务的人员，或者虽未列入国家机关人员编制但在国家机关中从事公务的人员，视为国家机关工作人员。在乡（镇）以上中国共产党机关、人民政协机关中从事公务的人员，司法实践中也应当视为国家机关工作人员。

(二)国家机关、国有公司、企业、事业单位委派到非国有公司、企业、事业单位、社会团体从事公务的人员的认定

所谓委派,即委任、派遣,其形式多种多样,如任命、指派、提名、批准等。不论被委派的人身份如何,只要是接受国家机关、国有公司、企业、事业单位委派,代表国家机关、国有公司、企业、事业单位在非国有公司、企业、事业单位、社会团体中从事组织、领导、监督、管理等工作,都可以认定为国家机关、国有公司、企业、事业单位委派到非国有公司、企业、事业单位、社会团体从事公务的人员。如国家机关、国有公司、企业、事业单位委派在国有控股或者参股的股份有限公司从事组织、领导、监督、管理等工作的人员,应当以国家工作人员论。国有公司、企业改制为股份有限公司后,原国有公司、企业的工作人员和股份有限公司新任命的人员中,除代表国有投资主体行使监督、管理职权的人外,不以国家工作人员论。

(三)"其他依照法律从事公务的人员"的认定

刑法第九十三条第二款规定的"其他依照法律从事公务的人员"应当具有两个特征:一是在特定条件下行使国家管理职能;二是依照法律规定从事公务。具体包括:(1)依法履行职责的各级人民代表大会代表;(2)依法履行审判职责的人民陪审员;(3)协助乡镇人民政府、街道办事处从事行政管理工作的村民委员会、居民委员会等农村和城市基层组织人员;(4)其他由法律授权从事公务的人员。

(四)关于"从事公务"的理解

从事公务,是指代表国家机关、国有公司、企业、事业单位、人民团体等履行组织、领导、监督、管理等职责。公务主要表现为与职权相联系的公共事务以及监督、管理国有财产的职务活动。如国家机关工作人员依法履行职责,国有公司的董事、经理、监事、会计、出纳人员等管理、监督国有财产等活动,属于从事公务。那些不具备职权内容的劳务活动、技术服务工作,如售货员、售票员等所从事的工作,一般不认为是公务。

**六、关于渎职罪**

(一)渎职犯罪行为造成的公共财产重大损失的认定

根据刑法规定,玩忽职守、滥用职权等渎职犯罪是以致使公共财产、国家和人民利益遭受重大损失为构成要件的。其中,公共财产的重大损失,通常是指渎职行为已经造成的重大经济损失。在司法实践中,有以下情形之一的,虽然公共财产作为债权存在,但已无法实现债权的,可以认定为行为人的渎职行为造成了经济损失:(1)债务人已经法定程序被宣告破产;(2)债务人潜逃,去向不明;(3)因行为人责任,致使超过诉讼时效;(4)有证据证明债权无法实现的其他情况。

(二)玩忽职守罪的追诉时效

玩忽职守行为造成的重大损失当时没有发生,而是玩忽职守行为之后一定时间发生的,应从危害结果发生之日起计算玩忽职守罪的追诉期限。

(三)国有公司、企业人员渎职犯罪的法律适用

对于1999年12月24日《中华人民共和国刑法修正案》实施以前发生的国有公司、企业人员渎职行为(不包括徇私舞弊行为),尚未处理或者正在处理的,不能按照刑法修正案追究刑事责任。

(四)关于"徇私"的理解

徇私舞弊型渎职犯罪的"徇私"应理解为徇个人私情、私利。国家机关工作人员为了本单位的利益,实施滥用职权、玩忽职守行为,构成犯罪的,依照刑法第三百九十七条第一款的规定定罪处罚。

法律适用

司法解释

三、最高人民法院、最高人民检察院、海关总署《办理走私刑事案件适用法律若干问题的意见》（节录）（2002 年 7 月 8 日　法〔2002〕139 号）

十六、关于放纵走私罪的认定问题

依照刑法第四百一十一条的规定，负有特定监管义务的海关工作人员徇私舞弊，利用职权，放任、纵容走私犯罪行为，情节严重的，构成放纵走私罪。放纵走私行为，一般是消极的不作为。如果海关工作人员与走私分子通谋，在放纵走私过程中以积极的行为配合走私分子逃避海关监管或者在放纵走私之后分得赃款的，应以共同走私犯罪追究刑事责任。

海关工作人员收受贿赂又放纵走私的，应以受贿罪和放纵走私罪数罪并罚。

四、最高人民法院、最高人民检察院《关于办理职务犯罪案件严格适用缓刑、免予刑事处罚若干问题的意见》（2012 年 8 月 8 日　法发〔2012〕17 号）（略，详见本书第 16 页）

相关法律法规

《中华人民共和国海关法》（节录）（1987 年 1 月 22 日第六届全国人民代表大会常务委员会第十九次会议通过　2000 年 7 月 8 日第一次修正　2013 年 6 月 29 日第二次修正　2013 年 12 月 28 日第三次修正　2016 年 11 月 7 日第四次修正　2017 年 11 月 4 日第五次修正　2021 年 4 月 29 日第六次修正）

**第二条**　中华人民共和国海关是国家的进出关境（以下简称进出境）监督管理机关。海关依照本法和其他有关法律、行政法规，监管进出境的运输工具、货物、行李物品、邮递物品和其他物品（以下简称进出境运输工具、货物、物品），征收关税和其他税、费，查缉走私，并编制海关统计和办理其他海关业务。

**第四条**　国家在海关总署设立专门侦查走私犯罪的公安机构，配备专职缉私警察，负责对其管辖的走私犯罪案件的侦查、拘留、执行逮捕、预审。

海关侦查走私犯罪公安机构履行侦查、拘留、执行逮捕、预审职责，应当按照《中华人民共和国刑事诉讼法》的规定办理。

海关侦查走私犯罪公安机构根据国家有关规定，可以设立分支机构。各分支机构办理其管辖的走私犯罪案件，应当依法向有管辖权的人民检察院移送起诉。

地方各级公安机关应当配合海关侦查走私犯罪公安机构依法履行职责。

**第五条**　国家实行联合缉私、统一处理、综合治理的缉私体制。海关负责组织、协调、管理查缉走私工作。有关规定由国务院另行制定。

各有关行政执法部门查获的走私案件，应当给予行政处罚的，移送海关依法处理；涉嫌犯罪的，应当移送海关侦查走私犯罪公安机构、地方公安机关依据案件管辖分工和法定程序办理。

**第六条**　海关可以行使下列权力：

（一）检查进出境运输工具，查验进出境货物、物品；对违反本法或者其他有关法律、行政法规的，可以扣留。

（二）查阅进出境人员的证件；查问违反本法或者其他有关法律、行政法规的嫌疑人，调查其违法行为。

（三）查阅、复制与进出境运输工具、货物、物品有关的合同、发票、帐册、单据、记录、文件、业务函电、录音录像制品和其他资料；对其中与违反本法或者其他有关法律、行政法规的进出境运输工具、货物、物品有牵连的，可以扣留。

（四）在海关监管区和海关附近沿海沿边规定地区，检查有走私嫌疑的运输工具和有藏匿走私货物、物品嫌疑的场所，检查走私嫌疑人的身体；对有走私嫌疑的运输工具、货物、物品和走私犯罪嫌疑人，经直属海关关长或者其授权的隶属海关关长批准，可以扣留；对走私犯罪嫌疑人，扣留时间不超过二十四小时，在特殊情况下可以延长至四十八小时。

在海关监管区和海关附近沿海沿边规定地区以外，海关在调查走私案件时，对有走私嫌疑的运输工具和除公民住处以外的有藏匿走私货物、物品嫌疑的场所，经直属海关关长或者其授权的隶属海关关长批准，可以进行检查，有关当事人应当到场；当事人未到场的，在有见证人在场的情况下，可以径行检查；对其中有证据证明有走私嫌疑的运输工具、货物、物品，可以扣留。

海关附近沿海沿边规定地区的范围，由海关总署和国务院公安部门会同有关省级人民政府确定。

（五）在调查走私案件时，经直属海关关长或者其授权的隶属海关关长批准，可以查询案件涉嫌单位和涉嫌人员在金融机构、邮政企业的存款、汇款。

（六）进出境运输工具或者个人违抗海关监管逃逸的，海关可以连续追至海关监管区和海关附近沿海沿边规定地区以外，将其带回处理。

（七）海关为履行职责，可以配备武器。海关工作人员佩带和使用武器的规则，由海关总署会同国务院公安部门制定，报国务院批准。

（八）法律、行政法规规定由海关行使的其他权力。

**第五十三条** 准许进出口的货物、进出境物品，由海关依法征收关税。

**第六十一条** 进出口货物的纳税义务人在规定的纳税期限内有明显的转移、藏匿其应税货物以及其他财产迹象的，海关可以责令纳税义务人提供担保；纳税义务人不能提供纳税担保的，经直属海关关长或者其授权的隶属海关关长批准，海关可以采取下列税收保全措施：

（一）书面通知纳税义务人开户银行或者其他金融机构暂停支付纳税义务人相当于应纳税款的存款；

（二）扣留纳税义务人价值相当于应纳税款的货物或者其他财产。

纳税义务人在规定的纳税期限内缴纳税款的，海关必须立即解除税收保全措施；期限届满仍未缴纳税款的，经直属海关关长或者其授权的隶属海关关长批准，海关可以书面通知纳税义务人开户银行或者其他金融机构从其暂停支付的存款中扣缴税款，或者依法变卖所扣留的货物或者其他财产，以变卖所得抵缴税款。

采取税收保全措施不当，或者纳税义务人在规定期限内已缴纳税款，海关未立即解除税收保全措施，致使纳税义务人的合法权益受到损失的，海关应当依法承担赔偿责任。

**第七十二条** 海关工作人员必须秉公执法，廉洁自律，忠于职守，文明服务，不得有下列行为：

（一）包庇、纵容走私或者与他人串通进行走私；

（二）非法限制他人人身自由，非法检查他人身体、住所或者场所，非法检查、扣留进出境运输工具、货物、物品；

（三）利用职权为自己或者他人谋取私利；

（四）索取、收受贿赂；

（五）泄露国家秘密、商业秘密和海关工作秘密；

（六）滥用职权，故意刁难，拖延监管、查验；

（七）购买、私分、占用没收的走私货物、物品；

法律适用　相关法律法规

（八）参与或者变相参与营利性经营活动；

（九）违反法定程序或者超越权限执行职务；

（十）其他违法行为。

**第八十二条**　违反本法及有关法律、行政法规，逃避海关监管，偷逃应纳税款、逃避国家有关进出境的禁止性或者限制性管理，有下列情形之一的，是走私行为：

（一）运输、携带、邮寄国家禁止或者限制进出境货物、物品或者依法应当缴纳税款的货物、物品进出境的；

（二）未经海关许可并且未缴纳应纳税款、交验有关许可证件，擅自将保税货物、特定减免税货物以及其他海关监管货物、物品、进境的境外运输工具，在境内销售的；

（三）有逃避海关监管，构成走私的其他行为的。

有前款所列行为之一，尚不构成犯罪的，由海关没收走私货物、物品及违法所得，可以并处罚款；专门或者多次用于掩护走私的货物、物品，专门或者多次用于走私的运输工具，予以没收，藏匿走私货物、物品的特制设备，责令拆毁或者没收。

有第一款所列行为之一，构成犯罪的，依法追究刑事责任。

**第八十三条**　有下列行为之一的，按走私行为论处，依照本法第八十二条的规定处罚：

（一）直接向走私人非法收购走私进口的货物、物品的；

（二）在内海、领海、界河、界湖，船舶及所载人员运输、收购、贩卖国家禁止或者限制进出境的货物、物品，或者运输、收购、贩卖依法应当缴纳税款的货物，没有合法证明的。

# 40 商检徇私舞弊案

**概念**

**本罪是指国家商检部门、商检机构的工作人员徇私舞弊，伪造检验结果的行为。**

**立案标准**

**涉嫌下列情形之一的，应予立案：**

**1. 采取伪造、变造的手段对报检的商品的单证、印章、标志、封识、质量认证标志等作虚假的证明或者出具不真实的证明结论的。**

**2. 将送检的合格商品检验为不合格，或者将不合格商品检验为合格的。**

**3. 对明知是不合格的商品，不检验而出具合格检验结果的。**

**4. 其他伪造检验结果应予追究刑事责任的情形。**

| 定罪标准 | | |
|---|---|---|
| 定罪标准 | 犯罪客体 | 本罪侵犯的客体是国家商检部门、商检机构的正常活动，以及国家对进出口商品的检验制度。 |
| | 犯罪客观方面 | 本罪在客观方面表现为行为人在商检工作中徇私舞弊，伪造商检结果的行为。"徇私舞弊"，是指行为人为徇私情、私利，故意违背事实和法律，伪造材料，隐瞒情况，弄虚作假的行为。具体而言，本罪的徇私舞弊行为表现为"伪造检验结果"。所谓"伪造检验结果"，是指下列情形之一的：（1）采取伪造、变造的手段对报检的商品的单证、印章、标志、封识、质量认证标志等作虚假的证明或者出具不真实的证明结论的；（2）将送检的合格商品检验为不合格，或者将不合格商品检验为合格的；（3）对明知是不合格的商品，不检验而出具合格检验结果的；（4）其他伪造检验结果应予追究刑事责任的情形。 |
| | 犯罪主体 | 本罪是纯正的身份犯，主体是国家商检部门、商检机构的工作人员，在国务院设立的进出口商品检验部门中，从事进出口商品检验工作的人员以及在国家商检部门设在各地的进出口商品检验机构中管理所辖地区的进出口商品检验工作的人员。《进出口商品检验法实施条例》第2条规定，海关总署主管全国进出口商品检验工作。海关总署设在省、自治区、直辖市以及进出口商品的口岸、集散地的出入境检验检疫机构及其分支机构，管理所负责地区的进出口商品检验工作。目前，负责进出口商品检验的是海关部门。 |
| | 犯罪主观方面 | 本罪在主观方面表现为故意，即明知自己伪造商检结果的行为会损害国家对进出口商品的检验制度，希望或者放任这种结果发生。此外，行为人主观上还有徇私的动机。 |
| | 罪与非罪 | 商检徇私舞弊罪是行为犯，一般而言，行为人只要实施商检徇私舞弊行为即构成犯罪。但在司法实践中，确定对一个伪造商检结果的徇私舞弊行为是否按犯罪处理时，应当结合刑法总则的规定，综合社会危害性、人身危险性等各方面因素考虑。根据《刑法》第13条的规定，商检徇私舞弊情节显著轻微危害不大的，不认为是犯罪。 |

| | | |
|---|---|---|
| 定罪标准 | 此罪与彼罪 | 商检徇私舞弊罪与逃避商检罪的界限。根据《刑法》第230条的规定，逃避商检罪是指违反《进出口商品检验法》的规定，逃避商品检验，将必须经商检机构检验的进口商品未报经检验而擅自销售、使用，或者将必须经商检机构检验的出口商品未报经检验合格而擅自出口，情节严重的行为。二罪都违反了进出口商品检验法规、妨害国家进出口商品检验制度。二罪的区别在于：（1）犯罪客体不同。本罪是渎职犯罪，在侵犯国家的商品检验制度的同时，也侵犯了国家商检部门、商检机构的正常活动；逃避商检罪不是渎职犯罪，并没有直接侵犯国家商检部门、商检机构的正常活动。（2）客观方面不同。本罪表现为徇私舞弊，伪造商检结果的行为；逃避商检罪则表现为违反进出口商品检验法的规定逃避商品检验，将必须经商检机构检验的进口商品不报经检验而擅自销售、使用，或者将必须经商检机构检验的出口商品不报经检验合格而擅自出口的行为。而且，本罪属于行为犯且成立本罪不要求情节严重，但对逃避商检行为只有情节严重的才按犯罪处理。（3）犯罪主体不同。本罪是纯正的身份犯，主体是国家商检部门、商检机构的工作人员；逃避商检罪的主体是一般主体，具体是指应当向商检机构报检的进出口商品发货人和收货人。 |
| 证据参考标准 | 主体方面的证据 | **一、证明行为人刑事责任年龄、身份等自然情况的证据**<br>包括身份证明、户籍证明、任职证明、工作经历证明、特定职责证明等，主要是证明行为人的姓名（曾用名）、性别、出生年月日、民族、籍贯、出生地、职业（或职务）、住所地（或居所地）等证据材料，如户口簿、居民身份证、居住证、工作证、出生证、专业或技术等级证、干部履历表、职工登记表、护照等。<br>对于户籍、出生证等材料内容不实的，应提供其他证据材料。人大代表、政协委员犯罪的案件，应注明身份，并附身份证明材料。<br>**二、证明行为人刑事责任能力的证据**<br>证明行为人对自己的行为是否具有辨认能力与控制能力，如是否属于间歇性精神病人、案发时是否尚未完全丧失辨认或者控制自己行为能力的证明材料。 |
| | 主观方面的证据 | **证明行为人故意的证据**<br>1. 证明行为人主观认识因素的证据：证明行为人明知自己的行为会发生危害社会的结果。2. 证明行为人主观意志因素的证据：证明行为人希望或者放任危害结果发生。3. 证明行为人徇私动机的证据。 |
| | 客观方面的证据 | **证明行为人徇私舞弊，伪造检验结果的证据**<br>具体证据包括：1. 证明采取伪造、变造的手段对报检的商品的单证、印章、标志、封识、质量认证标志等作虚假证明的证据。2. 证明采取伪造、变造的手段对报检的商品的单证、印章、标志、封识、质量认证标志等出具不真实的证明结论的证据。3. 证明将送检的合格商品检验为不合格的证据。4. 证明将不合格商品检验为合格的证据。5. 证明对明知是不合格的商品，不检验而出具合格检验结果的证据。6. 证明其他伪造检验结果行为的证据。7. 证明伪造检验结果行为造成严重后果的证据。 |

<table>
<tr><td>证据参考标准</td><td>量刑方面的证据</td><td colspan="2">一、法定量刑情节证据<br>1. 事实情节。2. 法定从重情节。3. 法定从轻、减轻情节：（1）可以从轻；（2）可以从轻或者减轻；（3）应当从轻或者减轻。4. 法定从轻、减轻、免除情节：（1）可以从轻、减轻或者免除处罚；（2）应当从轻、减轻或者免除处罚。5. 法定减轻、免除情节：（1）可以减轻或者免除处罚；（2）应当减轻或者免除处罚；（3）可以免除处罚。<br>二、酌定量刑情节证据<br>1. 犯罪手段。2. 犯罪对象。3. 危害结果。4. 犯罪动机。5. 平时表现。6. 认罪态度。7. 是否有前科。8. 其他证据。</td></tr>
<tr><td rowspan="3">量刑标准</td><td colspan="2">犯本罪的</td><td>处五年以下有期徒刑或者拘役</td></tr>
<tr><td colspan="2">造成严重后果的</td><td>处五年以上十年以下有期徒刑</td></tr>
<tr><td>不适用缓刑或者免予刑事处罚</td><td colspan="2">1. 以下情形一般不适用缓刑或者免予刑事处罚：<br>（1）不如实供述罪行的；<br>（2）不予退缴赃款赃物或者将赃款赃物用于非法活动的；<br>（3）属于共同犯罪中情节严重的主犯的；<br>（4）犯有数个职务犯罪依法实行并罚或者以一罪处理的；<br>（5）曾因职务违纪违法行为受过行政处分的；<br>（6）犯罪涉及的财物属于救灾、抢险、防汛、优抚、扶贫、移民、救济、防疫等特定款物的；<br>（7）渎职犯罪中徇私舞弊情节或者滥用职权情节恶劣的；<br>（8）其他不应适用缓刑、免予刑事处罚的情形。<br>对于具有以上情形之一，但根据全案事实和量刑情节，检察机关认为确有必要适用缓刑或者免予刑事处罚并据此提出量刑建议的，应经检察委员会讨论决定；审理法院认为确有必要适用缓刑或者免予刑事处罚的，应经审判委员会讨论决定。<br>2. 人民法院审理职务犯罪案件时应当注意听取检察机关、被告人、辩护人提出的量刑意见，分析影响性案件案发前后的社会反映，必要时可以征求案件查办等机关的意见。对于情节恶劣、社会反映强烈的职务犯罪案件，不得适用缓刑、免予刑事处罚。</td></tr>
<tr><td rowspan="2">法律适用</td><td>刑法条文</td><td colspan="2">第四百一十二条第一款　国家商检部门、商检机构的工作人员徇私舞弊，伪造检验结果的，处五年以下有期徒刑或者拘役；造成严重后果的，处五年以上十年以下有期徒刑。</td></tr>
<tr><td>立法解释</td><td colspan="2">全国人民代表大会常务委员会《关于〈中华人民共和国刑法〉第九章渎职罪主体适用问题的解释》（节录）（2002年12月28日第九届全国人民代表大会常务委员会第三十一次会议通过）<br>全国人大常委会根据司法实践中遇到的情况，讨论了刑法第九章渎职罪主体的适用问题，解释如下：</td></tr>
</table>

法律适用

立法解释

在依照法律、法规规定行使国家行政管理职权的组织中从事公务的人员，或者在受国家机关委托代表国家机关行使职权的组织中从事公务的人员，或者虽未列入国家机关人员编制但在国家机关中从事公务的人员，在代表国家机关行使职权时，有渎职行为，构成犯罪的，依照刑法关于渎职罪的规定追究刑事责任。

现予公告。

司法解释

**一、最高人民检察院《关于渎职侵权犯罪案件立案标准的规定》（节录）**（2006年7月26日　高检发释字〔2006〕2号）

**一、渎职犯罪案件**

（二十四）商检徇私舞弊案（第四百一十二条第一款）

商检徇私舞弊罪是指出入境检验检疫机关、检验检疫机构工作人员徇私舞弊，伪造检验结果的行为。

涉嫌下列情形之一的，应予立案：

1. 采取伪造、变造的手段对报检的商品的单证、印章、标志、封识、质量认证标志等作虚假的证明或者出具不真实的证明结论的；
2. 将送检的合格商品检验为不合格，或者将不合格商品检验为合格的；
3. 对明知是不合格的商品，不检验而出具合格检验结果的；
4. 其他伪造检验结果应予追究刑事责任的情形。

**三、附　则**

（一）本规定中每个罪案名称后所注明的法律条款系《中华人民共和国刑法》的有关条款。

（二）本规定所称“以上”包括本数；有关犯罪数额“不满”，是指已达到该数额百分之八十以上的。

（三）本规定中的“国家机关工作人员”，是指在国家机关中从事公务的人员，包括在各级国家权力机关、行政机关、司法机关和军事机关中从事公务的人员。在依照法律、法规规定行使国家行政管理职权的组织中从事公务的人员，或者在受国家机关委托代表国家行使职权的组织中从事公务的人员，或者虽未列入国家机关人员编制但在国家机关中从事公务的人员，在代表国家机关行使职权时，视为国家机关工作人员。在乡（镇）以上中国共产党机关、人民政协机关中从事公务的人员，视为国家机关工作人员。

（四）本规定中的“直接经济损失”，是指与行为有直接因果关系而造成的财产损毁、减少的实际价值；“间接经济损失”，是指由直接经济损失引起和牵连的其他损失，包括失去的在正常情况下可以获得的利益和为恢复正常的管理活动或者挽回所造成的损失所支付的各种开支、费用等。

有下列情形之一的，虽然有债权存在，但已无法实现债权的，可以认定为已经造成了经济损失：（1）债务人已经法定程序被宣告破产，且无法清偿债务；（2）债务人潜逃，去向不明；（3）因行为人责任，致使超过诉讼时效；（4）有证据证明债权无法实现的其他情况。

直接经济损失和间接经济损失，是指立案时确已造成的经济损失。移送审查起诉前，犯罪嫌疑人及其亲友自行挽回的经济损失，以及由司法机关或者犯罪嫌疑人所在单位及其上级主管部门挽回的经济损失，不予扣减，但可作为对犯罪嫌疑人从轻处理的情节考虑。

（五）本规定中的“徇私舞弊”，是指国家机关工作人员为徇私情、私利，故意违背事实和法律，伪造材料，隐瞒情况，弄虚作假的行为。

（六）本规定自公布之日起施行。本规定发布前有关人民检察院直接受理立案侦查的国家机关工作人员渎职和利用职权实施的侵犯公民人身权利、民主权利犯罪案件的立案标准，与本规定有重复或者不一致的，适用本规定。

对于本规定施行前发生的国家机关工作人员渎职和利用职权实施的侵犯公民人身权利、民主权利犯罪案件，按照《最高人民法院、最高人民检察院关于适用刑事司法解释时间效力问题的规定》办理。

**二、最高人民法院《全国法院审理经济犯罪案件工作座谈会纪要》（节录）**（2003年11月13日　法发〔2003〕167号）

**一、关于贪污贿赂犯罪和渎职犯罪的主体**

（一）国家机关工作人员的认定

刑法中所称的国家机关工作人员，是指在国家机关中从事公务的人员，包括在各级国家权力机关、行政机关、司法机关和军事机关中从事公务的人员。

根据有关立法解释的规定，在依照法律、法规规定行使国家行政管理职权的组织中从事公务的人员，或者在受国家机关委托代表国家行使职权的组织中从事公务的人员，或者虽未列入国家机关人员编制但在国家机关中从事公务的人员，视为国家机关工作人员。在乡（镇）以上中国共产党机关、人民政协机关中从事公务的人员，司法实践中也应当视为国家机关工作人员。

（二）国家机关、国有公司、企业、事业单位委派到非国有公司、企业、事业单位、社会团体从事公务的人员的认定

所谓委派，即委任、派遣，其形式多种多样，如任命、指派、提名、批准等。不论被委派的人身份如何，只要是接受国家机关、国有公司、企业、事业单位委派，代表国家机关、国有公司、企业、事业单位在非国有公司、企业、事业单位、社会团体中从事组织、领导、监督、管理等工作，都可以认定为国家机关、国有公司、企业、事业单位委派到非国有公司、企业、事业单位、社会团体从事公务的人员。如国家机关、国有公司、企业、事业单位委派在国有控股或者参股的股份有限公司从事组织、领导、监督、管理等工作的人员，应当以国家工作人员论。国有公司、企业改制为股份有限公司后，原国有公司、企业的工作人员和股份有限公司新任命的人员中，除代表国有投资主体行使监督、管理职权的人外，不以国家工作人员论。

（三）“其他依照法律从事公务的人员”的认定

刑法第九十三条第二款规定的“其他依照法律从事公务的人员”应当具有两个特征：一是在特定条件下行使国家管理职能；二是依照法律规定从事公务。具体包括：（1）依法履行职责的各级人民代表大会代表；（2）依法履行审判职责的人民陪审员；（3）协助乡镇人民政府、街道办事处从事行政管理工作的村民委员会、居民委员会等农村和城市基层组织人员；（4）其他由法律授权从事公务的人员。

（四）关于“从事公务”的理解

从事公务，是指代表国家机关、国有公司、企业、事业单位、人民团体等履行组织、领导、监督、管理等职责。公务主要表现为与职权相联系的公共事务以及监督、

法律适用

司法解释

管理国有财产的职务活动。如国家机关工作人员依法履行职责，国有公司的董事、经理、监事、会计、出纳人员等管理、监督国有财产等活动，属于从事公务。那些不具备职权内容的劳务活动、技术服务工作，如售货员、售票员等所从事的工作，一般不认为是公务。

**六、关于渎职罪**

（一）渎职犯罪行为造成的公共财产重大损失的认定

根据刑法规定，玩忽职守、滥用职权等渎职犯罪是以致使公共财产、国家和人民利益遭受重大损失为构成要件的。其中，公共财产的重大损失，通常是指渎职行为已经造成的重大经济损失。在司法实践中，有以下情形之一的，虽然公共财产作为债权存在，但已无法实现债权的，可以认定为行为人的渎职行为造成了经济损失：（1）债务人已经法定程序被宣告破产；（2）债务人潜逃，去向不明；（3）因行为人责任，致使超过诉讼时效；（4）有证据证明债权无法实现的其他情况。

（二）玩忽职守罪的追诉时效

玩忽职守行为造成的重大损失当时没有发生，而是玩忽职守行为之后一定时间发生的，应从危害结果发生之日起计算玩忽职守罪的追诉期限。

（三）国有公司、企业人员渎职犯罪的法律适用

对于1999年12月24日《中华人民共和国刑法修正案》实施以前发生的国有公司、企业人员渎职行为（不包括徇私舞弊行为），尚未处理或者正在处理的，不能按照刑法修正案追究刑事责任。

（四）关于“徇私”的理解

徇私舞弊型渎职犯罪的“徇私”应理解为徇个人私情、私利。国家机关工作人员为了本单位的利益，实施滥用职权、玩忽职守行为，构成犯罪的，依照刑法第三百九十七条第一款的规定定罪处罚。

**三、最高人民法院、最高人民检察院《关于办理职务犯罪案件严格适用缓刑、免予刑事处罚若干问题的意见》**（2012年8月8日　法发〔2012〕17号）（略，详见本书第16页）

相关法律法规

**《中华人民共和国进出口商品检验法》（节录）**（1989年2月21日第七届全国人民代表大会常务委员会第六次会议通过　2002年4月28日第一次修正　2013年6月29日第二次修正　2018年4月27日第三次修正　2018年12月29日第四次修正　2021年4月29日第五次修正）

**第二条**　国务院设立进出口商品检验部门（以下简称国家商检部门），主管全国进出口商品检验工作。国家商检部门设在各地的进出口商品检验机构（以下简称商检机构）管理所辖地区的进出口商品检验工作。

**第三条**　商检机构和依法设立的检验机构（以下称其他检验机构），依法对进出口商品实施检验。

**第四条**　进出口商品检验应当根据保护人类健康和安全、保护动物或者植物的生命和健康、保护环境、防止欺诈行为、维护国家安全的原则，由国家商检部门制定、调整必须实施检验的进出口商品目录（以下简称目录）并公布实施。

**第五条**　列入目录的进出口商品，由商检机构实施检验。

前款规定的进口商品未经检验的，不准销售、使用；前款规定的出口商品未经检验合格的，不准出口。

法律适用

相关法律法规

本条第一款规定的进出口商品，其中符合国家规定的免予检验条件的，由收货人或者发货人申请，经国家商检部门审查批准，可以免予检验。

**第十二条** 本法规定必须经商检机构检验的进口商品的收货人或者其代理人，应当在商检机构规定的地点和期限内，接受商检机构对进口商品的检验。商检机构应当在国家商检部门统一规定的期限内检验完毕，并出具检验证单。

**第十五条** 本法规定必须经商检机构检验的出口商品的发货人或者其代理人，应当在商检机构规定的地点和期限内，向商检机构报检。商检机构应当在国家商检部门统一规定的期限内检验完毕，并出具检验证单。

**第三十六条** 国家商检部门、商检机构的工作人员滥用职权，故意刁难的，徇私舞弊，伪造检验结果的，或者玩忽职守，延误检验出证的，依法给予行政处分；构成犯罪的，依法追究刑事责任。

# 41 商检失职案

## 概念

**本罪是指国家商检部门、商检机构的工作人员严重不负责任，对应当检验的物品不检验，或者延误检验出证、错误出证，致使国家利益遭受重大损失的行为。**

## 立案标准

**出入境检验检疫机关、检验检疫机构工作人员涉嫌严重不负责任，对应当检验的物品不检验，或者延误检验出证、错误出证，有下列情形之一的，应予立案：**

**1. 致使不合格的食品、药品、医疗器械等商品出入境，严重危害生命健康的。**

**2. 造成个人财产直接经济损失 15 万元以上，或者直接经济损失不满 15 万元，但间接经济损失 75 万元以上的。**

**3. 造成公共财产、法人或者其他组织财产直接经济损失 30 万元以上，或者直接经济损失不满 30 万元，但间接经济损失 150 万元以上的。**

**4. 未经检验，出具合格检验结果，致使国家禁止进口的固体废物、液态废物和气态废物等进入境内的。**

**5. 不检验或者延误检验出证、错误出证，引起国际经济贸易纠纷，严重影响国家对外经贸关系，或者严重损害国家声誉的。**

**6. 其他致使国家利益遭受重大损失的情形。**

## 定罪标准

### 犯罪客体

本罪侵犯的客体是国家商检部门、商检机构的正常活动，以及国家对进出口商品的检验制度。

### 犯罪客观方面

本罪在客观方面表现为行为人严重不负责任，对应当检验的物品不检验，或者延误检验出证、错误出证，致使国家利益遭受重大损失。具体而言，包括以下两个要素：

1. 行为人实施了严重不负责任的行为。“严重不负责任”，是指商检工作人员在商检工作中不履行或不正确履行职责，对应当检验的物品不检验或者延误检验出证、错误出证。具体而言，严重不负责任的行为有以下三种表现：

（1）对应当检验的物品不检验。此种行为方式表现为不作为，其成立前提是行为人有检验的义务，即涉及的物品属于“应当检验的物品”。本罪所指的“应当检验的物品”，是指依法列入进出口商品检验目录且没有被批准免予检验的物品。

（2）延误检验出证，即没有在法定的检验期限内检验完毕并出具证明。根据《进出口商品检验法》第 12 条的规定，商检机构应当在国家商检部门统一规定的期限内检验完毕，并出具检验证单。

（3）错误出证，即检验人员出具了与应检商品情况不相符的证明，包括将不合格商品检验为合格，将合格商品检验为不合格等。

2. 不负责任的行为致使国家利益遭受重大损失。首先，所谓“国家利益遭受重大损失”，是指以下情形之一的：（1）致使不合格的食品、药品、医疗器械等商品出

| | | |
|---|---|---|
| 定罪标准 | 犯罪客观方面 | 入境，严重危害生命健康的；（2）造成个人财产直接经济损失15万元以上，或者直接经济损失不满15万元，但间接经济损失75万元以上的；（3）造成公共财产、法人或者其他组织财产直接经济损失30万元以上，或者直接经济损失不满30万元，但间接经济损失150万元以上的；（4）未经检验，出具合格检验结果，致使国家禁止进口的固体废物、液态废物和气态废物等进入境内的；（5）不检验或者延误检验出证、错误出证，引起国际经济贸易纠纷，严重影响国家对外经贸关系，或者严重损害国家声誉的；（6）其他致使国家利益遭受重大损失的情形。其次，不负责任的行为与国家利益的重大损失之间存在因果关系。 |
| | 犯罪主体 | 本罪是纯正的身份犯，主体是国家商检部门、商检机构的工作人员。 |
| | 犯罪主观方面 | 本罪在主观方面表现为过失，即对自己严重不负责任的行为可能导致的国家利益遭受的重大损失应当预见而没有预见，或者已经预见而轻信能够避免。 |
| | 罪与非罪 | 区分罪与非罪的界限，要注意把握以下两点：<br>1. 行为人的失职行为是否致使国家利益遭受重大损失。行为人虽然实施了严重不负责任的失职行为，但是如果该行为没有造成国家利益的重大损失，则属于一般的商检失职行为，应给予党政纪处分，不能作为犯罪立案侦查。<br>2. 行为人是否有失职行为，以及失职行为与国家利益的重大损失之间是否存在因果关系。要结合案情具体判断：（1）如果商检人员在现有的工作条件下难以识破逃避商检监管的犯罪行为，只能靠提高技术装备加以克服，无论商检人员是否实施了失职行为，均不构成犯罪。（2）如果商检人员在现有的工作条件下能识破，则需要首先判断行为人是否实施了严重不负责任的行为；若没有，则不构成犯罪。其次，若行为人实施了严重不负责任的行为，则要看该行为与重大损失是否存在刑法上的因果关系以及要看行为人主观上是否存在过失。 |
| | 此罪与彼罪 | 商检失职罪与商检徇私舞弊罪的界限。根据《刑法》第412条第1款的规定，商检徇私舞弊罪是指国家商检部门、商检机构的工作人员徇私舞弊，伪造检验结果的行为。本罪与商检徇私舞弊罪都是国家商检部门、商检机构的工作人员的渎职犯罪，其犯罪主体和客体都相同。二者的主要区别是：（1）主观方面不同。本罪行为人在主观方面是出于过失；商检徇私舞弊罪的行为人在主观方面是出于故意。（2）客观方面不同。本罪既包括作为，即出具错误的商检证明，也包括不作为，即对应当检验的商品不检验，或者延误检验出证，而且要求致使国家利益遭受重大损失的后果；商检徇私舞弊罪的行为方式只能是作为，即故意伪造检验结果，而且不要求造成实际危害后果。 |

<table>
<tr><td rowspan="4">证据参考标准</td><td>主体方面的证据</td><td>一、证明行为人刑事责任年龄、身份等自然情况的证据<br>包括身份证明、户籍证明、任职证明、工作经历证明、特定职责证明等，主要是证明行为人的姓名（曾用名）、性别、出生年月日、民族、籍贯、出生地、职业（或职务）、住所地（或居所地）等证据材料，如户口簿、居民身份证、居住证、工作证、出生证、专业或技术等级证、干部履历表、职工登记表、护照等。<br>对于户籍、出生证等材料内容不实的，应提供其他证据材料。外国人犯罪的案件，应有护照等身份证明材料。人大代表、政协委员犯罪的案件，应注明身份，并附身份证明材料。<br>二、证明行为人刑事责任能力的证据<br>证明行为人对自己的行为是否具有辨认能力与控制能力，如是否属于间歇性精神病人、案发时是否尚未完全丧失辨认或者控制自己行为能力的证明材料。</td></tr>
<tr><td>主观方面的证据</td><td>证明行为人过失的证据<br>1. 证明行为人疏忽大意过失的证据：（1）证明行为人应当预见自己不履行或者不认真履行职责的行为会发生危害社会的结果；（2）证明行为人因疏忽大意没有预见。2. 证明行为人过于自信过失的证据：（1）证明行为人已经预见自己不履行或者不认真履行职责的行为会发生危害社会的结果；（2）证明行为人轻信能避免危害结果。</td></tr>
<tr><td>客观方面的证据</td><td>证明行为人商检失职行为的证据<br>具体证据包括：1. 证明对应当检验的物品不检验的证据。2. 证明延误检验出证的证据。3. 证明错误出证的证据。4. 证明国家利益遭受重大损失的证据。5. 证明不负责任的行为与国家利益的重大损失之间存在因果关系的证据。</td></tr>
<tr><td>量刑方面的证据</td><td>一、法定量刑情节证据<br>1. 事实情节。2. 法定从重情节。3. 法定从轻、减轻情节：（1）可以从轻；（2）可以从轻或者减轻；（3）应当从轻或者减轻。4. 法定从轻、减轻、免除情节：（1）可以从轻、减轻或者免除处罚；（2）应当从轻、减轻或者免除处罚。5. 法定减轻、免除情节：（1）可以减轻或者免除处罚；（2）应当减轻或者免除处罚；（3）可以免除处罚。<br>二、酌定量刑情节证据<br>1. 犯罪手段：（1）对应当检验的物品不检验；（2）延误检验出证；（3）错误出证。2. 犯罪对象。3. 危害结果。4. 犯罪动机。5. 平时表现。6. 认罪态度。7. 是否有前科。8. 其他证据。</td></tr>
<tr><td rowspan="2">量刑标准</td><td>犯本罪的</td><td>处三年以下有期徒刑或者拘役</td></tr>
<tr><td>不适用缓刑或者免予刑事处罚</td><td>1. 以下情形一般不适用缓刑或者免予刑事处罚：<br>（1）不如实供述罪行的；<br>（2）不予退缴赃款赃物或者将赃款赃物用于非法活动的；<br>（3）属于共同犯罪中情节严重的主犯的；<br>（4）犯有数个职务犯罪依法实行并罚或者以一罪处理的；<br>（5）曾因职务违纪违法行为受过行政处分的；</td></tr>
</table>

<table>
<tr><td rowspan="1">量刑标准</td><td colspan="2">不适用缓刑或者免予刑事处罚</td><td>（6）犯罪涉及的财物属于救灾、抢险、防汛、优抚、扶贫、移民、救济、防疫等特定款物的；<br>（7）渎职犯罪中徇私舞弊情节或者滥用职权情节恶劣的；<br>（8）其他不应适用缓刑、免予刑事处罚的情形。<br>对于具有以上情形之一，但根据全案事实和量刑情节，检察机关认为确有必要适用缓刑或者免予刑事处罚并据此提出量刑建议的，应经检察委员会讨论决定；审理法院认为确有必要适用缓刑或者免予刑事处罚的，应经审判委员会讨论决定。<br>2. 人民法院审理职务犯罪案件时应当注意听取检察机关、被告人、辩护人提出的量刑意见，分析影响性案件案发前后的社会反映，必要时可以征求案件查办等机关的意见。对于情节恶劣、社会反映强烈的职务犯罪案件，不得适用缓刑、免予刑事处罚。</td></tr>
<tr><td rowspan="3">法律适用</td><td>刑法条文</td><td colspan="2">第四百一十二条　国家商检部门、商检机构的工作人员徇私舞弊，伪造检验结果的，处五年以下有期徒刑或者拘役；造成严重后果的，处五年以上十年以下有期徒刑。<br>前款所列人员严重不负责任，对应当检验的物品不检验，或者延误检验出证、错误出证，致使国家利益遭受重大损失的，处三年以下有期徒刑或者拘役。</td></tr>
<tr><td>立法解释</td><td colspan="2">**全国人民代表大会常务委员会《关于〈中华人民共和国刑法〉第九章渎职罪主体适用问题的解释》**（2002年12月28日第九届全国人民代表大会常务委员会公布　自公布之日起施行）<br>全国人大常委会根据司法实践中遇到的情况，讨论了刑法第九章渎职罪主体的适用问题，解释如下：<br>在依照法律、法规规定行使国家行政管理职权的组织中从事公务的人员，或者在受国家机关委托代表国家机关行使职权的组织中从事公务的人员，或者虽未列入国家机关人员编制但在国家机关中从事公务的人员，在代表国家机关行使职权时，有渎职行为，构成犯罪的，依照刑法关于渎职罪的规定追究刑事责任。<br>现予公告。</td></tr>
<tr><td>司法解释</td><td colspan="2">**一、最高人民检察院《关于渎职侵权犯罪案件立案标准的规定》（节录）**（2006年7月26日　高检发释字〔2006〕2号）<br>**一、渎职犯罪案件**<br>（二十五）商检失职案（第四百一十二条第二款）<br>商检失职罪是指出入境检验检疫机关、检验检疫机构工作人员严重不负责任，对应当检验的物品不检验，或者延误检验出证、错误出证，致使国家利益遭受重大损失的行为。<br>涉嫌下列情形之一的，应予立案：<br>1. 致使不合格的食品、药品、医疗器械等商品出入境，严重危害生命健康的；</td></tr>
</table>

2. 造成个人财产直接经济损失15万元以上，或者直接经济损失不满15万元，但间接经济损失75万元以上的；

3. 造成公共财产、法人或者其他组织财产直接经济损失30万元以上，或者直接经济损失不满30万元，但间接经济损失150万元以上的；

4. 未经检验，出具合格检验结果，致使国家禁止进口的固体废物、液态废物和气态废物等进入境内的；

5. 不检验或者延误检验出证、错误出证，引起国际经济贸易纠纷，严重影响国家对外经贸关系，或者严重损害国家声誉的；

6. 其他致使国家利益遭受重大损失的情形。

三、附 则

（一）本规定中每个罪案名称后所注明的法律条款系《中华人民共和国刑法》的有关条款。

（二）本规定所称“以上”包括本数；有关犯罪数额“不满”，是指已达到该数额百分之八十以上的。

（三）本规定中的“国家机关工作人员”，是指在国家机关中从事公务的人员，包括在各级国家权力机关、行政机关、司法机关和军事机关中从事公务的人员。在依照法律、法规规定行使国家行政管理职权的组织中从事公务的人员，或者在受国家机关委托代表国家行使职权的组织中从事公务的人员，或者虽未列入国家机关人员编制但在国家机关中从事公务的人员，在代表国家机关行使职权时，视为国家机关工作人员。在乡（镇）以上中国共产党机关、人民政协机关中从事公务的人员，视为国家机关工作人员。

（四）本规定中的“直接经济损失”，是指与行为有直接因果关系而造成的财产损毁、减少的实际价值；“间接经济损失”，是指由直接经济损失引起和牵连的其他损失，包括失去的在正常情况下可以获得的利益和为恢复正常的管理活动或者挽回所造成的损失所支付的各种开支、费用等。

有下列情形之一的，虽然有债权存在，但已无法实现债权的，可以认定为已经造成了经济损失：（1）债务人已经法定程序被宣告破产，且无法清偿债务；（2）债务人潜逃，去向不明；（3）因行为人责任，致使超过诉讼时效；（4）有证据证明债权无法实现的其他情况。

直接经济损失和间接经济损失，是指立案时确已造成的经济损失。移送审查起诉前，犯罪嫌疑人及其亲友自行挽回的经济损失，以及由司法机关或者犯罪嫌疑人所在单位及其上级主管部门挽回的经济损失，不予扣减，但可作为对犯罪嫌疑人从轻处理的情节考虑。

（五）本规定中的“徇私舞弊”，是指国家机关工作人员为徇私情、私利，故意违背事实和法律，伪造材料，隐瞒情况，弄虚作假的行为。

（六）本规定自公布之日起施行。本规定发布前有关人民检察院直接受理立案侦查的国家机关工作人员渎职和利用职权实施的侵犯公民人身权利、民主权利犯罪案件的立案标准，与本规定有重复或者不一致的，适用本规定。

对于本规定施行前发生的国家机关工作人员渎职和利用职权实施的侵犯公民人身权利、民主权利犯罪案件，按照《最高人民法院、最高人民检察院关于适用刑事司法解释时间效力问题的规定》办理。

二、最高人民法院《全国法院审理经济犯罪案件工作座谈会纪要》（节录）（2003年11月13日 法发〔2003〕167号）

一、关于贪污贿赂犯罪和渎职犯罪的主体

（一）国家机关工作人员的认定

刑法中所称的国家机关工作人员，是指在国家机关中从事公务的人员，包括在各级国家权力机关、行政机关、司法机关和军事机关中从事公务的人员。

根据有关立法解释的规定，在依照法律、法规规定行使国家行政管理职权的组织中从事公务的人员，或者在受国家机关委托代表国家行使职权的组织中从事公务的人员，或者虽未列入国家机关人员编制但在国家机关中从事公务的人员，视为国家机关工作人员。在乡（镇）以上中国共产党机关、人民政协机关中从事公务的人员，司法实践中也应当视为国家机关工作人员。

（二）国家机关、国有公司、企业、事业单位委派到非国有公司、企业、事业单位、社会团体从事公务的人员的认定

所谓委派，即委任、派遣，其形式多种多样，如任命、指派、提名、批准等。不论被委派的人身份如何，只要是接受国家机关、国有公司、企业、事业单位委派，代表国家机关、国有公司、企业、事业单位在非国有公司、企业、事业单位、社会团体中从事组织、领导、监督、管理等工作，都可以认定为国家机关、国有公司、企业、事业单位委派到非国有公司、企业、事业单位、社会团体从事公务的人员。如国家机关、国有公司、企业、事业单位委派在国有控股或者参股的股份有限公司从事组织、领导、监督、管理等工作的人员，应当以国家工作人员论。国有公司、企业改制为股份有限公司后，原国有公司、企业的工作人员和股份有限公司新任命的人员中，除代表国有投资主体行使监督、管理职权的人外，不以国家工作人员论。

（三）"其他依照法律从事公务的人员"的认定

刑法第九十三条第二款规定的"其他依照法律从事公务的人员"应当具有两个特征：一是在特定条件下行使国家管理职能；二是依照法律规定从事公务。具体包括：（1）依法履行职责的各级人民代表大会代表；（2）依法履行审判职责的人民陪审员；（3）协助乡镇人民政府、街道办事处从事行政管理工作的村民委员会、居民委员会等农村和城市基层组织人员；（4）其他由法律授权从事公务的人员。

（四）关于"从事公务"的理解

从事公务，是指代表国家机关、国有公司、企业、事业单位、人民团体等履行组织、领导、监督、管理等职责。公务主要表现为与职权相联系的公共事务以及监督、管理国有财产的职务活动。如国家机关工作人员依法履行职责，国有公司的董事、经理、监事、会计、出纳人员等管理、监督国有财产等活动，属于从事公务。那些不具备职权内容的劳务活动、技术服务工作，如售货员、售票员等所从事的工作，一般不认为是公务。

六、关于渎职罪

（一）渎职犯罪行为造成的公共财产重大损失的认定

根据刑法规定，玩忽职守、滥用职权等渎职犯罪是以致使公共财产、国家和人民利益遭受重大损失为构成要件的。其中，公共财产的重大损失，通常是指渎职行为已经造成的重大经济损失。在司法实践中，有以下情形之一的，虽然公共财产作为债权存在，但已无法实现债权的，可以认定为行为人的渎职行为造成了经济损失：（1）债务人已经法定程序被宣告破产；（2）债务人潜逃，去向不明；（3）因行为人责任，致使超过诉讼时效；（4）有证据证明债权无法实现的其他情况。

司法解释

（二）玩忽职守罪的追诉时效

玩忽职守行为造成的重大损失当时没有发生，而是玩忽职守行为之后一定时间发生的，应从危害结果发生之日起计算玩忽职守罪的追诉期限。

（三）国有公司、企业人员渎职犯罪的法律适用

对于1999年12月24日《中华人民共和国刑法修正案》实施以前发生的国有公司、企业人员渎职行为（不包括徇私舞弊行为），尚未处理或者正在处理的，不能按照刑法修正案追究刑事责任。

（四）关于“徇私”的理解

徇私舞弊型渎职犯罪的“徇私”应理解为徇个人私情、私利。国家机关工作人员为了本单位的利益，实施滥用职权、玩忽职守行为，构成犯罪的，依照刑法第三百九十七条第一款的规定定罪处罚。

**三、最高人民法院、最高人民检察院《关于办理职务犯罪案件严格适用缓刑、免予刑事处罚若干问题的意见》**（2012年8月8日　法发〔2012〕17号）（略，详见本书第16页）

法律适用　相关法律法规

**《中华人民共和国进出口商品检验法》（节录）**（1989年2月21日第七届全国人民代表大会常务委员会第六次会议通过　2002年4月28日第一次修正　2013年6月29日第二次修正　2018年4月27日第三次修正　2018年12月29日第四次修正　2021年4月29日第五次修正）

**第二条**　国务院设立进出口商品检验部门（以下简称国家商检部门），主管全国进出口商品检验工作。国家商检部门设在各地的进出口商品检验机构（以下简称商检机构）管理所辖地区的进出口商品检验工作。

**第三条**　商检机构和依法设立的检验机构（以下称其他检验机构），依法对进出口商品实施检验。

**第四条**　进出口商品检验应当根据保护人类健康和安全、保护动物或者植物的生命和健康、保护环境、防止欺诈行为、维护国家安全的原则，由国家商检部门制定、调整必须实施检验的进出口商品目录（以下简称目录）并公布实施。

**第五条**　列入目录的进出口商品，由商检机构实施检验。

前款规定的进口商品未经检验的，不准销售、使用；前款规定的出口商品未经检验合格的，不准出口。

本条第一款规定的进出口商品，其中符合国家规定的免予检验条件的，由收货人或者发货人申请，经国家商检部门审查批准，可以免予检验。

**第十二条**　本法规定必须经商检机构检验的进口商品的收货人或者其代理人，应当在商检机构规定的地点和期限内，接受商检机构对进口商品的检验。商检机构应当在国家商检部门统一规定的期限内检验完毕，并出具检验证单。

**第十五条**　本法规定必须经商检机构检验的出口商品的发货人或者其代理人，应当在商检机构规定的地点和期限内，向商检机构报检。商检机构应当在国家商检部门统一规定的期限内检验完毕，并出具检验证单。

**第三十六条**　国家商检部门、商检机构的工作人员滥用职权，故意刁难的，徇私舞弊，伪造检验结果的，或者玩忽职守，延误检验出证的，依法给予行政处分；构成犯罪的，依法追究刑事责任。

# 42 动植物检疫徇私舞弊案

**概念**

本罪是指动植物检疫机关的检疫人员徇私舞弊，伪造检疫结果的行为。

**立案标准**

出入境检验检疫机关、检验检疫机构工作人员涉嫌徇私舞弊，伪造检疫结果，有下列情形之一的，应予立案：

1. 采取伪造、变造的手段对检疫的单证、印章、标志、封识等作虚假的证明或者出具不真实的结论的。
2. 将送检的合格动植物检疫为不合格，或者将不合格动植物检疫为合格的。
3. 对明知是不合格的动植物，不检疫而出具合格检疫结果的。
4. 其他伪造检疫结果应予追究刑事责任的情形。

| 定罪标准 | | |
|---|---|---|
| | 犯罪客体 | 本罪侵犯的客体是国家动植物检疫机关的正常活动。 |
| | 犯罪客观方面 | 本罪在客观方面表现为徇私舞弊，伪造检疫结果。<br>根据《进出境动植物检疫法》及其实施条例的规定，进境、出境、过境的动植物、动植物产品和其他检疫物；装载动植物、动植物产品和其他检疫物的装载容器、包装物、铺垫材料；来自动植物疫区的运输工具；进境拆解的废旧船舶；有关法律、行政法规、国际条约规定或者贸易合同约定应当实施进出境动植物检疫的其他货物、物品，应当依法进行检疫。<br>“徇私舞弊”，是指行为人为徇私情、私利，故意违背事实和法律，伪造材料，隐瞒情况，弄虚作假的行为。本罪的“徇私舞弊”，具体是指“伪造检疫结果”。伪造检疫结果，是指出具虚假的、不符合应检物品实际情况的检疫结果。具体表现方式主要包括：采取伪造、变造的手段对检疫的单证、印章、标志、封识等作虚假的证明或者出具不真实的结论的；将送检的合格动植物检疫为不合格，或者将不合格动植物检疫为合格的；对明知是不合格的动植物，不检疫而出具合格检疫结果的。可见，本罪的“伪造”是广义的，包括狭义的伪造与变造。狭义的伪造，是指凭空制造，即直接制造并不符合实际情况的检疫结果；变造，是指在真实的检疫结果上，采取涂改内容、剪贴、拼凑等手段制造不真实的检疫结果。 |
| | 犯罪主体 | 本罪是纯正的身份犯，主体是动植物检疫机关的检疫人员。<br>根据《进出境动植物检疫法》，国务院设立动植物检疫机关（以下简称国家动植物检疫机关），统一管理全国进出境动植物检疫工作。国家动植物检疫机关在对外开放的口岸和进出境动植物检疫业务集中的地点设立的口岸动植物检疫机关，依照本法规定实施进出境动植物检疫。因此，《刑法》第413条中，“动植物检疫机关”就是指国家动植物检疫机关与口岸动植物检疫机关。 |

| | | |
|---|---|---|
| 定罪标准 | 犯罪主观方面 | 本罪在主观方面表现为故意，即明知自己伪造检疫结果的行为会损害国家动植物检疫机关的正常活动，希望或者放任这种结果发生。行为人主观上还有徇私的动机。 |
| | 罪与非罪 | 区分罪与非罪的界限，要注意本罪是行为犯，只要行为人徇私舞弊，伪造检疫结果，无论是否出现危害结果，均构成本罪。但在实践中，对某一个具体的动植物检疫徇私舞弊行为是否按犯罪处理，还要结合刑法总则有关犯罪定义的规定，对情节显著轻微，危害不大的行为，可给予行政处分，不按犯罪处理。 |
| | 此罪与彼罪 | 本罪与逃避动植物检疫罪的界限。根据《刑法》第337条的规定，逃避动植物检疫罪是指违反有关动植物防疫、检疫的国家规定，引起重大动植物疫情的，或者有引起重大动植物疫情危险，情节严重的行为。本罪与逃避动植物检疫罪都是违反动植物防疫、检疫规定的犯罪，且主观方面都为故意。二罪的区别在于：(1) 客观方面不同。本罪在客观上表现为徇私舞弊，伪造检疫结果；逃避动植物检疫罪在客观上表现为，逃避动植物防疫、检疫的行为。本罪不要求情节严重；而逃避动植物检疫罪则要求情节严重的才成立犯罪。(2) 主体不同。本罪是纯正的身份犯，主体是动植物检疫机关的检疫人员；而逃避动植物检疫罪的主体是一般主体，且自然人和单位都能构成。 |
| 证据参考标准 | 主体方面的证据 | **一、证明行为人刑事责任年龄、身份等自然情况的证据**<br>包括身份证明、户籍证明、任职证明、工作经历证明、特定职责证明等，主要是证明行为人的姓名（曾用名）、性别、出生年月日、民族、籍贯、出生地、职业（或职务）、住所地（或居所地）等证据材料，如户口簿、居民身份证、居住证、工作证、出生证、专业或技术等级证、干部履历表、职工登记表、护照等。<br>对于户籍、出生证等材料内容不实的，应提供其他证据材料。人大代表、政协委员犯罪的案件，应注明身份，并附身份证明材料。<br>**二、证明行为人刑事责任能力的证据**<br>证明行为人对自己的行为是否具有辨认能力与控制能力，如是否属于间歇性精神病人、案发时是否尚未完全丧失辨认或者控制自己行为能力的证明材料。 |
| | 主观方面的证据 | **证明行为人故意的证据**<br>1. 证明行为人主观认识因素的证据：证明行为人明知自己的行为会发生危害社会的结果；2. 证明行为人主观意志因素的证据：证明行为人希望或者放任危害结果发生；3. 证明徇私动机的证据。 |

<table>
<tr><td rowspan="2">证据参考标准</td><td>客观方面的证据</td><td colspan="2">证明行为人徇私舞弊，伪造检疫结果的证据<br>具体证据包括：1. 证明徇私舞弊的证据。2. 证明采取伪造、变造的手段对检疫的单证、印章、标志、封识等作虚假的证明的证据。3. 证明采取伪造、变造的手段对检疫的单证、印章、标志、封识等出具不真实的结论的证据。4. 证明将送检的合格动植物检疫为不合格的证据。5. 证明将送检的不合格动植物检疫为合格的证据。6. 证明对明知是不合格的动植物，不检疫而出具合格检疫结果的证据。7. 证明其他伪造检疫结果的证据。8. 证明造成严重后果的证据。</td></tr>
<tr><td>量刑方面的证据</td><td colspan="2">一、法定量刑情节证据<br>1. 事实情节。2. 法定从重情节。3. 法定从轻、减轻情节：（1）可以从轻；（2）可以从轻或者减轻；（3）应当从轻或者减轻。4. 法定从轻、减轻、免除情节：（1）可以从轻、减轻或者免除处罚；（2）应当从轻、减轻或者免除处罚。5. 法定减轻、免除情节：（1）可以减轻或者免除处罚；（2）应当减轻或者免除处罚；（3）可以免除处罚。<br>二、酌定量刑情节证据<br>1. 犯罪手段。2. 犯罪对象。3. 危害结果。4. 犯罪动机。5. 平时表现。6. 认罪态度。7. 是否有前科。8. 其他证据。</td></tr>
<tr><td rowspan="3">量刑标准</td><td colspan="2">犯本罪的</td><td>处五年以下有期徒刑或者拘役</td></tr>
<tr><td colspan="2">造成严重后果的</td><td>处五年以上十年以下有期徒刑</td></tr>
<tr><td colspan="2">不适用缓刑或者免予刑事处罚</td><td>1. 以下情形一般不适用缓刑或者免予刑事处罚：<br>（1）不如实供述罪行的；<br>（2）不予退缴赃款赃物或者将赃款赃物用于非法活动的；<br>（3）属于共同犯罪中情节严重的主犯的；<br>（4）犯有数个职务犯罪依法实行并罚或者以一罪处理的；<br>（5）曾因职务违纪违法行为受过行政处分的；<br>（6）犯罪涉及的财物属于救灾、抢险、防汛、优抚、扶贫、移民、救济、防疫等特定款物的；<br>（7）渎职犯罪中徇私舞弊情节或者滥用职权情节恶劣的；<br>（8）其他不应适用缓刑、免予刑事处罚的情形。<br>对于具有以上情形之一，但根据全案事实和量刑情节，检察机关认为确有必要适用缓刑或者免予刑事处罚并据此提出量刑建议的，应经检察委员会讨论决定；审理法院认为确有必要适用缓刑或者免予刑事处罚的，应经审判委员会讨论决定。<br>2. 人民法院审理职务犯罪案件时应当注意听取检察机关、被告人、辩护人提出的量刑意见，分析影响性案件案发前后的社会反映，必要时可以征求案件查办等机关的意见。对于情节恶劣、社会反映强烈的职务犯罪案件，不得适用缓刑、免予刑事处罚。</td></tr>
<tr><td>法律适用</td><td>刑法条文</td><td colspan="2">第四百一十三条第一款 动植物检疫机关的检疫人员徇私舞弊，伪造检疫结果的，处五年以下有期徒刑或者拘役；造成严重后果的，处五年以上十年以下有期徒刑。</td></tr>
</table>

法律适用

立法解释

**全国人民代表大会常务委员会《关于〈中华人民共和国刑法〉第九章渎职罪主体适用问题的解释》**（2002 年 12 月 28 日第九届全国人民代表大会常务委员会第三十一次会议通过）

全国人大常委会根据司法实践中遇到的情况，讨论了刑法第九章渎职罪主体的适用问题，解释如下：

在依照法律、法规规定行使国家行政管理职权的组织中从事公务的人员，或者在受国家机关委托代表国家机关行使职权的组织中从事公务的人员，或者虽未列入国家机关人员编制但在国家机关中从事公务的人员，在代表国家机关行使职权时，有渎职行为，构成犯罪的，依照刑法关于渎职罪的规定追究刑事责任。

现予公告。

司法解释

**一、最高人民检察院《关于渎职侵权犯罪案件立案标准的规定》（节录）**（2006年7月26日　高检发释字〔2006〕2号）

**一、渎职犯罪案件**

（二十六）动植物检疫徇私舞弊案（第四百一十三条第一款）

动植物检疫徇私舞弊罪是指出入境检验检疫机关、检验检疫机构工作人员徇私舞弊，伪造检疫结果的行为。

涉嫌下列情形之一的，应予立案：

1. 采取伪造、变造的手段对检疫的单证、印章、标志、封识等作虚假的证明或者出具不真实的结论的；
2. 将送检的合格动植物检疫为不合格，或者将不合格动植物检疫为合格的；
3. 对明知是不合格的动植物，不检疫而出具合格检疫结果的；
4. 其他伪造检疫结果应予追究刑事责任的情形。

**三、附　则**

（一）本规定中每个罪案名称后所注明的法律条款系《中华人民共和国刑法》的有关条款。

（二）本规定所称“以上”包括本数；有关犯罪数额“不满”，是指已达到该数额百分之八十以上的。

（三）本规定中的“国家机关工作人员”，是指在国家机关中从事公务的人员，包括在各级国家权力机关、行政机关、司法机关和军事机关中从事公务的人员。在依照法律、法规规定行使国家行政管理职权的组织中从事公务的人员，或者在受国家机关委托代表国家行使职权的组织中从事公务的人员，或者虽未列入国家机关人员编制但在国家机关中从事公务的人员，在代表国家机关行使职权时，视为国家机关工作人员。在乡（镇）以上中国共产党机关、人民政协机关中从事公务的人员，视为国家机关工作人员。

（四）本规定中的“直接经济损失”，是指与行为有直接因果关系而造成的财产损毁、减少的实际价值；“间接经济损失”，是指由直接经济损失引起和牵连的其他损失，包括失去的在正常情况下可以获得的利益和为恢复正常的管理活动或者挽回所造成的损失所支付的各种开支、费用等。

有下列情形之一的，虽然有债权存在，但已无法实现债权的，可以认定为已经造成了经济损失：（1）债务人已经法定程序被宣告破产，且无法清偿债务；（2）债务人潜逃，去向不明；(3) 因行为人责任，致使超过诉讼时效；(4) 有证据证明债权无法实现的其他情况。

直接经济损失和间接经济损失，是指立案时确已造成的经济损失。移送审查起诉前，犯罪嫌疑人及其亲友自行挽回的经济损失，以及由司法机关或者犯罪嫌疑人所在单位及其上级主管部门挽回的经济损失，不予扣减，但可作为对犯罪嫌疑人从轻处理的情节考虑。

(五) 本规定中的"徇私舞弊"，是指国家机关工作人员为徇私情、私利，故意违背事实和法律，伪造材料，隐瞒情况，弄虚作假的行为。

(六) 本规定自公布之日起施行。本规定发布前有关人民检察院直接受理立案侦查的国家机关工作人员渎职和利用职权实施的侵犯公民人身权利、民主权利犯罪案件的立案标准，与本规定有重复或者不一致的，适用本规定。

对于本规定施行前发生的国家机关工作人员渎职和利用职权实施的侵犯公民人身权利、民主权利犯罪案件，按照《最高人民法院、最高人民检察院关于适用刑事司法解释时间效力问题的规定》办理。

**二、最高人民法院《全国法院审理经济犯罪案件工作座谈会纪要》(节录)** (2003年11月13日　法发〔2003〕167号)

**一、关于贪污贿赂犯罪和渎职犯罪的主体**

(一) 国家机关工作人员的认定

刑法中所称的国家机关工作人员，是指在国家机关中从事公务的人员，包括在各级国家权力机关、行政机关、司法机关和军事机关中从事公务的人员。

根据有关立法解释的规定，在依照法律、法规规定行使国家行政管理职权的组织中从事公务的人员，或者在受国家机关委托代表国家行使职权的组织中从事公务的人员，或者虽未列入国家机关人员编制但在国家机关中从事公务的人员，视为国家机关工作人员。在乡(镇)以上中国共产党机关、人民政协机关中从事公务的人员，司法实践中也应当视为国家机关工作人员。

(二) 国家机关、国有公司、企业、事业单位委派到非国有公司、企业、事业单位、社会团体从事公务的人员的认定

所谓委派，即委任、派遣，其形式多种多样，如任命、指派、提名、批准等。不论被委派的人身份如何，只要是接受国家机关、国有公司、企业、事业单位委派，代表国家机关、国有公司、企业、事业单位在非国有公司、企业、事业单位、社会团体中从事组织、领导、监督、管理等工作，都可以认定为国家机关、国有公司、企业、事业单位委派到非国有公司、企业、事业单位、社会团体从事公务的人员。如国家机关、国有公司、企业、事业单位委派在国有控股或者参股的股份有限公司从事组织、领导、监督、管理等工作的人员，应当以国家工作人员论。国有公司、企业改制为股份有限公司后，原国有公司、企业的工作人员和股份有限公司新任命的人员中，除代表国有投资主体行使监督、管理职权的人外，不以国家工作人员论。

(三) "其他依照法律从事公务的人员"的认定

刑法第九十三条第二款规定的"其他依照法律从事公务的人员"应当具有两个特征：一是在特定条件下行使国家管理职能；二是依照法律规定从事公务。具体包括：(1) 依法履行职责的各级人民代表大会代表；(2) 依法履行审判职责的人民陪审员；

法律适用

司法解释

(3) 协助乡镇人民政府、街道办事处从事行政管理工作的村民委员会、居民委员会等农村和城市基层组织人员;(4) 其他由法律授权从事公务的人员。

(四) 关于"从事公务"的理解

从事公务,是指代表国家机关、国有公司、企业、事业单位、人民团体等履行组织、领导、监督、管理等职责。公务主要表现为与职权相联系的公共事务以及监督、管理国有财产的职务活动。如国家机关工作人员依法履行职责,国有公司的董事、经理、监事、会计、出纳人员等管理、监督国有财产等活动,属于从事公务。那些不具备职权内容的劳务活动、技术服务工作,如售货员、售票员等所从事的工作,一般不认为是公务。

**六、关于渎职罪**

(一) 渎职犯罪行为造成的公共财产重大损失的认定

根据刑法规定,玩忽职守、滥用职权等渎职犯罪是以致使公共财产、国家和人民利益遭受重大损失为构成要件的。其中,公共财产的重大损失,通常是指渎职行为已经造成的重大经济损失。在司法实践中,有以下情形之一的,虽然公共财产作为债权存在,但已无法实现债权的,可以认定为行为人的渎职行为造成了经济损失:(1) 债务人已经法定程序被宣告破产;(2) 债务人潜逃,去向不明;(3) 因行为人责任,致使超过诉讼时效;(4) 有证据证明债权无法实现的其他情况。

(二) 玩忽职守罪的追诉时效

玩忽职守行为造成的重大损失当时没有发生,而是玩忽职守行为之后一定时间发生的,应从危害结果发生之日起计算玩忽职守罪的追诉期限。

(三) 国有公司、企业人员渎职犯罪的法律适用

对于1999年12月24日《中华人民共和国刑法修正案》实施以前发生的国有公司、企业人员渎职行为(不包括徇私舞弊行为),尚未处理或者正在处理的,不能按照刑法修正案追究刑事责任。

(四) 关于"徇私"的理解

徇私舞弊型渎职犯罪的"徇私"应理解为徇个人私情、私利。国家机关工作人员为了本单位的利益,实施滥用职权、玩忽职守行为,构成犯罪的,依照刑法第三百九十七条第一款的规定定罪处罚。

**三、最高人民法院、最高人民检察院《关于办理职务犯罪案件严格适用缓刑、免予刑事处罚若干问题的意见》**(2012年8月8日 法发〔2012〕17号)(略,详见本书第16页)

相关法律法规

**一、《中华人民共和国进出境动植物检疫法》(节录)**(1991年10月30日第七届全国人民代表大会常务委员会第二十二次会议通过 2009年8月27日修正)

**第二条** 进出境的动植物、动植物产品和其他检疫物,装载动植物、动植物产品和其他检疫物的装载容器、包装物,以及来自动植物疫区的运输工具,依照本法规定实施检疫。

**第三条** 国务院设立动植物检疫机关(以下简称国家动植物检疫机关),统一管理全国进出境动植物检疫工作。国家动植物检疫机关在对外开放的口岸和进出境动植物检疫业务集中的地点设立的口岸动植物检疫机关,依照本法规定实施进出境动植物检疫。

贸易性动物产品出境的检疫机关,由国务院根据实际情况规定。

法律适用 相关法律法规

国务院农业行政主管部门主管全国进出境动植物检疫工作。

**第四条** 口岸动植物检疫机关在实施检疫时可以行使下列职权：

（一）依照本法规定登船、登车、登机实施检疫；

（二）进入港口、机场、车站、邮局以及检疫物的存放、加工、养殖、种植场所实施检疫，并依照规定采样；

（三）根据检疫需要，进入有关生产、仓库等场所，进行疫情监测、调查和检疫监督管理；

（四）查阅、复制、摘录与检疫物有关的运行日志、货运单、合同、发票以及其他单证。

**第五条** 国家禁止下列各物进境：

（一）动植物病原体（包括菌种、毒种等）、害虫及其他有害生物；

（二）动植物疫情流行的国家和地区的有关动植物、动植物产品和其他检疫物；

（三）动物尸体；

（四）土壤。

口岸动植物检疫机关发现有前款规定的禁止进境物的，作退回或者销毁处理。

因科学研究等特殊需要引进本条第一款规定的禁止进境物的，必须事先提出申请，经国家动植物检疫机关批准。

本条第一款第二项规定的禁止进境物的名录，由国务院农业行政主管部门制定并公布。

**第六条** 国外发生重大动植物疫情并可能传入中国时，国务院应当采取紧急预防措施，必要时可以下令禁止来自动植物疫区的运输工具进境或者封锁有关口岸；受动植物疫情威胁地区的地方人民政府和有关口岸动植物检疫机关，应当立即采取紧急措施，同时向上级人民政府和国家动植物检疫机关报告。

邮电、运输部门对重大动植物疫情报告和送检材料应当优先传送。

**第七条** 国家动植物检疫机关和口岸动植物检疫机关对进出境动植物、动植物产品的生产、加工、存放过程，实行检疫监督制度。

**第四十五条** 动植物检疫机关检疫人员滥用职权，徇私舞弊，伪造检疫结果，或者玩忽职守，延误检疫出证，构成犯罪的，依法追究刑事责任；不构成犯罪的，给予行政处分。

**二、《中华人民共和国进出境动植物检疫法实施条例》（节录）**（1996 年 12 月 2 日中华人民共和国国务院令第 206 号发布　自 1997 年 1 月 1 日起施行）

**第二条** 下列各物，依照进出境动植物检疫法和本条例的规定实施检疫：

（一）进境、出境、过境的动植物、动植物产品和其他检疫物；

（二）装载动植物、动植物产品和其他检疫物的装载容器、包装物、铺垫材料；

（三）来自动植物疫区的运输工具；

（四）进境拆解的废旧船舶；

（五）有关法律、行政法规、国际条约规定或者贸易合同约定应当实施进出境动植物检疫的其他货物、物品。

**第五十九条** 有下列违法行为之一的，由口岸动植物检疫机关处 5000 元以下的罚款：

（一）未报检或者未依法办理检疫审批手续或者未按检疫审批的规定执行的；

（二）报检的动植物、动植物产品和其他检疫物与实际不符的。

有前款第（二）项所列行为，已取得检疫单证的，予以吊销。

# 43 动植物检疫失职案

**概念**

**本罪是指动植物检疫机关的检疫人员严重不负责任，对应当检疫的检疫物不检疫，或者延误检疫出证、错误出证，致使国家利益遭受重大损失的行为。**

**立案标准**

**出入境检验检疫机关、检验检疫机构工作人员涉嫌严重不负责任，对应当检疫的检疫物不检疫，或者延误检疫出证、错误出证，有下列情形之一的，应予立案：**

**1. 导致疫情发生，造成人员重伤或者死亡的。**

**2. 导致重大疫情发生、传播或者流行的。**

**3. 造成个人财产直接经济损失 15 万元以上，或者直接经济损失不满 15 万元，但间接经济损失 75 万元以上的。**

**4. 造成公共财产或者法人、其他组织财产直接经济损失 30 万元以上，或者直接经济损失不满 30 万元，但间接经济损失 150 万元以上的。**

**5. 不检疫或者延误检疫出证、错误出证，引起国际经济贸易纠纷，严重影响国家对外经贸关系，或者严重损害国家声誉的。**

**6. 其他致使国家利益遭受重大损失的情形。**

**定罪标准**

**犯罪客体**

本罪侵犯的客体是国家动植物检疫机关的正常活动。

**犯罪客观方面**

本罪在客观方面表现为严重不负责任，对应当检疫的检疫物不检疫，或者延误检疫出证、错误出证，致使国家利益遭受重大损失。具体包括以下两个要素：

1. 行为人实施了严重不负责任的行为。“严重不负责任”，是指动植物检疫机关的检疫人员在检疫工作中不履行或不正确履行职责，对应当检疫的检疫物不检疫或者延误检疫出证、错误出证。具体而言，严重不负责任的行为有以下三种表现：

（1）对应当检疫的检疫物不检疫。此种行为方式表现为不作为，其成立前提是行为人有检疫的义务，即涉及的物品属于“应当检疫的检疫物”。根据《进出境动植物检疫法实施条例》第 2 条的规定，下列各物，属于“应当检疫的检疫物”：①进境、出境、过境的动植物、动植物产品和其他检疫物；②装载动植物、动植物产品和其他检疫物的装载容器、包装物、铺垫材料；③来自动植物疫区的运输工具；④进境拆解的废旧船舶；⑤有关法律、行政法规、国际条约规定或者贸易合同约定应当实施进出境动植物检疫的其他货物、物品。

（2）延误检疫出证，即没有在法定的检疫期限内检疫完毕并出具证明。

（3）错误出证，即检验人员出具了与检疫物的客观情况不相符的证明，包括将不合格检疫物检验为合格，将合格检疫物检验为不合格等。

2. 严重不负责任的行为致使国家利益遭受了重大损失。首先，所谓“国家利益遭受重大损失”，是指以下情形之一的：（1）导致疫情发生，造成人员重伤或者死亡的；（2）导致重大疫情发生、传播或者流行的；（3）造成个人财产直接经济损失 15

| | | |
|---|---|---|
| 定罪标准 | 犯罪客观方面 | 万元以上，或者直接经济损失不满 15 万元，但间接经济损失 75 万元以上的；（4）造成公共财产或者法人、其他组织财产直接经济损失 30 万元以上，或者直接经济损失不满 30 万元，但间接经济损失 150 万元以上的；（5）不检疫或者延误检疫出证、错误出证，引起国际经济贸易纠纷，严重影响国家对外经贸关系，或者严重损害国家声誉的；（6）其他致使国家利益遭受重大损失的情形。其次，不负责任的行为与国家利益的重大损失之间存在因果关系。 |
| | 犯罪主体 | 本罪是纯正的身份犯，主体是动植物检疫机关的检疫人员。 |
| | 犯罪主观方面 | 本罪在主观方面表现为过失，即对自己严重不负责任的行为可能导致的国家利益遭受的重大损失应当预见而没有预见，或者已经预见而轻信能够避免。 |
| | 罪与非罪 | 区分罪与非罪的界限，一要看失职行为造成的后果是否严重。一般的检疫失职行为，如果没有致使国家利益遭受损失，或虽造成了损失但尚未达到“重大损失”的程度，则不构成犯罪，而应依照有关规定相应地给予行为人行政处分。二要看行为人是否有失职行为，以及失职行为与国家利益的重大损失之间是否存在因果关系。实践中，要结合案情具体判断：（1）如果检疫人员在现有的工作条件下难以识破逃避检疫的违法犯罪行为，只能靠提高技术装备加以克服，无论检疫人员是否实施了失职行为，均不构成犯罪。（2）如果检疫人员在现有的工作条件下能识破，则需要首先判断行为人是否实施了严重不负责任的行为；若没有，则不构成犯罪。其次，若行为人实施了严重不负责任的行为，则要看该行为与重大损失之间是否存在刑法上的因果关系，以及要看行为人主观上是否存在过失。 |
| 证据参考标准 | 主体方面的证据 | **一、证明行为人刑事责任年龄、身份等自然情况的证据**<br>包括身份证明、户籍证明、任职证明、工作经历证明、特定职责证明等，主要是证明行为人的姓名（曾用名）、性别、出生年月日、民族、籍贯、出生地、职业（或职务）、住所地（或居所地）等证据材料，如户口簿、居民身份证、居住证、工作证、出生证、专业或技术等级证、干部履历表、职工登记表、护照等。<br>对于户籍、出生证等材料内容不实的，应提供其他证据材料。人大代表、政协委员犯罪的案件，应注明身份，并附身份证明材料。<br>**二、证明行为人刑事责任能力的证据**<br>证明行为人对自己的行为是否具有辨认能力与控制能力，如是否属于间歇性精神病人、案发时是否尚未完全丧失辨认或者控制自己行为能力的证明材料。 |
| | 主观方面的证据 | **证明行为人过失的证据**<br>1. 证明行为人疏忽大意过失的证据：（1）证明行为人应当预见自己不履行或者不认真履行职责的行为会发生危害社会的结果；（2）证明行为人因疏忽大意没有预见。<br>2. 证明行为人过于自信过失的证据：（1）证明行为人已经预见自己不履行或者不认真履行职责的行为会发生危害社会的结果；（2）证明行为人轻信能避免危害结果。 |

<table>
<tr><td rowspan="2">证据参考标准</td><td>客观方面的证据</td><td colspan="2">证明行为人存在动植物检疫失职行为的证据<br>具体证据包括：1. 证明对应当检疫的检疫物不检疫的证据。2. 证明延误检疫出证的证据。3. 证明错误出证的证据。4. 证明国家利益遭受了重大损失的证据。5. 证明严重不负责任的行为与国家利益遭受了重大损失之间存在因果关系的证据。</td></tr>
<tr><td>量刑方面的证据</td><td colspan="2">一、法定量刑情节证据<br>1. 事实情节。2. 法定从重情节。3. 法定从轻、减轻情节：（1）可以从轻；（2）可以从轻或者减轻；（3）应当从轻或者减轻。4. 法定从轻、减轻、免除情节：（1）可以从轻、减轻或者免除处罚；（2）应当从轻、减轻或者免除处罚。5. 法定减轻、免除情节：（1）可以减轻或者免除处罚；（2）应当减轻或者免除处罚；（3）可以免除处罚。<br>二、酌定量刑情节证据<br>1. 犯罪手段。2. 犯罪对象。3. 危害结果。4. 犯罪动机。5. 平时表现。6. 认罪态度。7. 是否有前科。8. 其他证据。</td></tr>
<tr><td rowspan="2">量刑标准</td><td colspan="2">犯本罪的</td><td>处三年以下有期徒刑或者拘役</td></tr>
<tr><td colspan="2">不适用缓刑或者免予刑事处罚</td><td>1. 以下情形一般不适用缓刑或者免予刑事处罚：<br>（1）不如实供述罪行的；<br>（2）不予退缴赃款赃物或者将赃款赃物用于非法活动的；<br>（3）属于共同犯罪中情节严重的主犯的；<br>（4）犯有数个职务犯罪依法实行并罚或者以一罪处理的；<br>（5）曾因职务违纪违法行为受过行政处分的；<br>（6）犯罪涉及的财物属于救灾、抢险、防汛、优抚、扶贫、移民、救济、防疫等特定款物的；<br>（7）渎职犯罪中徇私舞弊情节或者滥用职权情节恶劣的；<br>（8）其他不应适用缓刑、免予刑事处罚的情形。<br>对于具有以上情形之一，但根据全案事实和量刑情节，检察机关认为确有必要适用缓刑或者免予刑事处罚并据此提出量刑建议的，应经检察委员会讨论决定；审理法院认为确有必要适用缓刑或者免予刑事处罚的，应经审判委员会讨论决定。<br>2. 人民法院审理职务犯罪案件时应当注意听取检察机关、被告人、辩护人提出的量刑意见，分析影响性案件案发前后的社会反映，必要时可以征求案件查办等机关的意见。对于情节恶劣、社会反映强烈的职务犯罪案件，不得适用缓刑、免予刑事处罚。</td></tr>
<tr><td>法律适用</td><td>刑法条文</td><td colspan="2">第四百一十三条　动植物检疫机关的检疫人员徇私舞弊，伪造检疫结果的，处五年以下有期徒刑或者拘役；造成严重后果的，处五年以上十年以下有期徒刑。<br>前款所列人员严重不负责任，对应当检疫的检疫物不检疫，或者延误检疫出证、错误出证，致使国家利益遭受重大损失的，处三年以下有期徒刑或者拘役。</td></tr>
</table>

法律适用

立法解释

**全国人民代表大会常务委员会《关于〈中华人民共和国刑法〉第九章渎职罪主体适用问题的解释》**（2002年12月28日第九届全国人民代表大会常务委员会第三十一次会议通过）

全国人大常委会根据司法实践中遇到的情况，讨论了刑法第九章渎职罪主体的适用问题，解释如下：

在依照法律、法规规定行使国家行政管理职权的组织中从事公务的人员，或者在受国家机关委托代表国家机关行使职权的组织中从事公务的人员，或者虽未列入国家机关人员编制但在国家机关中从事公务的人员，在代表国家机关行使职权时，有渎职行为，构成犯罪的，依照刑法关于渎职罪的规定追究刑事责任。

现予公告。

司法解释

**一、最高人民检察院《关于渎职侵权犯罪案件立案标准的规定》（节录）**（2006年7月26日　高检发释字〔2006〕2号）

**一、渎职犯罪案件**

（二十七）动植物检疫失职案（第四百一十三条第二款）

动植物检疫失职罪是指出入境检验检疫机关、检验检疫机构工作人员严重不负责任，对应当检疫的检疫物不检疫，或者延误检疫出证、错误出证，致使国家利益遭受重大损失的行为。

涉嫌下列情形之一的，应予立案：

1. 导致疫情发生，造成人员重伤或者死亡的；
2. 导致重大疫情发生、传播或者流行的；
3. 造成个人财产直接经济损失15万元以上，或者直接经济损失不满15万元，但间接经济损失75万元以上的；
4. 造成公共财产或者法人、其他组织财产直接经济损失30万元以上，或者直接经济损失不满30万元，但间接经济损失150万元以上的；
5. 不检疫或者延误检疫出证、错误出证，引起国际经济贸易纠纷，严重影响国家对外经贸关系，或者严重损害国家声誉的；
6. 其他致使国家利益遭受重大损失的情形。

**三、附　则**

（一）本规定中每个罪案名称后所注明的法律条款系《中华人民共和国刑法》的有关条款。

（二）本规定所称“以上”包括本数；有关犯罪数额“不满”，是指已达到该数额百分之八十以上的。

（三）本规定中的“国家机关工作人员”，是指在国家机关中从事公务的人员，包括在各级国家权力机关、行政机关、司法机关和军事机关中从事公务的人员。在依照法律、法规规定行使国家行政管理职权的组织中从事公务的人员，或者在受国家机关委托代表国家行使职权的组织中从事公务的人员，或者虽未列入国家机关人员编制但在国家机关中从事公务的人员，在代表国家机关行使职权时，视为国家机关工作人员。在乡（镇）以上中国共产党机关、人民政协机关中从事公务的人员，视为国家机关工作人员。

（四）本规定中的“直接经济损失”，是指与行为有直接因果关系而造成的财产损毁、减少的实际价值；“间接经济损失”，是指由直接经济损失引起和牵连的其他损失，包括失去的在正常情况下可以获得的利益和为恢复正常的管理活动或者挽回所造成的损失所支付的各种开支、费用等。

有下列情形之一的，虽然有债权存在，但已无法实现债权的，可以认定为已经造成了经济损失：（1）债务人已经法定程序被宣告破产，且无法清偿债务；（2）债务人潜逃，去向不明；（3）因行为人责任，致使超过诉讼时效；（4）有证据证明债权无法实现的其他情况。

直接经济损失和间接经济损失，是指立案时确已造成的经济损失。移送审查起诉前，犯罪嫌疑人及其亲友自行挽回的经济损失，以及由司法机关或者犯罪嫌疑人所在单位及其上级主管部门挽回的经济损失，不予扣减，但可作为对犯罪嫌疑人从轻处理的情节考虑。

（五）本规定中的“徇私舞弊”，是指国家机关工作人员为徇私情、私利，故意违背事实和法律，伪造材料，隐瞒情况，弄虚作假的行为。

（六）本规定自公布之日起施行。本规定发布前有关人民检察院直接受理立案侦查的国家机关工作人员渎职和利用职权实施的侵犯公民人身权利、民主权利犯罪案件的立案标准，与本规定有重复或者不一致的，适用本规定。

对于本规定施行前发生的国家机关工作人员渎职和利用职权实施的侵犯公民人身权利、民主权利犯罪案件，按照《最高人民法院、最高人民检察院关于适用刑事司法解释时间效力问题的规定》办理。

**二、最高人民法院《全国法院审理经济犯罪案件工作座谈会纪要》（节录）**（2003年11月13日　法发〔2003〕167号）

**一、关于贪污贿赂犯罪和渎职犯罪的主体**

（一）国家机关工作人员的认定

刑法中所称的国家机关工作人员，是指在国家机关中从事公务的人员，包括在各级国家权力机关、行政机关、司法机关和军事机关中从事公务的人员。

根据有关立法解释的规定，在依照法律、法规规定行使国家行政管理职权的组织中从事公务的人员，或者在受国家机关委托代表国家行使职权的组织中从事公务的人员，或者虽未列入国家机关人员编制但在国家机关中从事公务的人员，视为国家机关工作人员。在乡（镇）以上中国共产党机关、人民政协机关中从事公务的人员，司法实践中也应当视为国家机关工作人员。

（二）国家机关、国有公司、企业、事业单位委派到非国有公司、企业、事业单位、社会团体从事公务的人员的认定

所谓委派，即委任、派遣，其形式多种多样，如任命、指派、提名、批准等。不论被委派的人身份如何，只要是接受国家机关、国有公司、企业、事业单位委派，代表国家机关、国有公司、企业、事业单位在非国有公司、企业、事业单位、社会团体

法律适用 司法解释

中从事组织、领导、监督、管理等工作，都可以认定为国家机关、国有公司、企业、事业单位委派到非国有公司、企业、事业单位、社会团体从事公务的人员。如国家机关、国有公司、企业、事业单位委派在国有控股或者参股的股份有限公司从事组织、领导、监督、管理等工作的人员，应当以国家工作人员论。国有公司、企业改制为股份有限公司后，原国有公司、企业的工作人员和股份有限公司新任命的人员中，除代表国有投资主体行使监督、管理职权的人外，不以国家工作人员论。

（三）"其他依照法律从事公务的人员"的认定

刑法第九十三条第二款规定的"其他依照法律从事公务的人员"应当具有两个特征：一是在特定条件下行使国家管理职能；二是依照法律规定从事公务。具体包括：（1）依法履行职责的各级人民代表大会代表；（2）依法履行审判职责的人民陪审员；（3）协助乡镇人民政府、街道办事处从事行政管理工作的村民委员会、居民委员会等农村和城市基层组织人员；（4）其他由法律授权从事公务的人员。

（四）关于"从事公务"的理解

从事公务，是指代表国家机关、国有公司、企业、事业单位、人民团体等履行组织、领导、监督、管理等职责。公务主要表现为与职权相联系的公共事务以及监督、管理国有财产的职务活动。如国家机关工作人员依法履行职责，国有公司的董事、经理、监事、会计、出纳人员等管理、监督国有财产等活动，属于从事公务。那些不具备职权内容的劳务活动、技术服务工作，如售货员、售票员等所从事的工作，一般不认为是公务。

六、关于渎职罪

（一）渎职犯罪行为造成的公共财产重大损失的认定

根据刑法规定，玩忽职守、滥用职权等渎职犯罪是以致使公共财产、国家和人民利益遭受重大损失为构成要件的。其中，公共财产的重大损失，通常是指渎职行为已经造成的重大经济损失。在司法实践中，有以下情形之一的，虽然公共财产作为债权存在，但已无法实现债权的，可以认定为行为人的渎职行为造成了经济损失：（1）债务人已经法定程序被宣告破产；（2）债务人潜逃，去向不明；（3）因行为人责任，致使超过诉讼时效；（4）有证据证明债权无法实现的其他情况。

（二）玩忽职守罪的追诉时效

玩忽职守行为造成的重大损失当时没有发生，而是玩忽职守行为之后一定时间发生的，应从危害结果发生之日起计算玩忽职守罪的追诉期限。

（三）国有公司、企业人员渎职犯罪的法律适用

对于1999年12月24日《中华人民共和国刑法修正案》实施以前发生的国有公司、企业人员渎职行为（不包括徇私舞弊行为），尚未处理或者正在处理的，不能按照刑法修正案追究刑事责任。

（四）关于"徇私"的理解

徇私舞弊型渎职犯罪的"徇私"应理解为徇个人私情、私利。国家机关工作人员为了本单位的利益，实施滥用职权、玩忽职守行为，构成犯罪的，依照刑法第三百九十七条第一款的规定定罪处罚。

**三、最高人民法院、最高人民检察院《关于办理职务犯罪案件严格适用缓刑、免予刑事处罚若干问题的意见》**（2012年8月8日　法发〔2012〕17号）（略，详见本书第16页）

法律适用 相关法律法规

一、《中华人民共和国进出境动植物检疫法》（节录）（1991年10月30日第七届全国人民代表大会常务委员会第二十二次会议通过 2009年8月27日修正）

**第二条** 进出境的动植物、动植物产品和其他检疫物，装载动植物、动植物产品和其他检疫物的装载容器、包装物，以及来自动植物疫区的运输工具，依照本法规定实施检疫。

**第三条** 国务院设立动植物检疫机关（以下简称国家动植物检疫机关），统一管理全国进出境动植物检疫工作。国家动植物检疫机关在对外开放的口岸和进出境动植物检疫业务集中的地点设立的口岸动植物检疫机关，依照本法规定实施进出境动植物检疫。

贸易性动物产品出境的检疫机关，由国务院根据实际情况规定。

国务院农业行政主管部门主管全国进出境动植物检疫工作。

**第四条** 口岸动植物检疫机关在实施检疫时可以行使下列职权：

（一）依照本法规定登船、登车、登机实施检疫；

（二）进入港口、机场、车站、邮局以及检疫物的存放、加工、养殖、种植场所实施检疫，并依照规定采样；

（三）根据检疫需要，进入有关生产、仓库等场所，进行疫情监测、调查和检疫监督管理；

（四）查阅、复制、摘录与检疫物有关的运行日志、货运单、合同、发票以及其他单证。

**第五条** 国家禁止下列各物进境：

（一）动植物病原体（包括菌种、毒种等）、害虫及其他有害生物；

（二）动植物疫情流行的国家和地区的有关动植物、动植物产品和其他检疫物；

（三）动物尸体；

（四）土壤。

口岸动植物检疫机关发现有前款规定的禁止进境物的，作退回或者销毁处理。

因科学研究等特殊需要引进本条第一款规定的禁止进境物的，必须事先提出申请，经国家动植物检疫机关批准。

本条第一款第二项规定的禁止进境物的名录，由国务院农业行政主管部门制定并公布。

**第六条** 国外发生重大动植物疫情并可能传入中国时，国务院应当采取紧急预防措施，必要时可以下令禁止来自动植物疫区的运输工具进境或者封锁有关口岸；受动植物疫情威胁地区的地方人民政府和有关口岸动植物检疫机关，应当立即采取紧急措施，同时向上级人民政府和国家动植物检疫机关报告。

邮电、运输部门对重大动植物疫情报告和送检材料应当优先传送。

**第七条** 国家动植物检疫机关和口岸动植物检疫机关对进出境动植物、动植物产品的生产、加工、存放过程，实行检疫监督制度。

**第四十五条** 动植物检疫机关检疫人员滥用职权，徇私舞弊，伪造检疫结果，或者玩忽职守，延误检疫出证，构成犯罪的，依法追究刑事责任；不构成犯罪的，给予行政处分。

**第四十六条** 本法下列用语的含义是：

（一）“动物”是指饲养、野生的活动物，如畜、禽、兽、蛇、龟、鱼、虾、蟹、贝、蚕、蜂等；

法律适用　相关法律法规

（二）"动物产品"是指来源于动物未经加工或者虽经加工但仍有可能传播疫病的产品，如生皮张、毛类、肉类、脏器、油脂、动物水产品、奶制品、蛋类、血液、精液、胚胎、骨、蹄、角等；

（三）"植物"是指栽培植物、野生植物及其种子、种苗及其他繁殖材料等；

（四）"植物产品"是指来源于植物未经加工或者虽经加工但仍有可能传播病虫害的产品，如粮食、豆、棉花、油、麻、烟草、籽仁、干果、鲜果、蔬菜、生药材、木材、饲料等；

（五）"其他检疫物"是指动物疫苗、血清、诊断液、动植物性废弃物等。

**二、《中华人民共和国进出境动植物检疫法实施条例》（节录）**（1996 年 12 月 2 日中华人民共和国国务院令第 206 号发布　自 1997 年 1 月 1 日起施行）

**第二条**　下列各物，依照进出境动植物检疫法和本条例的规定实施检疫：

（一）进境、出境、过境的动植物、动植物产品和其他检疫物；

（二）装载动植物、动植物产品和其他检疫物的装载容器、包装物、铺垫材料；

（三）来自动植物疫区的运输工具；

（四）进境拆解的废旧船舶；

（五）有关法律、行政法规、国际条约规定或者贸易合同约定应当实施进出境动植物检疫的其他货物、物品。

**第五十九条**　有下列违法行为之一的，由口岸动植物检疫机关处 5000 元以下的罚款：

（一）未报检或者未依法办理检疫审批手续或者未按检疫审批的规定执行的；

（二）报检的动植物、动植物产品和其他检疫物与实际不符的。

有前款第（二）项所列行为，已取得检疫单证的，予以吊销。

# 44 放纵制售伪劣商品犯罪行为案

**概念**

**本罪是指对生产、销售伪劣商品犯罪行为负有追究责任的国家机关工作人员徇私舞弊，不履行法律规定的追究职责，情节严重的行为。**

**立案标准**

**对生产、销售伪劣商品犯罪行为负有追究责任的国家机关工作人员涉嫌徇私舞弊，不履行法律规定的追究职责，有下列情形之一的，应予立案：**

**1. 放纵生产、销售假药或者有毒、有害食品犯罪行为的。**

**2. 放纵生产、销售伪劣农药、兽药、化肥、种子犯罪行为的。**

**3. 放纵依法可能判处 3 年有期徒刑以上刑罚的生产、销售伪劣商品犯罪行为的。**

**4. 对生产、销售伪劣商品犯罪行为不履行追究职责，致使生产、销售伪劣商品犯罪行为得以继续的。**

**5. 3 次以上不履行追究职责，或者对 3 个以上有生产、销售伪劣商品犯罪行为的单位或者个人不履行追究职责的。**

**6. 其他情节严重的情形。**

## 定罪标准

**犯罪客体**

本罪侵犯的客体是国家机关追究生产、销售伪劣商品犯罪行为的正常活动。

**犯罪客观方面**

本罪在客观方面表现为徇私舞弊，不履行法律规定的追究生产、销售伪劣商品犯罪行为的职责，情节严重的行为。

1. 行为人放纵的是生产、销售伪劣商品犯罪行为。在这一点上，本罪与《刑法》第 411 条规定的放纵走私罪不同。放纵走私罪所放纵的走私行为不一定都构成犯罪。所谓“生产、销售伪劣商品犯罪行为”，是指《刑法》分则第三章第一节“生产、销售伪劣商品罪”所规定的犯罪行为，包括生产、销售伪劣产品犯罪行为、生产、销售假药犯罪行为、生产、销售劣药犯罪行为等。

2. 本罪的行为内容是放纵生产、销售伪劣商品犯罪行为。所谓放纵，是指徇私舞弊，不履行法律规定的追究职责。徇私舞弊，指国家机关工作人员为徇私情、私利，故意违背事实和法律，伪造材料，隐瞒情况，弄虚作假的行为。本罪中，徇私舞弊行为具体表现为不履行法律规定的追究职责。“法律规定的追究职责”，是指法律赋予的对实施生产、销售伪劣商品犯罪行为的公司、企业等单位或者个人进行追究和处罚的职责。本罪是纯正的不作为，实践中，不履行职责的表现方式多种多样，如该立案调查的不立案调查；该对伪劣商品进行鉴定的不进行鉴定；该查封、扣押伪劣商品的不予以查封、扣押；等等。可见，本罪是纯正的不作为犯；成立本罪的前提是行为人具有法律规定的追究职责以及具有履行法定职责的能力。所谓追究职责，包括两种：一是追究刑事责任的职责；二是追究其他法律责任的职责。

3. 所谓“情节严重”，是指下列情形之一的：（1）放纵生产、销售假药或者有

<table>
<tr><td rowspan="5">定罪标准</td><td>犯罪客观方面</td><td>毒、有害食品犯罪行为的；（2）放纵生产、销售伪劣农药、兽药、化肥、种子犯罪行为的；（3）放纵依法可能判处3年有期徒刑以上刑罚的生产、销售伪劣商品犯罪行为的；（4）对生产、销售伪劣商品犯罪行为不履行追究职责，致使生产、销售伪劣商品犯罪行为得以继续的；（5）3次以上不履行追究职责，或者对3个以上有生产、销售伪劣商品犯罪行为的单位或者个人不履行追究职责的；（6）其他情节严重的情形。</td></tr>
<tr><td>犯罪主体</td><td>本罪是纯正的身份犯，主体是对生产、销售伪劣商品犯罪行为负有追究责任的国家机关工作人员，但仅包括行政执法人员，如质量监督检验检疫机关的工作人员、市场监督管理部门的工作人员等。</td></tr>
<tr><td>犯罪主观方面</td><td>本罪在主观方面表现为故意，即明知自己不履行法律规定的追究职责的行为会损害国家机关追究生产、销售伪劣商品犯罪行为的正常活动，希望或者放任这种结果发生。</td></tr>
<tr><td>罪与非罪</td><td>区分罪与非罪的界限，关键要看放纵行为是否情节严重。情节严重的，应依法追究刑事责任；如果情节没有达到严重程度的，不应该按犯罪处理，而应给予必要的行政处分。此外，实践中，一些国家机关工作人员因能力和水平所限，不能胜任工作或者未能及时识破犯罪行为，以致使制售伪劣商品的行为人逃避了法律制裁。在这种情况下，由于有关国家机关工作人员主观上并没有故意，因此不构成犯罪。</td></tr>
<tr><td>此罪与彼罪</td><td>本罪与徇私舞弊不移交刑事案件罪的界限。根据《刑法》第402条的规定，徇私舞弊不移交刑事案件罪是指行政执法人员徇私舞弊，对依法应当移交司法机关追究刑事责任的不移交，情节严重的行为。二者均属于国家机关工作人员的职务犯罪，且主观上均是出于徇私，客观上均可能使犯罪行为逃避查究。其主要区别是：（1）犯罪主体范围不同。本罪的主体仅限于对生产、销售伪劣商品犯罪行为负有追究责任的行政执法人员；而徇私舞弊不移交刑事案件罪的主体则包括所有行政执法人员，其范围较前者更宽。（2）客观方面不同。首先，本罪一般发生在有关产品质量管理的行政执法过程中，而徇私舞弊不移交刑事案件罪则发生在一切行政执法过程中。其次，本罪的行为人客观上一般没有查处相关犯罪行为，而徇私舞弊不移交刑事案件罪的行为人一般已经介入相关案件的查处，但没有将其移交给司法机关。<br>实践中，如果行为人对涉嫌生产、销售伪劣商品犯罪的案件，查处后应当移交司法机关而不移交而且同时符合两罪构成要件的，应当择一重罪论处。</td></tr>
<tr><td>证据参考标准</td><td>主体方面的证据</td><td>一、证明行为人刑事责任年龄、身份等自然情况的证据<br>包括身份证明、户籍证明、任职证明、工作经历证明、特定职责证明等，主要是证明行为人的姓名（曾用名）、性别、出生年月日、民族、籍贯、出生地、职业（或职务）、住所地（或居所地）等证据材料，如户口簿、居民身份证、居住证、工作证、出生证、专业或技术等级证、干部履历表、职工登记表、护照等。<br>对于户籍、出生证等材料内容不实的，应提供其他证据材料。外国人犯罪的案件，应有护照等身份证明材料。人大代表、政协委员犯罪的案件，应注明身份，并附身份证明材料。<br>二、证明行为人刑事责任能力的证据<br>证明行为人对自己的行为是否具有辨认能力与控制能力，如是否属于间歇性精神病人、案发时是否尚未完全丧失辨认或者控制自己行为能力的证明材料。</td></tr>
</table>

<table>
<tr><td rowspan="3">证据参考标准</td><td colspan="2">主观方面的证据</td><td>证明行为人故意的证据<br>1. 证明行为人主观认识因素的证据：证明行为人明知自己的行为会发生危害社会的结果；2. 证明行为人主观意志因素的证据：证明行为人希望或者放任危害结果发生；3. 证明人徇私动机的证据。</td></tr>
<tr><td colspan="2">客观方面的证据</td><td>证明放纵制售伪劣商品犯罪行为的证据<br>具体证据包括：1. 证明存在生产、销售伪劣商品行为的证据。2. 证明行为人具有追究相关犯罪行为法定职责的证据。3. 证明行为人能够履行追究职责的证据。4. 证明行为人不履行追究职责的证据。5. 证明情节严重的证据。</td></tr>
<tr><td colspan="2">量刑方面的证据</td><td>一、法定量刑情节证据<br>1. 事实情节。2. 法定从重情节。3. 法定从轻、减轻情节：（1）可以从轻；（2）可以从轻或者减轻；（3）应当从轻或者减轻。4. 法定从轻、减轻、免除情节：（1）可以从轻、减轻或者免除处罚；（2）应当从轻、减轻或者免除处罚。5. 法定减轻、免除情节：（1）可以减轻或者免除处罚；（2）应当减轻或者免除处罚；（3）可以免除处罚。<br>二、酌定量刑情节证据<br>1. 犯罪手段。2. 犯罪对象。3. 危害结果。4. 动机。5. 平时表现。6. 认罪态度。7. 是否有前科。8. 其他证据。</td></tr>
<tr><td rowspan="2">量刑标准</td><td colspan="2">犯本罪的</td><td>处五年以下有期徒刑或者拘役</td></tr>
<tr><td colspan="2">不适用缓刑或者免予刑事处罚</td><td>1. 以下情形一般不适用缓刑或者免予刑事处罚：<br>（1）不如实供述罪行的；<br>（2）不予退缴赃款赃物或者将赃款赃物用于非法活动的；<br>（3）属于共同犯罪中情节严重的主犯的；<br>（4）犯有数个职务犯罪依法实行并罚或者以一罪处理的；<br>（5）曾因职务违纪违法行为受过行政处分的；<br>（6）犯罪涉及的财物属于救灾、抢险、防汛、优抚、扶贫、移民、救济、防疫等特定款物的；<br>（7）渎职犯罪中徇私舞弊情节或者滥用职权情节恶劣的；<br>（8）其他不应适用缓刑、免予刑事处罚的情形。<br>对于具有以上情形之一，但根据全案事实和量刑情节，检察机关认为确有必要适用缓刑或者免予刑事处罚并据此提出量刑建议的，应经检察委员会讨论决定；审理法院认为确有必要适用缓刑或者免予刑事处罚的，应经审判委员会讨论决定。<br>2. 人民法院审理职务犯罪案件时应当注意听取检察机关、被告人、辩护人提出的量刑意见，分析影响性案件案发前后的社会反映，必要时可以征求案件查办等机关的意见。对于情节恶劣、社会反映强烈的职务犯罪案件，不得适用缓刑、免予刑事处罚。</td></tr>
</table>

法律适用

刑法条文

**第四百一十四条** 对生产、销售伪劣商品犯罪行为负有追究责任的国家机关工作人员，徇私舞弊，不履行法律规定的追究职责，情节严重的，处五年以下有期徒刑或者拘役。

立法解释

**全国人民代表大会常务委员会《关于〈中华人民共和国刑法〉第九章渎职罪主体适用问题的解释》**（2002年12月28日第九届全国人民代表大会常务委员会第三十一次会议通过）

全国人大常委会根据司法实践中遇到的情况，讨论了刑法第九章渎职罪主体的适用问题，解释如下：

在依照法律、法规规定行使国家行政管理职权的组织中从事公务的人员，或者在受国家机关委托代表国家机关行使职权的组织中从事公务的人员，或者虽未列入国家机关人员编制但在国家机关中从事公务的人员，在代表国家机关行使职权时，有渎职行为，构成犯罪的，依照刑法关于渎职罪的规定追究刑事责任。

现予公告。

司法解释

**一、最高人民检察院《关于渎职侵权犯罪案件立案标准的规定》（节录）**（2006年7月26日　高检发释字〔2006〕2号）

**一、渎职犯罪案件**

（二十八）放纵制售伪劣商品犯罪行为案（第四百一十四条）

放纵制售伪劣商品犯罪行为罪是指对生产、销售伪劣商品犯罪行为负有追究责任的国家机关工作人员徇私舞弊，不履行法律规定的追究职责，情节严重的行为。

涉嫌下列情形之一的，应予立案：

1. 放纵生产、销售假药或者有毒、有害食品犯罪行为的；
2. 放纵生产、销售伪劣农药、兽药、化肥、种子犯罪行为的；
3. 放纵依法可能判处3年有期徒刑以上刑罚的生产、销售伪劣商品犯罪行为的；
4. 对生产、销售伪劣商品犯罪行为不履行追究职责，致使生产、销售伪劣商品犯罪行为得以继续的；
5. 3次以上不履行追究职责，或者对3个以上有生产、销售伪劣商品犯罪行为的单位或者个人不履行追究职责的；
6. 其他情节严重的情形。

**三、附　则**

（一）本规定中每个罪案名称后所注明的法律条款系《中华人民共和国刑法》的有关条款。

（二）本规定所称“以上”包括本数；有关犯罪数额“不满”，是指已达到该数额百分之八十以上的。

（三）本规定中的“国家机关工作人员”，是指在国家机关中从事公务的人员，包括在各级国家权力机关、行政机关、司法机关和军事机关中从事公务的人员。在依照法律、法规规定行使国家行政管理职权的组织中从事公务的人员，或者在受国家机关委托代表国家行使职权的组织中从事公务的人员，或者虽未列入国家机关人员编制但在国家机关中从事公务的人员，在代表国家机关行使职权时，视为国家机关工作人员。在乡（镇）以上中国共产党机关、人民政协机关中从事公务的人员，视为国家机关工作人员。

（四）本规定中的"直接经济损失"，是指与行为有直接因果关系而造成的财产损毁、减少的实际价值；"间接经济损失"，是指由直接经济损失引起和牵连的其他损失，包括失去的在正常情况下可以获得的利益和为恢复正常的管理活动或者挽回所造成的损失所支付的各种开支、费用等。

有下列情形之一的，虽然有债权存在，但已无法实现债权的，可以认定为已经造成了经济损失：（1）债务人已经法定程序被宣告破产，且无法清偿债务；（2）债务人潜逃，去向不明；（3）因行为人责任，致使超过诉讼时效；（4）有证据证明债权无法实现的其他情况。

直接经济损失和间接经济损失，是指立案时确已造成的经济损失。移送审查起诉前，犯罪嫌疑人及其亲友自行挽回的经济损失，以及由司法机关或者犯罪嫌疑人所在单位及其上级主管部门挽回的经济损失，不予扣减，但可作为对犯罪嫌疑人从轻处理的情节考虑。

（五）本规定中的"徇私舞弊"，是指国家机关工作人员为徇私情、私利，故意违背事实和法律，伪造材料，隐瞒情况，弄虚作假的行为。

（六）本规定自公布之日起施行。本规定发布前有关人民检察院直接受理立案侦查的国家机关工作人员渎职和利用职权实施的侵犯公民人身权利、民主权利犯罪案件的立案标准，与本规定有重复或者不一致的，适用本规定。

对于本规定施行前发生的国家机关工作人员渎职和利用职权实施的侵犯公民人身权利、民主权利犯罪案件，按照《最高人民法院、最高人民检察院关于适用刑事司法解释时间效力问题的规定》办理。

**二、最高人民法院《全国法院审理经济犯罪案件工作座谈会纪要》（节录）**（2003年11月13日　法发〔2003〕167号）

**一、关于贪污贿赂犯罪和渎职犯罪的主体**

（一）国家机关工作人员的认定

刑法中所称的国家机关工作人员，是指在国家机关中从事公务的人员，包括在各级国家权力机关、行政机关、司法机关和军事机关中从事公务的人员。

根据有关立法解释的规定，在依照法律、法规规定行使国家行政管理职权的组织中从事公务的人员，或者在受国家机关委托代表国家行使职权的组织中从事公务的人员，或者虽未列入国家机关人员编制但在国家机关中从事公务的人员，视为国家机关工作人员。在乡（镇）以上中国共产党机关、人民政协机关中从事公务的人员，司法实践中也应当视为国家机关工作人员。

（二）国家机关、国有公司、企业、事业单位委派到非国有公司、企业、事业单位、社会团体从事公务的人员的认定

所谓委派，即委任、派遣，其形式多种多样，如任命、指派、提名、批准等。不论被委派的人身份如何，只要是接受国家机关、国有公司、企业、事业单位委派，代表国家机关、国有公司、企业、事业单位在非国有公司、企业、事业单位、社会团体中从事组织、领导、监督、管理等工作，都可以认定为国家机关、国有公司、企业、事业单位委派到非国有公司、企业、事业单位、社会团体从事公务的人员。如国家

机关、国有公司、企业、事业单位委派在国有控股或者参股的股份有限公司从事组织、领导、监督、管理等工作的人员，应当以国家工作人员论。国有公司、企业改制为股份有限公司后，原国有公司、企业的工作人员和股份有限公司新任命的人员中，除代表国有投资主体行使监督、管理职权的人外，不以国家工作人员论。

（三）“其他依照法律从事公务的人员”的认定

刑法第九十三条第二款规定的“其他依照法律从事公务的人员”应当具有两个特征：一是在特定条件下行使国家管理职能；二是依照法律规定从事公务。具体包括：（1）依法履行职责的各级人民代表大会代表；（2）依法履行审判职责的人民陪审员；（3）协助乡镇人民政府、街道办事处从事行政管理工作的村民委员会、居民委员会等农村和城市基层组织人员；（4）其他由法律授权从事公务的人员。

（四）关于“从事公务”的理解

从事公务，是指代表国家机关、国有公司、企业、事业单位、人民团体等履行组织、领导、监督、管理等职责。公务主要表现为与职权相联系的公共事务以及监督、管理国有财产的职务活动。如国家机关工作人员依法履行职责，国有公司的董事、经理、监事、会计、出纳人员等管理、监督国有财产等活动，属于从事公务。那些不具备职权内容的劳务活动、技术服务工作，如售货员、售票员等所从事的工作，一般不认为是公务。

**六、关于渎职罪**

（一）渎职犯罪行为造成的公共财产重大损失的认定

根据刑法规定，玩忽职守、滥用职权等渎职犯罪是以致使公共财产、国家和人民利益遭受重大损失为构成要件的。其中，公共财产的重大损失，通常是指渎职行为已经造成的重大经济损失。在司法实践中，有以下情形之一的，虽然公共财产作为债权存在，但已无法实现债权的，可以认定为行为人的渎职行为造成了经济损失：（1）债务人已经法定程序被宣告破产；（2）债务人潜逃，去向不明；（3）因行为人责任，致使超过诉讼时效；（4）有证据证明债权无法实现的其他情况。

（二）玩忽职守罪的追诉时效

玩忽职守行为造成的重大损失当时没有发生，而是玩忽职守行为之后一定时间发生的，应从危害结果发生之日起计算玩忽职守罪的追诉期限。

（三）国有公司、企业人员渎职犯罪的法律适用

对于1999年12月24日《中华人民共和国刑法修正案》实施以前发生的国有公司、企业人员渎职行为（不包括徇私舞弊行为），尚未处理或者正在处理的，不能按照刑法修正案追究刑事责任。

（四）关于“徇私”的理解

徇私舞弊型渎职犯罪的“徇私”应理解为徇个人私情、私利。国家机关工作人员为了本单位的利益，实施滥用职权、玩忽职守行为，构成犯罪的，依照刑法第三百九十七条第一款的规定定罪处罚。

**三、最高人民法院、最高人民检察院《关于办理生产、销售伪劣商品刑事案件具体应用法律若干问题的解释》（节录）**（2001年4月9日　法释〔2001〕10号）

**第八条**　国家机关工作人员徇私舞弊，对生产、销售伪劣商品犯罪不履行法律规定的查处职责，具有下列情形之一的，属于刑法第四百一十四条规定的“情节严重”：

（一）放纵生产、销售假药或者有毒、有害食品犯罪行为的；

法律适用

司法解释

（二）放纵依法可能判处二年有期徒刑以上刑罚的生产、销售伪劣商品犯罪行为的；

（三）对三个以上有生产、销售伪劣商品犯罪行为的单位或者个人不履行追究职责的；

（四）致使国家和人民利益遭受重大损失或者造成恶劣影响的。

**四、最高人民法院、最高人民检察院《关于办理职务犯罪案件严格适用缓刑、免予刑事处罚若干问题的意见》**（2012 年 8 月 8 日　法发〔2012〕17 号）（略，详见本书第 16 页）

**五、最高人民法院、最高人民检察院《关于办理危害食品安全刑事案件适用法律若干问题的解释》（节录）**（2021 年 12 月 30 日　法释〔2021〕24 号）

**第二十条**　负有食品安全监督管理职责的国家机关工作人员，滥用职权或者玩忽职守，构成食品监管渎职罪，同时构成徇私舞弊不移交刑事案件罪、商检徇私舞弊罪、动植物检疫徇私舞弊罪、放纵制售伪劣商品犯罪行为罪等其他渎职犯罪的，依照处罚较重的规定定罪处罚。

负有食品安全监督管理职责的国家机关工作人员滥用职权或者玩忽职守，不构成食品监管渎职罪，但构成前款规定的其他渎职犯罪的，依照该其他犯罪定罪处罚。

负有食品安全监督管理职责的国家机关工作人员与他人共谋，利用其职务行为帮助他人实施危害食品安全犯罪行为，同时构成渎职犯罪和危害食品安全犯罪共犯的，依照处罚较重的规定定罪从重处罚。

相关法律法规

**《中华人民共和国产品质量法》（节录）**（1993 年 2 月 22 日第七届全国人民代表大会常务委员会第三十次会议通过　2000 年 7 月 8 日第一次修正　2009 年 8 月 27 日第二次修正　2018 年 12 月 29 日第三次修正）

**第八条**　国务院市场监督管理部门主管全国产品质量监督工作。国务院有关部门在各自的职责范围内负责产品质量监督工作。

县级以上地方市场监督管理部门主管本行政区域内的产品质量监督工作。县级以上地方人民政府有关部门在各自的职责范围内负责产品质量监督工作。

法律对产品质量的监督部门另有规定的，依照有关法律的规定执行。

**第九条**　各级人民政府工作人员和其他国家机关工作人员不得滥用职权、玩忽职守或者徇私舞弊，包庇、放纵本地区、本系统发生的产品生产、销售中违反本法规定的行为，或者阻挠、干预依法对产品生产、销售中违反本法规定的行为进行查处。

各级地方人民政府和其他国家机关有包庇、放纵产品生产、销售中违反本法规定的行为的，依法追究其主要负责人的法律责任。

**第六十五条**　各级人民政府工作人员和其他国家机关工作人员有下列情形之一的，依法给予行政处分；构成犯罪的，依法追究刑事责任：

（一）包庇、放纵产品生产、销售中违反本法规定行为的；

（二）向从事违反本法规定的生产、销售活动的当事人通风报信，帮助其逃避查处的；

（三）阻挠、干预市场监督管理部门依法对产品生产、销售中违反本法规定的行为进行查处，造成严重后果的。

# 45 办理偷越国（边）境人员出入境证件案

**概念**

**本罪是指负责办理护照、签证以及其他出入境证件的国家机关工作人员，对明知是企图偷越国（边）境的人员，予以办理出入境证件的行为。**

**立案标准**

**负责办理护照、签证以及其他出入境证件的国家机关工作人员涉嫌在办理护照、签证以及其他出入境证件的过程中，对明知是企图偷越国（边）境的人员而予以办理出入境证件的，应予立案。**

<table>
<tr><td rowspan="3">定罪标准</td><td>犯罪客体</td><td>本罪侵犯的客体是我国出入境管理秩序和有关国家机关工作人员的职责、义务。</td></tr>
<tr><td>犯罪客观方面</td><td>本罪在客观方面表现为行为人为企图偷越国（边）境的人员办理出入境证件，即办理护照、签证以及其他出入境证件的行为。认定时，需要注意以下几点：<br>1. “企图偷越国（边）境的人员”，是指不符合法律规定的出入境条件，企图非经有关主管机关批准，通过不正当手段出入或者穿越该国（边）境的人员。<br>2. “办理出入境证件”，是指有关主管机关依照出入境管理规定，经审查合格后，为申请出入境者提供可以施行的有效证件。办理出入境证件，包括办理护照、签证以及其他出入境证件。所谓护照，是指一国主管机关发给本国公民出国履行公务、旅行、在外居留、经商等，用以证明其国籍和身份的证件，包括外交护照、公务护照和普通护照。所谓签证，是指国内或国外主管机关在本国公民或外国公民所持有的护照或者其他旅行证件上签证、盖章，表示准许其出入国（边）境的行为。其他出入境证件，是指除护照、签证外，其他可以用于出入境的过境的证件，如边防证、海员证、过境通行证等。<br>3. 行为人所办理的出入境证件必须是真实有效的。如果所办理的是假的出入境证件，不构成本罪，可能构成提供伪造、变造的出入境证件罪。<br>4. 行为人必须利用了职务上的便利。如果行为人没有利用职务但实施了为企图偷越国（边）境的人员办理出入境证件的行为，不构成本罪，构成犯罪的，应以其他罪如伪造国家机关证件罪等论处。所谓利用职务，是指利用自己职务范围内的权力，以及地位形成的便利条件。</td></tr>
<tr><td>犯罪主体</td><td>本罪是纯正的身份犯，主体是负责办理护照、签证以及其他出入境证件的国家机关工作人员。具体而言，主要是指在外交部或者外交部授权的地方外事部门、港务监督局或者港务监督局授权的港务监督部门以及公安部或者公安部授权的地方公安机关中从事办理护照、签证以及其他出入境证件工作的人员。<br>刑法中所称的国家机关工作人员，是指在国家机关中从事公务的人员，包括在各级国家权力机关、行政机关、司法机关和军事机关中从事公务的人员。根据有关立法解释的规定，在依照法律、法规规定行使国家行政管理职权的组织中从事公务的人员，或者在受国家机关委托代表国家行使职权的组织中从事公务的人员或者虽未列入国家机关人员编制但在国家机关中从事公务的人员，视为国家机关工作人员。在乡（镇）以上中国共产党机关、人民政协机关中从事公务的人员，司法实践中也应当视为国家机关工作人员。</td></tr>
</table>

<table>
<tr><td rowspan="4">定罪标准</td><td>犯罪主观方面</td><td>本罪在主观方面表现为故意，即明知是企图偷越国（边）境的人员，明知自己办理出入境证件的行为会损害出入境管理秩序和有关国家机关工作人员的职责，希望或者放任这种结果发生。</td></tr>
<tr><td>罪与非罪</td><td>区分罪与非罪的界限，关键要看行为人在办理出入境证件时，是否“明知”是企图逾越国（边）境的人员。如果不是明知，而只是由于工作不负责任，疏忽大意，审查不严等，不构成本罪。但如果因此致使公共财产、国家和人民利益遭受重大损失的，可以玩忽职守罪论处；如果行为没有造成严重后果的，则可给予行政处分，而不应以犯罪论处。</td></tr>
<tr><td>一罪与数罪</td><td>负责办理出入境证件的国家工作人员如果与组织他人偷越国（边）境的犯罪分子事先通谋，利用职权为企图逾越国（边）境的人员办理出入境证件，同时构成组织他人偷越国（边）境罪。这种情况下，行为人只实施了办理出入境证件一个行为，因此属于想象竞合的情形，应当在本罪与组织他人偷越国（边）境罪中择一重罪处罚，而不应数罪并罚。</td></tr>
<tr><td>此罪与彼罪</td><td>本罪与提供伪造、变造的出入境证件罪的界限。根据《刑法》第320条的规定，提供伪造、变造的出入境证件罪是指故意为他人提供伪造、变造的护照、签证等出入境证件的行为。本罪与提供伪造、变造的出入境证件罪均属于故意犯罪，在客观上均向他人提供了出入境证件，且均可造成他人偷越国（边）境的后果。两罪的主要区别在于：（1）客观方面不同。首先，本罪中“出入境证件”是真实有效的证件；而提供伪造、变造的出入境证件罪的出入境证件是伪造或变造的，是没有法律效力的。其次，本罪的实行行为是为企图偷越国（边）境的人员办理出入境证件；而提供伪造、变造的出入境证件罪的实行行为则是指为他人提供伪造、变造的护照、签证等出入境证件。（2）犯罪主体不同。本罪是纯正身份犯，主体是负责办理护照、签证以及其他出入境证件的国家机关工作人员；而提供伪造、变造的出入境证件罪的主体为一般主体。</td></tr>
<tr><td rowspan="2">证据参考标准</td><td>主体方面的证据</td><td>一、证明行为人刑事责任年龄、身份等自然情况的证据<br>包括身份证明、户籍证明、任职证明、工作经历证明、特定职责证明等，主要是证明行为人的姓名（曾用名）、性别、出生年月日、民族、籍贯、出生地、职业（或职务）、住所地（或居所地）等证据材料，如户口簿、居民身份证、居住证、工作证、出生证、专业或技术等级证、干部履历表、职工登记表、护照等。<br>对于户籍、出生证等材料内容不实的，应提供其他证据材料。人大代表、政协委员犯罪的案件，应注明身份，并附身份证明材料。<br>二、证明行为人刑事责任能力的证据<br>证明行为人对自己的行为是否具有辨认能力与控制能力，如是否属于间歇性精神病人、案发时是否尚未完全丧失辨认或者控制自己行为能力的证明材料。</td></tr>
<tr><td>主观方面的证据</td><td>证明行为人故意的证据<br>1. 证明行为人主观认识因素的证据：证明行为人明知自己的行为会发生危害社会的结果；2. 证明行为人主观意志因素的证据：证明行为人希望或者放任危害结果发生。</td></tr>
</table>

<table>
<tr><td rowspan="2">证据参考标准</td><td>客观方面的证据</td><td colspan="2">证明行为人实施办理偷越国（边）境人员出入证件行为的证据<br>具体证据包括：1. 证明行为人利用了职务上的便利的证据。2. 证明行为人办理出入境证件的证据。3. 证明出入境证件的所有者是企图偷越国（边）境人员的证据。4. 证明情节严重的证据。</td></tr>
<tr><td>量刑方面的证据</td><td colspan="2">一、法定量刑情节证据<br>1. 事实情节。2. 法定从重情节。3. 法定从轻、减轻情节：（1）可以从轻；（2）可以从轻或者减轻；（3）应当从轻或者减轻。4. 法定从轻、减轻、免除情节：（1）可以从轻、减轻或者免除处罚；（2）应当从轻、减轻或者免除处罚。5. 法定减轻、免除情节：（1）可以减轻或者免除处罚；（2）应当减轻或者免除处罚；（3）可以免除处罚。<br>二、酌定量刑情节证据<br>1. 犯罪手段。2. 犯罪对象。3. 危害结果。4. 犯罪动机。5. 平时表现。6. 认罪态度。7. 是否有前科。8. 其他证据。</td></tr>
<tr><td rowspan="3">量刑标准</td><td colspan="2">犯本罪的</td><td>处三年以下有期徒刑或者拘役</td></tr>
<tr><td colspan="2">情节严重的</td><td>处三年以上七年以下有期徒刑</td></tr>
<tr><td>不适用缓刑或者免予刑事处罚</td><td colspan="2">1. 以下情形一般不适用缓刑或者免予刑事处罚：<br>（1）不如实供述罪行的；<br>（2）不予退缴赃款赃物或者将赃款赃物用于非法活动的；<br>（3）属于共同犯罪中情节严重的主犯的；<br>（4）犯有数个职务犯罪依法实行并罚或者以一罪处理的；<br>（5）曾因职务违纪违法行为受过行政处分的；<br>（6）犯罪涉及的财物属于救灾、抢险、防汛、优抚、扶贫、移民、救济、防疫等特定款物的；<br>（7）渎职犯罪中徇私舞弊情节或者滥用职权情节恶劣的；<br>（8）其他不应适用缓刑、免予刑事处罚的情形。<br>对于具有以上情形之一，但根据全案事实和量刑情节，检察机关认为确有必要适用缓刑或者免予刑事处罚并据此提出量刑建议的，应经检察委员会讨论决定；审理法院认为确有必要适用缓刑或者免予刑事处罚的，应经审判委员会讨论决定。<br>2. 人民法院审理职务犯罪案件时应当注意听取检察机关、被告人、辩护人提出的量刑意见，分析影响性案件案发前后的社会反映，必要时可以征求案件查办等机关的意见。对于情节恶劣、社会反映强烈的职务犯罪案件，不得适用缓刑、免予刑事处罚。</td></tr>
<tr><td>法律适用</td><td>刑法条文</td><td colspan="2">第四百一十五条　负责办理护照、签证以及其他出入境证件的国家机关工作人员，对明知是企图偷越国（边）境的人员，予以办理出入境证件的，或者边防、海关等国家机关工作人员，对明知是偷越国（边）境的人员，予以放行的，处三年以下有期徒刑或者拘役；情节严重的，处三年以上七年以下有期徒刑。</td></tr>
</table>

法律适用

立法解释

**全国人民代表大会常务委员会《关于〈中华人民共和国刑法〉第九章渎职罪主体适用问题的解释》**（2002年12月28日第九届全国人民代表大会常务委员会第三十一次会议通过）

全国人大常委会根据司法实践中遇到的情况，讨论了刑法第九章渎职罪主体的适用问题，解释如下：

在依照法律、法规规定行使国家行政管理职权的组织中从事公务的人员，或者在受国家机关委托代表国家机关行使职权的组织中从事公务的人员，或者虽未列入国家机关人员编制但在国家机关中从事公务的人员，在代表国家机关行使职权时，有渎职行为，构成犯罪的，依照刑法关于渎职罪的规定追究刑事责任。

现予公告。

司法解释

**一、最高人民检察院《关于渎职侵权犯罪案件立案标准的规定》（节录）**（2006年7月26日 高检发释字〔2006〕2号）

**一、渎职犯罪案件**

（二十九）办理偷越国（边）境人员出入境证件案（第四百一十五条）

办理偷越国（边）境人员出入境证件罪是指负责办理护照、签证以及其他出入境证件的国家机关工作人员，对明知是企图偷越国（边）境的人员，予以办理出入境证件的行为。

负责办理护照、签证以及其他出入境证件的国家机关工作人员涉嫌在办理护照、签证以及其他出入境证件的过程中，对明知是企图偷越国（边）境的人员而予以办理出入境证件的，应予立案。

**三、附　则**

（一）本规定中每个罪案名称后所注明的法律条款系《中华人民共和国刑法》的有关条款。

（二）本规定所称“以上”包括本数；有关犯罪数额“不满”，是指已达到该数额百分之八十以上的。

（三）本规定中的“国家机关工作人员”，是指在国家机关中从事公务的人员，包括在各级国家权力机关、行政机关、司法机关和军事机关中从事公务的人员。在依照法律、法规规定行使国家行政管理职权的组织中从事公务的人员，或者在受国家机关委托代表国家行使职权的组织中从事公务的人员，或者虽未列入国家机关人员编制但在国家机关中从事公务的人员，在代表国家机关行使职权时，视为国家机关工作人员。在乡（镇）以上中国共产党机关、人民政协机关中从事公务的人员，视为国家机关工作人员。

（四）本规定中的“直接经济损失”，是指与行为有直接因果关系而造成的财产损毁、减少的实际价值；“间接经济损失”，是指由直接经济损失引起和牵连的其他损失，包括失去的在正常情况下可以获得的利益和为恢复正常的管理活动或者挽回所造成的损失所支付的各种开支、费用等。

有下列情形之一的，虽然有债权存在，但已无法实现债权的，可以认定为已经造成了经济损失：（1）债务人已经法定程序被宣告破产，且无法清偿债务；（2）债务人潜逃，去向不明；（3）因行为人责任，致使超过诉讼时效；（4）有证据证明债权无法实现的其他情况。

直接经济损失和间接经济损失，是指立案时确已造成的经济损失。移送审查起诉前，犯罪嫌疑人及其亲友自行挽回的经济损失，以及由司法机关或者犯罪嫌疑人所在单位及其上级主管部门挽回的经济损失，不予扣减，但可作为对犯罪嫌疑人从轻处理的情节考虑。

（五）本规定中的“徇私舞弊”，是指国家机关工作人员为徇私情、私利，故意违背事实和法律，伪造材料，隐瞒情况，弄虚作假的行为。

（六）本规定自公布之日起施行。本规定发布前有关人民检察院直接受理立案侦查的国家机关工作人员渎职和利用职权实施的侵犯公民人身权利、民主权利犯罪案件的立案标准，与本规定有重复或者不一致的，适用本规定。

对于本规定施行前发生的国家机关工作人员渎职和利用职权实施的侵犯公民人身权利、民主权利犯罪案件，按照《最高人民法院、最高人民检察院关于适用刑事司法解释时间效力问题的规定》办理。

**二、最高人民法院《全国法院审理经济犯罪案件工作座谈会纪要》（节录）**（2003年11月13日　法发〔2003〕167号）

**一、关于贪污贿赂犯罪和渎职犯罪的主体**

（一）国家机关工作人员的认定

刑法中所称的国家机关工作人员，是指在国家机关中从事公务的人员，包括在各级国家权力机关、行政机关、司法机关和军事机关中从事公务的人员。

根据有关立法解释的规定，在依照法律、法规规定行使国家行政管理职权的组织中从事公务的人员，或者在受国家机关委托代表国家行使职权的组织中从事公务的人员，或者虽未列入国家机关人员编制但在国家机关中从事公务的人员，视为国家机关工作人员。在乡（镇）以上中国共产党机关、人民政协机关中从事公务的人员，司法实践中也应当视为国家机关工作人员。

（二）国家机关、国有公司、企业、事业单位委派到非国有公司、企业、事业单位、社会团体从事公务的人员的认定

所谓委派，即委任、派遣，其形式多种多样，如任命、指派、提名、批准等。不论被委派的人身份如何，只要是接受国家机关、国有公司、企业、事业单位委派，代表国家机关、国有公司、企业、事业单位在非国有公司、企业、事业单位、社会团体中从事组织、领导、监督、管理等工作，都可以认定为国家机关、国有公司、企业、事业单位委派到非国有公司、企业、事业单位、社会团体从事公务的人员。如国家机关、国有公司、企业、事业单位委派在国有控股或者参股的股份有限公司从事组织、领导、监督、管理等工作的人员，应当以国家工作人员论。国有公司、企业改制为股份有限公司后，原国有公司、企业的工作人员和股份有限公司新任命的人员中，除代表国有投资主体行使监督、管理职权的人外，不以国家工作人员论。

（三）“其他依照法律从事公务的人员”的认定

刑法第九十三条第二款规定的“其他依照法律从事公务的人员”应当具有两个特征：一是在特定条件下行使国家管理职能；二是依照法律规定从事公务。具体包括：（1）依法履行职责的各级人民代表大会代表；（2）依法履行审判职责的人民陪审员；（3）协助乡镇人民政府、街道办事处从事行政管理工作的村民委员会、居民委员会等农村和城市基层组织人员；（4）其他由法律授权从事公务的人员。

法律适用

司法解释

（四）关于“从事公务”的理解

从事公务，是指代表国家机关、国有公司、企业、事业单位、人民团体等履行组织、领导、监督、管理等职责。公务主要表现为与职权相联系的公共事务以及监督、管理国有财产的职务活动。如国家机关工作人员依法履行职责，国有公司的董事、经理、监事、会计、出纳人员等管理、监督国有财产等活动，属于从事公务。那些不具备职权内容的劳务活动、技术服务工作，如售货员、售票员等所从事的工作，一般不认为是公务。

**六、关于渎职罪**

（一）渎职犯罪行为造成的公共财产重大损失的认定

根据刑法规定，玩忽职守、滥用职权等渎职犯罪是以致使公共财产、国家和人民利益遭受重大损失为构成要件的。其中，公共财产的重大损失，通常是指渎职行为已经造成的重大经济损失。在司法实践中，有以下情形之一的，虽然公共财产作为债权存在，但已无法实现债权的，可以认定为行为人的渎职行为造成了经济损失：（1）债务人已经法定程序被宣告破产；（2）债务人潜逃，去向不明；（3）因行为人责任，致使超过诉讼时效；（4）有证据证明债权无法实现的其他情况。

（二）玩忽职守罪的追诉时效

玩忽职守行为造成的重大损失当时没有发生，而是玩忽职守行为之后一定时间发生的，应从危害结果发生之日起计算玩忽职守罪的追诉期限。

（三）国有公司、企业人员渎职犯罪的法律适用

对于1999年12月24日《中华人民共和国刑法修正案》实施以前发生的国有公司、企业人员渎职行为（不包括徇私舞弊行为），尚未处理或者正在处理的，不能按照刑法修正案追究刑事责任。

（四）关于“徇私”的理解

徇私舞弊型渎职犯罪的“徇私”应理解为徇个人私情、私利。国家机关工作人员为了本单位的利益，实施滥用职权、玩忽职守行为，构成犯罪的，依照刑法第三百九十七条第一款的规定定罪处罚。

**三、最高人民法院、最高人民检察院《关于办理职务犯罪案件严格适用缓刑、免予刑事处罚若干问题的意见》**（2012年8月8日　法发〔2012〕17号）（略，详见本书第16页）

相关法律法规

**一、《中华人民共和国出境入境管理法》（节录）**（2012年6月30日第十一届全国人民代表大会常务委员会第二十七次会议通过　2012年6月30日中华人民共和国主席令第57号公布　自2013年7月1日起施行）

**第九条**　中国公民出境入境，应当依法申请办理护照或者其他旅行证件。

中国公民前往其他国家或者地区，还需要取得前往国签证或者其他入境许可证明。但是，中国政府与其他国家政府签订互免签证协议或者公安部、外交部另有规定的除外。

中国公民以海员身份出境入境和在国外船舶上从事工作的，应当依法申请办理海员证。

**第十条** 中国公民往来内地与香港特别行政区、澳门特别行政区，中国公民往来大陆与台湾地区，应当依法申请办理通行证件，并遵守本法有关规定。具体管理办法由国务院规定。

**第十一条** 中国公民出境入境，应当向出入境边防检查机关交验本人的护照或者其他旅行证件等出境入境证件，履行规定的手续，经查验准许，方可出境入境。

具备条件的口岸，出入境边防检查机关应当为中国公民出境入境提供专用通道等便利措施。

**第十二条** 中国公民有下列情形之一的，不准出境：

（一）未持有效出境入境证件或者拒绝、逃避接受边防检查的；

（二）被判处刑罚尚未执行完毕或者属于刑事案件被告人、犯罪嫌疑人的；

（三）有未了结的民事案件，人民法院决定不准出境的；

（四）因妨害国（边）境管理受到刑事处罚或者因非法出境、非法居留、非法就业被其他国家或者地区遣返，未满不准出境规定年限的；

（五）可能危害国家安全和利益，国务院有关主管部门决定不准出境的；

（六）法律、行政法规规定不准出境的其他情形。

**第十三条** 定居国外的中国公民要求回国定居的，应当在入境前向中华人民共和国驻外使馆、领馆或者外交部委托的其他驻外机构提出申请，也可以由本人或者经由国内亲属向拟定居地的县级以上地方人民政府侨务部门提出申请。

**第十四条** 定居国外的中国公民在中国境内办理金融、教育、医疗、交通、电信、社会保险、财产登记等事务需要提供身份证明的，可以凭本人的护照证明其身份。

**第十五条** 外国人入境，应当向驻外签证机关申请办理签证，但是本法另有规定的除外。

**第十六条** 签证分为外交签证、礼遇签证、公务签证、普通签证。

对因外交、公务事由入境的外国人，签发外交、公务签证；对因身份特殊需要给予礼遇的外国人，签发礼遇签证。外交签证、礼遇签证、公务签证的签发范围和签发办法由外交部规定。

对因工作、学习、探亲、旅游、商务活动、人才引进等非外交、公务事由入境的外国人，签发相应类别的普通签证。普通签证的类别和签发办法由国务院规定。

**第十七条** 签证的登记项目包括：签证种类，持有人姓名、性别、出生日期、入境次数、入境有效期、停留期限，签发日期、地点，护照或者其他国际旅行证件号码等。

**第十八条** 外国人申请办理签证，应当向驻外签证机关提交本人的护照或者其他国际旅行证件，以及申请事由的相关材料，按照驻外签证机关的要求办理相关手续、接受面谈。

**第十九条** 外国人申请办理签证需要提供中国境内的单位或者个人出具的邀请函件的，申请人应当按照驻外签证机关的要求提供。出具邀请函件的单位或者个人应当对邀请内容的真实性负责。

**第二十条** 出于人道原因需要紧急入境，应邀入境从事紧急商务、工程抢修或者具有其他紧急入境需要并持有有关主管部门同意在口岸申办签证的证明材料的外国人，可以在国务院批准办理口岸签证业务的口岸，向公安部委托的口岸签证机关（以下简称口岸签证机关）申请办理口岸签证。

旅行社按照国家有关规定组织入境旅游的，可以向口岸签证机关申请办理团体旅游签证。

外国人向口岸签证机关申请办理签证，应当提交本人的护照或者其他国际旅行证件，以及申请事由的相关材料，按照口岸签证机关的要求办理相关手续，并从申请签证的口岸入境。

口岸签证机关签发的签证一次入境有效，签证注明的停留期限不得超过三十日。

**第二十一条** 外国人有下列情形之一的，不予签发签证：

（一）被处驱逐出境或者被决定遣送出境，未满不准入境规定年限的；

（二）患有严重精神障碍、传染性肺结核病或者有可能对公共卫生造成重大危害的其他传染病的；

（三）可能危害中国国家安全和利益、破坏社会公共秩序或者从事其他违法犯罪活动的；

（四）在申请签证过程中弄虚作假或者不能保障在中国境内期间所需费用的；

（五）不能提交签证机关要求提交的相关材料的；

（六）签证机关认为不宜签发签证的其他情形。

对不予签发签证的，签证机关可以不说明理由。

**第二十二条** 外国人有下列情形之一的，可以免办签证：

（一）根据中国政府与其他国家政府签订的互免签证协议，属于免办签证人员的；

（二）持有效的外国人居留证件的；

（三）持联程客票搭乘国际航行的航空器、船舶、列车从中国过境前往第三国或者地区，在中国境内停留不超过二十四小时且不离开口岸，或者在国务院批准的特定区域内停留不超过规定时限的；

（四）国务院规定的可以免办签证的其他情形。

**第二十三条** 有下列情形之一的外国人需要临时入境的，应当向出入境边防检查机关申请办理临时入境手续：

（一）外国船员及其随行家属登陆港口所在城市的；

（二）本法第二十二条第三项规定的人员需要离开口岸的；

（三）因不可抗力或者其他紧急原因需要临时入境的。

临时入境的期限不得超过十五日。

对申请办理临时入境手续的外国人，出入境边防检查机关可以要求外国人本人、载运其入境的交通运输工具的负责人或者交通运输工具出境入境业务代理单位提供必要的保证措施。

**第二十四条** 外国人入境，应当向出入境边防检查机关交验本人的护照或者其他国际旅行证件、签证或者其他入境许可证明，履行规定的手续，经查验准许，方可入境。

**第二十五条** 外国人有下列情形之一的，不准入境：

（一）未持有效出境入境证件或者拒绝、逃避接受边防检查的；

（二）具有本法第二十一条第一款第一项至第四项规定情形的；

（三）入境后可能从事与签证种类不符的活动的；

（四）法律、行政法规规定不准入境的其他情形。

对不准入境的，出入境边防检查机关可以不说明理由。

法律适用　相关法律法规

**第二十六条**　对未被准许入境的外国人，出入境边防检查机关应当责令其返回；对拒不返回的，强制其返回。外国人等待返回期间，不得离开限定的区域。

**第二十七条**　外国人出境，应当向出入境边防检查机关交验本人的护照或者其他国际旅行证件等出境入境证件，履行规定的手续，经查验准许，方可出境。

**第二十八条**　外国人有下列情形之一的，不准出境：

（一）被判处刑罚尚未执行完毕或者属于刑事案件被告人、犯罪嫌疑人的，但是按照中国与外国签订的有关协议，移管被判刑人的除外；

（二）有未了结的民事案件，人民法院决定不准出境的；

（三）拖欠劳动者的劳动报酬，经国务院有关部门或者省、自治区、直辖市人民政府决定不准出境的；

（四）法律、行政法规规定不准出境的其他情形。

**二、《中华人民共和国护照法》（节录）**（2006年4月29日第十届全国人民代表大会常务委员会第二十一次会议通过　2006年4月29日公布　自2007年1月1日起施行）

**第四条**　普通护照由公安部出入境管理机构或者公安部委托的县级以上地方人民政府公安机关出入境管理机构以及中华人民共和国驻外使馆、领馆和外交部委托的其他驻外机构签发。

外交护照由外交部签发。

公务护照由外交部、中华人民共和国驻外使馆、领馆或者外交部委托的其他驻外机构以及外交部委托的省、自治区、直辖市和设区的市人民政府外事部门签发。

# 46 放行偷越国（边）境人员案

**概念**

**本罪是指边防、海关等国家机关工作人员，对明知是偷越国（边）境的人员而予以放行的行为。**

**立案标准**

**边防、海关等国家机关工作人员涉嫌在履行职务过程中，对明知是偷越国（边）境的人员而予以放行的，应予立案。**

## 定罪标准

### 犯罪客体

本罪侵犯的客体是海关、边防等国家出入境管理机关的正常活动。

### 犯罪客观方面

本罪在客观方面表现为行为人对偷越国（边）境人员予以放行的行为。具体而言，包括以下三个要素：

1. 放行的对象必须是偷越国（边）境的人员（也就是偷渡人员），如果放行的对象不是偷渡人员，则不能构成本罪。

2. 行为人必须实施了非法放行偷越国（边）境人员的行为，其行为方式既可以是积极的作为，也可以是消极的不作为，如积极地将偷渡人员放进或放出国（边）境，对出入境人员不履行检查的职责等。实践中，一般有两种不同的“放行”方式：一种是负责验证等工作的边检人员，直接违反有关边防管理规定使原本不能合法出入境的偷渡人员出入境；另一种是具体负责验证等工作的边检人员的上级命令、指示具体负责验证的工作边检人员将原本不能合法出入境的偷渡人员放行出入境。

3. 行为人要“利用职务便利”。虽然《刑法》415 条并没有明确规定这一点，但本罪作为渎职罪的一种，自然是要求行为人利用了职务便利，否则不能构成渎职罪。放行是行为人的一种职务行为，即行为人必须负有对出入境人员进行审查、验证并予以放行的权力，如果其职务并没有使其拥有实施放行偷越国（边）境人员的权力的，则不构成本罪。

### 犯罪主体

本罪是纯正的身份犯，主体是海关、边防等国家机关工作人员。

### 犯罪主观方面

本罪在主观方面表现为故意，即明知是偷越国（边）境的人员而予以放行，明知自己的行为会损害国家出入境管理机关的正常活动，希望或者放任这种结果发生。

| | | |
|---|---|---|
| 定罪标准 | 罪与非罪 | 区分罪与非罪的界限，关键要看行为人在放行时，是否“明知”被放行的人员是偷越国（边）境的人员。如果不是明知，而只是由于工作不负责任，疏忽大意，审查不严等，不构成本罪。但如果因此致使公共财产、国家和人民利益遭受重大损失的，可以玩忽职守罪论处；如果行为没有造成严重后果的，则可给予行政处分，而不应以犯罪论处。 |
| | 一罪与数罪 | 海关、边防等国家机关工作人员如果与组织他人偷越国（边）境的犯罪分子事先通谋，利用职权放行企图偷越国（边）境的人员，同时构成本罪与组织他人偷越国（边）境罪。这种情况下，行为人只实施了放行企图偷越国（边）境的人员一个行为，因此属于想象竞合的情形，应当在本罪与组织他人偷越国（边）境罪中择一重罪处罚，而不应数罪并罚。 |
| 证据参考标准 | 主体方面的证据 | **一、证明行为人刑事责任年龄、身份等自然情况的证据**<br>包括身份证明、户籍证明、任职证明、工作经历证明、特定职责证明等，主要是证明行为人的姓名（曾用名）、性别、出生年月日、民族、籍贯、出生地、职业（或职务）、住所地（或居所地）等证据材料，如户口簿、居民身份证、居住证、工作证、出生证、专业或技术等级证、干部履历表、职工登记表、护照等。<br>对于户籍、出生证等材料内容不实的，应提供其他证据材料。人大代表、政协委员犯罪的案件，应注明身份，并附身份证明材料。<br>**二、证明行为人刑事责任能力的证据**<br>证明行为人对自己的行为是否具有辨认能力与控制能力，如是否属于间歇性精神病人、案发时是否尚未完全丧失辨认或者控制自己行为能力的证明材料。 |
| | 主观方面的证据 | **证明行为人故意的证据**<br>1. 证明行为人主观认识因素的证据：证明行为人明知是偷越国（边）境的人员，证明行为人明知自己的行为会发生危害社会的结果。2. 证明行为人主观意志因素的证据：证明行为人希望或者放任危害结果发生。 |
| | 客观方面的证据 | **证明行为人对明知是偷越国（边）境的人员而予以放行的证据**<br>具体证据包括：1. 证明被放行的人属于偷越国（边）境人员的证据。2. 证明行为人实施了放行行为的证据。3. 证明行为人利用了职务便利的证据。4. 证明情节严重的证据。 |
| | 量刑方面的证据 | **一、法定量刑情节证据**<br>1. 事实情节。2. 法定从重情节。3. 法定从轻、减轻情节：（1）可以从轻；（2）可以从轻或者减轻；（3）应当从轻或者减轻。4. 法定从轻、减轻、免除情节：（1）可以从轻、减轻或者免除处罚；（2）应当从轻、减轻或者免除处罚。5. 法定减轻、免除情节：（1）可以减轻或者免除处罚；（2）应当减轻或者免除处罚；（3）可以免除处罚。<br>**二、酌定量刑情节证据**<br>1. 犯罪手段。2. 犯罪对象。3. 危害结果。4. 犯罪动机。5. 平时表现。6. 认罪态度。7. 是否有前科。8. 其他证据。 |

## 量刑标准

| | |
|---|---|
| 犯本罪的 | 处三年以下有期徒刑或者拘役 |
| 情节严重的 | 处三年以上七年以下有期徒刑 |
| 不适用缓刑或者免予刑事处罚 | 1. 以下情形一般不适用缓刑或者免予刑事处罚：<br>（1）不如实供述罪行的；<br>（2）不予退缴赃款赃物或者将赃款赃物用于非法活动的；<br>（3）属于共同犯罪中情节严重的主犯的；<br>（4）犯有数个职务犯罪依法实行并罚或者以一罪处理的；<br>（5）曾因职务违纪违法行为受过行政处分的；<br>（6）犯罪涉及的财物属于救灾、抢险、防汛、优抚、扶贫、移民、救济、防疫等特定款物的；<br>（7）渎职犯罪中徇私舞弊情节或者滥用职权情节恶劣的；<br>（8）其他不应适用缓刑、免予刑事处罚的情形。<br>对于具有以上情形之一，但根据全案事实和量刑情节，检察机关认为确有必要适用缓刑或者免予刑事处罚并据此提出量刑建议的，应经检察委员会讨论决定；审理法院认为确有必要适用缓刑或者免予刑事处罚的，应经审判委员会讨论决定。<br>2. 人民法院审理职务犯罪案件时应当注意听取检察机关、被告人、辩护人提出的量刑意见，分析影响性案件案发前后的社会反映，必要时可以征求案件查办等机关的意见。对于情节恶劣、社会反映强烈的职务犯罪案件，不得适用缓刑、免予刑事处罚。 |

## 法律适用

### 刑法条文

**第四百一十五条** 负责办理护照、签证以及其他出入境证件的国家机关工作人员，对明知是企图偷越国（边）境的人员，予以办理出入境证件的，或者边防、海关等国家机关工作人员，对明知是偷越国（边）境的人员，予以放行的，处三年以下有期徒刑或者拘役；情节严重的，处三年以上七年以下有期徒刑。

### 立法解释

**全国人民代表大会常务委员会《关于〈中华人民共和国刑法〉第九章渎职罪主体适用问题的解释》**（2002年12月28日第九届全国人民代表大会常务委员会第三十一次会议通过）

全国人大常委会根据司法实践中遇到的情况，讨论了刑法第九章渎职罪主体的适用问题，解释如下：

在依照法律、法规规定行使国家行政管理职权的组织中从事公务的人员，或者在受国家机关委托代表国家机关行使职权的组织中从事公务的人员，或者虽未列入国家机关人员编制但在国家机关中从事公务的人员，在代表国家机关行使职权时，有渎职行为，构成犯罪的，依照刑法关于渎职罪的规定追究刑事责任。

现予公告。

法律适用 司法解释

一、最高人民检察院《关于渎职侵权犯罪案件立案标准的规定》（节录）（2006年7月26日　高检发释字〔2006〕2号）

一、渎职犯罪案件

（三十）放行偷越国（边）境人员案（第四百一十五条）

放行偷越国（边）境人员罪是指边防、海关等国家机关工作人员，对明知是偷越国（边）境的人员予以放行的行为。

边防、海关等国家机关工作人员涉嫌在履行职务过程中，对明知是偷越国（边）境的人员而予以放行的，应予立案。

三、附　则

（一）本规定中每个罪案名称后所注明的法律条款系《中华人民共和国刑法》的有关条款。

（二）本规定所称“以上”包括本数；有关犯罪数额“不满”，是指已达到该数额百分之八十以上的。

（三）本规定中的“国家机关工作人员”，是指在国家机关中从事公务的人员，包括在各级国家权力机关、行政机关、司法机关和军事机关中从事公务的人员。在依照法律、法规规定行使国家行政管理职权的组织中从事公务的人员，或者在受国家机关委托代表国家行使职权的组织中从事公务的人员，或者虽未列入国家机关人员编制但在国家机关中从事公务的人员，在代表国家机关行使职权时，视为国家机关工作人员。在乡（镇）以上中国共产党机关、人民政协机关中从事公务的人员，视为国家机关工作人员。

（四）本规定中的“直接经济损失”，是指与行为有直接因果关系而造成的财产损毁、减少的实际价值；“间接经济损失”，是指由直接经济损失引起和牵连的其他损失，包括失去的在正常情况下可以获得的利益和为恢复正常的管理活动或者挽回所造成的损失所支付的各种开支、费用等。

有下列情形之一的，虽然有债权存在，但已无法实现债权的，可以认定为已经造成了经济损失：（1）债务人已经法定程序被宣告破产，且无法清偿债务；（2）债务人潜逃，去向不明；（3）因行为人责任，致使超过诉讼时效；（4）有证据证明债权无法实现的其他情况。

直接经济损失和间接经济损失，是指立案时确已造成的经济损失。移送审查起诉前，犯罪嫌疑人及其亲友自行挽回的经济损失，以及由司法机关或者犯罪嫌疑人所在单位及其上级主管部门挽回的经济损失，不予扣减，但可作为对犯罪嫌疑人从轻处理的情节考虑。

（五）本规定中的“徇私舞弊”，是指国家机关工作人员为徇私情、私利，故意违背事实和法律，伪造材料，隐瞒情况，弄虚作假的行为。

（六）本规定自公布之日起施行。本规定发布前有关人民检察院直接受理立案侦查的国家机关工作人员渎职和利用职权实施的侵犯公民人身权利、民主权利犯罪案件的立案标准，与本规定有重复或者不一致的，适用本规定。

对于本规定施行前发生的国家机关工作人员渎职和利用职权实施的侵犯公民人身权利、民主权利犯罪案件，按照《最高人民法院、最高人民检察院关于适用刑事司法解释时间效力问题的规定》办理。

法律适用　司法解释

**二、最高人民法院《全国法院审理经济犯罪案件工作座谈会纪要》(节录)** (2003年11月13日　法发〔2003〕167号)

**一、关于贪污贿赂犯罪和渎职犯罪的主体**

(一) 国家机关工作人员的认定

刑法中所称的国家机关工作人员，是指在国家机关中从事公务的人员，包括在各级国家权力机关、行政机关、司法机关和军事机关中从事公务的人员。

根据有关立法解释的规定，在依照法律、法规规定行使国家行政管理职权的组织中从事公务的人员，或者在受国家机关委托代表国家行使职权的组织中从事公务的人员，或者虽未列入国家机关人员编制但在国家机关中从事公务的人员，视为国家机关工作人员。在乡(镇)以上中国共产党机关、人民政协机关中从事公务的人员，司法实践中也应当视为国家机关工作人员。

(二) 国家机关、国有公司、企业、事业单位委派到非国有公司、企业、事业单位、社会团体从事公务的人员的认定

所谓委派，即委任、派遣，其形式多种多样，如任命、指派、提名、批准等。不论被委派的人身份如何，只要是接受国家机关、国有公司、企业、事业单位委派，代表国家机关、国有公司、企业、事业单位在非国有公司、企业、事业单位、社会团体中从事组织、领导、监督、管理等工作，都可以认定为国家机关、国有公司、企业、事业单位委派到非国有公司、企业、事业单位、社会团体从事公务的人员。如国家机关、国有公司、企业、事业单位委派在国有控股或者参股的股份有限公司从事组织、领导、监督、管理等工作的人员，应当以国家工作人员论。国有公司、企业改制为股份有限公司后，原国有公司、企业的工作人员和股份有限公司新任命的人员中，除代表国有投资主体行使监督、管理职权的人外，不以国家工作人员论。

(三) “其他依照法律从事公务的人员”的认定

刑法第九十三条第二款规定的“其他依照法律从事公务的人员”应当具有两个特征：一是在特定条件下行使国家管理职能；二是依照法律规定从事公务。具体包括：(1) 依法履行职责的各级人民代表大会代表；(2) 依法履行审判职责的人民陪审员；(3) 协助乡镇人民政府、街道办事处从事行政管理工作的村民委员会、居民委员会等农村和城市基层组织人员；(4) 其他由法律授权从事公务的人员。

(四) 关于“从事公务”的理解

从事公务，是指代表国家机关、国有公司、企业事业单位、人民团体等履行组织、领导、监督、管理等职责。公务主要表现为与职权相联系的公共事务以及监督、管理国有财产的职务活动。如国家机关工作人员依法履行职责，国有公司的董事、经理、监事、会计、出纳人员等管理、监督国有财产等活动，属于从事公务。那些不具备职权内容的劳务活动、技术服务工作，如售货员、售票员等所从事的工作，一般不认为是公务。

**六、关于渎职罪**

(一) 渎职犯罪行为造成的公共财产重大损失的认定

根据刑法规定，玩忽职守、滥用职权等渎职犯罪是以致使公共财产、国家和人民利益遭受重大损失为构成要件的。其中，公共财产的重大损失，通常是指渎职行为已经造成的重大经济损失。在司法实践中，有以下情形之一的，虽然公共财产作为债权

司法解释

存在，但已无法实现债权的，可以认定为行为人的渎职行为造成了经济损失：（1）债务人已经法定程序被宣告破产；（2）债务人潜逃，去向不明；（3）因行为人责任，致使超过诉讼时效；（4）有证据证明债权无法实现的其他情况。

（二）玩忽职守罪的追诉时效

玩忽职守行为造成的重大损失当时没有发生，而是玩忽职守行为之后一定时间发生的，应从危害结果发生之日起计算玩忽职守罪的追诉期限。

（三）国有公司、企业人员渎职犯罪的法律适用

对于1999年12月24日《中华人民共和国刑法修正案》实施以前发生的国有公司、企业人员渎职行为（不包括徇私舞弊行为），尚未处理或者正在处理的，不能按照刑法修正案追究刑事责任。

（四）关于"徇私"的理解

徇私舞弊型渎职犯罪的"徇私"应理解为徇个人私情、私利。国家机关工作人员为了本单位的利益，实施滥用职权、玩忽职守行为，构成犯罪的，依照刑法第三百九十七条第一款的规定定罪处罚。

**三、最高人民法院、最高人民检察院《关于办理职务犯罪案件严格适用缓刑、免予刑事处罚若干问题的意见》**（2012年8月8日　法发〔2012〕17号）（略，详见本书第16页）

法律适用

相关法律法规

**《中华人民共和国出境入境管理法》（节录）**（2012年6月30日第十一届全国人民代表大会常务委员会第二十七次会议通过　2012年6月30日中华人民共和国主席令第57号公布　自2013年7月1日起施行）

**第九条**　中国公民出境入境，应当依法申请办理护照或者其他旅行证件。

中国公民前往其他国家或者地区，还需要取得前往国签证或者其他入境许可证明。但是，中国政府与其他国家政府签订互免签证协议或者公安部、外交部另有规定的除外。

中国公民以海员身份出境入境和在国外船舶上从事工作的，应当依法申请办理海员证。

**第十条**　中国公民往来内地与香港特别行政区、澳门特别行政区，中国公民往来大陆与台湾地区，应当依法申请办理通行证件，并遵守本法有关规定。具体管理办法由国务院规定。

**第十一条**　中国公民出境入境，应当向出入境边防检查机关交验本人的护照或者其他旅行证件等出境入境证件，履行规定的手续，经查验准许，方可出境入境。

具备条件的口岸，出入境边防检查机关应当为中国公民出境入境提供专用通道等便利措施。

**第十二条**　中国公民有下列情形之一的，不准出境：

（一）未持有效出境入境证件或者拒绝、逃避接受边防检查的；

（二）被判处刑罚尚未执行完毕或者属于刑事案件被告人、犯罪嫌疑人的；

（三）有未了结的民事案件，人民法院决定不准出境的；

（四）因妨害国（边）境管理受到刑事处罚或者因非法出境、非法居留、非法就业被其他国家或者地区遣返，未满不准出境规定年限的；

（五）可能危害国家安全和利益，国务院有关主管部门决定不准出境的；

（六）法律、行政法规规定不准出境的其他情形。

**第十三条** 定居国外的中国公民要求回国定居的，应当在入境前向中华人民共和国驻外使馆、领馆或者外交部委托的其他驻外机构提出申请，也可以由本人或者经由国内亲属向拟定居地的县级以上地方人民政府侨务部门提出申请。

**第十四条** 定居国外的中国公民在中国境内办理金融、教育、医疗、交通、电信、社会保险、财产登记等事务需要提供身份证明的，可以凭本人的护照证明其身份。

**第十五条** 外国人入境，应当向驻外签证机关申请办理签证，但是本法另有规定的除外。

**第十六条** 签证分为外交签证、礼遇签证、公务签证、普通签证。

对因外交、公务事由入境的外国人，签发外交、公务签证；对因身份特殊需要给予礼遇的外国人，签发礼遇签证。外交签证、礼遇签证、公务签证的签发范围和签发办法由外交部规定。

对因工作、学习、探亲、旅游、商务活动、人才引进等非外交、公务事由入境的外国人，签发相应类别的普通签证。普通签证的类别和签发办法由国务院规定。

**第十七条** 签证的登记项目包括：签证种类，持有人姓名、性别、出生日期、入境次数、入境有效期、停留期限，签发日期、地点，护照或者其他国际旅行证件号码等。

**第十八条** 外国人申请办理签证，应当向驻外签证机关提交本人的护照或者其他国际旅行证件，以及申请事由的相关材料，按照驻外签证机关的要求办理相关手续、接受面谈。

**第十九条** 外国人申请办理签证需要提供中国境内的单位或者个人出具的邀请函件的，申请人应当按照驻外签证机关的要求提供。出具邀请函件的单位或者个人应当对邀请内容的真实性负责。

**第二十条** 出于人道原因需要紧急入境，应邀入境从事紧急商务、工程抢修或者具有其他紧急入境需要并持有有关主管部门同意在口岸申办签证的证明材料的外国人，可以在国务院批准办理口岸签证业务的口岸，向公安部委托的口岸签证机关（以下简称口岸签证机关）申请办理口岸签证。

旅行社按照国家有关规定组织入境旅游的，可以向口岸签证机关申请办理团体旅游签证。

外国人向口岸签证机关申请办理签证，应当提交本人的护照或者其他国际旅行证件，以及申请事由的相关材料，按照口岸签证机关的要求办理相关手续，并从申请签证的口岸入境。

口岸签证机关签发的签证一次入境有效，签证注明的停留期限不得超过三十日。

**第二十一条** 外国人有下列情形之一的，不予签发签证：

（一）被处驱逐出境或者被决定遣送出境，未满不准入境规定年限的；

（二）患有严重精神障碍、传染性肺结核病或者有可能对公共卫生造成重大危害的其他传染病的；

（三）可能危害中国国家安全和利益、破坏社会公共秩序或者从事其他违法犯罪活动的；

（四）在申请签证过程中弄虚作假或者不能保障在中国境内期间所需费用的；

（五）不能提交签证机关要求提交的相关材料的；

（六）签证机关认为不宜签发签证的其他情形。

对不予签发签证的，签证机关可以不说明理由。

**第二十二条** 外国人有下列情形之一的，可以免办签证：

（一）根据中国政府与其他国家政府签订的互免签证协议，属于免办签证人员的；

（二）持有效的外国人居留证件的；

（三）持联程客票搭乘国际航行的航空器、船舶、列车从中国过境前往第三国或者地区，在中国境内停留不超过二十四小时且不离开口岸，或者在国务院批准的特定区域内停留不超过规定时限的；

（四）国务院规定的可以免办签证的其他情形。

**第二十三条** 有下列情形之一的外国人需要临时入境的，应当向出入境边防检查机关申请办理临时入境手续：

（一）外国船员及其随行家属登陆港口所在城市的；

（二）本法第二十二条第三项规定的人员需要离开口岸的；

（三）因不可抗力或者其他紧急原因需要临时入境的。

临时入境的期限不得超过十五日。

对申请办理临时入境手续的外国人，出入境边防检查机关可以要求外国人本人、载运其入境的交通运输工具的负责人或者交通运输工具出境入境业务代理单位提供必要的保证措施。

**第二十四条** 外国人入境，应当向出入境边防检查机关交验本人的护照或者其他国际旅行证件、签证或者其他入境许可证明，履行规定的手续，经查验准许，方可入境。

**第二十五条** 外国人有下列情形之一的，不准入境：

（一）未持有效出境入境证件或者拒绝、逃避接受边防检查的；

（二）具有本法第二十一条第一款第一项至第四项规定情形的；

（三）入境后可能从事与签证种类不符的活动的；

（四）法律、行政法规规定不准入境的其他情形。

对不准入境的，出入境边防检查机关可以不说明理由。

**第二十六条** 对未被准许入境的外国人，出入境边防检查机关应当责令其返回；对拒不返回的，强制其返回。外国人等待返回期间，不得离开限定的区域。

**第二十七条** 外国人出境，应当向出入境边防检查机关交验本人的护照或者其他国际旅行证件等出境入境证件，履行规定的手续，经查验准许，方可出境。

**第二十八条** 外国人有下列情形之一的，不准出境：

（一）被判处刑罚尚未执行完毕或者属于刑事案件被告人、犯罪嫌疑人的，但是按照中国与外国签订的有关协议，移管被判刑人的除外；

（二）有未了结的民事案件，人民法院决定不准出境的；

（三）拖欠劳动者的劳动报酬，经国务院有关部门或者省、自治区、直辖市人民政府决定不准出境的；

（四）法律、行政法规规定不准出境的其他情形。

# 47 不解救被拐卖、绑架妇女、儿童案

**概念**

**本罪是指对被拐卖、绑架的妇女、儿童负有解救职责的公安、司法等国家机关工作人员接到被拐卖、绑架的妇女、儿童及其家属的解救要求或者接到其他人的举报，而对被拐卖、绑架的妇女、儿童不进行解救，造成严重后果的行为。**

**立案标准**

**公安、司法等国家机关工作人员，涉嫌接到被拐卖、绑架的妇女、儿童及其家属的解救要求或者接到其他人的举报后，对被拐卖、绑架的妇女、儿童不进行解救，有下列情形之一的，应予立案：**

**1. 导致被拐卖、绑架的妇女、儿童或者其家属重伤、死亡或者精神失常的。**

**2. 导致被拐卖、绑架的妇女、儿童被转移、隐匿、转卖，不能及时进行解救的。**

**3. 对被拐卖、绑架的妇女、儿童不进行解救 3 人次以上的。**

**4. 对被拐卖、绑架的妇女、儿童不进行解救，造成恶劣社会影响的。**

**5. 其他造成严重后果的情形。**

**定罪标准**

**犯罪客体**

本罪侵犯的客体是国家机关解救妇女、儿童的正常活动。

**犯罪客观方面**

本罪在客观方面表现为，行为人接到被拐卖、绑架的妇女、儿童及其家属的解救要求或者接到其他人的举报，而不进行解救，造成严重后果的行为。

1. 本罪的对象是被拐卖、绑架的妇女与儿童。

被拐卖的妇女、儿童，是指拐卖妇女、儿童的犯罪分子所控制、出卖的妇女与儿童，包括出于出卖目的而被犯罪分子绑架的妇女、儿童及被偷盗的婴幼儿。被拐卖的妇女与儿童如已被他人收买的，也应属于被拐卖的妇女与儿童，从而可以成为本罪对象。

2. 实行行为是不解救被拐卖、绑架的妇女、儿童。所谓不进行解救，是指接到解救要求或者举报后，不采取任何解救措施，或者推诿、拖延解救工作。可见，本罪是不作为犯，成立本罪，除行为人负有解救被拐卖、绑架的妇女、儿童的职责外，还应事前接到“解救要求”或“举报”。所谓解救要求，是指被拐卖、绑架妇女、儿童及其家属向有关部门及其工作人员提出的解救要求。所谓举报，是指上述人员以外的其他公民就妇女、儿童被拐卖、绑架的事实向有关部门及其工作人员进行的检举或者报告。

3. 不解救的行为造成了严重后果。首先，要有严重后果的出现，才构成本罪的既遂。所谓“严重后果”，是指以下情形之一的：(1) 被拐卖、绑架的妇女、儿童或者其家属重伤、死亡或者精神失常的；(2) 被拐卖、绑架的妇女、儿童被转移、隐匿、转卖，不能及时进行解救的；(3) 对被拐卖、绑架的妇女、儿童不进行解救 3 人次以上的；(4) 对被拐卖、绑架的妇女、儿童不进行解救，造成恶劣社会影响的；(5) 其他严重后果。其次，不解救的行为与严重后果之间要有因果关系。

| | | |
|---|---|---|
| 定罪标准 | 犯罪主体 | 本罪是纯正的身份犯，是指负有解救被拐卖、绑架的妇女、儿童职责的国家机关工作人员。国家机关工作人员的范围是非常宽泛的，但只有那些负有特定的解救职责的国家机关工作人员，才可能成为本罪的主体。实践中，本罪的主体一般是公安等司法机关工作人员。 |
| | 犯罪主观方面 | 本罪在主观方面表现为故意，即明知是被拐卖、绑架的妇女、儿童需要进行解救而不进行解救，明知自己不解救被拐卖、绑架的妇女、儿童的行为会损害国家机关解救妇女、儿童的正常活动，希望或者放任这种结果发生。 |
| | 罪与非罪 | 区分罪与非罪的界限，关键要看不解救行为是否造成严重后果。没有造成严重后果的，一般不构成犯罪，应当给予行为人相应的行政处分。 |
| 证据参考标准 | 主体方面的证据 | **一、证明行为人刑事责任年龄、身份等自然情况的证据**<br>包括身份证明、户籍证明、任职证明、工作经历证明、特定职责证明等，主要是证明行为人的姓名（曾用名）、性别、出生年月日、民族、籍贯、出生地、职业（或职务）、住所地（或居所地）等证据材料，如户口簿、居民身份证、居住证、工作证、出生证、专业或技术等级证、干部履历表、职工登记表、护照等。<br>对于户籍、出生证等材料内容不实的，应提供其他证据材料。人大代表、政协委员犯罪的案件，应注明身份，并附身份证明材料。<br>**二、证明行为人刑事责任能力的证据。**<br>证明行为人对自己的行为是否具有辨认能力与控制能力，如是否属于间歇性精神病人、案发时是否尚未完全丧失辨认或者控制自己行为能力的证明材料。 |
| | 主观方面的证据 | **证明行为人故意的证据**<br>1. 证明行为人主观认识因素的证据：（1）证明行为人明知是被拐卖、绑架的妇女、儿童需要进行解救；（2）证明行为人明知自己的行为会发生危害社会的结果。2. 证明行为人主观意志因素的证据：证明行为人希望或者放任危害结果发生。 |
| | 客观方面的证据 | **证明行为人不解救被拐卖、绑架的妇女、儿童的证据**<br>具体证据包括：1. 证明行为人接到被拐卖、绑架的妇女、儿童及其家属的解救要求的证据。2. 证明行为人接到其他人的举报的证据。3. 证明行为人具有解救受害妇女、儿童的义务的证据。4. 证明行为人没有进行解救的证据。5. 证明出现严重后果的证据。6. 证明不解救行为与严重后果之间存在因果关系的证据。 |

<table>
<tr><td>证据参考标准</td><td>量刑方面的证据</td><td colspan="2">一、法定量刑情节证据<br>1. 事实情节。2. 法定从重情节。3. 法定从轻、减轻情节：（1）可以从轻；（2）可以从轻或者减轻；（3）应当从轻或者减轻。4. 法定从轻、减轻、免除情节：（1）可以从轻、减轻或者免除处罚；（2）应当从轻、减轻或者免除处罚。5. 法定减轻、免除情节：（1）可以减轻或者免除处罚；（2）应当减轻或者免除处罚；（3）可以免除处罚。<br>二、酌定量刑情节证据<br>1. 犯罪手段。2. 犯罪对象。3. 危害结果。4. 犯罪动机。5. 平时表现。6. 认罪态度。7. 是否有前科。8. 其他证据。</td></tr>
<tr><td rowspan="2">量刑标准</td><td colspan="2">犯本罪的</td><td>处五年以下有期徒刑或者拘役</td></tr>
<tr><td>不适用缓刑或者免予刑事处罚</td><td colspan="2">1. 以下情形一般不适用缓刑或者免予刑事处罚：<br>（1）不如实供述罪行的；<br>（2）不予退缴赃款赃物或者将赃款赃物用于非法活动的；<br>（3）属于共同犯罪中情节严重的主犯的；<br>（4）犯有数个职务犯罪依法实行并罚或者以一罪处理的；<br>（5）曾因职务违纪违法行为受过行政处分的；<br>（6）犯罪涉及的财物属于救灾、抢险、防汛、优抚、扶贫、移民、救济、防疫等特定款物的；<br>（7）渎职犯罪中徇私舞弊情节或者滥用职权情节恶劣的；<br>（8）其他不应适用缓刑、免予刑事处罚的情形。<br>对于具有以上情形之一，但根据全案事实和量刑情节，检察机关认为确有必要适用缓刑或者免予刑事处罚并据此提出量刑建议的，应经检察委员会讨论决定；审理法院认为确有必要适用缓刑或者免予刑事处罚的，应经审判委员会讨论决定。<br>2. 人民法院审理职务犯罪案件时应当注意听取检察机关、被告人、辩护人提出的量刑意见，分析影响性案件案发前后的社会反映，必要时可以征求案件查办等机关的意见。对于情节恶劣、社会反映强烈的职务犯罪案件，不得适用缓刑、免予刑事处罚。</td></tr>
<tr><td>法律适用</td><td>刑法条文</td><td colspan="2">第四百一十六条第一款　对被拐卖、绑架的妇女、儿童负有解救职责的国家机关工作人员，接到被拐卖、绑架的妇女、儿童及其家属的解救要求或者接到其他人的举报，而对被拐卖、绑架的妇女、儿童不进行解救，造成严重后果的，处五年以下有期徒刑或者拘役。<br>第二百三十九条　以勒索财物为目的绑架他人的，或者绑架他人作为人质的，处十年以上有期徒刑或者无期徒刑，并处罚金或者没收财产；情节较轻的，处五年以上十年以下有期徒刑，并处罚金。<br>犯前款罪，杀害被绑架人的，或者故意伤害被绑架人，致人重伤、死亡的，处无期徒刑或者死刑，并处没收财产。</td></tr>
</table>

法律适用

刑法条文

以勒索财物为目的偷盗婴幼儿的，依照前两款的规定处罚。

**第二百四十条** 拐卖妇女、儿童的，处五年以上十年以下有期徒刑，并处罚金；有下列情形之一的，处十年以上有期徒刑或者无期徒刑，并处罚金或者没收财产；情节特别严重的，处死刑，并处没收财产：

（一）拐卖妇女、儿童集团的首要分子；

（二）拐卖妇女、儿童三人以上的；

（三）奸淫被拐卖的妇女的；

（四）诱骗、强迫被拐卖的妇女卖淫或者将被拐卖的妇女卖给他人迫使其卖淫的；

（五）以出卖为目的，使用暴力、胁迫或者麻醉方法绑架妇女、儿童的；

（六）以出卖为目的，偷盗婴幼儿的；

（七）造成被拐卖的妇女、儿童或者其亲属重伤、死亡或者其他严重后果的；

（八）将妇女、儿童卖往境外的。

拐卖妇女、儿童是指以出卖为目的，有拐骗、绑架、收买、贩卖、接送、中转妇女、儿童的行为之一的。

立法解释

**全国人民代表大会常务委员会《关于〈中华人民共和国刑法〉第九章渎职罪主体适用问题的解释》**（2002年12月28日第九届全国人民代表大会常务委员会第三十一次会议通过）

全国人大常委会根据司法实践中遇到的情况，讨论了刑法第九章渎职罪主体的适用问题，解释如下：

在依照法律、法规规定行使国家行政管理职权的组织中从事公务的人员，或者在受国家机关委托代表国家机关行使职权的组织中从事公务的人员，或者虽未列入国家机关人员编制但在国家机关中从事公务的人员，在代表国家机关行使职权时，有渎职行为，构成犯罪的，依照刑法关于渎职罪的规定追究刑事责任。

现予公告。

司法解释

**一、最高人民检察院《关于渎职侵权犯罪案件立案标准的规定》（节录）**（2006年7月26日　高检发释字〔2006〕2号）

**一、渎职犯罪案件**

（三十一）不解救被拐卖、绑架妇女、儿童案（第四百一十六条第一款）

不解救被拐卖、绑架妇女、儿童罪是指对被拐卖、绑架的妇女、儿童负有解救职责的公安、司法等国家机关工作人员接到被拐卖、绑架的妇女、儿童及其家属的解救要求或者接到其他人的举报，而对被拐卖、绑架的妇女、儿童不进行解救，造成严重后果的行为。

涉嫌下列情形之一的，应予立案：

1. 导致被拐卖、绑架的妇女、儿童或者其家属重伤、死亡或者精神失常的；
2. 导致被拐卖、绑架的妇女、儿童被转移、隐匿、转卖，不能及时进行解救的；
3. 对被拐卖、绑架的妇女、儿童不进行解救3人次以上的；
4. 对被拐卖、绑架的妇女、儿童不进行解救，造成恶劣社会影响的；
5. 其他造成严重后果的情形。

法律适用 司法解释

三、附 则

（一）本规定中每个罪案名称后所注明的法律条款系《中华人民共和国刑法》的有关条款。

（二）本规定所称“以上”包括本数；有关犯罪数额“不满”，是指已达到该数额百分之八十以上的。

（三）本规定中的“国家机关工作人员”，是指在国家机关中从事公务的人员，包括在各级国家权力机关、行政机关、司法机关和军事机关中从事公务的人员。在依照法律、法规规定行使国家行政管理职权的组织中从事公务的人员，或者在受国家机关委托代表国家行使职权的组织中从事公务的人员，或者虽未列入国家机关人员编制但在国家机关中从事公务的人员，在代表国家机关行使职权时，视为国家机关工作人员。在乡（镇）以上中国共产党机关、人民政协机关中从事公务的人员，视为国家机关工作人员。

（四）本规定中的“直接经济损失”，是指与行为有直接因果关系而造成的财产损毁、减少的实际价值；“间接经济损失”，是指由直接经济损失引起和牵连的其他损失，包括失去的在正常情况下可以获得的利益和为恢复正常的管理活动或者挽回所造成的损失所支付的各种开支、费用等。

有下列情形之一的，虽然有债权存在，但已无法实现债权的，可以认定为已经造成了经济损失：（1）债务人已经法定程序被宣告破产，且无法清偿债务；（2）债务人潜逃，去向不明；（3）因行为人责任，致使超过诉讼时效；（4）有证据证明债权无法实现的其他情况。

直接经济损失和间接经济损失，是指立案时确已造成的经济损失。移送审查起诉前，犯罪嫌疑人及其亲友自行挽回的经济损失，以及由司法机关或者犯罪嫌疑人所在单位及其上级主管部门挽回的经济损失，不予扣减，但可作为对犯罪嫌疑人从轻处理的情节考虑。

（五）本规定中的“徇私舞弊”，是指国家机关工作人员为徇私情、私利，故意违背事实和法律，伪造材料，隐瞒情况，弄虚作假的行为。

（六）本规定自公布之日起施行。本规定发布前有关人民检察院直接受理立案侦查的国家机关工作人员渎职和利用职权实施的侵犯公民人身权利、民主权利犯罪案件的立案标准，与本规定有重复或者不一致的，适用本规定。

对于本规定施行前发生的国家机关工作人员渎职和利用职权实施的侵犯公民人身权利、民主权利犯罪案件，按照《最高人民法院、最高人民检察院关于适用刑事司法解释时间效力问题的规定》办理。

**二、最高人民法院《全国法院审理经济犯罪案件工作座谈会纪要》（节录）**（2003年11月13日 法发〔2003〕167号）

**一、关于贪污贿赂犯罪和渎职犯罪的主体**

（一）国家机关工作人员的认定

刑法中所称的国家机关工作人员，是指在国家机关中从事公务的人员，包括在各级国家权力机关、行政机关、司法机关和军事机关中从事公务的人员。

根据有关立法解释的规定，在依照法律、法规规定行使国家行政管理职权的组织中从事公务的人员，或者在受国家机关委托代表国家行使职权的组织中从事公务的人员，或者虽未列入国家机关人员编制但在国家机关中从事公务的人员，视为国家机关工作人员。在乡（镇）以上中国共产党机关、人民政协机关中从事公务的人员，司法实践中也应当视为国家机关工作人员。

(二) 国家机关、国有公司、企业、事业单位委派到非国有公司、企业、事业单位、社会团体从事公务的人员的认定

所谓委派，即委任、派遣，其形式多种多样，如任命、指派、提名、批准等。不论被委派的人身份如何，只要是接受国家机关、国有公司、企业、事业单位委派，代表国家机关、国有公司、企业、事业单位在非国有公司、企业、事业单位、社会团体中从事组织、领导、监督、管理等工作，都可以认定为国家机关、国有公司、企业、事业单位委派到非国有公司、企业、事业单位、社会团体从事公务的人员。如国家机关、国有公司、企业、事业单位委派在国有控股或者参股的股份有限公司从事组织、领导、监督、管理等工作的人员，应当以国家工作人员论。国有公司、企业改制为股份有限公司后，原国有公司、企业的工作人员和股份有限公司新任命的人员中，除代表国有投资主体行使监督、管理职权的人外，不以国家工作人员论。

(三)"其他依照法律从事公务的人员"的认定

刑法第九十三条第二款规定的"其他依照法律从事公务的人员"应当具有两个特征：一是在特定条件下行使国家管理职能；二是依照法律规定从事公务。具体包括：(1) 依法履行职责的各级人民代表大会代表；(2) 依法履行审判职责的人民陪审员；(3) 协助乡镇人民政府、街道办事处从事行政管理工作的村民委员会、居民委员会等农村和城市基层组织人员；(4) 其他由法律授权从事公务的人员。

(四) 关于"从事公务"的理解

从事公务，是指代表国家机关、国有公司、企业、事业单位、人民团体等履行组织、领导、监督、管理等职责。公务主要表现为与职权相联系的公共事务以及监督、管理国有财产的职务活动。如国家机关工作人员依法履行职责，国有公司的董事、经理、监事、会计、出纳人员等管理、监督国有财产等活动，属于从事公务。那些不具备职权内容的劳务活动、技术服务工作，如售货员、售票员等所从事的工作，一般不认为是公务。

六、关于渎职罪

(一) 渎职犯罪行为造成的公共财产重大损失的认定

根据刑法规定，玩忽职守、滥用职权等渎职犯罪是以致使公共财产、国家和人民利益遭受重大损失为构成要件的。其中，公共财产的重大损失，通常是指渎职行为已经造成的重大经济损失。在司法实践中，有以下情形之一的，虽然公共财产作为债权存在，但已无法实现债权的，可以认定为行为人的渎职行为造成了经济损失：(1) 债务人已经法定程序被宣告破产；(2) 债务人潜逃，去向不明；(3) 因行为人责任，致使超过诉讼时效；(4) 有证据证明债权无法实现的其他情况。

(二) 玩忽职守罪的追诉时效

玩忽职守行为造成的重大损失当时没有发生，而是玩忽职守行为之后一定时间发生的，应从危害结果发生之日起计算玩忽职守罪的追诉期限。

(三) 国有公司、企业人员渎职犯罪的法律适用

对于1999年12月24日《中华人民共和国刑法修正案》实施以前发生的国有公司、企业人员渎职行为（不包括徇私舞弊行为），尚未处理或者正在处理的，不能按照刑法修正案追究刑事责任。

(四) 关于"徇私"的理解

徇私舞弊型渎职犯罪的"徇私"应理解为徇个人私情、私利。国家机关工作人员为了本单位的利益，实施滥用职权、玩忽职守行为，构成犯罪的，依照刑法第三百九十七条第一款的规定定罪处罚。

法律适用

司法解释

三、最高人民法院、最高人民检察院《关于办理职务犯罪案件严格适用缓刑、免予刑事处罚若干问题的意见》（2012年8月8日 法发〔2012〕17号）（略，详见本书第16页）

规章及规范性文件

公安部《关于打击拐卖妇女儿童犯罪适用法律和政策有关问题的意见》（节录）

（2000年3月24日 公通字〔2000〕25号）

五、关于解救工作

（一）解救妇女、儿童工作由拐入地公安机关负责。对于拐出地公安机关主动派工作组到拐入地进行解救的，也要以拐入地公安机关为主开展工作。对解救的被拐卖妇女，由其户口所在地公安机关负责接回；对解救的被拐卖儿童，由其父母或者其他监护人户口所在地公安机关负责接回。拐出地、拐入地、中转地公安机关应当积极协作配合，坚决杜绝地方保护主义。

（二）要充分依靠当地党委、政府的支持，做好对基层干部和群众的法制宣传和说服教育工作，注意方式、方法，慎用警械、武器，避免激化矛盾，防止出现围攻执法人员、聚众阻碍解救等突发事件。

以暴力、威胁方法阻碍国家机关工作人员解救被收买的妇女、儿童的，以妨害公务罪立案侦查。对聚众阻碍国家机关工作人员解救被收买的妇女、儿童的首要分子，以聚众阻碍解救被收买的妇女、儿童罪立案侦查。其他使用暴力、威胁方法的参与者，以妨害公务罪立案侦查。阻碍解救被收买的妇女、儿童，没有使用暴力、威胁方法的，依照《中华人民共和国治安管理处罚条例》① 的有关规定处罚。

（三）对于被拐卖的未成年女性、现役军人配偶、受到买主摧残虐待的、被强迫卖淫或从事其他色情服务的妇女，以及本人要求解救的妇女，要立即解救。

对于自愿继续留在现住地生活的成年女性，应当尊重本人意愿，愿在现住地结婚且符合法定结婚条件的，应当依法办理结婚登记手续。被拐卖妇女与买主所生子女的抚养问题，可由双方协商解决或者由人民法院裁决。

（四）对于遭受摧残虐待的、被强迫乞讨或从事违法犯罪活动的，以及本人要求解救的被拐卖儿童，应当立即解救。

对于被解救的儿童，暂时无法查明其父母或者其他监护人的，依法交由民政部门收容抚养。

对于被解救的儿童，如买主对该儿童既没有虐待行为又不阻碍解救，其父母又自愿送养，双方符合收养和送养条件的，可依法办理收养手续。

（五）任何个人或者组织不得向被拐卖的妇女、儿童及其家属索要收买妇女、儿童的费用和生活费用；已经索取的，应当予以返还。

（六）被解救的妇女、儿童户口所在地公安机关应当协助民政等有关部门妥善安置其生产和生活。

六、关于不解救或者阻碍解救被拐卖的妇女、儿童等渎职犯罪

对被拐卖的妇女、儿童负有解救职责的国家机关工作人员不履行解救职责，或者

① 《治安管理处罚条例》已被《治安管理处罚法》废止。

法律适用　规章及规范性文件

袒护、纵容甚至支持买卖妇女、儿童，为买卖妇女、儿童人员通风报信，或者以其他方法阻碍解救工作的，要依法处理：

（一）对被拐卖的妇女、儿童负有解救职责的公安、司法等国家机关工作人员接到被拐卖的妇女、儿童及其家属的解救要求或者接到其他人的举报，而对被拐卖的妇女、儿童不进行解救的，要交由其主管部门进行党纪、政纪、警纪处分；构成犯罪的，应当以不解救被拐卖妇女、儿童罪移送人民检察院追究刑事责任。

（二）对被拐卖的妇女、儿童负有解救职责的公安、司法等国家机关工作人员利用职务阻碍解救被拐卖的妇女、儿童，构成犯罪的，应当以阻碍解救被拐卖妇女、儿童罪移送人民检察院追究刑事责任。

（三）行政执法人员徇私情、私利，伪造材料，隐瞒情况，弄虚作假，对依法应当移交司法机关追究刑事责任的拐卖妇女、儿童犯罪案件不移交司法机关处理，构成犯罪的，以徇私舞弊不移交刑事案件罪移送人民检察院追究刑事责任。

（四）有查禁拐卖妇女、儿童犯罪活动职责的国家机关工作人员，向拐卖妇女、儿童的犯罪分子通风报信、提供便利，帮助犯罪分子逃避处罚，构成犯罪的，以帮助犯罪分子逃避处罚罪移送人民检察院追究刑事责任。

# 48 阻碍解救被拐卖、绑架妇女、儿童案

**概念**

**本罪是指对被拐卖、绑架的妇女、儿童负有解救职责的国家机关工作人员利用职务阻碍解救被拐卖、绑架的妇女、儿童的行为。**

**立案标准**

**对被拐卖、绑架的妇女、儿童负有解救职责的国家机关工作人员，涉嫌利用职务阻碍解救被拐卖、绑架的妇女、儿童，有下列情形之一的，应予立案：**

**1. 利用职权，禁止、阻止或者妨碍有关部门、人员解救被拐卖、绑架的妇女、儿童的。**

**2. 利用职务上的便利，向拐卖、绑架者或者收买者通风报信，妨碍解救工作正常进行的。**

**3. 其他利用职务阻碍解救被拐卖、绑架的妇女、儿童应予追究刑事责任的情形。**

| 定罪标准 | | |
|---|---|---|
| | 犯罪客体 | 本罪侵犯的客体是国家机关解救被拐卖、绑架的妇女、儿童的正常活动。 |
| | 犯罪客观方面 | 本罪在客观方面表现为利用职务阻碍解救被拐卖、绑架的妇女、儿童。<br>1. 本罪的对象是被拐卖、绑架的妇女与儿童。<br>被拐卖的妇女、儿童，是指拐卖妇女、儿童的犯罪分子所控制、出卖的妇女与儿童，包括出于出卖目的而被犯罪分子绑架的妇女、儿童及被偷盗的婴幼儿。被拐卖的妇女与儿童如已被他人收买的，也应属于被拐卖的妇女与儿童，从而可以成为本罪对象。<br>2. 行为人实施了利用职务阻碍解救的行为。要注意以下几点：<br>(1) 所谓利用职务，是指行为人利用其主管、负责解救被拐卖、绑架的妇女、儿童工作的职责范围内的便利，而不是利用国家机关工作人员的身份所带来的便利。<br>(2) 对“解救被拐卖、绑架的妇女、儿童”中的“解救”应作广义的理解。它不仅包括负有解救职责的国家机关工作人员依法履行解救职责的行为，也包括被收买的妇女、儿童及其亲友自身进行解救或普通公民进行解救的行为。<br>(3)“阻碍解救”中“阻碍”的行为多种多样，如利用职权，禁止、阻止或者妨碍有关部门、人员解救被拐卖、绑架的妇女、儿童的；利用职务上的便利，向拐卖、绑架者或者收买者通风报信，妨碍解救工作正常进行的。<br>(4) 本罪不要求有具体的危害后果，只要行为人利用职务实施了阻碍解救的行为，无论是否造成严重后果，均构成本罪。 |
| | 犯罪主体 | 本罪是纯正的身份犯，主体是负有解救职责的国家机关工作人员。所谓解救职责是指法律、法规所赋予的把被拐卖、绑架的妇女、儿童从人贩子、收买人或绑架人手中解脱出来、安置或者送返被害人等解救工作的职责。目前履行这些职责的机关主要为各级人民政府、公安、司法机关等。 |

| | | |
|---|---|---|
| 定罪标准 | 犯罪主观方面 | 本罪在主观方面表现为故意，即明知自己阻碍解救的行为会损害国家机关解救妇女、儿童的正常活动，希望或者放任这种结果发生。 |
| | 罪与非罪 | 区分罪与非罪的界限，关键要看行为人客观上是否实施了阻碍解救的行为，以及主观上是否存在故意。如果行为人客观上实施了阻碍解救的行为，但主观上没有故意，则不构成犯罪。 |
| | 此罪与彼罪 | 1. 本罪与聚众阻碍解救被收买的妇女、儿童罪的界限。根据《刑法》第242条的规定，聚众阻碍解救被收买的妇女、儿童罪是指聚众阻碍国家机关工作人员解救被收买的妇女、儿童的行为。两罪的主要区别在于：（1）客观方面不同。首先，本罪客观行为多种多样，且限定为利用职务便利实施；而聚众阻碍解救被收买的妇女、儿童罪行为形式只限定为以“聚众”的形式，且一般没有利用职务便利实施。其次，本罪中，被阻碍的解救活动既可以是公务也可以是非公务；而聚众阻碍解救中，被阻碍的仅限于解救被收买的妇女、儿童的公务行为。（2）犯罪主体不同。本罪是身份犯，主体仅限于负有解救职责的国家机关工作人员；而聚众阻碍解救被收买的妇女、儿童罪的主体为一般主体。<br>2. 本罪与不解救被拐卖、绑架妇女、儿童罪的区别。两罪的主要区别在于客观方面不同。本罪在客观方面表现为破坏一个已经存在的解救活动；而不解救被拐卖、绑架妇女、儿童罪在客观方面表现为不启动解救活动。此外，本罪不要求有严重后果的发生；而行为造成严重后果是不解救被拐卖、绑架妇女、儿童罪的一个客观构成要素。 |
| 证据参考标准 | 主体方面的证据 | **一、证明行为人刑事责任年龄、身份等自然情况的证据**<br>包括身份证明、户籍证明、任职证明、工作经历证明、特定职责证明等，主要是证明行为人的姓名（曾用名）、性别、出生年月日、民族、籍贯、出生地、职业（或职务）、住所地（或居所地）等证据材料，如户口簿、居民身份证、居住证、工作证、出生证、专业或技术等级证、干部履历表、职工登记表、护照等。<br>对于户籍、出生证等材料内容不实的，应提供其他证据材料。人大代表、政协委员犯罪的案件，应注明身份，并附身份证明材料。<br>**二、证明行为人刑事责任能力的证据。**<br>证明行为人对自己的行为是否具有辨认能力与控制能力，如是否属于间歇性精神病人、案发时是否尚未完全丧失辨认或者控制自己行为能力的证明材料。 |
| | 主观方面的证据 | **证明行为人故意的证据**<br>1. 证明行为人主观认识因素的证据：证明行为人明知自己的行为会发生危害社会的结果；2. 证明行为人主观意志因素的证据：证明行为人希望或者放任危害结果发生。 |

<table>
<tr><td rowspan="2">证据参考标准</td><td>客观方面的证据</td><td colspan="2">证明行为人实施阻碍解救被拐卖妇女、儿童行为的证据<br>具体证据包括：1. 证明行为人利用职权，禁止、阻止或者妨碍有关部门、人员解救被拐卖、绑架的妇女、儿童的证据。2. 证明行为人利用职务上的便利，向拐卖、绑架者或者收买者通风报信，妨碍解救工作正常进行的证据。3. 证明行为人利用职务实施的阻碍解救被拐卖、绑架的妇女、儿童的其他行为的证据。4. 证明情节较轻的证据。</td></tr>
<tr><td>量刑方面的证据</td><td colspan="2">一、法定量刑情节证据<br>1. 事实情节。2. 法定从重情节。3. 法定从轻、减轻情节：（1）可以从轻；（2）可以从轻或者减轻；（3）应当从轻或者减轻。4. 法定从轻、减轻、免除情节：（1）可以从轻、减轻或者免除处罚；（2）应当从轻、减轻或者免除处罚。5. 法定减轻、免除情节：（1）可以减轻或者免除处罚；（2）应当减轻或者免除处罚；（3）可以免除处罚。<br>二、酌定量刑情节证据<br>1. 犯罪手段。2. 犯罪对象。3. 危害结果。4. 犯罪动机。5. 平时表现。6. 认罪态度。7. 是否有前科。8. 其他证据。</td></tr>
<tr><td rowspan="3">量刑标准</td><td colspan="2">犯本罪的</td><td>处二年以上七年以下有期徒刑</td></tr>
<tr><td colspan="2">情节较轻的</td><td>处二年以下有期徒刑或者拘役</td></tr>
<tr><td>不适用缓刑或者免予刑事处罚</td><td colspan="2">1. 以下情形一般不适用缓刑或者免予刑事处罚：<br>（1）不如实供述罪行的；<br>（2）不予退缴赃款赃物或者将赃款赃物用于非法活动的；<br>（3）属于共同犯罪中情节严重的主犯的；<br>（4）犯有数个职务犯罪依法实行并罚或者以一罪处理的；<br>（5）曾因职务违纪违法行为受过行政处分的；<br>（6）犯罪涉及的财物属于救灾、抢险、防汛、优抚、扶贫、移民、救济、防疫等特定款物的；<br>（7）渎职犯罪中徇私舞弊情节或者滥用职权情节恶劣的；<br>（8）其他不应适用缓刑、免予刑事处罚的情形。<br>对于具有以上情形之一，但根据全案事实和量刑情节，检察机关认为确有必要适用缓刑或者免予刑事处罚并据此提出量刑建议的，应经检察委员会讨论决定；审理法院认为确有必要适用缓刑或者免予刑事处罚的，应经审判委员会讨论决定。<br>2. 人民法院审理职务犯罪案件时应当注意听取检察机关、被告人、辩护人提出的量刑意见，分析影响性案件案发前后的社会反映，必要时可以征求案件查办等机关的意见。对于情节恶劣、社会反映强烈的职务犯罪案件，不得适用缓刑、免予刑事处罚。</td></tr>
</table>

法律适用

刑法条文

**第四百一十六条第二款** 负有解救职责的国家机关工作人员利用职务阻碍解救的，处二年以上七年以下有期徒刑；情节较轻的，处二年以下有期徒刑或者拘役。

立法解释

**全国人民代表大会常务委员会《关于〈中华人民共和国刑法〉第九章渎职罪主体适用问题的解释》**（2002 年 12 月 28 日第九届全国人民代表大会常务委员会第三十一次会议通过）

全国人大常委会根据司法实践中遇到的情况，讨论了刑法第九章渎职罪主体的适用问题，解释如下：

在依照法律、法规规定行使国家行政管理职权的组织中从事公务的人员，或者在受国家机关委托代表国家机关行使职权的组织中从事公务的人员，或者虽未列入国家机关人员编制但在国家机关中从事公务的人员，在代表国家机关行使职权时，有渎职行为，构成犯罪的，依照刑法关于渎职罪的规定追究刑事责任。

现予公告。

司法解释

**一、最高人民检察院《关于渎职侵权犯罪案件立案标准的规定》（节录）**（2006 年 7 月 26 日　高检发释字〔2006〕2 号）

**一、渎职犯罪案件**

（三十二）阻碍解救被拐卖、绑架妇女、儿童案（第四百一十六条第二款）

阻碍解救被拐卖、绑架妇女、儿童罪是指对被拐卖、绑架的妇女、儿童负有解救职责的公安、司法等国家机关工作人员利用职务阻碍解救被拐卖、绑架的妇女、儿童的行为。

涉嫌下列情形之一的，应予立案：

1. 利用职权，禁止、阻止或者妨碍有关部门、人员解救被拐卖、绑架的妇女、儿童的；

2. 利用职务上的便利，向拐卖、绑架者或者收买者通风报信，妨碍解救工作正常进行的；

3. 其他利用职务阻碍解救被拐卖、绑架的妇女、儿童应予追究刑事责任的情形。

**三、附　则**

（一）本规定中每个罪案名称后所注明的法律条款系《中华人民共和国刑法》的有关条款。

（二）本规定所称“以上”包括本数；有关犯罪数额“不满”，是指已达到该数额百分之八十以上的。

（三）本规定中的“国家机关工作人员”，是指在国家机关中从事公务的人员，包括在各级国家权力机关、行政机关、司法机关和军事机关中从事公务的人员。在依照法律、法规规定行使国家行政管理职权的组织中从事公务的人员，或者在受国家机关委托代表国家行使职权的组织中从事公务的人员，或者虽未列入国家机关人员编制但在国家机关中从事公务的人员，在代表国家机关行使职权时，视为国家机关工作人员。在乡（镇）以上中国共产党机关、人民政协机关中从事公务的人员，视为国家机关工作人员。

（四）本规定中的“直接经济损失”，是指与行为有直接因果关系而造成的财产损毁、减少的实际价值；“间接经济损失”，是指由直接经济损失引起和牵连的其他损失，包括失去的在正常情况下可以获得的利益和为恢复正常的管理活动或者挽回所造成的损失所支付的各种开支、费用等。

有下列情形之一的，虽然有债权存在，但已无法实现债权的，可以认定为已经造成了经济损失：（1）债务人已经法定程序被宣告破产，且无法清偿债务；（2）债务人潜逃，去向不明；（3）因行为人责任，致使超过诉讼时效；（4）有证据证明债权无法实现的其他情况。

直接经济损失和间接经济损失，是指立案时确已造成的经济损失。移送审查起诉前，犯罪嫌疑人及其亲友自行挽回的经济损失，以及由司法机关或者犯罪嫌疑人所在单位及其上级主管部门挽回的经济损失，不予扣减，但可作为对犯罪嫌疑人从轻处理的情节考虑。

（五）本规定中的“徇私舞弊”，是指国家机关工作人员为徇私情、私利，故意违背事实和法律，伪造材料，隐瞒情况，弄虚作假的行为。

（六）本规定自公布之日起施行。本规定发布前有关人民检察院直接受理立案侦查的国家机关工作人员渎职和利用职权实施的侵犯公民人身权利、民主权利犯罪案件的立案标准，与本规定有重复或者不一致的，适用本规定。

对于本规定施行前发生的国家机关工作人员渎职和利用职权实施的侵犯公民人身权利、民主权利犯罪案件，按照《最高人民法院、最高人民检察院关于适用刑事司法解释时间效力问题的规定》办理。

**二、最高人民法院《全国法院审理经济犯罪案件工作座谈会纪要》（节录）**（2003年11月13日　法发〔2003〕167号）

**一、关于贪污贿赂犯罪和渎职犯罪的主体**

（一）国家机关工作人员的认定

刑法中所称的国家机关工作人员，是指在国家机关中从事公务的人员，包括在各级国家权力机关、行政机关、司法机关和军事机关中从事公务的人员。

根据有关立法解释的规定，在依照法律、法规规定行使国家行政管理职权的组织中从事公务的人员，或者在受国家机关委托代表国家行使职权的组织中从事公务的人员，或者虽未列入国家机关人员编制但在国家机关中从事公务的人员，视为国家机关工作人员。在乡（镇）以上中国共产党机关、人民政协机关中从事公务的人员，司法实践中也应当视为国家机关工作人员。

（二）国家机关、国有公司、企业、事业单位委派到非国有公司、企业、事业单位、社会团体从事公务的人员的认定

所谓委派，即委任、派遣，其形式多种多样，如任命、指派、提名、批准等。不论被委派的人身份如何，只要是接受国家机关、国有公司、企业、事业单位委派，代表国家机关、国有公司、企业、事业单位在非国有公司、企业、事业单位、社会团体中从事组织、领导、监督、管理等工作，都可以认定为国家机关、国有公司、企业、事业单位委派到非国有公司、企业、事业单位、社会团体从事公务的人员。如国家机关、国有公司、企业、事业单位委派在国有控股或者参股的股份有限公司从事组织、领导、监督、管理等工作的人员，应当以国家工作人员论。国有公司、企业改制为股

份有限公司后，原国有公司、企业的工作人员和股份有限公司新任命的人员中，除代表国有投资主体行使监督、管理职权的人外，不以国家工作人员论。

（三）“其他依照法律从事公务的人员”的认定

刑法第九十三条第二款规定的“其他依照法律从事公务的人员”应当具有两个特征：一是在特定条件下行使国家管理职能；二是依照法律规定从事公务。具体包括：（1）依法履行职责的各级人民代表大会代表；（2）依法履行审判职责的人民陪审员；（3）协助乡镇人民政府、街道办事处从事行政管理工作的村民委员会、居民委员会等农村和城市基层组织人员；（4）其他由法律授权从事公务的人员。

（四）关于“从事公务”的理解

从事公务，是指代表国家机关、国有公司、企业、事业单位、人民团体等履行组织、领导、监督、管理等职责。公务主要表现为与职权相联系的公共事务以及监督、管理国有财产的职务活动。如国家机关工作人员依法履行职责，国有公司的董事、经理、监事、会计、出纳人员等管理、监督国有财产等活动，属于从事公务。那些不具备职权内容的劳务活动、技术服务工作，如售货员、售票员等所从事的工作，一般不认为是公务。

**六、关于渎职罪**

（一）渎职犯罪行为造成的公共财产重大损失的认定

根据刑法规定，玩忽职守、滥用职权等渎职犯罪是以致使公共财产、国家和人民利益遭受重大损失为构成要件的。其中，公共财产的重大损失，通常是指渎职行为已经造成的重大经济损失。在司法实践中，有以下情形之一的，虽然公共财产作为债权存在，但已无法实现债权的，可以认定为行为人的渎职行为造成了经济损失：（1）债务人已经法定程序被宣告破产；（2）债务人潜逃，去向不明；（3）因行为人责任，致使超过诉讼时效；（4）有证据证明债权无法实现的其他情况。

（二）玩忽职守罪的追诉时效

玩忽职守行为造成的重大损失当时没有发生，而是玩忽职守行为之后一定时间发生的，应从危害结果发生之日起计算玩忽职守罪的追诉期限。

（三）国有公司、企业人员渎职犯罪的法律适用

对于1999年12月24日《中华人民共和国刑法修正案》实施以前发生的国有公司、企业人员渎职行为（不包括徇私舞弊行为），尚未处理或者正在处理的，不能按照刑法修正案追究刑事责任。

（四）关于“徇私”的理解

徇私舞弊型渎职犯罪的“徇私”应理解为徇个人私情、私利。国家机关工作人员为了本单位的利益，实施滥用职权、玩忽职守行为，构成犯罪的，依照刑法第三百九十七条第一款的规定定罪处罚。

**三、最高人民法院、最高人民检察院《关于办理职务犯罪案件严格适用缓刑、免予刑事处罚若干问题的意见》**（2012年8月8日　法发〔2012〕17号）（略，详见本书第16页）

## 公安部《关于打击拐卖妇女儿童犯罪适用法律和政策有关问题的意见》（节录）

（2000年3月24日　公通字〔2000〕25号）

### 五、关于解救工作

（一）解救妇女、儿童工作由拐入地公安机关负责。对于拐出地公安机关主动派工作组到拐入地进行解救的，也要以拐入地公安机关为主开展工作。对解救的被拐卖妇女，由其户口所在地公安机关负责接回；对解救的被拐卖儿童，由其父母或者其他监护人户口所在地公安机关负责接回。拐出地、拐入地、中转地公安机关应当积极协作配合，坚决杜绝地方保护主义。

（二）要充分依靠当地党委、政府的支持，做好对基层干部和群众的法制宣传和说服教育工作，注意方式、方法，慎用警械、武器，避免激化矛盾，防止出现围攻执法人员、聚众阻碍解救等突发事件。

以暴力、威胁方法阻碍国家机关工作人员解救被收买的妇女、儿童的，以妨害公务罪立案侦查。对聚众阻碍国家机关工作人员解救被收买的妇女、儿童的首要分子，以聚众阻碍解救被收买的妇女、儿童罪立案侦查。其他使用暴力、威胁方法的参与者，以妨害公务罪立案侦查。阻碍解救被收买的妇女、儿童，没有使用暴力、威胁方法的，依照《中华人民共和国治安管理处罚条例》① 的有关规定处罚。

（三）对于被拐卖的未成年女性、现役军人配偶、受到买主摧残虐待的、被强迫卖淫或从事其他色情服务的妇女，以及本人要求解救的妇女，要立即解救。

对于自愿继续留在现住地生活的成年女性，应当尊重本人意愿，愿在现住地结婚且符合法定结婚条件的，应当依法办理结婚登记手续。被拐卖妇女与买主所生子女的抚养问题，可由双方协商解决或者由人民法院裁决。

（四）对于遭受摧残虐待的、被强迫乞讨或从事违法犯罪活动的，以及本人要求解救的被拐卖儿童，应当立即解救。

对于被解救的儿童，暂时无法查明其父母或者其他监护人的，依法交由民政部门收容抚养。

对于被解救的儿童，如买主对该儿童既没有虐待行为又不阻碍解救，其父母又自愿送养，双方符合收养和送养条件的，可依法办理收养手续。

（五）任何个人或者组织不得向被拐卖的妇女、儿童及其家属索要收买妇女、儿童的费用和生活费用；已经索取的，应当予以返还。

（六）被解救的妇女、儿童户口所在地公安机关应当协助民政等有关部门妥善安置其生产和生活。

### 六、关于不解救或者阻碍解救被拐卖的妇女、儿童等渎职犯罪

对被拐卖的妇女、儿童负有解救职责的国家机关工作人员不履行解救职责，或者袒护、纵容甚至支持买卖妇女、儿童，为买卖妇女、儿童人员通风报信，或者以其他方法阻碍解救工作的，要依法处理：

（一）对被拐卖的妇女、儿童负有解救职责的公安、司法等国家机关工作人员接到被拐卖的妇女、儿童及其家属的解救要求或者接到其他人的举报，而对被拐卖的妇女、儿童不进行解救的，要交由其主管部门进行党纪、政纪、警纪处分；构成犯罪的，应当以不解救被拐卖妇女、儿童罪移送人民检察院追究刑事责任。

① 《治安管理处罚条例》已被《治安管理处罚法》废止。

法律适用

规章及规范性文件

（二）对被拐卖的妇女、儿童负有解救职责的公安、司法等国家机关工作人员利用职务阻碍解救被拐卖的妇女、儿童，构成犯罪的，应当以阻碍解救被拐卖妇女、儿童罪移送人民检察院追究刑事责任。

（三）行政执法人员徇私情、私利，伪造材料，隐瞒情况，弄虚作假，对依法应当移交司法机关追究刑事责任的拐卖妇女、儿童犯罪案件不移交司法机关处理，构成犯罪的，以徇私舞弊不移交刑事案件罪移送人民检察院追究刑事责任。

（四）有查禁拐卖妇女、儿童犯罪活动职责的国家机关工作人员，向拐卖妇女、儿童的犯罪分子通风报信、提供便利，帮助犯罪分子逃避处罚，构成犯罪的，以帮助犯罪分子逃避处罚罪移送人民检察院追究刑事责任。

# 49 帮助犯罪分子逃避处罚案

**概念**

**本罪是指有查禁犯罪活动职责的司法及公安、国家安全、海关、税务等国家机关工作人员，向犯罪分子通风报信、提供便利，帮助犯罪分子逃避处罚的行为。**

**立案标准**

**有查禁犯罪活动职责的司法及公安、国家安全、海关、税务等国家机关工作人员，涉嫌向犯罪分子通风报信、提供便利，帮助犯罪分子逃避处罚，有下列情形之一的，应予立案：**

1. **向犯罪分子泄漏有关部门查禁犯罪活动的部署、人员、措施、时间、地点等情况的。**
2. **向犯罪分子提供钱物、交通工具、通讯设备、隐藏处所等便利条件的。**
3. **向犯罪分子泄漏案情的。**
4. **帮助、示意犯罪分子隐匿、毁灭、伪造证据，或者串供、翻供的。**
5. **其他帮助犯罪分子逃避处罚应予追究刑事责任的情形。**

**定罪标准**

**犯罪客体**

本罪侵犯的客体是国家机关查禁犯罪的正常活动。

**犯罪客观方面**

本罪在客观方面表现为向犯罪分子通风报信、提供便利，帮助犯罪分子逃避处罚。

1. 本罪的“犯罪分子”，应从实体法的角度理解，即指已经实施犯罪的人。但并不应从程序法的角度理解，认为“犯罪分子”仅仅限于经生效裁判认定有罪的人员；也就是说，只要行为人有证据证明其所帮助的人有犯罪事实即可，既包括罪犯，也包括犯罪嫌疑人和刑事被告人。此外，并不能仅仅因为行为人帮助“犯罪嫌疑人”就认定本罪的成立；如果行为人所帮助的犯罪嫌疑人最后被依法认定为无罪，则行为人帮助的就不是“犯罪分子”，也不构成本罪。

2. 逃避处罚，是指逃避刑事处罚。但是，“逃避处罚”不仅指使犯罪分子免受刑罚处罚，还包括使犯罪分子受到较轻处罚的情形。

3. 本罪的实行行为是帮助犯罪分子逃避处罚。“通风报信、提供便利”，刑法列举的帮助犯罪分子逃避处罚的两种通常行为，因此，以“通风报信、提供便利”以外的其他方法，帮助犯罪分子逃避处罚的，也能构成本罪。

所谓通风报信，是指向犯罪分子泄漏有关部门查禁犯罪活动的部署、人员、措施、时间、地点等情况的；以及向犯罪分子泄漏案情等。其既可以当面口述，又可以通过电话、电报、传真、书信等方式告知，还可以通过第三人转告。

所谓提供便利条件，是指向犯罪分子提供钱物、交通工具、通信设备、隐藏处所等便利条件的；以及帮助、示意犯罪分子隐匿、毁灭、伪造证据，或者串供、翻供的等。根据相关司法解释，公安人员对盗窃、抢劫的机动车辆，非法提供机动车牌证或者为其取得机动车牌证提供便利的，以本罪论处。

| 定罪标准 | 犯罪客观方面 | 4. 本罪是渎职犯罪，因此行为人实施上述行为必须与其查禁犯罪活动的职责相关联，否则只能认定行为人构成窝藏、包庇罪等犯罪。但要注意的是，“与行为人的职责相关联”，并不仅仅指“利用职务便利”。一般而言，行为人向犯罪分子通风报信的常常会利用其职务便利；但是，行为人为犯罪分子提供便利，如提供钱物、交通工具、通信设备、隐藏处所等，一般没有利用其职务便利，但是上述行为必须与行为人的职责相关联，即属于违反其职责要求所实施的行为，否则不构成本罪。 |
|---|---|---|
|  | 犯罪主体 | 本罪是纯正的身份犯，主体是有查禁犯罪活动职责的国家机关工作人员，即有查禁犯罪活动职责的司法及公安、国家安全、海关、税务等国家机关工作人员。<br>刑法中所称的国家机关工作人员，是指在国家机关中从事公务的人员，包括在各级国家权力机关、行政机关、司法机关和军事机关中从事公务的人员。根据有关立法解释的规定，在依照法律、法规规定行使国家行政管理职权的组织中从事公务的人员，或者在受国家机关委托代表国家行使职权的组织中从事公务的人员或者虽未列入国家机关人员编制但在国家机关中从事公务的人员，视为国家机关工作人员。在乡（镇）以上中国共产党机关、人民政协机关中从事公务的人员，司法实践中也应当视为国家机关工作人员。 |
|  | 犯罪主观方面 | 本罪在主观方面表现为故意，即明知是犯罪分子而帮助其逃避处罚，明知自己帮助犯罪分子逃避处罚的行为会损害国家机关查禁犯罪的正常活动，希望或者放任这种结果发生。 |
|  | 罪与非罪 | 区分罪与非罪的界限，关键要看行为人主观上是否有使犯罪分子逃避处罚的故意。行为人主观上无此故意，而客观上向犯罪分子泄漏有关部门查禁犯罪活动的部署、人员、措施、时间、地点等情况，或者向犯罪分子泄漏案情的，不构成犯罪。但如果后果严重的，可能会构成玩忽职守罪。 |
|  | 一罪与数罪 | 实践中，认定一罪与数罪，需要注意以下几点：<br>1. 如果行为人向犯罪分子通风报信的内容属于国家秘密，且情节严重，可能同时构成本罪与故意泄露国家秘密罪。但这种情形属于想象竞合犯，不能数罪并罚，而应该择一重罪论处。<br>2. 行为人与犯罪分子构成共同犯罪的情况。例如，有查禁犯罪活动职责的国家机关工作人员与其他犯罪分子共同实施某一犯罪后，又实施帮助其他犯罪分子逃避处罚行为而构成本罪。在这种情况下，一般应对行为人数罪并罚。<br>3. 行为人因帮助犯罪分子毁灭、伪造证据构成本罪的同时也触犯《刑法》第307条的情形。根据《刑法》第307条的规定，帮助当事人毁灭、伪造证据，情节严重的行为，构成帮助毁灭、伪造证据罪。实践中，有查禁犯罪活动职责的国家机关工作人员如果帮助犯罪嫌疑人或者被告人毁灭、伪造证据的，构成本罪；若情节严重的，则同时构成帮助毁灭、伪造证据罪。但这种情况属于法条竞合，应当按照法条竞合的原则进行处理。<br>4. 行为人因向犯罪分子提供钱物、隐藏处所等便利条件构成本罪的同时也触犯《刑法》第310条的情形。根据《刑法》第310条的规定，明知是犯罪的人而为其提供隐藏处所、财物，帮助其逃匿的，构成窝藏罪。实践中，有查禁犯罪活动职责的国家机关工作人员如果向犯罪分子提供钱物、隐藏处所等便利条件的，则同时构成本罪与窝藏罪。但这种情况属于法条竞合，应当按照法条竞合的原则进行处理。 |

**定罪标准**

**此罪与彼罪**

本罪与徇私枉法罪的界限。根据《刑法》第399条的规定，徇私枉法罪是指司法工作人员徇私枉法、徇情枉法，对明知是无罪的人而使他受追诉、对明知是有罪的人而故意包庇不使他受追诉，或者在刑事审判活动中故意违背事实和法律作枉法裁判的行为。本罪与徇私枉法之间的区别比较明显，但当徇私枉法的行为人实施“对明知是有罪的人而故意包庇不使他受追诉”这一行为时，易与本罪相混淆。在上述情况下，区分二者，关键要看以下两点：

1. 行为人是否对犯罪分子具有刑事追诉权限。如果行为人没有该权限，则不构成徇私枉法罪。因此，司法工作人员在刑事追诉过程之外使有罪的人免受追诉的，以及没有刑事追诉职权的司法工作人员帮助犯罪分子逃避处罚的，成立本罪。

2. 行为人具有刑事追诉权限，在其采取伪造、隐匿、毁灭证据或者其他隐瞒事实、违反法律的手段，故意包庇使犯罪分子不受立案、侦查、起诉、审判等情况下，会同时触犯《刑法》第399条（构成徇私枉法罪）与《刑法》第471条（构成本罪）。但这种情况属于法条竞合，应当按照法条竞合的原则进行处理。

**证据参考标准**

**主体方面的证据**

**一、证明行为人刑事责任年龄、身份等自然情况的证据**

包括身份证明、户籍证明、任职证明、工作经历证明、特定职责证明等，主要是证明行为人的姓名（曾用名）、性别、出生年月日、民族、籍贯、出生地、职业（或职务）、住所地（或居所地）等证据材料，如户口簿、居民身份证、居住证、工作证、出生证、专业或技术等级证、干部履历表、职工登记表、护照等。

对于户籍、出生证等材料内容不实的，应提供其他证据材料。人大代表、政协委员犯罪的案件，应注明身份，并附身份证明材料。

**二、证明行为人刑事责任能力的证据**

证明行为人对自己的行为是否具有辨认能力与控制能力，如是否属于间歇性精神病人、案发时是否尚未完全丧失辨认或者控制自己行为能力的证明材料。

**主观方面的证据**

**证明行为人故意的证据**

1. 证明行为人主观认识因素的证据：（1）证明行为人明知是犯罪分子而帮助其逃避处罚；（2）证明行为人明知自己的行为会发生危害社会的结果；2. 证明行为人主观意志因素的证据：证明行为人希望或者放任危害结果发生。

**客观方面的证据**

**证明行为人实施帮助犯罪分子逃避处罚行为的证据**

具体证据包括：1. 证明行为人所帮助的人属于犯罪分子的证据。2. 证明行为人向犯罪分子泄漏有关部门查禁犯罪活动的部署、人员、措施、时间、地点等情况的证据。3. 证明行为人向犯罪分子提供钱物、交通工具、通讯设备、隐藏处所等便利条件的证据。4. 证明行为人向犯罪分子泄漏案情的证据。5. 证明行为人帮助、示意犯罪分子隐匿、毁灭、伪造证据，或者串供、翻供的证据。6. 证明行为人实施了帮助犯罪分子逃避处罚的其他行为的证据。7. 证明情节严重的证据。

**量刑方面的证据**

**一、法定量刑情节证据**

1. 事实情节。2. 法定从重情节。3. 法定从轻、减轻情节：（1）可以从轻；（2）可以从轻或者减轻；（3）应当从轻或者减轻。4. 法定从轻、减轻、免除情节：（1）可以从轻、减轻或者免除处罚；（2）应当从轻、减轻或者免除处罚。5. 法定减轻、免除情节：（1）可以减轻或者免除处罚；（2）应当减轻或者免除处罚；（3）可以免除处罚。

**二、酌定量刑情节证据**

1. 犯罪手段。2. 犯罪对象。3. 危害结果。4. 犯罪动机。5. 平时表现。6. 认罪态度。7. 是否有前科。8. 其他证据。

<table>
<tr><td rowspan="3">量刑标准</td><td>犯本罪的</td><td>处三年以下有期徒刑或者拘役</td></tr>
<tr><td>情节严重的</td><td>处三年以上十年以下有期徒刑</td></tr>
<tr><td>不适用缓刑或者免予刑事处罚</td><td>1. 以下情形一般不适用缓刑或者免予刑事处罚：<br>（1）不如实供述罪行的；<br>（2）不予退缴赃款赃物或者将赃款赃物用于非法活动的；<br>（3）属于共同犯罪中情节严重的主犯的；<br>（4）犯有数个职务犯罪依法实行并罚或者以一罪处理的；<br>（5）曾因职务违纪违法行为受过行政处分的；<br>（6）犯罪涉及的财物属于救灾、抢险、防汛、优抚、扶贫、移民、救济、防疫等特定款物的；<br>（7）渎职犯罪中徇私舞弊情节或者滥用职权情节恶劣的；<br>（8）其他不应适用缓刑、免予刑事处罚的情形。<br>对于具有以上情形之一，但根据全案事实和量刑情节，检察机关认为确有必要适用缓刑或者免予刑事处罚并据此提出量刑建议的，应经检察委员会讨论决定；审理法院认为确有必要适用缓刑或者免予刑事处罚的，应经审判委员会讨论决定。<br>2. 人民法院审理职务犯罪案件时应当注意听取检察机关、被告人、辩护人提出的量刑意见，分析影响性案件案发前后的社会反映，必要时可以征求案件查办等机关的意见。对于情节恶劣、社会反映强烈的职务犯罪案件，不得适用缓刑、免予刑事处罚。</td></tr>
<tr><td rowspan="3">法律适用</td><td>刑法条文</td><td>第四百一十七条　有查禁犯罪活动职责的国家机关工作人员，向犯罪分子通风报信、提供便利，帮助犯罪分子逃避处罚的，处三年以下有期徒刑或者拘役；情节严重的，处三年以上十年以下有期徒刑。</td></tr>
<tr><td>立法解释</td><td>全国人民代表大会常务委员会《关于〈中华人民共和国刑法〉第九章渎职罪主体适用问题的解释》（2002 年 12 月 28 日第九届全国人民代表大会常务委员会第三十一次会议通过）<br>全国人大常委会根据司法实践中遇到的情况，讨论了刑法第九章渎职罪主体的适用问题，解释如下：<br>在依照法律、法规规定行使国家行政管理职权的组织中从事公务的人员，或者在受国家机关委托代表国家机关行使职权的组织中从事公务的人员，或者虽未列入国家机关人员编制但在国家机关中从事公务的人员，在代表国家机关行使职权时，有渎职行为，构成犯罪的，依照刑法关于渎职罪的规定追究刑事责任。<br>现予公告。</td></tr>
<tr><td>司法解释</td><td>一、最高人民法院、最高人民检察院《关于办理扰乱无线电通讯管理秩序等刑事案件适用法律若干问题的解释》（节录）（2017 年 6 月 27 日　法释〔2017〕11 号）<br>第七条　负有无线电监督管理职责的国家机关工作人员滥用职权或者玩忽职守，致使公共财产、国家和人民利益遭受重大损失的，应当依照刑法第三百九十七条的规定，以滥用职权罪或者玩忽职守罪追究刑事责任。</td></tr>
</table>

有查禁扰乱无线电管理秩序犯罪活动职责的国家机关工作人员，向犯罪分子通风报信、提供便利，帮助犯罪分子逃避处罚的，应当依照刑法第四百一十七条的规定，以帮助犯罪分子逃避处罚罪追究刑事责任；事先通谋的，以共同犯罪论处。

**二、最高人民检察院《关于渎职侵权犯罪案件立案标准的规定》（节录）**（2006年7月26日 高检发释字〔2006〕2号）

**一、渎职犯罪案件**

（三十三）帮助犯罪分子逃避处罚案（第四百一十七条）

帮助犯罪分子逃避处罚罪是指有查禁犯罪活动职责的司法及公安、国家安全、海关、税务等国家机关工作人员，向犯罪分子通风报信、提供便利，帮助犯罪分子逃避处罚的行为。

涉嫌下列情形之一的，应予立案：

1. 向犯罪分子泄漏有关部门查禁犯罪活动的部署、人员、措施、时间、地点等情况的；
2. 向犯罪分子提供钱物、交通工具、通讯设备、隐藏处所等便利条件的；
3. 向犯罪分子泄漏案情的；
4. 帮助、示意犯罪分子隐匿、毁灭、伪造证据，或者串供、翻供的；
5. 其他帮助犯罪分子逃避处罚应予追究刑事责任的情形。

**三、附 则**

（一）本规定中每个罪案名称后所注明的法律条款系《中华人民共和国刑法》的有关条款。

（二）本规定所称“以上”包括本数；有关犯罪数额“不满”，是指已达到该数额百分之八十以上的。

（三）本规定中的“国家机关工作人员”，是指在国家机关中从事公务的人员，包括在各级国家权力机关、行政机关、司法机关和军事机关中从事公务的人员。在依照法律、法规规定行使国家行政管理职权的组织中从事公务的人员，或者在受国家机关委托代表国家行使职权的组织中从事公务的人员，或者虽未列入国家机关人员编制但在国家机关中从事公务的人员，在代表国家机关行使职权时，视为国家机关工作人员。在乡（镇）以上中国共产党机关、人民政协机关中从事公务的人员，视为国家机关工作人员。

（四）本规定中的“直接经济损失”，是指与行为有直接因果关系而造成的财产损毁、减少的实际价值；“间接经济损失”，是指由直接经济损失引起和牵连的其他损失，包括失去的在正常情况下可以获得的利益和为恢复正常的管理活动或者挽回所造成的损失所支付的各种开支、费用等。

有下列情形之一的，虽然有债权存在，但已无法实现债权的，可以认定为已经造成了经济损失：（1）债务人已经法定程序被宣告破产，且无法清偿债务；（2）债务人潜逃，去向不明；（3）因行为人责任，致使超过诉讼时效；（4）有证据证明债权无法实现的其他情况。

直接经济损失和间接经济损失，是指立案时确已造成的经济损失。移送审查起诉前，犯罪嫌疑人及其亲友自行挽回的经济损失，以及由司法机关或者犯罪嫌疑人所在单位及其上级主管部门挽回的经济损失，不予扣减，但可作为对犯罪嫌疑人从轻处理的情节考虑。

（五）本规定中的“徇私舞弊”，是指国家机关工作人员为徇私情、私利，故意违背事实和法律，伪造材料，隐瞒情况，弄虚作假的行为。

（六）本规定自公布之日起施行。本规定发布前有关人民检察院直接受理立案侦查的国家机关工作人员渎职和利用职权实施的侵犯公民人身权利、民主权利犯罪案件的立案标准，与本规定有重复或者不一致的，适用本规定。

对于本规定施行前发生的国家机关工作人员渎职和利用职权实施的侵犯公民人身权利、民主权利犯罪案件，按照《最高人民法院、最高人民检察院关于适用刑事司法解释时间效力问题的规定》办理。

**三、最高人民法院《全国法院审理经济犯罪案件工作座谈会纪要》（节录）**（2003年11月13日　法发〔2003〕167号）

**一、关于贪污贿赂犯罪和渎职犯罪的主体**

（一）国家机关工作人员的认定

刑法中所称的国家机关工作人员，是指在国家机关中从事公务的人员，包括在各级国家权力机关、行政机关、司法机关和军事机关中从事公务的人员。

根据有关立法解释的规定，在依照法律、法规规定行使国家行政管理职权的组织中从事公务的人员，或者在受国家机关委托代表国家行使职权的组织中从事公务的人员，或者虽未列入国家机关人员编制但在国家机关中从事公务的人员，视为国家机关工作人员。在乡（镇）以上中国共产党机关、人民政协机关中从事公务的人员，司法实践中也应当视为国家机关工作人员。

（二）国家机关、国有公司、企业、事业单位委派到非国有公司、企业、事业单位、社会团体从事公务的人员的认定

所谓委派，即委任、派遣，其形式多种多样，如任命、指派、提名、批准等。不论被委派的人身份如何，只要是接受国家机关、国有公司、企业、事业单位委派，代表国家机关、国有公司、企业、事业单位在非国有公司、企业、事业单位、社会团体中从事组织、领导、监督、管理等工作，都可以认定为国家机关、国有公司、企业、事业单位委派到非国有公司、企业、事业单位、社会团体从事公务的人员。如国家机关、国有公司、企业、事业单位委派在国有控股或者参股的股份有限公司从事组织、领导、监督、管理等工作的人员，应当以国家工作人员论。国有公司、企业改制为股份有限公司后，原国有公司、企业的工作人员和股份有限公司新任命的人员中，除代表国有投资主体行使监督、管理职权的人外，不以国家工作人员论。

（三）“其他依照法律从事公务的人员”的认定

刑法第九十三条第二款规定的“其他依照法律从事公务的人员”应当具有两个特征：一是在特定条件下行使国家管理职能；二是依照法律规定从事公务。具体包括：

（1）依法履行职责的各级人民代表大会代表；（2）依法履行审判职责的人民陪审员；（3）协助乡镇人民政府、街道办事处从事行政管理工作的村民委员会、居民委员会等农村和城市基层组织人员；（4）其他由法律授权从事公务的人员。

（四）关于“从事公务”的理解

从事公务，是指代表国家机关、国有公司、企业、事业单位、人民团体等履行组织、领导、监督、管理等职责。公务主要表现为与职权相联系的公共事务以及监

督、管理国有财产的职务活动。如国家机关工作人员依法履行职责，国有公司的董事、经理、监事、会计、出纳人员等管理、监督国有财产等活动，属于从事公务。那些不具备职权内容的劳务活动、技术服务工作，如售货员、售票员等所从事的工作，一般不认为是公务。

**六、关于渎职罪**

（一）渎职犯罪行为造成的公共财产重大损失的认定

根据刑法规定，玩忽职守、滥用职权等渎职犯罪是以致使公共财产、国家和人民利益遭受重大损失为构成要件的。其中，公共财产的重大损失，通常是指渎职行为已经造成的重大经济损失。在司法实践中，有以下情形之一的，虽然公共财产作为债权存在，但已无法实现债权的，可以认定为行为人的渎职行为造成了经济损失：(1) 债务人已经法定程序被宣告破产；(2) 债务人潜逃，去向不明；(3) 因行为人责任，致使超过诉讼时效；(4) 有证据证明债权无法实现的其他情况。

（二）玩忽职守罪的追诉时效

玩忽职守行为造成的重大损失当时没有发生，而是玩忽职守行为之后一定时间发生的，应从危害结果发生之日起计算玩忽职守罪的追诉期限。

（三）国有公司、企业人员渎职犯罪的法律适用

对于1999年12月24日《中华人民共和国刑法修正案》实施以前发生的国有公司、企业人员渎职行为（不包括徇私舞弊行为），尚未处理或者正在处理的，不能按照刑法修正案追究刑事责任。

（四）关于“徇私”的理解

徇私舞弊型渎职犯罪的“徇私”应理解为徇个人私情、私利。国家机关工作人员为了本单位的利益，实施滥用职权、玩忽职守行为，构成犯罪的，依照刑法第三百九十七条第一款的规定定罪处罚。

**四、最高人民法院、最高人民检察院、公安部、国家工商行政管理局（已撤销）《关于依法查处盗窃、抢劫机动车案件的规定》（节录）**（1998年5月8日　公通字〔1998〕31号）

十、公安人员对盗窃、抢劫的机动车辆，非法提供机动车牌证或者为其取得机动车牌证提供便利，帮助犯罪分子逃避处罚的，依照《刑法》第四百一十七条规定处罚。

**五、最高人民法院、最高人民检察院《关于办理破坏野生动物资源刑事案件适用法律若干问题的解释》（节录）**（2022年4月6日　法释〔2022〕12号）

**第十条**　负有野生动物保护和进出口监督管理职责的国家机关工作人员，滥用职权或者玩忽职守，致使公共财产、国家和人民利益遭受重大损失的，应当依照刑法第三百九十七条的规定，以滥用职权罪或者玩忽职守罪追究刑事责任。

负有查禁破坏野生动物资源犯罪活动职责的国家机关工作人员，向犯罪分子通风报信、提供便利，帮助犯罪分子逃避处罚的，应当依照刑法第四百一十七条的规定，以帮助犯罪分子逃避处罚罪追究刑事责任。

**六、最高人民法院、最高人民检察院《关于办理职务犯罪案件严格适用缓刑、免予刑事处罚若干问题的意见》**（2012年8月8日　法发〔2012〕17号）（略，详见本书第16页）

法律适用　司法解释

法律适用 规章及规范性文件

**一、最高人民法院、最高人民检察院、公安部、农业农村部《依法惩治长江流域非法捕捞等违法犯罪的意见》（节录）**（2020年12月17日 公通字〔2020〕17号）

**二、准确适用法律，依法严惩非法捕捞等危害水生生物资源的各类违法犯罪**

（五）依法严惩危害水生生物资源的渎职犯罪。对长江流域重点水域水生生物资源保护负有监督管理、行政执法职责的国家机关工作人员，滥用职权或者玩忽职守，致使公共财产、国家和人民利益遭受重大损失的，应当依照刑法第三百九十七条的规定，以滥用职权罪或者玩忽职守罪定罪处罚。

负有查禁破坏水生生物资源犯罪活动职责的国家机关工作人员，向犯罪分子通风报信、提供便利，帮助犯罪分子逃避处罚的，应当依照刑法第四百一十七条的规定，以帮助犯罪分子逃避处罚罪定罪处罚。

**二、公安部《关于打击拐卖妇女儿童犯罪适用法律和政策有关问题的意见》（节录）**（2000年3月24日 公通字〔2000〕25号）

**六、关于不解救或者阻碍解救被拐卖的妇女、儿童等渎职犯罪**

对被拐卖的妇女、儿童负有解救职责的国家机关工作人员不履行解救职责，或者袒护、纵容甚至支持买卖妇女、儿童，为买卖妇女、儿童人员通风报信，或者以其他方法阻碍解救工作的，要依法处理：

（一）对被拐卖的妇女、儿童负有解救职责的公安、司法等国家机关工作人员接到被拐卖的妇女、儿童及其家属的解救要求或者接到其他人的举报，而对被拐卖的妇女、儿童不进行解救的，要交由其主管部门进行党纪、政纪、警纪处分；构成犯罪的，应当以不解救被拐卖妇女、儿童罪移送人民检察院追究刑事责任。

（二）对被拐卖的妇女、儿童负有解救职责的公安、司法等国家机关工作人员利用职务阻碍解救被拐卖的妇女、儿童，构成犯罪的，应当以阻碍解救被拐卖妇女、儿童罪移送人民检察院追究刑事责任。

（三）行政执法人员徇私情、私利，伪造材料，隐瞒情况，弄虚作假，对依法应当移交司法机关追究刑事责任的拐卖妇女、儿童犯罪案件不移交司法机关处理，构成犯罪的，以徇私舞弊不移交刑事案件罪移送人民检察院追究刑事责任。

（四）有查禁拐卖妇女、儿童犯罪活动职责的国家机关工作人员，向拐卖妇女、儿童的犯罪分子通风报信、提供便利，帮助犯罪分子逃避处罚，构成犯罪的，以帮助犯罪分子逃避处罚罪移送人民检察院追究刑事责任。

# 50 招收公务员、学生徇私舞弊案

**概念**

本罪是指国家机关工作人员在招收公务员、省级以上教育行政部门组织招收的学生工作中徇私舞弊，情节严重的行为。

**立案标准**

国家机关工作人员涉嫌在招收公务员、省级以上教育行政部门组织招收的学生工作中徇私舞弊，情节严重，有下列情形之一的，应予立案：

1. 徇私舞弊，利用职务便利，伪造、变造人事、户口档案、考试成绩或者其他影响招收工作的有关资料，或者明知是伪造、变造的上述材料而予以认可的。
2. 徇私舞弊，利用职务便利，帮助5名以上考生作弊的。
3. 徇私舞弊招收不合格的公务员、学生3人次以上的。
4. 因徇私舞弊招收不合格的公务员、学生，导致被排挤的合格人员或者其近亲属自杀、自残造成重伤、死亡，或者精神失常的。
5. 因徇私舞弊招收公务员、学生，导致该项招收工作重新进行的。
6. 其他情节严重的情形。

| 定罪标准 | | |
|---|---|---|
| | 犯罪客体 | 本罪侵犯的客体是国家机关招收公务员、学生的正常活动。 |
| | 犯罪客观方面 | 本罪在客观方面表现为在招收公务员、学生工作中徇私舞弊，情节严重的行为。<br>1. 行为人实施了徇私舞弊的行为。“徇私舞弊”，是指国家机关工作人员为徇私情、私利，故意违背事实和法律，伪造材料，隐瞒情况，弄虚作假的行为。本罪的徇私舞弊行为，主要是指将不符合招收条件的人员予以录用或者录取，或者将符合招收条件的人员不予录用、录取。具体表现形式是多种多样的，如利用职务便利，伪造、变造人事、户口档案、考试成绩或者其他影响招收工作的有关资料；明知是伪造、变造的上述材料而予以认可；帮助考生作弊；等等。<br>2. 徇私舞弊的行为发生在招收公务员、学生工作中。所谓招收，是指通过考试按照国家规定的条件予以录用、录取。既包括向社会公开招考，亦包括在某一范围内进行招收，但不包括某一单位的内部考试以录用人员。所谓公务员，根据《公务员法》第2条的规定，是指依法履行公职、纳入国家行政编制、由国家财政负担工资福利的工作人员。所谓学生，包括大、中、小各级各类学校的学生。“招收学生工作”，指的是省级以上教育行政部门组织招收的学生工作。<br>3. 行为情节严重的，才构成本罪。所谓情节严重，是指下列情形之一的：(1) 徇私舞弊，利用职务便利，伪造、变造人事、户口档案、考试成绩或者其他影响招收工作的有关资料，或者明知是伪造、变造的上述材料而予以认可的；(2) 徇私舞弊，利用职务便利，帮助5名以上考生作弊的；(3) 徇私舞弊招收不合格的公务员、学生3人次以上的；(4) 因徇私舞弊招收不合格的公务员、学生，导致被排挤的合格人员或者其近亲属自杀、自残造成重伤、死亡，或者精神失常的；(5) 因徇私舞弊招收公务员、学生，导致该项招收工作重新进行的；(6) 其他情节严重的情形。 |

<table>
<tr><td rowspan="4">定罪标准</td><td>犯罪主体</td><td>本罪是纯正的身份犯，主体是国家机关工作人员，具体是指负有招收公务员、学生职责的国家机关工作人员。<br>刑法中所称的国家机关工作人员，是指在国家机关中从事公务的人员，包括在各级国家权力机关、行政机关、司法机关和军事机关中从事公务的人员。根据有关立法解释的规定，在依照法律、法规规定行使国家行政管理职权的组织中从事公务的人员，或者在受国家机关委托代表国家行使职权的组织中从事公务的人员或者虽未列入国家机关人员编制但在国家机关中从事公务的人员，视为国家机关工作人员。在乡（镇）以上中国共产党机关、人民政协机关中从事公务的人员，司法实践中也应当视为国家机关工作人员。</td></tr>
<tr><td>犯罪主观方面</td><td>本罪在主观方面表现为故意，即明知自己徇私舞弊的行为会损害国家机关招收公务员、学生的正常活动，希望或者放任这种结果发生。同时，行为人主观上还有徇私的动机。</td></tr>
<tr><td>罪与非罪</td><td>区分罪与非罪的界限，关键要看徇私舞弊行为是否达到“情节严重”的程度。</td></tr>
<tr><td>一罪与数罪</td><td>行为人帮助考生作弊，是招收公务员、学生徇私舞弊行为的一种表现形式。实践中，行为人有可能采取向考生泄露考试试卷等国家秘密的方式，帮助考生作弊。如果该行为同时符合《刑法》第 398 条，则行为人同时构成本罪与故意泄露国家秘密罪。在这种情形下，由于行为人只实施了一个行为，属于想象竞合犯，因此不能数罪并罚，而应该择一重罪论处。</td></tr>
<tr><td rowspan="2">证据参考标准</td><td>主体方面的证据</td><td>一、证明行为人刑事责任年龄、身份等自然情况的证据<br>包括身份证明、户籍证明、任职证明、工作经历证明、特定职责证明等，主要是证明行为人的姓名（曾用名）、性别、出生年月日、民族、籍贯、出生地、职业（或职务）、住所地（或居所地）等证据材料，如户口簿、居民身份证、居住证、工作证、出生证、专业或技术等级证、干部履历表、职工登记表、护照等。<br>对于户籍、出生证等材料内容不实的，应提供其他证据材料。人大代表、政协委员犯罪的案件，应注明身份，并附身份证明材料。<br>二、证明行为人刑事责任能力的证据<br>证明行为人对自己的行为是否具有辨认能力与控制能力，如是否属于间歇性精神病人、案发时是否尚未完全丧失辨认或者控制自己行为能力的证明材料。</td></tr>
<tr><td>主观方面的证据</td><td>证明行为人故意的证据<br>1. 证明行为人主观认识因素的证据：证明行为人明知自己的行为会发生危害社会的结果；2. 证明行为人主观意志因素的证据：证明行为人希望或者放任危害结果发生；3. 证明行为人徇私动机的证据。</td></tr>
</table>

<table>
<tr><td rowspan="2">证据参考标准</td><td>客观方面的证据</td><td colspan="2">证明行为人在招收公务员、学生工作中徇私舞弊，情节严重的证据<br>具体证据包括：1. 证明徇私舞弊行为发生在招收公务员、省级以上教育行政部门组织招收的学生工作中的证据。2. 证明行为人实施了徇私舞弊的行为的证据。包括：（1）证明行为人利用职务便利，伪造、变造人事、户口档案、考试成绩或者其他影响招收工作的有关资料；（2）证明行为人明知是伪造、变造的上述材料而予以认可；（3）证明行为人利用职务便利，帮助考生作弊；（4）证明行为人招收不合格的公务员、学生；（5）证明其他徇私舞弊行为。3. 证明情节严重的证据。</td></tr>
<tr><td>量刑方面的证据</td><td colspan="2">一、法定量刑情节证据<br>1. 事实情节。2. 法定从重情节。3. 法定从轻、减轻情节：（1）可以从轻；（2）可以从轻或者减轻；（3）应当从轻或者减轻。4. 法定从轻、减轻、免除情节：（1）可以从轻、减轻或者免除处罚；（2）应当从轻、减轻或者免除处罚。5. 法定减轻、免除情节：（1）可以减轻或者免除处罚；（2）应当减轻或者免除处罚；（3）可以免除处罚。<br>二、酌定量刑情节证据<br>1. 犯罪手段。2. 犯罪对象。3. 危害结果。4. 犯罪动机。5. 平时表现。6. 认罪态度。7. 是否有前科。8. 其他证据。</td></tr>
<tr><td rowspan="2">量刑标准</td><td colspan="2">犯本罪的</td><td>处三年以下有期徒刑或者拘役</td></tr>
<tr><td colspan="2">不适用缓刑或者免予刑事处罚</td><td>1. 以下情形一般不适用缓刑或者免予刑事处罚：<br>（1）不如实供述罪行的；<br>（2）不予退缴赃款赃物或者将赃款赃物用于非法活动的；<br>（3）属于共同犯罪中情节严重的主犯的；<br>（4）犯有数个职务犯罪依法实行并罚或者以一罪处理的；<br>（5）曾因职务违纪违法行为受过行政处分的；<br>（6）犯罪涉及的财物属于救灾、抢险、防汛、优抚、扶贫、移民、救济、防疫等特定款物的；<br>（7）渎职犯罪中徇私舞弊情节或者滥用职权情节恶劣的；<br>（8）其他不应适用缓刑、免予刑事处罚的情形。<br>对于具有以上情形之一，但根据全案事实和量刑情节，检察机关认为确有必要适用缓刑或者免予刑事处罚并据此提出量刑建议的，应经检察委员会讨论决定；审理法院认为确有必要适用缓刑或者免予刑事处罚的，应经审判委员会讨论决定。<br>2. 人民法院审理职务犯罪案件时应当注意听取检察机关、被告人、辩护人提出的量刑意见，分析影响性案件案发前后的社会反映，必要时可以征求案件查办等机关的意见。对于情节恶劣、社会反映强烈的职务犯罪案件，不得适用缓刑、免予刑事处罚。</td></tr>
<tr><td>法律适用</td><td>刑法条文</td><td colspan="2">第四百一十八条　国家机关工作人员在招收公务员、学生工作中徇私舞弊，情节严重的，处三年以下有期徒刑或者拘役。</td></tr>
</table>

立法解释

**全国人民代表大会常务委员会《关于〈中华人民共和国刑法〉第九章渎职罪主体适用问题的解释》**（2002年12月28日第九届全国人民代表大会常务委员会第三十一次会议通过）

全国人大常委会根据司法实践中遇到的情况，讨论了刑法第九章渎职罪主体的适用问题，解释如下：

在依照法律、法规规定行使国家行政管理职权的组织中从事公务的人员，或者在受国家机关委托代表国家机关行使职权的组织中从事公务的人员，或者虽未列入国家机关人员编制但在国家机关中从事公务的人员，在代表国家机关行使职权时，有渎职行为，构成犯罪的，依照刑法关于渎职罪的规定追究刑事责任。

现予公告。

法律适用

司法解释

**一、最高人民检察院《关于渎职侵权犯罪案件立案标准的规定》（节录）**（2006年7月26日　高检发释字〔2006〕2号）

**一、渎职犯罪案件**

（三十四）招收公务员、学生徇私舞弊案（第四百一十八条）

招收公务员、学生徇私舞弊罪是指国家机关工作人员在招收公务员、省级以上教育行政部门组织招收的学生工作中徇私舞弊，情节严重的行为。

涉嫌下列情形之一的，应予立案：

1. 徇私舞弊，利用职务便利，伪造、变造人事、户口档案、考试成绩或者其他影响招收工作的有关资料，或者明知是伪造、变造的上述材料而予以认可的；
2. 徇私舞弊，利用职务便利，帮助5名以上考生作弊的；
3. 徇私舞弊招收不合格的公务员、学生3人次以上的；
4. 因徇私舞弊招收不合格的公务员、学生，导致被排挤的合格人员或者其近亲属自杀、自残造成重伤、死亡，或者精神失常的；
5. 因徇私舞弊招收公务员、学生，导致该项招收工作重新进行的；
6. 其他情节严重的情形。

**三、附　则**

（一）本规定中每个罪案名称后所注明的法律条款系《中华人民共和国刑法》的有关条款。

（二）本规定所称“以上”包括本数；有关犯罪数额“不满”，是指已达到该数额百分之八十以上的。

（三）本规定中的“国家机关工作人员”，是指在国家机关中从事公务的人员，包括在各级国家权力机关、行政机关、司法机关和军事机关中从事公务的人员。在依照法律、法规规定行使国家行政管理职权的组织中从事公务的人员，或者在受国家机关委托代表国家行使职权的组织中从事公务的人员，或者虽未列入国家机关人员编制但在国家机关中从事公务的人员，在代表国家机关行使职权时，视为国家机关工作人员。在乡（镇）以上中国共产党机关、人民政协机关中从事公务的人员，视为国家机关工作人员。

（四）本规定中的“直接经济损失”，是指与行为有直接因果关系而造成的财产损毁、减少的实际价值；“间接经济损失”，是指由直接经济损失引起和牵连的其他损失，包括失去的在正常情况下可以获得的利益和为恢复正常的管理活动或者挽回所造成的损失所支付的各种开支、费用等。

有下列情形之一的，虽然有债权存在，但已无法实现债权的，可以认定为已经造成了经济损失：(1) 债务人已经法定程序被宣告破产，且无法清偿债务；(2) 债务人潜逃，去向不明；(3) 因行为人责任，致使超过诉讼时效；(4) 有证据证明债权无法实现的其他情况。

直接经济损失和间接经济损失，是指立案时确已造成的经济损失。移送审查起诉前，犯罪嫌疑人及其亲友自行挽回的经济损失，以及由司法机关或者犯罪嫌疑人所在单位及其上级主管部门挽回的经济损失，不予扣减，但可作为对犯罪嫌疑人从轻处理的情节考虑。

(五) 本规定中的“徇私舞弊”，是指国家机关工作人员为徇私情、私利，故意违背事实和法律，伪造材料，隐瞒情况，弄虚作假的行为。

(六) 本规定自公布之日起施行。本规定发布前有关人民检察院直接受理立案侦查的国家机关工作人员渎职和利用职权实施的侵犯公民人身权利、民主权利犯罪案件的立案标准，与本规定有重复或者不一致的，适用本规定。

对于本规定施行前发生的国家机关工作人员渎职和利用职权实施的侵犯公民人身权利、民主权利犯罪案件，按照《最高人民法院、最高人民检察院关于适用刑事司法解释时间效力问题的规定》办理。

**二、最高人民法院《全国法院审理经济犯罪案件工作座谈会纪要》(节录)** (2003年11月13日 法发〔2003〕167号)

**一、关于贪污贿赂犯罪和渎职犯罪的主体**

(一) 国家机关工作人员的认定

刑法中所称的国家机关工作人员，是指在国家机关中从事公务的人员，包括在各级国家权力机关、行政机关、司法机关和军事机关中从事公务的人员。

根据有关立法解释的规定，在依照法律、法规规定行使国家行政管理职权的组织中从事公务的人员，或者在受国家机关委托代表国家行使职权的组织中从事公务的人员，或者虽未列入国家机关人员编制但在国家机关中从事公务的人员，视为国家机关工作人员。在乡（镇）以上中国共产党机关、人民政协机关中从事公务的人员，司法实践中也应当视为国家机关工作人员。

(二) 国家机关、国有公司、企业、事业单位委派到非国有公司、企业、事业单位、社会团体从事公务的人员的认定

所谓委派，即委任、派遣，其形式多种多样，如任命、指派、提名、批准等。不论被委派的人身份如何，只要是接受国家机关、国有公司、企业、事业单位委派，代表国家机关、国有公司、企业、事业单位在非国有公司、企业、事业单位、社会团体中从事组织、领导、监督、管理等工作，都可以认定为国家机关、国有公司、企业、事业单位委派到非国有公司、企业、事业单位、社会团体从事公务的人员。如国家机关、国有公司、企业、事业单位委派在国有控股或者参股的股份有限公司从事组织、领导、监督、管理等工作的人员，应当以国家工作人员论。国有公司、企业改制为股份有限公司后，原国有公司、企业的工作人员和股份有限公司新任命的人员中，除代表国有投资主体行使监督、管理职权的人外，不以国家工作人员论。

(三)“其他依照法律从事公务的人员”的认定

刑法第九十三条第二款规定的“其他依照法律从事公务的人员”应当具有两个特

法律适用

司法解释

征：一是在特定条件下行使国家管理职能；二是依照法律规定从事公务。具体包括：(1) 依法履行职责的各级人民代表大会代表；(2) 依法履行审判职责的人民陪审员；(3) 协助乡镇人民政府、街道办事处从事行政管理工作的村民委员会、居民委员会等农村和城市基层组织人员；(4) 其他由法律授权从事公务的人员。

(四) 关于"从事公务"的理解

从事公务，是指代表国家机关、国有公司、企业、事业单位、人民团体等履行组织、领导、监督、管理等职责。公务主要表现为与职权相联系的公共事务以及监督、管理国有财产的职务活动。如国家机关工作人员依法履行职责，国有公司的董事、经理、监事、会计、出纳人员等管理、监督国有财产等活动，属于从事公务。那些不具备职权内容的劳务活动、技术服务工作，如售货员、售票员等所从事的工作，一般不认为是公务。

**六、关于渎职罪**

(一) 渎职犯罪行为造成的公共财产重大损失的认定

根据刑法规定，玩忽职守、滥用职权等渎职犯罪是以致使公共财产、国家和人民利益遭受重大损失为构成要件的。其中，公共财产的重大损失，通常是指渎职行为已经造成的重大经济损失。在司法实践中，有以下情形之一的，虽然公共财产作为债权存在，但已无法实现债权的，可以认定为行为人的渎职行为造成了经济损失：(1) 债务人已经法定程序被宣告破产；(2) 债务人潜逃，去向不明；(3) 因行为人责任，致使超过诉讼时效；(4) 有证据证明债权无法实现的其他情况。

(二) 玩忽职守罪的追诉时效

玩忽职守行为造成的重大损失当时没有发生，而是玩忽职守行为之后一定时间发生的，应从危害结果发生之日起计算玩忽职守罪的追诉期限。

(三) 国有公司、企业人员渎职犯罪的法律适用

对于1999年12月24日《中华人民共和国刑法修正案》实施以前发生的国有公司、企业人员渎职行为（不包括徇私舞弊行为），尚未处理或者正在处理的，不能按照刑法修正案追究刑事责任。

(四) 关于"徇私"的理解

徇私舞弊型渎职犯罪的"徇私"应理解为徇个人私情、私利。国家机关工作人员为了本单位的利益，实施滥用职权、玩忽职守行为，构成犯罪的，依照刑法第三百九十七条第一款的规定定罪处罚。

**三、最高人民法院、最高人民检察院《关于办理职务犯罪案件严格适用缓刑、免予刑事处罚若干问题的意见》**（2012年8月8日　法发〔2012〕17号）（略，详见本书第16页）

相关法律法规

**一、《中华人民共和国公务员法》（节录）**（2005年4月27日第十届全国人民代表大会常务委员会第十五次会议通过　2017年9月1日修正　2018年12月29日修订）

**第二条**　本法所称公务员，是指依法履行公职、纳入国家行政编制、由国家财政负担工资福利的工作人员。

公务员是干部队伍的重要组成部分，是社会主义事业的中坚力量，是人民的公仆。

**第二十三条**　录用担任一级主任科员以下及其他相当职级层次的公务员，采取公开考试、严格考察、平等竞争、择优录取的办法。

民族自治地方依照前款规定录用公务员时，依照法律和有关规定对少数民族报考者予以适当照顾。

**第二十四条** 中央机关及其直属机构公务员的录用，由中央公务员主管部门负责组织。地方各级机关公务员的录用，由省级公务员主管部门负责组织，必要时省级公务员主管部门可以授权设区的市级公务员主管部门组织。

**第二十五条** 报考公务员，除应当具备本法第十三条规定的条件以外，还应当具备省级以上公务员主管部门规定的拟任职位所要求的资格条件。

国家对行政机关中初次从事行政处罚决定审核、行政复议、行政裁决、法律顾问的公务员实行统一法律职业资格考试制度，由国务院司法行政部门商有关部门组织实施。

**第二十六条** 下列人员不得录用为公务员：

（一）因犯罪受过刑事处罚的；

（二）被开除中国共产党党籍的；

（三）被开除公职的；

（四）被依法列为失信联合惩戒对象的；

（五）有法律规定不得录用为公务员的其他情形的。

**第二十七条** 录用公务员，应当在规定的编制限额内，并有相应的职位空缺。

**第二十八条** 录用公务员，应当发布招考公告。招考公告应当载明招考的职位、名额、报考资格条件、报考需要提交的申请材料以及其他报考须知事项。

招录机关应当采取措施，便利公民报考。

**第二十九条** 招录机关根据报考资格条件对报考申请进行审查。报考者提交的申请材料应当真实、准确。

**第三十条** 公务员录用考试采取笔试和面试等方式进行，考试内容根据公务员应当具备的基本能力和不同职位类别、不同层级机关分别设置。

**第三十一条** 招录机关根据考试成绩确定考察人选，并进行报考资格复审、考察和体检。

体检的项目和标准根据职位要求确定。具体办法由中央公务员主管部门会同国务院卫生健康行政部门规定。

**第三十二条** 招录机关根据考试成绩、考察情况和体检结果，提出拟录用人员名单，并予以公示。公示期不少于五个工作日。

公示期满，中央一级招录机关应当将拟录用人员名单报中央公务员主管部门备案；地方各级招录机关应当将拟录用人员名单报省级或者设区的市级公务员主管部门审批。

**第三十三条** 录用特殊职位的公务员，经省级以上公务员主管部门批准，可以简化程序或者采用其他测评办法。

**第三十四条** 新录用的公务员试用期为一年。试用期满合格的，予以任职；不合格的，取消录用。

**第一百零六条** 对有下列违反本法规定情形的，由县级以上领导机关或者公务员主管部门按照管理权限，区别不同情况，分别予以责令纠正或者宣布无效；对负有责任的领导人员和直接责任人员，根据情节轻重，给予批评教育、责令检查、诫勉、组织调整、处分；构成犯罪的，依法追究刑事责任：

（一）不按照编制限额、职数或者任职资格条件进行公务员录用、调任、转任、

法律适用　相关法律法规

聘任和晋升的；

（二）不按照规定条件进行公务员奖惩、回避和办理退休的；

（三）不按照规定程序进行公务员录用、调任、转任、聘任、晋升以及考核、奖惩的；

（四）违反国家规定，更改公务员工资、福利、保险待遇标准的；

（五）在录用、公开遴选等工作中发生泄露试题、违反考场纪律以及其他严重影响公开、公正行为的；

（六）不按照规定受理和处理公务员申诉、控告的；

（七）违反本法规定的其他情形的。

**二、《中华人民共和国教育法》（节录）**（1995年3月18日第八届全国人民代表大会第三次会议通过　2009年8月27日第一次修正　2015年12月27日第二次修正　2021年4月29日第三次修正）

**第七十七条**　在招收学生工作中滥用职权、玩忽职守、徇私舞弊的，由教育行政部门或者其他有关行政部门责令退回招收的不符合入学条件的人员；对直接负责的主管人员和其他直接责任人员，依法给予处分；构成犯罪的，依法追究刑事责任。

盗用、冒用他人身份，顶替他人取得的入学资格的，由教育行政部门或者其他有关行政部门责令撤销入学资格，并责令停止参加相关国家教育考试二年以上五年以下；已经取得学位证书、学历证书或者其他学业证书的，由颁发机构撤销相关证书；已经成为公职人员的，依法给予开除处分；构成违反治安管理行为的，由公安机关依法给予治安管理处罚；构成犯罪的，依法追究刑事责任。

与他人串通，允许他人冒用本人身份，顶替本人取得的入学资格的，由教育行政部门或者其他有关行政部门责令停止参加相关国家教育考试一年以上三年以下；有违法所得的，没收违法所得；已经成为公职人员的，依法给予处分；构成违反治安管理行为的，由公安机关依法给予治安管理处罚；构成犯罪的，依法追究刑事责任。

组织、指使盗用或者冒用他人身份，顶替他人取得的入学资格的，有违法所得的，没收违法所得；属于公职人员的，依法给予处分；构成违反治安管理行为的，由公安机关依法给予治安管理处罚；构成犯罪的，依法追究刑事责任。

入学资格被顶替权利受到侵害的，可以请求恢复其入学资格。

# 51 失职造成珍贵文物损毁、流失案

**概念**

**本罪是指文物行政部门、公安机关、市场监督管理部门、海关等国家机关工作人员严重不负责任，造成珍贵文物损毁或者流失，后果严重的行为。**

**立案标准**

**文物行政部门、公安机关、市场监督管理部门、海关等国家机关工作人员涉嫌严重不负责任，造成珍贵文物损毁或者流失，有下列情形之一的，应予立案：**

1. **导致二级以上文物或者五件以上三级文物损毁或者流失的。**
2. **导致全国重点文物保护单位、省级文物保护单位的本体严重损毁或者灭失的。**
3. **其他后果严重的情形。**

## 定罪标准

**犯罪客体**

本罪侵犯的客体是国家机关的文物管理活动。

**犯罪客观方面**

本罪在客观方面表现为严重不负责任，造成珍贵文物损毁或者流失，后果严重的行为。

所谓严重不负责任，是指不履行或者不认真履行法律规定和其职务所要求的文物保护、管理职责。所谓损毁，是指损坏和毁灭。其中，损坏是指使珍贵文物部分破损，使其丧失部分价值，即造成原有价值的减少，如使能作为珍贵文物的手稿大面积污损，致其字迹难以辨认。毁灭，是指使珍贵文物完全毁灭，从而丧失其全部价值，如珍贵书画被烧毁等。所谓流失，是指被盗、遗失而下落不明或者流落至境外、国外。

本罪的成立还要求严重不负责任的行为造成的后果严重。所谓后果严重，是指下列情形之一的：（1）导致国家一、二、三级珍贵文物损毁或者流失的；（2）导致全国重点文物保护单位或者省、自治区、直辖市级文物保护单位损毁的；（3）其他后果严重的情形。

从上述规定可知，本罪的“珍贵文物”，主要是指国家一、二、三级珍贵文物和全国重点文物保护单位或者省、自治区、直辖市级文物保护单位。根据《文物保护法》第3条的规定，古文化遗址、古墓葬、古建筑、石窟寺、石刻、壁画、近代现代重要史迹和代表性建筑等不可移动文物，根据它们的历史、艺术、科学价值，可以分别确定为全国重点文物保护单位，省级文物保护单位，市、县级文物保护单位。历史上各时代重要实物、艺术品、文献、手稿、图书资料、代表性实物等可移动文物，分为珍贵文物和一般文物；珍贵文物分为一级文物、二级文物、三级文物。

**犯罪主体**

本罪是纯正的身份犯，主体是国家机关工作人员，一般是文物行政部门、公安机关、市场监督管理部门、海关等负有管理、保护、监督文物职责的国家机关工作人员。

刑法中所称的国家机关工作人员，是指在国家机关中从事公务的人员，包括在各级国家权力机关、行政机关、司法机关和军事机关中从事公务的人员。根据有关立法解释的规定，在依照法律、法规规定行使国家行政管理职权的组织中从事公务的人

| | | |
|---|---|---|
| 定罪标准 | 犯罪主体 | 员，或者在受国家机关委托代表国家行使职权的组织中从事公务的人员或者虽未列入国家机关人员编制但在国家机关中从事公务的人员，视为国家机关工作人员。在乡（镇）以上中国共产党机关、人民政协机关中从事公务的人员，司法实践中也应当视为国家机关工作人员。 |
| | 犯罪主观方面 | 本罪在主观方面表现为过失，即对自己严重不负责任的行为可能导致的珍贵文物损毁或者流失的严重后果应当预见而没有预见，或者已经预见而轻信能够避免。 |
| | 罪与非罪 | 区分罪与非罪的界限，关键要看是否造成严重的后果。 |
| | 此罪与彼罪 | 本罪与过失损毁文物罪的界限。根据《刑法》第324条的规定，过失损毁文物罪是指过失损毁国家保护的珍贵文物或者被确定为全国重点文物保护单位、省级文物保护单位的文物，造成严重后果的行为。两罪在客观方面与主观方面都非常相似。区分二者的关键在于两罪的主体不同。本罪是渎职犯罪，主体是负有管理、保护、监督文物职责的国家机关工作人员；而过失损毁文物罪的主体是一般主体。 |
| 证据参考标准 | 主体方面的证据 | **一、证明行为人刑事责任年龄、身份等自然情况的证据**<br>包括身份证明、户籍证明、任职证明、工作经历证明、特定职责证明等，主要是证明行为人的姓名（曾用名）、性别、出生年月日、民族、籍贯、出生地、职业（或职务）、住所地（或居所地）等证据材料，如户口簿、居民身份证、居住证、工作证、出生证、专业或技术等级证、干部履历表、职工登记表、护照等。<br>对于户籍、出生证等材料内容不实的，应提供其他证据材料。人大代表、政协委员犯罪的案件，应注明身份，并附身份证明材料。<br>**二、证明行为人刑事责任能力的证据**<br>证明行为人对自己的行为是否具有辨认能力与控制能力，如是否属于间歇性精神病人、案发时是否尚未完全丧失辨认或者控制自己行为能力的证明材料。 |
| | 主观方面的证据 | **证明行为人过失的证据**<br>1. 证明行为人疏忽大意过失的证据：（1）证明行为人应当预见自己不履行或者不认真履行职责的行为会发生危害社会的结果；（2）证明行为人因疏忽大意没有预见。2. 证明行为人过于自信过失的证据：（1）证明行为人已经预见自己不履行或者不认真履行职责的行为会发生危害社会的结果；（2）证明行为人轻信能避免危害结果的发生。 |
| | 客观方面的证据 | **证明行为人严重不负责任，造成珍贵文物损毁或者流失，后果严重的证据**<br>具体证据包括：1. 证明行为人严重不负责任的证据：（1）证明行为人不履行职责；（2）证明行为人不认真履行职责。2. 证明行为人的行为造成珍贵文物损毁的证据。3. 证明行为人的行为造成珍贵文物流失的证据。4. 证明后果严重的证据。 |

<table>
<tr><td rowspan="1">证据参考标准</td><td>量刑方面的证据</td><td colspan="2">

**一、法定量刑情节证据**

1. 事实情节。2. 法定从重情节。3. 法定从轻、减轻情节：（1）可以从轻；（2）可以从轻或者减轻；（3）应当从轻或者减轻。4. 法定从轻、减轻、免除情节：（1）可以从轻、减轻或者免除处罚；（2）应当从轻、减轻或者免除处罚。5. 法定减轻、免除情节：（1）可以减轻或者免除处罚；（2）应当减轻或者免除处罚；（3）可以免除处罚。

**二、酌定量刑情节证据**

1. 犯罪手段。2. 犯罪对象。3. 危害结果。4. 动机。5. 平时表现。6. 认罪态度。7. 是否有前科。8. 其他证据。
</td></tr>
<tr><td rowspan="2">量刑标准</td><td colspan="2">犯本罪的</td><td>处三年以下有期徒刑或者拘役</td></tr>
<tr><td>不适用缓刑或者免予刑事处罚</td><td colspan="2">

1. 以下情形一般不适用缓刑或者免予刑事处罚：

（1）不如实供述罪行的；

（2）不予退缴赃款赃物或者将赃款赃物用于非法活动的；

（3）属于共同犯罪中情节严重的主犯的；

（4）犯有数个职务犯罪依法实行并罚或者以一罪处理的；

（5）曾因职务违纪违法行为受过行政处分的；

（6）犯罪涉及的财物属于救灾、抢险、防汛、优抚、扶贫、移民、救济、防疫等特定款物的；

（7）渎职犯罪中徇私舞弊情节或者滥用职权情节恶劣的；

（8）其他不应适用缓刑、免予刑事处罚的情形。

对于具有以上情形之一，但根据全案事实和量刑情节，检察机关认为确有必要适用缓刑或者免予刑事处罚并据此提出量刑建议的，应经检察委员会讨论决定；审理法院认为确有必要适用缓刑或者免予刑事处罚的，应经审判委员会讨论决定。

2. 人民法院审理职务犯罪案件时应当注意听取检察机关、被告人、辩护人提出的量刑意见，分析影响性案件案发前后的社会反映，必要时可以征求案件查办等机关的意见。对于情节恶劣、社会反映强烈的职务犯罪案件，不得适用缓刑、免予刑事处罚。
</td></tr>
<tr><td rowspan="2">法律适用</td><td>刑法条文</td><td colspan="2">

**第四百一十九条** 国家机关工作人员严重不负责任，造成珍贵文物损毁或者流失，后果严重的，处三年以下有期徒刑或者拘役。
</td></tr>
<tr><td>立法解释</td><td colspan="2">

**一、全国人民代表大会常务委员会《关于〈中华人民共和国刑法〉第九章渎职罪主体适用问题的解释》**（2002年12月28日第九届全国人民代表大会常务委员会第三十一次会议通过）

全国人大常委会根据司法实践中遇到的情况，讨论了刑法第九章渎职罪主体的适用问题，解释如下：

在依照法律、法规规定行使国家行政管理职权的组织中从事公务的人员，或者在受国家机关委托代表国家机关行使职权的组织中从事公务的人员，或者虽未列入国家机关人员编制但在国家机关中从事公务的人员，在代表国家机关行使职权时，有渎职行为，构成犯罪的，依照刑法关于渎职罪的规定追究刑事责任。

现予公告。
</td></tr>
</table>

立法解释

二、全国人民代表大会常务委员会《关于〈中华人民共和国刑法〉有关文物的规定适用于具有科学价值的古脊椎动物化石、古人类化石的解释》（2005年12月29日第十届全国人民代表大会常务委员会第十九次会议通过）

全国人民代表大会常务委员会根据司法实践中遇到的情况，讨论了关于走私、盗窃、损毁、倒卖或者非法转让具有科学价值的古脊椎动物化石、古人类化石的行为适用刑法有关规定的问题，解释如下：

刑法有关文物的规定，适用于具有科学价值的古脊椎动物化石、古人类化石。

现予公告。

法律适用

司法解释

一、最高人民法院、最高人民检察院《关于办理妨害文物管理等刑事案件适用法律若干问题的解释》（节录）（2015年12月30日　法释〔2015〕23号）

**第十条**　国家机关工作人员严重不负责任，造成珍贵文物损毁或者流失，具有下列情形之一的，应当认定为刑法第四百一十九条规定的“后果严重”：

（一）导致二级以上文物或者五件以上三级文物损毁或者流失的；

（二）导致全国重点文物保护单位、省级文物保护单位的本体严重损毁或者灭失的；

（三）其他后果严重的情形。

**第十三条**　案件涉及不同等级的文物的，按照高级别文物的量刑幅度量刑；有多件同级文物的，五件同级文物视为一件高一级文物，但是价值明显不相当的除外。

**第十五条**　在行为人实施有关行为前，文物行政部门已对涉案文物及其等级作出认定的，可以直接对有关案件事实作出认定。

对案件涉及的有关文物鉴定、价值认定等专门性问题难以确定的，由司法鉴定机构出具鉴定意见，或者由国务院文物行政部门指定的机构出具报告。其中，对于文物价值，也可以由有关价格认证机构作出价格认证并出具报告。

二、最高人民法院《全国法院审理经济犯罪案件工作座谈会纪要》（节录）（2003年11月13日　法发〔2003〕167号）

**一、关于贪污贿赂犯罪和渎职犯罪的主体**

（一）国家机关工作人员的认定

刑法中所称的国家机关工作人员，是指在国家机关中从事公务的人员，包括在各级国家权力机关、行政机关、司法机关和军事机关中从事公务的人员。

根据有关立法解释的规定，在依照法律、法规规定行使国家行政管理职权的组织中从事公务的人员，或者在受国家机关委托代表国家行使职权的组织中从事公务的人员，或者虽未列入国家机关人员编制但在国家机关中从事公务的人员，视为国家机关工作人员。在乡（镇）以上中国共产党机关、人民政协机关中从事公务的人员，司法实践中也应当视为国家机关工作人员。

（二）国家机关、国有公司、企业、事业单位委派到非国有公司、企业、事业单位、社会团体从事公务的人员的认定

所谓委派，即委任、派遣，其形式多种多样，如任命、指派、提名、批准等。不论被委派的人身份如何，只要是接受国家机关、国有公司、企业、事业单位委派，代表国家机关、国有公司、企业、事业单位在非国有公司、企业、事业单位、社会团体中从事组织、领导、监督、管理等工作，都可以认定为国家机关、国有公司、企业、

事业单位委派到非国有公司、企业、事业单位、社会团体从事公务的人员。如国家机关、国有公司、企业、事业单位委派在国有控股或者参股的股份有限公司从事组织、领导、监督、管理等工作的人员，应当以国家工作人员论。国有公司、企业改制为股份有限公司后，原国有公司、企业的工作人员和股份有限公司新任命的人员中，除代表国有投资主体行使监督、管理职权的人外，不以国家工作人员论。

（三）“其他依照法律从事公务的人员”的认定

刑法第九十三条第二款规定的“其他依照法律从事公务的人员”应当具有两个特征：一是在特定条件下行使国家管理职能；二是依照法律规定从事公务。具体包括：（1）依法履行职责的各级人民代表大会代表；（2）依法履行审判职责的人民陪审员；（3）协助乡镇人民政府、街道办事处从事行政管理工作的村民委员会、居民委员会等农村和城市基层组织人员；（4）其他由法律授权从事公务的人员。

（四）关于“从事公务”的理解

从事公务，是指代表国家机关、国有公司、企业、事业单位、人民团体等履行组织、领导、监督、管理等职责。公务主要表现为与职权相联系的公共事务以及监督、管理国有财产的职务活动。如国家机关工作人员依法履行职责，国有公司的董事、经理、监事、会计、出纳人员等管理、监督国有财产等活动，属于从事公务。那些不具备职权内容的劳务活动、技术服务工作，如售货员、售票员等所从事的工作，一般不认为是公务。

**六、关于渎职罪**

（一）渎职犯罪行为造成的公共财产重大损失的认定

根据刑法规定，玩忽职守、滥用职权等渎职犯罪是以致使公共财产、国家和人民利益遭受重大损失为构成要件的。其中，公共财产的重大损失，通常是指渎职行为已经造成的重大经济损失。在司法实践中，有以下情形之一的，虽然公共财产作为债权存在，但已无法实现债权的，可以认定为行为人的渎职行为造成了经济损失：（1）债务人已经法定程序被宣告破产；（2）债务人潜逃，去向不明；（3）因行为人责任，致使超过诉讼时效；（4）有证据证明债权无法实现的其他情况。

（二）玩忽职守罪的追诉时效

玩忽职守行为造成的重大损失当时没有发生，而是玩忽职守行为之后一定时间发生的，应从危害结果发生之日起计算玩忽职守罪的追诉期限。

（三）国有公司、企业人员渎职犯罪的法律适用

对于1999年12月24日《中华人民共和国刑法修正案》实施以前发生的国有公司、企业人员渎职行为（不包括徇私舞弊行为），尚未处理或者正在处理的，不能按照刑法修正案追究刑事责任。

（四）关于“徇私”的理解

徇私舞弊型渎职犯罪的“徇私”应理解为徇个人私情、私利。国家机关工作人员为了本单位的利益，实施滥用职权、玩忽职守行为，构成犯罪的，依照刑法第三百九十七条第一款的规定定罪处罚。

**三、最高人民法院、最高人民检察院《关于办理职务犯罪案件严格适用缓刑、免予刑事处罚若干问题的意见》**（2012年8月8日　法发〔2012〕17号）（略，详见本书第16页）

法律适用

相关法律法规

《中华人民共和国文物保护法》（节录）（1982年11月19日第五届全国人民代表大会常务委员会第二十五次会议通过　1991年6月29日第一次修正　2002年10月28日修订　2007年12月29日第二次修正　2013年6月29日第三次修正　2015年4月24日第四次修正　2017年11月4日第五次修正）

第二条　在中华人民共和国境内，下列文物受国家保护：

（一）具有历史、艺术、科学价值的古文化遗址、古墓葬、古建筑、石窟寺和石刻、壁画；

（二）与重大历史事件、革命运动或者著名人物有关的以及具有重要纪念意义、教育意义或者史料价值的近代现代重要史迹、实物、代表性建筑；

（三）历史上各时代珍贵的艺术品、工艺美术品；

（四）历史上各时代重要的文献资料以及具有历史、艺术、科学价值的手稿和图书资料等；

（五）反映历史上各时代、各民族社会制度、社会生产、社会生活的代表性实物。

文物认定的标准和办法由国务院文物行政部门制定，并报国务院批准。

具有科学价值的古脊椎动物化石和古人类化石同文物一样受国家保护。

第七十八条　公安机关、工商行政管理部门、海关、城乡建设规划部门和其他国家机关，违反本法规定滥用职权、玩忽职守、徇私舞弊，造成国家保护的珍贵文物损毁或者流失的，对负有责任的主管人员和其他直接责任人员依法给予行政处分；构成犯罪的，依法追究刑事责任。

规章及规范性文件

《文物藏品定级标准》（节录）（2001年4月5日中华人民共和国文化部令第19号公布　自公布之日起施行）

文物藏品分为珍贵文物和一般文物。珍贵文物分为一、二、三级。具有特别重要历史、艺术、科学价值的代表性文物为一级文物；具有重要历史、艺术、科学价值的为二级文物；具有比较重要历史、艺术、科学价值的为三级文物。具有一定历史、艺术、科学价值的为一般文物。

一、一级文物定级标准

（一）反映中国各个历史时期的生产关系及其经济制度、政治制度，以及有关社会历史发展的特别重要的代表性文物；

（二）反映历代生产力的发展、生产技术的进步和科学发明创造的特别重要的代表性文物；

（三）反映各民族社会历史发展和促进民族团结、维护祖国统一的特别重要的代表性文物；

（四）反映历代劳动人民反抗剥削、压迫和著名起义领袖的特别重要的代表性文物；

（五）反映历代中外关系和在政治、经济、军事、科技、教育、文化、艺术、宗教、卫生、体育等方面相互交流的特别重要的代表性文物；

（六）反映中华民族抗御外侮，反抗侵略的历史事件和重要历史人物的特别重要的代表性文物；

（七）反映历代著名的思想家、政治家、军事家、科学家、发明家、教育家、文学家、艺术家等特别重要的代表性文物，著名工匠的特别重要的代表性作品；

（八）反映各民族生活习俗、文化艺术、工艺美术、宗教信仰的具有特别重要价值的代表性文物；

（九）中国古旧图书中具有特别重要价值的代表性的善本；

（十）反映有关国际共产主义运动中的重大事件和杰出领袖人物的革命实践活动，以及为中国革命做出重大贡献的国际主义战士的特别重要的代表性文物；

（十一）与中国近代（1840－1949）历史上的重大事件、重要人物、著名烈士、著名英雄模范有关的特别重要的代表性文物；

（十二）与中华人民共和国成立以来的重大历史事件、重大建设成就、重要领袖人物、著名烈士、著名英雄模范有关的特别重要的代表性文物；

（十三）与中国共产党和近代其他各党派、团体的重大事件，重要人物、爱国侨胞及其他社会知名人士有关的特别重要的代表性文物；

（十四）其他具有特别重要历史、艺术、科学价值的代表性文物。

**二、二级文物定级标准**

（一）反映中国各个历史时期的生产力和生产关系及其经济制度、政治制度，以及有关社会历史发展的具有重要价值的文物；

（二）反映一个地区、一个民族或某一个时代的具有重要价值的文物；

（三）反映某一历史人物、历史事件或对研究某一历史问题有重要价值的文物；

（四）反映某种考古学文化类型和文化特征，能说明某一历史问题的成组文物；

（五）历史、艺术、科学价值一般，但材质贵重的文物；

（六）反映各地区、各民族的重要民俗文物；

（七）历代著名艺术家或著名工匠的重要作品；

（八）古旧图书中具有重要价值的善本；

（九）反映中国近代（1840－1949）历史上的重大事件、重要人物、著名烈士、著名英雄模范的具有重要价值的文物；

（十）反映中华人民共和国成立以来的重大历史事件、重大建设成就、重要领袖人物、著名烈士、著名英雄模范的具有重要价值的文物；

（十一）反映中国共产党和近代其他各党派、团体的重大事件，重要人物、爱国侨胞及其他社会知名人士的具有重要价值的文物；

（十二）其他具有重要历史、艺术、科学价值的文物。

**三、三级文物定级标准**

（一）反映中国各个历史时期的生产力和生产关系及其经济制度、政治制度，以及有关社会历史发展的比较重要的文物；

（二）反映一个地区、一个民族或某一时代的具有比较重要价值的文物；

（三）反映某一历史事件或人物，对研究某一历史问题有比较重要价值的文物；

（四）反映某种考古学文化类型和文化特征的具有比较重要价值的文物；

（五）具有比较重要价值的民族、民俗文物；

（六）某一历史时期艺术水平和工艺水平较高，但有损伤的作品；

（七）古旧图书中具有比较重要价值的善本；

（八）反映中国近代（1840－1949）历史上的重大事件、重要人物、著名烈士、著名英雄模范的具有比较重要价值的文物；

（九）反映中华人民共和国成立以来的重大历史事件、重大建设成就、重要领袖人物、著名烈士、著名英雄模范的具有比较重要价值的文物；

（十）反映中国共产党和近代其他各党派、团体的重大事件，重要人物、爱国侨胞及其他社会知名人士的具有比较重要价值的文物；

（十一）其他具有比较重要的历史、艺术、科学价值的文物。